U0943963

古典名著释读丛书

曹雪芹与《红楼梦》

郑铁生　著

中州古籍出版社
·郑州·

绪　言

2015年是曹雪芹诞辰300周年，我们对这位伟大的、天才的文学家最好的纪念，就是读懂他的著作《红楼梦》。

《红楼梦》是中国文学史上的丰碑，是璀璨夺目的艺术大厦。曹雪芹比俄国的托尔斯泰、法国的巴尔扎克这些世界级文学大师还要早约一个世纪，就已经登上世界文学的高峰。他是中国文学史上伟大的文学家，是一位旷世的天才！遗憾的是，曹雪芹没有像莎士比亚、托尔斯泰、巴尔扎克那样被提升到国家形象的高度。2013年10月北京曹雪芹学会举办了“大师与经典”国际论坛，来自英国的莎士比亚、法国的巴尔扎克、俄国的托尔斯泰故里的学者聚集北京，交流学术，研讨文化，增进友谊。莎士比亚出生地国际信托基金会主席黛安娜•欧文女士说：“莎士比亚是英国的象征之一，也是我们国家对外形象中必不可少的组成部分。”从政府到英国民众，已经形成了这样的文化共识。托尔斯泰于俄罗斯、巴尔扎克于法国亦是如此，而曹雪芹显然没有受到这样的重视，也没有获得国家层面树立的文化伟人的殊荣。

200多年来，不同的历史时代、不同的文化层面、不同的民族的人们评论、研究《红楼梦》，热情如炽。尤其是20世纪新红学创立以来，许多学者倾注毕生心血，对曹雪芹的家世和生平的追问和考证，对《红楼梦》的版本、文本的思考和探求，形成了现代学术意义上的一门显学——红学。同英国的“莎学”一样，都是独具魅力的优秀的民族文化。

广大读者热爱和欣赏《红楼梦》，仿佛走进诗意的栖居之地、传统文化的生命家园、丰富多彩的历史画廊，从而获得一个精神享受的艺术世界。《红楼梦》

已成为中国文化的不可或缺的名片。然而曹雪芹诞辰距今虽然只有300年，可读者每每叩问曹雪芹生平的时候，无不令人尴尬。对于他的生平事迹和创作情况，我们实在是知之甚少。美国华人著名学者周策纵在为周汝昌《曹雪芹小传》所作的序中说：

> 大家都明白，我们对于曹雪芹这伟大作家的一生是知道得太少了。我们不但没有足够的材料来写一部完整的曹雪芹传，就连许多最基本的传记资料，如他的生卒年，父母到底是谁，一生大部分有什么活动，到今天还成为争论的问题，或停留在摸索的阶段。事实上，世界几个最伟大的文学家的生平毕竟如何，也往往令人茫茫然：像荷马与屈原，也许是由于时代太久远了，缺乏详细记载；但莎士比亚（1564 ~ 1616）比曹雪芹只早生一百多年，已近于中国的明朝末期，到今天大家对他也不是知道得很清楚，甚至有人还在说，那些戏剧都不是他作的。也许这些大文学家在生时正由于不受统治集团和世俗的重视，才有机会独行其是，发挥一种挑战和反叛的精神，创作出不朽的巨著罢。[①]

20世纪20年代胡适为代表的新红学对曹雪芹的生平和家世的考证取得了突破性的成就，当代红学家继之呕心沥血地搜求和寻觅，也做出了卓越的贡献，使我们在尘封的历史档案里，从搜寻的断简残篇中，解读了曹雪芹的家世。我们对这位生平辉耀世界文坛的巨星所知甚少，或是略貌取神，但还是努力地勾画出曹雪芹的生平足迹。

对于《红楼梦》的研究，我一直有一个难以释怀的想法，一个自己的学术追求，解读一部名著。首先从叙事结构入手，把握其宏观的框架、整体的脉络、演进的肌理。当下解析《红楼梦》论著汗牛充栋，且不说索隐派的微言大义，把《红楼梦》人物当由头去追逐所谓的“本事”；且不说评点派的即兴而谈，看似洋洋洒洒，实则东一榔头西一棒槌；且不说考证派的敲敲打打，经年累月，所得支离破碎；且不说那些超俗的理论思维，食洋不化，云山雾罩，叠床架屋，故弄玄虚。就是

---

① 周汝昌. 曹雪芹小传[M]. 天津：百花文艺出版社，1980：1.

那些研究《红楼梦》人物、结构、意蕴、语言可圈可点的论著，也存在着一种倾向，即缺少整体性把握的自觉意识。常有一种现象，解读一部大书，讲到某一个情节、某一个人物，甚至某一个细节时津津乐道，可很少能够把它还原到整体结构之中去驾驭，将其视作一个有机的生命，让情节和人物定位在其所属的必然的位置上。只有整体性的解读，才全牛在胸，目视一端，顺着叙事肌理自如地伸张，不会让某一人物或事件孤立地评论。

朱光潜先生说："一个艺术作品必须为完整的有机体，必须是一件有生命的东西。有生命的东西第一须有头有尾有中段，第二头尾和中段各在必然的地位，第三有一股生气贯注于全体，某一部分受影响，其余各部分不能麻木不仁。"[①]他强调的即是整体性的把握，首要的是解析整体结构，其中包括整体与部分、部分与部分、层面与层面、脉络与脉络等。只有把这些东西精准地剖析了，才能把各种复杂的叙事关系找准，从而关系出性格，关系出意蕴，关系出哲理。只有把它作为一个有机的生命整体来把握，才能发现整体大于部分相加的总和，才能跨越"续书"之说带来的偏颇和局限，才能真正的把一部长篇古典小说解读到位。多年来，我努力坚守这一理念，同时在我的学术著作中也体现这一理念。

本书将一百二十回《红楼梦》视为一个鲜活的艺术生命，提出了三个基本的观点：

第一，《红楼梦》整本书是一个有机的生命机体，在叙事结构上分为两种叙事形态：一是前五回作为《红楼梦》故事的蓝图，展示了故事时间贯穿贾府兴衰的百年，勾勒了贾府末世衰败的流程。目的就是介绍《红楼梦》的主要人物和他们生活的典型环境，让读者身临其境，感受贾府。一是第六回至一百二十回为《红楼梦》故事的生命历程。这是《红楼梦》叙事的主体，是一座璀璨夺目的艺术大厦，其实只写了12年的光景，即宝玉10岁读书到21岁出家。而这12年的叙事是依托在前五回百年望族的历史背景里的，展示出活脱脱的群体人物形象的生命轨迹，包容着巨大的思想内涵。

两种叙事形态是互动的结构关系，前者所展示的画面、所形成的潜在结构框架，不仅表现了封建时代上流社会的政治、经济和文化，还蓄积了封建社会的潜意识、潜能量，营造了巨大的张力空间，形成了大历史语境。叙事主体中许多情

① 朱光潜．朱光潜全集：第4卷[M]．合肥：安徽教育出版社，1988：207．

节线索都是从这里牵引出来的，许多人物的欲望、心理、情绪都是从这里生发出来的，即使人物的一颦一笑、一举一动也能勾人魂魄，令人荡气回肠。

第二，《红楼梦》叙事结构的进程，主要是由三条意脉贯穿而下：一条是贾府的悲剧，沿着"虚架子"的繁华锦绣，到"内囊"尽上，衰枝落叶纷纷下，而百年老楼摇摇欲坠。一条是宝玉的爱情婚姻悲剧，从初恋到宝、黛心心相印，再到生死相许，最后黛死钗嫁，宝玉出家。一条是王熙凤的人生悲剧，从她叱咤贾府到心衰力挫，演绎了封建社会礼制下女性的无奈、悲哀和异化。这三条意脉相互裹挟，牵动、生发和制约着大大小小的伏线和余脉，织成《红楼梦》的艺术之网。

中国古代文论十分讲究结构和线索，从毛宗岗评《三国演义》、金圣叹评《水浒传》，到脂砚斋评《红楼梦》，都十分重视小说的结构线索。说线索、或者脉络，是从文本本身中寻找叙事的脉络，必然涉及故事与故事、人物与人物之间的关系，像《红楼梦》这样人物繁多、故事网结密密麻麻的作品，捕捉线索就像探索文本的迷宫，草蛇灰线，似断实连。反反复复，不得其解。无论从哪里开始，最终都会被带到另外的地方；无论想从哪一处解开结，都会在另外一处重新纠结起来。来导引进入富有无比魅力的红楼天地，时时事事触发《红楼梦》这部名著所隐含的曹雪芹的心灵世界。犹如中医针刺穴位，不但懂得脉络的走向，而且了解医治的部位。所以它不是一个简单的线性运动，而是深入到了文本内含的意蕴之中，看似无形，实则构势。选用一个什么样的词，才能更准确地涵盖这一特点呢？我认为最恰当的一个词就是：意脉。其特征：一是，意脉贯通，形散神聚，既涵盖形式，又包孕内容。二是，意脉是过程，有一气流贯、万途同归之势。三是，意脉有焦点，制动诸小，振彰潜隐。

第三，《红楼梦》叙述内容由十个叙述单元组成，分为四个流程：一是钟鸣鼎食的贾府是"虚架子"（第六至三十六回），二是贾府的钟鸣鼎食和潜流暗礁（第三十七至六十四回），三是风雨飘摇中的贾府（第六十五至九十一回），四是走向衰败的贾府（第九十二至一百二十回）。

由以上三个基本点组成我对《红楼梦》叙事艺术的整体性解读，也就是对《红楼梦》艺术生命审美的理解。叶朗先生说："《红楼梦》意蕴极其丰美，'横看成岭侧成峰'，一种阐释往往只能照亮它的某一个侧面，而不可能穷尽它的全部意蕴。因此，对这类作品的阐释，就可以无限地继续下去。”[①]我的初衷虽如此，然写作是否精当，只能靠以后的修订日臻完美。何况红学面临的话题还很多，难以尽说。

纪念曹雪芹，就要学习曹雪芹，弘扬民族文化优秀传统。曹雪芹生于富贵，长于苦难。无论富贵还是苦难，对于曹雪芹这位横空出世、富有思想的人来说，都是一种精神财富。它涵养了曹雪芹的气质，提升了他的精神境界，塑造了他的风骨。人生都有无奈的境况，而曹雪芹在无奈中寻找、追求、奋争，这是一种独立人格的追求，是一种自由思想的追求，是一种众人独醉我独醒的精神！

这是“红学”带给我们永远享受不尽的精神财富。

---

① 叶朗. 胸中之竹：走向现代之中国美学[M]. 合肥：安徽教育出版社，1998：115.

目　录

第三章 《红楼梦》的版本与传播 | 93

第四章　《红楼梦》的叙事形态 | 141

第七章　贾府的钟鸣鼎食与潜流暗礁 | 291

第八章 风吹雨打中的贾府 | 337

第九章 走向衰败的贾府 | 397

第一章 曹雪芹家世

1921年，胡适《红楼梦考证》的发表，开启了对曹雪芹及其家世考证的先河，为“曹学”和“红学”的研究奠定了一块坚实的基石。半个多世纪以来，诸多红学家周汝昌、吴世昌、吴恩裕、冯其庸、胡文彬等添砖加瓦，架椽支檩，曹学研究已初具规模。曹雪芹的籍贯是北京。他的曾祖父曹玺在康熙二年（1663）以内务府郎中出任江宁织造，内务府选派官员出任织造，一般都仍保留原缺，以便织造任职期满后回京为官。曹家在南京织造府长达60年，直到曹頫被罢官遭查办，才回到北京。据考证和研究，可知明朝永乐二年（1404）曹家远祖曹端明、曹端广兄弟，由江西北上，“卜居丰润两年之后，马市正式开设，端广年富力强，方能萌生随众向关外谋生创业的打算。大约从他们迁至丰润二年后直到永乐一朝结局，共有十八年的时间（1406～1424。以下隔一个“洪熙元年”便入宣德朝了），这便是曹端广一支自丰润迁铁岭的年代了”。也就是说，曹端广这一支在铁岭生活了150年后，“曹雪芹太高祖曹世选被俘，编旗为奴籍（包衣）。”[①]“曹家原籍辽阳，在历史文献上早有反映。如康熙二十一年刻本《山西通志》卷十七‘大同府知府曹振彦’名下，已注明‘辽东辽阳人’；曹寅的《楝亭书目》也写明‘千山曹氏家藏’（千山是辽阳的代称）。”[②]曹家在明末原是明朝驻守辽阳的下级军官，始祖曹世选曾任沈阳卫的某种官职。目前有史可据的曹家百年谱系，从曹雪芹上溯五代是：

始祖曹世选

高祖曹振彦

曾祖曹玺

祖父曹寅

父辈曹颙、曹頫

子辈曹霑，号雪芹

曹家百年有三次大的机遇，才逐步形成望族，走向鼎盛。一是曹振彦作为多尔衮的亲军，是皇属包衣，戎马进关，为清王朝的开国定鼎立下了汗马功劳，堪称“从龙勋佐”。曹氏家族“赫赫扬扬，将及百年”的历史从此揭开了序幕。二是曹玺是内务府包衣，其妻孙氏23岁做康熙帝的保姆，由于有这层亲近关系，待康熙即位，曹家自然就得到了特别的眷顾，开启江宁织造曹家三代四人，达60年的岁月。三是曹寅为包衣世家继往开来，提升了曹家家族文化，是百年望族赫赫扬扬的鼎盛时期的核心人物。

一、包衣世家

明朝末年，朝廷腐败，文武官员醉生梦死。当明朝君臣惊恐辽东大地、黑水白山崛起的枭雄努尔哈赤“虏势益张”时，努尔哈赤已坐拥东北，觊觎长城

① 周汝昌. 红楼家世：曹雪芹氏族文化史观[M]. 哈尔滨：黑龙江教育出版社，2003：23.

② 吴新雷，黄进德. 曹雪芹江南世家考[M]. 福州：福建人民出版社，1983：4.

内外。万历四十四年（1616）努尔哈赤建立大金国，改纪元为天命元年，即历史上的“后金”。第二年便开始侵犯明朝疆土，骚扰边关，攻城略地，抢夺财物，俘虏人口。

战争带来大量的俘虏，以及因贫困而沦为的奴隶，形成后金社会的一个奴仆阶层，即“包衣”，这是满族早期社会出现的一个特定现象，他们是私属，只服务满族主子。“包衣”是满语 booi 的音译，意思是“家里人”。当八旗制度形成以后，“包衣”便有了双重身份，既是八旗成员，又是主人的奴仆。

满族是一个狩猎民族，随着后金战争的扩大和疆土的延伸，不仅俘虏和归降者日益增多，而且松辽平原的农业也成为满族的依赖。社会结构中形成最早的社会组织是“牛录”“固山”。固山汉语的称呼即是“旗”。旗，是满族因狩猎的需要而产生的社会协作单位，它虽是生产组织，但因其富有战斗性，因此从它产生之日起，就具有军事性质。出则为兵，入则为民。耕战二事，未尝偏废。旗是合军政、民政而为一的整体制度。初设四旗，旗以纯色为别，曰黄、曰红、曰蓝、曰白，随之后金势力的扩大，又添设四旗，参用其色镶之，共为八旗。靠着这八旗组织制度，于 1644 年征服明朝，建立大清。

早期八旗制度实质是一种家长式的统治制度，所谓“八王共治”。旗中主要有三种阶层构成：一是部落首领，即牛录、甲喇、固山层层的首领。一是部落的自由民，是满族社会的主体。一是奴仆，即包衣，编入牛录，谓牛录包衣。当旗建制以后，包衣的身份更加明确了。在旗的人“不同的来源又造成了包衣阶层内部的区分，亲疏、等级开始出现；在包衣隶属关系上出现皇家包衣和诸王包衣的区别；在分工上出现了处在管理者地位的包衣大，更有一无所获的‘辛者库’奴隶”。[③] 八旗分为满八旗、蒙八旗、汉八旗。而只有满八旗才有包衣，蒙八旗、汉八旗是没有包衣的。

包衣与主子在许多时候利益一致，使得他们与主子同生共死，结成家庭为核心的、带有强烈的军事掠夺性的家族社会组织，不仅显示了家族的势力、地位和权力，而且主子和包衣彼此建立了非常密切的关系，被主人视为“家里人”。

---

③ 祁美琴. 清代内务府 [M]. 北京：中国人民大学出版社，1998：36.

《红楼梦》中唯一见过贾府五代人的一个奴仆是焦大。第七回描写焦大对主子"撒野"，小说借贾珍、尤氏之口道出了原委。原来这个焦大，称得上是贾府第一代奴才，资历很深，年龄和贾母差不多，当年从小跟着太爷出兵，冒着危险将太爷从死人堆里背出来，宁愿自己喝马尿，将讨得的半碗水让给主子喝，贾府祖宗保住了性命，这才有日后贾府的繁华。可见，焦大和主子曾有过生死相依的主仆关系。因此，"有祖宗时，都另眼相待，如今谁肯难为他？"这焦大趁着酒兴对贾蓉说："蓉哥儿，你别在焦大跟前使主子性儿。别说你这样儿的，就是你爹，你爷爷，也不敢和焦大挺腰子！……不说别的还可，若再说别的，咱们红刀子进去，白刀子出来！"若不是有功的包衣，单倚着岁数大，焦大应是不敢有这么大的胆子说话的。这是下层的包衣。那上层的包衣，如江宁织造曹氏祖孙、苏州织造李煦等，被康熙皇上视为心腹，他们既是皇上的奴才，又是统治者的成员。所以，我们由此可知：

首先，满八旗有皇属包衣和贝勒包衣之分。镶黄旗、正黄旗、正白旗，由皇帝亲自统领，所以特称为"上三旗"。其余五旗称为"下五旗"，归王公分领。曹家为正白旗，属"上三旗"，和皇室极为切近。

其次，包衣的阶层是多样的。下层的大部分的包衣都是从事日常生活和生产劳动，诸如耕种田地、种植果蔬、打猎捕鱼、养猪放牧等。那些脱离生产劳动，专事为主子服务或从事管理的称为"包衣大"。曹振彦后又改隶多尔衮属下，任"旗鼓牛录章京"。八旗设制：三百人编一"牛录"，其长官名牛录章京，汉语译为"佐领"；五牛录为一"甲喇"，设一参领头目，又名甲喇额真、甲喇章京，汉语译为"参领"，领员一千五百人；五甲喇为一"固山"，设一统领，又名固山额真、固山章京，"固山"汉语译为"旗"和"都统"，领员七千五百人。曹振彦的身份是皇属包衣牛录章京，即"佐领"。《红楼梦》中的赖大就是一个"包衣大"，他虽然是个奴才，但他是贾府最大的管家，不仅自家有小花园，而且孙子还捐了个知县。这是典型的"包衣大"。

再次，顺治七年（1650）多尔衮死后，原属多尔衮的正白旗归属皇帝后，内务府三旗才正式形成。皇室所属的牛录包衣，集臣仆与官僚于一身，以后演化为内务府包衣。清代内务府是鉴于历代朝廷宦官乱政的历史教训而逐步形成的，皇属包衣随着清朝统治者的需求，其职责和地位发生了变化，向具有宫廷服务性质的内务府转化，到康熙继位，内务府由皇属包衣组成。曹家是包衣世家，属于正白旗。在这个历史机遇下，才走向江宁织造的辉煌阶段。

朱淡文在《红楼梦论源》中说："曹振彦身任旗鼓佐领跟随多尔衮辗转沙场，其家奴身份固然至微至贱，但由于年轻机敏勇敢善战，在长期的征战中又与其主子多尔衮建立了较为亲密的感情，因而受到多尔衮的赏识和提拔……"①

崇祯十七年（1644）曹振彦又随多尔衮在山海关参加对农民军李自成的决战，随即随多尔衮入关进京，曹振彦在清代开国的战争中是立过战功的。进关以后他还曾参加过平定山西姜瓖的叛乱，旋即任山西吉州知州，过了二年又升任阳和府知府，这以后大概就改任文职官了。②

曹振彦一生是一个有作为的人，沦为包衣，跟随多尔衮入关进军，成为包衣大，即牛录章京。拔为贡士，大同为官，颇有政绩。后调任两浙盐运使。他伴随大清开国而一路风尘仆仆，又为曹家走向百年望族而开拓。所以说曹家兴旺的第一个机遇是曹振彦带来的。随着满族社会政治制度向封建皇权专制的转化，以皇属包衣牛录为主体、集臣仆与官僚于一身的阶层出现了，这就是内务府包衣。可以说，内务府是满族社会特有的社会组织包衣牛录与封建皇权结合的产物。曹振彦的儿子曹玺又适逢这一时代的要求，充当了为宫廷服务的官僚。因而，郑天挺先生说："包衣之所谓奴仆，只是对他们主人而言，他们可能另有自己的官阶，自己的财产，自己的奴仆。"③

二、江宁织造曹家 60 年

曹雪芹的曾祖父曹玺，大约生于明万历四十七年（1619），顺治元年（1644）随父进关时，约 25 岁。顺治六年（1649）二月随多尔衮出征大同，"玺少好学，

① 朱淡文. 红楼梦论源 [M]. 南京：江苏古籍出版社，2000：5.

② 冯其庸. 石头记脂本研究 [M]. 北京：人民文学出版社，1998：348.

③ 郑天挺. 清代包衣制度与宦官 [M]// 郑天挺. 清史探微. 北京：北京大学出版社，1999.

深沉有大志，及壮，补侍卫，随王师征山右有功”。曹玺约30岁时，就是一个能文能武的人物，后被选拔为顺治的侍卫。

曹玺的妻子孙氏23岁做了康熙的奶妈，27岁时由孝庄皇后和顺治做主，将她指配给了曹玺。等康熙即位，曹家自然就得到了特别的照应。据记载，康熙南巡途中遇到孙氏，“色喜，且劳之曰：此吾家老人也”，即一语道出他们之间的特殊关系。[①] 据史料记载，1699年康熙第三次南巡亲手书写“萱瑞堂”三个大字赐给她。康熙登基的第二年（1663），便委派曹玺为江南织造，备得贵宠。康熙十七年（1678）“加正一品”，这是封建社会官僚贵族的最高头衔，年俸银180两。并从江南织造“郎中”晋升为“内司空”。“司空”是工部尚书，“内司空”是以内务府包衣领工部尚书的头衔，致仕江南任上。

如果说从曹玺算是曹氏文化家族起步阶段，那么使之得以发展有两个因素：一个是外在的因素，曹氏文化家族的形成，绵延百年，是和获得康熙皇帝的信任和支持分不开的，曹氏家族三代四人担任江宁织造这个职务，都受之于康熙的钦命，几乎伴随康熙王朝相始终。这造就了曹家长期而稳固的权势和社会地位，是其家族文化发展的重要因素。一个是内在的因素，曹玺开创的家风的优良传统，使其家族的人才链不仅能够传承，而且出高才、出大才。只有这样，一个文化家族才能得以延续和开拓。尽管关于曹玺没有更多的史料，但我们还是尽力梳理，拢出几点曹玺家风的优良特征：

第一，踔厉敢为，文武兼备。这八个字可以概括曹玺的性格和人生道路。康熙二年（1663）曹玺担任江宁织造，约45岁。当时政局严峻动荡，反清复明，聚武拒垒，江湖啸聚，反抗闹事，江南并非一块“乐土”，而曹玺在任上显示出超人的才干和出色的功绩，“玺至，积弊一清，干略为上所重”。回京面圣，“陈江南吏治，备极详剀”，受到皇帝的赞许和嘉奖，官至一品。于康熙二十三年（1684）六月而殁，在任22年，终年66岁。其一生走南闯北，足迹遍及大半个中国，而“踔厉敢为，文武兼备”精神激励着子孙。

第二，重视教育，培养后代。当年曹玺任江宁织造，其子曹寅6岁与弟弟

---

① 周汝昌. 红楼梦新证[M]. 北京：人民文学出版社，1976：402.

曹宣随父之任。曹玺曾在花园亲手种植一棵楝树，在浓密的树荫遮蔽的亭子下指点两个儿子读书。康熙二十三年（1684）九月至十一月，康熙南巡，特意到曹家抚慰。纳兰性德扈从康熙南巡时到过曹家，回到京都曾作《曹司空手植楝树记》，深情地追思了曹玺树人其德。他说：

余友曹君子清，风流儒雅，彬彬乎兼文学政事之长，叩其渊源，盖得之庭训者居多。子清为余言：其先人司空公当日奉命督江宁织造，清操惠政，久著东南，于时尚方资黼黻之华，闾阎鲜杼轴之叹。衙斋萧寂，携子清兄弟以从。方佩觿佩韘之年，温经课业，靡间寒暑。其书室外，司空亲栽楝树一株，今尚在无恙。……余谓子清："此即司空之甘棠也……"①

这些往事给曹寅留下极深的印象，为了纪念其父，曾邀集当代名士写诗作文，绘画题字，名之《楝亭图》。将父亲和儿子的亲情凝固在一个象征——楝树上，使之永远摇曳着铭刻家庭教养和社交文化记忆的涟漪。在曹玺创设的这种家庭氛围下，曹寅与弟弟曹宣都成才了。顾景星为曹寅早年自编诗集《荔轩草》作序中，就夸赞曹寅是"神童"："子清门第国勋，长江南佳丽地。束发即以诗词经艺惊动长者，称神童。"② 曹宣是一个很有成就的画家，作《洗桐图》，除曹寅题诗外，著名文学家朱彝尊也为其题词。

第三，延揽宾客，诗酒雅聚。文化家族的风雅之举，主要是延揽宾客，诗酒雅聚。这是明清时代上流社会文人沟通情感、交流学问、切磋诗文的一个形式。它对一个家族的立族趣尚，对后代视野的开拓，以及情趣的熏陶，都是大有好处的。曹玺当年就经常延揽当世名士，诗酒雅聚，"风堂说旧诗，宾客列前席"。曹玺死在江宁织造的任上以后，康熙的师傅大学士熊赐履挽诗就描述到这一点："云间已应修文召，石上犹传锦字诗。"赞誉曹玺的文才传誉江南，和他往来

① 周汝昌. 红楼梦新证[M]. 北京：人民文学出版社，1976：310.

② 曹寅. 楝亭集[M]. 上海：上海古籍出版社，1978：1.

的都是鸿儒名士，如周亮工、李渔一流。[①]“时周亮工官江宁，监察十府粮储，与玺有通家之好，常抱寅置膝上命背诵古文，为之指摘句读”，便是当时的一幅素描画。

三、一代英才曹寅继往开来

在中国文化史有一个成才的现象，就是几代人的文化积淀才能产生一个文化巨人。从曹雪芹上溯几代，假如把“曹雪芹家族”只限定在相对集中的历史文化时空里，也就是江宁织造的曹家，曹雪芹虽没有任过职，但他却是江宁织造的曹家直接的文化继承人。

文化家族之“君子之泽”，突出的表征是一门风雅，反映出文化家族内部文人化的聚合状态。对外显示出家族的人文的优越；对内可能成为产生文化巨人的土壤——家庭环境。而实质则是这个家族流贯的“文化之贵族”的血液，一种潜在的精神，一种伟岸的人格，一种高傲的气质。曹操家族是中国文学史上第一个真正的文学家族，不但有曹操、曹丕、曹植、曹睿祖孙相继，其余能文者也很多。曹氏文学家族代表的是文学创作与家族势力的第一次结合，开创了建安文学的繁荣。再如对苏轼家族文化的研究，苏轼从小生活在一个“门前万竿竹，堂上四库书”——富有文学传统的家庭里。祖父苏序，虽未做官，却很有文化教养，喜作诗。伯父苏澹、苏涣“皆以文学举进士”。父亲苏洵虽一介布衣，但其被列为唐宋八大家之一。中国近代以来，显赫一时的家族很多，但多是昙花一现，能绵延几代，为世人尊敬的实在很少。“义宁陈家”如今已是一个历史名词，从陈宝箴、陈三立到陈衡恪、陈寅恪，其三代都在历史上留下了痕迹。与陈寅恪交情很深的吴宓有一番中肯的评价：“所谓‘文化之贵族’，非富贵人之骄奢荒淫。降及衡恪、寅恪一辈，犹然如此。诚所谓君子之泽也。”

曹氏家族就具有这种“君子之泽”。曹雪芹之上三代四人以江宁织造为“地域”圆心所形成的家族文化，正是产生一代天才的基石。一个文化家族发展的

---

① 周汝昌，严中．江宁织造与曹家[M]．北京：中华书局，2006：11．

进程中，其文化的积淀愈丰厚，愈有可能催生一代旷世之才，这不仅是这个家族兴旺的标志，而且是一个文化家族的特征。曹寅就是诗礼簪缨、百年望族继往开来的人物，在某种程度上可以说，没有曹寅，就没有曹氏文化家族。曹寅给这个曹氏文化家族带来了第三次机遇，也是一个更大的机遇，可以称为创造的时期。

曹寅的一生与康熙帝的关系极为特殊，可谓“君仁臣良”。从康熙十四年（1675）到康熙二十九年（1690）曹寅一直生活在北京。少年曹寅入宫做侍读。16岁升为侍卫。侍卫都是对皇上忠实可靠的。一、二等是在皇上左右的，三等侍卫是皇上外出的前导。此后曹寅逐年提升，到其父死在江宁织造任上时，他一直在康熙的身边，朝夕相处，感情深厚。康熙二十九年（1690），曹寅33岁，出任苏州织造，康熙三十一年（1692）他以苏州织造兼任江宁织造，任江宁织造21年，同时还兼两淮巡盐御史，建立扬州书局，在清代当时是颇为风光的。他的政绩很出色，不仅皇上赏识，同僚也给予好评。康熙五十一年（1712）曹寅病逝。

曹家在江南形成“诗书之族”，为孕育高才、大才创造了良好的家族文化。至曹雪芹结出最璀璨的文学奇葩，展示了一个文化家族发展的过程。曹寅继承曹玺开创的优良家风：踔厉敢为，文武兼备；重视教育，培养后代；立族趣尚，诗酒雅聚，凡此都推向一个新的层面。曹寅本人才华横溢，诗词歌赋，琴棋书画，无所不通，颇擅风雅。

（一）曹寅文学创作为家族文化铺垫了基石

曹寅自认“三曹”，即曹操、曹丕、曹植为先祖，以曹氏父子是建安文坛领袖为自诩。他在给丰润族兄曹冲谷诗中说：“吾宗自古占骚坛。”[①]今存《楝亭集》是其诗、词、文创作，有千余篇。曹寅天资颖异，诗词皆有逸笔，从《楝亭集》中可以看到他的人生轨迹。对于研究曹雪芹家族文化，《楝亭集》具有珍贵的历史文献价值，是曹寅一生经历的直接记录。正如杜岕为曹寅作的序言

①胡绍棠．楝亭集笺注[M]．北京：北京图书馆出版社，2007：453．

中所说：

> 诗者，曹子不可须臾离者也。曹子以诗为性命肌肤，于是导之、引之、抑之、搔之。辗转反侧，恒有诗魁垒郁勃于胸中。[①]

曹寅备受当世的名家赞誉。毛际可是江浙名士，时称“浙中三毛，文中三豪”。毛际可于康熙十八年（1679）应博学鸿儒之征，与曹寅相识。二十年后康熙为曹家御书“萱瑞堂”，毛际可作《萱瑞堂记》。两人相交数十年，相识颇深，他称曹寅诗“苍然以朴，淡然以隽，悠然以远”。[②]姜震英亦当世名家，曾参加《明史》纂修，也曾为曹寅《楝亭集》作序。他则认为“楝亭诸咏，五言今古体出入开宝之间，尤以少陵为滥觞。故密咏恬吟，旨趋愈出。七言两体，胚胎诸家，而时阑入于宋调，取其雄快，芟其繁芜，境界截然，不失我法”。[③]清代著名学者沈德潜编写《国朝诗别裁集》选了曹寅两首诗，其一是《岁暮远为客》：“晓灯寒无光，驱马别亲故。残月坠枫林，荒烟白山路。十年游子怀，惜此岁华暮。载咏无衣章，何以蒙霜露。”并批注：“起手十字，写尽辞家之苦，可与《别赋》并读。”[④]

对于曹寅文学创作的成就，中国社会科学院文学研究所编写的《中华文学通史》给予曹寅应有的地位：“正白旗满洲内务府包衣人曹寅，是康熙年间一位重臣，也是当时有成就的文学家。他的《楝亭集》中，收有一些呈现民族文化特征的力作。《满江红·乌喇江看雨》，以雄浑的笔力，再现了满族发祥地东北地区的山河气象……”

> 鹳井盘空，遮不住、断崖千尺。偏惹得、北风动地，呼号喷吸。大野作声牛马走，荒江倒立鱼龙泣。看层层、春树女墙边，藏旗帜。　蕨粉

① 曹寅．楝亭集 [M]．上海：上海古籍出版社，1978：2.

② 曹寅．楝亭集 [M]．上海：上海古籍出版社，1978：4.

③ 曹寅．楝亭集 [M]．上海：上海古籍出版社，1978：6.

④ 沈德潜．清诗别裁集 [M]．上海：上海古籍出版社，1984：798.

溢，鳇糟滴，蛮翠破，猩红湿，好一场莽雨，洗开沙碛。七百黄龙云角矗，一千鸭绿潮头直。怕凝眸山错剑芒新，斜阳赤。①

乌喇江即今吉林市之松花江，原为乌喇部故地。康熙二十一年（1682）曹寅随康熙东巡至此，故有是作。自古以来少有以词写东北景物者，曹寅此词特色与气势俱佳。此词写江、写山、写雨、写风，动静相衬，气势雄浑，眼界绝大，充分显示出满洲八旗兴盛时期的精神面貌，非汉族词人所能领略也。这只是从满族文学创作角度谈的，还没有对他全部文学成就作评价。

曹寅还是剧作家，写过《续琵琶》《虎口余生》《铁冠图》等杂剧。《红楼梦》第五十四回，贾母指着湘云道："我像他这么大的时候儿，他爷爷有一班小戏，偏有一个弹琴的，奏了《西厢记》的'听琴'，《玉簪记》的'琴挑'，《续琵琶》的'胡笳十八拍'，竟成了真的了。比这个更如何？"这个小细节与曹寅所作《续琵琶》传奇暗合。

曹寅博学多才，擅书法，懂绘画，喜收藏，精鉴赏，还学佛理、道教之书。至于茶、酒、卜筮、歌舞伎艺，亦兼通。从佩笔侍从到弓马娴熟，从熟谙朝章到扈驾随行，从丝织工艺到巡盐管理，曹寅长期的文化活动和文学创作直接涵养了家学，形成诗礼簪缨、钟鸣鼎食之家。特别是他的文学造诣对曹雪芹潜移默化的影响是巨大的。胡绍棠在《楝亭集笺注》前言中指出："总之，到了曹寅这一代，这个以军功起家的包衣世家，已俨然成了'家世华胄、位望通显'的贵族。曹寅又能诗词，喜剧曲，富藏书，广泛结交知名文士，所以曹寅时代的曹家不仅富贵繁华达到了顶峰，而且富有文化艺术气氛。"②

（二）藏书、刻书，颐养后代、泽被世人

藏书不仅是江南家族文化的普遍风尚，也是衡量家族文化的一个重要尺度。它既是物质文化积淀，又是一笔精神财富。曹寅爱好藏书，自称有"聚书之癖"，

① 中国社会科学院文学研究所．中华文学通史：第四卷 [M]．北京：华艺出版社，1997：39.

② 胡绍棠．楝亭集笺注 [M]．北京：北京图书馆出版社，2007：3.

多方求购，得季振宜、徐乾学所藏，更加丰富了曹寅的藏书楼。据《楝亭书目》介绍，曹寅收藏的善本书就有 3287 种之多，可见藏书之富。他成为有清一代屈指可数的大藏书家。

私家藏书往往为治学而藏，以达到对收藏的典籍实现学术传播衍生的目的。尤其是世家藏书，既以文献收藏传承为己任，更以学术编纂传衍为使命。藏书家们校正辑佚、编总刻印、自撰著述，形成了一种学术的传承衍生文化。康熙四十四年（1705），曹寅奉命编纂和印刷《全唐诗》。曹寅是藏书家，精通版本、校勘、目录之学。他一手擘画操办，设立扬州书局，董督其事，于五月初一天宁寺开局。从康熙四十四年（1705）五月一日至四十五年（1706）九月十五日，曹寅给康熙上奏的七个折子里详细地汇报了校订、编纂、书写、雕刻、印刷等问题。其主要贡献：

第一，搜求遗诗，使之完备。明人多出初、盛唐诗集，“中、晚唐诗，尚有遗失，已遣人四处访觅”，“益以内府所藏全唐诗集，又旁采断碑残碣，碑史、杂书之所载，补缀所遗，凡得诗四万八千九百余首，作者二千二百余人”，编成至今仍极具价值的一部唐诗总集。第二，拟定凡例，开创体例。前人编选唐诗，多以初、盛、中、晚四期划分唐诗的时代，正如凡例第十条写道：“唐人世次前后最为冗杂，向来别无善本。”曹寅在开创新体例上颇下功力，“商酌校刊全唐诗凡例，进呈钦定”。康熙帝也很重视，审阅后批道：“凡例甚好。”第三，书写雕刻，娟秀工整。康熙对刻书的字体很关注，他在给《文献通考》序中有专门的批示：“此后刻书，凡方体，均称宋字；楷书，均称软字。”这话透露出康熙帝对明朝正、嘉以来形成的横轻竖重的仿宋字体不甚喜欢，追求一种自己喜欢的新字体。曹寅选用唐代欧阳询、元代赵孟頫的楷书取代官刻长期沿用的宋体字。而且为了书写统一，“一样笔迹者甚是难得，仅择其相近者，令其习成一家，再为缮写”。如此精工，尽善尽美，扬州书局所刻之书，采用圆润隽秀的手写软体字，开一代新风。前后仅用一年零五个月的时间，就“装潢成帙，进呈御览”。这次机会，使曹寅为中国文化史做出了杰出的贡献。该书局所刻之书，字体娟秀工整，用纸洁白光亮，着墨乌黑均匀，成为清代雕版史上的佳作和“康版”的典范。

从《楝亭书目》可以看出曹寅作为诗人比较重视收集整理诗文材料。其收藏的唐诗总集、别集、选本、注本就有近百种，其中较多宋本、旧本，这些丰富的材料说明他本人素来唐诗学养的积淀。这不仅是他完成编纂刊刻《全唐诗》的内驱力，也促成了其家族文化的知识积累。曹寅带领十翰林之所以能够在这么短的时间完成至今都被人称赞的传世之作，得力于其藏书、识书的眼力。从曹寅的藏书、刻书，也可以看出曹氏家学的渊源。这一点已从《红楼梦》诗词化用《楝亭集》得到证实。如宝玉在“杏帘在望”题了一联：“新涨绿添浣葛处，好云香护采芹人。”后一句与《楝亭诗文钞》诗别集卷一《水仙》中“夜香深护读书人”几乎是一个意思。

曹寅从康熙四十三年（1704）至五十一年（1712）病逝，在这八九年之间，他于政事繁忙之暇，来往于金陵、仪真（江苏仪征）、扬州之间，把主要精力都放在了刻书事业上，事必躬亲，兢兢业业，从未怠忽，直到生命的最后一刻还念念不忘刻书之事。他借主政扬州书局之机，精工刻印了一些流传不广、内容有特色、濒临失传的宋元旧版书籍。其中《曹楝亭五种》是讲论文字、音韵的书籍，包括《集韵》《广韵》《大广益会玉篇》《类篇》《礼部韵略附释文互注》。这些书都是据当时稀见的宋元旧椠翻刻的，其中《集韵》影响最大。明清两朝，《集韵》只是作为稀世珍品藏于皇家的内府秘阁，民间难以获睹。曹寅得此珍本，本着对古人尊重、对今人负责的精神，马上邀请名家进行精校，并传之于世，世称“楝亭本《集韵》”。《集韵》经曹寅刊刻复出后，立即引起乾嘉学派学者的重视，戴震、钱大昕、段玉裁、王念孙等使用此书，稽考《广韵》的韵类以及与宋代韵书的关系，高度评价《集韵》在古音研究中的价值。

（三）唐诗学焊接在曹氏家族文化的链条上

传统文化的根基往往是通过家族文化这根链条一脉相承而流惠后学，沾溉学界。曹寅对唐诗的酷爱，使唐诗文化成为曹寅家族文化经典内容，最有力的证明表现在《红楼梦》的润泽和雪藏是全方位的，没有任何一种传统文化要素像唐诗文化那样全方位渗透和融合在《红楼梦》中，这种文化现象在其他古典小说中是绝无仅有的，唐诗文化像基因一样在《红楼梦》叙事结构中因袭和流转，焊接在曹氏家族的文脉上。

一是《红楼梦》诗词直接引用、间接化用唐诗达200多处。曹雪芹有深湛的诗歌造诣，而且多半与唐诗的影响分不开。

二是在叙事中取名寓意、状物写情、酒令诗谜、谈话说笑中也多取唐诗的诗句，或唐诗意象。第六十二回香菱道："前日我读岑嘉州五言律，现有一句，说'此乡多宝玉'，怎么你倒忘了？后来又读李义山七言绝句，又有一句'宝钗无日不生尘'，我还笑说：'他两个名字都原来在唐诗上呢。'"

三是把学唐诗的方法和对唐代诗人的解读都融于《红楼梦》叙事之中。它们无疑可看作曹雪芹诗歌观念的直接表达。如第四十八回香菱向黛玉笑道："我只爱陆放翁的'重帘不卷留香久，古砚微凹聚墨多'，说的真切有趣！"黛玉道："断不可学这样的诗。你们因不知诗，所以见了这浅近的就爱，一入了这个格局，再学不出来的。你只听我说，你若真心要学，我这里有《王摩诘全集》，你且把他的五言律读一百首细心揣摩透熟了，然后再读一二百首老杜的七言律，次再李青莲的七言绝句读一二百首。肚子里先有了这三个人作了底子，然后再把陶渊明、应、刘、谢、阮、庾、鲍等人的一看。你又是一个极聪明伶俐的人，不用一年的工夫，不愁不是诗翁了！"

总之，是历史给了曹寅机遇，加上他的文化修养和才干，成就了他奠基曹家的家族文化，奠定在清代文化史上的贡献和影响。如果没有曹寅，也许就没有曹家深厚的家族文化，中国文学史上或许就不会出现一个创造《红楼梦》的天才。而研究曹雪芹和他的《红楼梦》，不能离开曹家的家族文化。曹寅时期的曹家不仅富贵繁华达到了顶峰，而且富有文化艺术的氛围。然而，在曹寅去世后15年，即雍正六年（1728）曹家就被抄家，曹寅竭力经营的赫赫扬扬的贵族之家顿时如大厦倾颓，但曹氏家族文化并没有因此中断，在曹雪芹的身上得到了发扬光大。曹雪芹生活在这样一个正处于断裂层的家庭里，他在少年时代就感受了那场由盛而衰的大跌落，也正是由于这剧烈的人生变故，使得他有了更深刻的顿悟。曹氏家族遗风以及所积累延续下来的文脉反而更加养育了曹雪芹，并给了他巨大的精神财富，使他以如椽巨笔，写下家世衰变的不朽的文学著作。

（四）人文社交圈促进了曹氏家族文化的提升

在明清显赫的文化家族中，曹雪芹家族文化也曾绝一时。究竟其中存在什么样的机制？不同文化家族存在着不同的倾向，是封闭性的，还是开放性的，这不仅涉及能否长足发展，而且更重要的是家族文化能否提升到高层次。开放性的家族的核心人物在社会上都有广泛的影响。

首先，曹寅一生中，几乎与康熙时代所有著名的前辈文人和同辈文人有过结识和交往。美国学者史景迁在论说曹寅的社交圈时，谈了两个问题，首先界定了曹寅是上等阶层，他说：

> 曹寅，虽然是一个包衣，但却是上等阶层中的一员。这一点可从他的生活方式、他的教养、他的朋友以及他的品味上明显地看出来，虽然他从来没有参加过科举，也没有在通常的官僚机构中任职，但依靠着在皇室精英中的地位，他成为了上等阶层中的一员。

其次，史景迁又强调了两种文化在曹寅身上的融合和优势：

> 在曹寅那里，两种文化达到了一种平衡。很清楚的是，他不仅带着激情投入了满族军事操练的那种活跃的骑马生涯中，而且他还是一个汉族文化的灵敏的诠释者。①

这些复杂的因素交织在曹寅身上，形成他特定的高层人文社交圈子。从他交往的时空上，大体可以看出曹寅的高层社交圈有三点值得注意：

第一，曹寅一生的社交圈分为北京和江南两地。从康熙十四年（1675）到康熙二十九年（1690）曹寅一直在北京生活了15年。据史料记载，曹寅任侍卫时，年仅二十出头，住在皇都一所宽阔的庭院里，高大的房屋和雕花的门廊，一副豪富宅第的气派。曹家的钱财令当时无论是来京的名士，还是在京的穷翰林们

---

① 史景迁．曹寅与康熙[M]．上海：上海远东出版社，2005：53，58．

十分羡慕和趋同。何况年方弱冠，颖异的天资尤其在诗词经艺方面所显露出的才华，为顾景星、杜浚、杜岕等长者所称道。少年入侍，就有机会认识熊赐履、张英、高士奇等皇室的高级讲官。任侍卫又结识了众多当代著名文人，如著名的词人陈维崧和纳兰性德、戏曲家尤侗、学者施闰章等，并与他们成为朋友。纳兰性德于康熙十五年（1676）任三等侍卫，曹寅比纳兰性德小 4 岁，入宫做玄烨的侍读，从康熙十五年（纳兰性德 22 岁，曹寅 18 岁）到康熙二十三年（纳兰性德 30 岁，曹寅 26 岁），两人始终在皇室供职，长达 8 年之久，彼此建立了深厚的友情。这些在京城结识的名流学者，许多日后又成为他江南的座上客。曹寅与朱彝尊相识于康熙十七年（1678）开博学鸿儒科之时，杨钟羲《雪桥诗话》记载："子清官侍从时，与辇下诸公为长短句，兴会飙举，如飞仙之俯尘世，不以循声琢句为工，所刻《楝亭词钞》，仅存百一。"① 曹寅在江南和朱彝尊多有往来，康熙四十四年（1705）还把朱彝尊邀请到扬州诗局，请他对编纂《全唐诗》给予指教。朱彝尊还到仪真与曹寅相聚半月。在此期间，曹寅对朱彝尊真挚相待。考虑到朱彝尊晚年生活困窘，曹寅提出明年二月邀朱彝尊入诗局。朱彝尊担心招来嫉妒，未能成行。《全唐诗》于次年十月编纂完成。这部近千卷的煌煌总集，仅凭十人之力，在不到一年零五个月的时间里编成，疏误遗漏，在所难免。朱彝尊随即写了一份包括 147 种书的《全唐诗未备书目》的材料送曹寅，表达了他真切的支持。

第二，在江南，曹寅以他的文才、胸襟气度、政治地位，更能够广泛结交名人，成为江浙人文阶层的核心人物。虽然不乏投献唱和、附庸风雅之事，但在扬州、南京一带几乎形成了一个以他为中心的文艺沙龙，呼朋唤友。无论是社交的范围，还是学术层面，都不同于他在京都的社交圈。这一典型特征标志着其家族文化的提升。

曹寅回到江宁，为父亲出纪念书画集《楝亭图》，尤侗、叶燮、姜宸英等是他在京结识的老朋友，都为《楝亭图》题字作画。特别是"督造江宁，并兼盐课，公余多暇，开阁延宾，文酒之盛，时无伦比"。结交了许多在朝在野的江淮文

---

① 周汝昌．红楼梦新证[M]．北京：人民文学出版社，1976：487.

士。《青溪文集》谈及曹寅在江南的盛况："及公（曹寅）辖盐务于两淮，金陵之士从而渡江者十八九。"再加上曹寅又兼主持出版《全唐诗》等，有利他聚揽人才，如彭定求、查嗣瑮、杨中讷、徐树本、汪绎、俞梅、汪士鋐、车鼎晋、沈三等十位翰林，一时才俊荟萃，曹寅俨然成了一方风雅之主，有力地活跃了当时的文化空气，促进了人文阶层之间的交流和沟通。另外，他还资助负有人望的学者刊刻学术或诗文集。如顾景星的《白茅堂集》、施闰章的《学余全集》、朱彝尊的《曝书亭集》等，使得这些文化成果得以保存和流布。总之，家族文化与当代学界的交往、沟通和渗透，关乎一个家族文化的提升。曹寅和当世学界的名望所形成的文化沙龙是促使曹氏家族文化走向清代最高水准的标志。

第三，曹寅的高层社交圈大部分是与朝廷疏远的汉族知识分子，只有纳兰性德是满人。曹寅在江南为官二十多年，结识了不少明遗民中的重要人物。李希凡说：

> 周汝昌同志的《红楼梦新证》曾经记述了曹寅与所谓"身份声气极高的明遗士"黄岗"二杜"等"交游倡和，情谊异常"，而玄烨对已经解了职的宠臣熊赐履以及其后代的交结、活动，都屡次密令曹寅予以注意并奏闻，为什么独独那么放手让曹寅与"明遗士"广为交游呢？首先，曹寅是皇室的"家奴"，他的母亲又是玄烨的乳母，关系非同一般；其次，曹寅本身也是个知识分子，文学上很有造诣，能作诗写曲，在封建文人中颇有点"名望"。由他出面来笼络不驯服的封建士大夫——特殊使命的一个重要方面——是合适的，所以玄烨才那样对他信任。曹寅没有辜负玄烨的期望，他在江南结识了不少明遗民中的重要人物，如：钱澄之、杜濬、杜岕、顾赤方等，还网罗了如诗人朱彝尊、施闰章，戏曲《长生殿》的作者洪昇等，成为他的挚友。曹寅的江宁织造署实际上是康熙在江南的暗中搞情报和"统战"工作的一个机构。①

① 李希凡．关于江宁织造曹家档案史料 [M]．北京：中华书局，1975：10．

这些因素是存在的，也是不可忽视的。但更主要的是曹寅与名士的交往，或是心性志趣接近，或见知于诗文书画，更多的则是人格的敬重和心灵的沟通。清代法式善的《梧门诗话》抄本上有一则有关曹寅的记载，可见一瞥。里面谈到文人张大受题给曹寅的六首七言绝句："曹楝亭性豪放，纵饮征歌，殆无虚日。酷嗜风雅，东南人士多归之。张匠门题其诗后云。"其二：

当官雅意荡江湖，白下苏台兴总殊。
更到扬州歌吹地，狂吟肯让牧之无。

曹寅从 33 岁到苏州上任到其 54 岁病逝，二十多年间，不论"苏台""白下"，还是"扬州歌吹地"，都有他的行迹。他视官场如同"江湖"，把"当官"看似游荡山光水色，随时随处，雅兴所至，大有东南名士唱和之兴致，狂饮之性情。

四、百年贵族的没落

为了对曹家家世衰败有一个基本的认识，只有对整体把握，才能从复杂的历史现象中有一个清晰的认识，曹家兴衰和沉浮并不是像有人所说的"康熙喜欢的，雍正就不喜欢"，便笼统下结论。它有自己内在演化的动因，有外部的政治和经济发展态势的制约，有复杂而微妙的君臣关系潜在的钳制，也有历史机遇的偶然和错位。"草不谢荣于春风，木不怨落于秋天"，还是让我们把目光穿透历史的时空，回放那三百多年的历史画面吧。

（一）烈火烹油、鲜花着锦，"虚热闹"背后是巨大经济"亏空"

祁美琴在《清代内务府》中指出：

清代三织造本来只是内务府各部门官职中的普通官缺，只因内务府的历任织造官员都为皇帝"钦派"专差，又因在经费来源上与关差、盐政等国家重要财源部门建立了密不可分的关系而常常身兼关差、盐政等职；同时在清前、中期，因织造官员身负特殊政治使命而被视为皇帝“耳目”，所以三处织造官差的地位也随之发生了变化。①

何况康熙之际，江宁、苏州、杭州三织造管辖丝绸织机十万余张，几乎超过明末时全国的丝绸织机。清王朝掌管的江南三织造供应皇室的全部丝绸，实际控制了江南一带全部丝绸业的产销。因此，康熙十分重视江南三织造的人选。苏州织造李煦（1655 ~ 1729）的表妹是曹寅的妻子，杭州织造孙文成（1706 ~ 1728）是曹寅母亲的娘家人，都是经曹寅推荐而任命的，形成了以曹家为中心的握有经济特权的江南豪族集团，他们不受地方官的辖制。如康熙帝所说：“三处织造，视同一体。”康熙后四次南巡，经南京时住在江宁织造府曹家，经苏州时住在苏州织造李府，曹寅和李煦共同担当“接驾”的重任。

1．“火中取栗”——兼管两淮盐政

康熙四十二年（1703），曹寅奉旨与李煦轮流兼管两淮盐政。两淮盐业，供应当时中国一半的地区。清朝首任两淮巡盐御史李发元在《两淮巡盐御史题名碑记》中说：“两淮岁课，当天下租庸之半，损益盈虚，动关国计。”可见他们是为清王朝掌经济命脉的财政大员。曹寅任巡盐御史的那几年，正是曹家“烈火烹油，鲜花着锦”的时代。这“肥差”虽好，但毕竟打点的地方太多，康熙南巡、修建行宫和私下馈赠这三项是造成亏空的主要原因。

当时两淮盐政已经亏空。正如康熙四十三年（1704）七月二十九日，曹寅在《奏谢钦点巡盐并请陛见折》中所说：“盐政虽系税差，但上关国计，下济民生，积年以来委曲情蔽，难逃皇上洞鉴。”从康熙四十九年（1710）二月户部的一个奏折可知，由于“两淮从前积欠”，康熙四十二年（1703）派曹寅接手时，朝廷借给他“一百万”来启动盐政主持。在康熙执政的最后 20 年里，曹寅和李煦轮流接管两淮盐政，可见两淮盐政已到了刻不容缓要解决的地步。康熙让

① 祁美琴．清代内务府[M]．北京：中国人民大学出版社，1998：224．

曹、李二人兼理盐政，目的至少有三：第一，清理盐政弊端，补上历史亏空；第二，为朝廷财政创收；第三，可贴补织造上的亏空。

当然，康熙是为了利用自己的人，把更多的权力和金钱集中到自己的手里。那么曹、李二人除却“临危受命”外，为什么又敢蹚“火中取栗”的险路呢？曹寅连性命都搭上了，还断送了百年望族曹、李两家的前程。

曹寅和李煦在江南执行康熙的特殊使命，一面要笼络名士，应酬士大夫，另一面要监督地方官员，了解世风民情，修造行宫，向皇上进贡名贵古玩、地方特产，还要应酬皇子的勒索诈取……加之曹家、李家豪奢的生活，这岂是曹寅这个年俸 130 两银子的三品官所能支付的？因而，只得动用盐课国库。曹寅和李煦后期已是两头“困乏的骆驼”，只是“瘦死的骆驼比马大”，所以在外人眼中，织造府的曹家、李家哪里像个“衰败之家”？而曹寅心里则明镜似的，应了《红楼梦》里那句话：“如今外面的架子虽没有倒，内囊却也尽上来了。”所以他不止一次地发出“树倒猢狲散”的哀鸣。

曹、李二人轮流主持盐政，弥补亏空，初有成效后又开始滑坡，到康熙四十九年（1710）初，新旧亏空升至 102 万两。康熙皇帝对曹寅和李煦很是倚重，视为耳目，这确实是事实，但是他对曹、李二人在本职和兼职中的亏空也是早有警觉的。他改换容忍和规避的态度，开始过问二人吏治：

> 两淮情弊多端，亏空甚多，必要设法补完，任内无事方好，不可疏忽，千万小心，小心，小心，小心！
>
> 康熙四十九年九月初二日[①]
>
> 两淮亏空近日可曾补完否？
>
> 康熙五十年二月初三日[②]

---

① 故宫博物院明清档案部. 关于江宁织造曹家档案史料[M]. 北京：中华书局，1975：78.

② 故宫博物院明清档案部. 关于江宁织造曹家档案史料[M]. 北京：中华书局，1975：81.

亏空太多，甚有关系，十分留心，还未知后来如何，不要看轻了。

康熙五十年三月初九日[①]

康熙四十九年（1710）五月二十六日，康熙严饬李煦：

已后凡各处打点费用，一概尽除。奉承上司部费都免了，亦未必补得起盐差之亏空。若不听朕金石良言，后日悔之何及。尔当留心身家性命子孙之计可也。[②]

风闻库帑亏空者甚多，却不知尔等做何法补完？留心，留心，留心，留心，留心！

康熙四十九年八月二十二日[③]

每闻两淮亏空甚是利害，尔等十分留心。后来被众人笑骂，遗罪子弟，都要想到方好。

康熙四十九年九月十一日[④]

康熙盯住两淮盐政亏空，发出一次次严厉的警告。“两淮情弊多端”，“亏空甚多”，显然已不是指曹、李二人接任前的状况，也不是单指老账了。因为他们轮流主持盐政已达 8 年之久，新的亏空有增无减，所以才有五个“小心”、四个“留心”的告诫。康熙几次严厉提到风闻“亏空甚多”，是因为有人在告状，此人就是两江总督噶礼。他欲参曹、李二人亏欠两淮盐课 300 万两，被康熙制止了。康熙派人调查，查实结果是曹、李共欠 180 余万两。这大概就是康熙五十年三月曹寅提到的“尚该银一百九十余万两”。

① 故宫博物院明清档案部. 关于江宁织造曹家档案史料 [M]. 北京：中华书局，1975：82.

② 李煦. 李煦奏折 [M]. 北京：中华书局，1976：87.

③ 故宫博物院明清档案部. 关于江宁织造曹家档案史料 [M]. 北京：中华书局，1975：77.

④ 李煦. 李煦奏折 [M]. 北京：中华书局，1976：90.

2．迎驾造成帑银亏空

“欲奉宸游未乏人，两淮办事一盐臣。”（张符骧《后竹西词》）曹寅、李煦为康熙南巡营建宝塔湾行宫。康熙四十四年（1705）三月十二日，迎来康熙第五次南巡，御舟开抵三汊河宝塔湾。曹寅奏请起銮，同皇太子、十三阿哥、宫眷驻跸。又是演戏，又是摆宴，真“比一部书还热闹”。

《红楼梦》赖嬷嬷曾回忆：“哎呦！那可是千载难逢的！那时候我才记事儿。咱们贾府正在姑苏扬州一带监造海船，修理海塘，只预备接驾一次，把银子花的像淌海水似的！”正是对接驾的描述。

“三汊河干筑帝家，金钱滥用比泥沙。”（张符骧《竹西词》）迎驾康熙南巡既为曹家带来无上的荣耀，也为曹家埋下了祸根。脂砚斋对此批注：“借省亲事写南巡，出脱心中多少忆昔感今。”此话对我们理解贾蓉的话“再二年，再省一回亲，只怕就精穷了”，大有帮助。

而外还有种种勒索、行贿，等等，如皇太子胤礽两次派亲信灵普到曹寅处索取银子六万两。这些都得用盐课耗羡（或称“火耗”“耗馀”。所谓“火耗”，是指国家征得税银两熔铸成为块银时的折蚀耗损。但实际上已成为正课而外所征附加税的别名）所得来的支付，数以万计的耗羡仍然无法填补日益增长的巨额亏空。曹寅死前亏空帑银竟达 32 万两之巨，他说：

> 两淮事务重大，日夜悚惧，恐成病废，急欲将钱粮清楚，脱离此地。①

然而正是由于曹寅迎驾康熙南巡造成了亏空。康熙深知此中缘由，对此至为关切。

3．受宠遭受妒忌和陷害

在曹寅生前，发生一件事，对曹寅打击很大。当时作为新任内务府总管赫奕，大概受到内务府对曹寅嫉妒或不满的人的蛊惑，于康熙五十一年（1712）正月二十五日奏请查对西花园工程经费一案。后来查明是一个冤案，康熙严厉

① 故宫博物院明清档案部．关于江宁织造曹家档案史料[M]．北京：中华书局，1975：82．

地惩办了告状的人。

这一事件虽然是上司、同僚落井下石，但也说明两淮盐政的巨大亏空，已把曹、李两家推向险象环生的境地。西花园工程经费清查还没有完结，曹寅面对茫茫债海，思想负担很重，日夜陷入惊恐之中，终于在此年七月，一病不起，死在扬州。他的死与负债缠身、同僚陷害是分不开的，是难以招架而急死、忧死、累死的。曹寅的死，大概也使康熙内心感到负疚，曹寅毕竟是他的心腹奴才！于是康熙任命曹寅的儿子曹颙接替其父担起织造重任，安抚恐怕是其中一个因素。西花园查账这一事件把内务府上层与曹寅之间的矛盾暴露出来，统治集团内部的互相倾轧、争夺，都是为了权力和利益。说到底，康熙给曹、李两家的好处太多了。

康熙四十年（1701），曹寅在主管江宁织造之外，又主动承揽了一件承办铜觔的重担。

经久经营盐政和织造的曹寅，看出其中弊端，于是他在康熙四十年（1701）突然上折，提出由自己一人承办十四关的铜觔。先向朝廷借本银10万两购铜料，以后8年，每年交内务府12.5万两，8年共交本银及节余100万两。此时曹寅处心积虑要拿到采办铜觔的营生，一个重要目的就是弥补他在盐政、织造等方面不断显露出来的亏空。但曹寅所报，每年是王纲明、张鼎臣两处总数的一倍半，朝廷8年就多收入60万两白银。此举惊动了康熙，同时也暴露了铜觔采办的黑洞。8年后，曹寅要求继续办理铜觔一事，康熙没有支持曹寅，康熙怕曹寅因此更加招怨于内务府同僚，这一点清楚表明康熙对曹寅还是极其倚重和保护的。

康熙五十一年（1712）曹寅生病，对曹寅的健康状况，康熙至为关切，多次垂问“尔病比先何似”。曹寅于七月一日得了感冒，后转成疟疾，李煦代求圣药，康熙批道：

尔奏得好！今欲赐治疟疾的药，恐迟延，所以赐驿马星夜赶去。但疟疾若未转泄痢，还无妨。若转了病，此药用不得。南方庸医，每每用补剂，而伤人者不计其数，须要小心。[①]

康熙赐的是治疟疾的名药金鸡纳霜，现代名奎宁，让曹寅“连吃二服，可以出根”，不料曹寅“福分浅薄，圣药未到，遽尔病故”，去世时享年55岁。

（二）多事之秋的曹家

曹頫是曹寅的独子，在其父死后的第二年，即康熙五十二年（1713），17岁时继任江宁织造。

李煦在曹寅去世以后，为了帮助解决曹寅亏欠下的银子，康熙五十一年（1712）七月二十三日向康熙皇帝奏请《曹寅身故请代管盐差一年以盐馀偿其亏欠折》中称：

> 江南织造臣曹寅与臣煦，俱蒙万岁特旨，十年轮视淮鹾。天恩高厚，亘古所无，臣等虽肝脑涂地，不能报答分毫。乃天心之仁爱有加，而臣子之福分浅薄。曹寅七月初一日感受风寒，辗转成疟，竟成不起之症，于七月二十三日辰时身故。当其伏枕哀鸣，惟以遽辞圣世，不克仰报天恩为恨。[②]

这样曹寅本人连织造府所欠，共有32万余两的亏欠。李煦要求代管一年盐差，替曹家还债。康熙虽然同意了，却批出这样的话来：

> 曹寅与尔同事一体，此所奏甚是。惟恐日久尔若变了，只为自己，即犬马不如矣！

由此也看出曹寅和李煦的人品在康熙眼里是不同的。果然九月初在曹頫的《奏曹寅故后情形折》中清楚点明：“特命李煦代管盐差一年”，但要曹頫“看

---

① 故宫博物院明清档案部．关于江宁织造曹家档案史料[M]．北京：中华书局，1975：99.

② 李煦．李煦奏折[M]．北京：中华书局，1976：120.

着将该欠钱粮补完，倘有甚么不公，复命奴才折奏”。表明康熙对李煦的既不信任，又无可奈何。

康熙五十二年（1713）十二月二十五日，李煦代任盐差届满，得余银58.6万余两。结果“钱粮俱已清补全完”，还余3．6万两。康熙在曹颙奏折中批示：

> 当日曹寅在日，惟恐亏空银两不能完，近身没之后，得以清了，此母子一家之幸。余剩之银，尔当留心，况织造费用不少，家中私债想是还有，朕只要六千两养马。

曹寅之子曹颙接任织造仅两年，于康熙五十四（1715）年正月初八病逝。其舅父李煦在《与李鹾使》信中说：“曹舍甥病入膏肓，蒙至尊深为怜惜，乃福薄命殀，不可救药，竟于是月之初八日辞世。”①

康熙痛惜地说：“曹颙系朕眼看自幼长成，此子甚可惜。朕所使用之包衣子嗣中，尚无一人如他者。看起来生长的也魁梧，拿起笔来也能写作，是个文武全才之人。他在织造上很谨慎。朕对他曾寄予很大的希望。”②

康熙为使曹寅后继有人，特命曹寅的弟弟曹荃之四子曹頫为曹寅之子。并命曹寅过继子嗣曹頫接任江宁织造。关于曹頫的人品和学问，有如下资料可证：

1. 康熙五十四年（1715）曹頫《江宁织造曹頫复奏家务家产折》云：“窃奴才自幼蒙故父曹寅带在江南抚养长大。”③这说明他从小就寄养在曹寅任职的江宁织造府署中，受到了曹寅家学的培养和熏陶。

2. 曹寅《辛卯三月二十六日闻珍儿殇，书此思恸兼示四侄寄西轩诸友三首》之二：

> 予仲多遗息，成材在四三。承家望犹子，努力作奇男。

---

① 李煦．虚白斋尺牍[M]．北京：中华书局，2014：394．

② 故宫博物院明清档案部．关于江宁织造曹家档案史料[M]．北京：中华书局，1975：125．

③ 故宫博物院明清档案部．关于江宁织造曹家档案史料[M]．北京：中华书局，1975：132．

经义谈何易，程朱理必探。殷勤慰衰朽，素发满朝簪。①

曹寅盼望曹頫“成才”，并寄托他“承家”，成为好“奇男”。

3. 据《上元县志·曹玺传》载：“頫字昂友，好古嗜学，绍闻衣德，识者以为曹氏世有其人云。”②“好古嗜学”“绍闻衣德”语出《尚书·康诰》，表明他以儒家学说养心修性，对于程朱理学也有一定的造诣。

4. 康熙五十四年（1715）《内务府奏请将曹頫给曹寅之妻为嗣并补江宁织造折》引李煦奏语：“曹荃第四子曹頫好，若给曹寅之妻为嗣，可以奉养。”又引曹寅家人老汉的话说：“我主人所养曹荃的诸子都好，其中曹頫为人忠厚老实，孝顺我的女主人，我女主人也疼爱他。”

以上史料都是曹頫任江宁织造之前的，之后关于他的史料又集中在查抄曹家前后，由于各种原因，对其褒贬不一，难以为凭。倒是引述《龙之帝国》中一段外国人对曹頫的评价，颇能看出曹氏家风：

余祖腓立普赴华经商，有缘结识曹頫君，当时彼任“江宁织造”；并应曹君之请为该厂传授纺织工艺。曹君极其好客殷勤，常即兴赋诗以抒情道谊。余祖亦常宣教《圣经》，纵谈莎剧，以资酬和。（《南京日报》1982 年 7 月 31 日）

这段话值得重视，在记述中不经意地披露了曹頫个人的才情，使我们看到他自幼生长在曹寅家里，所受到的耳濡目染。曹頫当时虽是一个“黄口无知”的 16 岁小孩，但受到康熙的眷顾。我们从康熙五十七年（1718）六月二日，在曹頫请安折上的批语就看得清清楚楚：

朕安。尔虽无知小孩，但所关非细，念尔父出力年久，故特恩至此。

---

① 胡绍棠. 楝亭集笺注 [M]. 北京：北京图书馆出版社，2007：509.

② 吴新雷，黄进德. 曹雪芹江南家世考 [M]. 福州：福建人民出版社，1983：2.

虽不管地方之事，亦可以所闻大小事，照尔父密密奏闻，是与非朕自有洞鉴。就是笑话也罢，叫老主子笑笑也好。[①]

这段批语是何等“知心”，又是何等“亲密”。

（三）雍正上台与曹家的败落

康熙六十一年（1722）十一月康熙皇帝在畅春园病逝，雍正继位。内务府上层与曹家之间的矛盾并没有因朝廷主子的更换而减弱，相反，曹家没有了康熙这个保护伞，面临更加危险的处境。曹頫接任时进入雍正朝，短短五年中，所送的织品不断被发现有质量问题。从所存奏折中可知：雍正二年、四年、五年曹頫接连被参奏。

雍正帝心细如丝，深知内务府上层与曹寅间的矛盾，他认为：“即是织造官员织得不好，倘库内缎匹有不落色者，便是挑选缎匹人等，有意挑选落色缎匹，陷害织造官员，亦未可定。”可见雍正清楚内务府与三处织造府的深刻矛盾。而检验的结果是:“做皇上服用挂面，俱用江宁织造送之石青缎匹……逐一查看，俱皆落色。”事到如此，就是没有其他问题，单就此事，曹頫的江宁织造也坐不住了，可见下台只是早晚的事了。

康熙末年，吏治败坏，贪风日炽，致使“库帑日拙，日不暇给”“生民乏食，物价腾贵”（《清圣祖实录》）。雍正继位时，国库存银仅 800 万两，是一个财政匮乏的烂摊子。“户部亏银达数百万”“藩库钱粮亏空达数十万”。为了巩固新政权，雍正不得不有清理财政之举：“惩办贪官，清理亏空。”他登基不到一年就查出了几十宗大案。紧接着革职锁拿，抄家追赃，连皇亲国戚也不能幸免。

雍正上台整顿吏治，整肃纪律。新皇帝“颁发训谕直隶总督以下等官”，指出各方面的弊政，开始全面整顿。其中对盐政，他指出：“盐道一员，尤关国课，迩年盐法弊窦丛生，正项钱粮每多亏欠。一由上下各官需索商人。巧立

---

① 故宫博物院明清档案部. 关于江宁织造曹家档案史料 [M]. 北京：中华书局，1975：150.

名色，诛求无已，穷商力竭，不得不挪新补旧。”再则盐商“用度奢靡，相仍陋俗，不知节俭”。他要求盐政尽情革除“陋例积习”，“必思何以商，何以裕课，上供军国，下利闾阎，方为称职”。雍正的全面整顿抓得准，击中了要害。雍正的整顿加快了曹、李两家垮台的进程。

雍正元年（1723），李煦被抄家。

雍正二年（1724），一开始雍正并没有把曹頫与李煦一起治罪，而是允许他将亏空分三年还完。曹頫感激涕零，在谢恩奏折中向雍正表白说：

> 窃念奴才自负重罪，碎首无辞，今蒙天恩如此保全，实出望外。奴才实系再生之人，惟有感泣戴罪，只知清补钱粮为重，其余家口妻孥，虽至饥寒迫切，奴才一切置之度外，在所不顾。凡有可以省得一分，即补一分亏欠，务期于三年之内，清补全完，以无负万岁开恩矜全之至意。

雍正朱批：

> 只要心口相应，若果能如此，大造化人了。①

在训诫之中，雍正对曹頫还是给予了很大的空间。

雍正五年（1727）年二月，已被革职的李煦又被查出在康熙五十二年（1713）曾为阿其那买侍婢，不久李煦由处斩改为发配打牲乌拉，李家一族彻底衰败。

雍正五年（1727）年三月初一，在孙文成收到雍正“特赐教诲”后所递的感恩折上，雍正批道：“尔年已迟暮，趁此岁月，恪秉一诚，即以效忠，兼以造福，顾不美欤。”可见雍正并没有将孙文成与李煦一视看待。“年已迟暮”，孙文成的离职是必然的。

1727年秋，曹頫解运三处织造的龙衣等织品进京，途至山东长清县等处，“于勘合外，多索夫马、程仪、骡价等项银两”。结果事后被泰安知州王夔告

① 故宫博物物明清档案部．关于江宁织造曹家档案史料[M]．北京：中华书局，1975：175．

到山东巡抚塞楞额处，巡抚又通报朝廷。塞楞额的奏折只是要求“请旨禁革”，即请禁止扰驿站，但十二月初四雍正批复要将勒索驿站的织造人员交吏部严审，而当时曹頫还在北京。1986 年，在大连图书馆发现雍正六年（1728）六月十一日总管内务府关于曹頫等骚扰驿站案的题本，从中可见曹頫骚扰驿站仅得革职处分，与其抄家并无必然联系，至少并非因果关系。

曹頫垮台的直接原因，是正逐渐得到雍正的高度宠爱的噶尔泰，1724 年被任命为两淮巡盐御史，他担任此职直到 1729 年。他对江南官员的考察和行为，秘密向皇上奏报，奏折上的朱批是他人不会知道的。

雍正五年（1727）二月八日，噶尔泰呈递了一件奏折，报告各类地方官员的德能。所涉及的范围，从盐商的儿子们到江宁和扬州的知府们，直到省级布政使和按察使，曹頫排列在第三。噶尔泰写道：

> 访得曹頫年少无才，遇事畏缩。织造事务交于管家丁汉臣料理。臣在京见过数次，人亦平常。

雍正五年（1727）十二月十五日命绥赫德接管江宁织造。

曹頫受审的第九天，十二月二十四日雍正便以“转移家财”为据，将其抄家。冯其庸《曹雪芹家世新考》认为：“不是因为驿站案。而所谓的‘转移家财’这个罪名，必然要有人告讦，雍正本人不可能凭空捏造，即使是捏造，也必须假手于人，而这个‘人’，有的研究者认为很大可能就是曹家的‘不和者’，我认为这样的分析是有一定道理的，不是无根据的猜想。但这种不和的因素，只有到了曹家进入了倒霉的时期，才能起作用，不是任何时候都能起作用的。所以它在曹家的败落中，是一根引爆的导火线。”

曹頫此后的情况因档案零落不全，我们只能就现有史料大略知道：雍正六年（1728）曹家被抄，曹頫在任 13 年。上面我们回放了曹家家世的历史画面，对曹家的兴衰和沉浮有了一个大致的了解。曹家的衰败是一个复杂的社会现象，它有一个长期的演化过程，从康熙四十九年（1710）内务府有人弹劾曹、李二人，至雍正二年（1724）长达 15 年，统治集团内部争夺和倾轧，导致错综复杂的人际关系的变化，都在一定程度上影响康熙和雍正心理的微妙变化，都会波及到曹家。因此，它是政治的因素、经济的因素、人际的因素，方方面面，汇合到一起，彼此消长，终于使曹家走到被抄家的地步。

虽然这个时期史料极其缺乏，但我们在蛛丝马迹中也可以看到，曹氏文化家族的传统在继承、在延续。通过上述简单的对史料的梳理和勾勒，我们可以得出如下结论：

第一，在曹雪芹之上，曹氏三代四人为江宁织造，这一特殊的政治地位和权势是曹氏文化家族长期存在的直接原因，家学与权势的结合，彼此支持，以此依托，形成百年望族——曹氏文化家族。

第二，在曹氏文化家族整个形成过程中，曹玺是把传统文化作为家学的内容继承下去；曹寅是曹氏文化家族的开创者；从家族文化的传承和积淀来说，站在家族肩上，绽放异彩奇葩的则是曹雪芹。

第三，曹氏文化家族的特征是一种财富，一种精神财富。它涵养了人的气质，提升了精神境界。尤其是苦难，对于有这种家族精神财富的人来说，才能够使其成为一个真正有思想的人，一个有风骨的人。否则，无论其身世遭际如何，都不可能成为伟大的人物。

第二章 曹雪芹素描

虽经近百年红学考证、追索，但也很难准确地描绘曹雪芹人生命运的曲线图。只能依据已知的史料，对曹雪芹的性格、才气、创作以及生活的足迹进行素描。

当年与雪芹交厚的清宗室子弟敦诚、敦敏和张宜泉，彼此唱和，留诗数首，这极其珍贵的文字，可以使我们了解到雪芹豪放不羁、才华横溢、高谈雄辩的风貌；了解到他叠遭大故，感愤时事，倾注笔端，执着创作；了解到他晚年生活困顿，流落京郊。除却曹雪芹家世档案材料和《红楼梦》脂评批注提供的若干信息而外，敦敏、敦诚等人的诗中关于曹雪芹的行状就是最有价值的了。尽管诗歌使我们感悟到的是凝缩在诗句中的精神，一种追求独立人格的精神，一种人生的无奈，在无奈中寻找个性至上的精神，但毕竟是真实的，神于形中。正是这种诗的灵感，复活了沉睡而冷漠档案史料中的一种灵性，激醒了锈渍斑驳的文物中的一股生气，焕发出虫蠹风蚀字画中的一点光彩，从中使我们体味、追思一代文豪的性格神韵、文采诗胆和气节风骨。

一、曹霑剪影

在1921年胡适发表《红楼梦考证》之前，我们对《红楼梦》的作者曹雪芹所知甚少，连他的生卒年都不清楚。胡适第一次考证出曹雪芹的卒年，大致确定了曹雪芹生活的时代，并考证出曹雪芹的家世，所以我们先从曹雪芹卒年说起。

（一）曹雪芹卒年

目前，学术界关于曹雪芹卒年最主要的说法有两种，但没有什么本质的差别。

一为壬午说。

曹雪芹卒于乾隆二十七年壬午除夕，公历为1763年2月12日。这种说法提出的最早，根据是1928年胡适购得甲戌本《脂砚斋重评石头记》，依据第一回的一条脂批：

> 能解者方有辛酸之泪，哭成此书。壬午除夕，书未成，芹为泪尽而逝。余尝哭芹，泪亦待尽。

自胡适1928年在《考证红楼梦新材料》中提出此说后，基本没有异说。

一为癸未说。

主张曹雪芹卒于乾隆二十八年癸未除夕，即1764年2月1日。这是周汝昌1947年在天津《民国日报》上发表《红楼梦作者曹雪芹生卒年之新推定》一文。他的根据是从敦敏《懋斋诗钞》的《小诗代柬寄曹雪芹》得来的。他说："在雪芹至友敦敏所著《懋斋诗钞》中，有一首以《小诗代柬寄曹雪芹》为题的五律诗，内容是请雪芹于'上巳前三日'到他家来饮酒赏花；从《诗钞》中诸诗排列的年月次序来看，这一首很明显是癸未年的作品（此诗前三首题下也正注明"癸未"），那么，雪芹癸未暮春时期还在人间，不应于前一年"壬午"除夕已然"去世"；所以，雪芹实当是卒于癸未年的除夕，而脂砚斋批书时因时

曹雪芹像

隔已久（批于“甲午八月”，乃乾隆三十九年秋日，雪芹卒后之第十一年），故而误记了那一年的干支。”①

新中国成立后，分别支持两说的文章都曾发表过，主“壬午说”的有俞平伯、王佩璋、周绍良、陈毓罴、邓允建等。主“癸未说”的有曾次亮、吴恩裕、吴世昌等。

1962年由中华全国文学艺术界联合会、中国作家协会、中华人民共和国文化部、故宫博物院四家联合主办“曹雪芹逝世二百周年纪念展览会”前夕，关于曹雪芹的卒年论战达到高潮。据当年参加筹备工作的至今唯一健在的红学家刘世德先生回忆：

> 筹备工作组又反复征求了首都红学家和有关方面的意见，并报请上级领导批准，决定在曹雪芹卒年问题上采用“壬午说”。于是在展览会第四部分，在“曹雪芹的生平”的“说明”中写道：“曹霑，号雪芹、芹圃、芹溪，生于康熙五十四年（1715），卒于乾隆二十七年除夕（1763年2月12日）。”

① 周汝昌. 红楼家世：曹雪芹氏族文化史观[M]. 哈尔滨：黑龙江教育出版社，2003：77.

并注明："一说卒于乾隆二十八年除夕（1764年2月1日）。"第四部分还有一个"曹雪芹年谱"，在"乾隆二十七年除夕"之下，写道"曹雪芹卒"。

实际上展览会选择在1963年举行，而不选择1964年，已经表示了它在卒年问题上的倾向性。①

关于曹雪芹卒年的两种说法，笔者在2011年9月对冯其庸先生访谈时，他说：

尽管甲戌本只有16回，但是它的价值高——它有它所独有的四百余字，还有一些己卯本、庚辰本所没有的批语，如"壬午除夕，芹为泪尽而逝"。这一大段批语多重要！以前有人认为"壬午"是记错了，现在由于"夕葵书屋本"有同样的记录，还有张家湾出土的曹雪芹墓石上面也有"壬午"两个字。这些证据都确凿地摆在那里，曹雪芹确实是在壬午除夕去世的。而且，尽管有癸未年《小诗代简寄雪芹》，约他上巳前三日来喝酒的诗，但没有下文。我请你，你也没理。那时候没有电话，只能写信、写诗，他连答复也不答复。这是一个问题。第二个问题，就算撇开这件事，癸未年只有这首诗，其他朋友自癸未年和癸未年以后再也没有关于曹雪芹的诗了，只有悼念他的诗。这只能说明曹雪芹壬午除夕就不在了，但他的朋友可能还不知道。因为壬午除夕到癸未三月三实际上只隔了两个来月，而当时曹雪芹在西郊，住在白家疃那一带，家里面只有遗孀，没有人给她传递信息，当时敦诚、敦敏还不知道，还寄信去邀请他去喝酒，这完全可能的。不要说在那个时代，就是我们这个时代，有时候朋友发生意外都不知道。今天都存在类似的事情，何况在曹雪芹生活的那个时代信息不灵通，死后两个月朋友不知道并不奇怪。②

① 刘世德. 旧事杂忆：关于"曹雪芹逝世二百周年纪念展览会"[J]. 红楼梦学刊，2003（1）.

② 郑铁生. 冯其庸先生访谈录[J]. 曹雪芹研究，2013（1）.

这场论争虽没有结论，但正如周汝昌先生在1962年《再商曹雪芹卒年》中所指出："曹雪芹卒年问题中'壬午''癸未'的讨论，诚如陈毓罴同志所说：已'趋向于更细致更深入'。总的来看，到目前为止，壬午说的依据仍只是脂批'壬午除夕'一语，癸未说的依据仍只是《懋斋诗抄》的编年和《小诗代简》的作于癸未，两方面在论据上都无太多的补充和增益。"但是有一个现象值得重视，这就是周汝昌先生所讲的："癸未说则尝试从《懋斋诗抄》和《四松堂集》的整个情况、全面联系中，去看它们的编年排次，来论证《小诗代简》的作于癸未，并尝试从壬午、癸未这两年间雪芹、脂砚、敦敏、敦诚诸人共同活动的众多情况和联系中去探讨雪芹究竟于哪年秋天才有伤子、致疾，以致接近死亡的线索和迹象。"① 周汝昌先生这段话很值得重视，壬午说的根据的确没有留下什么探讨的空间，而癸未说却指向了曹雪芹的生平，产生了其派生的意义。因为壬午说和癸未说只是一年之差，对曹雪芹的生平没有多大实质的意义，而通过探讨这一问题，深入了对曹雪芹生平认识，那意义则莫大矣。周汝昌先生从1948年提出癸未说，到2002年写出最后一篇关于卒年的论文《治红学　先通文义——曹雪芹卒年癸未论证》，长达半个世纪的积淀，凝缩为三点：

1. "敦诚挽雪芹诗，有自注云：'前数月，伊子殇，雪芹因感伤成疾。'是说雪芹之逝，是由于爱子于数月之前病亡，因而伤痛致疾——父继于后同归故陇。词意至为明白。"换句话说雪芹去世比其子亡还要早，是不能成立的。

2. "'孤儿渺漠魂应逐'，爱子没了，父亲的亡魂想必会是相逐而追随吧？"这里明确了"魂应逐"的主语是曹雪芹，才能明白下一句话的意思。

3. "哀旌一片阿谁铭"，即已经说清楚了：丧礼中的铭旌，应由孝子题写，今子先父亡，故叹息雪芹爱子已殇，谁又能给他备写铭旌呢？

周汝昌先生宕开壬午与癸未双方的具体辩驳，而极力从"知人论世"的角度谈雪芹之死、送葬、悼亡的景象。这与曹雪芹在香山的传说是吻合的。1963

① 周汝昌．红楼家世：曹雪芹氏族文化史观[M]．哈尔滨：黑龙江教育出版社，2003：104．

年3月一批红学家吴恩裕、吴世昌、周汝昌、陈迩冬，以及吴恩裕的夫人骆静兰女士，专程访谈了张永海先生。从清初到现在，张永海先生家住在香山正黄旗。他口述历史说：

在他搬进去这个新屋以前，他的原配夫人已经死了，跟他住在这里的，是他的续房和前妻的儿子。

曹雪芹就有一个儿子，这是他的一点希望，好容易孩子长到十几岁，可惜一场病便死了，据说得的是白口糊（白喉）。这是乾隆二十八年（公元一七六三年）的事。……伤子之痛，对曹雪芹是个重大的打击。他原本心情就不好，生活条件又差，加上这件事，他就得了重病，卧炕不起了。尽管贫病交加，他也没有停笔写书。鄂比先生去看望他……劝他保重身体，他回答说："我总算把它写完了，该写的写了，该为的为了，我要是不成了，你就把它拿去找个机会印出来。……"这一年的农历除夕，曹雪芹就与世长辞了。[①]

张永海先生的口述史与敦敏、敦诚、张宜泉等诗歌所咏，相互印证，是绝好的口碑材料与历史文物的统一，也是乾嘉学派传统历史考证的重要方法。可见，在未有新材料发现之前，曹雪芹卒年为癸未，是很合乎情理的。然而有一些红学家对田野调查和口述史很轻视，这是浅薄之见。美籍华人学者唐德刚在《史学与红学》一书中谈到口述历史说："口述历史是在中国和外国都有的老传统。……我们中国有记录的历史应该从孔子的《春秋》算起，而孔子的《春秋》却断自唐尧虞舜，那么唐尧虞舜的历史都只是传闻，也就是口述历史了。后来的三皇五帝也都是以口述为凭推出的史前历史。……刘汉以后也有很突出的口述历史，那就是司马迁《史记》中的列传七十篇（再大胆假设一下）可能有一半是他道听途说的……最好的例子是《刺客列传》写荆轲刺秦王那一段，他说

---

① 张永海口述，张家鼎整理．曹雪芹在香山的传说[N]．北京日报，1963-04-18.

得很明显……始公孙季功、董生与夏无且游，具知其事，为余道这如是。……另外如太平天国覆灭时，忠王李秀成的供词（口供）也是我国传统‘口述历史’的上品。……大陆上最好、最出色的一本口述历史的书，应是末代皇帝溥仪的《我的前半生》。”[①] 所以说口述历史和文字记载的文献，有不可割断的脐血联系。而周汝昌先生所主张的癸未说，不单是一个论点，也是一个方法，这就是研究问题要朝着“知人论世”方向去思考。

（二）曹雪芹生年

曹雪芹卒年确定以后，学者们又根据和曹雪芹晚年交往密切的朋友所写的诗文，如敦诚诗句“四十年华付杳冥”，张宜泉诗序“年未五旬而卒”等，进行了推算，认定曹雪芹活了多大年纪，然后考证出他的生年。

1. 曹雪芹大约生于康熙五十四年（1715）

这是李玄伯1931年在《故宫周刊》第八十四期上著文提出的，其根据有康熙五十四年（1715）三月初七曹頫一折为证。他说：“奴才之嫂马氏，现因怀妊孕已及七月，恐长途劳顿，未得北上奔丧，将来倘幸而生男，则奴才之兄嗣有在矣。……且《红楼梦》中人物：贾兰系遗腹子，而宝玉出家，亦有遗腹子，则此种推测，虽近于武断，然不为无理矣。”[②]

李玄伯推论此“遗腹子”是曹雪芹。他说：“康熙五十四年下去乾隆二十七年，凡四十七年，若其遗腹系男子，证以敦诚诗‘四十年华付杳冥’句，或即雪芹耶？”这一说被学术界普遍接受。1980年王利器先生在《红楼梦学刊》（第4辑）著文《马氏遗腹子·曹天佑·曹霑》，又增添新的论据，他说：

> 由于近年发现的五庆堂《重修辽东曹氏宗谱》明载：“十三世，颙，寅长子，内务府郎中，督理江南织造，诰封中宪大夫，生子天佑。十四世，天佑，颙子，官州同。”这条材料，充分证明了曹天佑就是曹颙于康

---

① 唐德刚．史学与红学[M]．桂林：广西师范大学出版社，2008：23.

② 吕启祥，林东海．红楼梦研究稀见资料汇编[G]．北京：人民文学出版社，2001：376.

熙五十四年三月初七日，《代母陈情折》所说的“将来倘幸而生男，则奴才之兄，嗣有在矣”的遗腹子，这是无可置疑的，这是完全可以执天下悠悠之口的。取名天佑，实际上是标识着曹氏一家，自曹寅之妻李氏、曹颙之妻马氏两代遗孀，当时所祈祷的如天之佑，“幸而生男”的强烈愿望。天从人愿，居然生子，肇锡嘉名，名曰天佑，这自然是所以表达上感彼苍，下报当今，命名通天的全部意义之所在。

1983年王启熙先生也在《红楼梦学刊》（第三辑）发表文章《曹雪芹即曹颙遗腹子的几点确证》，又作了如下补充，因原文较长，择其结语：

（1）康熙五十四年五月出生时，取“天佑”为乳名，以示感恩戴德。

（2）康熙六十一年前，六七岁上学时，取“霑”字为学名，亦取恩泽之意，与“天佑”有关联。

雍正六年后，十三岁，曹家变故后，将“天佑”更名为“雪芹”。

在这之后，根据“雪芹”表字，起“芹圃”和“芹溪”的别号。

曹雪芹为曹颙之子，生于康熙五十四年（1715）这一说法，为学术界普遍认同。胡文彬先生2008年纪念曹雪芹回北京280周年，推出一本专著《红楼梦与北京》，在《题记》中写道：

（曹雪芹）母马氏，随曹颙居南京，曹颙卒时她已有七个月的身孕。约康熙五十四年（1715）六月某日生雪芹于南京织造府内，俗称“遗腹子”。

张俊先生2013年在《新批校注红楼梦》前言中明确地写道：

《红楼梦》的作者曹雪芹名沾，谱名天佑，字梦阮，号雪芹，又号芹圃、芹溪。康熙五十四年（1715）乙未夏，他出生在南京的江宁织造府；乾隆二十七年壬午除夕（1763年2月12日）病逝于北京，享年四十八岁。

2. 曹雪芹生于雍正二年（1724）四月二十六日未时

这是周汝昌先生的考证，他主张曹雪芹卒年为乾隆二十八年（1763），生年雍正二年（1724），正好“四十年华付杳冥”。

这种说法有几个问题，曹雪芹13岁遭受巨大的变故，经历过钟鸣鼎食、繁文缛节的贵族生活，是他创作的生活来源和情感动力。如果生在雍正初年，则丧失这根本的创作源泉。为了补上这一缺憾，周汝昌先生又提出乾隆年间“曹家中兴”，曹雪芹经历繁华生活，然而史料苍白，不能证明“曹家中兴”，所以至今学术界倾向这种说法的，寥寥无几。

曹雪芹生卒年的确立，使我们大体可以知道曹雪芹生活的具体时代。

（三）曹雪芹名号

曹雪芹，名霑，字梦阮，号雪芹，又号芹圃、芹溪。

曹雪芹的名这个“霑”字，含义是雨水充分，浸润土壤。《诗经·小雅·信南山》：“既霑既足，生我百谷。”指上天的恩泽，雨露浸润，百谷丰足。曹家深受皇上的宠信，给曹家这个男孩取名“霑”，大概寓意沾了“浩荡皇恩”。

曹雪芹的曾祖、祖父、父辈与康熙朝几乎始终，做了五十多年江宁织造，深受皇上的宠信，给曹家这个男孩取名“霑”，“叨沐”“浩荡皇恩”。这里寄托了他的长辈的想法。

而他自号“雪芹”，就与“天恩祖德”大相悖逆。曹雪芹自号“雪芹”，和他生活的自然环境相关。北京西郊处在永定河的冲积扇上，形成海淀、万泉庄湖泉水系，万泉庄的群泉流潴而成海淀，成为名副其实的“水乡”，水田棋布，长堤蜿蜒。与近在咫尺的重峦叠嶂的山景相辉映，构成一幅巨大的山水画卷。清代利用这天设地造的优美环境，自康熙至乾隆的百余年间，不惜人力、物力和财力，营建了畅春园、圆明园、万寿山清漪园、玉泉山静明园、香山静宜园等著名的皇家离宫，称为“三山五园”。玉泉山泉从岩石裂隙中喷涌而出，“鸣若杂珮，色若素练”，在金代就列入燕京八景之一“玉泉垂虹”。而乡间田野到处是亮晶晶、水汪汪的坑、沟、洼、淀，滋润着西郊的一草一木。每当冬春季节，田野到处生长着嫩绿的野芥菜，给百姓的餐桌添了一道野味。

水洼与人们的生活息息相关，湖泊承载着人们的喜怒哀乐和悲欢离合。香山地区流传的曹雪芹故居一副对联：“门前古槐歪脖树，小桥流水野芹麻。”这种生活环境自然和苏诗的意境相共鸣。“雪芹”典出苏轼的《东坡八首》之三：

自昔有微泉，来从远岭背。
穿城过聚落，流恶壮蓬艾。
去为柯氏陂，十亩鱼虾会。
岁旱泉亦竭，枯萍粘破块。
昨夜南山云，雨到一犁外。
泫然寻故渎，知我理荒荟。
泥芹有宿根，一寸嗟独在。
雪芽何时动，春鸠行可脍。

这首诗的大意是：东坡原有一股微细的泉水，从岭背流下，穿进城镇，变成浊水，使得蓬艾丛生，鱼虾聚集。后来天旱，泉水干涸，萍草枯萎。忽然，夜来喜雨，但荒凉的“芹圃”上只见野草丛蔚。幸好，泥巴里还孤零零地遗存着些一寸来长的芹菜老根。这些老根耐过冰雪严寒，来年春日长出嫩白的芹芽，就可以做成芹芽烩鸠肉了，那可是一道美味佳肴。苏东坡写这首诗的时候，正是因“乌台诗案”，被逮捕下狱，险些丧命。在一些同情者的援救下免死出狱，被贬谪到了黄州。元丰四年（1081）春，他申请到一块荒芜的官田，取名“东坡”，躬耕陇亩。曹雪芹自遭家庭大败，中年贫困到了“举家食粥酒常赊”的地步。他自号“雪芹”，从“泥芹”“雪芽”中取义，其意味深长。他是怀着“无材可去补苍天”的遗恨，以极其严肃认真的态度，经过长期的辛勤劳动写作《红楼梦》。书中熔铸着他的亲身经历和生活理想。“雪芹”的寓意，恰如他被困“荒村”——虽然秋日“满径蓬蒿”，冬月“雪夜”“破毡”，但“芹根”犹在，期望着“春天”的到来!

一名一号正好反映了曹雪芹一生的特点：处在兴衰、荣落、贵贱、悲欢、爱憎、雅俗众多“交叉点”上。

二、秦淮旧梦

曹雪芹交往最多的是敦敏、敦诚兄弟。

敦氏兄弟是清太祖努尔哈赤第十二子英亲王阿济五世孙，因其家族政治上的大起大落，后世子弟沦落闲废。大概“同是天涯沦落人”之故，他们的诗文中披露出有关曹雪芹的信息。

敦敏有一首诗题《芹圃曹君（霑）别来已一载余矣。偶过明君琳养石轩，隔院闻高谈声，疑是曹君，急就相访，惊喜意外，因呼酒话旧事，感成长句》，将他们的情感之密、倾心之交，毕现无遗。不仅写出“别来已一载余”的思念，“忽漫相逢”于“养石轩”的惊喜，自己“急就相仿，惊喜意外”的欣喜若狂，寥寥数语，其音容笑貌宛如眼前。而且还表现出雪芹的爽朗和健谈，特别是诗题中“呼酒话旧事”更吐露了他们聚合之时的思想“情结”。

其诗云：

可知野鹤在鸡群，隔院惊呼意倍殷。
雅识我惭褚太傅，高谈君是孟参军。
秦淮旧梦人犹在，燕市悲歌酒易醺。
忽漫相逢频把袂，年来聚散感浮云。

“秦淮旧梦”，意指秦淮河流经南京城，两岸风物繁华，自古就是名胜之地。曹家从曹玺、曹寅、曹顒到曹頫，祖孙三代四人，先后在南京任江宁织造，长达近60年。特别是曹雪芹的祖父曹寅把曹家推向钟鸣鼎食的望族，曹雪芹的童年和少年就在江南度过，这一切给他的心灵刻下了不可磨灭的印迹，给他一生留下刻骨铭心的回忆。而恰恰是这一切恰如敦敏《赠芹圃》诗云：

秦淮风月忆繁华，新愁旧恨知多少。

所以这两句诗涵盖了这些落魄的八旗才子“话旧事”“忆繁华”“悲遇合”的内容，也可以说是贯穿他们聚合的思想“情结”。对于敦氏兄弟来说是“旧梦”，而对于曹雪芹来说，“秦淮旧梦”则升华为创作的意象、情感和欲望。

（一）“秦淮旧梦”奠定了《红楼梦》的意向结构

“秦淮旧梦”是泛指，实际上指曹雪芹童年、少年时代生活过的地方，如苏州、扬州、南京等江南之地。《红楼梦》一开始就从苏州“富贵风流之地”——阊门写起。黛玉是苏州姑娘，妙玉出家蟠香寺，薛蟠从虎丘带回来的泥人等，许多学者对《红楼梦》素材的来源，及其人文积淀的探索，已经从江宁织造的南京延伸到对苏州织造李煦的考证和研究，从不同的角度和不同的层面揭示了南京、苏州等地与《红楼梦》创作素材的关系。

中外文学史许多作家都谈道，童年的人生体验生成并造就作家一生的心理结构和意向结构，对一个人的个性、气质、思维方式等的形成和发展起着决定性作用，甚至引导和制约着一个人今后一生的思维、情感和言行的发展轨迹。所以，作家童年的人生体验，是我们打开作家创作心灵的一把钥匙。尽管我们对曹雪芹的身世了解是粗线条的，但从物化在《红楼梦》中的审美意象来反观曹雪芹的创作心理，对他童年来自南京和苏州的生命体验，还是可以粗线条地把握的。

《红楼梦》前八十回描写宝玉童年到16岁的少年生活，构成了全书的主体篇章结构。这恰恰是作者曹雪芹在创作中对自己童年人生体验的折射。体验是什么？就是创造主体带有强烈情感色彩的、活生生的、对于生命之价值与意义的感性把握。显然，在这种意义上的体验触及了艺术的本质。读懂曹雪芹童年的人生体验，是打破曹雪芹创作《红楼梦》人文积淀和审美意象的瓶颈，唯有此，才能复原毫无生气的史料的鲜活基因，复原不为人所知的曹雪芹艰难的创作历程。

1. 皇恩浩荡，恩泽曹家

曹寅接续父亲曹玺江宁织造之职，父子掌控长达四十多年，是曹家深受康熙的恩宠，并不断走向辉煌的时期。南京是曹雪芹童年、少年生活的故土。

李煦与江宁织造曹寅妻子李氏是义兄妹，从辈分上说李煦是曹家的大舅爷。他接任苏州织造既是曹寅的推荐，也是康熙精心的安排。曹寅与李煦两家相交二十年，公私兼顾，休戚与共，视如一体。曹、李两家均为内务府正白旗包衣人，曹寅的母亲孙氏和李煦的母亲文氏，都曾做过康熙的保姆，成为皇帝的亲信。康熙后四次南巡，经南京时住在江宁织造府曹家，经苏州时住在苏州织造府李家，他俩共同担当了“接驾”的重任。曹寅死后，雪芹的父辈曹颙、曹頫继承江宁织造之职，都是由李煦提携和照应的，两家亲眷南京与苏州时有往来。特别是曹寅去世后，李煦更是曹家的撑腰人，所以，苏州也是曹雪芹童年、少年生活的主要地区。

康熙五十一年（1712）七月，曹寅盛年在扬州病故，这对于曹家来讲，犹如天塌了下来，而且在其任上的亏空，倘若皇帝追究，则势必家破人亡。当时内务府奏请皇帝江宁织造补缺的名单上虽有五人，却没有曹寅之子曹颙。而康熙否定全部人选，特降谕旨：

> 曹寅在织造任上，该地之人都说他名声好，且自督抚以至百姓，也都奏请以其子补缺。曹寅在彼处居住年久，并已建置房产，现在亦难迁移。此缺着即以其子连生补放织造郎中。①

在曹家受到重创、命蹇时乖的危难时刻，得到康熙皇帝的直接眷顾，苏州织造李煦在康熙的支持下协理17岁的曹颙撑起了曹家的门户，江宁织造曹家依旧故我。曹家在巨大祸难面前虽有康熙的关照，但毕竟天高皇帝远，而眼下鼎力相助的就是曹家的大舅爷李煦。李煦主动向康熙请求再做一年两淮巡盐御史，补完曹寅名下所有的亏空。康熙对李煦此举很满意，给他的朱批特别指出：“曹寅与尔同事一体，此所奏甚是。”② 填补亏空对于曹家来说是天大的事，当时只有康熙在上面罩着，李煦方能鼎力相扶、相助、相救。事后，曹寅之子

---

① 故宫博物院明清档案部．关于江宁织造曹家档案史料[M]．北京：中华书局，1975：105.

② 李煦．李煦奏折[M]．北京：中华书局，1976：20.

曹頫感激涕零，在康熙五十一年（1712）九月初四给皇帝的奏折中说：

……父病临危，频以天恩未报，垂泪谆谕命奴才尽心报国，又以所该代商完欠及织造钱粮，槌胸抱恨，口授遗折，上达天听。气绝经时，目犹未瞑。奴才伤心恸哭，不知所措。

九月初三日，奴才堂兄曹颀来南，奉梁总管传宣圣旨，特命李煦代管盐差一年，着奴才看着将该欠钱粮补完，倘有什么不公，复命奴才折奏。钦此钦遵。跪聆之下，奴才母子不胜惶悚恐惧，感激痛哭，搏颡流血，谨设香案，望阙叩头谢恩。窃思奴才伶丁孤苦，举目无亲，负弥天之罪戾，万死何辞。乃蒙皇上格外洪慈，不即伏斧锧，重沛恩纶，昊天罔极，一至于此。不特故父名节得荷矜全，奴才身家性命，实蒙恩赐，即粉骨碎身，肝脑涂地，莫能仰报万一。惟有率领全家长幼，朝夕焚香顶祝，生生世世，图效犬马，衔结无穷。①

不到三年，曹家又遭灭顶之灾，康熙五十四年（1715）正月，曹颙在京病故，康熙甚是惋惜，“念其孀母无依，家口繁重，特命将曹頫承继袭职，以养赡孤寡，保全身家”。李煦在康熙关照下，一手料理曹颙后事，一手操持曹頫过继。李煦在给康熙的奏折里说：“奴才与曹寅父子，谊属至亲，而又同事多年，敢不仰体圣主安怀之心，使其老幼区画得所。”② 事后，康熙五十四年（1715）三月初七日，曹頫谨奏，代母陈情，恭谢天恩。

窃奴才母在江宁，伏蒙万岁天高地厚洪恩，将奴才承嗣袭职，保全家口。奴才母李氏闻命之下，感激痛哭，率领阖家老幼，望阙叩头。随于二月十六日赴京恭谢天恩，行至滁州地方，伏闻万岁谕旨，不必来京，奴才母谨遵旨仍回江宁。……本月初二日，奴才母舅李煦前来传宣圣旨，

① 故宫博物院明清档案部. 关于江宁织造曹家档案史料[M]. 北京：中华书局，1975：103.

② 李煦. 李煦奏折[M]. 北京：中华书局，1976：70.

奴才母跪聆之下，不胜感泣，搏颡流血，谨设香案，望北叩头谢恩。窃念奴才祖孙父子，世沐圣主豢养洪恩，涓埃未报。不幸父兄相继去世，又蒙万岁旷典奇恩，亘古未有。奴才母子虽粉身碎骨，莫能仰报高厚于万一也。①

康熙对曹家无微不至的关怀，犹如定海神针，使得曹家屡遭大难而不败落，撑住了一片天。封建时代君臣之间能有如此深情厚意，举世难寻。曹家对康熙感激涕零，恨不肝脑涂地，誓死仰报皇恩。

2．“奶奶”的爱支撑曹雪芹一生情感结构

按照胡适“壬午说”推算，曹雪芹的童年，即 7 ～ 13 岁，其人生体验恰好是苏州织造李煦在康熙的支持、眷顾和关切下，极力帮衬、辅助和照看曹家的一个特殊时期。短短三年，曹家父死子亡，以曹寅孀妻李氏独自支撑，老舅爷苏州织造李煦频频往顾曹家。曹家的突变使得“奶奶”李氏对独根苗孙子曹雪芹的疼爱达到了无以复加的地步，真如俗话：“放到头上怕吓了，放进嘴里怕化了。”曹雪芹童年时代生活在“奶奶”李氏支撑、呵护和养育的家族中，“奶奶”李氏在少年曹雪芹心中就是天，就是靠山，和他一生如影随形。这一切给曹雪芹幼小的心灵烙上了永恒的印记，形成他童年时的各种感受、印象、记忆、情感、知识、意志……从而构成他心理世界的“焦点”。他一生的基本选择都受到这“焦点”的影响，随着他的成熟，这份童年的体验在他记忆的网膜中不断地重塑、变形和升华，对于创作《红楼梦》在不知不觉中发生着极大的影响。

曹家当时的格局是由过继的侄儿曹頫担任江宁织造，支撑外面的事务，而家政的主事就落在曹寅遗孀李氏的身上，她是诰命夫人，有一定的社会地位。曹寅遗孀李氏，为李煦家族“世交”之妹。“曹、李两家同属正白旗包衣，即使曹玺与李士桢彼此不太熟悉，但孙氏与文氏同为康熙保姆，自然相识，而二人之子，自极可能自幼为友，而康熙对这些情形，自然是清楚的。要找一个既能充分信任，又能与曹寅密切配合的人，没有比李煦更恰当的了。”② 皮述民

① 故宫博物院明清档案部．关于江宁织造曹家档案史料 [M]．北京：中华书局，1975：129．

② 皮述民．苏州李家与红楼梦 [M]．台北：新文丰出版公司，1996：127．

先生在这里提到的李士桢是李煦之父，时任广东巡抚。文氏乃李士桢之妻。曹寅娶李煦之堂妹李氏，李煦成为曹寅的大兄哥。到康熙三十二年（1693）三月李煦 39 岁出任苏州织造，曹、李两家已是十多年的姻亲，而且两家轮番出任两淮盐运使，越走越近。曹寅逝世后，李煦是曹雪芹“奶奶”的堂兄，这位老舅爷无疑是“奶奶”娘家的撑腰人。特别是曹寅死后的十年里，苏州织造李煦这位老舅爷对堂妹家的帮衬、辅助和联络很是尽力，而两家的来往，无论公事还是私事，都十分密切。皮述民先生写道：“我们认为既有曹家的影子，也有李家的影子，甄、贾两府象征着有两个非常相似的家族，曹家的事和李家的事合起来写，真事与假事又穿插其间，所以‘假作真时真亦假’，从另一个意义来了解，应也寓‘曹作李时李亦曹’的寄托。”①

据徐恭时在《那无一个解思君》中披露，曹雪芹生于苏州的信息来源主要有四：第一，1962 年徐恭时听陈子彝回忆，抗战以前听苏州老一辈者说，曹雪芹生于苏州织造府里，那时他母亲和婆婆李氏住在李煦家，他是那时诞育的；第二，1974 年 10 月 6 日，吴恩裕给徐恭时的书札中说：他去苏州搜访曹雪芹史料，有一则口碑说雪芹生于苏州织造府；第三，徐恭时记录：据老人口传，康熙末期，曹雪芹诞生在苏州织造署的李煦家里，他母亲因家事去苏州而生他；第四，周汝昌在《曹雪芹与江苏》一文记载，传说由于某种特殊缘故，雪芹的母亲在苏州至亲李家而生下雪芹。②冯其庸先生在《关于李煦》一文中也曾说：“解放前我在苏州时，还听传说说雪芹是生在苏州织造府的，还曾到过拙政园，因为拙政园还有一部分房子是曹寅任苏州织造时买的，后来归了李煦。还传说，李煦很喜欢雪芹，因为雪芹聪明，雪芹则因为李煦喜欢他，所以常到李煦家来玩。”③由上述信息可以推想，舅爷李煦和奶奶及苏州织造李家，无论哪个方面都会给曹雪芹童年生命体验留下不可磨灭的印记。

概括来说，苏州李煦帮衬、照顾曹家的十年，继续支撑、延续着曹家家族

---

① 皮述民. 苏州李家与红楼梦 [M]. 台北：新文丰出版公司，1996：164.

② 周汝昌. 曹雪芹与江苏 [J]. 雨花，1962（8）.

③ 冯其庸. 关于李煦 [J]. 红楼梦学刊，1996（4）.

文化，对曹雪芹的童子功奠定了极好的基础。

在苏州李煦帮衬、照顾曹家的岁月里，“奶奶”李氏格外疼爱丧父的孙儿雪芹，给了他全部的爱。童年是一个人一生的重要发展阶段，童年体验是一个人心理发展的一个不可逾越的中介，对一个人一生的个性、气质、思维的形成和发展都起着决定性的作用。因此，探讨《红楼梦》基本的思想倾向，首先应当回到“原点”（即作者的童年体验）来看其“基本选择”。在曹雪芹的童年，家族虽接连遭遇不幸，但他却始终受到“奶奶”李氏亲情的关爱，这正是他人格健康发展的重要因素。因此，他在《红楼梦》中时时流露出这种基本的情感倾向，颂赞人性美，同情孤老，同情女性，同情弱者。

举《红楼梦》中一个小例子：贾母去清虚观打醮，众人陪伴。

> 可巧有个十二三岁的小道士儿，拿着个剪筒，照管各处剪蜡花儿，正欲得便且藏出去，不想一头撞在凤姐儿怀里。凤姐便一扬手，照脸打了个嘴巴，把那小孩子打了一个筋斗，骂道：“小野杂种！往那里跑？”那小道士也不顾拾烛剪，爬起来往外还要跑。正值宝钗等下车，众婆娘媳妇正围随的风雨不透，但见一个小道士滚了出来，都喝声叫“拿，拿！打，打！”
>
> 贾母听了，忙问：“是怎么了？”贾珍忙过来问。凤姐上去搀住贾母，就回说：“一个小道士儿，剪蜡花的，没躲出去，这会子混钻呢。”贾母听说，忙道：“快带了那孩子来，别唬着他。小门小户的孩子，都是娇生惯养的，那里见过这个势派？倘或唬着他，倒怪可怜见儿的，他老子娘岂不疼呢。”说着，便叫贾珍去好生带了来。贾珍只得去拉了那孩子还一手拿着蜡剪，跪在地下乱颤。贾母命贾珍拉起来，叫他不用怕。问他几岁了。那孩子总说不出话来。贾母还说“可怜见儿的”，又向贾珍道：“珍哥带他去罢。给他几个钱买果子吃，别叫人难为了他。”贾珍答应，领他去了。
>
> 这里贾母带着众人，一层一层的瞻拜观玩。外面小厮们见贾母等进入二层山门，忽见贾珍领了一个小道士出来，叫人来带了去，给他几百钱，别难为了他。家人听说，忙上来领去。

一部大书穿插这一小细节，意在表现《红楼梦》中所说宝玉的“意淫”，实际就是博爱，无所不在地流贯于《红楼梦》之中，这可贵思想的闪现，折射出曹雪芹童年对爱的体验。

3．家学的延伸和升华

曹雪芹青年时代创作的《红楼梦》，所展现的天才的文学造诣，不能不让人联想到曹雪芹的童年受到过极好的教育，有着浓郁的家族文化熏陶。以唐诗在曹家家族文化中的独特性为例，曹寅受康熙之命，将自己收藏的唐诗总集、别集、选本、注本近百种（其中较多宋本），用之于编纂中国历史上第一部《全唐诗》。富有丰厚唐诗学养的他，带领十翰林，在短时间内完成至今都被人称赞的传世之作，不能不说得力于其藏书、识书的眼力。这是曹寅完成编纂刊刻《全唐诗》的内驱力，也是促成其家族文化知识积淀的亮点。传统文化的根基往往是通过家族文化这根链条一脉相承而流惠后学，沾溉学界。

要之，是历史给了曹寅机遇，使他的文化修养和超人才干奠基了曹氏家族文化，奠定了其在清代文化史上的地位。所以说，没有曹寅，就没有曹氏家族文化，或许中国文学史上就不会有《红楼梦》。而研究曹雪芹和他的《红楼梦》，不能离开对曹氏家族文化的考虑。曹寅时代的曹家不仅富贵繁华达到了顶峰，而且其文化艺术的氛围也显赫一世。然而，曹寅去世15年后，即雍正六年（1728），曹家被抄，曹寅竭力经营的赫赫扬扬的贵族之家顿时如大厦倾颓，但家族文化并没有因此中断，此时正当少年的曹雪芹，面对突然崩塌的家庭，强烈地感受了那场由盛而衰的大跌落，但也正是由于这剧烈的人生变故，使得他有了更深刻的顿悟和人生体验，失去的昔日愈来愈深地烙印在他的脑海，愈来愈强烈地逼迫他再现那熟悉的生活。

（二）曹雪芹以人生积淀建构的主体意识，进行选择性和创造性的记忆重组

冯其庸在《论红楼梦思想》的“自序”中说过一段发人深省的话：

在研究《红楼梦》的思想过程中，我同时研究了那个时代的社会，才

更加体会到《红楼梦》里的“真假”“有无”“虚实”等等的概念，不仅仅是指书中的贾府，也不仅仅是隐指曹、李两家，而是具有更深远的社会现实意义的。因此，研究《红楼梦》，确应重视曹家、李家从煊赫到败落的家史，但不应该仅限于此，因为当时社会上真假、有无、虚实的情况太多，“落了片白茫茫大地真干净”的人家绝不限于曹、李两家，因此它具有更广阔更深远的历史内涵和意义。①

这段话所提出的《红楼梦》里的“真假”“有无”“虚实”，所触及的理论问题是：人文积淀是一个心理过程，在主体意识的支配下，一方面童年记忆被纳入整个人生经验的长河之中，会不断地重塑与变形，不断地变换与生成；另一方面，童年体验融入生命活动和心理结构后，参与新的人生体验和行为方式，而此时“真假”“有无”“虚实”是在心理结构过程中凝聚，逐步形成一个人的心理定势。这一点往往不被人理解或者被人忽视，甚至把素材直接与《红楼梦》相比附。脂砚斋很多评注都是这样，指出某些情节或细节“实有其事”。如“庚辰本”第二十五回侧批：“句句都是耳闻目睹者，并非杜撰而有。”又如第八回贾母赠给秦钟一个金魁星，甲戌本眉批：“作者今尚记金魁星之事乎？抚今思昔，肠断心摧。”再如第十三回“秦氏托梦”，甲戌本眉批：“‘树倒猢狲散’之语，全犹在耳，屈指三十五年矣。伤哉，宁不恸杀？”正因为这些细节能够被熟悉曹雪芹生活和创作的脂砚斋所识别和点破，所以就产生了一个悖论：“贾曹互证”“贾李互证”。

尤其在对待《红楼梦》的主体建构上，这种错误导向就更为严重了。《红楼梦》中对四大家族的审美建构与曹雪芹以苏州、江宁、杭州织造“三位一体”的人文积淀是分不开的。曹雪芹少年时代经历了江宁织造、苏州织造、杭州织造的兴衰，以后在《红楼梦》整个创作过程中，都是以写江宁织造曹家和苏州织造李家的本事为基础，所深入挖掘的曹、李、孙三家的历史素材都是可信的，也是不可置疑的。张书才先生在《曹雪芹家世生平探源》中指出：“康熙帝关于‘三

① 冯其庸．论红楼梦思想 [M]．哈尔滨：黑龙江教育出版社，2002：3．

处织造，视同一体’的谕旨，当寓指曹、李、孙三家有亲戚关系。”“康熙时期出任三织造的官员，确是连络有亲，即与曹家有姻戚关系。康熙时期三织造，基本上为曹、马、李、金、孙五家所垄断，而马、李、金三家可确知与曹家有姻亲关系。概括说来就是：曹寅之妻李氏为苏州织造李煦之表妹；曹寅之姊嫁与杭州织造金遇知之子侄，而金遇知之子侄金依尧又与曹寅为连襟；曹寅之儿媳、曹頫之妻马氏乃江宁织造马桑格之女或侄女。”① 曹寅与孙文成相识甚早，他在奏折中说：“孙文成系臣在库上时，曾经保举，实知其人，自然精白乃心，共襄公事。”② 但曹雪芹建构《红楼梦》四大家族时，却有一个人文积淀的过程，不是对曹、李、孙三家的直接摹写。首先，曹雪芹形成的主体意识是由对他生命体验最有冲击力、最有震撼力、最难以忘怀的人和事所建构的，他不是像史学家那样冷静地研究和综合历史素材，去分析、考证，然后得出自己的看法，而是在创作时，调动在他一生体验长河中反复翻滚的童年体验，进入大脑过滤，这记忆已分不清“真假”“有无”“虚实”。正如黑格尔所指出：“艺术家所选择的某对象的这种理性必须不仅是艺术家自己所意识到的和受到感动的，他对其中本质的真实的东西还必须按照其全部广度与深度加以彻底体会。因为没有深思熟虑，人就不能把在他身心以内的东西搬到意识领域来，所以每一部伟大的艺术作品都使人感到其中材料是经过作者从各方面长久深刻衡量过的，熟思过的。”③ 对于曹雪芹来说，童年的他眼中、心中只有曹家和李家，曹家是“奶奶”李氏的百般疼爱，李家就是老舅爷李煦的亲切关照，其他亲戚关系都较之老舅爷李煦要疏远、模糊、淡漠。尤其是在他 7 岁到 13 岁人生观确立的时候，老舅爷李煦家却遭到灭顶之灾，家破人亡，童年的曹雪芹是何等的震撼、惊心、恐惧！这个事件过后，一直到他约 28 岁开始创作《红楼梦》时，已经过去 15 年了。

在写作的十年当中，曹雪芹和他的朋友还经常回顾往事，这些往事既是童年体验，也是盛年重组，形成“真假”“有无”“虚实”的人文积淀。我们可

---

① 张书才．曹雪芹家世生平探源 [M]．沈阳：白山出版社，2009：346．

② 故宫博物院明清档案部．关于江宁织造曹家档案史料 [M]．北京：中华书局，1975：41．

③ 黑格尔．美学：第 1 卷 [M]．北京：商务印书馆，1982：358．

以从他们的互答诗歌中寻找这些情感、记忆的“碎片”。

“秦淮旧梦人犹在，燕市悲歌酒易醺。”敦敏这句诗写于乾隆二十五年（1760），曹雪芹时年45岁。他们在一起回忆、谈论“秦淮旧梦”。“燕市哭歌悲遇合，秦淮风月忆繁华。”敦敏这句诗写于乾隆二十六年（1761）秋天，曹雪芹时年46岁。他们在一起依旧回忆、谈论“秦淮旧梦”，而且特别点出“忆繁华”。

我们可以推想，这时他们在一起回忆、谈论的“秦淮旧梦”，既是当年曹雪芹童年在南京钟鸣鼎食的富贵生活，也可能重叠苏州织造李家的繁文缛节的官场活动，还可能有当时被查抄朝廷命官重臣之流，已绝非曹雪芹童年记忆中的南京了。杭州织造孙文成、姑姑家平郡王府……都涌入他的脑海。只有一点可以肯定，“秦淮旧梦”是以曹雪芹童年体验为心理结构，在此基础上接受其他意象，与记忆进行叠加、重组、变形。其具体创作形态我们不得而知，而爱新觉罗·永忠在他的《延芬室稿》里《因墨香得观〈红楼梦〉小说吊雪芹三绝句姓曹》诗中一句“都来眼底复心头，辛苦才人用意搜”却说到家了。问题是，“贾曹互证”“贾李互证”这种思维错误的根源，恰如德国哲学家卡西尔所指出的：

> 在人那里，我们不能把记忆说成是一个事件的简单复现，说成是以往印象的微弱映象或摹本。它与其说只是在重复，不如说是往事的新生；它包含着一个创造性和构造性的过程。仅仅收集我们以往经验的零碎材料那是不够的；我们必须真正地回忆亦即重新组合它们，必须把它们加以组织和综合，并将它们汇总到思想的一个焦点之中。只有这种类型的回忆才能给我们以能充分表现人类特性的记忆形态，并把它与在动物或有机生命中的所有其他现象区别开来。①

在主体意识的支配下，童年记忆会重塑与变形，逐步形成心理定势，但还不能直接与审美构建对接。我们知道，一部伟大作品最终的成功，是创作者在文学创作过程中心理定势和审美超越互动的结果。所谓心理定势，就是创作者

① 卡西尔．人论[M]．上海：上海译文出版社，1983：65-66．

人生的体验、艺术的修养和情感的勃发。这是一个长期的积累过程。因此，任何一部作品，作者都会自觉不自觉地在情节或者细节中，流露积累过程中的原始素材的痕迹、影像和风貌，那么作品的“原型”和“本事”色彩就会浓一些。曹雪芹在《红楼梦》开篇便道出自己的这一心理定势，他说：“至若离合悲欢，兴衰际遇，则又追踪蹑迹，不敢稍加穿凿，徒为供人之目而反失其真传者。”但是，曹雪芹并没有停留在心理定势的束缚上，而是始终向表现社会生活的广度和深度挺进。也就是审美超越。所谓“审美超越”，它是创作者从心理定势这一基点出发，经过社会化的本质提炼，达到一种人文积淀的境界。如果说心理定势是“真”“有”“实”这些概念，那么审美超越，就是“假”“无”“虚”这些概念。创作者对二者之互动把握的态势，都会在作品中自然表现出来。当然，这不是一蹴而就的，这是在心理定势和审美超越互动中反反复复提升的。

审美超越的前提是创作者把心理定势转换为人文积淀，在曹雪芹创作的《红楼梦》中表现最典型的就是贾、史、王、薛“四大家族”的衰败叙事。曹雪芹在创作中把曹、李、孙为代表的诸多家族的历史素材，转换、提升和创造为《红楼梦》中的“四大家族”，这是他本身主体审美超越力对心理定势跨越与突破的结果。“四大家族”不再是曹、李、孙三家的历史具象，而是整个中国封建社会官僚豪族的缩影，形象地再现了“君子之泽，五世而斩”的历史规律，完成了在文学创作过程中心理定势和审美超越的互动——人文积淀。

“四大家族”为《红楼梦》构建了整体的叙事结构，形成了贾、史、王、薛“四家皆连络有亲，一损俱损，一荣俱荣”的格局，并贯穿全书。特别是赫赫扬扬的贾府已历百年，尽管背后所隐藏的是“内囊尽上”，但表面上还是呈现出“鲜花着锦，烈火烹油”之盛，成功地刻画了贾府“百足之虫，死而不僵”，展现了百年望族在上流社会盘根错节的联系——所形成的政治、经济和人望的大势已衰败，只不过仍被“虚热闹”笼罩着。这些都蕴含在《红楼梦》的“筋骨笔墨”之中。总之，《红楼梦》的创作成功，正是曹雪芹把心理定势转换为人文积淀，实现了审美超越。但这一复杂的创作过程，始终离不开他心中积淀的生命体验和生活积累，也就是那丰厚的历史素材。正是在这个意义上，严迪昌在《曹雪芹及其〈红楼梦〉人文构成斟原举证》中说：“任何文学创作都不可能超越作者累积于特定生存状态之心智，即使小说不免于虚构与敷衍，亦系作者实际感知之变形架构而已。实以虚出，迥非向壁捏造，毋论其实其虚，均难以超脱撰著人之文化构成。”[①] 但这并不等于说，《红楼梦》故事中人物和事件与历史史事都是相对应的，甚至认为连“岁时节序、年龄大小”“都是真真确确的”吻合。所以我们认为，周汝昌在《红楼梦新证》中所采取的“曹贾互证”的方法和皮述民在《苏州李家与红楼梦》中所采取的“贾李互证”的方法都存在着研究方法上的错误导向，他们只看到了小说蕴含历史素材的一面，没有看到小说创作的成功就在于突破了作者原有的心理定势和超越了自我，达到了审美超越的最高境界。曹雪芹正是这样的天才。

（三）曹雪芹的人生积淀、审美超越与当时历史细节的自然流露

作家在文学创作过程中因心理定势所强化和保留下来的某些原始素材，是其生活的根据和思维方式的显现。由于每个人都不可能离开一定的历史文化背景，必然受到社会历史文化潜移默化的浸润和滋养，因而，心理定势有双重性，有个性化的一面，即个人独特的人生体验、艺术修养和情感勃发。正如冯其庸所说，在元妃省亲“这一大段文字里，还隐括着李煦家的另外一段往事，这就是王熙凤说的‘那时我爷爷单管各国进贡朝贺的事，凡有的外国人来，都是我们家养活。粤、闽、滇、浙所有的洋船货物都是我们家的’这段话。原来康熙二十三年，李煦曾任宁波府知府，这是向外商开放的口岸，当然会与外国商人接触。康熙二十四年，开放海禁，设置粤海关、闽海关、浙海关、江海关四处机构。李煦之父李士桢于康熙二十一年任广东巡抚，此时正在广东巡抚任上，当时的对外通商口岸，以广州为第一，许多外国货物，大都经粤海关入，所以李士桢、李煦父子两人，与外商接触较多。上引王熙凤的这段话，实际就是以李家父子的事实为素材的”[②]。可是，像曹雪芹这样拥有独特的经历、独特的

① 严迪昌．曹雪芹及其《红楼梦》人文构成斟原举证 [J]．明清小说研究，2001（4）．

② 冯其庸．曹雪芹的祖籍、家世和《红楼梦》的关系 [M]// 曹雪芹祖籍在辽阳．沈阳：辽宁人民出版社，2004：29．

生活道路的人，天下能有几人呢？正是这一切，形成了曹雪芹独特的心理定势，并使他在这个基础之上进行选择性和创造性的记忆和重组。这是一次有意义的发现、一次意蕴的开掘、一次理性的飞跃。因此，它一般都表现在主体框架的建构上，表现在整体的审美超越上，也就是我们过去常说的“典型环境”。比如《红楼梦》是写衰败史，已不再是老舅爷苏州织造李煦与曹家的关系，关照、往来、亲情，等等。这一切，而是上升为逻辑意义的层面上，贾府衰败的阶段性演化为《红楼梦》生命的节奏。其一，冷子兴演说荣国府，明确指出贾府一个重要的现实：虚架子。贾雨村听冷子兴讲贾府“如今也都萧疏了”，大为不解：“隔着围墙一望，里面厅殿楼阁，也还都峥嵘轩峻；就是后一带花园子里面树木山石，也还都有蓊蔚洇润之气，那里像个衰败之家？”冷子兴听了笑道：“亏你是进士出身，原来不通！古人有云：‘百足之虫，死而不僵。’……如今外面的架子虽未甚倒，内囊却也尽上来了。”《红楼梦》开篇就定下了贾府衰败的基调。其二，第五十三回，乌进孝交租。贾珍看了交租单子很不满意，随意感慨中透出，荣府那边迎皇妃省亲，掏尽了百年积蓄的老底。这一细节第一次正面触及贾府的经济困顿、“内囊尽上”，也就是全年整个收支发生了入不敷出，揭开了贾府衰败的经济原因。不仅为凤姐因难以支撑局面而借病告退、探春理家、开源节流这一系列的情节做了铺垫，而且是整部《红楼梦》意脉的转折点。其三，展现贾府衰败的“筋骨笔墨”是层层铺垫而形成的。贾府被抄后，贾政问起现有的经济情况：“那管总的家人将近来支用簿子呈上，贾政不看则已，看了急得跺脚道：‘岂知好几年头里已就寅年用了卯年的，还是这样装好看，竟把世职俸禄当作不打紧的事情，为什么不败呢！我如今要就省俭起来，已是迟了。’”请注意贾政所说的“岂知好几年头里已就寅年用了卯年的”，从“元妃省亲”到“贾府被抄”才五年，贾政说的“好几年”虽是一个虚数，但相差不多，逆时而推，不正是“元妃省亲”的那一二年吗？恰好印证了冷子兴说中的“内囊尽上”。非但贾府外面的人看不透，就连贾府的主子们也还沉浸在“安富尊荣”、豪奢淫靡之中。衰败过程的最后阶段是由第七十九回多事之秋的薛家全面展开的。曹雪芹宕开一笔，写薛家的“窝里斗”，内生祸乱，正好和贾府的衰败相映照，应了《红楼梦》贾、史、王、薛“四家皆连络有亲，一损俱损，一荣俱荣”。

心理定势另一面就是社会化的一面，即特定的历史生活和社会意识在个人心理的积淀，当然包含着人类文明的因子和认知方式，也就是“集体无意识”。正是由于这双重积淀的潜能所在，使得每个人的心理定势都微妙多变、千差万别。虽然如此，特定的历史生活和社会意识在个人心理的积淀，会在作者笔下对当时历史细节不自觉地自然流露，也就是历史背景不可改变，是历史细节真实的再现。这就是我们过去常说的“细节真实”。比如，明末清初流行的大众文化，便是昆曲。苏州一直是昆曲的大本营，不仅社会上演习成风，而且士大夫往往蓄有“家乐”，就是家庭戏班。清代康乾年间，是昆曲的极盛时期，吴新雷说：“曹寅在苏州三年，对昆曲甚为熟习，不仅自备家庭戏班，而且还从事戏曲编剧。现存曹寅创作的《北红拂记》《表忠记》《续琵琶》和《太平乐事》四个剧本，其中《北红拂记》就是任苏州织造时写成的，当时苏州的戏曲家尤侗曾为此剧写了‘题记’，而曹家的戏班则在拙政园内演出尤侗编的《李白登科记》，一时传为佳话。”“正因为这样，《红楼梦》在描写家备童伶女班和演出剧目等情况时，都能出色当行，事事贴切。如十六回写贾蔷‘下姑苏请聘教习，采买女孩子，置办乐器行头等事’，二十二回写‘贾母内院搭了家常小巧戏台，定了一班新出的小戏，昆、弋两腔都有’。书中写到的戏曲演出，确是昆弋的剧目。特别是第五十四回还通过贾母之口说道：‘他爷爷有一班小戏，偏有一个弹琴的，凑了《西厢记》的《听琴》，《玉簪记》的《琴挑》，《续琵琶》的《胡笳十八拍》，竟成了真的了。’其中《续琵琶》曲本，就是曹寅的作品。由此可见，曹雪芹创作《红楼梦》决非凭空结撰，而是有现实生活的深厚基础并富有时代感的。曹、李两家在苏州的梨园经历，可能就是他汲取素材的源泉之一。”①

综上所述，曹雪芹的童年生命体验的特殊历史背景，恰好是苏州织造李煦在康熙的支持、眷顾和关切下，极力帮衬、辅助和照看曹家的一个特殊时期。曹家是以曹寅孀妻李氏独自支撑，老舅爷苏州织造李煦频频往顾的曹家。曹家

---

① 吴新雷．苏州织造府与曹寅李煦[J]．红楼梦学刊，1982（4）．

的突变、“奶奶”李氏在夫死子亡的悲惨境遇下对“独根苗”孙子曹雪芹的疼爱无以复加，这一切给曹雪芹幼小的心灵烙上了永恒的印记，形成他童年时的各种感受、印象、记忆、情感、知识、意志等“焦点”，他一生在这个“焦点”上交织、重组、提升，完成了人文积淀和审美超越互动的过程，从而创作出一部伟大的作品《红楼梦》。

三、燕市悲歌

曹雪芹从童年到少年时期，尽管曹家处在多事之秋，但由于此时苏州织造李煦在康熙的支持、眷顾和关切下，极力帮衬、辅助和照看曹家，曹家依旧诗礼簪缨、荣华富贵。曹雪芹的童年和少年就是生活在这样的环境里，小时候还常跟着大人到苏州和扬州去。李煦在苏州的家庭戏班子，曹寅扬州书局的典籍，接驾皇上的行宫，江南丝织、漂染、刺绣，江南风土人情……给曹雪芹一生留下刻骨铭心的记忆。雍正元年（1723），苏州织造李煦因“亏空官帑”被抄家，雍正五年又以“谄附阿其那（即胤禩）”之名而被下狱，定为“奸党”，“发往打牲乌拉”，时年73岁。接着曹家被抄，曹雪芹13岁时全家从江南来到北京。据考证，曹家自南京返回北京，走的是运河水路，船到通州张家湾登岸进城。据《日下旧闻考》记载，当时从通州进城只有一条石板铺的官道进“齐化门”（今朝阳门）。从此结束了秦淮岁月的“烈火烹油，鲜花着锦”“锦衣纨绔，饫甘餍肥”的贵族生活。

这场变故对曹雪芹的一生影响至大，形成了他人生体验大起大落的激荡。特别是处在兴衰、荣落、贵贱、悲欢、爱憎、雅俗众多“交叉点”上，“喜荣华正好，恨无常又到”，使他在盛衰转化、成败相依、祸福相倚的人生体验中，感受到大起大落、宠辱两重天。非凡的阅历，刻骨的感悟，其思、其才都得到了升华。而这种“升华”，不是一种个体现象，而是一个文化家族几代人的积淀在个体身上的显现。

我们将在“燕市悲歌”这一节复原曹雪芹的青年时代。

（一）曹家回到北京蒜市口

曹頫被抄家之后，曹家在京城及江南的家产人口全部由雍正帝赏给了江宁织造新任隋赫德。据萧奭《永宪论续编》所记，曹頫被抄没时家产已少得可怜："封其家资，止银数两，钱数千，质票值千金而已。上闻之恻然。"……据雍正七年（1729）七月二十九日《刑部移会》引总管内务府同年五月初七日咨文：

> 今于雍正七年五月初七日准总管内务府咨称：原任江宁织造员外郎曹頫，系包衣佐领下人，准正白旗满洲都统咨查到府。查曹頫因骚扰驿站获罪，现今枷号。曹頫之京城家产人口及江省家产人口，俱奉旨赏给隋赫德。后因隋赫德见曹寅之妻孀妇无力，不能度日，将赏伊之家产人口内，于京城崇文门外蒜市口地方房十七间半、家仆三对，给与曹寅之妻孀妇度命。除此，京城、江省再无着落催追之人。相应咨部。等因前来。
>
> 据此，应将内务府所咨曹寅之子曹頫京城及江省家产人口，俱经奉旨赏给隋赫德缘由，知会办理赵世显事务、王大人等可也。

当时曹家维持生活尚可，恰如朱淡文先生所分析的："自雍正六年回京后，既蒙雍正恩谕留有蒜市口十七间半房屋及家仆三对，一般日常生活已无虞匮乏；李氏（曹寅的妻子）与马氏（曹颙的妻子）均是诰命夫人，其诰封非由曹頫而得，故不会因曹頫获罪而褫去诰封；曹家孤寡又有官发银米可领（每人每季银四两）；其阔亲戚数量又不少，当仍可维持小康生活水平，不至于陷入绝境。"[①] 而一落千丈的社会地位给曹家的精神打击、煎熬和压迫则不只是温饱可以替代的。试想，曹頫未能如期清纳骚扰驿站应赔银，按照雍正五年（1727）《大清会典·内务府六·慎刑司》的规定："嗣后内务府佐领人等，有应追拖欠官私银两，应枷号者枷号催追，应带锁者带锁催追，俟交完日再行治罪释放，着为定例。"曹頫被枷号，他戴着六十多斤重的木枷追债，究竟戴到了何年何月，没有看到

① 朱淡文．红楼梦论源[M]．南京：江苏古籍出版社，1992：102.

历史记载。周汝昌先生说：“唯内务府档案，涉及曹頫一门者，适自此以下遽然中断，查抄以后之情形余不可知。”直到乾隆登基，于雍正十三年（1735）九月初三颁布恩诏：

> 八旗及总管内务府五旗包衣佐领人等内，凡应追取之侵贪挪移款项，倘本人确实家产已尽，着查明宽免。

据史载，雍正六年（1728）六月确认曹頫应赔银是430．32两银子，到雍正十三年（1735）十二月被宽免时，还欠款302．2两银子，而被“宽免”的前提是“本人确实家产已尽”。七年的时间，他只有能力“交过银一百四十一两”，可见曹家此时确已无能力偿还，日子过得捉襟见肘，穷困不堪。特别是精神苦闷、压抑、屈辱，对于青年的曹雪芹，更激荡了他内心世界的反叛心理，促使了叛逆性格的形成。时刻都想冲决官僚政治、因循礼教，他看到了被包裹的人性的恶德和丑美，这种“透视”，正是苦难财富的结晶，已把他所经历的形形色色的人都放在了他的调色板上了，为《红楼梦》的创作打下腹稿，积聚素材。这应当是“燕市悲歌”的重要内容。

（二）曹家在北京的两个“阔亲戚”

曹家回到北京，京城还有两个“阔亲戚”：一个是曹雪芹的祖姑夫傅鼐，雍正二年（1724）傅鼐为汉军镶黄旗副都统，不久又被授予兵部右侍郎。一个是曹雪芹的表哥福彭。曹寅的女婿纳尔苏被革职后，其子福彭于雍正四年（1726）七月承袭平郡王的封号。他们两人在雍正晚年和乾隆初年都身兼要职。曹家几位关系较近的亲戚还正在得势。按常理他们应当帮助过曹頫，特别是曹雪芹的奶奶还健在。但事实上是否帮助过，这方面的史料少得可怜，我们不得而知。从老平郡王与被革职的隋赫德的关于“古董”一事中，可以间接了解一点曹家被抄以后的状况。

曹家被抄，雍正将曹家的田产房屋人口财物都赏给了继任隋赫德。隋赫德因“种种负恩行为”被革职，在雍正十年（1732）前后回京，离开南京时，“曾将官赏的扬州地方所有房地，卖银五千余两”。回到北京，又将“原有宝月瓶一件、洋漆小书架一对，玉寿星一个，铜鼎一个，于今年二三月间，交与开古董铺的沈姓人拿去变卖”。此事被老平郡王纳尔苏得知后，便叫自己的儿子与古董商沈四去隋家看货。显然这不是普通的古董交易，从老平郡王纳尔苏的心理来看，他认为隋赫德变卖的古董原本是他岳父的，是皇上赏给他的，从老平郡王纳尔苏看来就应当归还曹家。而隋赫德也心虚，他说：“后来我想，小阿哥（福彭）是原任织造曹寅的女儿所生之子，奴才荷蒙皇上洪恩，将曹寅家产都赏了奴才，若为这四十两银子，紧着催讨不合，因此不要了是实。”后来老平郡王纳尔苏除索讨古董外，又张口向隋赫德“借钱”，隋赫德先后向老平郡王家送去 3800 两银子。总之，这件事的背后，是要，还是送；是强行索取，还是钻营巴结，都难说清楚。正如事发后审定的结果：“其中不无情弊”，一言以概之。

雍正十一年（1733）三四月间小平郡王福彭知道了此事，他与其父的做法截然相反，告诫其弟福靖：“所借银两务必急速清还，若不还使不得。”他又派两个护卫到隋家，据隋赫德之子富璋交代，他们“向我父亲说，你借给老王爷银子，小王爷知道了，嗣后你这里若再使人来往，或借给银子，若教小王爷听见，必定参奏，断不轻完等语”。从福彭对此事的做法，可以看出当时朝廷对被革职圈禁、枷号等一批废官之间的交往，颇为警惕。像这样一件“古董”事，充其量不过是两家各有所图罢了，没有太多的政治色彩。而事发后，庄亲王允禄审查后所写的奏折为《审讯绥（隋）赫德钻营老平郡王折》来看，朝廷甚为重视。事后隋赫德受到严厉的制裁，被发往“北路军台效力赎罪”。

福彭在此事未发之前，就如此警惕是有原因的。雍正夺嫡上台，朝野非议，朋党猖獗，令雍正十分恼火。雍正采取严厉的手段，打击敌对党派。他性情急躁，残忍无情，猜忌心重。朝野上下，都怕因一件小事惹出杀身之祸，所以福彭十分警觉。另外，他从雍正四年（1726）七月承袭平郡王封号后，一直没有被朝廷任用，直到雍正十年（1732）正月才出任镶蓝旗满洲都统，五月授宗人府右宗正。雍正十一年（1733）二月任玉牒馆总裁，四月军机处行走。也就是说在“古董”一事的前后，福彭才走出父亲革爵革职、外祖父家被革职、被抄家的政治影响，开始得到皇上的起用。但在他心里不能不留下潜在的恐惧，虽在位，但对外祖母家给他带来的政治影响，不会不在意。他对曹家能有多大的帮助。何况老平郡王家贵而不富，他借势压人，以买为名，索要古董，以借为名，索要银子，固然看出其人之贪，但也透露贵族的没落。

曹革成先生在《两代“西平郡王”与败落的曹雪芹家族》一文中指出：

> 审富璋时，记录下他这样一句话：“从前曹家人往老平郡王家行走，后来沈四带六阿哥（福静）并赵姓太监到我家看古董。”这句话表明落破后的曹𫖯家里仍与平郡王府联系。因为曹寅之妻还在世，对老平郡王来说是岳母，对小平郡王来说是外祖母。这层关系在曹寅妻活着时，会比去世后更起作用。显然是“曹家人”向老平郡王说了隋家占用了自家哪些物品，又从沈四那里知道还在隋赫德手中，因此老平郡王依仗小平郡王的威势派人索要。所以曹家人的“行走”与后来的“看古董”是一个前因后果的关系（目前从历史档案只见富璋这一句话，肯定当时会有详细的交代记录）。如果不是这种前因后果关系，富璋冒出这么一句不是节外生枝吗？
>
> 整个事件另一个后果，则是暴露了平郡王府与革职抄家的曹寅家族的往来关系。估计此事后，曹𫖯家人更不便往郡王府“行走”。而福彭七月已在西部军戎，更顾不上曹家了。
>
> 老平郡王死于乾隆五年九月，这前后曹寅之妻李氏一死，曹佳氏一死，这两家关系只会更加冷淡了。福彭在乾隆元年三月 28 岁时管理正白旗满洲事务，一年后的三月去沈阳修理盛京三陵。闰九月兼管满洲火器营事务，十月调管正黄旗满洲都统事务。乾隆三年七月升任议政。议政即议政王大臣，初为满洲贵族参与国政的制度。入关后，重要事务仍由议政大臣会议讨论决定。但到雍正七年或八年成立的“军机处”，成为军国大政实际政务中枢，王大臣议政制度遂废，到乾隆五十六年正式取消。由此可见，福彭实际并未受到乾隆帝重用，到乾隆十三年十一月病逝，一直是挂个闲职。这样他与属内务府包衣废官曹𫖯家会有什么往来和帮助是需要打个问号的。
>
> 按理，曹𫖯家族应可能会得到福彭、曹颀、曹宜等亲族支助，然而事实说明并非如此。曹𫖯在雍正十三年十二月，他最后的欠款 302. 2 两银

子被朝廷“宽免”，沉重的还款重负最终脱去，但“宽免”的前提是“本人确实家产已尽”。雍正六年六月确认曹𫖯需赔银430.32两银子，七年过去只“交过银一百四十一两”，可见曹𫖯此时已到了“寒冬噎酸齑，雪夜围破毡”境地。

那么是不是那些亲人见死不救，如一些红学家所猜测的呢？恐怕事情不这么简单，关键是曹𫖯家族属于内务府正白旗包衣，人身受到特殊束缚。①

（三）“树倒猢狲散”

美国历史学家史景迁说：

经由这场变故，曹𫖯在历史上就此消失。但到乾隆初年，曹家显然得到了宽宥。曹宜，这位曹寅最小的弟弟活着，并且担任护军参领兼佐领，他的先人也得到追赠的荣誉。1735年的一份诏令追封曹家兴盛的奠基人、曹寅的祖父曹振彦二品资政大夫；曹振彦的两位妻子受封二品夫人。或许也就在此时，曹𫖯被授予内务府员外郎的小官职。然后，曹家没有能获得长久的复兴，没有承担更高的职位了。曹家的运气继续下坠，1745年，曹寅的孙子曹雪芹困居北京西郊，开始写小说。

《红楼梦》第十二回，曹雪芹借一位嫁入贾家而临死的妇人说道：

如今我们家赫赫扬扬，已将百年，一日倘或乐极悲生，若应了那句“树倒猢狲散”的俗语，岂不虚称了一世的诗书旧族了？

就在这段中的俗语下面，那位批点曹雪芹手稿的叔叔写了如下的文字：

“树倒猢狲散”之语，余犹在耳。屈指三十五年矣。伤哉，伤哉！宁不恸杀？②

这种基调正是《红楼梦》所写的贾府结束了钟鸣鼎食的“繁华盛事”之后

① 曹革成．两代“西平郡王”与败落的曹雪芹家族[J]．满族研究，2001（1）．

② 史景迁．曹寅与康熙[M]．上海：上海远东出版社，2005：311．

的走势衰音。

曹雪芹一家由南京回到北京后，住在崇文门外蒜市口。

张书才先生还于 1984 年约上端木蕻良先生踏访、勘察曹雪芹当年在北京蒜市口的住地。他根据乾隆《京城全图》蒜市口街房屋院落的大致布局，认定“十七间半房”的原址应是现在的 16 号院。2000 年 12 月底拆迁此处，证实了这种推断。当地面建筑拆除完后，房屋基础轮廓清晰显现。现存前院正房 3 间、东西厢房各 3 间的基础确是清代前期所建。虽经过翻建，但格局不曾改变。这也成为端木蕻良先生为创作长篇小说《曹雪芹》的素材，他在《访“十七间半房”》一文中说：“据《康乾遗俗轶事饰物考》（完颜佐贤编著）认为，清代一般住宅‘七品以下多住清水排房、起脊瓦房，正房三间两耳，三东，三西，三南，左右串堂四合院’。‘十七间半’是符合这种格局的。曹家房产已经入官，现在是皇上恩恤赐还养赡（雍正还表示这是怜老恤幼的意思）之所，这种格局按说已经差不离儿了。房屋前面还有‘染坊’，这点也值得探讨。当然曹家不会自已开染坊，但曹家家人是否会‘近水楼台’有开染坊的可能呢？记得我小时候，听老人称大染坊为‘印染局’，大药房为‘药局子’。”

端木蕻良先生描写“十七间半房”概貌说：

> 那次访问，进大门后就由一条小夹道往里走，大概走了有数十米远光景，便看到四扇屏门。上面写着“端方正直”四个大字。待到院中，看到两边厢房檐下各有一块扇形小匾。一边写的是“端宁”，一边写的是“小憩”，还刻有“臣某某”的小印，但已辨认不清是何人印记，没法作进一步判断。东西厢房前檐内又各有一块横形小匾。据马允升先生近期来信说，正房前檐内木方上有“富贵平安”，东厢房前檐内木方上有“日月增光”，西厢房前檐内木方上有“紫气东来”，等等。这些和以上提到的小匾额是否同时所题也很难说。把它们兜拢在一起，也不易给人一个具体的概念。

蒜市口地处崇文门外，康熙雍正年间商贾云集，有酒楼戏院、青楼妓院，还有练摊的、叫卖的、车船店脚牙，是下层平民所居之地。这一带既多市集庙会，又多车马客栈、梵宇琳宫，还有收养婴儿的育婴堂和赈恤穷民的粥厂。因此，张书才先生由此谈到曹雪芹创作《红楼梦》素材的来源，他说，曹雪芹以废官家属，家败回京后即生活成长在这样一个地域环境里，其耳闻目见、交往接触的自然多有下层社会的生活情景和各色人物，使他对社会对人生的体验和认识较之在江南时发生深刻的变化，对其成长、思想和创作产生既大且深的影响。即以小说人物而论，庚辰本第二十四回写贾芸路遇醉金刚一段文字，有眉批云：

余三十年来得遇金刚之样人不少　不及金刚者亦不少　惜书上不便历历注上芳讳　是余不足心事也。壬午孟夏。

壬午是乾隆二十七年（1762），上推三十年为雍正十年（1732），正是曹雪芹住在蒜市口期间。显然，曹雪芹所以能写出醉金刚倪二以及香料铺掌柜卜世仁、江湖道士王一贴、包揽词讼的老尼静虚等等着笔不多而跃然纸上的各色人物，乃至将贾蓉之妻秦可卿写成是从养生堂（育婴堂）抱来的孤女，无疑都与住在蒜市口、寓居卧佛寺时期的生活经历和对社会众生相的了解有着必然的联系。”①

四、“悲遇合”：生命体验

“秦淮旧梦”“燕市悲歌”恰是曹雪芹心理定势的表露。所谓心理定势，就是一个人在特定的历史文化背景下，“悲遇合”——人生巨大的落差，激荡起人生的生命体验、艺术修养和情感的勃发、升华和表现。《红楼梦》的巨大成功，正是曹雪芹创作过程中心理定势和审美超越之互动的结果。这个过程，我们只能从雪泥鸿爪似的曹雪芹行踪中捕捉。

乾隆十年（1745）曹雪芹曾在清宗室子弟学校做过事，在那里曹雪芹和敦敏、敦诚相识于“右翼宗学”。

① 吴恩裕. 曹雪芹在北京的日子[M]. 西安：陕西人民出版社，2008：7-23.

（一）“右翼宗学”与挚友敦氏兄弟

位于北京西城西单东侧的石虎胡同有一座明清大宅，明代曾是“常州会馆”，是江南举子进京科考的住地。到了清代雍正年间，为了八旗子弟的教育，在这建立了“右翼宗学”。所谓“右翼宗学”，是根据八旗左右翼而分，右翼正黄、正红、镶红、镶蓝的王、贝勒、贝子、公、将军的子弟在这学习。“左翼宗学”设在东城灯市口，左翼镶黄、正白、正蓝、镶白的王、贝勒、贝子、公、将军的子弟在那学习。杨乃济先生说：

> 曹雪芹在二十七八岁时在右翼宗学当上了差事，具体做什么工作，无从得知。但他在这里认识了年龄比他小五岁的敦敏和小十岁的敦诚两兄弟，并结下了一生的友谊。敦敏、敦诚的四世祖阿济格当初因惨烈的皇室争斗被逮捕“赐”自尽，诸子黜除宗室。共同的生活经历、相同的遭遇、思想感情的一致，使他们有了许多共同的东西作为友谊的基础。兄弟俩虽学富五车，仍十分敬仰曹雪芹的才华风度，欣赏他那放达不羁的性格和开阔的胸襟。在漫长的冬夜，他们围坐在一起，听曹雪芹诙谐风趣、意气风生的“雄睨大谈”，而经常被曹雪芹的“奇谈娓娓”“高谈雄辩”所吸引、所折服。时间不长，曹雪芹就成了哥儿俩“一日不见，如隔三秋”的朋友。后来敦诚在二十四岁时还写下“当时虎门数晨夕，西窗剪烛风雨昏”等诗句，记录并深切回味这段难忘的日子。[①]

这段生活经历使他和一些落魄的八旗子弟，特别是和敦敏、敦诚兄弟结下了深厚的友谊。乾隆九年（1744），敦诚 11 岁，他的哥哥敦敏 16 岁，他们一同入宗学，而曹雪芹比他们晚一年到宗学，正好是 30 岁。那时曹雪芹风度翩翩、博学多才、谈吐不凡，给敦诚、敦敏一生留下了不可磨灭的印象。从曹雪芹与敦氏兄弟相交之深的关系中，我们可以看出他们情意相投的思想情感基础。

爱新觉罗 • 敦敏生于雍正七年（1729），卒于嘉庆元年（1796），字子明，

---

① 杨乃济．虎门右翼宗学及槐园 [N]．北京日报，2012-10-16．

号懋斋。他16岁进右翼宗学读书，27岁在宗学考试中列为优等。二十八九岁时曾协助父亲在山海关管理税务，在锦州做税务官，不久即回北京长期闲居。37岁时才授右翼宗学副管，46岁升总管。54岁因病辞官。卒年约在嘉庆元年之后，近70岁。著有《懋斋诗钞》。写给曹雪芹的诗有五首。到了乾隆二十二年（1757），敦诚从喜峰口写诗寄给曹雪芹，已经是他们从右翼宗学分散的七八年或至少五六年了。

爱新觉罗•敦诚生于雍正十二年（1734），卒于乾隆五十六年（1791），字敬亭，号松堂。敦敏之弟。敦诚秀异机灵，深得其父钟爱。5岁入家塾诵读。《敬亭小传》记述他11岁进“右翼宗学”读书，为师长所期许。15岁过继给其九叔祖爱新觉罗•经照之养子宁仁为嗣。当时他的叔祖母太夫人已五旬，非常疼爱这个聪明好学的继孙。16岁娶了钮钴禄氏之长女。22岁参加宗学岁试，考列优等，获宗人府笔帖式记名。隔了两年，曾受父命在喜峰口松亭关管税务。敦诚于乾隆二十二年（1757）秋天，在喜峰口松亭关榷署写了一首诗《寄怀曹雪芹（霑）》，也是敦氏兄弟写曹雪芹最早的诗篇：

少陵昔赠曹将军，曾曰魏武之子孙。
君又无乃将军后，于今环堵蓬蒿屯。
扬州旧梦久已觉，且著临邛犊鼻裈。
爱君诗笔有奇气，直追昌谷破篱樊。
当时虎门数晨夕，西窗剪烛风雨昏。
接䍦倒著容君傲，高谈雄辩虱手扪。
感时思君不相见，蓟门落日松亭樽。
劝君莫弹食客铗，劝君莫叩富儿门。
残杯冷炙有德色，不如著书黄叶村。

此诗堪称诗碑。大处落墨，勾勒了雪芹的家世、落魄、足迹和现状，“于今环堵蓬蒿屯”。“环堵”，即贫家屋舍，也就是“环堵之家”，说居处周围长满蓬草、蒿草之类野草。“屯”，聚，丛生，可见十分荒芜。但传神写照，诗写得好，“直追昌谷破篱樊”。性格狂放，“接䍦倒著容君傲”，透出了雪芹的风骨和才情。此时敦诚 24 岁，敦敏 29 岁，曹雪芹 43 岁，正是人生的黄金时期。假如把《寄怀曹雪芹（霑）》一诗当作一个时间坐标，1757 年是丁丑年，往前三年是 1754 年，即甲戌年，这一年留存后世数个章回的抄本是甲戌本。往后两年 1759 年，这一年留存后世一个较完整的八十回抄本是己卯本。紧接着就是 1760 年，又有一个较完整的八十回的抄本是庚辰本。这说明曹雪芹正处在创作的丰收季节，至少他已完成《红楼梦》大部分文稿。

两年后，敦诚随父返回北京闲居。33 岁补宗人府笔帖式，旋授太庙献爵。40 岁丁母忧。乾隆五十六年（1791）58 岁便告别了人世。敦氏兄弟家世的不幸，使他们和曹雪芹有着相似的思想基础。敦诚家有“西园”，日久荒废，尚有假山一座，山上有松树。他将此园重修后，筑有轩亭，名之为“四松堂”。他常引宾客到园中饮酒赋诗，借以排遣心中苦闷，而寄情山水，或到京郊游览名胜。在看似闲适的生活中，隐含着难以名状的内心悲哀。把这种生活及心情以诗文表达出来，便形成了他的作品集《四松堂集》《鹪鹩庵笔麈》《白香山〈琵琶行〉传奇》等。他在宗室诗人中地位较高。

第二次是乾隆二十五年（1760）在明琳宅院敦敏与曹雪芹偶遇。敦敏以诗记之，《芹圃曹君（霑）别来已一载余矣。偶过明君琳养石轩，隔院闻高谈声，疑是曹君，急就相访，惊喜意外，因呼酒话旧事，感成长句》。养石轩是明瑞的府邸，在今东城区内务部街，胡同口曾有东城区政府颁布的该胡同历史沿革的介绍牌。这是敦氏兄弟诗稿中第二次记述他们的相聚，将他们的情感之密、倾心之交，毕现无遗。

第三次是西郊访友。乾隆二十六年（1761）秋，敦诚从喜峰口回到北京，与其兄敦敏去西郊造访曹雪芹。这一次拜访敦敏作有《赠芹圃》诗：

碧水青山曲径遐，薜萝门巷足烟霞。
寻诗人去留僧舍，卖画钱来付酒家。
燕市哭歌悲遇合，秦淮风月忆繁华。
新愁旧恨知多少，一醉䍃毹白眼斜。

敦诚作有《赠曹雪芹》：

满径蓬蒿老不华，举家食粥酒常赊。
衡门僻巷愁今雨，废馆颓楼梦旧家。
司业青钱留客醉，步兵白眼向人斜。
何人肯与猪肝食？日望西山餐暮霞。

显然，敦诚《赠曹雪芹》与敦敏《赠芹圃》是同一天的诗作。他们在一起诗酒唱和，连韵脚都相似，敦诚《赠曹雪芹》的韵脚是“华、赊、家、斜、霞”，敦敏《赠芹圃》的韵脚是“遐、霞、家、华、斜”。五个韵脚有四个相同，即“华、家、斜、霞”。本来朋友相聚是十分惬意的事情，但敦氏兄弟诗中掩饰不住对曹雪芹的同情和敬仰。值得注意的是这一天敦氏兄弟所写的诗是眼见的实情实景，而四年前《寄怀曹雪芹（霑）》一诗则是想象的，因此二者相比，实情实景的整个诗意更悲凉。对曹雪芹居处的描写：“满径蓬蒿老不华”“衡门僻巷愁今雨”，比之“于今环堵蓬蒿屯”，更具体、更荒凉。“衡门”，横木为门，指居处简陋，语出《诗经·陈风·衡门》“衡门之下，可以栖迟”。“今雨”，指人情冷暖，加一个“愁”字，道出曹雪芹的孤苦。“卖画钱来付酒家”“举家食粥酒常赊”，写尽了有上顿没下顿的穷困。荒凉、孤苦、穷困的意象层层铺叙开来，悲凉之气，力透纸背。然而，曹雪芹就是在这种苦难的生活环境下创作《红楼梦》，他用生命铸造着一个朴实的哲理：伟大的作品要用伟大的人格撑起。

同年初冬，敦敏再次去拜访曹雪芹，未得晤面，他作有《访曹雪芹不值》：

野浦冻云深，柴扉晚烟薄。
山村不见人，夕阳寒欲落。

第四次是乾隆二十七年（1762）秋天的一个清晨，曹雪芹冒雨从西郊到宣武门内太平湖东侧的槐园访敦敏，恰好敦诚也来看他哥哥，敦敏尚未出来，曹雪芹却和敦诚相遇了。这也是曹雪芹生前和他们的最后一次相聚。敦诚在诗序中交代得很清楚，“秋晓，遇雪芹于槐园，风雨淋涔，朝寒袭袂。时主人未出，雪芹酒渴如狂。余因解佩刀沽酒而饮之。雪芹欢甚，作长歌以谢余，余亦作此答之”，即《佩刀质酒歌》。从敦诚这首诗中可以看出他们之间至交以达不拘小节，曹雪芹狂放不羁，嗜酒如狂，诗兴大发，“曹子大笑称快哉，击石作歌声琅琅”，敦诚和他哥哥一样由心地钦佩曹雪芹的诗才：“知君诗胆昔如铁，堪与刀颖交寒光。”再如敦敏《题芹圃画石》：

傲骨如君世已奇，嶙峋更见此支离。

醉余奋扫如椽笔，写出胸中磈磊时。

诗句中溢满对曹雪芹人格、傲骨、才气的钦佩之情，从诗文中还可以了解到曹雪芹的晚年生活十分困顿，“残杯冷炙有德色，不如著书黄叶村”。字字看来皆是血，十年辛苦不寻常。只有经历严寒的人，才能体会太阳照射的温暖；只有经历人生艰困的境遇，才能懂得人格的伟大。

曹雪芹逝世后，他们兄弟俩深切地悼念，留下深切感人的诗歌。如敦诚《挽曹雪芹》：

一

四十萧然太瘦生，晓风昨日拂铭旌。

肠回故垄孤儿泣，（原注：前数月，伊子殇，雪芹因感伤成疾。）泪迸荒天寡妇声。

牛鬼遗文悲李贺，鹿车荷锸葬刘伶。

故人欲有生刍吊，何处招魂赋楚蘅？

二

开箧犹存冰雪文，故交零落散如云。

三年下第曾怜我，一病无医竟负君。

邺下才人应有恨，山阳残笛不堪闻。

他时瘦马西州路，宿草寒烟对落曛。

这两首诗都作于曹雪芹逝世不久，从“一病无医竟负君”“晓风昨日拂铭旌”可知敦诚当时不知道曹雪芹生病、死亡的音信，所以内心很痛苦，悲哀地发出“故人欲有生刍吊，何处招魂赋楚蘅”。到了第二年即乾隆二十九年甲申年初（1764年2月）的春天，敦诚才到曹雪芹坟上吊唁，回来后检出旧作两首挽曹雪芹诗，又作了一番修改。他把“故人欲有生刍吊，何处招魂赋楚蘅”改为了“故人惟有青山泪，絮酒生刍上旧垧”。

敦敏与朋友在雪芹逝世后的某一年来到西山游览，登上古墩，遥望曹公墓，触景生情，回忆当年往事，又写下了这首《西郊同人游眺兼有所吊》诗：

秋色招人上古墩，西风瑟瑟敞平原。
遥山千叠白云径，清磬一声黄叶村。
野水渔航闻弄笛，竹篱茅肆坐开樽。
小园忍泪重回首，斜日荒烟冷墓门。

敦敏对曹雪芹不能忘怀，全诗充满凄凉感伤的情调，“古墩”“西风”点染了悲秋的景致。“遥山”“清磬”“野水”“竹篱”衬托“黄叶村”已是物是人非，令人生悲，回顾往事，泪洒荒郊。作者眼前仿佛浮现“斜日荒烟冷墓门”，痛悼友朋。

（二）“狂于阮步兵”

曹雪芹的人格伟岸虽不减当年，但晚年也是借酒浇愁，敦诚说他“举家食粥酒常赊”，敦敏说他“卖画钱来付酒家”。曹雪芹的几位朋友都不约而同地说过他嗜酒的个性。敦敏《懋斋诗钞》中写曹雪芹有五首诗，可谓首首有酒字。《芹圃曹君（霑）别来已一载余矣。偶过昭君琳养石轩，隔院闻高谈声，疑是曹君，急就相访，惊喜意外，因呼酒话旧事，感成长句》：“秦淮旧梦人犹在，燕市悲歌酒已醺。”《题芹圃画石》：“醉余奋扫如椽笔，写出胸中磈磊时。”《赠芹圃》："卖画钱来付酒家……一醉毷氉白眼斜。"《小诗代简寄曹雪芹》："诗才忆曹植，酒盏愧陈遵。上巳前三日，相劳醉碧茵。"《河干集饮题壁兼吊雪芹》："逝水不留诗客杳，登楼空忆酒徒非。"敦诚的《佩刀质酒歌》很典型，前序后歌，颇能反映出曹雪芹这一性格特征。敦诚此诗对雪芹嗜酒个性的描述跃然纸上，诗历数前代好饮者嗜酒的事例，以对比凸显曹雪芹嗜酒狂放的性格风貌。既表现其蔑视礼法、狂放不羁的性格，又"意不在酒，亦寄酒为迹者也"。同时也反映出敦诚与雪芹的真挚友情，以及他们对雪芹身世遭遇的感慨、怀才不遇的理解、内心痛苦的同情。

人不能有傲气，但不能没有傲骨。朋友都把曹雪芹比作阮籍，因为"竹林七贤"的阮籍才华横溢，狂放孤傲，旷世奇才的曹雪芹亦是如此。他不阿权贵、不随流俗、超尘脱俗。他那狂傲的个性常常流露在言谈举止上，张宜泉说雪芹"其人索性放达，好饮"；敦诚《寄怀曹雪芹（霑）》云："少陵昔赠曹将军，曾曰魏武之子孙。君又无乃将军后，于今环堵蓬蒿屯。扬州旧梦久已觉，且著临邛犊鼻裈。……接䍦倒著容君傲，高谈雄辩虱手扪。"诗中一是突出曹雪芹善画，把他与唐代著名画家曹霸作比，二人相同之处：善画而贫困潦倒；二是用晚唐诗人杜牧《遣怀》诗"十年一觉扬州梦，赢得青楼薄幸名"的典故，写出雪芹身经江南的繁华生活如一场大梦早已醒觉，与杜牧放浪形骸、"刚直有奇节，不为龌龊小谨……困踬不振，快快难平"的遭遇和个性颇为相似。

阮籍是一个愤世嫉俗的人，狂放不羁，脱略形骸，背叛礼教，曹雪芹本身也引阮籍为同调，可见其思维与情趣的相似，他恨不能生于同时，无奈在梦中以求之，自号"梦阮"。曹雪芹为什么如此地向往阮籍呢？假如简括地说他只是像阮籍一样，以狂狷者的形象反叛社会，蔑视流俗，平衡心理，那还是不够的。

历史上不乏像阮籍这样有傲骨、有才气的人，曹雪芹为什么单单推崇阮籍呢？阮籍的父亲阮瑀为建安七子之一，阮籍是竹林七贤之一。魏晋时代名声最大的两个名士团体，父子俩各占一席，占尽了当时的风流。阮籍的诗，以饱含心血的《咏怀》82 首为代表。他开创出了咏怀之作的新格局，开创出了赋比兴的新手法，开创出了魏晋风度的新纪元。在辉煌的文学史上，阮籍成为继往开来的一座里程碑，他再现了屈原沉痛幽深的心，重弹了《离骚》飘逸浪漫的调。

屈原悲怆地呼喊："路漫漫其修远兮，吾将上下而求索。"阮籍读懂了屈原，他悲沉地写道："天地解兮六合开，星辰陨兮日月颓，我腾而上将何怀？"曹雪芹理解屈原和阮籍的心，屈原太"痴"，为了人格，为了国家，竟投江自尽。阮籍不痴吗？《晋书•阮籍传》说他"容貌瑰杰，志气宏放，傲然独得，任性不羁……时人多谓之痴"。然而，谁又能晓得，这痴必是性情中人，这痴必是郁结之心，这痴必是大志难遂。曹雪芹没有屈原和阮籍的官位和名士地位，他只是一介寒士，生前默默无闻，但内心的痛苦无比深刻，情调更加低沉。面对凄茫人生，呼天抢地地道出自己：

> 满纸荒唐言，一把辛酸泪。
> 都云作者痴，谁解其中味！

这是一种众人皆醉我独醒的精神！这种精神是一种独立人格的追求，是一种自由思想的追求，不是视富贵如浮云，而是拒绝与功名相掺和的庸俗；不是视权势如污浊，而是拒绝与权势相孪生的肮脏。

阮籍正是有这样超群绝伦的见识和明智，在如履薄冰的政治处境中，鄙弃琐屑的世务、外在的功名，而追求人格的独立。当曹魏王朝大将军曹爽权倾朝野、炙手可热的时候，身为大将军府参军的他不但没有借势而上，反而以脚疾为由，离开了曹爽。一年后曹爽集团被司马懿集团一网打尽，满朝上下对阮籍佩服得五体投地，而他却默默地走进竹林，隐居了。他不拘世俗，注重内在人格的修养，嵚崎磊落，而为魏晋一代人望。曹雪芹回忆起其家族伴随康熙王朝，也曾辉煌一时，可当皇权更迭时，却落了个破巢之卵，一败涂地。从这一荣一枯中成长起来的曹雪芹怎能不发自肺腑地崇仰阮籍呢？他是大梦醒后明白这些的，已无法效法阮籍了，但在梦中他也要追寻阮籍，于是自号"梦阮"。

无奈的人生，迫使阮籍发狂，举止非常。他用青白眼看待社会。所谓青眼，是用黑眼珠对待挚友；所谓白眼，是用白眼对待俗人。曹雪芹虽没有这种形狂，但地地道道学会青白眼观察社会。他用青眼，看到了被侮辱、被压迫的青年女子悲惨的命运和人生，他用白眼看到"须眉浊物"般贵族上流男子的卑劣和无耻。

《红楼梦》是曹雪芹用青白眼辨析后的活生生的社会写实。

阮籍故作名士之态，放荡不羁，其实是注重本性后的真情流露，因而，他宣称："礼教岂是为我所设！"（《晋书·阮籍传》）他敢于公开表示好色，喜欢他所喜欢的女人，好色而不淫。曹雪芹用一生的心血描写贾宝玉是一位情痴，是一个意淫的典型，而且敢于嘲笑用整个封建礼教包装的世俗世界。

阮籍穷得家中别无长物，除了酒就是书。他边喝酒边读书，平复受伤的心灵，开拓驰骋的思路，挥洒创作的灵感。曹雪芹也嗜酒如狂，在酒醉朦胧的意态中远离世俗的黑暗和不幸，在酒醉亢奋的激情中走进创作的天地。

（三）曹雪芹的创作天才

敦诚、敦敏、张宜泉等人一致认为曹雪芹工诗，并把他比作三国的曹植和中唐的李贺。张宜泉《题芹溪居士》序云"其人工诗"，诗曰：

> 爱将笔墨逞风流，庐结西郊别样幽。
> 门外山川供绘画，堂前花鸟入吟讴。①

敦诚有《寄怀曹雪芹（霑）》说"爱君诗笔有奇气"，《佩刀质酒歌》也说"知君诗胆昔如铁，堪与刀颖交寒光"，称赞曹雪芹其诗敢于标新立异，诗风奇险新颖。敦诚还在《挽曹雪芹》中写道："牛鬼遗文悲李贺，鹿车荷锸葬刘伶。"敦诚《小诗代简寄曹雪芹》有"诗才忆曹植"句，又把他比作才高八斗的曹子建。敦敏《赠芹圃》"寻诗人去留僧舍"诗句，曹雪芹比作骑驴觅诗的李贺，张宜泉《和曹雪芹（西郊信步憩废寺）原韵》就写道"君诗未曾等闲吟"。足见曹雪芹工诗的天才，不仅为朋友所深知，而且为朋友所赞颂。三国时代的曹植、中唐诗人李贺都是年少的天才，用他们来比喻曹雪芹，足见其才华横溢。在《红楼梦》这部举世无双的巨著中，他的才华得到充分的展现。他把民族的智慧、文化和才华，发挥到极致，无论思想和艺术都达到了前所未有的高度。《红楼梦》

---

①蔡义江．红楼梦诗词曲赋鉴赏[M]．北京：中华书局，2001：509.

之所以成为一门学问——红学，是由它博大精深的知识底蕴、文化积淀造就的，人们常说一句话“说不完的红楼梦”，是极其准确的。

其思想内容极为丰富，封建社会的政治经济制度、土地制度、法律制度、官吏制度、宗教制度、婚姻制度、奴卑制度、嫡庶制度等都有涉及和描写；再如意识形态方面：佛教、道教、老庄思想，以及明清时代思想解放的萌动，等等。

其文学创作的实践和思想，达到了中国古典小说的最高峰。且不论叙事艺术之炉火纯青，单就小说中运用诗词歌赋这一点，形式全备，几乎囊括中国古典诗词的各种诗体，有拟《春江花月夜》之格的，仿《长恨歌》之体的，师楚辞之魂的……更不用说唐代王维、李贺、李商隐诸多诗人的名句和意象，自然化入，既与小说中人物的情感意绪、性格特征相匹配，又大大提升了作品的文化含量，扩张了美学境界。

其所展示的中国民族艺术，异彩纷呈。他对绘画艺术，有着独具慧眼的见解，在小说人物的言谈笑语中透出独特的美术理论和美学情趣，与小说叙事互为表里，相映成辉。他对音乐及民族乐器的描写，别有洞天，对雅音乐的追求，对琴理的透彻，熠然照亮传统雅音乐与人格、人品、人文环境的契合所在，幻化出贵族之象。还有服饰描绘，既有对典型人物宝玉、凤姐等人物穿戴的工笔，又有大场合中对众人衣饰的小写意；既刻画出人物衣饰的考究，又几笔点画出人物穿戴的个性化。锦衣绣袄，珠环翠绕，令人如同巡礼了中国古代民族的服饰展览。

其对文化民俗的描写，包罗万象，博大精深。且不论人们熟知的《红楼梦》饮食文化、酒文化、茶文化，单就陶瓷文化，全书就有15个章回40多处的描写。陶瓷中的名品、珍品荟萃，有宋代的汝窑、定窑，有明代的成窑、官窑、宣窑，美不胜收。当然还有竹、木、藤质的明清家具等。

其对中医学基础理论、临床治疗、养生保健等方面的描述，更令人叹为观止。据统计，在叙事过程中结合人物的疾病和治疗描述，多达290多处、5万多字。使用的中草药和各种方剂有40多种，提到太医、御医、游医14名。虽然都是为叙事情节的需要而设置的，可作者写得如此合情合理，自然而然道出中医学基础理论，可谓是大手笔。

刘梦溪先生说："《红楼梦》是传统文化的结晶，里面渗透的传统文化的因子异常丰富。就反映生活的丰富性来说，是封建社会的百科全书；就其包含的文化因子来说，堪称中华民族传统文化的总汇。文学、艺术、技艺的各种形式，包括诗、词、曲、赋、歌、赞、诔、偈、匾额、对联、尺牍、谜语、笑话、酒令、说书、百戏、雕刻、泥塑、参禅、测字、占卜、医药，以及诗话、文评、画论、琴理，《红楼梦》中应有尽有，真可以说是文备众体。没有多方面的文化积累，断写不出《红楼梦》这样作品。同样，真正读懂《红楼梦》，也需要相应的知识储备。"①

曹雪芹是天才，读懂天才创作的《红楼梦》，既需要知识，同时也增长了知识。中国的现代学术是以《红楼梦》研究开其端的，以至在当代几乎成为一门显学，与甲骨学、敦煌学并列为中国三大学问。

（四）著书黄叶村

乾隆十年（1745）之前，大约曹雪芹30岁时，流落到北京西郊。香山老人传说曹雪芹回到香山，是拨营归旗，是"回家"。在西郊生活了十八九年，直至卒于乾隆二十八年（1763）癸未除夕。

1. 西郊几度迁

曹雪芹在北京的足迹，是红学家孜孜以求的大文章。早在20世纪50年代吴恩裕先生等人就开始了田野调查，据他们的访查和分析，曹雪芹在西郊曾几度迁徙，因而前后不止一个住处。从京城内迁居西郊，据吴恩裕先生考证，最早住过的地方就是蓝靛厂的火器营。曹雪芹与张宜泉就是在蓝靛厂一带相识的，张宜泉在诗中一再提到"家世之隐"，明显地流露出叛逆性格和反抗思想，这正与曹雪芹的思想"心有灵犀一点通"，由此他们交上了朋友。

曹雪芹在蓝靛厂居住时间可能不长，因为我们知道曹雪芹在西郊的主要根据是敦敏、敦诚、张宜泉有关曹雪芹的诗文，而他们的诗文没有记述曹雪芹在蓝靛厂的文字。红学家根据有关曹雪芹诗文的意象写照，进行田野调查和史籍考证，概略知晓曹雪芹北京西郊生活的环境和居处有三个特点：

---

① 刘梦溪．红楼梦与百年中国[M]．石家庄：河北教育出版社，1999：44.

第一，香山脚下的旗营。著名学者曹聚仁在1958年前曾三次依据敦氏兄弟的诗句，到香山碧云寺寻找曹雪芹的足迹，他认为曹雪芹住在“旗军营垒，也正在西山碧云寺地区。”可以说他是曹雪芹旗居说的创始者。① 旗人群居的房屋、围墙形成有一条条胡同的村落。北京西郊地方文化学者严宽说：“‘于今环堵蓬蒿屯’的环堵，乃围墙之谓。如清代梁份《帝陵图说》云：‘缭以环堵，植以松柏，守以寺人，祀以它时。’此处之环堵，分明指陵园的围墙。另香山民间百姓至今将墙称为堵，如一堵墙、四堵墙等。”②

第二，清代北京西郊有三个营盘：圆明园护军营、蓝靛厂火器营、香山健锐营。“令其远屯圻，不近繁华。”都是远离京城繁华，远离纷扰喧嚣熙攘的大路，保持八旗兵丁的朴实勇健之风。

第三，附近有竹林、废寺、人迹罕至。集中指向香山樱桃沟，根据徐恭时的考证，废寺是广泉寺，离健锐营不远，可以用“黄叶村”作为纪念性的地标。

胡文彬先生曾这样概括：

> 有人谓：“曹雪芹穷居著书的地点，可能在北京西郊健锐营。”或谓曹雪芹住在颐和园后过红山口去温泉的路上，附近名叫“镶黄旗营”，死后葬于此地。也有人谓，曹雪芹故居即在南辛庄之杏石口，其地在阅武楼及宝胜寺之南。还有人说，曹雪芹住香山卧佛寺南峒峪村附近，后来因房屋倒塌，迁到了白家疃。三十余年前有人说，曹雪芹的“悼红轩”就是正白旗村38号（北京植物园内“曹雪芹纪念馆”所在地）。
>
> 民间传说，时间不一，真真假假，但其共同之处是都与西山附近的黄叶村有关。由此，我们可以将曹雪芹迁居西郊或西山后居处的范围再缩小一些——或许就是今天香山脚下的“黄叶村”，这里与敦氏兄弟及张宜泉诗中所描绘的曹雪芹居处的自然环境十分相似。③

---

① 严宽. 红楼梦八旗风俗谈 [M]. 北京：中华书局，2015：159.

② 严宽. 红楼梦八旗风俗谈 [M]. 北京：中华书局，2015：151.

③ 胡文彬. 红楼梦与北京 [M]. 西安：陕西人民出版社，2008：23.

曹雪芹生活和创作的西山，山川钟秀，人杰地灵，素有“神京右臂”之称。峰峦连绵，湖泊罗列，泉水充沛，山水衬映。自南趋北，余脉在香山的部位兜转而东，远远拱列于北京的西北面。在它的腹心地带，两座小山岗双双平地突起，这就是玉泉山和万寿山。早在辽、金时期，香山、玉泉山就有了皇家行宫别苑的建置。在清朝鼎盛时期，皇帝们十分热衷于园林的建设，尤其是康熙、雍正、乾隆三朝，北京西郊一带皇家园林荟萃，素有“三山五园”之称。而外晨钟暮鼓，寺观林立。西山三百寺，到处是香烟。碧云寺、法海寺、十方普觉寺、香山寺是皇家庙宇，规模宏大，气势不凡。其他五华寺、玉皇顶等民间庙宇，遍山可见，香火缭绕。

皇家文化、佛教文化给这方水土增添了无穷的氛围，曹雪芹穷困潦倒而沉潜在民间百姓生活之中，恰如李东阳《西山》所描绘：“村肴野饭匆匆发，碧水青山面面迎。”社会底层大都是为了温饱而日夜辛劳的芸芸众生，有时不免缺衣少食、甚至饥寒交迫，他们的谋生手段与生活方式使曹雪芹能够选择独特的视角——刘姥姥三进大观园，揭开了——“秦淮旧梦”，即百年贵族大厦倾颓的内幕，展现了宏大的历史画面。他以如椽的大笔，创作了一部举世闻名的文学巨著——《红楼梦》。

2. 香山正白旗

“残杯冷炙有德色，不如著书黄叶村。”

乾隆十五年（1750）前后，生活窘迫的曹雪芹不得不全家迁到西郊香山去居住，这就是曹雪芹晚年著书的“黄叶村”。胡德平先生和志同道合的朋友在20世纪80年代初，在北京香山一带进行田野考察，确定了清代健锐营所在地，便是当年的“黄叶村”：

> 二百多年以前香山、金山一带满山遍野都是青松（又名黄松）、枫树、柳树、黄栌树、柿子树、野漆树。那里居民活像刘姥姥在荣国府中说得那样：“我们成日价和树林子作街坊，困了枕着他睡，乏了靠着他坐，荒年间饿了还吃他，眼睛里天天看着他，耳朵里天天听他，嘴里天天还吃他……”秋天来临，先是黄栌树、枫叶由绿变红再变黄，再就是柳树、柿子树等杂

树叶也慢慢由青转黄，秋风一紧，上面是黄叶满天，地下是黄叶可扫。

历代都有诗为证：

僧去烧黄叶，人来扫白云。（明·乌佐卿《饭香山寺》）

匹马寻径黄叶寺，雨晴稻熟早秋天。（清·郑板桥《游香山卧佛寺访青崖和尚和壁间晴岚学士虚亭侍读原作》）

遥山千叠白云径，清磬一声黄叶村。（敦敏《西郊同人游眺兼有所吊》）①

《红楼梦大辞典》把诸多学者对“黄叶村”的认知，作了一个总的概括：

著书黄叶村：这里系用康熙年间王苹的诗句“黄叶林间自著书”之意。而“黄叶村”则出自宋·苏轼《书李世南所画秋景》二首之一的“家在江南黄叶村”之句。研究者们认为，这里的“著书”，应是指写《红楼梦》，而“黄叶村”则指曹雪芹在北京西郊的住所。②

黄叶村，已经形成历史的记忆。不管你是否承认它是曹雪芹的故居，南来北往的游客，慕名而来的政府要人、文化名人、外国友人等，三十多年来参观人数多达800万。他们都来此地瞻仰，即使对曹雪芹的了解是一知半解的“断片”，也要想方设法地在这里续上，到老屋转一转，到古树旁站一站，向远处的卧佛寺望一望。凡驻足这里的人们，说说曹雪芹的零零碎碎，聊聊《红楼梦》的三言两语，都是为了一种共同的记忆。

历史的记忆是共同的，是民族的，是继续的。当离开那个老屋，离开那棵老树，也抹不去人们的这种记忆，那是在为中华民族伟人——曹雪芹而自傲，在为中华民族优秀文化而守望，是一种民族的共同的历史的记忆。

红学家吴恩裕为此呕心沥血，作家端木蕻良为此写作《曹雪芹》，老百姓

---

① 胡德平．曹雪芹在西山[M]．北京：文化艺术出版社，1984：26．

② 冯其庸，李希凡．红楼梦大辞典[M]．北京：文化艺术出版社，1990：872．

在离这里不远的樱桃沟标记曹雪芹的足迹，总之，端木蕻良说：“曹雪芹著书黄叶村，这却是事实。黄叶村在西山脚下，是正白旗所在地，这也是事实。这一带曹雪芹把最后的生命注入的地方，也是世所公认的。”①

黄叶村是曹雪芹故里的象征，是历史的记忆、民族的记忆、共同的记忆。正是这种记忆，形成了曹雪芹在西山生活和创作的情况传说，尽管没有史料可以提供我们探寻，但当年的口碑流传，也是十分珍贵的口头史料。先看看近几十年有关曹雪芹在西山的材料：

（1）1963 年 3 月一批红学家吴恩裕、吴世昌、周汝昌、陈迩冬，以及吴恩裕的夫人骆静兰女士，专程访谈了张永海先生。从清初到现在，他家住在香山正黄旗。他说：

他（曹雪芹——引者注）搬到香山，按拨营归旗的例，住在正白旗，每月拿四两银子，每季一石米。按他这俸禄说，他住的应该是三间房子。因为当时拿四两的住三间房，三两的两间，一两半的一间。他住的地点在四王府的西边，地藏沟口的左边靠近河的地方，那儿今天还有一棵二百多年的大槐树。两年前听我儿子讲，有人说曹雪芹住在北辛庄杏石口，那是没有的事儿，他是旗人必得住在旗里头；北辛庄是民居，出了健锐营的范围，他就不能住。那时候，旗里和民居是分得很严的。

有一个叫“鄂比先生”的镶白旗人，也是不知道犯了什么罪，拨归健锐营镶白旗来住，他比曹雪芹来香山怕还早些，画一手好葡萄，也会画竹子，和曹雪芹老早就熟识，在香山两人住处只隔一个四王府，他俩常常聊天，有时在四王府附近的小酒馆喝酒，曹雪芹就跟他谈《红楼梦》，后来鄂比都能背着讲出全部《红楼梦》的故事。曹雪芹的生活渐渐穷困起来，虽有敦家哥俩偶尔帮助，也不济事，后来他就卖画。他本来是喝酒的，晚年穷了更喝得厉害，没钱喝酒就用卖画的钱来打酒。曹雪芹穷是穷，可是就是不喜欢和富人接近，跟他相好的都像鄂比和敦家弟兄那类人。那时曹

① 端木蕻良．红楼梦醒黄叶村 [N]．解放日报，1984-03-26．

家还有好亲戚，有钱不借给他。到了年下，鄂比就送他一副对联："远富近贫以礼相交天下有，疏亲慢友因财绝义世间多。"他和鄂比非常好，鄂比也很关心他。曹雪芹在正白旗住了四年，他的原配妻子就死在那里（不知哪年）。乾隆二十年春天雨大，他的房子塌了，不能再住下去，曹家是被抄家的人，平时人家拿他当坏人，房塌了也没人给他收拾。

鄂比帮他的忙，在镶黄旗营北上坡碉楼下找到两间东房，同院只住一个老太太。曹雪芹是在那里续娶的，新娶的妻子年纪很轻，文化很低。北上坡靠近玉皇顶，坡上坡后都是狼道，很荒凉。

这时他的生活越来越穷，有时全家人都吃粥，可是他什么也不管，还是一心写他的《红楼梦》，头发长了也不剃，穿一件蓝布二褡裢（即没有领的蓝布大褂），福字履，腰里常围着一个白布包袱，包着纸笔，不管走到什么地方，想写就写。听到别人谈话里有好材料，他马上就记下来。有时和朋友们喝酒吃饭，他突然就离席跑回家里，朋友们奇怪，就在他后面跟着，到他家一看，他却又伏在桌上写上《红楼梦》了。他又常常一个人在路上来回走着想，路上的行人看他奇怪，他也毫不在意。因此，就有人叫他"疯子"。

对张永海先生的访谈，在当时被吴恩裕先生公布以后，引起学术界极大的震撼和影响，1984年位于北京植物园内的曹雪芹纪念馆，就是在访谈最直接的推动下创建的国内第一家以曹雪芹、《红楼梦》为主题的博物馆。

(2) 1971年4月4日香山正白旗39号舒成勋的老屋"题壁诗"的发现，其中最有价值的是一副对联，印证了八年前张永海先生的访谈讲到的一副对联："远富近贫以礼相交天下有，疏亲慢友因财绝义世间多。"只有一个字不同，"有"为"少"。比"有"更工对，上联"少"对下联"多"。口碑材料与文物的统一，是历史考证的重要方法。

(3) 1973年吴恩裕公布了《曹雪芹的佚著和传记材料的发现》，主要有：《废艺斋集稿》的大概内容、曹雪芹《南鹞北鸢考工志》自序、董邦达《南鹞北鸢考工志》序文、敦敏《瓶湖懋斋记盛》残文。

茅盾先生对此重大发现很激动，赋诗一首《读吴恩裕〈曹雪芹佚著及其传记材料的发现〉》：

浩气真才耀晚年，曹侯身世展新篇；
自称废艺非谦逊，鄙薄时文空纤妍。
莫怪爱憎今异昔，只缘顿悟后胜前；
懋斋记盛虽残缺，已证人生观变迁。①

（4）1978年发现曹雪芹书箱一对。1978年2月1日，冯其庸先生约上林默涵和王世襄先生，去书箱主人张行先生家里目验。王先生是鉴定古代木器家具的专家，经他鉴定，书箱及箱上刻的兰花、刻字，都是乾隆时期的。第二年冯其庸先生便以《二百年来的一次重大发现》为题，高度评价："这是二百年来关于这位驰名世界的伟大作家的遗物的第一次重大发现。它的发现，打破了整整两个世纪的沉寂，人们终于看到了这位巨人生前的遗物。手泽犹存，墨痕尚在，睹其遗物，想见其为人。人们的心潮久久不能平静。"②三十多年后冯其庸先生又一次亲自目验书箱，并发表《曹雪芹书箱补论》③，指出雪芹死于"壬午除夕"，有文献记载和实物作证，无可怀疑。领悟了这一点，再来读书箱上"乩诼玄羊重克伤"这句诗，"因为壬午年的十二月二十二日即已立春。按旧俗，立春以后，已是来年的节气了，也就是进入羊年的节令了，按诗句也就是说，雪芹一碰到羊年，就遭厄运，就遭到了克星而逝世了，这样解释，才符合当时的习俗，才是这句悼诗的本意。"

（5）1981年舒成勋口述、胡德平整理《曹雪芹在西山》。

以上口头材料和文物在学术界臧否不一，争执相左，这很正常。但还是没有引起应有的重视，这就是学术界有一种传统的说法，认为田野调查是一种粗

① 茅盾．读吴恩裕《曹雪芹佚著及其传记材料的发现》[N]．上海：文汇报，1979-07-22．

② 冯其庸．二百年来的一次重大发现[J]．红楼梦学刊，1980（1）．

③ 冯其庸．曹雪芹书箱补论[J]．红楼梦学刊．2011（3）．

浅的知识，只有从书中求得“无一字无来历”才是一种深奥的学问，书上写了的才是有根有据，还认为线装书上写的才最可靠，从田野调查得来的材料不能登大雅之堂。因而造成上述材料长期被搁置一边，鲜有问津。而将田野调查和历史研究的方法相结合，把“读社会”和“读文献”结合起来，是中国学者对人类学的贡献。当然也成为西山是曹雪芹故里的证据所在。

张宜泉是曹雪芹晚年往来密切的朋友，满族人，上世为内务府镶黄旗包衣。张宜泉生于康熙五十九年庚子（1720）冬，卒于乾隆三十五年庚寅（1770）春，著有《春柳堂诗稿》。他在诗稿自序中感叹：“家门不幸，书剑飘零，三十年来，百无一就。”他慨叹“亡家剩一身”“吐气在何年”，终身不得志，晚年靠教私塾，维持生计。张宜泉见过己卯冬月定本《石头记》，也有可能。因为张宜泉在《伤芹溪居士》诗中曾提到“白雪歌残梦正长”，可以明显地看出，当指曹雪芹卒后，《红楼梦》原稿尚未完全修订完。或许丢失的后几十回原稿尚未找到，诗意含蓄。张宜泉诗中所记述的曹雪芹对我们了解曹雪芹很有价值。曹雪芹受到的极好的深厚家学的熏陶，他当时虽然不被世人所知，却已是早熟的天才，特别是在文学、绘画、工艺等方面造诣，受到朋友们敬慕。经常与朋友们在一起喝酒赋诗，给他人生添了一大乐趣。张宜泉写诗称颂曹雪芹，如：

题芹溪居士

姓曹名霑、字梦阮、号芹溪居士，其人工诗善画。

爱将笔墨逞风流，庐结西郊别样幽。
门外山川供绘画，堂前花鸟入吟讴。
羹调未羡青莲宠，苑召难忘立本羞。
借问古来谁得似？野心应被白云留！

此诗根据吴恩裕先生的考证作于乾隆二十七年（1762）。首联上句写曹雪芹著书黄叶村，驰骋笔墨，展示才华，下句写淡薄世俗，发奋著书。这一联对考证他的生平事迹、人格才情很重要。“庐结西郊别样幽”与敦诚的诗句“不如著书黄叶村”相呼应，披露曹雪芹曾生活在西山故里。清代的健锐营所在地，就是现在的曹雪芹纪念馆所在地。这里在明代就有“金山脚下黄叶村”之称。离纪念馆不远的北面卧佛寺是清代皇家寺院，郑板桥又称其为“黄叶寺”，敦敏描绘其景致：“遥山千叠白云径，清磬一声黄叶村。”卧佛寺的西面是樱桃沟，这里沟深幽静，气候宜人，秀美的山水依然保持着原始状态。100多年的千棵樱桃树，花繁叶茂。奇石磊磊，山泉淙淙，潭水涟涟，形状各异。沟里有块天然巨石叫元宝石，因外形似元宝而得名，是《红楼梦》传说的重要景点。据说曹雪芹晚年居于黄叶村时，常来此盘桓，元宝石使曹雪芹得到了启发，构思为一块“通灵宝玉”，写出了贾宝玉和林黛玉生死不离的“木石前盟”。虽然这说法有些牵强，却隐含了曹雪芹当年曾在这里创作的信息。由于人们喜欢《红楼梦》，也更加喜欢这里的景色，越发把这个富有诗意的名称叫得响亮起来。

次联“门外山川供绘画，堂前花鸟入吟讴”，写其工诗善画。三联“羹调未羡青莲宠，苑召难忘立本羞”，写其志趣和追求。“羹调”一典谓：李白号青莲居士，唐玄宗召李白为翰林学士，曾“以七宝床赐食，御手调羹以饭之”（见唐代李阳冰《草堂集序》）。“苑召”一典谓：阎立本为唐代宫廷画家，《旧唐书·阎立本传》载，唐太宗召阎立本画鸟，阎闻召奔走流汗，俯伏在池边挥笔作画，看看座客，觉得惭愧，回来即告诫他的儿子说：“勿习此末技！”张宜泉用此典故但不拘泥于典故，与尾联气脉相通，总括其旨。尾联“野心”句是说曹雪芹鄙视富贵功名，只有山中的白云与他为伴。唐末，陈抟举进士不第，隐居华山云台观，入宋后，数召不出，作谢表中有“数行丹诏，徒教彩凤衔来；一片野心，已被白云留住”之句。野心即不受封建礼法拘束的山野人之心。表达了不羡李白之宠、不忘阎立本之羞，身居村野而志向高远。

3. 从健锐营到白家疃

张宜泉《和曹雪芹〈西郊信步憩废寺〉原韵》一诗，是披露曹雪芹当年活动在樱桃沟直至白家疃这一带最典型的作品：

君诗曾未等闲吟，破刹今游寄兴深。
碑暗定知含雨色，墙颓可见补云阴。

蝉鸣荒径遥相唤，蛩唱空厨近自寻。

寂寞西郊人到罕，有谁曳杖过烟林？①

先看诗题，首先交代人物是张宜泉与曹雪芹，时间是乾隆二十六年（1761）夏末秋初，地点西郊废寺。这指的是哪里呢？徐恭时先生对其进行了详细的研究，撰文《有谁曳杖过烟林——曹雪芹和张宜泉在北京西郊活动之断片》，指出这个“废寺”，就是早在明代就已废弃的广泉寺，这一点已被学界所承认。

曹雪芹纪念馆樊志斌曾带我和张书才去樱桃沟，乘兴踏访广泉寺废址。据他介绍：“到了隆教寺，就能看到泉水，甚至能够听到哗哗的水声。隆教寺下侧有一道石槽，将沟里的泉水引向山下，经卧佛寺，从正白旗打个湾儿直向玉泉山去了。卧佛寺原叫十方普觉寺，位于万安山脚下，是一座唐代古寺。唐贞观年间，太宗皇帝东征高丽，回军至幽州，为祭奠阵亡将士，在城内修建了悯忠寺（今法源寺），在西山则修建了这座寺庙，当时它的名字叫作兜率寺。寺中供奉檀香木卧佛一座，植娑罗宝树一株，据说卧佛造像的图样和娑罗宝树都是玄奘法师从天竺带回来的。元朝英宗皇帝耗费巨资用铜为寺里筑造出一座重达五十万斤的卧佛造像，其造型之大、工艺之巧，堪称绝世之作。明代太监则利用这里的小环境，为皇家养殖牡丹，允许游人参观。于是，这寺里的娑罗树、卧佛、牡丹、泉水吸引了不少游客、香客纷至沓来。”

到了水源头，沿着人们踏出的小路前行，绕过一个小山坡，时陡时缓，有时还用手攀扶路旁的小树或灌木丛，想起了“有谁曳杖过烟林”这句诗，爬上小山，没多久便到了广泉寺。这地方林木清幽，人迹罕至，广泉废寺已经没有任何建筑构件了，只有古井一口，是广泉寺唯一的遗迹，坐落在半山腰的古井，很深。小樊介绍说：“广泉寺早在明代就已成废寺，但是这里的泉水却是有名的。孙承泽《天府广记》记载碧云寺侧玉皇庙时说：‘殿侧有满井，水可手掬。西山山顶之井，广泉寺与此为二，谷中瀹茗取给二井。’广泉寺正是因为这井水而有了名声，因此，寺虽废而人不绝。加上，这里地僻山幽，可远瞰谷中景

① 蔡义江．红楼梦诗词曲赋鉴赏[M]．北京：中华书局，2001：508．

色与西山落日，雪芹经常溜达到这里，一个人坐上一阵子。”

明末，广泉寺已经成为废寺，殿荒藤作壁，苔封屐齿稀。清初宋荦游广泉寺时，虽然凋零，但“雅外僧雏能解事，硬黄一幅索清吟”，看来废寺还有僧人来住。80年之后，曹雪芹和张宜泉游憩广泉寺，可能更加萧条、凋零、残破。睹物生情，触发曹雪芹的情思，自然地联想起自家当年是百年望族，有烈火烹油、鲜花着锦之盛，最终落得家亡人散各奔腾。张宜泉按曹雪芹原韵唱和，给后人留下一段佳话。

从卧佛寺向北翻过十余里的山道，可直接到白家疃。这便是曹雪芹经常走的小路。那里泉甘林茂，景色宜人。此村三面环山，一面临水。东部的百望山和西部的阳台山一带多有辽金古迹，历史积淀深厚。爱新觉罗·允祥（1686 ~ 1730），系康熙帝玄烨第十三子、雍正的弟弟怡贤亲王，生前在这里建筑田野别墅，作为“憩息之所”。允祥病逝后，白家疃村民上书请求为其建祠堂，得雍正帝允许，拨官田三十余顷为祭田，于雍正十年（1732）在白家疃建起怡贤亲王允祥的祠堂。

曹雪芹在乾隆二十三年（1758）春夏之际迁到了白家疃一说，出自敦敏所作《瓶湖懋斋记盛》一文，记述乾隆二十三年（戊寅，1758）腊月二十四日曹雪芹在敦敏的槐园同董邦达、过子和、端隽、于叔度等人聚会的一篇文字。文中曹雪芹的言谈举止、性格风貌跃然纸上。在曹雪芹的传记材料十分缺乏的情况下，它所提供的曹雪芹的居处、才艺、为人、交游等素材，是迄今为止所发现的曹雪芹晚年行止的一份珍贵材料。但这份材料是《废艺斋集稿》中《南鹞北鸢考工志》的附录，而且是抄存者过录的残文。根据吴恩裕先生的考证，《废艺斋集稿》应是曹雪芹的佚著，附录敦敏的《瓶湖懋斋记盛》也是真实的。

（1）敦敏在《瓶湖懋斋记盛》中描写了曹雪芹白家疃茅舍

（春间芹圃曾过舍以告，将徙居白家疃。值余赴通州迓过公，未能相遇。）苦念綦切，乃往访其新居。几经〔询问〕，始抵其家。（原注：〔其地〕有小溪阻路，隔岸望之，土屋四〔间〕，斜向西南，筑〔石〕为壁，断枝为椽，垣堵不齐，户牖不全。而院落整洁，编篱成锦，蔓植杞藤，

□□□□□，有陋巷箪瓢〔之乐〕，得醉月迷花之趣。循溪北行，越〔石〕桥〔乃达。〕）扣篱〔至再至三〕，俄顷，一老媪出应曰："〔客人〕其〔访〕雪芹耶？"余曰："然。"媪曰："〔彼〕为人邀去，多日未返家矣。"媪自称白姓，得雪芹顾恤，相处如一家人。（原注：殷殷〔延余〕入，问所从来，余以情告。）遂留名帖，请代致意，怅然而返。[①]

文中所述石桥，至今仍存。贤王祠西，有花岗岩条石搭建而成的一座石桥，这就是曹雪芹当年的白家疃石桥。横跨在白浮瓮山河（后称温泉河）支流上，河水受季节消长的影响，旧时石桥规模比较大，能行马驾的大车。现在石桥仅剩四块条石和一些散落块石，四块花岗岩条石大小基本一样，石长 4.3 米，宽 0.52 米，厚 0.4 米，桥上的部分石料被人拆走挪作他用，只剩下四块条石和几块桥头的台阶石。

文中还特意记述了曹雪芹接济贫苦老媪，并与之相邻，和睦如一家：

又月余，芹圃〔未〕至。渴念不已，策马再访，遇白媪于门，而谓余曰："何不巧之甚耶！前数日，雪芹回，见君名帖，欣然谓老身曰：与君为知交，久拟谋面，因友人邀做臂助，未容抽身；事毕即将进城回〔谒〕也。想亦未料及君之再至。两日前又去其友人处矣。"〔稍坐后〕，假纸笔留书〔订〕邀（原注：时白媪煨芋以饷，并缅述徙此经过。初，媪有一子，襁褓失怙。夫家无恒产，依十指为人做嫁衣。儿已弱冠，竟染疫死。〔彼遂〕佣于大姓，不复有家矣。去冬哭损双目，〔乃致〕被辞，暂依其甥。既〔无〕医药，又乏生资，巨濒绝境。适遇雪芹过其甥处，〔助以〕药石，今春能视物矣。因闻雪芹又〔将远〕徙，媪〔乃挽〕人〔告之〕：顾以其〔茔〕侧之〔树〕，供〔雪芹〕筑〔室〕。〔其〕工既竣，〔雪芹〕以一室安白媪。〔媪〕且泣且言，复云："雪芹初移此间，每有人自京城来〔求〕

① 吴恩裕．敦敏《瓶湖懋斋记盛》残文校补[M]//吴恩裕．曹雪芹《废艺斋集稿》丛考[M]．北京：当代中国出版社，2010：44．

画。以是，里中巨室，亦多求购者。雪芹固贫，饔飧有时不继，然非其人虽重酬不应也。橐有余资，常〔济〕孤寡。老身若不遇雪芹，岂望存活至今也！”闻白媪言，愈思与芹圃一面，以慰渴念，〔而〕动定参商，〔缘〕会不偶。）久之，亦无裁答。

（2）《南鹞北鸢考工志》的缘起

《瓶湖懋斋记盛》一文开篇便讲曹雪芹所做的风筝有三绝：一是“惊其丹青之妙”；二是“讶其技艺之精”；三是“御风施放之奇”。他说：

> 《南鹞北鸢考工志》一书，为余友曹子雪芹所撰，窃幸邀先睹之快。
>
> ……
>
> 风鸢听命乎百仞之上，游丝挥运于方寸之间。壁上观者，心为物役，乍惊乍喜，纯然童子之心，忘情忧乐，不复知老之将至矣。

文中接着讲用做风筝救助朋友于叔度：

> 芹圃挽余行，且告曰：“往岁戏为于景廉扎风筝，后竟〔以〕为业。嗣复时时相要，创扎新样。年来又促我逐类定式，撰而为谱，欲我以艺活人也。前者同彼借家叔所寓寺宇，扎糊风筝，〔是以〕家居时少，以致枉顾失迓也。”……
>
> 叔度寒士，贫而好客。芹圃出其所（著之）书示余，甫〔阅〕其〔图〕，〔便〕觉绚丽夺目，人物栩栩，光〔明〕曝照，曾所未睹。
>
> 叔度〔复〕将芹圃为其所扎风鸢取出，罗列一室，四隅皆满，至无隙地。五光十色，蔚为大观。〔因〕问：“何时设肆于此？”叔度云：此铺系其友所遗。今者亡友物故，家人扶榇南返，嘱其代为照看也。……
>
> 〔其〕间为余缕述昔年芹圃济〔彼〕之事，言下犹且〔咽哽〕〔唏嘘〕，

不能自抑。〔复〕谓余曰："当日若非芹圃救我，则贱躯膏野犬之腹也久矣！"芹圃亟止之曰："适逢其会，无足挂齿。何况朋友本应有通财之义，今后万勿逢人便道此事也。"叔度曰："受其惠者，能不怀其〔德〕乎？如我之贫，更兼废疾，难〔于〕谋生矣。数年〔来〕，赖〔此〕为业，一家幸无冻馁。以是欲芹圃定式著谱，庶使有废疾类〔余〕者，藉以存活，免遭伸手告人之难也。"芹圃曰："叔度推己及人之见，〔余深〕然之，非过来人讵能若此深切也？"

〔余忆〕前时白媪之言，今者叔度之诉，则芹圃之□□□□。（〔义行高矣！〕？）叔度趣而言曰："我得异味，不忍独享，愿与知友共之。是亦'推〔己〕及人'之谓欤？"〔相与大〕笑。[①]

（3）太平湖放风筝、说风筝

酒阑饭罢，已逾□〔时〕，〔遂〕挽芹圃〔过舍〕盘桓，携其贮酒同返。临行再邀叔度，更请以风鸢相假，欲得董公观赏之，并使家人同开眼界也。芹圃曰："微末小技，何誉之甚耶？若以佐兴，或可博人一笑耳。"叔度曰："芹圃所扎人物风筝，绘法奇绝，其中宓妃与双童两者，则为绝品之最；特什袭藏之，未敢轻〔出〕示人。今已不及赶赴东城，〔诘〕朝往取，再行送上，定邀董公赞许也。"余〔遂〕拜谢盛情，与芹圃赁舆载风鸢、南酒而归。是以得快读〔其〕书。

〔二十〕四日，晨曦甫〔上〕，人声已〔喧〕，忙于除旧迎新也。民谚曰："二十三，赶小年；二十四，写大字。"视为吉辰。万户千家，春联争奇句，桃符竞新文。此风尚自宫掖间。每岁是日，诏善书者入值，为诸宫所书楹联，以迎新春。供奉事毕，御〔赐〕有差，给假□□〔日，归〕家理年事矣。

---

① 吴恩裕．敦敏《瓶湖懋斋记盛》残文校补[M]//吴恩裕．曹雪芹《废艺斋集稿》丛考．北京：当代中国出版社，2010：52．

夜来□闻禁中□□□□早，预遣人奉迓董公，命舆去讫，欲将所〔借〕风鸢，陈于中庭，苦无挂处。思之再三，未得其法。乃就芹圃而问之，如其教，以长绳三列，布于檐下悬之，恰可尽陈无遗。（原注：余遇此细事，竟为所困，则芹圃〔与我〕，智愚之间，真不可以道里计矣。）……

约当辰正，过公〔至，问余曰：〕“孚翁已先至否？”余曰：“尚未。已命〔轿〕车往候矣。”过公将书画付余曰：“真伪未敢妄断，宜待董公鉴之。”

言已，入中〔庭〕，遽然而问曰：“何为购得若许风鸢？”余曰：“此皆芹圃之作，借自于叔度处，为请董公赏〔鉴〕者。”语未毕，过公指〔宓妃〕而诧问曰：“〔前立〕者谁耶？”余应曰：“吾公视其为〔真〕人也乎？实亦风筝。”过公就前，审视良久，谓余曰：“尝闻刍灵偶俑之属，与人逼似者，不可迩于寝室，防不祥也。倘系夜间，每能吓人致疾。”余曰：“敬闻命。愿俟董公审〔阅后〕，当即收之。”

过公问：“何时得晤芹圃？今日能来否？”〔余曰〕：“前日巧遇，已邀同来舍；现于后室做鱼，将以助兴也。”遂肃过公入见。

芹圃方以莲心浸醉□，过公曰：“芹圃多才，素所闻矣；尚不知精于烹调也！”因以前日所食异味相告，过公欣然〔曰〕：“今日可云幸会矣！”（下缺）①

《瓶湖懋斋记盛》残文的记述，只是曹雪芹晚年生活中的一个缩影，他于弱势孤老之人面前有一副怜悯博爱的心肠，于上流社会的人面前有一种不亢不卑的人格。人生只有在最艰难的境遇下，才能体会到人格的伟大。

4. 发愤著书

曹雪芹从“钟鸣鼎食”之家跌落到“茅椽蓬牖，瓦灶绳床”的贫困境地，虽然受到巨大的打击，但面对残酷的命运，依然狂放不羁，傲视厄运，一股英

---

① 吴恩裕．敦敏《瓶湖懋斋记盛》残文校补[M]// 吴恩裕．曹雪芹《废艺斋集稿》丛考．北京：当代中国出版社，2010：58．

气胆魄溢于言表。年轻才子的他与朋友“高谈雄辩”，唱和诗歌，声琅乾坤，肝胆照人。但是到了晚年，贫困对他的精神和生活的压迫，日见加著。“举家食粥酒常赊”“卖画钱来付酒家”成为他晚年困顿生活的写照。曹雪芹的人格伟岸不减当年，正是这种境况，敦诚称赞他：“残杯冷炙有德色，不如著书黄叶村。”

尽管诗歌使我们感悟到的只是一种凝缩了的追求独立的人格，并在生活的无奈中寻找个性至上的精神境界，但它毕竟比探佚的东西更真实、更可靠。正是这种诗的灵感，复活了沉睡在冷漠的历史档案中的一种灵性，唤醒了锈渍斑驳的文物史料中的一股生气，焕发了虫蠹风蚀的字画的一点光彩，使我们可以从中体味、追思一代文豪的性格神韵，文采诗胆和气节风骨。

苦难对于一个有思想的人来说，是一种精神财富。它涵养了人的气质，提升了精神境界，从而，塑造了人的风骨。

“字字看来皆是血，十年辛苦不寻常。”

曹雪芹是在朋友的鼓励下发愤著书的，他创作《红楼梦》的过程，我们几乎无从知之，但这并不影响我们对其心理动机的揣想。古今中外的作家们，其创作心态虽多种多样，但大抵离不开“发愤”二字。

司马迁在《报任安书》中说：

> 古者富贵而名磨灭，不可胜记，唯倜傥非常之人称焉。盖文王拘而演《周易》；仲尼厄而作《春秋》；屈原放逐，乃赋《离骚》；左丘失明，厥有《国语》；孙子膑脚，《兵法》修列；不韦迁蜀，世传《吕览》；韩非囚秦，《说难》《孤愤》；《诗》三百篇，大底贤圣发愤之所为作也。

这段话道出了这些卓越人才的创作心理机制，几乎都经历了大得大失、大喜大悲、大起大落的生命体验，从“意郁情结”后而积郁了巨大的悲愤的情感力量。它不再为个人的悲愤的处境而呼天喊地，而是指向了冥冥的上天、苍茫的大地，去进行无数次心灵的拷问，它还将自己融入历史的长河，用以追索兴衰成败的答案，追问人生价值的意义。

愈是拷问得执着，愈是思索得深刻，愈是趋向于哲思，也就愈是远离芸芸众生，愈是不为世俗所理解，这是天才的痛苦！天才的孤独！但也是伟大的痛苦！伟大的孤独！

当天才与痛苦搏击后产生的孤独蕴含在内心的宁静与恬淡之中时，那超然的意味，便会不为名利所动，显现出特立独行、倜傥不群的高洁气质；又当激情与孤独撞击后产生的创造力包含在众人皆醉我独醒的快乐之中时，甘为其痴，沉醉于呆，忘情于我的洒脱自然，便是赋有天才素质的人所具有的独特境界。

一个人如果经受不住心灵的孤寂和思考的痛苦，不可能坦然直面飞来的横逆，远离尘世的喧嚣。若还想能够有所作为，多半是一枕黄粱。因此，只有历炼过常人难以理解的痛苦和孤独，才能焕发出内心深处的激情和不会枯竭的创造力。曹雪芹创作冲动的契机源于幸与不幸的巨大落差和强烈对比，他对生命价值的思考、对人类美好感情的回忆、对理想世界的希望就成为他创作的动力。这就是曹雪芹创作《红楼梦》时所达到的审美超越。在《红楼梦》的开篇，他表露了自己的心理：

> 今风尘碌碌，一事无成，忽念及当日所有之女子，一一细考较去，觉其行止见识，皆出我之上。我堂堂须眉，诚不若彼裙钗，我实愧则有余，悔又无益，大无可如何之日也。当此日，欲将已往所赖天恩祖德，锦衣纨绔之时，饫甘餍肥之日，背父兄教育之恩，负师友规训之德，以致今日一技无成、半生潦倒之罪，编述一集，以告天下：知我之负罪固多，然闺阁中历历有人，万不可因我之不肖，自护己短，一并使其泯灭也。所以蓬牖茅椽，绳床瓦灶，并不足妨我襟怀；况那晨风夕月，阶柳庭花，更觉得润人笔墨。我虽不学无文，又何妨用假语村言敷演出来？亦可使闺阁昭传。复可破一时之闷，醒同人之目，不亦宜乎？

曹雪芹这番独白看似平淡，实则是内心激荡的情感被岁月冲洗得越是傲世抗俗，就越甘于淡泊。如壶口瀑布的黄河之水，飞流直下，水翻浪滚，气吞山河。当流经一段后，顿时波平浪缓，一泻千里。这就是在平静背后蕴藏的巨大力量。儒家所崇奉的立德、立功、立言“三不朽”，曹雪芹已无法做到了，身处末世，既无立德的可能，又无立功的机遇，半生潦倒，一事无成。他只好立言，以“假语村言”为“闺阁昭传”。出于这样一种创作动机，年年岁岁守着“蓬牖茅椽，绳床瓦灶”，日日月月伴着“晨风夕月，阶柳庭花”，于“悼红轩中，披阅十载，增删五次”，就是为了给自己一个完整的梦，给世人一个清醒的梦，给后世一个理想的梦。他“意识着一切生命的痛苦，不只是意识着自己的痛苦。但是，必须由于自己本人经历的痛苦，尤其是一次巨大的痛苦，才能唤起这样的认识”。[①] 在他的心中，不仅仅是八旗才子的“燕市哭歌悲遇合，秦淮风月忆繁华”，而是透过悲凉之雾看到美丽可爱的女儿世界，激发了他冲天的豪情，惊人的文笔。“写出胸中魂垒时”“直追昌谷破篱樊”！他是用生命在拼搏，在向中国文学的顶峰冲刺！

曹雪芹生平事迹，我们知道的实在是太少了，尽管红学家穷年累月地精心考证历史素材，再加上“读其书，想见其为人”，展开丰富的联想，但还是难以据实素描似地勾勒出曹雪芹的风貌。

正因为曹雪芹写出了一部伟大的《红楼梦》，他才成为伟大的人物，才实现了自身的价值并从而具有了研究的价值。罗曼·罗兰在《贝多芬传》序言中宣言：“没有伟大的品格，就没有伟大的人，甚至也没有伟大的艺术。”王元化先生晚年在著作中谈到作家自身心灵素质：“在遭受磨难时，最能够体会到的一个历史人物就是司马迁。司马迁受腐刑，下蚕室，本可一死，一了百了，却忍辱负重，偷生苟活，为什么呢？难道他真的把生命看得太重！真的好死不如赖活么？他绝不是的！司马迁当时如果就那样死了，他简直就像一只蚂蚁、一根干草，与粪壤虫蛆同朽。然而人的生命不是这样的。司马迁真正懂得人格的尊严，生命的高贵。他把人的精神存在的意义，看得高于形体生命存在的意义，他视人格的力量，寄寓在文化创造活动中的人格力量，有不可替代的崇高地位。所以能战胜逆境，战胜屈辱，战胜人生最大不幸。从污浊之中，昂起不可屈辱

---

① 叔本华. 作为意志和表象的世界[M]. 北京：商务印书馆，1997：543.

的头颅。司马迁的生命气质，是真正的高贵。”[①] 王元化先生含有自身生命感受的这段论述，同样可以用到曹雪芹的身上，只有具有伟大的人格，才能创造伟大的作品。

《红楼梦》是在中国文化历史悠久、辽阔、丰厚的土壤中生长出来的艺术奇葩，曹雪芹是中华民族杰出的代表，永远值得我们纪念。

---

① 王元化．王元化集：十[M]．武汉：湖北教育出版社，2007：73．

第三章 《红楼梦》的版本与传播

一、《红楼梦》抄本

在曹雪芹逝世前，《红楼梦》在朋友圈子中是以抄本形式流传开来的，这就是《红楼梦》传播的初始阶段。传抄最早的脂评本是甲戌本，甲戌就是乾隆十九年（1754），从这时起到乾隆五十六年（1791），程伟元、高鹗推出程甲本，约38年。

红学史上记载读《红楼梦》抄本感想最早的人是富察•明义。明义的诗集《绿烟锁窗集》有《题红楼梦》组诗20首，是目前发现的最早的题红诗，而且透露出《红楼梦》后四十回的情节信息。其写作年代不晚于乾隆二十七年（1762），对研究《红楼梦》成书过程有重要的意义。

明义约生于乾隆八年（1743），卒于嘉庆八年（1803）以后，满洲镶黄旗人，傅恒的二兄傅清之子，明仁的胞弟，乾隆帝的孝贤皇后之侄，是清皇朝的皇室成员。他做过乾隆的上驷院侍卫。明义喜欢饮酒赋诗，善于接交朋友。他和雪芹的好友敦敏、敦诚有所接触。从明义“题红诗”的小序看出，他和曹雪芹可能是相识的。明义的胞兄明仁，堂兄明琳、明瑞，堂姨夫墨香等人，也是与曹雪芹交往圈子中的人。明义《题红楼梦》组诗中前17首，内容大致不出《红楼梦》的前八十回，而第十八首至二十首，一直写到黛玉之死和宝玉归山。不仅记有八十回以后的黛玉《葬花词》“似谶成真”，而且还带有总评意味，显示出宝、黛的悲剧色彩。诗云：

伤心一首《葬花词》，似谶成真自不知。
安得返魂香一缕，起卿沉痼续红丝？

莫问金姻与玉缘，聚如春梦散如烟。
石归山下无灵气，总使能言亦枉然。①

明义《题红楼梦》绝句，据周汝昌先生考证：“《题红楼梦》绝句，往早说，可能是乾隆三十五年（1770）或稍前的作品；往至晚说，也绝不会是四十六年以后的作品：离曹雪芹去世才不过五六年到十五六年之间的光景，下距程伟元、高鹗续书刊板（乾隆五十六七年），却还有足足十年至二十年的光景。二十首诗中最重要的，恐怕要推末三首。由于第十八首，知道黛玉的葬花词后来‘似谶成真’，则明义似已见到曹雪芹写黛玉病死的部分……”② 蔡义江先生也指出：明义《题红楼梦》“末了三首已写到八十回后贾府败落事，且并无‘未窥全豹’之憾”。如第十八首写到“伤心一首‘葬花词’，似谶成真自不知。”诗意流贯在第二十七回与第九十七回之间；第十九首写到“莫问金姻与玉缘，聚如春梦散如烟。石归山下无灵气，总使能言亦枉然”，概括了宝玉与宝钗的“金玉良缘”及命运结局，浓缩了一百二十回《红楼梦》的一条重要意脉。③

再有清代乾隆年间的宗室诗人爱新觉罗·永忠，生于雍正十三年（1735），

---

① 一粟．红楼梦卷：第一册[M]．北京：中华书局，1963：12．

② 周汝昌．红楼梦新证[M]．北京：人民文学出版社，1976：1072．

③ 蔡义江．红楼梦诗词曲赋鉴赏[M]．北京：中华书局，2001：517．

卒于乾隆五十八年（1793），袭封辅国将军。他是雍正的弟弟十四阿哥允禵的孙子，虽位高权重，却喜书，遇奇书异籍，虽典衣绝食必购之归。诗、画、琴、书，皆精妙入格。书法犹劲，颇有晋人风味。墨梅、竹石及小景颇佳，著有《延芬室集》。他 34 岁那年，从密友额尔赫宜（墨香）手中，借到一部手抄秘本的《红楼梦》。一阅之后，却给永忠的精神世界带来了石破天惊的震撼。他的思绪情感如波涛浪涌，笔走龙蛇，一气呵成，七绝三首《因墨香得观〈红楼梦〉小说，吊雪芹三绝句》：

传神文笔足千秋，不是情人不泪流。
可恨同时不相识，几回掩卷哭曹侯。

颦颦宝玉两情痴，儿女闺房语笑私。
三寸柔毫能写尽，欲呼才鬼一中之！

都来眼底复心头，辛苦才人用意搜。
混沌一时七窍凿，争教天不赋穷愁。①

永忠的《延芬室集》基本是按年代编排的，所以这三首诗大致作于乾隆三十三年（1768），从中披露的重要信息：永忠读《红楼梦》有感作诗，离曹雪芹逝世（1763）只有五年。他们是生活在同时代的人，《红楼梦》已流传。当时有“好事者”居为奇货，拿到隆福寺、护国寺、琉璃厂火神庙等，高价出售，待价而沽。“每传钞一部，置庙市中，昂其值得数十金，可谓不胫而走者矣。”可见受欢迎的程度之深，被接受的范围之广，不言而喻。1791 年程本 120 回《红楼梦》问世以前，《脂砚斋重评石头记》抄本在乾隆十九年至乾隆五十四年（1754 ~ 1789）间就已“不胫而走”，因为数量少，范围窄，并没有引起人们的重视。

① 一粟．红楼梦卷：第一册 [M]．中华书局，1963：10．

二、《红楼梦》脂评本

《红楼梦》发现的十几个抄本，其中大多数保留有以脂砚斋为代表的批语。脂砚斋何许人也？至今我们也不清楚。但从其评语的内容、口气、身份等方面审视，可以得出下面基本的看法：

第一，脂砚斋是曹雪芹生前创作《红楼梦》时写下批语最多的一个人，他了解曹雪芹的生平家世，熟悉《红楼梦》创作过程，参与过小说的抄阅、对清等工作，可以说与作者是十分亲密的人。

第二，脂砚斋评语由于透露出曹雪芹的创造意图和创造过程，产生出脂评抄本与百二十回本的版本不同的争论，为探讨版本的演变提供了一些线索；为考察曹雪芹创作和修改过程提供了一些信息。

第三，脂砚斋评语中有许多真知灼见的艺术见解，是中国古典小说评点的重要开拓者，与金圣叹、毛宗岗、张竹坡并列为四大小说评点家。

（一）《红楼梦》脂评本的发现

1927年胡适发现脂评甲戌本，其后又发现了庚辰本、己卯本等十余个脂评本，共保存脂砚斋等人的评语三千多条。后人推想曹雪芹在世时，以抄本或手稿形式在亲朋中间传观。因其上面加了批语，署名多为“脂砚斋”。又称抄本系统，或称脂本系统。特征是《红楼梦》初以八十回抄本流传于世，神龙无尾，“殊非全本”，读者因未窥全豹引以为憾。如12种脂评抄本，除已“迷失”的“靖藏本”外，其他抄本除杨继振旧藏《红楼梦》120回，简称“梦稿本”而外，均“只八十卷”，且又残缺不全。如：

1.脂砚斋甲戌抄再评《脂砚斋重评石头记》抄本，存16回，简称“甲戌本”；

2.己卯冬月定本《脂砚斋重评石头记》，存41回又两个半回，简称“己卯本”；

3.庚辰秋月定本《脂砚斋重评石头记》，存78回，简称“庚辰本”；

4.有正书店石印戚蓼生序本《国初钞本原石头记》，存80回，简称“戚序本”或“有正本”；

5．蒙古王府藏抄本《石头记》120 回，后 40 回皆系由程高本抄配，说明抄本仍非“全本”，简称“蒙藏本”；

6．南京图书馆藏抄本《石头记》80 回，简称“南图本”；

7．梦觉主人序《红楼梦》80 回，简称“舒序本”；

8．郑振铎藏残本《红楼梦》现存 23、24 两回，简称“郑残本”；

9．扬州靖应鹍藏《石头记》，简称“靖本”；

10．前苏联列宁格勒所藏《石头记》80 回，简称“列藏本”。

直到胡适购得“甲戌残本”，对其进行系统考证，先后发表了《考证〈红楼梦〉的新材料》《跋乾隆庚辰本〈脂砚斋评石头记〉钞本》等长篇论文震撼了学术界，顾颉刚、俞平伯等学者接踵其后，作进一步研究，脂评本在学术界才引起越来越多学者的重视。特别是我们对曹雪芹生平史料发现愈是稀少的情况下，“脂评”在红学研究中愈是显出价值。但是“脂评”并不像有的学者推崇备至的那样，一则大都残篇断章，缺少完整的故事；二则长期在少数学者专家和红迷手中敲敲打打，几乎和广大读者不搭界；三则 20 世纪后期才有各种脂评本出版面世。可以这样说 1927 年之前，人们不知道脂砚斋。1982 年之前，人们没有见过铅印的脂评本，只是在专家学者圈内论争而已。由于“脂评”出自多个抄本上，形式琐碎，没有系统；评语精粗不一，又非出于一人之口，连考证派学者俞平伯也认为：“其中有许多极关紧要之评，却也有全没相干的。”①

在抄本中值得一提的是：1959 年在山西发现一部百二十回的《红楼梦稿》本，收藏者杨继振在扉页题签，称“兰墅太史阅过”，可以断定它是乾隆年间的遗稿无疑了。人们把这个本子叫作《乾隆抄本百廿回红楼梦稿》的缘故。120 回的《红楼梦稿》的发现，解构了“新红学”家认为《红楼梦》后 40 回为高鹗所著的提法。1962 年范宁先生在为《乾隆抄本百廿回红楼梦稿》影印本所作的“跋”中，也断定《红楼梦》后 40 回不可能为高鹗所续。《红楼梦稿》本上面留下了大量的增删圈改文

①人民文学出版社编辑部．红楼梦研究参考资料选辑：第二辑[M]．北京：人民文学出版社，1973：14．

字，是否是曹雪芹留下创作的笔迹？作者的手稿？待研究和考证。

（二）《红楼梦》脂评本的价值

“脂评”在红学研究中的价值，首先表现为批注产生的特殊境况。脂砚斋、畸笏叟等批注人同我国古典小说其他评注者不同：他们与作者曹雪芹的关系极为密切，而且他们评注时，《红楼梦》还在创作和修改的过程中。因此在批注中自然能透露出一些对曹雪芹的创作意图和创作过程的情况。通过“脂评”，我们可了解曹雪芹的一些生平事迹，认识曹雪芹是怎样一位伟大的作家，窥见曹雪芹在创作中一些生活素材的来源，考察不同年代《红楼梦》稿本的情况，约略看出曹雪芹写作和修改的过程……

1. 证实《红楼梦》作者是曹雪芹

《红楼梦》开卷“作者自云”段中提出“石头”“情憎”“空空道人”等名字，给作品蒙上一重迷离恍惚的云雾，留下了否定《红楼梦》作者是曹雪芹的借口。而“脂评”却成为否定者无法逾越的障碍。下面摘几条甲戌本脂评：

> 若云雪芹披阅增删，然则开卷至此这一篇楔子又系谁撰？足见作者之笔，狡猾之甚。后文如此处者不少。这正是作者用画家“烟云模糊处”。观者万不可被作者瞒蔽了去，方是巨眼。

> 能解者方有辛酸之泪，哭成此书。壬午除夕，书未成，芹为泪尽而逝。余尝哭芹，泪亦待尽。每意觅青埂峰再问石兄，奈不遇癞头和尚何！怅怅！今而后，惟愿造化主再出一芹一脂，是书何幸，余二人亦大快遂心于九泉矣。甲午八日泪笔。

> 余谓雪芹撰此书，亦为传诗之意。

此回未成，而芹逝矣，叹叹！丁亥夏，畸笏。[1]

2．《红楼梦》创作信息

《红楼梦》创作过程有许多增删、修改之处，可以从“脂评”中得到一些信息。以秦可卿之死为例：

关于秦可卿的部分。庚辰本第十三回回前总批抄录了一首回前题诗，诗曰：

一步行来错，回头已百年。
古今风月鉴，多少泣黄泉。

由此题诗可知，第十三回有关可卿之死的描写，所谓“古今风月鉴，多少泣黄泉”，指的就是秦可卿因妄动风月之情，而最终“泣黄泉”的故事。关于这一故事的具体情节，我们从今天看到的《红楼梦》版本中已很难解读，但脂批却为我们透露了一些当时创作的线索。

当这一回写至秦可卿死时，彼时合家皆知，“无不纳罕，都有些疑心”。

〔甲戌眉〕九个字写尽天香楼事，是不写之写。

同一回，写秦氏死后，“贾珍哭的泪人一般”。

〔甲戌侧〕可笑！如丧考妣。此作者刺心笔也。

同一回，写贾珍拍手回答众人劝说的话，道：“如何料理，尽我所有罢了。”戚本双行夹批云：

〔戚序〕“尽我所有”，为媳妇是非礼之谈，父母又将何以待之？故

① 脂砚斋重评石头记[M]．甲戌校本．北京：作家出版社，2000：83.

前此有恶奴酒后狂言，及今复见此语，含而不露，吾不能为贾珍隐讳。

同一回，写设坛于天香楼上，为秦氏超度。

〔甲戌侧〕删却，是未删之笔。

同一回，写秦氏丫环瑞珠见秦氏死了，也触柱而亡。

〔甲戌侧〕补天香楼未删之文。

同一回末，分别有眉批或总批云：

〔甲戌眉〕此回只十页，因删去天香楼一节，少却四五页也。

〔庚辰回后〕通回将可卿如何死故隐去，是大发慈悲心也，叹叹！壬午春。

〔甲戌回后〕秦可卿淫丧天香楼，作者用史笔也。老朽因有（其）魂托凤姐贾家后事二件，嫡是（非）安富尊荣坐享人能想得到处。其事虽未漏，其言其意则令人悲切感服。姑赦之，因命芹溪删去。

从上述脂评透出的信息，我们可知此回目原为“秦可卿淫丧天香楼”，但是，后来把有关贾珍和秦氏之间丑事的描写删去了，如秦可卿在公公贾珍威逼下与他私通，“爬灰”的丑行被秦氏贴身的丫环撞见，秦可卿的簪子被公公拔去，又落入婆婆尤氏之手，出现了婆婆“问簪”，使秦可卿预感到奸情已经败露。这个生性心细、要强的人，终于由于羞愤成疾而导致悬梁自缢。

百二十本《红楼梦》虽然没有这遗簪“更衣”两个细节，但仍然留下痕迹。一是尤氏在秦可卿淫治丧期间，始终以有病为由，没有露面；二是第五回秦可卿的判词仍旧保留秦可卿死因。例如：

情天情海幻情深，情既相逢必主淫；
漫言不肖皆荣出，造衅开端实在宁。

译成白话诗，意思是：

情爱啊虚幻如天广阔如海深，
情人相逢啊欲念定会缠住心；
不要说不肖子孙全在荣国府，
败坏开端的根由应在宁国府。

再如写秦可卿的曲子：

［好事终］画梁春尽落香尘。擅风情，秉月貌，便是败家的根本。箕裘颓堕皆从敬，家事消亡首罪宁。宿孽总因情！

译文：

在画梁上结束了自己的青春，
如同那带香的灰尘飘落空中。
擅长风月情，具有花月貌，
这是贾家败落的根本原因。
家道不振的罪过在在贾敬，
祖业衰亡的开端在宁国府。
前生造下多少孽，
归根到底由情生。

关于秦可卿的判词和曲子很清楚地向我们披露了：秦可卿死于高楼上悬梁自尽，死因是乱伦淫奸，并指出这是“败家的根本”，罪责当然是在宁国府的贾珍。对这些，原著有多处描述过，如第二回一开始介绍宁国府时，曹雪芹就写道：“贾敬的儿子名唤贾珍，因他父亲一心想成神仙，把官倒让他袭了。……如今敬老爷不管事了，这珍爷那里干正事？只一味高乐不了，把那宁国府竟翻过来了，也没有敢来管他的人。”贾珍和儿媳妇“爬灰”便是典型败家的事件。秦可卿死后，贾珍一因痛惜，二为炫耀，便不惜“尽我所有”，大办丧事。由荒淫而至奢华，家私消耗殆尽。宁国府到这个地步，是由贾敬辈开始的，到了贾珍、贾蓉这些子孙，更是一代不如一代，眠花宿柳，偷鸡摸狗，聚赌斗殴，无所不为。

直到我们从“脂评”知道：脂砚以长辈身份命曹雪芹删去“秦可卿淫丧天香楼”一章，即秦氏屈从贾珍淫威，强颜欢笑，以及被婢女撞见，羞愤自缢。但还是留下一些能透露秦氏之死真相的痕迹。1987 年版电视连续剧《红楼梦》的编导者正是依据上述材料而进行艺术的再创造。

（三）“脂评”对《红楼梦》文本的评点

小说一开始，脂评就一再提醒读者记住，小说所写的荣宁两府，已是处于“末世”的封建大家族。“无可奈何花落去”，没落和衰亡已是无可挽回的了。“末世”二字，在小说曾数次出现。凤姐判词“凡鸟偏从末世来”，探春判词“生于末世运偏消”，都明点了“末世”二字。这“末世”二字，既是对当时整个封建社会所处历史时期的一种形象而深刻的总结，也是对小说所写贾府的最鲜明的时代特点的概括。

如第一回首次写到贾雨村，甲戌本就有一侧批：

> 又写一本末世男子。

再如第二回写冷子兴演说荣国府，当讲到“如今这荣宁两府也都萧疏了，不比先时的光景”时，甲戌本又接连有侧批：

> 记清此句，可知书中之荣府已是末世了。

作者之意，原只写末世。

此已是贾府之末世了。

这里，评语连着三次点明“末世”二字，不仅要读者“记清”“书中之荣府已是末世”，而且进一步揭明作者的创作意图：“作者之意，原只写末世。”

还是第二回冷子兴讲到两府中的宁府“只剩了次子贾敬袭了官，如今一味好道，只爱烧丹炼汞”。其旁甲戌本又有侧批曰：

亦是大族末世常有之事。

再例如小说第十七回，写迎元春省亲，讲到“家中旧曾学过歌唱的众女人们，如今皆是皤然老妪”。庚辰、戚本对此都有双行夹批曰：

又补出当日宁、荣在世之事，所谓此是末世之时也。

“脂评”如此一而再、再而三地点明“末世”二字，当然绝不是泛泛之语，而是来源于对作者创作意图的深切了解。曹雪芹写《红楼梦》所要反映的就是处于“末世”的封建贵族阶级无可挽回的崩溃和灭亡。“脂评”明确指出：“作者之意，原只写末世。”这就为我们透露了小说确是写封建家族衰亡史的重要信息。当然类似的点拨和评说还有很多，我们举一反三，可知其对《红楼梦》深层意蕴的开掘和点拨。

（四）“脂评”对《红楼梦》创作的阐释

《红楼梦》脂砚斋评语一进入学者的视野，便被作为考据学、版本学的宝贵资料来使用，开创了红学研究的新天地，建树颇丰。但脂评形式琐碎，又非出于一人之口，因而需要通览脂评，拨冗见真，撮其精要，归纳要点，进而阐发其叙事思想。20 世纪 80 年代初，孙逊先生的《红楼梦脂评初探》对脂评的本体及价值，进行了系统的梳理，展现了对脂评研究多元化的视角。

叙事结构是长篇小说具有宏观意义的创造工程，是小说叙事学研究的首要问题。脂评中有关此的三言两语，即连接着中国民族叙事结构思想，又处处折射富有生命律动的《红楼梦》整体叙事形态。其中不少作为明清小说叙事学的珍贵材料，尚待开掘和深入探讨。明清小说评点家关于叙事结构的意识都十分强，他们对小说结构叙事成分的排列和组合，小说内在结构的完整性与动力性所产生的“文势”，以及贯穿结构的线索与网结，等等，常常作具象的概括。金圣叹十分注重叙事的内在结构，评注作品时首先将其作为一个有机的整体看待，并提出一个重要的观点：“略其形迹，伸其神理。”这种在欣赏和诠释作品中着眼微观、指向宏观的分析方法，在他评注《水浒传》《西厢记》等作品中，也处处得到了体现。譬如他说：“盖此书七十回、数十万言，可谓多矣，而举其神理，正如《论语》之一节两节，浏然以清，湛然以明，轩然以轻，濯然以新。”又说：“《水浒传》七十回，只用一目俱下，便知其二千余纸，只是一篇文字。中间许多事体，便是文字起承转合之法。”正是由于金圣叹对叙事内在结构的洞明和把握，他才从凝固的文字中，始终看到动态的潜在的结构线索穿插交互，为叙事成分的组合和连接起到或隐或显的作用。并称之“草蛇灰线”，“聚看之，有如无物；及至细寻，其中便有一条线索，拽之通体俱动”。金圣叹这种叙事结构分析法对后世产生了很大的影响。

举一例阐述叙事表层结构与深层结构的对应：

> 第四回〔甲戌眉批〕……所谓此书有繁处愈繁，省中愈省；又有不怕繁中繁，只要繁中虚；不畏省中省，只要省中实。此则省中实也。

这则脂评过去不大为人注意，其实，这是一个极重要的法则。他首先提出了两个对称的范畴，一个是“繁”，一个是“省”，而且明确地主张要“繁中虚”“省中实”。那么，这些范畴的内涵到底指的是什么？顺着脂评标示的第四回“此则省中实”的思路去理解。这一叙事结构单元以“葫芦案”为焦点透视了贾、史、王、薛四大家族“一损俱损，一荣俱荣”的社会政治关系，是整部《红楼梦》深层结构的基石。若说“省中实”，却只用了四句俗言口碑，借着小门子向贾雨村的介绍便披露出来。可见，省俭的语言、省俭的情节、省俭的叙事，表达出的哲理或文化的内蕴具有普遍的意义。

类似“省中实”的表述，有时还用“筋骨”二字代替，如第十五回〔庚辰眉批〕“《石头记》总于没要紧处闲三二笔，写正文筋骨，看官当用巨眼，不为彼瞒过方好。壬午季春”。这则脂评针对的是：贾府先人为后辈置办阴阳两宅，为送灵人口寄住，不料“源远水则浊，枝繁果则稀”，后人不知富贵，败家毁业，令脂砚斋感慨万端。这与冷子兴评述贾府一代不如一代，同出一辙，认识类同，平平的叙述，隐含着发人深省的内蕴。

而“繁”的内涵，“繁中虚”的艺术取向是什么，脂评没有明确标示例证。我们只好依据相反相成的范畴去理解。《红楼梦》与传统的才子佳人小说的不同，则它不再是以一连串的故事情节为主，而是像生活的网，细节的网，像生活的河流，细节的河流，积聚成浪花飞溅的长河。从叙事学角度来说，它的表层结构情节线索淡化了，代之则是生活的厚度和意蕴的深度，组成了叙事结构的生命形态。脂评这种直观的评论，揭示了中国古典小说自《金瓶梅》向《红楼梦》发展，叙事结构的一个重大变化，叙事的表层结构形象主体越来越生活化，平凡化。那数以千计的生活细节依靠人物的心理活动和感情因素织成了情节的网。虽然表层结构故事情节线索的力度被削弱，而深层结构的意识世界却强化了表层结构叙事组合力度的功能，托起了整个叙事结构的生命之躯。下面以刘姥姥二进荣国府为例说明“繁中虚”的叙事结构艺术。

从第三十八回至第四十二回，用了整整四个章回的篇幅，描绘了贾府女主人、小姐及大丫头琐细而普通的日常生活，如行云流水，自然挥洒。潇湘馆贾母讲窗纱，富贵至极，是“用”之例；秋爽斋设宴，借刘姥姥打趣，上下笑破了肚子，是“乐”之例；探春居室陈列的名画名帖宝砚古玩，是“住”之例；藕香榭家宴，出酒令，尽性情，是“玩”之例；讲茄鲞一菜的做法，是“吃”之例；栊翠庵妙玉处品茶，是“喝”之例；刘姥姥醉卧怡红院，才结束了对贾府钟鸣鼎食之家、珍馐玉食之地的展示。其间又穿插刘姥姥的憨诚幽默、滑稽乖巧、风趣话语，整个行文荡漾着欢声笑语、喜剧气氛，是一连串生活的散珠串起来，形成流光溢彩的生活场面。这一切只是表层结构，而生活细流中潜在的则是贾府兴衰的哲理与文化的底蕴。“如今人口日多，事务日盛，主仆上下，都是安富尊荣，运筹谋画的竟无一个。那日用排场，又不能将就省俭，如今外面的架子虽没甚倒，内囊却也尽上来了。”这正是脂评所说的“不怕繁中繁，只要繁中虚”。是意识深层结构托起“不怕繁中繁”的一切描写。

“繁中虚”与“省中实”是对应组合的，在不经意的“闲笔”当中总要带上“筋骨”的笔墨来。如刘姥姥在大观园所见所闻，每每咂舌嘬嘴，叹为观止。看到一顿小而普通的螃蟹宴就花了20两银子，她情不自禁地叹道：“阿弥陀佛！这一顿的银子，够我们庄稼人过一年了！”进了大观园，贾母问她：“这园子好不好？”刘姥姥感慨道：“我们乡下人到了年下，都上城来买画儿贴，闲了的时候儿，大家都说：‘怎么得到画儿上逛一逛！’想着画儿也不过是假的，那里有这个真地方儿？谁知今儿进这园里一瞧，竟比画儿还强十倍！”

每每这些地方脂评都点出是“紧要处”“筋骨”，其实就是“省中实”的表现。

上述从几个方面勾勒了脂评的精华的成分，可见脂评虽直观、零碎，但其精华却表现了脂评诸人与曹雪芹有着亲密的关系，言语间把社会、历史、心理因素溶进了对《红楼梦》叙事艺术的认识里，更具有民族文化漫长发展和积淀的思维特色。

三、《红楼梦》刻印本

220年前程伟元探骊得珠，他和高鹗整理、编辑、刊印了百二十回《红楼梦》。这部伟大著作的问世和传播，使得中国几代人为此而自豪、骄傲。程伟元、高鹗当之无愧是红学史上最有贡献的人。

（一）程伟元、高鹗是推出《红楼梦》最有贡献的人

最初欣赏《红楼梦》抄本的人，程伟元可能不是第一人，而发现《红楼梦》的价值，受到旷世珍品美的魅力的吸引，“自藏书家甚至故纸堆中无不留心。数年以来，仅积有廿余卷。一日偶于鼓担上得十余卷，遂重价购之，欣然翻阅……”“竭力搜罗”《红楼梦》抄本，并刊印问世，可以说程伟元是第一人。

新鐫全部

繡像紅樓夢

萃文書屋

序

紅樓夢小說本名石頭記作

者相傳不一究未知出自何人

惟書內記雪芹曹先生刪改

數過好事者每傳抄一部置

廟市中昂其值得數十金可

程甲本扉页、高鹗序言

胡文彬先生《历史的光影——程伟元与红楼梦》开篇便指出这一点：

> 说到程伟元是曹雪芹与《红楼梦》的知音，实在无须多说什么大道理。首先，程伟元没有一定的鉴赏力，对《红楼梦》的思想、艺术价值没有相当的认识，他就不会去“竭力搜罗”，甚至不惜“重价购之”。喜欢《红楼梦》，认识到其“潜在”的巨大价值，这是程伟元的眼光，也是他下决心进行搜集、整理并出版的前提。程伟元在序中没有像后人那样直接评论《红楼梦》是“千古不磨、可与日月争辉”的不朽名著，但他在《引言》中还是表达了自己的基本看法，“是书词意新雅”，“其中用笔吞吐，虚实掩映之妙，识者当自得之”。这说明程伟元的眼光是相当深邃的。[①]

明确这一点很重要，这是认识、读懂、评价程伟元的平台。

① 胡文彬．历史的光影：程伟元与红楼梦 [M]．北京：时代作家出版社，2011：5．

程伟元的努力看似寻常，却似“于无声处听惊雷”。正是因他整理出版了百二十回本《红楼梦》，才使我们民族的伟大的不朽的文学名著早在220年前得以广为传播。我们知道：不管《红楼梦》多么伟大，但只有它美的价值被广大读者接受和传播，才能显现作品底蕴的辉煌，才能走向世界文学之林，才能开创中国文学史灿烂的篇章。一部红学史告诉我们，红学与百年中国的政治思潮相裹挟，与文化积淀相表里，与各种文艺形式相衬托，迅速形成一门显学——红学。几乎中国现代进程方方面面的精英对此都投入了热情、倾注了笔墨、喊出了声音。这都与程伟元的开创之功不可分开，主要表现为：

1. 程伟元历年搜罗《红楼梦》文稿，已成“完璧”

程伟元是整理、出版百二十回《红楼梦》这项伟大工程的创始人，他们在《序言》《引言》中对原稿的搜集、整理都说得明明白白。

首先是程伟元历年搜罗《红楼梦》后40回的文稿，已具《红楼梦》全璧规模。这一点在程、高二人的《序言》《引言》中反复说明。程伟元说：“爰为竭力搜罗，自家藏书甚至故纸堆中无不留心。数年以来，仅积有廿余卷。一日偶于鼓担上得十余卷，遂重价购之。”引言又说：“是书前八十回，藏书家抄录传阅几三十年矣，今得后四十回合成完璧。”“书中后四十回，系就历年所得，集腋成裘，更无他本可考。”可见，已具《红楼梦》全璧规模，这是出版百二十回《红楼梦》的基本前提。

2. 程伟元主动约请高鹗携手整理《红楼梦》

高鹗说：“今年（1791）春，友人程子小泉过予，以其所购全书见示，且曰：‘此仆数年铢积寸累之苦心，将付剞劂，公同好。子闲且惫矣，盍分任之？’”注意高鹗这段话披露了三个要点：一是高鹗亲见程伟元“以其所购全书见示”，言外之意，《红楼梦》全璧在高鹗这里得到了证实。二是此时高鹗正处在“闲且惫”的人生境况下，据考证：乾隆五十五年（1790）三月高鹗参加会试落第。他有《庚戌三月寓斋枕上闻风雨声》一诗：“懒人自笑关情甚，生怕泥沾择婿车。”因羞惭下第恐怕是为了寻求解脱这种精神上的苦痛。他的《悟真观》《晏坐》《太平庵》《行酒》和《重订红楼梦小说既竣题》，情绪消沉到终于见金榜题名的真实图景。其中《小游仙》二首写他一旦成进士被皇帝接见时。落榜之后，又参加了湖北以举人遴选知县也落选了。这重重的打击使得他郁郁寡欢。如《行酒》一诗：“偶尔谈天惟老衲，近来行酒半荒村。”吐露了落寞的心情。在这种境况下，受到程伟元的邀请，高鹗“欣然拜诺”。并借整理《红楼梦》，寻觅精神上的慰藉。三是高鹗认为“是书虽稗官野史之流，然尚不谬于名教”，因此才“遂襄其役”，“襄”字表达的十分中肯，就是相助程伟元共同完成。从乾隆五十六年（1791）春到“冬至后五日”，约十个月的光景，“工既竣”。

3．程、高整理、修补《红楼梦》的美学原则——不失“本来面目”

程伟元和高鹗在《引言》中对整理、修补《红楼梦》的原则做了明确的说明：“书中后四十回，系就历年所得，集腋成裘，更无他本可考。惟按其前后关照者，略为修辑，使其有应接而无矛盾。至其原文，未敢臆改，俟再得善本，更为厘定，且不欲尽掩其本来面目也。”这就是说他们所做的工作是编辑，即修补，而不是再创作，何谈写作“后四十回”。其实，程伟元对编辑的过程也交代得很清楚：“欣然翻阅，见其前后起伏尚属接榫，然漶漫不可收拾。乃同友人细加厘剔，截长补短，抄成全部。”

曹雪芹创作《红楼梦》，原目是120回，程伟元和高鹗获得80回以后的故事内容，将“漶漫不可收拾”的原稿“细加厘剔，截长补短，抄成全部”。这个过程中，程伟元、高鹗是“补遗订讹”，主要工作是“补”。关于“补”的经过、原则，他们并没有隐瞒什么，并在1792年合写的“引言”中坦诚说明，其文云：

一是书前八十回，藏书家抄录传阅几三十年矣，今得后四十回合成完璧。缘友人借抄，争睹者甚夥，抄录固难，刊板亦需时日，姑集活字刷印。因急欲公诸同好，故初印时不及细校，间有纰缪。今复聚集各原本详加校阅，改订无讹，惟识者谅之。

一书中前八十回抄本，各家互异；今广集校勘，准情酌理，补遗订讹。其间或有增损数字处。意在便于披阅，非敢争胜前人也。

一是书沿传既久，坊间缮本及诸家所藏秘稿，繁简歧出，前后错见。即如六十七回，此有彼无，题同文异，燕石莫辨。兹惟择其情理较协者，取为定本。

一书中后四十回系就历年所得，集腋成裘，更无他本可考。惟按其前后关照者，略为修辑，使其有应接而无矛盾。至其原文，未敢臆改，俟再得善本，更为厘定，且不欲尽掩其本来面目也。①

以上是重新审视的结论：程伟元、高鹗整理、出版百二十回《红楼梦》的三个要素：书稿全璧、整理过程、修补原则，构成完整的时间链、因果链、逻辑链，并且讲得明明白白。

4. 程高本的价值和意义

从中国书籍传播史来看，《红楼梦》所处的清代中期应当是刻印本时代。书籍的广泛传播不再是靠抄本辗转传抄，而是通过编辑与书商共谋而进入商品流通领域，从而在广大读者中得到广泛的传播与阅读，得到读者的接受与认可，因此《红楼梦》只有得到刊印才可以更加广泛的传播。

乾隆五十六年（1791），程伟元、高鹗将历年“竭力搜罗”的《红楼梦》抄本，以“萃文书屋”的名义，出版了百二十回本的《红楼梦》。《红楼梦》迅疾走向了民众，成为脍炙人口的名著，于1792年再次出版。胡适把程高本命名为两种。乾隆五十六年排印的称为“程甲本”，次年发行的，即乾隆五十七年（1792）改订的本子称为“程乙本”。程甲本问世以后不久，约在乾隆末年，东观阁刻印社根据程甲本第一次翻刻。此后有抱青阁、藤花榭、耘香阁、三让堂、善因楼、宝文堂等刻印社，都以程甲本为祖本翻刻《红楼梦》120回。可以说程甲本自刊印以来风行二百余年，程伟元与高鹗功不可没。没有程伟元就没有《红楼梦》，只有程高本才称得上《红楼梦》传播史的首要贡献。

也就是程甲本的刊行结束了《红楼梦》靠手抄流传的历史，造成了这部巨著的第一次大普及。

这结束了《红楼梦》初以80回抄本流传于世、神龙无尾的局面，以“全璧”的形式面向世人。俞平伯去世前在留下的绝笔中说：“程伟元、高鹗是保全《红楼梦》的，有功。”程伟元的努力看似寻常，却似“于无声处听惊雷”。正是

---

① 一粟. 红楼梦卷：第一册[M]. 北京：中华书局，1980：32.

因他整理出版了百二十回本《红楼梦》，才使我们民族的伟大的不朽的文学名著早在220年前得以广为传播。我们知道：不管《红楼梦》多么伟大，但只有她美的价值被广大读者接受和传播，才能显现作品底蕴的辉煌，才能开创中国文学史灿烂的篇章，才能走向世界文学之林。一部红学史告诉我们，红学与百年中国的政治思潮相裹挟，与文化积淀相表里，与各种文艺形式相衬托，迅速形成一门显学——红学。几乎中国现代进程方方面面的精英对此都投入了热情、倾注了笔墨、喊出了声音。《红楼梦》对后世影响如此之巨，对于经学研究史上第一人，本应在中国文化史上记载他丰功伟绩的建树。然而目前程伟元的声誉却与文学史应有的地位相差甚殊，他的贡献，不仅没有得到红学史应有的评价，反而遭受贬低，冷寂到被人遗忘的角落。因此，我们今天说到百二十回本《红楼梦》的文献价值，首当其冲地从学术史上为程伟元正名。因为这不是仅仅为一个人的名誉，而是为着历史的公正。

冯其庸先生在为纪念程甲本问世二百周年而作的长篇文章《论程甲本问世的历史意义》中，概括了程甲本的历史功绩有三：一是程甲本问世是历史的必然；二是程甲本的问世，保全了《石头记》前80回的基本面貌；三是程甲本的问世，促成了《红楼梦》的第一次大普及。①

（二）程伟元其人

我们为什么要提出这个问题？为什么在《红楼梦》传播史上要特别突出这个问题？

20世纪红学最大的冤假错案就是阉割《红楼梦》后40回，这既是一个学术上大是大非的问题，又是一个长期被雾霾的非学术问题，以致阴晴难辨，瓦釜长鸣。正如胡文彬先生所言："新红学考证派不论是开山泰斗还是其集大成者，在《红楼梦》后四十回的评价上和所谓程伟元'书商'说的论断，却是无法让人苟同和称善的。他们的错误论断和某些偏见被一些人无限放大，其影响之深

① 冯其庸. 石头记脂本研究[M]. 北京：人民文学出版社，1998：284.

之广，简直成了一种痼疾，达到一种难以医治的程度。”①

2015年在纪念曹雪芹诞辰三百周年的日子，我们不能让历史的尘垢继续蒙难在红学史上第一人程伟元的头上，要为其正名，要推介、弘大、研究百二十回本《红楼梦》。连红学家俞平伯晚年也感叹，“腰斩红楼”“佛头着粪”。当然为程伟元正名，难度是极其大的，唯其难，我们才愈加努力，在拨乱中硬往前走。

过去我们对于程伟元知之甚少，胡文彬先生从20世纪70年代中后期就一直追寻程伟元的生平资料，几十年中从零星的史料入手，沿着蛛丝马迹，步步推进，层层扩大，逼近“实相”。著名历史学家朱维铮认为，只有这样才能回到历史的真实，他将此概括为：历史的“实相”。正如作者所言：“目的是要印证他（程伟元）是否如某些人所说的只知道‘出钱’而不懂艺术或说读不懂《红楼梦》，没有能力参加整理这部小说的‘书商’。就我个人而言，则希望通过上述的探讨能够追索到这位曾对《红楼梦》的搜集、整理、刊刻、流传作出巨大贡献的历史人物创作上的心路历程和艺术追求。”②为此，胡文彬先生数十年倾力，从一诗一画、一言一行的点点滴滴史料中挖掘和考索程伟元的才艺、交游，以及生平史料，汇集方方面面的信息，穿越历史的隧道，回到历史的现场，逐步接近程伟元的“实相”，他的《历史的光影——程伟元与〈红楼梦〉》是国内目前唯一的一部关于程伟元的专著，向世人披露了程伟元的简况，扫清了雾障，还历史本来面目。下面摘录其书中基本观点和史料：

程伟元，约生于乾隆十年（1745），卒于嘉庆二十五年（1820）。苏州人，出身诗书之家。祖籍洛阳，系宋代理学大师程颐，即伊川先生三十一世孙。程伟元生活的时代，即乾隆十年至嘉庆二十五年。这是一个文化高峰时代，如修建举世闻名的颐和园、岳麓书院、圆明园；编纂《四库全书》《国史列传》《全唐文》等。是一个涌现文化巨人的时代，如桐城派领袖方苞、姚鼐，大作家吴敬梓、曹雪芹，大画家郑板桥，大诗人沈德潜，大学者章学诚、纪晓岚等都产

---

① 胡文彬．历史的光影：程伟元与《红楼梦》[M]．北京：时代作家出版社，2011：8．

② 胡文彬．历史的光影：程伟元与《红楼梦》[M]．北京：时代作家出版社，2011：52．

生在这个时代。盛世出伟业、出巨人、出精品，因之，程伟元整理、编辑、刊印了百二十回《红楼梦》。

程伟元生平大致可分三个时期：

第一个时期是他的青少年时代。“他的‘同学友’李檠曾于乾隆三十六年（1771），为长洲县举人。我由此推测程伟元同李檠一样考过举人，只有这样才有资格进京参加进士的考试。换句话说，程伟元连举人都不是又何谈‘蟾宫折桂’呢！”[①]程伟元26岁进京赶考。

第二个时期，乾隆三十七年（1772）程伟元进京，一边备考，一边有意识地搜罗《红楼梦》百二十回抄本。到乾隆五十六年（1791）排印本完成，第二年又出版了程乙本《红楼梦》，前前后后积20年之久。正是程伟元27岁到45岁之间。

第三个时期是嘉庆五年（1800），程伟元出京，随晋昌出镇留都，从此居沈阳20载，直到嘉庆二十五年（1820）初客死辽东。这一时期与程伟元交往的晋昌将军是一个核心人物，程伟元受其邀请，于嘉庆五年（1800）赴盛京作幕僚，兼教书，至嘉庆二十五年（1820）。在盛京长达20年。在这富有文人气质的小环境，以晋昌将军为领袖形成一个盛京文人小集团，程伟元就活跃其中，与李檠、金朝觐、叶畊畲、刘大观、善怡庵等人诗酒唱和，以文会友。这种交游的内容和层次，很能流露程伟元的艺术生命的表征。因此，选择这个角度，发掘程伟元的诗、文、书、画，不仅真实可信，而且使后世读者能够了解程伟元的“实相”。加之从李檠《惜分阴诗钞》和陆懋修编辑的《苏州长元吴三邑科第谱》，以及朝鲜文人李海应的《蓟山纪程》和严良训的《程氏迁吴支谱》中，终于搞清程伟元原是宋代理学家程颐的后人，第“三十一世孙”。可见，无论是其出身书香门第，还是在盛京的文人生活，都无可辩驳地说明程伟元是一位有才气的文人，只不过功名未就，仕途偃蹇罢了。

程伟元在生命最后一个阶段，即46岁到65岁之间，他为晋昌将军起草奏章及一般公文外，还在沈阳书院教授诗词、书法、绘画。“挥麈细论文，临池

---

① 胡文彬．历史的光影：程伟元与《红楼梦》[M]．北京：时代作家出版社，2011：39.

学作字。亦或试涂鸦，笔墨聊游戏。”（金朝觐诗）这是他一生的爱好，也是维持自已生存的另一途径。晋昌的《且住草堂诗稿》是程伟元“记而录之，荟萃而成帙”，即整理编辑的。对于这本诗集，胡文彬先生特别珍视。他说：其中“有记相聚的，有相互唱和的，共有10题50首。从这些诗中，我们不仅了解到程伟元工诗擅画能书，而且还了解到程伟元在辽东的交游，使我们对他的人品、才艺等诸方面有一个轮廓性的认识。过去的二百年间，红学研究者一是对‘程高本’倍加贬抑，不注重对刻本系统的研究；二是根据一些‘传闻’材料对程高二人做出的贡献作了不公正的评判；三是由于对程伟元的身世情况不甚了了，所以只能用一句‘一介书商’而排斥在研究之外。由晋昌的《且住草堂诗稿》的发现，打破了200年来对程伟元评论的偏见，给程伟元生平研究，乃至《红楼梦》后40回的研究带来希望之光”①。

（三）高鹗其人

20世纪红学史上最大的冤假错案就是阉割《红楼梦》后40回，由此而受到迁怒、污蔑的人，首当其冲的是高鹗。他在程伟元的邀请下共同整理、出版百二十回《红楼梦》这项伟大工程的始末，他们在出版“序言”中交代得很清楚，但130年以后却受到了不公的论定，由此，程伟元长期被冷落，无人问津；高鹗遭到污蔑，甚至狗血喷头。他们在红学传播史上功臣的地位不但没有得到确认，反倒成为当代红学史上非议的人物，像这样“黄钟毁弃，瓦釜雷鸣”咄咄怪事，至今依旧人云亦云。考察任何一种文学现象，我们都必须在特定的历史情境下来理解，处理好其历史线索与历史背景的关系才能更好地认识一种文学现象的演进与发展。高鹗与程伟元所受的不公的原因是多元的，我们先看看高鹗其人。

高鹗约生于乾隆二十八年（1763），约卒于嘉庆二十年（1815），字云士，号秋浦，别号兰墅。乾隆六十年（1795）乙卯恩科进士，镶黄旗满洲包衣人，祖籍沈阳。

高鹗旗籍和籍贯上的纷争由来已久，现根据高鹗自填履历可知：高鹗是镶

① 胡文彬. 历史的光影：程伟元与《红楼梦》[M]. 北京：时代作家出版社，2011：72.

黄旗满洲包衣人而非汉军旗人。按《八旗通志》记载，只有八旗满洲内才有包衣组织，而蒙古和汉军旗分内则无。上三旗和下五旗均设包衣组织，上三旗为内务府属，下五旗为王公府属。所谓上三旗包衣即皇帝自将的正黄、镶黄及正白旗中的包衣，由专设的内务府机构加以管辖，称内务府上三旗包衣、内务府三旗包衣、内三旗包衣、内务府包衣或内务府人。高鹗即为内务府上三旗包衣人，隶镶黄旗满洲，归内务府管辖，内统于镶黄旗满洲都统。

祖籍沈阳而非铁岭。高鹗在《高兰墅集》中又自称“铁岭高鹗”，这显然与会试履历中自报祖籍相矛盾。可以这样猜测，铁岭或许是高鹗的迁居地、寄居地，或许是高鹗的出生地，或许还有其他瓜葛，但这些均不能作为官方正式认可的祖籍使用，因此，高鹗在会试履历中只能准确无误地填写其祖籍为沈阳。

四、红学热点：《红楼梦》后40回

自20世纪20年代新红学崛起以来，将《红楼梦》前80回视为曹雪芹的原著、后40回认作高鹗续书。于是后40回的作者和评价问题就成了焦点，长期以来一直是红学研究中一桩公案，也是一个热点问题。时至今日，依然争论不休。

（一）《红楼梦》“续书说”的由来

最早怀疑《红楼梦》前80回与后40回不是一个人所写的观点，在清代就出现了，代表人物陈其泰，生于嘉庆五年（1800），卒于同治三年（1864），别号桐花凤阁主人。他在《桐花凤阁评红楼梦》中指出：后40回笔墨比前80回差，缺乏个性化。“自是另出一人之手也。”不过此论影响不大。从乾隆末嘉庆初年木刻翻印的若干种白文本，到始见嘉庆十六年（1811）加印评点的东观阁本，从道光十二年（1832）的王希廉评本，到光绪十年（1884）前后王希廉、姚燮合评本，直到光绪三十二年（1906）蝶芗仙史评点的汇评本等，清代百余年的《红楼梦》传播史，都是程氏百二十回版本的翻印刊行。而清代多数评点《红楼梦》都认为百二十回本是一个整体，其代表人物有王希廉、张新之、姚燮。

清代道光、咸丰年间著名的红学评论家王希廉，是红学史上研究《红楼梦》

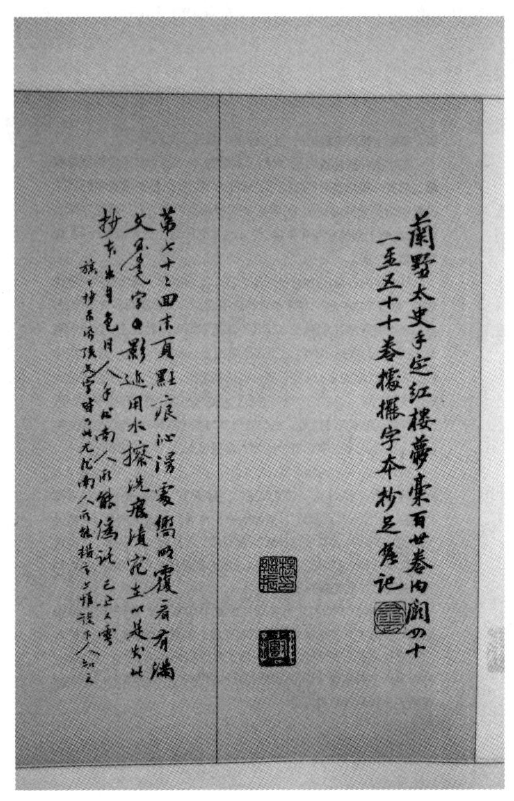

杨继振藏本扉页高鹗笔迹

叙事结构的第一人。他在“《红楼梦》总评”中指出：“《红楼梦》一百二十回，分作二十一段看，方知结构层次。”认为第五回是“一部《石头记》之纲领”，全书叙事脉络、叙述层次“错综变化，如线穿珠，如珠走盘，不板不乱”。在200年前说出如此一语见的评点，真是难能可贵。

道光年间的张新之在《红楼梦读法》中对“续书说”作了驳斥，他说：“有谓此书止八十回，其余四十回，乃出另手，吾不能知。但观其通体结构，如常山蛇首尾相应，安根伏线，有牵一发全身动之妙，且词句笔气，前后全无差别。则所增之四十回，从中后增入耶？抑参差夹杂增入耶？觉其难有甚于作书百倍者。虽重以父兄命，万全赏，使闲人增半回不能也。何以耳以目，随声附和者之多？”

姚燮生于嘉庆十年（1805），卒于同治三年（1864），他认为《红楼梦》的这种结构是整体的，“前后照应”“一气回环”。

提出《红楼梦》后四十回“续书说”并真正产生影响的，不是清代，而是现代。1921年胡适先生在《红楼梦考证》中根据几点疑点提出了高鹗“续书说”，但并没有坐实，他说：

> 这是我们现有的一百二十回本《红楼梦》的历史。这段历史里有一个大可研究的题，就是“后四十回的著者究竟是谁”？
>
> 俞樾的《小浮梅闲话》里考证《红楼梦》的一条说：
>
> > 《船山诗草》有《赠高兰墅鹗同年》一首云：“艳情人自说《红楼》。”注云：“《红楼梦》八十回以后，俱兰墅所补。”然则此书非出一手。按乡会试增五言八韵诗，始乾隆朝。而书中叙科场事已有诗，则其为高君所补，可证矣。
>
> 俞氏这一段话极重要。他不但证明了程排本作序的高鹗是实有其人，还使我们知道《红楼梦》后四十回是高鹗补的。……
>
> 后四十回是高鹗补的，这话自无可疑。我们可约举几层证据如下：
>
> 第一，张问陶的诗及注，此为最明白的证据。
>
> 第二，俞樾举的“乡会试增五言八韵诗始乾隆朝，而书中叙科场事已有诗”一项。……
>
> 第三，程序说先得二十余卷，后又在鼓担上得十余卷。此话便是作伪的铁证，因为世间没有这样奇巧的事！
>
> 第四，高鹗自己的序，说得很含糊，字里行间都使人生疑。……
>
> 但这些证据固然重要，总不如内容的研究更可以证明后四十回与前八十回决不是一个人作的。我的朋友俞平伯先生曾举出三个理由来证明后四十回的回目也是高鹗补作的。他的三个理由是：（一）和第一回自叙的话都不合，（二）史湘云的丢开，（三）不合作文时的程序。……以此看来，我们可以推想后四十回不是曹雪芹做的了。
>
> 以上所说，只是要证明后四十回确然不是曹雪芹做的。但我们平心而

论，高鹗补的四十回，虽然比不上前八十回，也确然有不可埋没的好处。他写司棋之死，写鸳鸯之死，写妙玉的遭劫，写凤姐的死，写袭人的嫁，都是很有精彩的小品文字。最可注意的是这些人都写作悲剧的下场。……[①]

俞平伯继胡适之后，在《红楼梦辨》中对续书的一些重要情节进行了分析，认为“凡高作较有精彩之处是用原作中相仿佛的事情做蓝本的，反之，凡没有蓝本可临摹的，都没有精彩”。他着重对宝玉中举、贾府恢复世职、黛玉称赞八股文等提出了批评，认为这些“大违反作者的原意”，是高鹗“名利思想底表现”。同时又从文学创作规律的角度指出，“凡书都不能续”，“凡续书的人都失败，不但高鹗诸人失败而已”。

俞平伯在《红楼梦研究·辨后四十回底回目非原有》中说：“红楼梦原书只有八十回，是曹雪芹做的；后面的四十回，是高鹗续的。这已是确定了的判断，无可摇动。”“第八十一回之目，既已不合作者之意；可见八十一回以后各回之目都是高氏一手续的。……程伟元、高鹗两人的话，全是故意造谣，来欺罔后人的。”最后还认为，“高氏在《红楼梦》总不失为功多罪少的人”。

赞成高鹗“续书说”的，还有吴世昌，在《红楼梦探源外编》一书中说：

这一百二十回的最后四十回是高鹗的补作。关于此点，当时著名的诗人张问陶（字船山，1764 ~ 1814）在他送给高氏的诗中说得很明白。他的《赠高兰墅鹗同年》一诗题下自注说：“《红楼梦》八十回以后俱兰墅所补。”此诗第二联云：“侠气君能空紫塞，艳情人自说‘红楼’。”高鹗是张问陶的妹夫，张氏的话当然可靠。另外还有许多清人的著作，如震钧的《天咫偶闻》，俞樾的《小浮梅闲话》，李放的《八旗画录》，恩华的《八旗艺文编目》，对此点都说得很清楚。但是刊行一百二十回本《红楼梦》的程伟元，在乾隆辛亥（1791）版的序文中，说他曾多年收集作者（雪芹）的残稿，请人拼凑编辑起来，才有后四十回。而高鹗在他的序文中，

---

① 胡适．胡适红楼梦研究论述全编[M]．上海：上海古籍出版社，1988：115．

> 也说程伟元把一些残稿请他整理编写，才能使全书一百二十回合成全璧。这些话，过去的红学家认为，都是程氏撒谎，因为他说曾见一百二十回的回目，而现在《红楼梦》后四十回的回目，与前八十回故事所透露的后半部内容不符。这一点很对，程氏确在造谎。他说收集了近四十回的曹氏残稿，当然也不是真话，因为后四十回故事的内容与前半部的计划和线索不符。

值得注意的是，胡适、俞平伯、吴世昌等学者始终以一个学者的态度进行考证。特别是胡适在《红楼梦考证》谈到几点疑点时并没有坐实。这是其一。其二，他认为那些疑点属于“外证”，还需从“内证”上考辨。在 1921 年发表《红楼梦考证》（改定稿）时就强调：“这些证据固然重要，总不如内容的研究更可以证明后四十回与前八十回决不是一个人做的。”其三，即使他认为后 40 回不是曹雪芹原著，也并没有因此而否定后 40 回文学成就。

考察任何一种文学现象，都必须在特定的历史情境下来理解，处理好文学现象与历史背景的关系，才能更好地认识一种文学现象的演进与发展。高鹗“续书说”起因是胡适的一个主观的判断，他认为程伟元是一个书商，出钱，高鹗出力，完成了后 40 回。前 80 回脂评本才是曹雪芹原著，于是近百年红学界出现一个怪圈，谈《红楼梦》不再谈百二十回本《红楼梦》，自然而然地就把探讨的视野淡出后 40 回。甚至很多人一谈到这个问题，便一股脑地把原因都推到胡适身上。不论对程伟元、高鹗是否定还是肯定，大都还是从学术范畴看问题，很少注意到非学术因素的作用。当然，完全推到胡适身上自然是不公的，因为新红学史长达 90 多年，其中后 60 年胡适的影响在大陆已经销声匿迹了。20 世纪 50 年代举国从政治思想上批判胡适思想，至少到 80 年代之前，胡适论著在大陆隐退了。80 年代以后，胡适虽然再度被人们提起，只不过是作为历史人物的介绍和研究罢了。根本谈不上对大陆红学还有什么影响，怎么能直到今天还要把账算到胡适头上。

（二）胡适的《红楼梦》整体观

当代红学界对胡适前期提出高鹗“续书说”非常熟悉，但对胡适后期的研究却不甚了了，缺乏对胡适《红楼梦》整体观的了解。这将影响我们对高鹗“续书说”在当代的甚嚣尘上的认识。

胡适一生研究《红楼梦》集中在两个时期：前一个时期是20世纪20年代，其代表作品《红楼梦考证》《重印的乾隆壬子本红楼梦序》《考证红楼梦新材料》等，重点是作者、家世、版本的建树和研究方法的确立，不仅奠定、规划、开拓了新红学，而且影响了近一个世纪。后一个时期是50至60年代，发表论著少，主要是他晚年在《红楼梦》不同版本上，用红笔或蓝笔写下的批注，和有关红学著作上题跋、书信。特别是这些批注文字，世人难以目睹。它尘封于台北胡适纪念馆，已经沉睡了半个世纪，海内外学者对此的研究寥寥。学术界评论、研究、关注胡适红学研究的大都集中在前一个时期，和作者、家世、版本研究这个重点。但对另一个重点——胡适无论早期还是晚期，都十分重视“程乙本”，却没引起学术界应有的关注。

近年出版了胡适晚年一些评论《红楼梦》罕见的资料，可以看出胡适晚年从“内证”的角度研究《红楼梦》不同版本，侧重在叙事内容、叙事线索、叙事肌理的比对上，从而引发他的一系列深刻的见解。他那一段段批注，折射出他一贯的思维方式：重文本。特别是对程乙本的许多地方的叙事都很赞赏。虽然他早期曾提出“高鹗续书”说，但并不排斥程高本。

胡适晚年评红的文字，散见在书头页尾字里行间，大都是读书有感，随手而写的批注。虽文字不多，但笔笔都是胡适整体思维刹那间的思考、折射和披露。恰如钱锺书所言：“往往无意中，三言两语说出了益人神智的精湛见解，含蕴着很新鲜的艺术理论，值得我们重视和表彰。也许有人说，这些鸡零狗碎的小东西不成气候，而且只是孤立的、自发的见解，构不成系统的、自觉的理论。不过，正因为零星琐碎的东西易被忽视和遗忘，就愈需要收拾和爱惜；自发的简单的见解正是自觉的周密理论的根本。”胡适这些零散话语的背后，体现了他继前一个时期思维的拓展，只不过是发散式的闪光罢了。胡适晚年的这些批注，一个鲜明的内容是程本与脂本叙事的比对，从而发现、寻找、探索《红楼梦》不同版本的区别，以及彼此联系。

当时他使用“程乙本”与庚辰本、甲戌本、戚序本来比对。由于胡适认为第六十七回最难补，所以他最关注“程乙本”的第六十七回。“闻秘事凤姐讯家童”一节，描写凤姐从平儿那儿听到一点信，什么“新奶奶旧奶奶”的，便起了疑心，顿时怒火上升，唤来贾琏身边的小厮旺儿，又扯出小厮兴儿，追问贾琏在外偷娶的事情。兴儿开始装傻充愣，凤姐大怒，喝令兴儿自己抽自己的嘴巴。兴儿无奈只好交待了贾琏偷娶尤二姐的过程。胡适比对“程乙本”和戚序本后，在此批注：“高本改写此段，改成凤姐问话多次，兴儿回答多次，就生动多了。”

【戚序本】

（兴儿）见了凤姐，请了安。旁边侍立。凤姐一见，便先瞪了两眼问道：“你们主子奴才在外面干的好事，你们打量我是呆瓜，不知道你是紧跟二爷的人，是必深知根由，你须细细的对我实说，稍有些儿隐瞒撒谎，我将你的腿打折了。”兴儿跪下磕头说：“奶奶问的是什么事，是我同爷干的？”凤姐骂道：“好小杂种，你还敢来支吾我，我问你二爷在外边怎么就说成了尤二姐？怎么买房子治家伙？怎么娶了过来？一五一十的说个明白，饶你的狗命。”兴儿停了仔细想了一想，此事两府皆知，就是瞒着老爷太太老太太同二奶奶不知道，终久也是要知道的，我如今何苦来瞒着。不如告诉了他，省得挨眼前打受委屈。再兴儿一则年幼不知事的轻重；二则素日又知道凤姐是个烈口子，连二爷还惧他五分；三则此事原是二爷同珍大爷蓉哥儿他叔侄弟兄商量着办的，与自己无干，故此把主意拿定，壮着胆子跪着说道……

【程乙本】

那兴儿听见这个声音儿，早已没了主意了，只得乍着胆子进来. 凤姐儿一见，便说：“好小子啊！你和你爷办的好事啊！你只实说罢！”

兴儿一闻此言，又看见凤姐儿气色及两边丫头们的光景，早吓软了，不觉跪下，只是磕头。凤姐儿道："论起这事来，我也听见说不与你相干，但只你不早来回我知道，这就是你的不是了。你要实说了，我还饶你，再有一字虚言，你先摸摸你腔子上几个脑袋瓜子！"

兴儿战兢兢的朝上磕头道："奶奶问的是什么事，奴才和爷办坏了？"

凤姐听了，一腔火都发作起来，喝命："打嘴巴！"旺儿过来才要打时，凤姐儿骂道："什么糊涂忘八崽子！叫他自己打，用你打吗！一会子你再各人打你那嘴巴子还不迟呢。"那兴儿真个自己左右开弓打了自己十几个嘴巴。凤姐儿喝声"站住！"问道："你二爷外头娶了什么新奶奶旧奶奶的事，你大概不知道啊。"

兴儿见说出这件事来，越发着了慌，连忙把帽子抓下来，在砖地上咕咚咕咚碰的头山响，口里说道："只求奶奶超生，奴才再不敢撒一个字儿的谎。"

胡适在这批到："此下戚本是兴儿直说，只有大字本十九行。"所谓"直说"，就是兴儿一个人的一番话。所谓"十九行"，计 386 个字。

【戚序本】

"奶奶别生气，等奴才回禀奶奶听。只因那府里大老爷的丧事上穿孝，不知二爷怎么看见过尤二姐几次，大约就看中了，动了要说的心，故先同蓉哥商议，求蓉哥替二爷从中调停办理。做了媒人说合，事成之后，还许下谢礼。蓉哥满应，将此话转告了珍大爷。珍大爷告诉了珍大奶奶合尤老娘。尤老娘听了狠愿意。但说是二姐从小已许过张家为媳，如何又许二爷呢？恐张家知道，生出事来不妥当。珍大爷笑道，这算什么大事，交给我。便说那张姓小子本是个穷苦破落户，那里见得多给他几两银子，叫他写张退亲的休书就完了。二爷闻知方得放心，大胆的说定了。又恐怕奶奶知道拦阻不允，所以在外边咱们后身儿买了几间房子，治了东西，就娶过来了。珍大爷还给了爷两口人使唤。时常推说给老爷办事，又说给珍大爷张罗事，都是些支吾的谎话，竟是在外头住着。从前原是娘儿三个住着，还要商量给尤三姐说人家，又许下厚聘嫁他。如今尤三姐也死了，只剩下那尤老娘，跟着尤二姐住着做伴儿呢。这是一往从前的实话，并不敢隐瞒一句。”

说毕，复又磕头。

【程乙本】

凤姐道：“快说！”兴儿直蹶蹶的跪起来回道，“这事头里奴才也不知道。就是这一天东府里大老爷送了殡，俞禄往珍大爷庙里去领银子。二爷同着蓉哥儿到了东府里，道儿上爷儿两个说起珍大奶奶那边的二位姨奶奶来，二爷夸他好，蓉哥儿哄着二爷，说把二姨奶奶说给二爷。”

凤姐听到这里，使劲啐道：“呸，没脸的忘八蛋！他是你那一门子的姨奶奶！”

兴儿忙又磕头说：“奴才该死！”往上瞅着，不敢言语。凤姐儿道：“完了吗？怎么不说了？”

兴儿方才又回道：“奶奶恕奴才，奴才才敢回。”凤姐啐道：“放你妈的屁，这还什么恕不恕了。你好生给我往下说，好多着呢。”

兴儿又回道：“二爷听见这个话就喜欢了，后来奴才也不知道怎么就弄真了。”

凤姐微微冷笑道：“这个自然么，你可那里知道呢！你知道的只怕都烦了呢。是了，说底下的罢！”

兴儿回道：“后来就是蓉哥儿给二爷找了房子。”

凤姐忙问道：“如今房子在那里？”

兴儿道：“就在府后头。”

凤姐儿道：“哦。”回头瞅着平儿道：“咱们都是死人那。你听听！”平儿也不敢作声。兴儿又回道：“珍大爷那边给了张家不知多少银子，那张家就不问了。”

凤姐道：“这里头怎么又扯拉上什么张家李家咧呢？”

兴儿回道：“奶奶不知道，这二奶奶……”刚说到这里，又自己打了个嘴巴，把凤姐儿倒怄笑了。两边的丫头也都抿嘴儿笑。兴儿想了想，说道："那珍大奶奶的妹子……"

凤姐儿接着道："怎么样？快说呀。"

兴儿道："那珍大奶奶的妹子原来从小儿有人家的，姓张，叫什么张华，如今穷的待好讨饭。珍大爷许了他银子，他就退了亲了。"

凤姐儿听到这里，点了点头儿，回头便望丫头们说道："你们都听见了？小忘八崽子，头里他还说不知道呢！"

兴儿又回道："后来二爷才叫人裱糊了房子，娶过来了。"

凤姐道："打那里娶过来的？"兴儿回道："就在他老娘家抬过来的。"凤姐道："好罢咧。"又问："没人送亲么？"

兴儿道："就是蓉哥儿，还有几个丫头老婆子们，没别人。"

凤姐道："你大奶奶没来吗？"兴儿道："过了两天，大奶奶才拿了些东西来瞧的。"

凤姐儿笑了一笑，回头向平儿道："怪道那两天，二爷称赞大奶奶不离嘴呢。"掉过脸来又问兴儿，"谁服侍呢？自然是你了。"

程乙本将兴儿"直说"这一大段改为凤姐与兴儿的对话，凤姐随着兴儿交待的内容而激发的情感波动，时时钳制着兴儿，一个是居高临下，咄咄逼人；一个是低声下气，唯唯诺诺。如临其境，惟妙惟肖。兴儿虽是断断续续的交待，但叙事内容却层次井然，讲述了贾琏偷娶尤二姐的起因、寻找和布置新婚住房、张华退婚、娶亲过程等。显然这样的"改写"比兴儿一个人"直说"，"就生动多了"。胡适这种认识在《跋乾隆甲戌脂砚斋重评石头记影印本》（1961 年 5 月 18 日）一文中也谈到："戚本的六十七回就和高鹗的本子大不相同，而高本远胜于戚本。"

晚年的胡适更加注重对文本的具体分析，对待不同版本《红楼梦》的研究，重在叙事内容、叙事线索、叙事肌理的比对上，始终以科学的态度对待红学研究，就是好的地方说好，不同意的地方就明确否定。不让个人的感情因素影响学术研究的结论。虽然他提出"高鹗续书说"，但他不仅不排斥程高本，相反在《红楼梦》出版的版本选择上，胡适主张用"程乙本"作为普及本。

出版家汪原放在胡适等人影响下，20 世纪 20 年代初，敢于创新，运用新式标点符号，对我国文学史上具有一定地位、又在人民群众中有深远影响的四大古典白话小说，进行了规模性的标点、刊印。胡适在 1927 年 11 月 14 日所作的《重印乾隆壬子本红楼梦序》说："从前汪原放先生标点《红楼梦》时，他用的是道光壬辰（1832）刻本。他不知道我藏有乾隆壬子（1792）的程伟元第二次排本。现在他决计用我的藏本做底本，重新标点排印。这件事在营业上是一件大牺牲，原放这种研究的精神是我很敬爱的，故我愿意给他做这篇新序。"[①]

显然汪原放是受到胡适的影响，为了支持胡适的学术主张，在经济上做出了重大的牺牲。因为铅字排版既费时又费力，何况又是长篇小说的版，废弃并不是一件小事。当时他们具体商议的情景，我们现在已不可能得知，但从胡适对汪原放的称赞，便可以体味到胡适是力主《红楼梦》用"程乙本"作普及本的。

"程乙本"从 1927 年成为普及本流传开来，与胡适的重视、推介、支持有直接的关系，他本人对此也很欣慰。1961 年 2 月 12 日，为影印"程乙本"原木刻本所写的序言，即《胡天猎先生影印乾隆壬子年木活字版百二十回〈红楼梦〉序》，特意指出：

> 1927 年，上海亚东图书馆用我的一部"程乙本"做底本，出了一部《红楼梦》的重排印本，这是"程乙本"第一次的重排本。1959 年，台北远东图书公司出版的《红楼梦》，就是用亚东图书馆的本子作底本的。
>
> 1960 年香港友联出版社的赵聪先生校点的《红楼梦》，也是用亚东本作底本的。据赵聪先生的《重印红楼梦序》说，上海"作家出版社"曾在一九五三年及一九五七年出了两个《红楼梦》排印本，也都是用"程乙本"做底本的，可能都是用亚东本重排的。
>
> 这就是说，"程乙本"在最近三十四年里，已至少有了五个重排印本了……
>
> ……现在他把这部"程乙本"影印流行，使世人可以看看一百七十年

① 宋广波．胡适红学研究资料全编 [M]．北京：北京图书馆出版社，2005．

前程伟元高鹗“详加校阅改订”的《红楼梦》是个什么样子。这是《红楼梦》版本史上一件很值得欢迎赞助的大好事，所以我很高兴的写这篇短序来欢迎这个影印本。①

1961年1月24日胡适《与胡天猎书》说：

> 自从民十六亚东排印壬子“程乙本”行世以来，此本就成了《红楼梦》的标准本。近年台北远东图书公司新排的《红楼梦》，香港友联出版社新排的《红楼梦》，都是根据此本。大陆上所出各种排印本，也都是“程乙本”。②

为胡天猎作序的“程乙本”，胡适一次就预约购买10部，“为分赠朋友及自己留存之用”，可见其喜爱的程度。在胡适为代表的新红学派的努力下，近百年来“程乙本”《红楼梦》是唯一流行的最广泛的版本。

50年代初国家组织专家学者整理出版四大古典小说。作家出版社于1953年12月出版了新版的《红楼梦》，在“出版说明”中说采用的是“程乙本”，实际上就是1927年出版的“亚东本”。因该本沿“亚东本”之误处甚多，经珮璋的缜密检对，写出了《新版〈红楼梦〉校评》，发表于1954年3月15日《光明日报》的《文学遗产》。作家出版社致信，对王珮璋的批评表示感激，并1955年印行了作家出版社1953年12月版《〈红楼梦〉勘误表》，更正错误凡226条。1957年10月，人民文学出版社又以“程乙本”作底本，排印出版了《红楼梦》，不但改正了作家出版社本的所有错误，而且参对各本，作了校记，成为一个近于完美的本子。1959年11月出了第二版，1964年2月出了第三版，1973年8月已出了第十次印刷本，在广大读者心目中成为定本。然而到1982年2月，人民文学出版社忽然停出这个本子，而换了由中国艺术研究院红楼梦研究所校注的新本。这个新本是以《红楼梦》“庚辰本”为底本校注的，

---

①胡适．胡适红楼梦研究论述全编[M]．上海：上海古籍出版社，1988：301．

②宋广波．胡适红学研究资料全编[M]．北京：北京图书馆出版社，2005．

为什么文学出版社出版这部文学经典名著要换底本，理由见于红楼梦研究所为该本写的“前言”：“庚辰本是抄得较早而又比较完整的唯一的一种，它虽然存在着少量的残缺，但却保存了原稿的面貌，未经后人修饰增补。”改革开放的 80 年代，才出现其他版本的《红楼梦》。

（三）周汝昌的“妄说”

周汝昌先生沿着胡适的新红学倡导研究路数，完成了他的代表作《红楼梦新证》，出版于 1953 年。一方面胡适的影响在大陆表现在考证派大家周汝昌的身上，另一方面《红楼梦新证》把“高鹗续书说”推向极端，将这一说法坐实。并竭力对《红楼梦》后 40 回口诛笔伐，也就是对程高本彻底否定，进而 1957 年人民文学出版社出版的《红楼梦》，在作者曹雪芹署名的后面第一次加上了高鹗的名字，半个世纪以来，“高鹗续书”这一说法在周汝昌的宣传下，几乎被当作常识在读者中传播开来。

其一，半个世纪以来口诛笔伐高鹗者乃周汝昌也。

周汝昌先生在《红楼梦新证》（增订本）中，关于程高续书这一观点又大大向前推进，增添了程高续书的过程和动机，他写道：“乾隆朝的统治者们，在收买、威逼、迫害、破坏种种伎俩都经使尽……为了这一特殊使命要物色‘人才’。……物色的结果，差使落到高鹗（也是内务府旗人）、程伟元二人头上。其成绩，就是后来一直传世的百二十回本的《红楼梦》。”[①] 不过当初他还强调“还只是我个人的推测，是否能得其事之实，有待进一步研究讨论”。

《红楼梦新证》（增订本）中《议高续书》和《重排后记》对高续后 40 回提出了否定的评价。从此，关于续书的论争，可以说进入了另一个阶段，将《红楼梦》后 40 回不是曹雪芹写的这一观点坐实，已不再是学术考证的问题，而是定下政治历史的结论。他认为，高鹗续书是在乾隆皇帝及其大臣和珅策划下的“一个政治事件”，续书的目的是篡改、歪曲前 80 回。这一观点后来又在《红楼梦“全璧”的背后》一文中得到了进一步的阐述。显然，周汝昌先生主要是

---

① 周汝昌．红楼梦新证 [M] 增订本．北京：人民文学出版社，1976．

从政治的角度来否定后 40 回的。

1. 周汝昌先生认为，高鹗续书是乾隆皇帝亲自策划下的阴谋活动。因为封建统治者害怕《红楼梦》，但又无力消除它的巨大影响，于是找到高鹗，毁去 80 回后的原稿，“另行续貂”，篡改原书。有这样两条清人记述：“曹雪芹《红楼梦》，高庙末年，和珅以呈上，然不知所指。高庙阅而然之，曰：‘此盖为明珠家作也。’”（见赵烈文《能静居日记》）“某时高庙临幸满人某家，适某外出，检籍，得《石头记》，挟其一册而去。某归，大惧，急就原本删改进呈。”（见胡子晋《万松山房丛书》本《饮水诗词集》第一集唯我跋语）周汝昌先生引用后，就从中引申出这样的推论：乾隆不忘“《石头记》这桩公案”，“委派和珅去查访处置”，“凭着鬼伶俐，和珅很快就弄明白了这部书的来龙去脉”，并决定“物色适当人选，编造四十回假书，凑成‘全本’”，“物色的结果，差使落到高鹗、程伟元二人头上”，“高鹗续书，是有后台授意的，是有政治目的的”。

2. 周汝昌先生认为，高鹗续书以后，“整个全身走了样，变了质”。认为“伪续四十回书”“只是表现了两点思想内容，一点是宝钗夺婚，一点就是‘沐天恩’，‘延世泽’”。后 40 回复杂、尖锐的矛盾、五光十色的生活场景及其意义，就都被阉割掉了。其中最动人心弦的篇章是宝、黛的人生和爱情悲剧，千千万万读者曾经为这一悲剧而热泪纵横。它不仅沿着前 80 回中渐趋激化的叛逆者与封建正统派的矛盾冲突，继续刻画宝玉厌弃封建阶级人生道路，鄙屑封建意识形态某些规范的思想性格特征，而且，围绕主要人物的命运，展开了多方面的生活场景与矛盾冲突，贾府内为了财产和权力而进行的倾轧，太平县与江西粮道衙门内的黑暗与丑恶，广大百姓对世家大族的仇恨与抨击……都与宝、黛的悲剧相互联系，构成了一幅鲜明的时代画卷，使得一对青年男女的憧憬、追求与幻灭获得了深广的社会底蕴。

3. 周汝昌先生否定高鹗续书的另一个理由是，前 80 回的某些伏线，在后 40 回中未能得到照应和遵循。如贾府“破败之后，结果其惨无比”，“令读者可骇可愕”，“重要人物的身份地位的大改变”，凤姐变成妾侍，平儿成为正妻，宝玉沦为贫丐，茜雪等可以影响昔日主子的命运。于是，后 40 回对某些人物的描写与原作有矛盾。周汝昌先生指出的这类缺陷，续书中确实是存在的。

一部长篇作品的创作，由于头绪纷繁，人物众多，事件复杂，作者的构思有时在某些局部上出现疏忽，表现为作品中枝节上的矛盾，是常见的事。《红楼梦》前 80 回经过曹雪芹的数次增删、修饰，仍存在不少脱枝失节之处，连主人公的年龄也未能统一。那么后 40 回未修定稿仍可能含有某些细节疏于照应。

其二，高鹗续书说升级为“政治事件”。

高鹗续书说这一观点在 1980 年周汝昌发表的《〈红楼梦〉“全璧”的背后》一文中得到了进一步的阐述，变成了在乾隆皇帝及其大臣和珅策划下的“一个政治事件”，续书的目的是篡改、歪曲前80回。这里需要指出的是由于新的史料匮乏，上述观点是在支离破碎的材料上，用推理、想象、探佚的手段编织和涂抹成的，已经掺杂大量的非学术因素。资深学者的妄断，诸多学者的盲从，学术与非学术因素的交织，使得此误说占了势头，把事情搅得越来越复杂化。从此，关于续书的论争，可以说进入了非学术阶段。王昌定《读〈红楼梦〉“全璧”的背后——与周汝昌同志商榷》一文尖锐地指出：“读了‘全璧’，人们很自然地会想到刚刚过去，余痛还在，记忆犹新的‘文化大革命’”，“所有这些捕风捉影的定罪方式，都是‘左’倾思潮的一个组成部分”。梅节先生也指出：“笔者相信《全璧背后》经过长期构思和收集材料，明显带着‘文革’胎记。”[①] 为什么周汝昌先生半个世纪以来口诛笔伐高鹗，梁归智在《周汝昌传》中作了回答：“周汝昌的一切活动、说辞都围绕着一个核心运转，那就是辨明后四十回续书对曹雪芹原著的遮蔽扭曲，恢复原本《红楼梦》真正的伟大。”很概括、精到地揭示了贯穿周汝昌一生学术研究的心理动机，也是对他一生红学研究最深刻的总结。

从红学史上来看，他的晚年与胡适的学术走向截然不同。这一点正需要我们特别的注意，因为这是周汝昌学术的命脉。裴世安先生 2008 年在编辑《红楼梦全璧说资料》一书中说了一段发人深思的话语：

> 后继者，往往“青出于蓝”。待《红楼梦新证》问世，始发出腰斩“令”。尽管几十年过去了，后四十回这条“尾巴”，还是长长地拖着。但《红楼梦》

---

① 王昌定．读《红楼梦》“全璧”的背后：与周汝昌同志商榷[J]．红楼梦学刊，1997（4）．

的署名，已由曹雪芹单署，改为与高鹗并署了。权威们给“高续说”晋了位，正了名，“高续说”胜利了。既然“胜利”了，那就不妨请当年预议“并署”、今犹健在的知情者们，将其全过程，做个回忆录，以便在将来的红学史上，写上浓重的一笔。说清“并署”的由来，不仅可解今人之“惑”，又可免去后人为这一“胜利”陷入无休止的“考证”，即同是以程乙本为底本的《红楼梦》，为什么作家出版社从 1953 年 12 月第 1 版，直到 1955 年第 10 次印刷，皆是曹雪芹单署；而到人民文学出版社 1957 年 10 月出版时，却改为曹雪芹、高鹗并署了。在“出版说明”中，只含糊地说了一句“现在采用的底本，是经过后四十回续作者百二十回印行以后又加了一次改动的一个本子”，对“并署”一事，未置一词。是谁赋予这个出版社以擅自改动作者署名的权力？当代人也许会保持沉默，那就让我们的子孙去查这个神秘的“档案”吧！①

其三，红学界缺失健康的文学批评是“续书说”泛滥的根本原因。

导致今天红学乱象，周汝昌先生是推手，但他毕竟是个案。问题的根源还在于红学界缺失健康的文学批评和理论建设。孙伟科说：“当我们检视当前的红学热点、红学格局时，不得不说，潮流浩荡，千帆竞进，唯缺红学。红学依然被索隐的迷雾遮蔽，依然被斟字酌句的微言大义所覆盖，依然被揭秘、猎奇心理、心态控制左右着，依然被门户之见、唯我独尊所分隔……”② 此话揭示了一个要害——红学界缺失健康的文学批评是红学乱象丛生的根本原因。

为了说明这个问题，我们简要勾勒一下当代红学史。1954 年毛泽东支持李希凡、蓝翎两人的文章，批评了俞平伯的庸俗琐碎的研究方法，发动《红楼梦》问题研究大讨论，从而在学术界开启了全新的研究方法，出现了健康的发展道路。遗憾的是为时仅仅十几年，就被“文革”期间《红楼梦》大批判取代了，冲击学术，让位政治，造成文本解读的庸俗化，常常根据所需把《红楼梦》中

① 裴世安，柏秀英．红楼梦全璧说资料 [M]．上海：石言居自印本，2008．

② 马经义．红楼十二钗评论史略 [M]．成都：四川大学出版社，2013：5．

人物或情节当由头，为我所用。“文革红学”愈演愈烈。改革开放的80年代红学界出现了蓬勃的发展机遇。然而，不久又在批判资产阶级自由化中被牺牲了。红学界主流意识失语，缺乏健康的文艺理论和文学批评的声音。好的得不到主流文化的回应和支持，甚至处于自生自灭的状态。相反，见同则引为同类，拉之、捧之、吹之；见异则视为对立，拒之、压之、贬之。学术的市场化，往往是以学术问题出之，而背后则牵涉到权力之争、利益分配、资源重组等一些非学术因素，使得红学研究再度迷失自我。这些现象是大家都能看到的，从此，主流意识形态在文艺问题上不是缺位，就是失语，致使红学乱象丛生。学术被政治绑架的负面影响，必然产生怪胎。因此说周汝昌现象并不是孤立的，一些索隐红学、龙门红学、娱乐红学，什么《红楼梦》揭秘、探佚、戏说等，都顶着历史文化的面具，登堂入室。什么考证、索隐、探佚在浮躁和喧闹中，招摇过市。正是在这种背景下，把新红学留下的问题——“高鹗续书”推向了极端，长期困惑着人们。

周汝昌以及刘心武等人，阉割《红楼梦》的精髓，睁大眼睛探佚什么隐私、阴谋、淫乱。他们的影响在短时期难以消除，这主要反映在人们盲目地迷信、吹捧、鼓噪红学大家。甚至有些名作家也跟着胡吹乱捧，就令人难以理解了。像刘再复是20世纪80年代曾推出《性格组合论》——一个时代标志的文学理论著作的学者，却在给《周汝昌传》写序时，称周汝昌是“中国文学第一天才的旷世知音”。我怀疑刘再复长期在国外，大概也不了解国内红学界的情况，凭着浮躁的文坛的信息，就说出令人啼笑皆非的呓语。因此人为地造成迷信、吹捧、鼓噪，不仅由来已久，而且鱼目混珠。加之近年出版界把周汝昌当作卖点，蜂拥而上，争着抢着出版周作。他一生出版46本书，其中有40本是1980年以后出版的，新出的红学著作不但没有一部能赶上《红楼梦新证》，而且是良莠混合，甚至沉渣泛起。学术界尚且如此，何况那些“粉丝”了。只知皮毛，不知内里。

其四，胡适在“高鹗续书”问题上反对“妄说”。

如何对待《红楼梦》“程乙本”，焦点就在后40回，就在“高鹗续书”上。胡适晚年对周汝昌1953年版《红楼梦新证》格外看重，批注很多，并以有周汝昌这样的“徒弟”而欣慰。他对《红楼梦新证》批注基本体现在两个方面：

一方面是胡适倾吐了他与周汝昌的师承关系。胡适开创的新红学，最突出的实绩是在作者与版本上打下一个基本的框架，周汝昌沿着胡适的框架和路数，进行充实和丰富，其功力之深、功力之大，无出其右。凡是胡适、顾颉刚发现的材料，《红楼梦新证》几乎全部引用了，胡适在回复吴组湘的信中说："周书中接受我的成分太多。"

另一方面胡适对周汝昌1953年版《红楼梦新证》中，笼统地大加贬低《红楼梦》后40回是狗尾续貂没有表态。但对《红楼梦新证》"史料编年"这一章引用编发的"高鹗续书"的资料和说法，却提出明确的批评。

下面是周汝昌《红楼梦新证》的内容：

《红楼梦》实才子书也。……巨家间有之；然皆抄录，无刊本。乾隆某年，苏大司寇家因是书被鼠伤，付琉璃厂书坊装订，坊中人藉以抄出，刊板刷印渔利。

则乾隆间固似有刊行在先者。另据胡子晋《万松山房丛书》本《饮水诗词集》"唯我"跋语云：

某笔记载其删削原委，谓：某时高庙幸临满人某家，适某外出，检书籍，得《石头记》，挟其一册而去。某归大惧，急就原本删改进呈。高庙乃付武英殿刊印，书仅四百部。故世不多见，今本即当时武英殿删削本也。

删削之说，临幸之事，姑皆不论；苟曾付武英殿刊印一说为实，则《红楼》版本史更应提早矣。孙《书目》另一条云：

旧时真本《红楼梦》，佚。俞平伯考证〔按当指《红楼梦辨》〕引《续阅微草堂笔记》云：吴润生中丞家藏本，八十回后与今本大异：宝玉沦为击柝之流，史湘云为乞丐，后乃与宝玉成夫妇云云。俞氏云此增补本当在高鹗之前，今书不传，亦不知撰人。

按俞氏云，曾见一续本，开端即从湘云为乞丐叙起，则此旧时真本信有之矣。惟"唯我"跋《饮水集》语又云：

尝记往见《石头记》旧版，不止百二十回，事迹较异于今本，其最著者：荣、宁结局有史湘云流为女佣，宝钗黛玉沦落教坊等事。[①]

胡适在这页的页眉上，从右到左，并列写了短句批语："妄说""此等妄说，如何可信？""此皆妄说"，占满了页眉。一连三个否定，一个比一个口气加重，可见其态度鲜明。如此重的口气在胡适著作中是很少见到的，遗憾的是胡适的声音当时在大陆是被隔绝的。

周汝昌对《红楼梦》后40回是彻底否定的，1953年《红楼梦新证》说高鹗有一副"丑恶的嘴脸"，是个"败类"，"我们该痛骂他，把他的伪四十回赶快从《红楼梦》里割下来扔进纸篓里去"，[②]后来又推进了。1980年他发表了《〈红楼梦〉"全璧"的背后》，在原有的几条材料的基础上，"穿穴爬梳，用心识别"，理出和珅、乾隆、高鹗之间的线索，公布了一个惊人的考证。《红楼梦》续书是乾隆、和珅"定下计策"，用重金延请高鹗捉刀，"将曹雪芹一生呕心沥血之作，从根本上篡改歪曲"。主要是根据嘉庆、道光年间陈镛和赵烈文的两则笔记。赵烈文《能静居笔记》谓曾闻诸宋翔凤："曹雪芹《红楼梦》，高庙末年，和珅以呈上，然不知所指。高庙阅而然之，曰：'此盖为明珠家作也。'"陈镛《樗散轩丛谈》说，《红楼梦》向无刊本。乾隆五十四年（1789）春，刑部尚书苏凌阿家藏抄本"被鼠伤，付琉璃厂书坊抽换装订，坊中人藉以抄出，刊版刷印渔利"，始流布于外。周汝昌说，这是"中国文化上最最令人惊心和痛心的事件"！2003年他在《红楼夺目红》一书说，高鹗续书"中华文化史上一桩最大的犯罪！伪序使雪芹这一伟大思想家在乾隆初期的出现横遭掩盖扼杀，使中华民族思想史倒退了不啻几千几百年"。这形成周汝昌几十年一贯的思想，把百二十回的《红楼梦》定为"伪全书"。他强调"对一个读者、研究者如何看待曹雪芹八十回书和程高后四十回书，是一个关键性的问题"。换言之，否定《红楼梦》后40回，当然也就从根本上否定程本。因此，周汝昌1995年在《北京大学学报》上发表了长篇论文《还"红学"以学——近百年红学史之回顾》，激扬文字，指点

① 宋广波．胡适批红集[M]．北京：北京大学出版社，2009：314．

② 周汝昌．红楼梦新证[M]．北京：人民文学出版社，1976：1067．

大家，批评胡适“收到了价值极高的、可以代表雪芹真面貌精神的《甲戌本》，然而对这一珍贵文本却不见他发生多大的‘整理’流布与深入研究的兴与愿望，《考证》写毕，即将此珍本束之高阁了。相反，他一直对那部程、高二次篡改歪曲原文最厉害的《程乙本》大加欣赏，为之作序宣扬、排印流布，直至他晚年，仍然未见稍改早先的眼光与心情”，“他的《程乙本》一直流行到1981年，而且是个垄断本”。

以上可以清楚地看出周汝昌与胡适对《红楼梦》版本认识不同：

周汝昌认为脂本是曹雪芹的真本，并把甲戌本、庚辰本、戚序本称之为“三珍本”。而视程高本则是“伪本”，如此区分，其意何在？与周汝昌接触最多、相识最深的梁归智在《周汝昌传》里一语道破：“周汝昌红学研究的核心，是区分曹雪芹原著和后四十回续书乃绝不可相提并论的‘两种《红楼梦》’，而四分支（即曹学、版本学、脂学、探佚学——笔者注）研究特别是探佚学正是实现这一目标的最重要途径。”由此可知胡适与周汝昌对待程乙本的认知截然不同，这不是对待一本书的态度问题，而是治学道路的根本不同、思维方式的根本不同、研究成果的根本不同。胡适从考证走来，回归文本，是他一生重视程乙本的理据。周汝昌是从考证走向探佚，其《红楼梦新证》和《石头记会真》，是其一生治红学具有标识性的两部作品，标志着他沿着胡适开创的路子走来，把胡适新红学的正面因素和负面因素都推向了极至。我们这里不是评价是非曲直，而是想说明程乙本的行世，代表了一种研究方法的支持，一种思维方式的体现，一种学术道路的标示。只有明白这一点，才真正懂得纪念程乙本的意义。

（四）学术界对后40回的认可

胡适提出“高鹗续书说”，经半个世纪学者的考证和探索，已经面临破产。因为理据是《红楼梦》初以八十回抄本流传于世，神龙无尾，“殊非全本”。据此便认定曹雪芹《红楼梦》原稿就只有80回。其实，程甲本问世之前已有百二十回《红楼梦》抄本流传在世。这就意味着《红楼梦》版本有三个体系：除了八十回的脂评本，还有百二十回的手抄本和刻印本。证据有三：

1. 周春《阅红楼梦笔记》载：“乾隆庚戌秋，杨畹耕语余云：雁隅以重价购钞本两部：一为‘石头记’，八十回；一为‘红楼梦’，一百廿回，微有异同。”乾隆庚戌，即乾隆五十五年（1790）。

2．脂本《红楼梦》中唯一的百二十回本是《乾隆抄本百廿回红楼梦稿》，简称《红楼梦稿》。这个本子是1959年3月在琉璃厂文苑斋书店发现的，当年胡适是没有机会看到的。蔡义江先生说：“梦稿本的所有总体特点，与程伟元、高鹗在程本的‘序’、‘叙’、‘引言’中所叙述的状况，百分之百相符合。”[①]

3．明义《题红楼梦》绝句是目前发现的最早的题红诗，而且透露出《红楼梦》后40回的情节信息。周汝昌先生认为：“下距程伟元、高鹗续书刊板（乾隆五十六七年），却还有足足十年至二十年的光景。”

以上三条证据，既与程伟元《红楼梦序》所言相吻合，又是在程高本《红楼梦》之前，所以说更是雄辩的理据。关于高鹗“续书说”，从“外证”上被众多学者驳斥得千疮百孔，而且这种腰斩《红楼梦》的做法遭到许多学者的批评。此说不成立，已成为共识。

从内证进行分析逐步在加强，着眼于《红楼梦》人物前80回与后40回性格的连贯和发展，情节前后的吻合和进展等。近年来王蒙发表了一系列文章，谈到“续书的不可能”。他说：“从理论上、创作心理学与中外文学史的记载来看，真正的文学著作是不可能续的……至于像《红楼梦》这种头绪纷繁，人物众多，结构立体多面，内容生活化、日常化、真实化、全景化的小说，如何能续？不要说续旁人的著作，就是作者自己续自己的旧作，也是不可能的。而高鹗续了，续得被广大读者接受了，要不是民国后几个大学问家特别是胡适的‘考据’功夫，读者对全书一百二十回的完整性并无太大怀疑。”[②]王蒙是作家，有着创作的深刻体验，他谈后40回着眼：一是创作的体验；二是叙事的整体性；三是对“考据”的质疑。字里行间虽然没有明确否定胡适的考证，但流露出一百二十回《红楼梦》无论怎么说都是一个整体的观点。半个世纪以来，我们可以看出有识之士越来越趋于一个基本点上，那就是把120回《红楼梦》作

---

① 蔡义江．红楼梦诗词曲赋鉴赏[M]．北京：中华书局，2001：540．

② 王蒙．我的一个死结[N]．今晚报，2008-11-30．

为一个气韵生动的生命有机体来看待。

早在1925年容庚就在北大《国学门周刊》上连续四期发表《红楼梦的本子问题质胡适之俞平伯先生》，[①]反驳胡、俞二氏后40回“高续说”，指出120回都是曹雪芹原稿。

1935年《青年界》杂志刊出宋孔显《红楼梦一百二十回均曹雪芹作》，他说：

> 《红楼梦》全书一百二十回都是曹雪芹做的。我们可从本书第一回中看出，第一回说本书的缘起，有“……后因曹雪芹于悼红轩中，披阅十载，增删五次，纂成目录，分出章回，又题曰：《金陵十二钗》”的话。所以我们知道这一百二十回的《红楼梦》，完全是曹雪芹一手做成的。现在有人说《红楼梦》原本只有八十回，后四十回是高鹗补作的。这话我完全反对，因为披阅、增删，都是修改时的工作；纂成目录，分出章回，尤为成书后的手续。假使《红楼梦》全书未曾写完，哪能披阅、增删、纂目、分章呢？像我这种不是神经过敏的人，看了上面的两篇序和几条引言，实在看不出程伟元和高鹗有作伪的地方。其实船山所说不过是个“补”字，这“补”字我们不能就认为补作。因为高鹗不但后四十回《红楼梦》做过“补”的功夫，即前八十回也经过他“截长补短”，“补遗订讹”的“补”的功夫，所以船山所说的“补”，不是胡先生所说的“补作”。苟八十回后真出高鹗之手，我想船山定说“俱兰墅所续”，当不用这个“补”字了。现在船山舍“续”字而用“补”字，正指高鹗修辑的功夫而言，确乎没有指高鹗续作的意思。总之，《红楼梦》是一部一百二十回的大书，不是一时所能做成的，不是一次所能完成的，必然经过许多次的修改。曹雪芹自己说，他在悼红轩中“披阅十载，增删五次”，可知《红楼梦》是十年工夫做成的，而且经过五次修改的。但《红楼梦》中的许多矛盾，却因这五次的修改而发生了。对新红学家论证高续说的证据逐条加以剖析，指出那些论据均不

① 人民文学出版社编辑部．红楼梦研究稀见资料汇编[G]．北京：人民文学出版社，2001：160．

确切，从而肯定“全书一百二十回都是曹雪芹一个人做的”。[①]

周绍良在《论〈红楼梦〉后四十回与高鹗续书》中说：

> 张问陶虽然明白揭出“传奇《红楼梦》八十回以后俱兰墅所补”的事，但这总归是第二手材料，我们不能放弃第一手材料而单单依据第二手材料便作出定论，这不是实事求是的办法。什么是第一手材料呢？当然是高鹗自己写的交代与合作者程伟元所作的交代了。
>
> 这些第一手材料，本身是否可信呢？胡适等人已经完全否定了这些材料的真实性，斥为程、高作伪欺人之谈。现在我们却能够从程甲本和程乙本的比较当中，举出铁证，反驳胡适等人的论断。……
>
> 其实，后四十回是曹雪芹未改定的残稿，当然与前八十回定稿不能“一色笔墨”。
>
> 这里要特别指出，裕瑞虽如此不相信后四十回的文字，但是，就连他也承认后四十回的回目是曹雪芹的手笔。[②]

这种主张近十年来有较大发展，如徐迟《红楼梦艺术论》重申后40回为原著，尽管它“还未最后定稿”，但和前80回一样都是“罕见的大手笔”。周绍良、朱南铣等又从史料考证角度否定了高续说。王昌定、宋浩庆等有专文论述全书风格协调，后40回著作权仍应归属曹氏。吴晓南《“钗黛合一”新论》别开生面地提出“气韵说”，从“意象的连续”考察了120回大书的不可分割性。李贤平则运用现代科学方法对作品进行定量分析，确认了后40回与前80回的基本一致性。

其中最为突出的是林语堂先生。他特意撰写了《平心论高鹗》，对后40回续书作了全面、充分的肯定。针对《红楼梦辨》对宝玉中举、贾府结局、黛

① 人民文学出版社编辑部. 红楼梦研究稀见资料汇编[G]. 北京：人民文学出版社，2001：568.

② 周绍良. 红楼梦研究论集[M]. 太原：山西人民出版社，1983：80-92.

玉评八股文等的批评，他一一进行分析，提出不同的见解，认为“宝玉虽中举”，但“遁入空门”，“仍不能不说是悲剧下场”；贾氏泽皇恩、延世泽，结局仍是衰败，“树倒猴狲散”。后40回“写到此种境地，这是中国文学史空前的大成功”。林语堂特别强调前80回与续书的浑然一体，“高本四十回大体上所有前八十回的伏线，都有极精细出奇的接应”；“人物能与前部人物性格行为一贯，并有深入的进展”；高本“有体贴入微，刻骨描绘文字，似与前八十回同出于一人手笔”。正是基于这些认识，他否定俞平伯提出的后40回为高鹗续作的意见。他认为，程伟元、高鹗确实得到过曹雪芹原作的散稿抄本，但残缺不全。高鹗的贡献是做了“修补”“补订”之事，后40回是“据雪芹原作的遗稿而补订的”。

高阳先生的《红楼梦一家言》，是近年来台湾红学界一本比较有影响的书，他在《曹雪芹对红楼梦的最后构思》这一节中说：

> 我一向不以为高鹗是后四十回的作者，理由是：
>
> 第一，后四十回的文字虽不及前八十回，但一般公认还是相当不错的。我不认为高鹗有此能力。
>
> 第二，八十回与八十一回之间，找不出有什么不同。
>
> 第三，第三十一回“因麒麟伏白首双星”是一大漏洞，为何不改？
>
> ……
>
> 后四十回既非高鹗所续，更非另一“满人”改写，那么当然是曹雪芹的原著了。不过不是“增删五次”之稿，更不是定稿。事实上恐怕永无定稿。脂批有一条“书未成而芹逝矣”可证。当然，这不是说初稿未成，而是指照此最后的构想，重新改写的全书未成。[1]

刘梦溪先生在《拥挤的红学世界》中说：

---

① 胡文彬，周雷．台湾红学论文选[M]．天津：百花文艺出版社，1981：739-741．

> 至今仍有一部分研究者反对前八十回和后四十回系由两人所写的说法。还有的虽承认后四十回系别人续作，但倾向于其中不排除有雪芹的遗稿在内。而所有这些说法，大都带有猜测性质，缺乏实证，因而也是谁都说服不了谁，只好成为一桩公案，听凭红学家们反复聚讼。……续书作者也类似，原来认为是高鹗，后来梦稿本出世，高续说土崩瓦解。其实，程伟元和高鹗在百二十回本《红楼梦》的序言中说的话原很明确，他们只是在搜罗到的“患漫不可收拾”的后四十回的基础上，“截长补短，抄成全部，复为镌板”。我们没有理由认为这是撒谎。张问陶《船山诗草》卷十六《赠高兰墅鹗同年》诗的题注：“传奇《红楼梦》八十回以后俱兰墅所补。”也只是说“补”而已，完全可以理解为是补齐的意思。所谓高鹗续作《红楼梦》后四十回，实在没有多少根据。但究竟是谁作的？只好老老实实地承认，还不知道；或者说，这个问题的解决，现在条件尚未成熟。[①]

上面，我们引证这么多红学家关于前80回与后40回的论说，目的是让大家了解自胡适新红学派至今八十多年来论争焦点究竟是什么。

众所周知的《红楼梦》后40回是高鹗所续之说，半个世纪以来，几乎被传播成了常识。但经过几代红学家的索根查源、据理力辩，终于清除阴霾，恢复了历史的本来面目。在2008年人民文学出版社出版的红楼梦研究所重校的《红楼梦》封面上面，标明前80回作者是曹雪芹，后40回是“无名氏”，120回《红楼梦》是程伟元、高鹗整理。第一次以学术权威机构的名义，明确地对程伟元、高鹗整理和出版120回《红楼梦》的历史功绩给予了恰当而公正的评价。后40回标注“无名氏”，虽然不是什么理想的做法，但毕竟在拨乱反正的方向上迈开了步子。同时也给我们提出新的使命。如何把120回《红楼梦》作为一个气韵生动的生命有机体来看待，去解读它的叙事肌理、叙事结构、叙事脉络。尽管它在前80回与后40回的某些地方存在着艺术的不统一，甚至矛盾，这是能在曹雪芹创作过程中找到合理的解释的。而问题的关键则是要在文本的研究、解读中找出实实在在的答案来。

---

① 刘梦溪．拥挤的红学世界：红学论争与红学公案（续）[J]．文艺争鸣，1989（5）．

第四章 《红楼梦》的叙事形态

《红楼梦》问世200多年了，像一座巍峨的文化高峰标示着辉煌。然而遗憾的是，虽然红学著作汗牛充栋，但相对大量考证和解梦的长篇宏论来说，对《红楼梦》文本的解读和欣赏的文字，数量就少得多了，而且佳作鲜见。这种倾向已经引起学者们的关注和批评，白盾先生早在20世纪90年代所著的《红楼梦研究史论》中就尖锐地指出：

> 我们的基本论点是：两个世纪以来《红楼梦》研究的是非得失与所以扰扰的症结之所在，乃因为《红楼梦》是小说、是文学作品，却往往不把它当小说、当文学看待，而把它当成这样那样与文学、小说不相关的东西，也就治丝益棼，越争越乱，问题也就越来越多，终成了“梦魇”或“红魇”。挽救之道只有一条：那就是“还红楼以红楼”。[1]

① 白盾．红楼梦研究史论[M]．天津：天津人民出版社，1997：656．

一部说不尽的《红楼梦》，谁解其中味？曹雪芹博大的思想和深挚的情感，“寄身于翰墨，见意于篇籍”，所以，只有回到《红楼梦》文本，只有细读《红楼梦》原著，才能把握叙事肌理和叙事方式，感受生命的气息，才能领略其真正的思想情感和文化意蕴，从而获得《红楼梦》历史和美学的启迪。这正是本书的根本宗旨。

我们知道，无论是欣赏解读，还是学术研究，所遵循的基本原则是作品的整体性。正是这种整体的艺术生命形态，才显示出一部文学巨著宏观创造工程的伟大、结构框架的精美、生命气息的感人。因此，读懂《红楼梦》的关键，不仅强调《红楼梦》百二十回是一个整体，而是要在整体性这一指导思想下，去解读《红楼梦》百二十回的故事，去探寻曹雪芹的叙事艺术，从《红楼梦》叙事肌理的延伸、波动、体温中，去体验、品赏、认知一个鲜活的艺术生命。这不仅是艺术思维、艺术创作的基本规律，也是文学解读所应当遵循的一个艺术法则。

《红楼梦》是以百年望族贾府的衰败史构成历史的大背景，展开了上流社会令人荡气回肠的故事。从外部来说，以贾府为中心与几大家族的“联络有亲，荣损与共”，与四王八公的世代交往，结成了上流社会的贵族官僚关系网。从内部来说，贾府有两个支脉：宁国府和荣国府，主子有二三十个人物，受他们驱使从上到下就有二三百个奴仆。上上下下，里里外外，事无巨细，盘根错节。不似历史著作那样年年岁岁铺排开来，而似河流水系在流淌，时而舒缓，时而湍急，时而暴涨，时而干涸，仔细看去，故事的时空重心放到了贾府百年的后期，即贾府嫡孙宝玉少年到出家这十几年里。《红楼梦》庞大的结构、众多的人物、复杂的线索、散金碎玉式的细节，曹雪芹是通过什么样的叙事方法讲给我们的呢？只有搞清这一点，我们才能读懂《红楼梦》。

一、《红楼梦》故事是怎样讲的

鲁迅先生 80 年前在《中国小说的历史的变迁》中说：“总之，自有《红楼梦》出来之后，传统的思想和写法都打破了。”这是从中国小说发展史的视角进行高度概括的，然而传统的思想和写法究竟是怎么打破的，遗憾的是鲁迅先生并没有细说下去。80 年来一代又一代的学者对这个问题苦苦地探寻，就是要搞清《红楼梦》故事是怎么打破传统的“写法”的？而传统的“写法”又是什么？

（一）中国古典小说传统的“写法”

“写法”，即讲故事。也就是叙事。由于 20 世纪 80 年代之前所处的时代还没有提供有力的“批评的武器”，也就是受当时学术批评意识和研究方法的局限，很难作出肯綮的回答。“若无新变，不能代雄”。20 世纪 80 年代中期，中国文学理论和文学批评十分活跃，一批学者译介了形形色色的西方文艺理论著作，使人们眼界大开，激活了文学研究和批评的思维。特别是当代最有价值的文学理论——西方叙事学的烛照，对中国文学作品，特别是小说的结构模式、叙事机制、形式技巧的分析，呈现出科学化和系统化的特征，并开拓了文学批评、理论研究的广度和深度，从而提高了对文学作品审美特征的认识和欣赏水平。理论视野的开阔，为我们研究《红楼梦》的“写法”，即叙事是怎么打破传统的问题，找到了探求的触角和耕耘的犁头。

如果谈到《红楼梦》对传统“写法”这一命题的打破，那么首要是搞懂究竟什么是传统的“写法”，才能认识到《红楼梦》对传统的“写法”打破了哪些，叙事有什么新的特征，及其在中国叙事学上的地位和价值。

传统叙事的经典作品《三国演义》《水浒传》和《金瓶梅》，其时空表现形态虽各自不同，但都遵循着一个共同的叙事原则：故事时间和文本时间是一致的，文本形成的以主要的人物和主要的事件为枢纽来挽结和创建整体的时空结构，就是故事的时空结构。所以人们习惯分析叙事的结构方式时常常集中在时间链条上，提炼出叙事的主线和副线，而且不加区分地把叙事线索视为故事的主线和副线，形成传统线性的单一的结构方式和思维方式。这几乎是在西方叙事学没有走进中国之前，对传统“写法”的基本概括。

首先从历史小说《三国演义》叙事的结构方式来看，主要体现在两方面：一是时间线索：按照三足鼎立的形成、发展和衰亡，直至三国统一的历史进程，形成一条主线和五条副线贯穿整个叙事结构。主线是三国的形成、发展和演化；副线有五条：第一，汉朝皇室与挟天子的豪强董卓、曹操和曹丕的矛盾；第二，曹魏集团在扫荡群雄中崛起，统一北方，与孙、刘争霸；第三，孙吴集团巩固江东，鼎足一方，与曹、刘争霸；第四，刘蜀集团争夺蜀川，与曹、孙争霸；第五，司马氏集团权力膨胀，代魏灭吴，一统天下。这五条副线与主线，或是并行关系，或是交合关系，囊括了近百年三国历史的主要历史事件和历史人物。二是时间的量化：在时空交错的历史网结中，形成了以历史事件和历史人物性格有机组合的十六个单元结构。即董卓之乱（第三至九回）；豪强争霸（第十至四回）；官渡大战（第二十五至三十四回）；三顾茅庐（第三十五至三十八回）；刘备转战（第三十九至四十二回）；赤壁大战（第四十三至五十回）；三气周瑜（第五十一至五十七回）；刘备取川（第六十至六十五回）；争夺汉中（第六十六至七十三回）；关羽之死（第七十四至七十七回）；曹丕篡汉（第七十八至八十回）；夷陵大战（第八十一至八十五回）；七擒孟获（第八十六至九十回）；六出祁山（第九十一至一百零五回）；九伐中原（第一百零六至一百一十五回）；曹魏灭蜀（第一百一十六至一百一十九回）。这些单元结构长短不一，长的有十几个章回，短的也有三四个章回，但都与主线或副线丝丝相扣。由于故事时间和文本时间是一致的，《三国演义》文本结构的基本框架与历史相去不远。

《水浒传》的叙事方式不同于《三国演义》的是单元结构的组合方式。即指人物与人物之间的社会联系。大体有三种基本情况：第一，人物个性的动力化所形成的内在需求和发展而构成的人物与人物的性格结构的组合；第二，是情节发展中所展示的单个性格在社会化性格系统中的多重辐射和多级链式反应下所形成的人物之间的撞击和聚合；第三，叙事主体有意识的安排过场人物在社会化性格系统中所发挥的联系与组合。这些体现出了一个鲜明特征，这就是《水浒传》的单元结构之间的组合方式，不是线性的连接，而是一种结构的吻合和转换。由十个单元结构和众多的小单元、结合部组成的。五个人物单元结构：鲁智深、林冲、武松、宋江、卢俊义。五个事件单元结构：受招安、征辽、征田虎、征王庆、平方腊。例如：鲁智深单元结构，便是由“拳打镇关西”“大闹五台山”“大闹桃花村”“火烧瓦罐寺”“倒拔垂杨柳”“大闹野猪林”，以及第十七回“攻打二龙山”、第五十七回至五十八回的“救护桃花山”“聚义打青州”等完整的九个故事情节构成的。而小单元则是指完整的故事情节相对少的人物，像杨雄、石秀小单元，是从第四十四至四十六回由二人结拜、杨妻通奸、石秀杀嫂、奔赴梁山的故事所组成。《水浒传》这种单元结构之间的组合，是文本时间刻度自然形成了时间链条，展示了一条个人反抗→聚众造反→逼上梁山的农民革命道路，即叙事的主线。说到底故事时间和文本时间还是一致的。

《金瓶梅》的叙事结构方式也是由单元结构组合而成的，但与《水浒传》相比，单元结构之间时空跨度小，叙事主线的投影与故事发展的线索更加吻合。大致可以分为：第一至十二回西门庆与潘金莲的故事；第十三至二十一回西门庆与李瓶儿的故事；第二十二至二十六回西门庆与宋惠莲的故事；第二十七至三十二回西门庆生子加官；第三十三至三十八回西门庆结交上层官吏；第三十九至四十六回西门庆妻妾争宠；第四十七至四十九回西门庆祸福双至；第五十至五十九回潘金莲与李瓶儿争斗；第六十至六十八回李瓶儿之死；第六十九至七十九回西门庆之死；第八十回至八十九回潘死梅嫁；第九十至一百回陈经济与春梅的故事。这些单元结构的故事一直沿着三条线索交互展开，一条是西门庆的商业活动和政治活动，钱和权形成他豪侈、享乐、奸淫的基础，并贯穿他爆发和衰落的短暂的一生。这是前八十回的一条主线。辅之两条副线，一是妻妾争宠，明争暗斗直至败亡四散，另一条是陈经济的淫荡和败落，在前八十回中是一条副线，八十回以后转为主线。整部书的故事时间和文本时间也是一致的，叙事结构浑然一体，其整体性超过了《水浒传》。

传统叙事的经典作品《三国演义》《水浒传》和《金瓶梅》，其时空表现形态虽各自不同，但都遵循着一个共同的叙事原则：故事时间和文本时间是一致的，都是以主要人物和主要事件为枢纽来挽结和创建整体的时空结构，就是故事的时空结构。这可以说是对传统“写法”的基本概括。

（二）对《红楼梦》“写法”的探寻

红学研究最初把视野聚焦在“《红楼梦》的主线是什么”，这不仅是探索《红楼梦》叙事结构争论最多的一个问题，而且伴随这一视角的探索，从“《红楼梦》的主线是什么”开掘到“《红楼梦》叙事结构是什么”，视野的开阔，理论的提升，为探寻《红楼梦》叙事结构方式铺下理论的台阶。最初尽管多数学者主张用一条主线、多条副线涵盖《红楼梦》，但具体到每一位学者所概括的内涵又不尽相同。大体有如下几种代表性的说法：

1．宝、黛爱情为主线。最早提出此说的是何其芳先生，他认为："贾宝玉和林黛玉的爱情悲剧是《红楼梦》里面的中心故事，是贯穿全书的主要线索。"① 后有蒋和森先生详细阐释，他说："《红楼梦》在艺术上是采取的多线结构。它以贾宝玉作为全书的主人公，并以主人公的爱情婚姻悲剧作为贯穿全书的主要情节故事。当然，整个小说并不是仅仅沿着这条线索发展；还描写了以贾府为代表的封建四大家族的衰亡过程，其中又集中描写荣国府。不妨说，这也是贯穿全书的一条'线索'。它与前一条线索互相穿插地交织在《红楼梦》里。"②

2．四大家族衰败过程为主线。最早提出此说的是洪广思在《阶级斗争的形象历史》一书中所言，后又有学者进一步论证。如曾扬华认为："从《红楼梦》全书所反映的内容来看，足以担当得起这副担子，成为全书主线的，就只有贾府由盛到衰的过程，因为只有这个过程才能容纳得了书中已写的一切人物和事件。"③

3．两条主线说。将上述观点合二而一，力图涵盖面更大一些。他们认为一条主线是宝、黛的恋爱，另一条主线是贾府的盛衰。此说发端于北京大学中文系 55 级学生编写的《中国文学史》，再如王启忠说："《红楼梦》中的家庭衰亡和爱情与婚姻悲剧两大主线便是全书的中心事件。"④

4．贾政与宝玉的卫道与叛逆的矛盾和冲突为主线。马国权在《〈红楼梦〉的情节主线是什么？》中指出："通过以贾府为代表的四大家族的衰亡史，批判处于'运终数尽，不可挽回''末世'的封建贵族社会，并宣判它的必然死亡，

---

① 刘梦溪．红学三十年论文选编[M]．天津：百花文艺出版社，1983：589.

② 蒋和森．红楼梦的艺术特色和成就[M]//刘梦溪．红楼梦新论．哈尔滨：黑龙江人民出版社，1982：6.

③ 曾扬华．《红楼梦》艺术结构试探[M]//刘梦溪．红楼梦新论．哈尔滨：黑龙江人民出版社，1982：80.

④ 王启忠．试论红楼梦的艺术结构[M]//刘梦溪．红楼梦新论．哈尔滨：黑龙江人民出版社，1982：94.

是曹雪芹在《红楼梦》里所要表达的重大历史主题。而表现在贾政和宝玉父子间的卫道与叛逆的激烈冲突，则是曹雪芹为了表现这个重大历史主题而构思的庞大艺术结构中的情节主线。”①

5．王熙凤主线说。何宁说：“我认为以王熙凤为主人公，通过王熙凤在管理荣国府过程中和赵姨娘、邢夫人、贾琏的三组矛盾，使王熙凤由威重令行到心劳日拙到积劳以死，从而表现了这个家族的衰败，这才是《红楼梦》的主线。”②

上述各种主线论尽管内涵各不相同，但作为一种叙事方式的表述，都力图寻求、描画出情节发展时空的轨迹。在这个范式上讲，他们解读的思维方式是一致的，立足于传统的线性情节结构的分析上。因为中外古典小说的叙事形态大都是故事型的范式，遵循时空结构的线性发展基本轨道。那些杰出的作家无不在对故事层的设计和安排上呕心沥血，独出心裁，这是因为文化的积淀和审美的发展都遵循着人类认识实践的规律。美国学者浦安迪在研究中国叙事学时发现，“人们把‘事’作为中国叙事文学的分段标准，其实与西方以史诗为代表的叙事文学惯用的 topos 分段方法是一脉相承的”。③在古典文学作品的基石上发展起来的西方文艺理论探讨情节的论述，从古希腊时期的亚里士多德、18世纪的狄德罗到19世纪的黑格尔，不断地丰富和发展小说的情节理论，始终都是围绕情节的基本内容，即时代、情境和性格。马克思、恩格斯还提出了“典型环境中的典型性格”这一不朽的命题。西方文艺理论和马列文论传播到中国，成为主宰中国批评界的理论工具。我国大多数文艺理论和古典文学研究者生活在这样的文化背景下，他们自觉或不自觉地形成一种文化心理定势，围绕“《红楼梦》的主线是什么”这一课题孜孜以求，反复论证。既有其时代理论根据，又离不开个人的文化心理积淀和思维定势。

在学者们用主线、副线说解释《红楼梦》叙事结构，难以自尽其美的时候，

---

① 马国权．红楼梦情节主线是什么[M]// 刘梦溪．红楼梦新论．哈尔滨：黑龙江人民出版社，1982：31．

② 何宁．论红楼梦的主线[J]．红楼梦学刊，1983（4）：73．

③ 浦安迪．中国叙事学[M]．北京：北京大学出版社，1996：60．

并没有停止探寻的目光。李希凡、蓝翎先生看到了《红楼梦》叙事结构是以复杂的形态组合的多种叙事成分和叙事单元，又提出了“网状结构”。“《红楼梦》的故事情节有两条线索。一条主线是贾宝玉和林黛玉叛逆的性格和爱情婚姻以及生活命运的悲剧，一条副线是他们所生活的这个封建家族的日趋崩溃瓦解的形形色色。……于是，由这两条大的骨干织成的《红楼梦》的结构，像一幅庞大的网延伸开去，在广阔的社会生活的场景上勾勒出鲜丽的画图。”又强调：“所谓艺术结构，决不是简单地等于作品部分的划分和排列顺序，也不是依靠故事线条的多寡而形式主义地分成‘单线式’‘双线式’‘复合式’，持着这样的规格分析《红楼梦》的艺术结构，必然会得出驴唇不对马嘴的结论，甚至直接损害了《红楼梦》的内容。”①到了20世纪80年代初，赞同“网状结构”的学者越来越多，如薛瑞生指出：“《红楼梦》中所反映的社会矛盾错综复杂，故事线索千头万绪，绝不是这一主一副两条线索所能完全总揽的。但是，不管多么复杂与纷乱，都或直接或间接地与这两条线索发生联系。这就是由许多大的网眼再生发出许多小的网眼，人物的‘悲欢离合’，四大家族的‘兴衰际遇’，就在这大大小小的网眼中透露出了个中消息。”②“网状结构”论是在“各种主线论”基础上深化的认识，这是不言而喻的。在这个意义上讲，它反映了整整一代红学家对此孜孜以求的理论探寻。

这种“网状结构”对我们的启示有三：

第一，既不割断《红楼梦》的叙事结构同中国古典小说传统的时空线性叙事结构的血缘联系，又力求描画出它的创新之所在。因为任何事物都存在于发展的链条之中，它的身上永远都继承着传统，又吸纳变革的新因，是传统与变革新因整合的产物。传统的“写法”被打破，并不意味着与传统的决裂。所谓创新，都是在传统的那个自身系统扬弃保守的因素而以变革的因素代之。变革的内容同有价值的且保持民族文化基因的稳固因素形成整合，就是创新。变革因素与稳定因素永远处于不断地扬弃，又不断地整合之中。我们之所以强调这

① 李希凡，蓝翎．红楼梦评论集[M]．北京：人民文学出版社，1973：267，278．

② 薛瑞生．红楼采珠[M]．天津：百花文艺出版社，1986：39．

一点，是因为众多学者从“各种主线论”进而提出“网状结构”，是在努力开掘传统中变革的因素，探寻对《红楼梦》的叙事结构的准确定位。

第二，在“网状结构”的论述中，几乎所有的学者都喜欢用一个动态性的词汇描述《红楼梦》叙事结构的特征，不要小看这一字眼的使用。正是结构的动态性将导致我们认识的深化。李希凡先生比喻“《红楼梦》的结构，像一幅庞大的网延伸开去”；刘梦溪先生比喻《红楼梦》结构“仿佛无数条蜿蜒的细流织成的巨大河网，纵横交错，百面贯通”。这种不经意从笔端流淌出的字眼，正表明他们极力描绘《红楼梦》叙事结构的生命形态。也就是说它不单是个表层结构的形态，在其之内，或之间，或之外还蕴藏着一个意识世界，一个思维世界。不管是小说中的人物形象，还是作者对人生、社会以及艺术的理解，都不受时空的限制，像生命的河在流淌着，永远让人感到是个说不尽的话题。如果说“网状结构”论比之“各种主线”论更有价值，就在于它已经逼近揭示《红楼梦》结构的有限的时空形式与无限的意识世界相结合的生命过程和生命形态。

第三，“网状结构”的提法很富有中国古代文论意象叙事特色，在思辨分析和阐释方法上具有一定的直观性、具象性和虚涵性。但它毕竟不是一个严格的概念，其内涵和外延都缺乏一定的理论规范。“生活的网眼”到底指的是什么？按照传统对情节或细节的理解，很难清晰而准确地进行理性的把握。俄国文艺理论家米·巴赫金说：“我们研究长篇小说的时空关系的意义何在？首先，很明显的是它们的情节意义。它们是小说主要情节事件的有机中心。在时空关系中情节的枢纽被编织和解开。简直可以说，基本情节组成意义就属于这些枢纽。”“时空关系，作为空间的主要的时间物化对于全部小说来说是描绘具体化和体现的中心。小说全部的抽象因素——哲学和社会的概括、思想、因果分析等等——趋向时空关系并通过它获得丰满的血肉，获得艺术形象性。时空关系的造型意义正是如此。”①

直到在西方叙事学的烛照下，建构中国叙事学的今天，对这一问题的探寻，才走出了习惯的思维，转换研究视角，从而对《红楼梦》叙事结构模式的认识

① 吕同六．20世纪世界小说理论经典：下卷[M]．北京：华夏出版社，1996：185．

不断深化。

（三）《红楼梦》打破了传统的"写法"

现代小说在叙事方式上强调时间艺术的空间化，打破了传统的"时空线性"发展，创造出任意切割、组合时空，使得故事时间和叙述时间能够分离，创造了小说时间艺术的多维空间形式。《红楼梦》虽然不是现代小说，但受到明清园林艺术思维的影响，空间的横向拓展成了小说思维的重要层面，也卓越地追求时间艺术的空间化。吴士余先生在《中国小说思维的文化机制》中指出："明清时期，小说家从园林文化中接纳了创造艺术空间的思维意识，激活了审美主体思维的空间效应，逐步形成了小说形象组合的多元空间存在形态。于是，中国小说的结构美被凸显出来，小说叙事模式也由此而趋于完善和定型。"[①]我们知道，小说故事的元素是人物、情节、线索等，但如何组合，也就是结构方式，这才是创造，才能显示作家的天才。曹雪芹正是在《红楼梦》叙事结构的组合方式这一点，打破了传统。其实他在《红楼梦》开篇便讲到打破了传统的理念：

> 至于才子佳人等书，则又开口"文君"，满篇"子建"，千人一腔，千人一面，且终不能不涉淫滥，在作者不过要写出自己的两首情诗艳赋来，故假捏出男女二人名姓，又必旁添一小人拨乱其间，如戏中的小丑一般。更可厌者，"之乎者也"，非礼即文，大不近情，自相矛盾。

曹雪芹如何摒弃"千部共出一套"？看似简单，实则大问题。它触及的一个核心问题，即小说的叙事结构方式。

"结构方式"单纯从概念上很难理解得深刻。举一个小例子说明，恩格斯曾以金刚石、石墨为例，同样元素的物质，由于组合方式的不同，导致质的根本区别。金刚石、石墨都是由碳元素组合的。金刚石是天然产物中最坚硬的物质，可以镶嵌在钻探机的钻头上，还可以用在切割工具上。天然金刚石经过仔细研

---

① 吴士余．中国小说思维的文化机制[M]．上海：华东师范大学出版社，1990：176．

磨后，便是名贵的钻石。石墨是最软的矿物之一，在纸上划过，就会留下灰黑色的痕迹，铅笔芯就是用墨制成的。为什么它们有这么大的差异呢？这是因为金刚石和石墨的碳原子的排列组合方式不同的缘故。由此，也可以联想、引申、洞悉小说的叙事结构方式是何其重要！

小说中的人物和故事随着时间和空间而生存，从而形成基本的不变的“关系”，和不同时空下变化的多种多样的“关系”，因而，时间和空间不仅仅是作为元素存在，而且也是作为叙事“关系”而存在，人物性格的发展以及人与人之间的关系；事件的产生、演化，以及层次和规模；叙事形态隐含的意脉和选择的焦距，无不存在和形成各种各样的“关系”，从而建构起小说叙事形形色色的框架结构。而其中各种各样的“关系”还出现多重辐射和多级链式反应，所形成的撞击和聚合又生成不同层面的“意义”。所以说，关系出性格、出意象、出意蕴，生成小说表层的和内在的深厚的“意义”。小说家如何调动和设置叙事中的时间和空间，便是探寻小说叙事方式的核心问题。

《红楼梦》打破了传统线性单一的结构方式和思维方式，使历史、现实和梦幻混合、交织、重组，小说人物任意穿行在时间的隧道，在过去、现在和未来三维构成的立体时间体系中来来往往。“现在”不是折射过去的记忆，便是投影未来的图像，有时分不清哪些是现实，哪些是幻想，并在物理时间、心理时间、梦幻时间和神话时间里进进出出，总之，“传统”在被打破，也体现出现代小说的叙事特征，即故事时间和叙述时间分离，创造了小说时间艺术的多维空间形式。这是我们过去认识不到的层面，也正是《红楼梦》叙事“新变”的内涵。那么曹雪芹如何调动和设置叙事中的时间和空间，首先体现在结构的创立上。纵观 20 世纪《红楼梦》研究史，发现最薄弱的方面是结构研究，最值得注意的倾向是文本“碎片”研究方法。缺少整体性把握的自觉意识，这常常是解读一部大书之大忌。讲到某一个情节，某一个人物，甚至某一个细节时，津津乐道，一旦把它放到整体结构之中，视作一个有机的生命，让情节和人物在其自然的流变的定位上，就苍白无语了。所以，只有整体性的解读，才会全牛在胸，目视一端，顺着叙事肌理自如地伸张，不会让某一人物或事件孤立地出现。

吴宓（1894 ~ 1978）是 20 世纪最早从整体性角度谈《红楼梦》结构的学

者，他发表在1920年《民心周报》一文说：“凡小说中，应以一件大事为主干，为枢轴，其他情节，皆与之附丽关合，如树之有枝叶，不得凭空架放，一也；此一件大事，应逐渐酝酿蜕化，行而不滞，续不起断，终至结局，如河流之蜿蜒入海者然，二也；一切事实，应由因生果，按步登程，全在情理之中，不能无端出没，亦不可以意造作，事之重大者，尤须遥为伏线，三也；首尾前后须照应，不可有矛盾之处，四也。以上四律，《石头记》均有合。”[①]显然，这种整体性的观照视野还是从中国传统文论视角入手分析的。20世纪40年代最为人称道的当属李辰冬（1907～1983）论《红楼梦》结构，他说：“我们读《红楼梦》的人，因其结构的周密，与其错综的繁杂，好像跳入大海一般，前后左右，波浪澎湃；而且前起后拥，大浪伏小浪，小浪变大浪，也不知起于何地，止于何时，使我们兴茫茫沧海无边无际之叹！又好像入海潮正盛时的海水浴一般，每次波浪，都给我带了一种抚慰与快感；而且此浪未覆，他浪继起，使我们欲罢不能，非至筋疲力倦不已。”“这种结构，我们可名之为‘海潮式’或《红楼梦》式。”[②]李辰冬的《红楼梦》结构论，简言之，有三个特点：一是，他发表论著时，“红学几乎成了索隐派和考据派的一统天下。在这种情形之下，李辰冬是第一个接续了王国维的香火，‘以文学的立场，把小说当作专书来研究’的学者”（解玺璋语）。二是，他是站在中西方广阔视域的角度，看待《红楼梦》结构的第一人。三是，他融入了西方结构单元的研究意识，提出全书可分为六个单元结构。其中第一个单元结构就是前五回，要看到它的独特性。遗憾的是直到80年代，刘梦溪发表了《论〈红楼梦〉前五回在全书结构上的意义》，才将这一课题推向20世纪《红楼梦》研究史尚未触及的学术高度。

二、《红楼梦》叙事结构的“新变”

《红楼梦》叙事的“新变”，创立了《红楼梦》百二十回整体叙事结构是

---

① 吕启祥，林东海．红楼梦研究稀见资料汇编：上[G]．北京：人民文学出版社，2001：30．

② 吕启祥，林东海．红楼梦研究稀见资料汇编：上[G]．北京：人民文学出版社，2001：496．

一个什么形态呢？

《红楼梦》文本叙事时间与故事时间是两个层面，而且形成了互动互补、显隐相彰的动态性叙事形态，构成了巨大的潜隐结构，蕴含和诱发出无限的生命信息。这一创生点从大的框架来说集中体现在叙事结构上分为两种叙事形态：一是前五回作为《红楼梦》故事的蓝图，展示了故事时间，也就是贾府百年的兴衰，勾勒了贾府末世衰败的流程，其目的就是介绍《红楼梦》的主要人物和他们生活的典型环境。另一是文本叙事，第六回至一百二十回为《红楼梦》文本的生命历程。这是《红楼梦》叙事的主体，是一座璀灿夺目的艺术大厦，展示出活脱脱的群体人物形象的生命轨迹，包容着巨大的思想内涵。二者形成了互动互补、显隐相彰的动态性的叙事形态。可以说，深刻认识前五回的叙事特征是研究《红楼梦》叙事的“新变”的核心问题，也是关键问题。

初读《红楼梦》前五回给人的印象，从天上到人间，由梦幻到现实，既有人生悲欢离合儿女情长，又有仙姑僧道幻化玄虚；既有官场盘根错节荣损与共，又有市井细民恩怨纠葛；既有豪族百年兴衰五世而斩，又有社会底层百姓生老病死……为我们所展现的叙事形态既绚丽多姿又云遮雾障；既有精巧完整的结构又隐含着说不尽的意蕴。仿佛每个章回都看似独立，而这正是前五回叙事结构的一个特征。

《红楼梦》前五回的写法，在全书叙事结构中具有特殊意义，它不仅是悲剧故事的一个缩影和象征，而且是整个叙事形态的脉络和穴位，为潜隐结构的创立奠定了基石。贾府赫赫扬扬的崩塌过程，形形色色人物命运的走向，红楼悲剧主旋律的回旋，仿佛都将在这里生发，牵一而动百，触末而致首。对于《红楼梦》前五回叙事结构的独创性的研究，首推刘梦溪的《论〈红楼梦〉前五回在全书结构上的意义》，他说：

> 《红楼梦》前五回在全书的艺术结构中具有特殊的意义，它不仅是全部故事情节发展的一个引线，而且是整个悲剧的一个缩影，几乎所有人物和事件都在前五回里埋下了根蒂。读完前五回有读完全书的感觉。只有正确地理解前五回，才能进而理解曹雪芹和他的《红楼梦》。前五回是打开

《红楼梦》这座艺术宝库的一把方便的钥匙。[①]

此章共分八个小题，展开了论述：第一，为什么研究前五回；第二，现实主义——曹雪芹结构艺术的纲领；第三，“说起根由虽近荒唐，细谙则深有趣味”；第四，整个悲剧的一个插曲；第五，典型环境；第六，“目注此处，却不便写，却去远远处发来”；第七，“护官符”的作用；第八，梦中之梦。这八个问题概括了《红楼梦》前五回的基本内容，并提出了对前五回叙事结构特点的认识。刘先生 20 世纪 80 年代提出的见解，至今还很有启发性。因为它谈到的都是小说叙事整体性的问题，至今也没有人对这个命题进行深入的诠释。当我们站在前贤铺就的理论平台上，将理论的探头继续推向前时，会发现依然面临着许多未解的问题。

我们先具体分析一下《红楼梦》前五回的叙事特征，再来看看它在全书结构上的意义。

（一）《红楼梦》前五回“是整个悲剧的一个缩影”

故事时间是百年，像一个巨大的历史背景笼罩在文本叙事，即第六回至一百二十回《红楼梦》文本的生命历程中。作为蓝图也好，看作背景也好，它只能是相对独立的浓缩结构。相对主体叙事结构，只占二十四分之一，必然受到叙事文本短小的限制，只能建构多维的、大跨度的、浓缩的时空叙事结构。

所谓“多维的”，其叙事内容是由多种叙事成分构成的，有超现实的神话“石头”的故事和“还泪”的故事，有现实的甄士隐命运悲剧、黛玉进贾府和贾雨村乱判葫芦案的故事，此外，还有从超结构的叙事进入了现实人间主叙事，并为主叙事铺垫了潜在的文化意蕴。也就是跛足道人、赖头和尚一下子从天上来到人间，梦幻的宝玉神游太虚幻境，癞头和尚给宝钗的“金锁”、给宝玉的“玉石”，讲述的“绛珠仙草”的故事，渲染、铺垫、象征宝、黛、钗爱情婚姻背后的文化内涵，即“金玉良缘”所代表的“父母之命、媒妁之言”的封建社会习俗、

① 刘梦溪．红楼梦新论 [M]．北京：中国社会科学出版社，1982：82．

规范和礼制，“木石前盟”所代表的自由恋爱的时代的进步思潮，二者或公开或潜在之争，裹挟了贾府上至贾母、元妃、王夫人，下至晴雯、袭人等多少人物，演绎了、搭建了《红楼梦》爱情悲剧的主体叙事。而“多维的”故事时间却是模糊而零散的，“石头”“还泪”的故事都是天上的事，时间无法计算。比如甄士隐是一脚踏着仙界、一脚踩着人间的人物，从天上到地上，从仙界到人间，有些学者用考古锤敲敲打打，总想把前五回的时间考证清楚，结果事倍功半。

所谓“大跨度的”，前五回每个章回的相对独立性都很强，每一个章回都是一个独立的时空层面。展现的时空跨度也很大，形成似断而连的多层叙事结构。甄士隐的悲剧发生在姑苏（苏州）；黛玉从维扬（扬州）到京城；贾雨村走的地方更多，姑苏、维扬、京城都到过。孤立地看，甄士隐、贾雨村和冷子兴，不过是一个个穿插的故事，但由他们贯穿起的背后所蕴含的社会内容，却从不同的角度、不同的层面完成了相对独立的、多维的、大跨度的叙事时空之间的转换，最后都集中在贾府这一中轴线上，在全书叙事结构上起到特殊意义。

所谓“浓缩的”，曹雪芹发挥非凡的艺术天才，在前五回这一狭小的天地，把百年兴衰的时间之长、叙事内容之繁，浓缩在前五回这么短的篇章里。创造了三个过场人物，并借助他们完成了叙述目的。三个过场人物的性格、身世和社会经历似乎与《红楼梦》不甚相关，然而，人的生存状态是多种多样的，每个人在自己人生的领悟和选择中获得自己的生存价值，只有在个体的领悟和选择中展示共性的思想内涵，才是最真实而深刻的。甄士隐爱女丢失，房屋烧毁，下到田庄，难以安身，又加上岳父冷言冷语的嘲讽，在这种境况下他终于“觉悟”，不仅听懂了《好了歌》，而且给《好了歌》作注，表达了自己对人生的领悟。其中有着必然的世态人情的现实基础，又能诱发人们对人生价值的考问。假如没有贾雨村中进士—得官—被参—革职，而后开始新一轮的夤缘，也不会力透纸背地折射出四大家族为代表的封建上流社会。

前五回“浓缩的”的特征还表现为《红楼梦》巨大的“潜隐结构”镶嵌了“内孕”的叙事元素，蕴含和诱发出无限的生命信息，对第六回以后整个叙事形态的演进都构成了思想意蕴和性格能量的辐射性。且不说前五回聚合的人物组成群体生命形态所产生的共生效应，使主体叙事变得多么绚丽多彩，单就那镶嵌在前五回叙事故事中的《好了歌》及注、《护官符》、《红楼梦曲》以及《金陵十二钗判词》等一首首词曲就像生命的基因，不仅规定了多少青年女性人物的人生道路和命运结局，开启了人们对传统礼教、伦理、文化和习俗的认识，诱发了人们对人生、人性，以及社会潜意识的思考，再现了封建时代上流社会的政治、经济和文化形态，还蓄积了封建社会的潜意识、潜能量，包容着深厚的思想内涵。因此说营造的巨大的张力空间，才造成了大历史的语境。恰恰是前五回这种叙事，展示了社会形态的多样而统一，形成了由相对独立单元情节与整体艺术浑然相成的鲜活生命体征。

前五回看似每个章回的相对独立性很强，展现的时空跨度也很大，但这似断而连的多层的叙事领域却在意蕴上产生了一个合力，因而形散而神不散，给人一个相对独立的感觉，成为《红楼梦》“整个悲剧的一个缩影”。这不仅是形式问题，还是一个不同的意蕴范畴之间如何衔接和共生的问题。结构的美学意义就在于“关系”对“意义”的生成作用，《红楼梦》巨大而深厚的意蕴来自叙事结构经络般的“关系”中，而关系主要着眼于“故事链”的安排和设计。许多情节线索都在前五回中“埋下了根蒂”，是从前五回中抽引出来的。前五回每个故事层面都有其不同的意蕴，但前五回开拓的意蕴空间不等于各个层面的意蕴相加之和，因为构成《红楼梦》整体悲剧所承载的审美意蕴要远远超出各个层面悲剧意蕴之和。

前五回过场人物肩负着为全书主体叙事服务的功能。三个过场人物沿着“走进贾府、介绍贾府、认识贾府”这条中轴线，把典型人物分别从不同的时空，集中到贾府这一典型环境中来，也就是以百年望族的历史时空的大背景为依托，来展示典型人物和众多女儿的生命历程。比如贾雨村和冷子兴饮酒聊天，冷子兴演说了贾府的百年和现实，笔墨集中而简明地介绍了典型环境贾府。接着贾雨村从姑苏把黛玉送进了贾府；“葫芦案”正面铺叙“小门子”对权势显赫的“四大家族”的介绍，背后则是“筋骨”文字，点染了宝钗跟着母亲、哥哥“躲难”，走进了贾府，这样，《红楼梦》爱情悲剧的主体人物黛玉与宝钗都集中到了贾府。总之，“盘马弯弓总不发”，左右摇曳，铺设典型环境和典型人物等各种叙事因素，与主体叙事层面实现对接，把读者的视野引进了《红楼梦》的主叙事——

贾府故事里来，完成了作者赋予的这一叙事艺术使命。

尽管前五回对贾府的实写是粗线条的素描，对薛家、王家、史家的虚写是淡淡的线条，虚虚实实，若有若无，似断而连，但给人的审美感受却浑厚无比，于是为似断而连的大时空跨度、虚实相间的多层叙事领域，开拓了潜在结构。这是前五回叙事形态的显著特征。这恰恰是第六回以后勃勃艺术生命形态向前开拓的叙事需求。

（二）《红楼梦》前五回为全书“潜隐结构”构建了框架

杨义在《中国叙事学》提出叙事结构形态之中隐括着一个“潜隐结构”，他说：“孤立地考察它们本身，是不足以组成结构的，但是许多情节线索从这里抽引出来，而且它们之间形成某种张力，吸附整个情节向特定的方向发展。这种非结构的结构，乃是一种潜隐结构，它们相互呼应，以象征的方式赋予整个情节发展以哲学意义。”[①] 这段话所说的潜隐结构，包含三层基本意思，在《红楼梦》中都得到体现。

1．潜隐结构是两种叙事形态张力之间创生的

《红楼梦》叙事结构“新变”的特征，即前五回是一个相对独立的叙事形态。它作为《红楼梦》故事的蓝图，展现了贾府百年的兴衰，而且对于贾府的百年，采用了模糊时间的处理方法，无法细数历史的年轮。目的就是鸟瞰《红楼梦》的主要人物和他们生活的典型环境，成为笼罩《红楼梦》时空的历史文化大背景、大序幕。而从第六回开始的主体叙事结构，展示以贾府为中心的生命形态，则是另一叙事形态。《红楼梦》两种叙事形态之间所形成的各种复杂的社会的、人事的、宗法的、情感的关系，构成巨大的张力网，也就是潜隐结构。这是《红楼梦》叙事结构方式“新变”的核心内容，回答这个问题的前提是，必须把握《红楼梦》叙事结构的整体性，透视全书，清楚地掌握全书各个部分之间的叙事结构关系。中国古代文论“形”和“质”、“势”和“能”的理念最有助于全牛在胸、局部下刀来分析问题。相对来说，故事叙事时间是静态，静则表现为一

---

① 杨义．中国叙事学[M]．北京：人民出版社，1997：49．

种“形”和“质”的形态；文本叙事时间是动态，动则产生一种“势”和“能”的形态。简言之，有“形”和“质”，才能产生“势”和“能”，才能产生互动互补、显隐相彰的动态性叙事形态。

荣国府是一个“赫赫扬扬的已逾百载”的豪门之族，尽管贾府的家祠悬挂着先皇御笔的对联“勋业有光昭日月，功名无间及儿孙”，但靠皇恩祖德维系的命运，正如“落花流水春去也”。贾府的衰败史是一个浸润、蛀蚀、渐变的过程，是“君子之泽，五世而斩”的形象再现。那“落了片白茫茫大地真干净”，只不过是一个形象的比喻罢了。但是，长期以来《红楼梦》研究有一个极大的误区，就是认为贾府的主体叙事是由盛而衰，而没有认识到贾府百年由盛而衰只是前五回潜在结构所描写、介绍、叙说的内容，而第六回以后的主体叙事则是写衰败史。一般来说致误的原因，是由于只着眼秦可卿出丧的奢靡和铺张、贾元春省亲的豪华和盛大、荣国府的钟鸣鼎食、大观园的春花秋月，把表层叙事都视为贾府的盛事，是贾府的兴盛时期的再现。其实，这不过是贾府“内囊”掏空，衰败的本质被掩饰在“烈火烹油，鲜花着锦”的形态中罢了。冷子兴演说荣国府时与贾雨村的对话已将这种“形”和“质”的内涵揭示出来了。他特意指出：“如今的这宁荣两门，也都萧疏了，不比先时的光景”，“古人有云：‘百足之虫，死而不僵。’如今虽说不及先年那样兴盛，较之平常仕宦之家，到底气象不同。……如今外面的架子虽未甚倒，内囊却也尽上来了”。形似盛，质为衰。这一点在脂评中明确地表达出来了。

值得注意的是脂砚斋在写批注时，一再提醒读者记住：小说所写的荣宁两府，已是处于“末世”的封建大家族。当然绝不是泛泛之语，而是来源于对曹雪芹创作意图的深切了解。曹雪芹写《红楼梦》所要反映的就是处于“末世”的封建贵族阶级无可挽回的崩溃和灭亡。“脂评”明确指出：“作者之意，原只写末世。”这就为我们透露了小说确是写封建家族衰亡史的重要信息。凤姐判词“凡鸟偏从末世来”、探春判词“生于末世运偏消”，都点明了“末世”二字。这既是对当时整个封建社会所处历史时期的一种形象而深刻的总结，也是对贾府百年望族走向衰败的概括。理解这一点很重要，为什么这样说？因为《红楼梦》是写贾府的衰败史，不是写兴衰史，否则我们就不能正确地理解第六回以后主体叙事结构的运转、展开和整合所产生的内蕴。也就是我们所说的由“形”而“势”。一般而言，“形”与“势”总是连用，属于一个合成词，多指事物发展的态势。贾府衰败走势正是由“内囊”逐步向外，渐渐败露。

《红楼梦》所写宝玉 14 岁那年的正月十五“元妃省亲”，到宝玉 18 岁那年的冬天“贾府被抄”，仅仅过了不到 5 年。当贾政问起现有的经济情况时，“那管总的家人将近来支用簿子呈上。贾政看时，所入不敷所出，又加连年宫里花用，账上有在外浮借的也不少。再查东省地租，近年所交不及祖上一半，如今用度比祖上更加十倍。贾政不看则已，看了急得跺脚道：‘这了不得！我打量虽是琏儿管事，在家自有把持，岂知好几年头里已就寅年用了卯年的，还是这样装好看，竟把世职俸禄当作不打紧的事情，为什么不败呢！我如今要就省俭起来，已是迟了。’”（第一百六回）贾政所说的“岂知好几年头里已就寅年用了卯年的”，“好几年”虽是一个虚数，逆时而推，从“元妃省亲”的那一年算起到抄家历经了 5 年时间。而在之前，冷子兴就准确地描绘了贾府的状况：“如今外面的架子虽未甚倒，内囊却也尽上来了。”换一个角度来看，或许当年贾府的主子们还沉浸在安富尊荣、豪奢淫糜之中时，那些管家——像冷子兴的岳父周瑞掌管贾府春秋两季收地租，周瑞家的在王夫人手下管理家族内部具体事务——他们比主子还更清楚贾府的“内囊”早已尽上来了。只不过下人对主子报喜不报忧罢了。因而，当事情败露后，贾政、贾母才大为震惊，贾母感叹道：“我这几年老的不成人了，总没有问过家事。”贾政无奈地回答：

> 若老太太不问，儿子也不敢说。如今老太太既问到这里，现在琏儿也在这里，昨日儿子已查了，旧库的银子早已虚空，不但用尽，外头还有亏空。（第一百七回）

贾母听了，又急得眼泪直淌，说道：

> 怎么着，咱们家到了这个田地了么！我虽没有经过，我想起我家向日比这里还强十倍，也是摆了几年虚架子，没有出这样事，已经塌下来了，

不消一二年就完了。据你说起来，咱们竟一两年就不能支了？（第一百七回）

“虚架子”说得多么形象！一个百年望族之家，有复杂的盘根错节的社会关系，即使是“虚架子”，也要支撑一阵子。恰如冷子兴所云：“百足之虫，死而不僵。”这就是“势能”，其道理恰如三国魏国曹冏《六代论》所言：“故语曰‘百足之虫，至死不僵’，以扶之者众也。此言虽小，可以譬大。”《红楼梦》所写贾府是一个百年望族，上通皇室，下接官府，而且贾史王薛“四大家族”，联络有亲，荣损与共，形成一个贵族官僚势力网，所以有《护官符》民谣俚语流播。《红楼梦》深刻之处就在于以“百足之虫，死而不僵”之“形”，写出“君子之泽，五世而斩”之“质”。

2．《红楼梦》形成整体的“潜隐结构”

“潜隐结构”是小说时间艺术的空间化的一种境界，但每个作家的文化背景和文学修养不同，且创造“潜隐结构”的艺术手段也不同，当然，“潜隐结构”的张力大小就更不相同。《红楼梦》所形成的“潜隐结构”的张力是巨大的。

一部作品能够形成“潜隐结构”，是意蕴生成的深度和广度达到一个高水准的标志，是名著的文化特性。“它没有明确的标志或特征，那是弥漫于文本的一种气质、情绪、调子和氛围，令人陶醉，仿佛感情和生命都达到顶峰。读者一旦介入文本，就会受到一种心理撞击，产生诸如崇高、伟大、光明、悲怆、宁静、怪诞、妩媚、恐惧、悲悯等等的感受，使人彻底悟到人生深邃的哲理。它是文本读解最高层次，大略相当于内涵的‘意蕴’。黑格尔说：‘意蕴总是比直接显现的形象更为深远的一种东西。’‘显现出一种内在的生气，情感，灵魂，风骨和精神。’它是读者在感觉中获得的，纯然是一种体悟，或精神感受。”[①]当然，即使同是名著，同样具有意蕴生成的“潜隐结构”，其张力的空间程度、延伸效应也是不同的。比如《水浒传》也生成了“官逼民反”的“潜隐结构”，但它却像雾一样裹挟在作品中，使人能够意识到，甚至感觉到，却没有明显的结构性特征。而《红楼梦》却不同，其明显的结构独创性的生成点，就在于《红

① 蒋成瑀．读解学引论[M]．上海：上海文艺出版社，1998：168．

楼梦》是两种叙事形态所构成了巨大的“潜隐结构”，蕴含和诱发出无限的生命信息，而且两种叙事形态的交互、对应层面越多，“关系”就越复杂多变，“关系”越复杂多变，生成的意蕴就越丰厚绵长。总之，展示了一个多重层次、又互相融合的悲剧世界。整部《红楼梦》所描写的贾府内主子之间的嫡庶之争、婆媳之争、房族之争，主子与奴仆之间层层叠叠、尊尊卑卑、上上下下的错综关系，统治者正统的思维方式和生活方式与反叛的年轻一代的冲撞与反抗，都裹挟在大大小小的生活事件之中，表现在吃吃喝喝、生老病死、婚丧嫁娶、生儿育女之中，形成了涓涓的生活细流，汇成了“山雨欲来风满楼”之势，而贾府则被其“势”摧枯拉朽、风雨飘摇。

前五回在描写黛玉、凤姐、宝玉先后亮相这一过程中，曹雪芹采用画龙点睛式的笔法刻画了他们性格中的核心因素，为张扬他们性格的能量留下了铺张的空间，都将在第六回以后的叙事结构中让人物性格的丰富性得到充分显现，并在贾府衰败这一定势结构中开拓着他们自身的生命历程。可以说结构内含着性格的能量，性格能量又外射为结构的复杂形态和共生效应。这是《红楼梦》勃勃的群体艺术生命形态向前开拓的叙事需求，是让读者走进《红楼梦》艺术殿堂，越看越明白其博大而深厚的意义的需求。因此说前五回是全书整个叙事结构的脉络和穴位，贾府由表及里的崩塌的过程将在这里开启，形形色色人物命运的走向将在这里向着各自的方向延伸，《红楼梦》悲剧的主旋律将在这里回旋奏响。

贾府衰败的根本之因有两点：一个是经济。长期入不敷出，蛀蚀家底，日渐衰败。一个是后继人。贾府一代不如一代，一代比一代腐化堕落。不但不能继承先人的事业，就连祖宗那笔遗泽和遗产也销蚀殆尽，终归不免于灭亡。可以说贾府的百年史正是“君子之泽，五世而斩”的形象再现。这种社会现象，别说在封建时代，在任何时代都是规律，贾府只是其中一个典型罢了。

3. 许多情节线索源于“潜隐结构”

“潜隐结构”是一个张力网，“潜隐结构”制约或者牵引着情节发展的方向。许多人物的欲望、心理、情绪都是从这里生发出来的，即使人物的一颦一笑、一举一动也能勾人魂魄，令人荡气回肠，其奥妙就在这里。人物的举手投足，哪怕是下意识的动作，也能从“潜隐结构”所蕴含的历史文化意蕴中找到根据，并制约或者牵引着人物或情节发展的方向。第五十回小姐们在芦雪庭联诗，凤姐不甘寂寞，也不敢冒充内行，“你们也别笑话我，我只有一句粗话”，众人笑着让她说，她想了想，“下雪必刮北风。昨夜听见了一夜的北风，我有了一句，就是‘一夜北风紧’。可使得？”王朝闻先生对此分析：“它不只是对自然现象的一种描写，也是人物特定心情的自然流露。这‘一夜北风紧’的‘紧’字，仿佛是凤姐对于贾府形势的概括，或者说是凤姐不自觉地对贾府形势所引起的不安情绪的流露。”[①] 这句诗虽然只有五个字，但是它所展示的意蕴却是一位贾府“当家人”的潜在的思绪，随着贾府日见经济拮据，愈发显示出这句诗的穿透力。第五十五回凤姐向平儿发牢骚：“你知道我这几年生了多少省俭的法子，一家子大约也没个背地里不恨我的。我如今也是‘骑上老虎’了……家里出去的多，进来的少，凡有大小事儿，仍是照着老祖宗手里的规矩，却一年进的产业，又不及先时多……若不趁早儿料理省俭之计，再几年就都赔尽了。”可见，这个“紧”字，之所以既是贾府入不敷出、财力短缺的写照，又是凤姐日日心忧焦虑的反映，是因为有“潜隐结构”的张力弥漫在贾府这棵衰败的老树的枝枝叶叶、根根茎茎上。仿佛提供、支撑、流贯在人物性格和命运中的气血，是一个富有生命力的整体所形成的气脉、气运、气势，直接对应着意脉的流变。

三、建构《红楼梦》前五回相对独立的多维时空形态

假如把前五回比作一朵莲花，它的每个相对独立章回是一个故事，每一个故事都是花托上的一个莲花瓣，整体布局就像盛开的一朵莲花向外伸展开来。展示的中心是花蕊，花蕊就是贾府。正如戴维·米切尔森指出的：

> 空间形式的小说不是萝卜，日积月累，长得绿意流泻；确切地说，它们是由许多相似的瓣组成的桔子，它们并不四处发散，而是集中在惟一的

① 王朝闻. 论凤姐[M]. 天津：百花文艺出版社，1980：181.

主题（核）上。[1]

曹雪芹是如何建构《红楼梦》前五回相对独立的多维时空形态的呢？

《红楼梦》前五回出现统领全书的三个神话故事："石头补天""绛珠还泪""太虚幻境"和三个现实故事：甄士隐故事、黛玉进京、"葫芦案"。

当这三个神话故事和三个现实故事被组合到五个章回之中的时候，面临三个基本问题：一是采取什么方式讲述故事？二是故事与故事之间如何排列和衔接？三是每个层面的故事所产生的意蕴如何都围绕一个核心？

我们通过对《红楼梦》文本的研究，会发现曹雪芹主要是通过以下方法进行有效处理的。

（一）利用过场人物设置对话的空间场景，讲述故事，组接人物

《红楼梦》前五回，每一个章回都似独立，而且展现的时空跨度都很大。为了让我们读懂这似断而连的多层叙事领域，曹雪芹借用了三个过场人物甄士隐、贾雨村、冷子兴，他们就像"导游"，让读者跟着他们，渐渐走近贾府，看到以贾府为中心的封建上流社会形态。这正是前五回叙事结构的一个特征：三个过场人物各自发挥不同的叙事贯穿作用，组接起大跨度的多维历史时空，构成了一个浑然有机的艺术整体。

《红楼梦》前五回具体的叙事策略：

1．三个过场人物的"导游"

第一是过场人物甄士隐担负了《红楼梦》开卷第一回的"导游"，串联出过场人物贾雨村，接续他的"导游"。

第二是过场人物贾雨村担负起了第三回的"导游"，串联出过场人物冷子兴。

第三是过场人物冷子兴演说宁、荣二府的五代人和贾府百年的故事。

这些过场人物作为"导游"的故事，展现的时空跨度都很大，看似独立，

---

① 弗兰克．现代小说中的空间形式[M]．秦林芳，编译．北京：北京大学出版社，1991：142．

但都掌控在曹雪芹的总体构思之中。他们引领读者由远及近、由浅入深、由外到里，走进《红楼梦》艺术的殿堂，其实过场人物的“导游”“路线图”和“解说词”都是由曹雪芹这个叙述人安排和调度的，以此来表达他的叙事用意。正如美国学者布斯在《小说修辞学》中指出：

> 他们（小说的作者）不能说话，也就是说，不能直接说话。小说中的对话，是小说全部经验的中心，在对话中，作者的声音仍然起主导作用。①

我们再仔细注意一下“导游”说故事，都不是冗长的叙述，而是在活跃的“对话”的空间形式中完成的。

2. “对话”的空间形式：讲述和展示

“对话”的空间形式涉及叙事的两种不同方式，即讲述和展示。讲述侧重时间形态，展示侧重空间形态。小说中的人物所存在、活动和显示自己的空间，在空间因素和形态形状的具体表现中，体现出时间的因素。利用对话的空间场景讲故事，就是把展示和讲述巧妙的结合。既是作者叙事空间化的过程，也是读者感知的空间存在。米克•巴尔指出：

> 空间感知中特别包括三种感觉：视觉、听觉和触觉。所有这三者都可以导致故事中的描述。……借助这三种官能感觉，可以指明人物与空间之间的两类关系。人物位于其中的空间，或正好不位于其中的空间，可被看作为一个结构。②

《红楼梦》超时空的神话故事展示在两个神仙的对话空间场景中，由甄士隐完成了神仙世界与人间的对接。

---

① 布斯·小说修辞学[M]. 北京：北京大学出版社，1987：302.

② 巴尔. 叙事学：叙事理论导论[M]. 北京：中国社会科学出版社，1995：106.

> 却说那女娲氏炼石补天之时，于大荒山无稽崖炼成高十二丈、见方二十四丈大顽石三万六千五百零一块。那娲皇只用了三万六千五百块，单单剩了一块未用，弃在此山青埂峰下。谁知此石自经煅炼之后，灵性已通，自来自去，可大可小。因见众石俱得补天，独自己无材不得入选，遂自怨自愧，日夜悲哀。（第一回）

正当这块顽石自怨自叹之际，恰有茫茫大士、渺渺真人一僧一道两位神仙说说笑笑飘然而至。顽石听了他们的谈论，思慕世间的荣耀繁华，便恳请二仙携入红尘。于是二仙便携之幻形入世。顽石“听了”，这是从听觉落笔的。

“还泪”是第二则神话——神瑛侍者浇灌仙草，绛珠仙子以泪还情。这则故事是借茫茫大士之口说了它的前因后果：

> （神瑛侍者）看见那灵河岸上三生石畔有棵绛珠草，十分娇娜可爱，遂日以甘露灌溉，这绛珠草始得久延岁月。后来既受天地精华，复得雨露滋养，遂脱了草木之胎，幻化人形，仅仅修成女体，终日游于离恨天外，饥餐秘情果，渴饮灌愁海水。只因尚未酬报灌溉之德，故甚至五内郁结着一段缠绵不尽之意。常说：“自己受了他雨露之惠，我并无此水可还。他若下世为人，我也同去走一遭，但把我一生所有的眼泪还他，也还得过了。”（第一回）

在梦境之中的甄士隐听一僧一道讲神瑛侍者与绛珠仙草的故事，出于好奇，便上前施礼，想问个明白。那二仙笑道：“此乃元机。”甄士隐听了，便不再问，因笑道：“元机固不可泄露，但适云‘蠢物’，不知为何，或可得见否？”那僧说：“若问此物，倒有一面之缘。”说着取出递与士隐。士隐接了看时，原来是块鲜明美玉，上面字迹分明，镌着“通灵宝玉”四字，后面还有几行小字。正欲细看时，听那僧便说已到幻境，就强从手中夺了去，和那道人竟过了一座大石牌坊，上面大书四字，乃是“太虚幻境”。两边又有一副对联道：

假作真时真亦假，无为有处有还无。

将神话故事与现实生活组接到一起，这种手法在古典小说中司空见惯，但《红楼梦》前五回中的这种叙事设置却有着不同寻常的作用。如果说前两则神话故事如同话本小说“入话”的形式，那么甄士隐的故事，则开启了《红楼梦》的人间百态。

3．分层叙事，强化了叙事的空间化

《红楼梦》讲究分层叙事。前五回不断地分层把读者引向叙事结构中心，其中一个重要的过场人物是贾雨村。第二回是他展示了与故友冷子兴“邂逅”相遇的叙事情节，从而有机缘介绍了贾府。第三回是他送林黛玉到外婆家，导引视线走进了贾府。第四回是他亲自判“葫芦案”，让读者认识了贾府与上流社会。这是大的方面的分层叙事。

其次即使同一叙事情节，也要用分割场面，呈现出叙事的空间化。比如：冷子兴与贾雨村“邂逅”相遇的叙事情节，是依靠几次对话的空间场面来完成的。

对话的第一层面：说起百年望族史的贾府，贾雨村不明白为什么富贵荣华的宁、荣两府现在处于末世。冷子兴解释了其中的原因。第一，贾府子孙是靠祖宗的德泽享受荣华，而且贾府的子孙一代不如一代。第二，“如今生齿日繁，事务日盛，主仆上下，安富尊荣者尽多，运筹谋划者无一；其日用排场费用，又不能将就省俭，如今外面的架子虽未甚倒，内囊却也尽上来了”。昭示了贾府的走势。

对话的第二层面：介绍了贾府的谱系，宁、荣二公开创基业，宁、荣二府的子孙依次袭了祖上的官位，至今世袭已到了是第四代。都不是凭自己的能力通过科举求取功名，家族把承继的希望都压在了宝玉身上，可偏偏他不喜读书，实在是贵族家庭中令人悲哀的事。

对话的第三层面：冷子兴说起宝玉，专门介绍了这个一生下来就衔着一块五彩玉的公子，只爱脂粉钗环之物，说起话来更是奇怪：“女儿是水做的骨肉，男人是泥做的骨肉。我见了女儿，我便清爽；见了男子，便觉浊臭逼人。”由此引发了贾雨村一通长篇大论，天地所秉正邪二气。借贾雨村之口，明确宣示作者曹雪芹的“人物观”，其一，人与时势的关系，即“大仁者则应运而生，大恶者则应劫而生”。其二，人是气和形的合一。“形者，气所附以为凝结；气者，形所附托为运动”（吕坤语）。其三，人都秉“正邪二气”，且二者“正不容邪，邪复妒正”。这既是历史人物论，又是创作人物论。

这样层层递进，把讲述的内容分割在几次对话的场面中，强化了叙事的空间化。

（二）沿着中轴线设置故事与故事的排列和衔接

《红楼梦》前五回相对全书来说，每一回都有相对的独立性。这个特征意味着什么?

《红楼梦》前五回的结构，像中国绘画的散点透视那样，将局部连缀起来，整个空间看似一个整体，实际上局部与局部、章回与章回之间在形式上都留有空白，都有界限。章回是以时空为界限划分的形式，其中时间可以淡化和模糊处理，比如前五回的三个神话故事，你能说清是哪个时代的? 但空间却不能淡化和模糊，因为那是人物活动的场所，有故事就有空间，以致当我们一说起某个故事的时候，脑海里往往自然会闪现与故事情节不可分离的空间镜头。因此，每一章回相对于小说整体的独立性，在一定意义上讲，就是小说叙事的空间分割。小说叙事结构所依赖的和据以腾挪变化的也是空间，叙事的空间化对小说叙事结构的创建更有深刻的美学意义。

犹如我们走进故宫，别说那庞大的建筑群体有 9000 多间房屋，就是那三宫六院，走进去哪一处也令人眼花缭乱，但为什么当游览后，会对其基本的布局结构有一个清晰的印象，那就是因为它有一条南北走向的中轴线贯穿紫禁城，中间依次是太和、中和、保和三个大殿为中枢，两翼分列其他宫院。其实《红楼梦》前五回的排列和布局也是这样，也是围绕着一条中轴线而展开的。

《红楼梦》前五回三个过场人物：甄士隐、贾雨村和冷子兴，分别从不同的视角、不同的联系，完成了相对独立的、多维的、大跨度的叙事时空之间的转换，把我们的视野引进了《红楼梦》的主叙事中来——贾府的故事。具体说来，甄士隐的故事是一个凝缩的独立结构单元。先不谈其蕴含的意蕴，单就从叙事安排来看，沿着中轴线设置故事与故事的排列和衔接，如果说在贾府这条中轴线上，“冷子兴演说荣国府”是第一阶段，平面展示了贾府，那么，甄士隐的叙事功能有三：一是将神话故事与人间现实作了对接；二是导引出一个过场人物贾雨村；三是伏下一个贯穿全书的小人物香菱（卖给薛家之前叫英莲）。再如贾雨村这个过场人在前五回当中串联起几朵“花瓣”，其中有冷子兴演说荣国府、黛玉进京和乱判“葫芦案”。这几个故事出现的“顺序”并不是随意安排的，而是沿着介绍贾府、走近贾府、进入贾府这条中轴线展开的。

“黛玉进京”是第二阶段，从外向里展示贾府。黛玉进贾府的行踪，“导入”我们走进贾府。最先沿着黛玉的眼睛，看到荣国府的气势。“忽见街北蹲着两个大石狮子，三间兽头大门，门前列坐着十来个华冠丽服之人。正门却不开，只有东西两角门有人出入。正门之上有一匾，匾上大书‘敕造宁国府’五个大字。”接着，贾府的女眷都来迎接黛玉，黛玉又去拜见大舅舅贾赦、二舅舅贾政，透过黛玉的眼睛，从荣国府的外景渐进看到了内部的格局，单从贾母、贾赦、贾政、王熙凤三代四家居室的位置就可以窥见这个“钟鸣鼎食”的封建大家庭里，存在着与封建秩序极不相协调的现象。长子贾赦虽因“皇恩浩荡”而袭爵一等将军，但在家族内部却居于“必是荣府中花园隔断过来的”别室；次子贾政却居于荣府堂屋的正室，“四通八达，轩昂壮丽”，抬头就可以看见皇上亲赐“荣禧堂”横匾。“黛玉便知之方是正经正内室”。按理凤姐是贾赦和邢夫人的儿媳，理应随公婆贾赦、邢夫人住在一起，可她却住在贾政、王夫人居室之侧，成为王夫人的助手。最后，黛玉初次见到贾宝玉。

“乱判葫芦案”是第三阶段，则是从点到面展示贾府。贾府是一个点，它与薛家、王家和史家结成四大家族，是一个小面，往外与皇亲国戚，形成一个大面，也就是封建官僚社会关系网。其特征就是葫芦案中小门子所言：“一损俱损，一荣俱荣。”这种封建官僚社会关系网下，透视出社会的潜规则：讲关系，靠关系，拉关系。小门子对贾雨村所说的一番话是“讲关系”；薛蟠打死人，扬长而去，无法无天是“靠关系”；贾雨村借乱判葫芦案，向贾府这棵大树靠得更紧了，是“拉关系”。

前五回这张蓝图把大跨度的时空体现在构图上，有远景、近景和特写。远景——贾府百年的家族史；近景——贾府的典型环境和人际关系；特写——宝玉和凤姐。

（三）每个层面故事的意蕴是如何围绕一个主题核的

《红楼梦》前五回每个层面都有意蕴产生，假如能围绕一个主题核形成合力，那么我们就要搞清《红楼梦》的主题核是什么？每个层面意蕴生成的共性的东西是什么？合力指的是什么范畴？

首先，《红楼梦》的主题核是什么？这个问题太大了，也太复杂了，据《20世纪红楼梦研究综述》一书介绍，百年红学关于主题有 28 种说法之多，关于这些说法，我们这里不加以评说，但又不能绕开这个根本的大问题，因而，只能用精准而凝缩的言语涵盖它的基本范畴。[美] 浦安迪教授在北京大学讲演时指出："我们要肯定，'讲故事'是'叙事'这种文化活动的一个核心功能。古往今来的不少批评家都注意到了讲故事作为人类生活中一项必不可少的文化活动的意义，不讲故事则不成其为人。"[①] 世世代代的人们都喜欢用故事来满足自己重见历史的欲求，这种历史提供给的人生体验愈是丰富和深刻，愈是受到欢迎，中外皆然。《红楼梦》是一部意蕴博大精深的小说，而且是多层面的。美学家叶朗先生谈到《红楼梦》的意蕴时曾指出：

> 《红楼梦》意蕴的三个层面是层层递进的。《红楼梦》的人物和情节构成一个历史的、生动的、具体的社会生活画面。这是第一层。作者的审美理想要突破这个现实。这是第二层。再进一步，从根本上追问和体验人生的终极意义和价值。这是第三层。
>
> 《红楼梦》意蕴的第一个层面和第二个层面（对当时社会生活、人情世态的反映和悲剧性），都是和特定的历史时代相联系的。第三个层面也是和特定的历史时代相联系的，但又超出一定的历史时代。它写出了不同

① 浦安迪．中国叙事学 [M]．北京：北京大学出版社，1996：5．

时代的人所共有的体验和感受。这是艺术作品中带有永恒的东西。[1]

叶朗先生指出了《红楼梦》的意蕴有三个层面，其中第一个层面和第二个层面相当于叙事学讲的表层结构，“都是和特定的历史时代相联系的”。第三个层面是深层结构，即“从根本上追问和体验人生的终极意义和价值”。进而，我们需要弄明白《红楼梦》的表层结构是一种什么样的结构形态，换一句话说，只有弄明白《红楼梦》的故事是怎么讲述的，才能深入地探讨表层结构和深层结构二者之间所形成的张力，是如何生成的巨大而深厚的意蕴。这些问题，触及到了《红楼梦》叙事的根本，至今鲜有人说得明白而系统。我们只好踏着前贤的脚步破荒而进。

《红楼梦》以传神文笔刻画了在封建礼教压抑下从底层百姓到上流贵族各阶层的真实百态，以及在封建意识和反封建意识中每一个个体的人性的美丽和扭曲。甄士隐的兴衰遭际，寄托着对苦难人生、多舛命运、艰难时世的感悟，对世俗社会和世态人情的关注，对彼岸世界和人生选择的幻想。它是对历朝历代人生基本欲望的追思，也是由于社会对人性的挤压，导致心灵对无常的拷问。落叶知秋，甄士隐的故事揭示了人性的欲望和潜力，并在《红楼梦》群体人物身上裂变和演化，还揭示了人性面对自身命运的无奈，以及似乎看透无常世界的幡然警醒。这种潜意识中的无奈、惶恐和警醒，构成了《红楼梦》的主题核，并最终渗透映照在《红楼梦》主要人物——黛玉、宝玉、宝钗、凤姐、贾母身上。

其次，《红楼梦》每个层面的意蕴，不管以什么形式出现，只要与《红楼梦》的主题核相共振，就会生成共性的东西。两种不同性质的悲剧，即家族悲剧和女儿悲剧构成了《红楼梦》整体悲剧的主干，而整体悲剧所承载的意蕴要远远超出每个单一性质的悲剧。前五回两则神话故事传递出的“木石前盟”的爱情寓意，与世俗社会现实的“金玉良缘”式的婚姻潜规则具有对抗性。它像幽灵一样游荡在贾府，像潜意识一样弥漫在贾府上上下下的人们心中。如果说《红楼梦》故事像一座冰山，那么它就像冰山下面浮动、激荡的海水，越是底层，

---

① 叶朗．胸中之竹：走向现代之中国美学[M]．合肥：安徽教育出版社，1998：132．

越是能窥见林林总总人性的隐秘和心态，越是能透视贾府这“富而好礼之家”的“体仁沐德”。正如王国维所言：“金玉以之合，木石以之离，又岂有蛇蝎之人物，非常之变故，行于其间哉？不过通常之道德，通常之人情，通常之境遇为之而已。”而“通常之道德”“通常之人情”“通常之境遇”当指中国几千年来积淀而凝固下来的传统文化。这种文化以伦理为本位，以封建主义的孝道作纽带，把个人、家族、国家联系起来，除了强调个体对宗族、国家的义务，还造就了个体的逆来顺受、自我压缩，大家自觉不自觉地盲从于宗法社会的伦理道德规范，淹没了个性，充斥着奴性，丧失了与生俱有的自由、平等观念。最后那些鲜活的生命被这种文化无情地吞噬，这就是封建伦理文化的悲剧，已成为几千年来根深蒂固的超稳定的文化结构和社会心理，所以《红楼梦》中不仅仅是宝、黛爱情悲剧，女儿的悲剧，还有强悍的凤姐、柔弱的尤二姐式的悲剧。当撕开其表面柔情达理的面纱，都会在这儿找到深层的答案。《红楼梦》打破了传统“写法”，在前五回形成叙事的潜在结构，成为千古绝唱的根本。显示了对广阔社会生活的概括，显示了社会、人性、心灵三个层面的交互影响，把每一回的意蕴都延伸到了原生的社会形态，揭示不同的社会群体人生的欲望和价值。

从上面简单的勾勒，不难发现前五回作为语境结构的形态特征主要是“广度”，它像一束莲花一样，坐落的根部是贾府，从根部滋生并列的花瓣，花瓣就是一组故事。而第六回至一百二十回作为生命的历程，其形态特征主要是“深度”，人物性格的多元化渐进展开，对拓展结构的力度越来越大，意蕴也随之深化。

第五章

《红楼梦》蓝图——前五回的叙事

当你反复体味《红楼梦》前五回之后，就会越来越觉得前五回的故事，无论如何左右摇曳，叙事的聚焦都离不开《红楼梦》故事的重心——贾府。因而，贾府就成为《红楼梦》前五回故事的一条中轴线，无论是神话梦幻，还是现实描写，都是沿着这条中轴线，导引着读者由远到近、由浅入深、由外及里走进贾府。这让我们不仅看到了贵族之家繁文缛节的礼仪、钟鸣鼎食的生活、炙手可热的权势，更多的是体悟到了人生的感受、人性的内涵、生命的意义。

本章简述三个过场人物甄士隐、贾雨村和冷子兴，是如何把镜头推近贾府，把典型人物送进贾府，让读者认识贾府；点拨两个典型人物林黛玉、贾宝玉的个性和他们赖以生存的典型环境；揭开梦境、仙界等层层神秘面纱，捕捉“金陵十二钗”以及香菱、晴雯、袭人的生活道路和命运结局。

一、三个过场人物把镜头推近贾府

《红楼梦》前五回出现了三个过场人物：甄士隐、贾雨村和冷子兴。他们的性格、身世、经历各有不同，仿佛是一个个孤立的感人的故事，但由他们贯穿起的事件和人物，不仅展示了贾府这一典型环境，而且还不同程度地拓展了《红楼梦》故事的叙事内容。

（一）一脚踩着人间、一脚踏着仙界的甄士隐，拉开《红楼梦》序幕

《红楼梦》开篇写的第一个现实社会的人物，就是甄士隐。

甄士隐不是以贾府为中心的《红楼梦》悲剧故事中的人物，曹雪芹为什么要在开篇中先写到他呢？有人说，甄士隐在《红楼梦》一开篇出现，其重要的作用是导引出另外两个人物，推进叙事的进程。

甄士隐的女儿英莲。她的丢失、被卖，引发了薛蟠打死冯渊、抢走英莲的人命案，导引出《红楼梦》第四回的内容，揭开“葫芦案”社会内蕴。这是其一。英莲进了薛家以后改名为香菱，即金陵十二钗判词副册中所说的“有命无运”的悲剧女子。整个《红楼梦》里竟自始至终皆摇曳着一个极温柔轻俏的身影，从时间上说她出现在《红楼梦》主体故事之前，断断续续伴随着主体故事的演进。从空间上说她从甄家到薛家，她的命运被恣意拨弄，让她多次陷入不幸，她不仅是被封建社会黑暗势力所吞噬的悲剧人物，而且从她身上折射出贾家、薛家的衰败，可以说她是贯穿《红楼梦》故事的一条若即若离的线索。

再一条线索是甄士隐济助的贾雨村。曹雪芹对贾雨村描写，在科宦之途，中举、得官、被参、革职，并不是简单的叙说事情的联系和转换，而是借贾雨村送林黛玉进贾府之机，展示一个权奸攀附贾府重新爬上官场，徇私枉法，竭力巴结贾府；而当贾府被抄时，他马上变脸又狠狠地踹了贾府一脚。透过他，使读者更清楚地看到了封建官场的“潜规则”，看到了《红楼梦》所描写的特

定政治历史背景。

显然，甄士隐在《红楼梦》整体叙事结构中的作用是很明确的。而且他还是一个象征人物，甄家的兴衰遭际暗示了贾家的衰败。这一切都给人以命运无常、人生如梦的幻灭感和悲剧感。

1. 一头牵着仙界

《红楼梦》开卷叙说了一个石头的故事。甄士隐在梦中偶遇一僧一道，走进太虚幻境。在这场梦中，甄士隐完成了《红楼梦》前五回中所描写的神界与世俗空间的对接。甄士隐在仙界交往的这一僧一道，叙说了两个神话寓言故事。

一是石头的故事，介绍了顽石的来历，隐喻并导引出宝玉下凡历世。女娲炼石补天于大荒山，炼成顽石三万六千五百零一块，单单剩下一块未用，被弃在青埂峰下。而此石自经锻炼，灵性已通，因见众石俱得补天，独自己无材，不堪入选，遂自怨自叹，日夜悲号惭愧。一日忽见一僧一道来到峰下，坐于石边高谈阔论。先说了些神仙玄幻之事，后便说到红尘中的荣华富贵。顽石听了被打动凡心，便要求这一僧一道带他“到人间去享一享这荣华富贵”。经过苦求再三，那僧便念咒书符，大展幻术，将那大石变成一块扇坠形美玉，携入红尘，让他“到那昌明隆盛之邦，诗礼簪缨之族，花柳繁华地，温柔富贵乡去安身乐业”。

另一是赤瑕宫神瑛侍者与西方灵河岸三生石畔绛珠仙草的故事。贾宝玉的前身是神瑛侍者，林黛玉的前身是绛珠仙草修炼成的女体，因神瑛侍者曾以雨露浇灌绛珠仙草，使其得以成人。绛珠仙草决心用一世的泪水偿还神瑛侍者的浇灌之恩。让神瑛侍者与绛珠仙草下凡历世，是为了了却前世的风流情债，这便是宝玉与黛玉前世的宿缘，即“木石前盟”。

甄士隐把两个神话故事串联在一起，导引宝玉下凡历世，作为《红楼梦》的开篇。这一僧一道，不仅在百二十回《红楼梦》首尾出现，还在现实叙事中间多次亮相。既牵动着现实人物和情节的发展，又预示着玄妙的潜藏的命数。第八回宝玉去探望病中的宝钗。宝钗顺便就要看看挂在宝玉项上的“通灵宝玉”，丫头莺儿因一下看见“通灵宝玉”上有八字，随口“嘻嘻的笑道：‘我听这两句话，倒像和姑娘的项圈上的两句话是一对儿’”。宝玉听了，非要看宝钗金锁上的那八个字，“也念了两遍，又念自己的两遍，因笑问：‘姐姐，这八个字倒和我的是一对儿。'"（第八回）宝钗金锁上的八个字也是"一僧一道"给的，并嘱咐："等日后有玉的方可结为婚姻。"在不经意的叙事中含蓄点破了"金玉良缘"。从此以宝玉与宝钗的"金玉良缘"、宝玉与黛玉的"木石前盟"为标志的爱情故事就交错地展开了。

说到这里，我们才更清楚，《红楼梦》开篇的两个神话寓言故事的蕴意，象征的是一种封建社会无形的潜意识——生死有命，富贵在天，时时笼罩着《红楼梦》故事中的人物。"金玉良缘"代表了在封建时代长期的历史文化积淀中而形成的婚姻观念、习俗、定势和传统，概括地说，就是门当户对的潜意识、潜规则，构成"父母之命、媒妁之言"的基础。这种社会意识作为历史文化的沉淀物，已经成为特定的社会遗传图式代代相习，辈辈相传，形成人们潜在的信仰和盲从，甚至成为一种强制的社会舆论，制约着人们的行为、观念、意识。反抗这种社会潜意识和潜规则往往要付出沉重的代价，甚至是生命。中国文学史上出现的《西厢记》《牡丹亭》，创造了崔莺莺、杜丽娘的形象，敢于冲破传统婚姻的束缚，争取自主婚姻。相国小姐莺莺从小就处在"非礼勿视，非礼勿听，非礼勿言，非礼勿动"的礼教约束中，当她和张生一见钟情，便受到母亲的阻挠，理由就是其父生前已为她定下了婚姻。莺莺为自主婚姻进行了顽强的抗争。杜丽娘处在比莺莺更为森严的礼教管束下，整天不下绣楼、不出书房。一次偷偷到后花园，大自然的春色唤起青春的萌动，梦中偶遇情人，以至相思成疾，一病而逝。杜丽娘的执着精神感动了花神、判官、夜叉，在他们的帮助下，死而复生，终于与情人结为连理。这两部剧曾拨动了多少青年男女的心弦，令人荡气回肠。即使在《红楼梦》中，曹雪芹也写了"西厢记妙词通戏语　牡丹亭艳曲警芳心"这一华章，描述了《西厢记》《牡丹亭》对宝玉、黛玉萌动爱情的感染，以至心动神摇。为什么能"心有灵犀一点通"？因为他们，尤其是女子的命运完全操纵在封建家长的手中。冲破传统封建包办婚姻的束缚，成为人性的欲求，天然的期盼。

"金玉良缘"和"木石前盟"隐喻了爱情与婚姻两种文化观念的对抗，但它在《红楼梦》中是一种潜在的、隐秘的社会心理，不知不觉地、如影随形地贯穿在宝、黛、钗的爱情和婚姻的纠葛之中。"都道是金玉良缘，俺只念木石前盟。”“一个是阆苑仙葩，一个是美玉无瑕。若说没奇缘，今生偏又遇着他；若说有奇缘，如何心事终虚化？一个枉自嗟呀，一个空劳牵挂。一个是水中月，一个是镜中花。想眼中能有多少泪珠儿，怎经得秋流到冬尽，春流到夏！”形成了《红楼梦》爱情婚姻悲剧的主旋律。

2．一脚踏着人间

甄士隐是封建社会的一个望族地主，“每日只以观花种竹，酌酒吟诗为乐，倒是神仙一流人物”，可他接连几遭大故。第一回中甄士隐丢失唯一的爱女，葫芦庙着火把他的房屋“烧成一片瓦砾场”。只得到“田庄上去安身。偏值近年水旱不收，鼠盗蜂起，无非抢田夺地，鼠窃狗偷，民不安生，因此官兵剿捕，难以安身。士隐只得将田庄都折变了，便携了妻子与两个丫鬟投他岳丈家去”，岳父封肃“今见女婿这等狼狈而来，心中便有些不乐。幸而士隐还有折变田地的银子未曾用完……那封肃便半哄半赚，些须与他些薄田朽屋。士隐乃读书之人，不惯生理稼穑等事，勉强支持了一二年，越觉穷了下去”。岳父冷言冷语“怨他们不善过活，只一味好吃懒作等语”，甄士隐“心中未免悔恨，再兼上年惊唬，急忿怨痛，已有积伤，暮年之人，贫病交攻，竟渐渐的露出那下世的光景来”。走到这步境地的他，看破红尘，又受到《好了歌》的启发，才“觉悟”出家。

甄士隐的性格、身世和经历，似乎与《红楼梦》的故事不甚相关。但细细地体味，他贯穿起了叙事时空之间的转换，把我们的视野引入到蕴含深意的社会内容中时，就不仅仅是单纯地发挥他作为一个过场人物在叙事结构中的功能作用，而是在他生命体验的过程里，凝缩了对广阔社会生活的概括，展述了对历史背景的雪藏，还原了一种原生的社会形态。人的生存状态是多种多样的，每个人都是在自己的领悟和选择中获得自己的生存价值的，只有在个体的领悟和选择中展示共性的思想内涵，才是真实而深刻的。

甄士隐与一僧一道的交往在《红楼梦》开篇一共出现三次，一次是甄士隐在梦中，一次是他在梦后，一次是他在“贫病交攻”之时。可以说甄士隐是在经济破产之后，精神陷入崩溃的悲剧历程中，脱俗人间，靠近仙界，这是一个“彻悟”的过程：他先是思脱“沉沦之苦”；继而得知自己是属于“有命无运”那一类人。因为他“彻悟”了，所以才能把一生的生命体验凝聚在《好了歌》

的注里。甄士隐“可巧这日拄了拐杖挣挫到街前散散心时，忽见那边来了一个跛足道人，疯癫落脱，麻屣鹑衣，口内念着几句言词，道是：

世人都晓神仙好，惟有功名忘不了！
古今将相在何方？荒冢一堆草没了。

世人都晓神仙好，只有金银忘不了！
终朝只恨聚无多，及到多时眼闭了。

世人都晓神仙好，只有姣妻忘不了！
君生日日说恩情，君死又随人去了。

世人都晓神仙好，只有儿孙忘不了！
痴心父母古来多，孝顺儿孙谁见了？”

甄士隐的悲剧在封建社会是司空见惯的。跛足道人对甄士隐讲《好了歌》，里面所提到的功名、金银、娇妻、儿孙这四项是世俗社会人生的追求，是普世价值的显现。所以《好了歌》不是某一个人的人生体验，也并非仅为了抒发个人的悲苦情怀。它跨越了时空，笼括了过去、现在和未来，它所作出的概括，是对现实的警示、人生的点悟。特别是甄士隐精神的崩溃，更能深刻地揭示封建意识形态及上层建筑，这就从根本上为《红楼梦》定下了悲剧基调。假如没有甄士隐个人悲剧的经历和生命体验，那么就不会透过一个甄士隐，让我们看到千千万万的甄士隐。看不透世态人情的现实基础，就难以诱发我们深入地对人生价值进行思考。

（1）对人生生命体验的高度概括

生而为人，其需之多几乎不可穷尽，但人生最基本、最重要的就是孟子所说的：“食色，性也”，“饮食男女，人之大欲存矣”。世上芸芸众生，为了维持温饱，为了养儿育女，穷年累月，日出而作，日落而息。因而，他们羡慕神仙的自由逍遥，衣食无忧，生存超凡。所谓“世人都晓神仙好”的“好”，是世俗之人理解和接受的“好”。至于跛足道人所说的“好”，与尘世“功名”“金银”“娇妻”“儿孙”是无缘的，甚至是完全相悖的。至于“了”，应是指对世俗情欲和情缘的了断，勘破外在的与内在的业执，是一种精神的超越，是一种个体生命超凡的自由。显然，这在世俗社会很难实现。“未了”则是普遍的社会现象。有人虽然拥有豪宅、田园、金银、珠宝、权位、名誉、娇妻、美妾、子孙等，但他们还想拥有更多更好。传统的中国社会几乎都是围着这个轴心运转的，这是一个没有穷尽的追求。读书人寒窗数十年，有几个不是为了功名？一旦功名加身，又有几个不忙着争攀官场，追名逐利？功名也好，金银也好，娇妻也好，都与家庭紧紧联系在一起。传统社会人生最大的事情是成家立业，最大的欢乐是阖家团圆，最要紧的事是养儿育女。只有这样才能传宗接代，血脉延伸。说到底争功名、聚金银、娶娇妻都是为儿孙，活着时候养老防老，死了以后有人祭祀，因此家庭是《好了歌》所讲的核心。

（2）“金银”是其他“忘不了”的基础

四个“忘不了”，其中“金银忘不了”，是其他“忘不了”的基础，有了“金银”就会有一切；没有“金银”，就会丧失一切。金银是衡量一个家族或者一个人社会地位的坐标。《护官符》说到贾、史、王、薛四大家族的权势，巧妙的用“白玉”“珍珠”同“金”并列，来显示他们的豪奢巨富。正是有了这样雄厚的金银家底，才使他们成为赫赫扬扬的百年望族；相反也正是由于金钱挥霍，入不敷出，家底掏空，才使这些不可一世的家族败落下来。《红楼梦》描写以贾府为叙事中心的四大家族逐渐走向衰败，就揭示了这一根本原因。何况，人们社会行为的最深层的根源也在于金银，四大家族“联络有亲，荣损与共”，其采取的任何方式，归根到底都是金银在起作用。

（3）“好便是了，了便是好”的辩证玄机

跛足道人念完了《好了歌》，甄士隐听了，便迎上来道：“你满口说些什么？只听见些‘好’‘了’‘好’‘了’。”那道人笑道：“你若果听见‘好’‘了’二字，还算你明白。可知世上万般，好便是了，了便是好。若不了，便不好；若要好，须是了。我这歌儿，便名《好了歌》。”士隐本是有宿慧的，一闻此言，心中早已彻悟。因笑道：“且住！待我将你这《好了歌》解注出来何如？”道人笑道：“你解，你解。”（第一回）士隐乃说道：

陋室空堂（衰），当年笏满床（兴）。
衰草枯杨（衰），曾为歌舞场（兴）。
蛛丝儿结满雕梁（枯），
绿纱今又在蓬窗上（荣）。
说甚么脂正浓、粉正香（荣），
如何两鬓又成霜（枯）？
昨日黄土陇头埋白骨（枯），
今宵红绡帐底卧鸳鸯（荣）。
金满箱，银满箱（兴）
转眼乞丐人皆谤（衰）。
正叹他人命不长，那知自己归来丧。
训有方，保不定日后作强梁。
择膏粱，谁承望流落在烟花巷。
因嫌纱帽小，致使锁枷扛。
昨怜破袄寒，今嫌紫蟒长。
乱烘烘你方唱罢我登场，
反认他乡是故乡。
甚荒唐，到头来都是为他人作嫁衣裳！

好与坏是有形的现象，兴和荣是好的现象，衰和枯是坏的现象，都是过程中的某一阶段。不仅处于相对的形态，而且不断地转化。其分界便是“了”。表现为“好”，都只是过程的一个阶段。当这个阶段结束，即“了”。在这个意义上说“好便是了”。倘若事情继续发展，过程的“好”便走向了自己的反面，“若不了，便不好”。意味着好向坏、兴向衰、荣向枯的转化。当然这转化是有条件的。甄士隐领悟了，为《好了歌》作“注”，以兴衰荣枯的社会现象，向人们形象地解释了好坏之间的转化。

"因嫌纱帽小，致使锁枷杠。"只这一句就把"若不了，便不好"的转化因果揭示得入木三分。封建上流社会的人们为升官，费尽心机，要么踩着别人往上爬；要么结党营私，互相帮衬；要么说尽好话假话，巴结上司。一旦爬上高位，还要为保住这个位子去争斗，要为当更大的官去奋争，一生没有消停的时候。秦朝宰相李斯临被腰斩时才明白过来，"顾谓其中子曰：'吾欲与若复牵黄犬俱出上蔡东门逐狡兔，岂可得乎！'遂父子相哭，而夷三族"。虽然《好了歌》给后人留下悲怆凄凉的警示，但后人依旧"乱烘烘你方唱罢我登场"。其实，甄士隐资助的贾雨村就是"因嫌纱帽小，致使锁枷杠"的典型。

3. 甄士隐悲剧是贾府衰败史的象征

甄士隐这样一个悲剧人物放在《红楼梦》的开篇，大有象征意义。

> 不出荣国大族，先写乡宦小家。从小至大，是此书章法。①

曹雪芹常常借一个意象寄托更深厚的社会内容。甄（真）家的悲剧象征了贾（假）府的衰败。甄士隐在开篇出家，贾宝玉在篇末出家，真亦假，假亦真。

甄士隐逍遥自在，不求功名，乐于助人。中秋佳节他想的不是自己一家人共赏明月，而是到葫芦庙去，把落魄潦倒的贾雨村请来，共度团圆之节。贾雨村欲进京考取功名，甄士隐想帮助他，又恐伤了他的自尊心，一直在寻适当的机会，直到贾雨村说出了自己的窘况后，甄士隐才实现了自己解囊相助的心愿，助其进京赶考。这样的人既不结怨于他人，又不给他人带来任何的不幸，但是社会却并不因他有美好的品质而给予他好的报应。社会的混乱、动荡和黑暗夺去了他的女儿，烧毁了他的房子，抢走了他的田庄，打破了他平静的生活。后来又遭到岳父骗银、羞辱，使得甄士隐贫病交加，想苟且偷生都不能。

像甄士隐这样一个善良的人物被毁灭，比一个反抗者的被毁灭更具有典型意义。因为他是"顺民"，社会的黑暗压榨使他不能生存，这深刻地揭露了封建末世农村经济凋蔽、衰败的社会现实。甄士隐代表了早凋的黄叶，一片黄叶

---

① 吴铭恩. 红楼梦脂评汇校本[M]. 沈阳：万卷出版公司，2013：8.

摇落飘零，不会引起人们的察觉。但它所蕴含的自然规律，已潜在地预示着当树树秋声、山山寒色的时候，“觉人间，万事到秋来，都摇落”，处在封建末世的贾府必然笼罩在衰落的悲凉之气中。

一头牵着仙界、一脚踏着人间的甄士隐人生经验最后的升华，体现在他为《好了歌》作的“注”上，不仅对其自身，而且是对历朝历代的人们的思想和行为进行了过滤，最后积淀成一首“人生之歌”。这可以视作贾府衰败史的“文眼”。

“到头来，都是为他人作嫁衣裳”，“只有儿孙忘不了。”这简单的话语是对传统家族血源谱系的形象概括，是中国宗法社会的历史积淀的聚焦。曹雪芹以传神的文笔，描写了“孝顺儿孙谁见了”？贾府从第三代开始堕落，贾赦老而好色，贪婪无比。第四代贾珍、贾琏、贾瑞等都是荒淫无耻之徒。到了第五代的“草”字辈，比起他们的父辈来更甚，充满了兽欲和荒唐。

从枝枝叶叶伸展开来，写了老树千枝的贾氏家族种的蕃衍、糜烂和溃败；从一呼一吸穿透出去，写了一源万脉的家族派系的残暴、贪婪和争斗；从一生一死铺展过去，写了这个以血族关系为基础的社会结构里，新的人、新的成分的出现、抗争，以及与旧的礼教、宗法、权势的不相容。

在《红楼梦》叙事结构中这种描写无处不在，无处不有，像日出日落、寒来暑往，在自然有序的流逝中，显现了贾府的衰败，“无可奈何花落去”。

（二）冷子兴对贾府百年底里“门儿清”

冷子兴是《红楼梦》前五回的一个过场人物。《红楼梦》第二回目赫然写道：“冷子兴演说荣国府。”冷子兴何许人？他为何对贾府百年的底里如此“门儿清”？

1. 冷子兴何许人也

冷子兴在全书中除第二回“演说”外，仅在第三回、第七回从侧面简单写了两笔。曹雪芹虽然对他刻画的笔墨不多，但在读者的脑海中已经活现出一个精明事故、人情练达的形象。

冷子兴在《红楼梦》中是这样出场的：

（贾雨村）意欲到那村肆中沽饮三杯，以助野趣，于是移步行来。刚入肆门，只见座上吃酒之客有一人，起身大笑，接了出来，口内说："奇遇，奇遇。"雨村忙看时，此人是都中在古董行中贸易姓冷号子兴的，旧日在都相识。雨村最赞这冷子兴是个有作为大本领的人，这子兴又借雨村斯文之名，故二人最相投契。（第二回）

可见冷子兴与贾雨村脾味相投，都是场面上的人。冷子兴为何对贾府百年的底里那么"门儿清"，这个答案在《红楼梦》第七回作了披露。

第七回由冷子兴的妻子——周瑞的女儿出场，托母亲求情："实对你老人家说：你女婿前儿因多喝了点子酒，和人分争起来，不知怎的被人放了把邪火，说他来历不明，告到衙门里，要递解还乡。所以我来和你老人家商量商量，讨个情分，不知求那个可以了事呢？"话说得含混不清，又要掩盖着冷子兴屈理，又要借势压人。周瑞家的听了道："我就知道，这算什么大事，忙的这么着。"那周瑞家的只不过是贾府的一个仆人，她就这么胸有城府，连惊动官府的事也不放在眼里？

周瑞家的是王夫人的陪房。所谓"陪房"，就是王夫人当年出嫁时，随嫁而来的婢女，后来成为周瑞的老婆，俗称周瑞家的。眼下在王夫人手下管事，可以说是高级女仆。她的丈夫周瑞在贾府管春秋两季收地租的事物，闲时带小爷们出门，也是一个有头有脸的仆人。王夫人和她的内侄女王熙凤又把持着荣国府的家政大权，主子有地位，他们依仗王家的权势，奴仆也靠着主子的地位"显摆""弄权"。第七回不经意处点破了这一点：

原来周瑞的女婿，便是雨村的好友冷子兴，近日因卖古董，和人打官司，故叫女人来讨情。周瑞家的仗着主子的势，把这些事也不放在心上，晚上只求求凤姐便完了。（第七回）

《红楼梦》这个小细节几乎被人所忽略，可它却真实地披露了当时的社会现实。你看，冷子兴靠关系，周瑞家的靠面子，王熙凤靠权势，通过人情、面子、关系，构成传统社会中国人的一种重要的社会心理和社会行为模式。曹雪芹对传统的人情面子作了精致的描绘，寥寥几笔，透人心腑。虽然人们对此司空见惯，甚至麻木不仁，但它一直对中国人的政治、经济、教育，乃至日常生活的方方面面都产生了极大的影响，甚至起到了决定性的作用。所以曹雪芹才用辛辣而幽默的语言概括为："世事洞明皆学问，人情练达即文章。"这可以说是中华民族古老而永恒的话题。

刘再复先生称"冷子兴是现实中人，他作的是具体的现实的观察"。别忘了在清代王公贵族之门，遭受抄家者甚多，经常出售大宗文物。那些古董商闻风而钻营，也逐渐从中了解一些朝廷的政治风向、王朝的宗族派系。像冷子兴这样一个古董商，又确实是有本事的人，大概对上流社会的底里知道不少，世故老到，见解敏锐，看问题非同一般。再加上有其岳母与王夫人这层特殊的关系，所以他对贾府的底里"门儿清"，在朋友贾雨村面前不仅介绍了显赫的贾府的谱系关系，还谈出对贾府衰败走势的个人看法。这就不是那种单纯靠"关系"作为谈资，传播"内部消息"的市侩了。总之，他谙熟人情、面子、关系这一传统社会心理和社会行为模式的运作。因为传统社会在操作层面是人治型的统治，人情、面子、关系不但是最基本的手段，而且是其内在的本质。

2. 冷子兴叙说贾府的谱系

《红楼梦》这部巨著，人物出现了400多个，浓彩重笔刻画的也有几十人，而且形成了几个系列。"前五回"着意介绍的是两个人物系列，其中就有借冷子兴的嘴，介绍的贾府谱系的基本成员，使读者一开始便对贾府人物的框架有一个粗略的了解。

(1) 贾府五代男性主人公谱系

贾府坐落在京城的一条大街上，门前蹲着两个大石狮子，还有十几个颐指气使的把门人，正门上面有一块横匾，"敕造宁国府"几个大字。所谓"敕造"，就是皇上下旨，给某个王公贵族建造府第，你说这贾府是何等的荣耀，何等的气势，何等的豪横！贾府是两座庞大的府第，临街而立，分别住着兄弟两个支脉，老大宁国府、老二荣国府，在风雨吹打下已历百年。《红楼梦》的故事就发生在这里。

第一代贾演（宁国公）、贾源（荣国公）属水字辈。水乃万物之源，生命之源，曹雪芹以水喻创业的一代。他们当年起兵勤王，是靠着打天下取得爵位的，他们九死一生、功勋卓著，被皇帝封为宁国公、荣国公。“公”是清代非宗室最高的封爵世职，并且可以世代相袭。

第七回写焦大骂主时，从尤氏嘴里透出一点久远的信息：“他从小儿跟着太爷出过三四回兵，从死人堆里把太爷背出来了，才得了命；自己挨着饿，却偷了东西给主子吃；两日没水，得了半碗水，给主子喝，他自己喝马溺。不过仗着这些功劳情分，有祖宗时，都另眼相待，如今谁肯难为他？”

第二代贾代化（宁国府）、贾代善（荣国府）属人字辈。他们以人待守成，是守业的一代。宁国公死后，贾代化袭了官。他死了，儿子贾敬袭了官；荣国公死后，长子贾代善袭了官，娶的也是金陵世勋史侯家的小姐为妻，生了两个儿子，即长子贾赦，次子贾政。如今贾代善早已去世，太夫人尚在，也就是贾母，是《红楼梦》中出现的最高的长者。这第二代人虽然平庸无奇，但毕竟把家业顺顺当当传了下来。

第三代贾敬（宁国府），贾赦、贾政（荣国府）名字都是反文旁，反其道而行之，是分化的一代。宁国府的贾敬袭了官，如今一味好道，烧丹炼汞，别的都不在心上。荣国府长子贾赦袭着官，好色贪财，连贾母都看他不上眼。“次子贾政，自幼酷喜读书，为人端方正直。祖父钟爱，原要他从科甲出身，不料代善临终遗本一上，皇上怜念先臣，即叫长子袭官，又问还有几个儿子，立刻引见，又将这政老爷赐了个额外主事职衔，叫他入部习学，如今现已升了员外郎”，是一个道貌岸然、不通世务的庸吏。

第四代玉字辈，名字是玉字旁，反讽金玉其内，败絮其外，都是纨绔子弟。宁国府的贾敬一心想当神仙，把官倒让贾珍袭了……“这珍爷那里干正事，只一味高乐不了，把那宁国府竟翻了过来了，也没有敢来管他的人。”（第二回）荣国府的贾琏、贾环也都是声色犬马之徒。

第五代是荒淫无耻的一代，名字都有草字头，无根之流，随风逐浪。诸如贾蓉、贾蔷、贾芸之流。这一代与上一辈相比，特点更显著，有钱、有闲、有相貌。专事女人，吃喝嫖赌，无所不为，肆无忌惮，是没落的一代。宝玉是一个另类，放在后面，单独再讲。

贾府五代人中的第一代、第二代男性在《红楼梦》中都没有出现，只是由冷子兴简单介绍，让人们知道这是百年望族，已历五世。

（2）贾府的格局：荣府为主，宁府为副

刚才我们说到宁国府是老大，因而宁国府的家长就成了贾府一族的族长。供奉贾府的祖先的祠堂也就设在宁国府。而担任族长的贾珍是第四代，他比贾母小两辈，比贾母的两个儿子贾赦、贾政还小一辈，还不到40岁，当然管不了荣国府的事。两府是各吃各的饭，各吹各的调。《红楼梦》前五回对宁国府的贾珍和妻子尤氏，儿子贾蓉和儿媳秦可卿，以及妹妹惜春，都是一般性的介绍。

《红楼梦》从第六回开始，进入故事的主体，宁国府、荣国府的人发展脉络是互相裹挟、互为影响地开拓着自己生命的历程。而其中主体故事大部分发生在荣国府。

（3）荣国府的格局：长房失宠，二房得势

荣国府的房族有两支：贾赦 × 邢夫人——贾琏 × 王熙凤

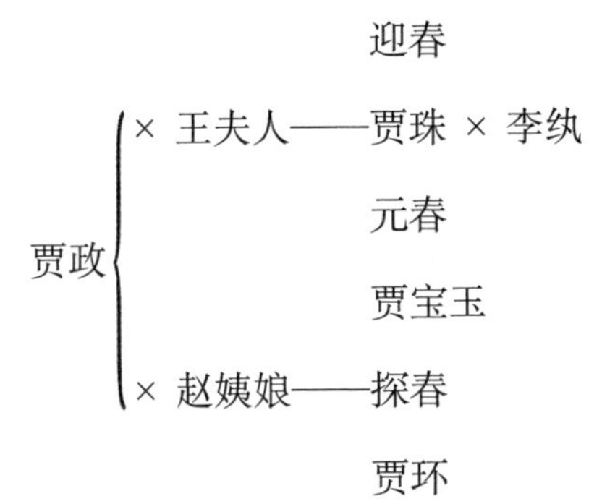

荣国府这两支房族在执掌家政大权的争夺中分成了两个派别，一是以贾赦、邢夫人为首的，由于赵姨娘嫉恨王夫人，所以时时处处站在贾赦这一方。而另一派是以贾政、王夫人为首的。贾母明显偏爱贾政一房，让二儿子贾政掌管家政。由于贾政不大理家务，全靠王夫人，而王夫人身子骨又不太硬朗，料理这一大家子的事情，心有余而力不足，就需要一个贴己的助手，不用说只有自己的内侄女凤姐最合适。凤姐虽说是长房贾赦的儿媳妇，但毕竟是王夫人的娘家人。在贾母的支持下，王夫人和凤姐姑侄俩就掌握了荣国府的家政大权。贾赦与邢夫人虽是长房却失宠了，除却邢夫人出身低微，娘家没有势力之外，更有贾赦一味贪财好色，邢夫人懦愚贪苛，这是贾母厌烦贾赦夫妇的原因。

3. 贾府的势——百足之虫，死而不僵

荣国府是一个“赫赫扬扬的已逾百载”的豪门之族，尽管贾府的家祠悬挂着先皇御笔的对联“勋业有光昭日月，功名无间及儿孙”，但靠皇恩祖德维系的命运，正“落花流水春去也”。这就是贾府的“势”。

关于“势”，最早是老子提出的：“道生之，德蓄之，物形之，势成之。”很抽象。《孙子兵法》作了比喻：“如转圆石于千仞之山者，势也。”而最祥切解释的是清代的哲学家王夫之，他说：“凡言势者，皆顺而不逆之谓也，从高趋卑，从大包小，不容违阻之谓也。”在他看来，由高到低的位置不同、从大到小的体积不同的变动趋势，就是势。贾府的“势”，冷子兴用了一个成语“百足之虫，死而不僵”来概括，是再准确不过了。贾府的衰败史是一个浸润、蛀蚀、渐变的过程，那“落了片白茫茫大地真干净”，只不过是一个形象的比喻罢了。这正是“君子之泽，五世而斩”的形象再现。贾母把这种状况称作“虚架子”。

“虚架子”说得多么形象。一个百年望族之家，有复杂的盘根错节的社会关系，即使是“虚架子”，也要支撑一阵子。“百足之虫，至死不僵，扶之者众也”，就是这个道理。《红楼梦》深刻之处就在于，它以“百足之虫，死而不僵”的形式，写出“君了之泽，五世而斩”的本质。那么这就为这部大书的内容定下了一个基调：末世。这既是对当时整个封建社会所处历史时期的一种形象而深刻的总结，也是对小说所写贾府的最鲜明的时代特点的概括。理解这一点很重要，《红楼梦》是写贾府的衰败史，不是写兴衰史，否则我们就不能正确地理解第六回以后主体叙事结构的运转、展开和整合，以及由此所产生的内蕴。

4. 冷子兴是“旁观”贾府衰败的“冷眼人”

《红楼梦》脂评本“冷子兴演说荣国府”这一回有首回前诗：

一局输赢料不真，香销茶尽尚逡巡。

欲知目下兴衰兆，须问旁观冷眼人。

冷子兴便是“旁观”贾府衰败的“冷眼人”，他在《红楼梦》主故事中究竟有什么作用呢?

一是鸟瞰贾府。《红楼梦》主故事重心是贾府，而贾府的历史背景跨越了百年，写出五代人复杂的姻亲关系；写了二三十个主子与几百个奴仆错综的上下关系；写出贾府与上至皇宫、下至优伶的层层的社会关系，人事纷杂，头绪繁冗。还人物所生活的具体生活环境和特定的社会环境里，思想情感和性格特征潜移默化的种种形态。那么，曹雪芹就要首先在这部大书的前面，给读者一个总的介绍。其次，还要选择一个视角，让读者能够鸟瞰贾府的全貌，于是就选择了过场人物冷子兴。而这个使命落到他的身上，正是曹雪芹精心的安排。正如脂砚斋所说：

> 其演说荣府一篇者，盖因族大人多，若从作者笔下一一叙出，尽一二回不能得明，则成何文字？故借用冷子兴一人，略出其大半，使阅者心中已有一荣府隐隐在心。然后用黛玉、宝钗等两三次皴染，则耀然于心中、眼中矣。此即画家三染法也。

二是以小见大。冷子兴演说荣国府，从中阐述的道理，是历史发展的一条基本规律。孟子说：“君子之泽，五世而斩。”俗语说：“穷不过三辈，富不过五代。”意思都是一样，伴随社会的发展，权力和财富都在不断地再分配，谁也阻挡不了。这种现象在封建时代屡见不鲜，贾府只是其中一个典型罢了。清朝“二知道人”感慨：

> 太史公纪三十世家，曹雪芹只纪一世家。太史公之书高文典册，曹雪芹之书假语村言，不逮古人远矣。然雪芹纪一世家，能包括百千世家。①

三是一语中的。冷子兴充当“旁观”贾府衰败的“冷眼人”，把贾府五代

---

① 一粟. 红楼梦卷：第一册 [M]. 北京：中华书局，1963：102.

世系讲得繁简适宜，脉络清晰，但不是泛泛介绍，而是很有个性，道出了自己的看法："谁知这样钟鸣鼎食之家，翰墨诗书之族，如今的儿孙，竟一代不如一代了！"从这一点，可以看出冷子兴所叙，不仅仅是贾府的历史客观形态，而且是贾府历史被他主观透视后，所作出的判断。这一点很了不起，这是"冷眼人"的深刻之处，能够透过现象看到本质，认清规律性的东西。像贾府这样的百年望族的衰败，不会像平常仕宦之家甄士隐那样，只遭受几起大祸，便一蹶不振。"金满箱，银满箱，展眼乞丐人皆谤。"而贾府的衰败却恰恰相反，似"百足之虫，死而不僵"。贾府衰败有一个积聚渐变的过程，这又常常不易被人所察觉。即使像贾雨村这样见过世面的人，倘若不深入贾府的内部，只是"从他老宅门前经过"，"隔着围墙一望，里面厅殿楼阁，也还都峥嵘轩峻"，望望"花园子里面树木山石，也还都有蓊蔚洇润之气"，便断定"那里像个衰败之家"？其实恰恰没能看到本质。所以从这个意义上讲，冷子兴在《红楼梦》故事中的作用，并不仅仅是介绍贾府五代人，更重要的是透过贾府"气象不同"，将贾府"亮底"，从而为揭开贾府的底蕴传达出更准确的信息。

（三）贾雨村"走进贾府"的叙事作用

《红楼梦》前五回的三个过场人物：甄士隐、冷子兴、贾雨村，都走进了我们的视野。

仁善而超逸的甄士隐像从远古走来，俯视着茫茫的众生，探寻人生的哲理。

精明而世故的冷子兴娓娓讲述百年望族贾府的故事，仿佛在我们眼前展开一幅长长的红楼画卷。

贾雨村是按照作者的创作意图，导引读者走近贾府，认识典型人物和典型环境。

贾雨村与甄士隐和冷子兴相比，更有性格。他在《红楼梦》的人物长廊中，只不过是寥寥数笔的人物，而其性格特征的突出，以及所蕴含的社会内容的深刻，不仅与浓墨重彩、精心塑造的宝玉、黛玉、凤姐、贾母等人物一样，为广大读者津津乐道，而且他贯穿在全书叙事之中，特别是在前五回组接大跨度的时空关系中是一个不可或缺的人物形象。

他在《红楼梦》中的叙事功能与人物性格本身的融合，不仅显示出他的主导性格，而且为推进《红楼梦》叙事留下了铺张的空间，展示出封建上流社会的本质。因此，我们看看贾雨村究竟是个什么样的人。

1. 有貌有才而阴险的人

贾雨村给我们留下的印象，是其人格具有典型的两面性。

他外貌雄壮英俊，仪表堂堂，谈吐儒雅，第一印象总是给人好感。小说多处写到他与人初次相识，就颇受甄士隐、林如海、贾政的好感和欣赏。就连甄家丫鬟娇杏看到他，也不由得回顾两三次。透过丫鬟娇杏的眼睛写出了贾雨村的外貌很有魅力。“那甄家丫鬟撷了花，方欲走时，猛抬头见窗内有人：敝巾旧服，虽是贫窘，然生得腰圆背厚，面阔口方，更兼剑眉星眼，直鼻权腮。这丫鬟忙转身回避，心下乃想：‘这人生的这样雄壮，却又这样褴褛，我家并无这样贫窘亲友，想定是主人常说的什么贾雨村了，怪道又说他必非久困之人，每每有意帮助周济他，只是没什么机会。’”这里“腰圆背厚”等16字，描绘了一副堂堂正正的长相，是《红楼梦》中唯一被描绘得具有男子美的形象。

贾雨村不仅有貌，还有才，也就是说他具有在封建官场攀爬的素质和本事。虽然羁留于葫芦庙，以卖字作文为生，但在他与“当地望族”甄士隐的交往中，却已处处显露出超群不凡的迹象。中秋之夜，甄士隐“特具小酌”，邀贾雨村一饮，“雨村听了，并不推辞，便笑道：‘既蒙谬爱，何敢拂此盛情’”。两人对酒赏月时，贾雨村趁酒意发狂兴，高吟：

天上一轮才捧出，人间万姓仰头看。

甄士隐听了大叫“妙哉”，以为“飞腾之兆已见，不日可接履于云霄之上了”，因而慷慨厚赠，封白银，送冬衣，助他买舟西上，雄飞高举。此时“雨村收了银、衣，不过略谢一语，并不介意，仍是吃酒谈笑”。贾雨村得到甄士隐的资助后，并不拘泥于所谓吉日饯行的世俗，“三更”从甄家而还，“五更”他便不管“黄道黑道”，连夜出走，不辞而别。脂砚斋在此有批曰：“写雨村豁达，气象不俗。”

贾雨村虽然身份微贱，处境落魄，但面对有钱有势的望族，却不卑不亢，矜持自信。他饮酒吟诗，能应之以礼；受人恩惠，能持之有度；操书生之意气，无阿谀之媚态。可见其志向之远大，气概之豪爽，城府之森严，举动之果然。然而堂堂的相貌包裹的是忘恩负义、唯利是图的阴暗心理。贾雨村做官以后，“虽才干优长，未免贪酷；且恃才侮上，那同寅皆侧目而视。不上一年，便被上司参了一本，说他貌似有才，性实狡猾，又题了徇庇蠹役，交结乡绅之事，龙颜大怒，即命革职。那雨村虽十分惭恨，面上却全无一点怨色，仍是嘻笑自若”。他却表现得是那样的豪爽豁达：“却是自己担风袖月，游览天下胜迹。”仕途的初次受挫，并没有湮灭他的权势欲。在遭受官场角逐的体验以后，他伺机再起、卷土重来，只是等待罢了。他“担风袖月”走的是一条以“隐”求“显”的终南捷径。当他得知朝中起复旧吏的信息，立刻请托林如海。果然他的“清操”不仅为林如海所赏识，而且还向内兄贾政举荐，从而使他叩开了声势赫赫的贾府的大门，一帆风顺地谋得了复职。曾经的仕途坎坷，令贾雨村内心积淀更多的是封建官场的负面因素，他玩起贪赃枉法、媚上欺下、趋炎附势，比过去更加老道，也更加隐蔽。但他又不同于地主阶级官僚中的贾政、贾赦、贾珍之流。贾雨村有着自己独特的阶级出身、社会地位和生活道路，具有从困顿中崛起的意志、“诗书仕宦”子弟的才干、下层官吏往上爬的勃勃野心和手腕。

贾雨村表象看似才貌双全，气度不凡，机敏精干，胸有丘壑，实则是蝇营狗苟的“国贼禄蠹”、奸佞小人，但他的一举一动、一言一行，却处处显出诗书士子的风流倜傥、仕宦世家的老辣练达、别具一格的坦荡洒脱。即使他在伤天害理作恶之时，也是满口仁义道德、玄理天机。曹雪芹惜墨如金地刻画了贾雨村性格的复杂性，以及由此构成的性格表象的多侧面、多层次、多色调。当然性格成分的表现，有本质的一面，也有非本质的一面。有真象，也有假象。采用艺术描写并非是一味强调其本质的一面，相反有时恰恰需要强调其非本质的一面，才能更深化其本质。曹雪芹对贾雨村的表里、前后言行进行多方位的对比，用了很大的篇幅描写贾雨村判断葫芦案时虚张声势、冠冕堂皇的言辞。对这些描写，读者一下子确实不容易看出其内含的真意来，而当和他断案后的举止对照来看，才恍然大悟，然而又有几人知道真相呢。“雨村急忙作修书二封，与贾政并京营节度使王子腾，不过说‘令甥之事已完，不必过虑’之语寄去”，其阴险的嘴脸才暴露无遗。区区十几个字在筋骨处作了交代，字数虽少却是不可或缺的本质描写，犹如画龙点睛之笔。使前面那些假的一面铺垫、渲染、夸张的描写一下子内涵丰富起来，而且假的描写越逼真，其性格的复杂性、其隐藏在现象中的本质的东西，才越能得到更深刻的表现。

2. 贾雨村的使命——集结典型人物、展示典型环境

《红楼梦》前五回的现实时空沿着贾雨村的活动轨迹变换，第一回甄士隐与贾雨村偶遇的现实时空是姑苏 （苏州）城。第二回贾雨村给林黛玉教学的现实时空是维扬 （扬州）。第三回贾雨村送黛玉进京——京城。第四回贾雨村乱判葫芦案的现实时空又在 “应天府”（金陵）。他是唯一一个组接以上大跨度现实时空的过场人物。同甄士隐一样，首先是在叙事结构中起着功能作用，在 “走进贾府” 艺术使命中的作用，概括地说有两点：

一是贾雨村把典型人物林黛玉送到了贾府。如果说第二回冷子兴是话说贾府，那么第三回送黛玉进贾府，就直接将叙事的中心——贾府引到了读者的眼前。第四回贾雨村乱判葫芦案，客观上迫使薛蟠躲到贾府，随后薛姨妈带着女儿宝钗也来到贾府，至此《红楼梦》两个重要人物林黛玉和薛宝钗都聚集到了典型环境——贾府。在贾府林黛玉、薛宝钗的性格的发展成为重要的线索，推动着《红楼梦》整个叙事结构向前发展，呈现出以林黛玉为代表的“木石前盟”和以薛宝钗为代表的“金玉良缘”的爱情婚姻故事的画卷。

二是通过乱判葫芦案的过程，将贾府的社会背景作了充分的展示。以一张护官符指明贾府在封建统治权势网上的定位。尽管对贾府的实写是粗线条的轮廓，对薛家、王家、史家的虚写是一个淡淡的浅线条，虚虚实实，若有若无，似断而连，但给人的感受却浑厚无比，于是给这似断而连的大时空跨度、虚实相间的多层叙事领域，开拓了无限想象的空间。这是为第六回以后艺术生命形态蓬勃地向前开拓作了叙事的铺垫。

作为过场人物的贾雨村，其重要使命是叙事。但曹雪芹对贾雨村这个人物刻画的独到之处在于，不仅仅发挥了贾雨村这个人物的叙事功能，而且挖掘了他自身的性格内涵，为其性格能量的张力留下了铺张的空间，无疑对深化贾府的社会环境和生活底蕴起到了独特的作用。也就是说以贾府为中心的四大家族

结成的庞大而复杂的社会关系网，为贾雨村张扬和发挥性格的能量提供了平台，而贾雨村正是借助这个平台，野心膨胀，把贪婪的黑手伸得更长，又在以贾府为中心的四大家族结成的庞大而复杂的社会关系网上，挽上了一个新的“网结”，新旧交相，互为作用。可以说是封建统治权势网的孳生和扩大。

贾雨村第一次进贾府，既不是当年一介寒士，有着踌躇满怀，赴京赶考的心态，也不是为官在位时的得意之姿，而是丢官落魄、渴求借助贾府的引荐和提拔往上爬的心理。他对贾府的态度是那样的恭而敬之。第一次上门时，他诚惶诚恐地“先整了衣冠”，卑躬曲膝地“拿了‘宗侄’的名帖”，去拜见贾政。在这里，贾雨村处心积虑地将自己视为了贾府族中的一名“宗侄”。

> 彼时，贾政已看了妹丈之书，即忙请入相会。见雨村相貌魁伟，言谈不俗，且这贾政最喜的是读书人，礼贤下士，拯弱救危，大有祖风；况又系妹丈致意，因此优待雨村，更又不同。便极力帮助，题奏之日，谋了一个复职。不上两月，便选了金陵应天府，辞了贾政，择日到任去了。（第三回）

人们目睹了社会上的三教九流，形形色色的人性、人情、心态和欲望，如何围绕着权势，交替着手段、变换着嘴脸，趋炎附势，靠关系、讲关系、拉关系，得意者骄矜，落魄者愤怨，演绎出了多少悲剧、喜剧、闹剧和丑剧。生活中这样的事情司空见惯，人们已经麻木得习以为常，但恰恰是无数这样习以为常的事情，无不是人性演进过程的外化和记录，无不是人物心态的显露和张扬。正如人们常说的“世道人心”。在这样的现实社会关系交互作用下，像贾雨村之流的人性积淀更多的不是善，而是贪、恶的素质，并断断续续或隐或显地与贾府的荣辱连在一起。尽管对贾雨村的描写隐没在贾府繁忙热闹的生活场景的幕后，借其他人物在十余次的闲杂碎语中提起，星星点点，但笔笔都折射出贾雨村的心灵轨迹的变换，让人们看得更清楚。当四大家族权势烛天的时候，他由贾政进而与贾赦、贾珍、贾琏相熟，全力交好于贾府每一个他可以够得着的人，终于从自封的“宗侄”而取得了贾府的正式承认：“与贾琏是同宗弟兄。”

贾雨村从贾府开始，无孔不入地向其他几家打开缺口，紧紧地编结他与四大家族的关系网。即使已经有了相当的地位和身份，他对贾府依然摆出一副很是“知恩报德”的面孔，在一些通风报信之类的小事上，都表现得甚是殷勤周到。如“打发人来告诉”贾政“舅太爷升了”。而当贾府大厦将倾、其势必败时，贾雨村马上就露出了狠毒狰狞的面目，重演了他对英莲和沙弥门子使用过的落井下石、过河拆桥：“怕人说他迴护一家儿，他倒狠狠地踢了一脚。所以两府里才到底抄了。”随着四大家族的“运数已尽”，彻底败落，贾雨村虽然“人也能干，也会钻营，官也不小了”，但他终于也没有能逃脱与四大家族“一损俱损”的命运，而走上了自己的末路。

贾雨村和甄士隐性格完全相反。在世态炎凉、官场黑暗的封建社会末期，甄士隐不会损害任何人，他禀性恬淡，志趣高洁，但却找不到一线生机，终于在历遭变故后顿悟，而遁入佛门。而贾雨村凭借着学识儒雅，道貌岸然，以及险恶卑劣的灵魂，爬上官僚的阶梯，他依附豪门，投机钻营，徇私枉法，虚伪奸诈，欺上压下，厚颜无耻，恩将仇报，心狠手毒，是“因嫌纱帽小，致使锁枷扛”的典型写照。所以这两个性格对立的人物所表露的人性内涵，使《红楼梦》的悲剧意蕴显得更细致而深刻。

3. 葫芦案：透视着封建统治网和与时共存的社会心态

贾雨村判断葫芦案这场重头戏，并不是着意描写如何判案，而是透过贾雨村怎样了结这一命案，着重揭示了封建社会上层权势网的强大和黑暗，以及与时共存的社会心态。

在第四回中，贾雨村补授应天府，刚刚到任，就碰上薛蟠打死冯渊、抢走英莲一案。他大怒：“那有这等事！打死人，竟白白的走了拿不来的！”马上就要发签捕人。小门子拦住了他，给他讲出了“护官符”的由来：

> 如今凡作地方官者，都有一个私单，上面写的是本省最有权势、极富贵的大乡绅名姓，各省皆然；倘若不知，一时触犯了这样的人家，不但官爵，只怕连性命也难保呢！所以叫做“护官符”。

并开列了贾、史、王、薛“四大家族”的俗谚口碑：

> 贾不假，白玉为堂金作马。
>
> 阿房宫，三百里，住不下金陵一个史。
>
> 东海缺少白玉床，龙王来请金陵王。
>
> 丰年好大雪，珍珠如土金如铁。

“护官符”是四大家族权势的象征符号，从中可以看出上流权势关系网的基本特征：

（1）联络有亲，一损俱损，一荣俱荣

封建社会官僚势力关系网形成的基本手段，以婚姻为媒介，扩大血缘关系，形成社会关系的互动。一旦进入这种关系网中，大到人事、科举、法律等，小到一举一动、一颦一笑、一气一闹，都会考虑和照顾到各种关系，俗话说“给面子”。以家族为本位，并伸向了社会的多个层面和角落，起着或明或暗的权力的制约作用。用小门子的话说就是“连络有亲，一损俱损，一荣俱荣”。这种网络有大、有小、有派、有系。《红楼梦》选择薛蟠打死冯渊这一命案作为视角，向我们展示了四大家族权势网的具体形态。

贾府的“老祖宗”贾母当年曾是“阿房宫三百里，住不下金陵一个史”的史家小姐。她嫁到荣国府，不仅代表贾家与史家的联姻，而且是“贾不假，白玉为堂金作马”象征。其儿媳、贾政的妻子王夫人是“东海缺少白玉床，龙王来请金陵王”的王家小姐，是现任京营节度使王子腾的妹妹；王熙凤又是王夫人的内侄女。薛蟠之母是“丰年好大雪，珍珠如土金如铁”薛家的当家奶奶，是王夫人的妹妹。可见四大家族姻亲攀附，上通帝座，下连爪牙，互为依托，其势显赫，形成一种社会互动的原则。正因为有靠山，才敢为所欲为，肆无王法。薛蟠带领如狼似虎的家丁打死人，却像“没事人一般，只管带了家眷，走他的路”。这是《红楼梦》向我们展现的一个草菅人命的社会写实。

（2）权力与势力沆瀣一气

小门子说像这样的官宦，“这一省”并非仅此四家，而且“各省皆然”。

倘若不知，一时触犯了这样的人家，不但官爵，只怕连性命也难保呢。小门子的话道出权势的地位和厉害，一般人听听而已，其中的门道贾雨村却心领神会，这是为什么？

贾雨村是一个潦倒的穷儒，但雄心勃勃，自恃其才。最初他凭着肚中的“时尚之学”，通过“学而优则仕”之途，捞到了一个官做。但是好景不长，不久便被参革。其恶德固然是原因，但关键是他还没有纳入封建关系网中，没有人庇护他。升官、丢官、复官，又终于“爬上去”，不仅披露了一个野心家的心路历程，而更重要的是他攀附上了四大家族。假如贾雨村没有做过官，特别是没有丢过官，他是不会深刻懂得封建国家机器运作的门道，正是因为他丢了官，又重新爬上来，才更深刻地懂得这个门道。

中国人常说“有权有势”，权和势虽然常常连在一起，但是有区别。因为中国社会在很多情况下有势力的不一定有权力，如宗族势力、地方势力、黑社会势力等，他们虽没有权力，却很有势力。而权力是国家机器的象征，那些通过科举选士而爬上封建官位的读书人，他们作为国家机器的零件而被安置到各省各地，虽是朝廷的代表，手中握有一定的权力，但他们没有地方宗族或豪族的势力的庇护，往往孤身只影，没有势力。所以必须与当地的宗族或豪族的势力沆瀣一气，否则那盘根错节、经年累月形成的宗族或豪族的势力是不容任何异己力量在自己的地盘上存在的。

《红楼梦》写贾雨村判断葫芦案这一叙事领域的深刻内涵和巨大张力，不仅表现了以贾府为代表的封建官僚的豪门之势炙手可热，更重要的是揭示出当时的一种社会心理定势，一种扭曲而又非常现实的思维方式。比如小门子对贾雨村讲的一番话便凝缩了当时官场中人的普遍心态。贾雨村表面虚张声势的大讲“因私而废法”“实不能忍”，小门子一语道破：“老爷说的自是正理，但如今世上是行不去的。岂不闻古人说的：‘大丈夫相时而动’，又说‘趋吉避凶者为君子’。依老爷这话，不但不能报效朝廷，亦且自身不保。还要三思为妥。”（第四回）小门子的话正中饱尝宦海沉浮甘苦的贾雨村的心怀，他“丢官”后汲取了官场教训，与贾府、王府拉上了关系。贾雨村一帆风顺地谋得复职，终于又飞黄腾达、平步青云。他怎能不心知肚明呢？为薛蟠开脱杀人罪而徇情，与其说他按小门子的主意了结了这场官司，倒不如说当权势超越他的权力时，他自觉地按照官场潜规则去趋附更大的豪门之势。

（3）靠关系，讲关系，拉关系

薛蟠带领如狼似虎的家丁打死人，却像“没事人一般，只管带了家眷走他的路”——靠关系。

小门子拦住了贾雨村，并给他说“护官符”——讲关系。

贾雨村为薛蟠开脱杀人罪而徇情，攀附上贾府和王府——拉关系。

薛蟠、小门子、贾雨村这些形象从不同层面、不同角度向我们揭示了在大大小小的社会关系网中传统的社会心态，就是把人际关系看得特别重要，而且是向着权势的重心运作，不讲是非，不顾王法，徇私舞弊，结党营私，官官相护。这便是“乱判葫芦案”这一叙事领域产生的张力效应。如果说“乱判葫芦案”是表层结构，那么情节透发出的官场中向着权势运作的社会心理定势，则是深层结构，是未知的内涵。《红楼梦》所揭示的这种潜在的社会心理定势，有巨大的社会能量，会制约着无数形形色色的贾雨村、小门子的心理和行为，会在沿袭、传承、复制中逐渐凝结为牢固的传统社会心理走势，模铸着一个时代一个社会特有的行为方式和思维方式。

“乱判葫芦案”透视着封建关系网和与时共生的社会心态。靠关系，说明本身就在关系网之中；讲关系，说明自己虽然暂游离于关系网之外，但却时刻关注着网中的变化；拉关系，说明倾力向关系网上运作。封建传统社会，人们一碰到事情，首先想到的就是去托有关系的人，打通路子，求人摆平。这反映出“潜规则”下与时共生的社会普遍的心态。千百年来已形成一种社会潜在的习惯势力，一种惰性的社会力量，制约着社会的进步，阻碍着文明的环境，滋养着权力的膨胀。不管是什么人，从下至上、从古到今、从民到官，这种潜关系只有大小之分、轻重之别，但都自觉或不自觉地陷入了这张庞大的社会关系网里，循着社会潜在的规则去办事。一面是送钱送物，托人情，求面子，一面是收受贿赂，给人情，给面子。双方不仅互动互惠，而且现实中靠关系办事很管用。曹雪芹在《红楼梦》里对这种传统社会特有的形态描写得入木三分。贾雨村由“恃才侮上”而游离于关系网之外，再到变成“四大家族”关系网的忠实走足，是他人性之“恶”从内生到外显的轨迹。曹雪芹的伟大之处就在于，他并没有把封建官僚机构的腐朽黑暗单纯归咎于封建官吏的个人品质的恶劣，而是深刻地揭示出了造成封建官吏人性之恶是人治社会、集权政治、腐败政体的共同作用。贾雨村人性的演化虽不像树木的生长那样，随着岁月的流逝而留下清晰的年轮，但每一次荣辱经历都给他人性的异化打下深刻的烙印，给整个封建社会的腐朽和黑暗涂抹一层又一层的暗色。

二、黛玉、宝玉和贾府典型环境

前五回荣国府以贾母为首的女眷和小姐们都亮相了，并浓墨重彩地突出了典型人物黛玉和宝玉，以他们的“眼睛”、行为和个性，深层地展示了百年望族贾府的历史风貌和现实写照。他们既是《红楼梦》故事的主角，又承担了小说叙事视角的使命。

（一）林黛玉“依傍外祖母”，走进贾府

林黛玉是最早走进贾府的《红楼梦》主要人物，她看到的、听到的、感觉到的，都传达给了读者，读者透过黛玉的眼睛仿佛也身临其境，走进了贾府。

1. 林妹妹进贾府

黛玉出生在一个世袭侯爵、支庶不盛的书香门第。父亲林如海是 “前科探花”，升任了兰台寺大夫、钦点巡盐御史。母亲贾敏是贾母的幼女，贾赦、贾政的妹妹。因夫妻无子，所以对独生女儿黛玉 “爱之如珍”，为 “聊解膝下荒凉之叹”，便 “假充养子”，聘 “家庭教师”教她读书识字。她从小 “怯弱多病”，娇生惯养，却不幸母亲早丧，在她幼小的心灵蒙上一层不散的忧郁。父亲为减 “内顾之忧”，就让她 “依傍外祖母及舅氏姊妹去”——来到了 “花柳繁华”的荣国府。

在第三回中，黛玉第一次进贾府，以此向读者打开了《红楼梦》故事的发生地——贾府的这扇大门。

黛玉的母亲去世后，贾母想念女儿，又心疼外孙女。第一次派人派船去

林黛玉

接，因黛玉有病，未能成行。打这以后，接黛玉就成了贾母心事，天天念叨，日日盼望。“黛玉自那日弃舟登岸时，便有荣府打发了轿子并拉行李的车辆伺候”，黛玉的到来使整个荣府呈现出一派热闹的景象，“一见他们来了，都笑迎上来……于是三四人争着打帘子。一面听得人说：‘林姑娘来了！’”

人们是多么急切地想知道林姑娘是什么样啊！

黛玉，一个充满书卷气、聪颖而美丽的少女。“两弯似蹙非蹙罥烟眉，一双似喜非喜含情目。态生两靥之愁，娇袭一身之病。泪光点点，娇喘微微。闲静似姣花照水，行动如弱柳扶风。心较比干多一窍，病如西子胜三分。”眉“似蹙非蹙”，含情脉脉。“罥烟眉”，像一抹轻烟，轻柔俊秀。目“似喜非喜”，涵养深邃。色若姣花，行如弱柳，靥生愁，身袭病，这些都体现出她的神情殊异。清雅秀异的风韵生于含愁的面容，娇怯灵慧的情态出于孱弱的病体。

黛玉方进房，只见两个人搀着一位鬓发如银的老母迎上来，黛玉便知是她外祖母。方欲拜见时，早被外祖母一把搂入怀中，心肝儿肉叫着，大哭起来。

黛玉也哭个不住。众人慢慢解劝住了。贾母才一一指给黛玉拜见大舅母、二舅母和李纨嫂子。《红楼梦》对他们的描叙很简略，这是黛玉见到的第一层面的人物。接着贾母又说："请姑娘们来。"随后出场的是和黛玉同辈的舅舅家的三个姑娘——迎春、探春、惜春，三人"皆是一样的装饰"。这是第二层面出场的人物。荣国府的女主人，上至舅母，下有表姐妹，都出来迎接黛玉，尤其是王熙凤的热情接待，使她一下沉浸在骨肉亲情之中。黛玉见到的女眷亲戚，都是《红楼梦》中的主要人物，是小说描写女主人的一次集体亮相。

这与宝钗进贾府形成鲜明的对比：

> 过了几日，忽家人报："姨太太带了哥儿、姐儿合家进京，在门外下车了。"喜的王夫人忙带了人，接到大厅上，将薛姨妈等接进去了。姊妹们一朝相见，悲喜交集，自不必说。叙了一番契阔。又引着拜见贾母，将人情土物各种酬献了。合家俱厮见过，又治席接风。（第四回）

这简单的一叙，与接黛玉的规模、气氛很悬殊。黛玉和宝钗先后走进贾府，为什么《红楼梦》单单浓墨重彩地描写黛玉走进贾府的场面呢？

一则，从叙事结构安排来讲，黛玉进贾府是贾府的事先安排，林如海对贾雨村说，黛玉 "原不忍离亲而去，无奈他外祖母必欲其往"。是事所必然。而宝钗进贾府，则是随着母亲避兄长惹下的杀人之祸，投亲而来，并不是贾府事先安排的。二则，曹雪芹是大手笔，对《红楼梦》整部书的氛围、气脉和文化信息，都通过叙事规模和气氛描写，构成冷暖色调的调配。如果说黛玉进贾府是暖色调，那么宝钗进贾府则是冷色调；而黛玉之死是冷色调，宝钗成大婚则是暖色调，每每对应，渲染出小说生命流程的审美情感。三则，黛玉长到13岁了，一直没有到过外祖母家，对贾府的了解只是听母亲说，没有目睹。和读者一样只是听冷子兴的介绍，也是陌生的。曹雪芹正是抓住黛玉进贾府，借助她的眼睛和独特的内心感受，作为一个视角，向读者展示的直观感受。使读者对这个封建家族的历史文化积淀和现状，人际关系的亲疏好恶，女性当家人在贾府的特殊地位，都有了初次的接触。黛玉眼睛看的和心里想的，是对冷子兴演说荣国府的深化，犹如一幅绘画的素描关系，开始只是墨稿，现在又着一层颜色，比先前的画稿更亮丽，而且素描关系更清晰了。

2．黛玉所看到的贾府

黛玉到了京城，坐轿向贾府去。一个丧母别父，十几岁的少女，乍到一个新的生活环境，心中不免产生敬畏之情，十分小心在意。她从轿子的纱窗向外望去，看到了贾府“街北蹲着两个大石狮子，三间兽头大门，门前列坐着十来个华冠丽服之人。正门不开，只有东西两角门有人出入。正门之上有一匾，匾上大书‘敕造宁国府’五个大字”，意味着是皇上赐造的府宅。那皇上亲笔题写的横匾，高高地挂在贾府的大门上，威势夺人，无声地告诉人们：这是贵族之家，权势炙手可热、豪富气焰熏天，的确“与别家不同”。这正是借着黛玉的眼睛给整个贾府以鸟瞰式的扫描。

黛玉去拜见贾政，“进入堂屋，抬头迎面先见一个赤金九龙青地大匾，匾上写着斗大的三个大字，是‘荣禧堂’，后有一行小字：‘某年月日书赐荣国公贾源’，又有‘万几宸翰之宝’。大紫檀雕螭案上设着三尺多高青绿古铜鼎，悬着待漏随朝墨龙大画，一边是錾金彝，一边是玻璃盆。地下两溜十六张楠木圈椅。又有一副对联，乃乌木联牌镶着錾银的字迹。道是：座上珠玑昭日月，堂前黼黻焕烟霞”。此联的意思是：座中人所佩饰的珠玉，光彩可与日月争辉；堂上人所穿的官服，色泽犹如云霞绚烂。对联字里行间透着皇亲国戚无上的荣耀。这是何等的雍容华贵啊！

贾府是开国元勋之豪门。祖上跟着皇上打天下，靠着功勋取得“宁国公”“荣国公”的爵位。贾府成人男子或世袭、或封赐、或捐班，反正都有官做。荣国府第三代贾赦“世袭一等将军”，宁国府第四代贾珍也是“世袭一等将军”，他们都是世袭世禄的贵族。即使贾琏、贾蓉没有世袭，也都捐了官。女性家眷头头脑脑也都是“诰命夫人”。第十八回“元妃省亲”，贾母等命妇“俱各按品大妆”出门恭迎。第五十三回写过年，贾母等“按品级着朝服……进宫朝贺”，出门仪仗“摆全副执事”。第五十八回皇太妃逝世，规定“凡诰命等皆入朝随班，按爵守制”。贾府的特点是“白玉为堂金作马”“当年笏满床”。宁、荣二公创下的封建官僚世家，子孙繁衍、世代承传。然而，贾家的命运伴随着时代的进程却发生着潜在的变化，这就是封建官僚世家的子孙面临到底是走“世袭制”，还是走“科举制”道路的选择。

清军入关后，军权仍掌握在八旗诸王的手中，他们拥有几乎与皇权相抗衡的实力，其体制的依托便是议政王公大臣会议。这是“军事民主制”遗留下来的，当年打天下的时候，曾起到过重要作用。当天下已定，其弊端显现。顺治皇帝欲削弱王公贵族对皇权的掣肘，借助“内阁制”。这是顺治皇帝借鉴明朝加强中央集权的经验所采取的重大措施。顺治皇帝死后，康熙元年，王公贵族的实权派立刻反攻倒算，废除新法，恢复旧制。康熙九年，康熙力挽狂澜，恢复“内阁制”。朝廷从科举取士中选拔人才，充实朝廷，逐渐形成两种出身不同的政治势力，一是世袭的，一是科举的。随着朝廷科举人才愈来愈多，还把科举出身的视为“正途”，其他称为“杂途”。在这种政治格局的影响下，追慕科举，培养子弟走科举仕途之路，成为一些世袭贵族之家的向往。冷子兴介绍荣国公时，特意提到荣国公希望从孙子贾政这一代改换门庭，走科举仕途。贾母和丈夫贾代善为小女儿贾敏选的女婿——林如海就是科举出身，“前科探花”。可见，这个家族从上辈就想以科举仕途改变门庭了。贾政自己没能走上这条路，就把缺憾化为全部的希望，寄托在了宝玉的身上。这也是几代人的梦想。从深层内涵来看，这一梦想代表了封建家族的整体利益，代表了贾府以家庭为本位的宗法制度文化。它的特征之一就是个体的存在，其价值不仅仅是为个人，更多的则是高扬宗法伦理观念和家族的利益。所谓“伦理”，意味着个体与群体之间存在着一种等级的依附关系。封建宗法伦理是以群体为本位，个体人格已被温柔地异化进“父子有亲，君臣有义，夫妇有别，长幼有序，朋友有信”的纲常之中，成为个体活动的“公共法则”。所以，宝玉能不能读书、科举、仕进，不仅仅是他个人的问题，而是这个血缘纽带和谱系联结中的贾府几代人关注的大事。他们都是在以家族观念来审视传统文化积淀和因袭中的每个人的所作所为。封建时代“抓周”的习俗，就是鲜活的体现。将笔墨纸砚、钱币元宝、脂粉钗环之类东西，放在周岁的孩子旁边，看孩子先抓什么，喜欢什么，便意味着他将来的志趣。宝玉周岁时，贾政也特意用“抓周”的风俗办法，识别他将来的志向。“谁知他一概不取，伸手只把那些脂粉钗环抓来玩弄。那政老爹便喜欢，说将来不过酒色之徒，因此不甚爱惜。”潜意识的心理往往被人忽视，可正是这不经意之处，埋下了逆反的情绪和冲突的内因。这种假正经的道貌岸然，把人的天性视为轻浮，把人的性格和思维纳入僵硬和死板的模式之中，贾政之流是也。

3．透过黛玉眼睛所看到的荣国府格局：长房失宠，二房得势

曹雪芹在《红楼梦》叙事的不经意处多次暗示出长房失宠，二房得势的家族格局。

黛玉先是拜见大舅舅贾赦，接着又拜见二舅舅贾政。随着黛玉的眼睛，我们从荣国府的外景渐进看到了内部的格局，贾母、贾赦、贾政、王熙凤三代四家居室的位置，就可以窥见这个“钟鸣鼎食”的封建大家庭里存在着与封建秩序极不协调的现象。

黛玉从他们的居室、陈设及丫鬟们的打扮、神态等，已隐约感受到他们主人的性格特征和志趣。大舅贾赦虽因“皇恩浩荡”而袭爵一等将军，但所居家室却“是荣府中花园隔断过来的”别室。他的院落“厢庑游廊”“小巧别致”。黛玉未到，“早有许多盛妆丽服之姬妾、丫鬟迎着”，主人也不及见，说是“老爷说了：‘连日身上不好，见了姑娘彼此伤心，暂且不忍相见。’”整个房屋、院宇、陈设、布置等具体环境的面貌塑造了主人的性格，透着主人淫逸好色。二舅贾政却居于荣府堂屋的正室，“四通八达，轩昂壮丽”，抬头就可以看见皇上亲赐“荣禧堂”横匾。“黛玉便知这方是正内室”。“老嬷嬷”引黛玉进房内，桌上“堆着书籍茶具”，坐位虚着。王夫人说是“你舅舅今日斋戒去了，再见吧”。贾政则是封建正统主子的形象。虽不着一语，却通过自己的具体生活环境和气氛描绘烘托出来。黛玉去拜见二位舅舅，均未能相见，这种不声不响的冷遇与女眷们的热情，形成截然分明的对比，它隐含着黛玉虽有“贵宾”的身份，却是依傍于人的境遇。

王夫人携黛玉离开贾政住处，“出了角门，是一条南北甬路，南边是倒座三间小小的抱厦厅，北边立着一个粉油大影壁，后有一个半大门，小小一所房室。王夫人笑指向黛玉道：‘这是你凤姐姐的屋子，回来你好往这里找他去，少什么东西，只管和他说就是了。’”黛玉才知凤姐虽是贾赦和邢夫人的儿媳，住

处不在她的公婆那一边，也没有在长房身边伺候。而是住在荣府中贾母院之后，贾政、王夫人居室之侧，帮助王夫人管理家政。第十三回贾珍请凤姐协理秦可卿的丧事，自然先找到凤姐的婆婆邢夫人，邢夫人告诉贾珍说："原来为这个。你大妹妹现在你二婶娘家，只和你二婶娘说就是了。"贾母、王夫人，以及凤姐三代构成一种鼎足之势，传达出一种潜在的信息：贾府里掌权的是贾母、王夫人、凤姐这一派。

荣府房屋院宇的平面示意图折射出了人际关系的立体图，静态的物质环境变成了动态的社会角色，凝固无声的建筑物变成了有个性的、会说话的居室主人内心世界的写照。居室位置所呈现的长房失落，次子掌权的内部关系，暗示了贾府内部在温情脉脉的面纱遮盖下，不可避免的房族之间的矛盾和冲突，时

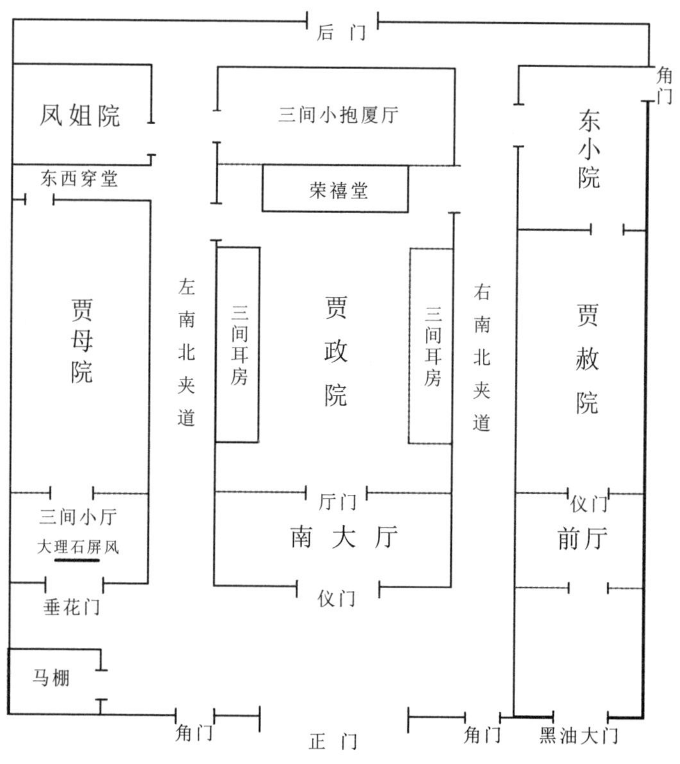

荣国府平面简图

隐时现，家族愈是衰败，矛盾愈是加剧，让人感受到了这个封建家族从内部深处散发出的阴霉气味。这种长房失宠，二房得势的家族局面，形成的或明或暗的矛盾和争夺一直潜伏在贾府，在大大小小、方方面面的事情上表现出来，贯穿于《红楼梦》的整个故事中。岂止《红楼梦》，可以说整个封建社会的权力之争，都围绕着“嫡传制”。了解这一点，对于读懂《红楼梦》至关重要。

从冷子兴的介绍，到黛玉所看到的，我们隐隐能感受到：历经百年风雨吹打的贾府，已经露出了没落的征兆——男人无能，女人当家。贾母在贾府的辈分最高，她虽然并不颐指气使，但在家族中权柄在握，无为而无不为，贾府事无巨细，上下都得请示她。再加上王夫人的老谋深算、凤姐的精明能干，形成了这种家族格局，女人当家。“牝鸡司晨，惟家之索”。贾府男人无能，这是封建社会没落时期一个最为鲜明的表现。

（二）贾府的命根子——宝玉

宝玉是曹雪芹以生命的体验、酣畅的笔墨刻画的《红楼梦》中最成功的人物之一。在《红楼梦》悲剧叙事结构里，宝玉贯穿始终。曹雪芹在调色板上调换各种色彩，一层又一层地突出宝玉的性格而变换着色调，对他人生初始阶段最基本的特征，对他性格结构最稳定的因素都进行了刻画，使其形象愈来愈鲜明，愈来愈丰满，呼之欲出，活脱可亲。宝玉10岁读书到21岁出家这12年，是他成长的过程，也是他性格发展和变化的过程。沿着这一脉络，去认识贾宝玉性格结构中核心成分、变异成分，去分清他性格发展的不同阶段的个性特征的演进，才能完整地解读和欣赏悲剧人物贾宝玉。

1．宝玉是宗法家族的后继人

宝玉未亮相前，人们对他或议论、或误解、或惊异，已给读者造成了悬念。黛玉一进贾府，王夫人就特意向黛玉介绍宝玉：

> 我就只一件不放心。我有一个孽根祸胎，是家里的‘混世魔王’，今日因往庙里还愿去，尚未回来，晚上你看见知道了。你以后总不用理会他，你这些姐姐妹妹都不敢沾惹他的。

作为母亲王夫人这样说自己的儿子宝玉，当然含有“恨铁不成钢”的怜爱之情，但也流露出她以正统观念看待宝玉的行为，对他的某些出格的言行很不称心。黛玉不由得不猜度：“不知是怎样个惫赖人呢。”层层渲染造成的悬念，使读者急于要看看这个人物究竟啥样，因而一声“宝玉来了”，大有“千呼万唤始出来”之感。

> 只听外面一阵脚步响，丫鬟进来报道：“宝玉来了！”……及至进来一看，却是位青年公子：头上戴着束发嵌宝紫金冠，齐眉勒着二龙戏珠金抹额；一件二色金百蝶穿花大红箭袖，束着五彩丝攒花结长穗宫绦，外罩石青起花八团倭锻排穗褂；登着青缎粉底小朝靴。

这装束庄重而豪华，一派贵族气，是清初贵族正式场合的礼服形制。对他着装的描写，将其在贾府中的特殊地位揭示了出来。再看面目：

> 面若中秋之月，色如春晓之花，鬓若刀裁，眉如墨画，鼻如悬胆，睛若秋波。虽怒时而似笑，即瞋视而有情。项上金螭璎珞，又有一根五色丝绦，系着一块美玉。

《红楼梦》中服饰描写最多的人物首推宝玉，曹雪芹对其服饰分别从礼服和便服两种装束进行浓墨重彩的描述。宝玉向贾母请了安，贾母便命：“去见你娘来。”宝玉即转身去了。一时回来，再看，已换了便服冠带：

> 头上周围一转的短发都结成小辫，红丝结束，共攒至顶中胎发，总编一根大辫，黑亮如漆，从顶至梢，一串四颗大珠，用金八宝坠角；身上穿着银红撒花半旧大袄，仍旧带着项圈、宝玉、寄名锁、护身符等物；下面半露松花撒花绫裤腿，锦边弹墨袜，厚底大红鞋。越显得面如敷粉，唇若施脂；转盼多情，语言常笑。天然一段风骚，全在眉梢；平生万种情思，

贾宝玉

悉堆眼角。

宝玉出场瞬间的亮相，不管是正式场合礼服的着装，还是在家里的便服，洒脱中透着秀气，严妆里含着风流。都集中在对宝玉的外貌的刻画上：一是“面色”，如“中秋之月”“春晓之花”“桃瓣”“春花”；一是“眉目”，“眉如墨画”“目若秋波”。宝玉是眉清目秀。“天然一段风韵，全在眉梢；平生万种情思，悉堆眼角。”

林妹妹一见，便“好生奇怪，倒像在那里见过一般，何等眼熟”。

贾母对宝玉“爱如珍宝”，对他“溺爱”到了“无人敢管”的地步。宝玉和黛玉一相见，便问黛玉有没有随身携带的玉，黛玉心想那是个稀罕物，岂是人人有的，便随口说了个没有。不料宝玉一时性起，将自己的“通灵宝玉”摔到了地上。“吓的地下众人一拥争去拾玉。贾母急得搂了宝玉道：‘孽障！你生气要打骂人容易，何苦摔那命根子。’”接着贾母编了一通故事哄宝玉，“说着便向丫鬟手中接来，亲与他带上”。因这个嫡孙的长相颇像他爷爷，贾母视宝玉为贾府的命根子。尽管贾政严加管束，王夫人呵护甚紧，但宝玉跟贾母住在一起，祖母百般的娇宠，促成了他特有的生活环境，惯成了他的脾气。

合家上下都把宝玉视为贾府的继承人、贾府的命根子，为什么？

从贾府在世的算起，宁国公次孙贾敬（长孙早夭）迷信道教，出世隐居。烧丹炼汞，终戕其身。荣国公长孙贾赦不务正业，是一味享乐的“老色鬼”。《红楼梦》着重描写他干过的两件事：一是夺扇，逼死石呆子；二是逼婚，坑人害命。次孙贾政是封建奴化教育下培养的正统人物。如果说贾敬超脱，贾赦淫滥的话，那么贾政则是迂儒。第四代名字均以“玉”部首排列的，如和儿媳妇“爬灰”、奸污小姨子尤二姐的贾珍；调戏姨娘、淫奸下人鲍二家的、多姑娘的“人形动物”贾琏；一心想调戏凤姐而身亡的贾瑞；猥琐心坏、宿娼滥赌的三少爷贾环等，纯粹是衣冠禽兽、荒淫无耻的一代。第五代名字均以“艹”部首为序，如宁国公重孙子贾蓉之流。这一代比起他们的父辈来更下流，而且花样更多。由于有钱、有闲、有相貌，所以他们整日声色犬马、调情乱伦。不论对泼辣的凤姐，还是柔弱的尤二姐，都敢于挑逗，他们简直是浑身充满兽欲的“下流种子”。这辈人甚至堕落到连一块遮羞布都不要的地步！纵观这几代人，不难理解“赫赫扬扬，已逾百载”的豪门之族是怎样一步一步地没落下来的。一代比一代无能，一代比一代腐败。不但不能继承祖业，就连祖宗那点遗泽和遗产也销蚀净尽，终归不免于灭亡。可以说《红楼梦》是对“君子之泽，五世而斩”的发展规律的形象再现。尽管贾府的家祠里悬挂着先皇御笔的对联：“勋业有光昭日月，功名无间及儿孙。”但也阻挡不住靠皇恩祖德而花天酒地、昏暴不肖、贪婪荒淫的子孙败亡的命运。

至于宝玉，在第五回以神话故事的形式，表达了这个家族对唯一后继人宝玉的希冀。警幻仙子对众人道：

> 适从宁府经过，偶遇宁荣二公之灵，嘱吾云：“吾家自国朝定鼎以来，功名奕世，富贵传流，虽历百年。奈运终数尽，不可挽回。我等之子孙虽多，竟无可以继业者。惟嫡孙宝玉一人，禀性乖张，用情怪谲，虽聪明灵

慧，略可望成，无奈吾家运数合终，恐无人规引入正。幸仙姑偶来，万望先以情欲声色等事警其痴顽，或能使他跳出迷人圈子，入于正路，便是吾兄弟之幸了。”

这段借警幻仙子之口，表达了这个行将衰败的百年望族祖宗对后继人的希冀。《红楼梦》不管是现实的描写，还是神话的渲染，自始至终贯穿着家族谱系的思想，描写 “种”的蕃衍在贾府的重要，真实地反映了中国封建社会结构的根本特征：第一，尊祖敬宗。人本乎祖，子孙繁衍，脉系绵绵，端由祖宗。我们随着黛玉走进贾府，细致地看到了贾府的族系图谱在时空、建筑、摆设、仪礼及长幼尊卑、嫡庶贵贱中的映射，连那气味、声音、色彩都潜寓着宗法制度的神秘和强大。第二，血子嫡脉。嫡传制是维护家族谱系、封建宗法的基石。贾赦对贾母偏爱二房的忌恨和不满、探春对庶出的掩饰和无奈、贾环和赵姨娘对宝玉的仇恨和妒忌、迎春的悲剧命运和下场，点点滴滴，一言一行，无不反映着嫡庶之间的矛盾和斗争。第三，伦理纲常。孝悌是封建伦理纲常的理论支柱，是中国封建社会两千多年立国安家之本。贾府处处标榜伦理，却像失去灵魂的人，神不守舍。越是拼命地说教，子孙越是背离，越是炫耀得严肃，越是显得滑稽可笑。

由此可见，凝缩在贾府百年五代人的谱系，在风平浪静的日子里，像枝叶扶疏的大树，筛落无数灿烂的月影，留映一片清冷的月光；当暴风雨来临，电闪雷鸣照亮了一切隐蔽和龉龊，风狂雨急，摧毁了一切腐败和衰朽。但不管是怎样，只要维护好根系，保护好“种”的繁衍，总会根深叶茂，充满勃勃生机。贾府谱系是历史的积淀，又是未来的希望。贾母寿终前说道：

我到你们家已经六十多年了。从年轻的时候到老来，福也享尽了。自你们老爷起，儿子孙子也都算是好的了。就是宝玉呢我疼了他一场。说到那里，拿眼满地下瞅着。王夫人便推宝玉走到床前。贾母从被窝里伸出手来拉着宝玉道：“我的儿，你要争气才好！”（第一百十回）

可以看出，贾母临终念念不忘的依旧是宝玉这个贾府的命根子。这决不仅仅是某些家长的喜好和认可，而是封建宗法社会的家族谱系的定位。家族谱系的意识弥漫在《红楼梦》整个故事中，无论表现在故事的哪一点上，它都像一个人生命中的基因一样。即使从一根毛发、一点皮屑中提取的东西，也能对一个完整生命作出真正的合理的说明。

2．最喜在内帏中厮混

贾母对宝玉的溺爱，深含着老祖母对隔辈子孙的疼爱。嫡孙绕膝，天伦之乐，颐享晚年。可是宝玉被惯得“无人敢管”，便越发由着他的性子。他不愿意循规蹈矩地学习“四书”，不愿意接受封建社会传统的正规教育，整天同姊妹们一处。长期在内帏中厮混，形成其性格成长独有的生活环境，这不仅对宝玉有着十分重要的影响，而且也为我们认识宝玉性格成长发展的脉络，以及贾府上上下下人们对宝玉的看法，理顺了思路。过去人们习惯从阶级意识、社会形态的角度分析人的思想，而往往忽略无时无刻不处于物质生活活动和思维活动之间的人，日常的心理活动和心态变化，他们的欲求、情性、看法、体认、意趣、志向等平淡琐碎和无足轻重的细节，大多随着时间的流逝，消散于岁月的雾霭之中。而这一切为史学家和哲学家所轻忽的东西，却为我们解读文学作品所重视。《红楼梦》之所以是一部有血有肉的著作，是因为它写尽了人间的心态，写透了人物的心灵，剖析了人性的写真。

宝玉的性格是在他和周围人的心理交流和心态变化的过程中逐渐定型的。“前五回”只是对宝玉性格特征总的概括：

第一，爱红。这是宝玉在日常生活中潜移默化所形成的癖好和习性。当宝玉从小在粉淡脂红的环境中长大，整天与姐妹丫鬟们在一起，长期目睹少女们的浓香艳抹，他所熟悉的人是女儿，熟悉的生活是女性天地。由于长期的耳濡目染，使他无意识地爱红，甚至发展成怪癖，爱吃女孩嘴上的胭脂，爱闻女孩袖筒的香味，爱洗女孩用过的剩水。第二十四回写宝玉便把脸凑在鸳鸯脖项上“闻那香气，不住用手摩挲，其白腻不在袭人以下。便猴上身去，涎着脸笑道：‘好姐姐，把你嘴上的胭脂赏我吃了罢。’一面说，一面扭股糖似的粘在身上”。自打和众姐妹搬进大观园住，并没有因为渐渐长大而离开这种狭窄的生活圈子。这时的宝玉 13 岁，儿童朦胧的性意识受到脂红粉香的刺激，逐渐养成了爱红的习性和怪癖是很自然的。第五回写宝玉进秦可卿卧室午睡："大家来至秦氏卧房。刚至房中，便有一股细细的甜香。宝玉此时便觉眼饧骨软，连说：'好香！'"接着描写，首先进入宝玉眼帘的是香艳的物体：武则天的宝镜，赵飞燕的金盘，触过杨贵妃乳房的木瓜，寿昌公主的睡床，同昌公主的帏帐。这些充满风流韵事的香艳物体，诱发宝玉朦胧性意识的兴奋。他含笑道："这里好！"这个细节描写很典型，宝玉的爱红逐香是其潜意识，即性意识的表现。这只能说宝玉过着 "膏粱锦乡"的生活，与周围的姐妹丫鬟耳鬓厮磨，比一般少年性意识表现得更露骨、更放纵、更有个性，但不能视之为好色。

第二，宝玉喜欢一切纯洁无邪的少女，尊重她们，并且平等地对待她们。王夫人向刚刚来到贾府的外甥女黛玉说起宝玉，称他"孽根祸胎""混世魔王"，并一再叮嘱黛玉"不用理会他""只休信他"。黛玉用她母亲的话说宝玉"性虽憨顽，说待姊妹们却是极好的"来安慰王夫人时，又引出王夫人许多气话："若姐妹们不理他，他倒还安静些，若一日姐妹们和他多说了一句话，他心里一喜，便生出多少事来。"宝玉虽调皮生事，但他从小就平等待人，在贾府这个等级森严的地方是难能可贵的。在他的心目中没有"男女有别""男尊女卑"这些礼教的戒律。冷子兴向贾雨村说："虽然淘气异常，但聪明乖觉，百个不及他一个。说起孩子话来也奇，他说：'女儿是水作的骨肉，男子是泥做的骨肉。我见了女儿便清爽；见了男子便觉浊臭逼人。'"宝玉用一种幼稚，而又近乎荒唐的比喻，隐含了这两个阶层在他心中的粗浅而直白的看法，把"男子"和"女儿"作为对立物是在特定的环境中说的，"男子"泛指贾府的男性主子，"女儿"是指贾府未出阁的小姐和没有人身自由的丫鬟。并表明了他的态度，尊重女性，尊重被男性社会压制的女性。一反封建纲常，这是他性格结构中含有的近代社会新的成分。前五回中突出他这一性格特征，并使之在其性格发展的过程中成为主导性格因素。

第三，宝玉乖张的性格。贾府的典章制度、礼教秩序、人际关系笼罩在温情脉脉的家族亲情的纱幕中，犹如雾里看花。似乎是那么井然有序、彬彬有礼，几乎人们的一睁眼、一举手、一投足都依照礼法的规矩进行。年年岁岁，岁岁年年，在沿袭传承中逐渐凝结为牢固的传统心理定势，制约、规范、模铸着贾府的主子和奴才的生活方式、行为方式和思维方式。忽然有一个人越出传统的规范，主子不满了，甚至奴才们也跟着非议，只不过形式不同罢了。有人是帮凶，有人则是帮闲。宝玉性格的乖张和放任触动了传统的潜在的心理，引来各种各样的说法。贾母由于溺爱，说他是匹不驯服的“野马”，透着贬中有褒的情感；贾政骂他是个“不肖孽障”，恨铁不成钢到了怒骂才解气的地步；王夫人说他是个“混世魔王”，一半是揶揄，一半是疼爱；王熙凤从世俗的角度说他中看“不中用”；傅家老婆子说他“呆气”“糊涂”，代表下层世俗人的眼光；宝钗赠他的雅号是“富贵闲人”。可以说是“百口嘲谤，万目睚眦”。

曹雪芹在第三回用两首《西江月》词传神地给宝玉画像：

无故寻愁觅恨，有时似傻如狂。纵然生得好皮囊，腹内原来草莽。　潦倒不通世务，愚顽怕读文章。行为偏僻性乖张，那管世人诽谤！

富贵不知乐业，贫穷难耐凄凉。可怜辜负好时光，于国于家无望。　天下无能第一，古今不肖无双。寄言纨绔与膏粱：莫效此儿形状。

“草莽”“愚顽”“偏僻”“乖张”“无能”“不肖”等语似嘲似贬，昭示了不同层次的人们都从传统心理定势出发，对宝玉的乖张性格和“出格”的行为生出的厌烦与憎恶、嘲弄与侧目。这很像鲁迅先生的批评，有的猴子看见它们同类中有猴子胆敢站起来走，而不和它们同样地爬行，就一窝蜂地扑上去，将那只猴子咬死，从而维持了大家都在地下爬的常态。

3．“意淫”是宝玉性格主导因素的社会内涵

《红楼梦》开篇声称“大旨谈情”，与其一脉相通的第五回《红楼梦》曲唱道：

开辟鸿蒙，谁为情种？都只为风月情浓。

《红楼梦》整个叙事情态都围绕着一个“情”字，当宝玉在梦境中随警幻仙姑走到“太虚幻境”，先看到宫门上的横联“孽海情天”，一副对联：厚地

高天堪叹古今情不尽，痴男怨女可怜风月债难偿。

脂砚斋看透了这一点，甲戌本有一条批注：“作者是欲天下人共来哭此情字。”警幻仙子就此对宝玉单单说了一番箴言：

> 淫虽一理，意则有别。如世之好淫者，不过悦容貌，喜歌舞，调笑无厌，云雨无时，恨不能尽天下之美女供我片时之趣兴，此皆皮肤滥淫之蠢物耳。如尔，则天分中生成一段痴情，吾辈推之为“意淫”。惟“意淫”二字，可心会而不可口传，可神通而不可语达。汝今独得此二字，在闺阁中虽可为良友，然于世道中未免迂阔怪诡，百口嘲谤，万目睚眦。（第五回）

人们不禁会问：《红楼梦》开篇为什么首先要昭示这个问题？为什么又单单和宝玉的形象紧密连在一起？何谓“淫虽一理，意则有别”？

（1）在封建传统社会两性关系关心的只是婚姻，而并非爱情

只有穿越历史那个时代，才能深刻地理解封建传统社会的伦理、习俗和潜意识。明清时代是封建礼教禁锢人的思想最黑暗的历史时期，统治者竭力推崇程朱理学，提倡 “存天理，灭人欲”，强化封建的纲常名教，钳制人的思想意识。一方面思维僵化，奴性漫溢，整个社会人际关系简化为主奴关系，庸俗到了不是你给别人陪笑脸，就是别人对你陪笑脸的地步。另一方面，封建道德蜕变为一种虚伪的道德包装与欺骗。因而真正身体力行程朱理学的人，女性居多，男性偏少。尤其是那些没有独立的政治和经济地位的女性。一般来说，她们在政权、族权、神权、夫权的多重压迫下，人欲被挤压到了一个前所未有的底线，无数女性的青春被葬送，生命被毁灭，仅仅换来 “贞节”二字。所以说，对待女性的态度是 “悦容貌、喜歌舞、调笑无厌、云雨无时、恨不能天下之美女供我片时之趣兴”呢，还是两性平等，甚至达到情深意挚，几近痴情的地步呢，这不是一个简单的情感问题，而是有着深刻的社会内涵的大问题。

由于两性之间的关系不是自我的选择，而是“媒妁之言，父母之命”，是家族的选择，因此，把两性连接起来的不是心灵，也不是对于各自权利的尊重，而是身体，婚姻仅仅是两性关系。只有建立在男女平等基础上的个人化性爱，才可

以称之为爱情。性爱被升华为诗意的、纯净的人性，只能属于个人。元明清时期伟大的文学家正是深刻地洞察到这一点，无不大胆地批判非人性的社会现实，用文学形象倡导人间男女的爱情。元好问说：“问世间情为何物，直教生死相许。”汤显祖《牡丹亭》：“情不知所起，一往而深。生者可以死，死者可以生。生而不可与死，死者不可复生者，皆非情之至也。”冯梦龙《风流梦》眉批：“越情越痴，不痴不情。”社会对“情”的不同的个人的理解，正可谓“意则有别”。

“意淫”，这是曹雪芹自造之词，新奇警人。警幻仙子解释为：意淫者，痴情也。所谓“意”，即思想、意识、心理、情感、爱恋、情欲的意思。所谓“淫”，即过分、蔓延的意思。“意淫”是指异性之间因为爱慕对方而引起的一种性幻想和性关怀，是一种精神上的性爱，属于性心理学范畴。具体来看，“意淫”首先体现为宝玉的“情不情”。他对女性，无论是爱恋，还是同情，总之是博爱。张俊先生有一通俗的解释：“‘意淫’二字，不见于经传稗史，确乎新奇。甲戌夹批云：‘按宝玉一生心性，只不过是体贴二字，故曰意淫。’是知‘痴情’‘体贴’‘意淫’，其意一也，盖谓情意欲念皆蕴于内而不着于外者也。宝玉于园中诸姊妹多存此种意念，即对平儿、香菱乃至彩云等诸女儿，亦‘纯用体贴功夫’，此为宝玉独有之属性。即鲁迅《史略》所说‘昵而敬之，恐拂其意，爱博而心劳’者也。”① 这是一种千古未有的博爱，所谓“千古情人独我痴”。按照警幻仙子所说宝玉虽然是“天下古今第一淫人”，但只是属于精神领域中可意会不可言传的“意淫”。虽然“天分中生成一段痴情”，但与那些乐衷于“恨不能天下之美女供我片时之趣兴”的“皮肤滥淫之蠢物”是有本质不同的。

由于受封建道德伦理和传统文化规范的约束，尤其是在封建社会后期实行的极其严厉的两性防范措施，使中国人的性欲本能遭受到了非常严重的压抑、践踏和扭曲。然而，人体内这种受压抑的欲望总是要以某种方式得以宣泄、释放和表现，有的是形而上，有的是形而下，宝玉的“意淫”是形而上，也就是在精神层面上的应运而生。

---

① 张俊，沈治钧．新批校注红楼梦 [M]．北京：商务印书馆，2013：137.

（2）“男性对女性的奴役”，是剥削阶级社会的普遍现象

恩格斯在《家庭、私有制和国家的起源》一书中曾指出：“最初的阶级压迫是同男性对女性的奴役同时发生的。”[①]这种“男性对女性的奴役”，是阶级社会的普遍现象，是社会等级压迫的特殊形式。宝玉所生活的“花柳繁华地，温柔富贵乡”便是这样一种现实：一边是居统治地位作威作福的男子；一边是居于被压迫被奴役被牺牲地位的少女。宝玉对于前者冷淡，对于后者同情，就意味着对社会等级压迫的蔑视和挑战，对封建纲常的背叛和对抗。这些深厚的社会意蕴，便是意识形态领域中“真情”与“伪理”的矛盾冲突和斗争。封建传统伦理道德对作为爱情温床的“性”则始终讳莫如深，而且在确立性关系之前，必须先确定它的道德属性。男女苟合、私通当然不用说，不听父母之命，自由恋爱，寡妇再嫁，男女在一起说笑，甚至连女性穿戴薄、露、透，都视为淫荡。在男性文化的社会里，捕风捉影的男女之大防的心态，使男女之间的社会关系退化了，简化了，成了纯粹的两性关系。曹雪芹既不为男性树碑立传，也不写传统的“堂庙文章”，而开天辟地大胆提出为“闺阁昭传”。在他看来，理想女性代表着最自由也最高贵的人性。正从这个意义上讲，警幻仙姑认为宝玉“在闺阁中虽可为良友，却于世道中未免迂阔怪诡，百口嘲谤，万目睚眦”。

爱情是对等级意识、功利价值的根本否定，也是对人格意识、普世价值的高扬。曹雪芹生当其时，毅然以他红楼世界中的新伦理——“意淫”祭起了“情”的大旗。认识这一问题，在理性上是很容易分明的，但一旦落到活生生的具体人身上，由于具体生活环境的不同，人的各自性格的殊异，特别是人的潜意识和意识交错与模糊，都使我们扑朔迷离，难以确定。

（3）宝玉性意识的萌发

第五回有一个细节，警幻仙姑送宝玉到一香闺绣阁中睡卧，早有一美女名叫“可卿”的在内，“其鲜艳妩媚，有似宝钗，袅娜风流，又如黛玉”，“那宝玉恍恍惚惚，依着警幻所嘱，未免作起儿女的事来，也难以尽述。至次日，便柔情缱绻，软语温存，与可卿难解难分”。这里作者借神仙故事暗示宝玉有

① 马克思，恩格斯．马克思恩格斯选集：第 4 卷 [M]．北京：人民出版社，1972：61．

了朦胧的性意识。从朦胧的性意识到青春期，其性生命活动功能完善的转变是巨大的，会驱使宝玉愈来愈注意女孩的一笑一颦，并想亲密她们，触摸她们，甚至产生性行为的梦幻景象。这就是作者为什么在第五回描写宝玉在太虚幻境闺绣阁与“可卿”做儿女之事的用意，它将随着宝、黛爱情这条意脉时隐时现在《红楼梦》的故事里。

性意识萌发期，女性的美最先引起男孩的注意、好奇和沉迷。沈醉在《艺术，写在人体上的百年》指出：“人体美植根于性的土壤，反过来，性又借着人体美来超越。它们相辅相成，互相制约。整个人类历史的物质生产和种的繁衍，使人对自身的审美不断丰富、变化和发展。所以说，人体美，在某种意义上蕴涵了整个人类历史和社会，它是一首生的歌赞——生命、生殖、生活、生态、生趣、生死……都在那里留下了印迹。”[①] 在人类文明史上，人体美的发现是人的性萌芽、性觉醒、性成熟的一个重要内容，是人脱离自然状态获得自我意识的重要标志，是人类审美实践的飞跃。早在三千年前《诗经·硕人》古人就注意美女的特征：“手如柔荑，肤如凝脂，领如蝤蛴，齿如瓠犀，螓首蛾眉，巧笑倩兮，美目盼兮。”战国时代宋玉《登徒子好色赋》形容东邻之美女：“增之一分则太长，减之一分则太短；施粉则太白，施朱则太赤；眉如翠羽，肌如白雪；腰如束素，齿如含贝。嫣然一笑，惑阳城，迷下蔡。”到曹魏的曹植《洛神赋》更把当时能想象到的女性美，形容到无以复加的程度。女性美引发异性的关注，甚至到了痴梦的程度，如汉乐府《陌上桑》：“行者见罗敷，下担捋髭须；少年见罗敷，脱帽着绡头。耕者忘其犁，锄者忘其锄，来归相怒怨，但坐观罗敷。”这不正是一种审美之境的意淫吗？

爱美之心人皆有之。爱女性美成为男性“自我肯定的心理沉积所形成的集体潜意识”（沈醉语），亦人皆有之。第十九回写贾珍请宝玉看戏，宝玉嫌过于热闹，便走开各处闲耍。因想“素日这里有个小书房内曾挂着一轴美人，画的很得神。今日这般热闹，想那里自然无人，那美人也自然是寂寞的，须得我去望慰他一回”（第十九回）。想着，便往书房里来。然而在这个封建思想积

---

① 沈醉．艺术，写在人体上的百年[M]．北京：中国文史出版社，2007：16．

淀极为深厚的国度，人们对女性美却讳莫如深。特别是在明清理学、道学阴影的笼罩下，“女色是祸水”的说教，致使人类审美情感中最高尚最美好的部分被封建伦理的教化阉割了。相反，美女成为男人的私有物，仅为满足“皮肤淫滥”者的占有欲而存在。三妻四妾、嫖娼纳妓反倒成为了世俗的普遍现象。曹雪芹用对人类审美情感中最高尚最美好的理念，去塑造太虚幻境是天上的女儿世界，那里清净、平等、自由。警幻仙姑是女儿世界专司情感的爱神，而大观园则是地上女儿的世界，她们没有天上太虚幻境的自由平等的氛围，时时事事都受制于宗法、礼教的统治，伦理、道德的禁锢。贾府男性主子掌握着她们的命运，支配着她们的生活，牵制着她们的人生道路。在大观园唯一向她们投向深挚情感的男性就是宝玉，他是“闺阁中”的良友。由于这些妙龄女子同宝玉有着不同的人际关系，因而宝玉对她们来说，有的是爱情，有的是手足之情，有的是友爱之情，有的是关切之情，有的是怜惜之情。这一切构成了《红楼梦》对宝玉“意淫”描写的全部内容。

《红楼梦》对宝玉的“意淫”的肯定，曹雪芹对意淫之审美本质的揭示，正是其叛逆思想的一个重要组成部分，具有破天荒的人类学、社会学和美学方面的意义。这种认知，与国外许多美学家、美术家都是同感。法国雕塑家罗丹也说过：“在任何民族中没有比人体的美，更能激起富有感官的柔情了。”他认为女性美“真要令人拜倒”，而且“真正的青春、贞洁的妙龄的青春，周身充满了新的血液，体态轻盈而不可侵犯的青春，这个时期只有几个月”。美学家克拉克甚至断言：“世界上任何东西都会改变，只有女性的美是永恒的。”

三、《红楼梦曲》、判词隐喻着青年女子的生活道路和命运结局

《红楼梦》第五回写宝玉梦中神游太虚幻境，“但见朱栏白石，绿树清溪，真是人迹不逢，飞尘罕到”。“太虚”，就是“天上”。宝玉遇到了警幻仙姑，她是梦幻世界掌管“普天下所有女子过去未来的簿册”的女神，是女儿命运之

神，是情爱之神，是性爱之神。她让宝玉在“薄命司”看《金陵十二钗》的图册、宝玉犹自未解其中深意，又让他再听《红楼梦曲》以“警其痴顽”。第五回为什么要设置这样一个梦幻故事？警幻仙姑为什么要带宝玉去看《金陵十二钗》的图册、去听《红楼梦曲》呢？曹雪芹这样构思的用意又何在？

纵观《红楼梦》的人物结构，大致可分为两大类：

一类是以贾府男性为代表的贵族主子和一些“一嫁了汉子，染了男人的气味”就混账的女性当家的、管家的人物，而这一系列人物在《红楼梦》第五回之前大都已作了介绍，或者亮相了。

另一类是以金陵十二钗为代表的，及其一些身份低微而品性不凡的青年女性，其中多数还没有亮相。通过哪个媒介人物，如何介绍这些品性不凡的青年女性？这正是曹雪芹构思的焦点。

纵观整个《红楼梦》的人物结构，这些贯穿全书之中的美丽的年轻动人的女性，在《红楼梦》前五回构建的蓝图中，却没有更多的空间留给他们亮相，而她们又是《红楼梦》故事中的重要组成部分，不能不叙说到她们。正因如此，曹雪芹设置了一场贾宝玉神游太虚境，借助宝玉与青年女性人物系列“情”的联系，让他看《金陵十二钗》图册，听《红楼梦曲》，以《金陵十二钗》图册和谶语诗的方式暗示出年轻女性的个性、行为和命运。在《红楼梦》故事的叙事中打下“伏笔”，为读者建造了一座扑朔迷离的艺术迷宫。这不仅是《红楼梦》重要的故事内容，也是曹雪芹的叙事艺术手段。

《金陵十二钗》图册和《红楼梦曲》，隐喻着《红楼梦》青年女子的生命信息，含蓄地预示着黛玉、宝钗、湘云、妙玉、贾家四春、凤姐、李纨、秦可卿、巧姐，以及香菱、晴雯和袭人的不同的人生结局，支撑起了占《红楼梦》“半壁江山”的女性人物体系的框架。清代话石主人看清了这一点，他说：

> 开场演说，笼起全部大纲，以下逐段出题，至游幻起一波，总摄全书，筋节了如指掌。[①]

---

① 一粟．红楼梦卷：第一册[M]．北京：中华书局，1980：182．

（一）宝玉揭开了金陵十二钗的盖头

曹雪芹在贾府这个由男性贵族主宰的宗法王国中，挥洒笔墨，精心绘事出了“远近高低各不同”层面上的美与丑相对比的人物群体形象。而留给读者刻骨铭心的却是那一群美丽的年轻的动人的女性，恰如曹雪芹所言：“然闺阁中历历有人，万不可因我之不肖，自护己短，一并使其泯灭也。”（第一回）那一群美丽的年轻的动人的女性的个性和命运信息的最初披露，是被巧妙地凝缩在《金陵十二钗判词》图册和谶语诗中，借助宝玉的“眼睛”在一个梦幻世界里被含蓄地披露。只有当《红楼梦》故事情节的长卷不断展开，谶语诗的真正的内涵才被读者渐渐明了。

《红楼梦》描写的具体生活环境主要是贾府和大观园。这两种不同的生活环境自然形成两个相对集中的人物圈子，宝玉是和年轻女子交往和接触最多的人物，与他周围众多的青年女性建立了多种难以割舍的联系，多种如醉如痴的“情”义。那么，要介绍那一群美丽的年轻的动人的女性，唯有宝玉才能肩负起这一叙事使命。

宝玉肩负叙事使命仅仅是一方面，还有另一方面，即金陵十二钗及一些身份低微而品性不凡的青年女性的生活道路和独特的命运，既作为宝玉性格演进的特殊的生活环境的一部分，又无时无刻不在影响和推动着宝玉性格结构的变化和新的成分的增长，冲击和拉动着宗法家族贾府的解构和衰落。宝、黛、钗爱情婚姻的纠葛直接影响着宝玉性格的发展和演化。第三十六回宝玉对宝钗劝他走仕途经济之路很反感，说“好好的一个清静洁白女子，也学的钓名沽誉，入了国贼禄鬼之流……不想我生不幸，亦且琼闺绣阁中亦染此风，真真有负天地钟灵毓秀之德了”。众人见他如此疯癫，也都不向他说这些正经话了。独有黛玉自幼不曾劝他去立身扬名等语，所以他深敬黛玉。宝玉与元春的姊弟关系，虽时隐时现地在情节中点染几笔，但每当关键时刻，这条线索都牵动着宝玉人生的走向。

就连晴雯、袭人这些丫头的性格和命运也深深地影响和改造着宝玉。晴雯一向洁身如玉，自尊自爱，虽然生得比谁都俊俏，却从来没有私情密意地勾引宝玉。可是她在病中却被王夫人赶出大观园，诬陷是狐狸精，横遭迫害，眼看就要不久于人世时，竟然对前来看望她的宝玉说："我今日既担了虚名，况且没了远限，不是我说一句后悔的话，早知如此，我当日——"（第七十七回）满腔的情和爱，像洪水一下子冲决堤坝，喊出一个自尊自爱的姑娘深藏在心里的真情。因此，晴雯的死对宝玉后期性格的影响是至深的。

袭人更是和宝玉的生活道路须臾不可分。在晴雯被赶出大观园之前，她对宝玉形影不离无微不至地照料，使得宝玉和她的情感比其他的丫鬟要亲密的多，也曾一度形影不离。后来袭人格外受到王夫人的另眼相待，从而也使得这个下层人物有了往上爬的机会，甚至能够参与宝玉婚姻大事的谋划。晴雯被赶出大观园之后，引起宝玉对她的猜疑，心中产生隔阂。但不管怎么说，袭人都是和宝玉牵扯最多的一个女性。

在某种意义上说，离开了金陵十二钗及那些身份低微而品性不凡的青年女性，也就使大观园减淡了绚烂的色彩，使宝玉的性格缺少新质的成分，使《红楼梦》缺少了深层的内涵。

（二）金陵十二钗排序以女性人生的三个层面为原则

金陵十二钗排序是：黛玉、宝钗、元春、探春、湘云、妙玉、迎春、探春、凤姐、巧姐、李纨、秦可卿。

有学者说金陵十二钗排序是以和宝玉的亲疏关系为原则的，并称之为"情榜"。粗看似乎有道理。宝玉与金陵十二钗都有不同层面的情感、交往和联系，以此观照，黛玉和宝钗并列第一，理当如此。元春是宝玉的嫡亲姐姐，对宝玉"独爱怜之"，宝玉进大观园、宝玉的婚事，都是她钦定的，自然比别人更近一层。探春有强烈的封建正统观念，"只管认得老爷、太太两个人"，平日只向王夫人靠拢，与宝玉犹如嫡亲兄妹一般。湘云则有一只大小相仿的母金麒麟，衔玉而生的宝玉是要配有金饰物的小姐，恰好宝玉在清虚观也捡到一只公金麒麟。别看这小小的金麒麟，也属于"金玉"之论。妙玉与宝玉关系也不寻常，从吃茶与怡红公子共享一只"绿玉斗"，到折红梅、送寿帖，她一直暗恋着宝玉。虽是"槛外人"，身在空门，远眺红尘，但她与宝玉的交往，比宝玉两个从姊妹迎春与惜春都要多。

假如说以上八人与宝玉关系密者在前、疏者在后的说法，有一定道理的话，那么后四个人，按照与宝玉关系而论，就难以自圆其说了。凤姐是宝玉的表姐，又是堂嫂，她是看着贾母、王夫人的颜色喜欢亲近这个兄弟，说不得亲，也说不得不亲。李纨是宝玉的寡嫂，平时和宝玉只是一般性地接触。巧姐年龄尚小，平日与宝玉有一定的间隔。秦可卿排在最后，死的最早，她和宝玉没有什么直接的交往。那么，这四个人为什么也排在“金陵十二钗”之中了呢？可见，金陵十二钗的排序，仅仅以与宝玉关系的亲近作为根据，显然失之偏颇。

审视小说人物的一个重要层面，就是人物角色在小说中的地位。无论人物大小都是社会的一员，是社会某一层面的代表，都折射着社会底蕴的那一抹。金陵十二钗以及香菱、晴雯和袭人的不同的人生命运，支撑起《红楼梦》“半壁江山”的女性人物体系，必然展现女性人生的方方面面。由此，曹雪芹在构思和表现这些人物主次轻重的地位，直接考虑到设计如何出场，怎样亮相。因此，金陵十二钗排序大有用意。如果这样审视人物的话，且不用说别人，单就凤姐一个人几乎占《红楼梦》叙事内容的三分之一，应该是数一数二的人物，怎么才排在第九位？秦可卿虽出场不多，但在《红楼梦》叙事中也是可圈可点的人物，怎么才排在最后？可见，金陵十二钗的排序深意何在？不能不令我们深思。

金陵十二钗都属于“薄命司”，程度不同地体现着“千红一窟”“万艳同杯”的女性悲剧。看似每个人都是独立的个体，实则她们都牵动着宗法家族特有的人际关系，尽管个体表现是形形色色的，但都是封建宗法制度下的悲剧的女性，显现封建伦理文化的基本特征：男尊女卑。《红楼梦》的时代，中国封建社会发展到繁荣昌盛的顶峰，同时也是中国社会从传统向近代转型的一个新的阶段。这是一个继承传统但又蕴含变革的特殊历史时期，资本主义萌芽已经存在，商品经济发展到白银货币化的阶段，中国传统经济和社会的面貌的演变出现两个显著的趋势，其一是宗法政治高度集中化的趋势，其二是封建宗法制度对社会控制出现松弛化的趋势。因此，新与旧、传统与变革，都会在《红楼梦》爱情、婚姻和家庭的各个层面有所表现，既有新的思想、新的社会成分、新的人物出现，也有各式各样爱情、婚姻、家庭悲剧的出现。而且表现出的女性意识和自我个性的程度也不尽相同，复杂多样。但大体可以说金陵十二钗排序，是以展示了女性人生的三个层面为基本原则的。

1．爱情悲剧——金陵十二钗排序的重要叙事原则之一

在《红楼梦》叙事中，宝玉的婚恋关系是按两条线索并行交替叙写的：一条是宝玉与黛玉的情恋，可称之曰“木石姻缘”；另一条即是宝玉与宝钗的婚恋关系，可称之曰“金玉姻缘”。她俩与宝玉的人生道路和命运结局这些切身利害关系最为密切，形成《红楼梦》一条主意脉贯穿全书，所以当居首位。黛玉为爱情而生死以之，而贾府的女性在婚姻上完全没有自主权，终身大事全凭“父母之命、媒妁之言”，如若违反，则属“非礼”。那个时代“自择夫”与“淫奔女”等义，会遭到世俗的鄙视和非议。而曹雪芹却用酣畅的笔墨歌颂了宝玉和黛玉的爱情故事，主要集中在第八回至第九十八回约30多个章回的叙事中。宝玉和黛玉爱情悲剧的结局：宝玉出家，黛玉殒落，是整个《红楼梦》的叙事结构之中的重头戏。《红楼梦》将她的悲剧凝缩在第五回词曲中，以谶语形式作了预言。

〔枉凝眉〕一个是阆苑仙葩，一个是美玉无瑕。若说没奇缘，今生偏又遇着他；若说有奇缘，如何心事终虚化？一个枉自嗟呀，一个空劳牵挂。一个是水中月，一个是镜中花。想眼中能有多少珠泪儿，怎禁得秋流到冬尽、春流到夏。

这首抒情诗是人物的心声，表达了宗法伦理下爱情不得实现的内心的极度苦闷和悲愁。过去人们常常简单地指斥宗法伦理对青年男女爱情的禁锢和扼杀，没有看到处于宗法伦理社会氛围中的青年女子，都受到封建礼数的宗法权力下的文化阐释，也就是贾府家族对一个女儿的评价和认可程度。宝钗是在家长操纵的“金玉良缘”的舆论下生活，憧憬着这份“父母之命”的婚姻。她作为少女想拥有爱情和婚姻，但她不轻易在人前流露个人的情感。她深深地懂得如何把自己纳入封建时代“礼”的规范之中，时时处处以封建淑女的标准要求自己，绝不多走一步，也绝不走错一步。所以她得到的普遍评价是：“年纪虽大不多，

然品格端方，容貌美丽，人人都说黛玉不及。那宝钗却又行为豁达，随分从时，不比黛玉孤高自许，目下无尘，故深得下人之心。就是那些小丫头们，亦多和宝钗亲近。因此，黛玉心中便有些不忿，宝钗却是浑然不觉。”宝钗的一点一滴、一言一行，终于赢得了贾府女性家长的认可、欢心和喜爱，在宗法权力文化中占据了优势。相比之下黛玉在这方面却输掉了许多，有其自身的性格弱点，更多的则是封建文化阐释中，那些行高于众的人，越是超脱世俗，越是被孤立，被嫉恨，被扼杀，走向中国文化的深渊，黛玉性格的因素揭示出悲剧命运的整合性。一个像潇湘馆前的竹子一样瘦劲孤高、不甘世俗的人，虽与宝玉情投意合、两情相悦，却得不到家长的默许，当然也没有爱情的归宿，黛玉是孤独的、苦闷的、悲哀的，鸣发出的心声令人凄凄惨惨戚戚。

黛玉殒殁了，宝玉对她的爱刻骨铭心，始终不能释怀，最终遁入空门。宝玉与宝钗的婚姻也在悲剧中了结。黛玉、宝钗二人的命运结局虽不同，但产生悲剧的社会根源却是相同的。对于贾府继承人宝玉的择偶，“起决定作用的是家世的利益，而绝不是个人的意愿”（恩格斯语）。冷子兴演说荣国府时已透露了贾府是威名赫赫，而内囊空虚，也就是“贵”而不“富”；而薛家是门庭冷落，但家财殷实，也就是“富”而不“贵”。这种互补的优势，给宝玉与宝钗的结合带来了契机。因为世俗社会促使人际关系亲密的交往，至关重要的因素之一是金钱和财富。而这一切在新的人、新的社会成分出现以后，有时却失去了宗法社会的惯性，宝玉的出家正是脱离惯性势能的行为，也是封建家长难以预料的举动。曹雪芹在《红楼梦》中将黛玉和宝钗的爱情婚姻悲剧，真真切切地描绘出来，所揭示的蕴意是极其深刻的。

2．婚姻悲剧——金陵十二钗排序的叙事原则之二

元春、探春、湘云、妙玉、迎春、惜春的个性各不相同，她们在宗法社会下生存状态也迥然有异，但无论她们各自是怎样的形态，最后的命运都是悲剧。《红楼梦》从几个不同的视角展示了她们共同的悲剧因素之一，是得不到“爱”的薄命女儿，都属于婚姻悲剧，也是金陵十二钗排序的原则。

皇室的婚姻。元春“因贤孝才德，选入宫中作女史去了”，进宫后由女尚书到皇妃。一个“贤”字透露了许多信息。封建时代女性的“贤”，无非是恪

守封建的妇德，常常与温顺、谦恭和贤良的品性分不开。元春“贤”至贵为妃，除了给末世的贾府罩上皇亲国戚的光环，带来“烈火烹油、鲜花着锦”的虚热闹而外，自己得到的只是不可挽回的人生体验。元春省亲时，对贾母、王夫人说了一句极为痛楚的话：“当日既送我到那不得见人的去处……”一语道破在元春眼中的这种婚姻非但不是“荣华富贵”，反倒是皇妃未必强于民妇的悲哀。《红楼梦》中刻画元春的笔墨虽然不多，但一语见的地揭露皇家压抑和人性欲望的矛盾。这种矛盾贯穿、折磨、窒息她命运的始终。她是悲剧人物，既有贵妃尊贵和虚荣的一面，也有普通人本能欲望的一面，然而在“君临天下”的时代，中国皇帝的婚姻制度是对女性的极度摧残，“君门一人天由生，唯有宫莺得见人”。元春人生的欲望被压抑了，被窒息了，实属“薄命司”。

精明的探春对宗法伦理制度下的男尊女卑有着十分清醒的认识。面对贾府衰败的经济状况，她既不趁机豪取多得，也不一味地唾弃埋怨，而是抓住时机，坚毅果决地实行改革，除弊兴利，然而这样一个有才干、有能力、有思路的她却不能在自己的婚姻上有任何的主动权。《大清律例》卷十《户律》中规定：子女“嫁娶皆由祖父母、父母主婚，祖父母、父母俱无者，从余亲主婚。其夫亡携女适人者，其女从母主婚”。礼的规定及世俗的习俗，就是家长对子女婚姻的抉择和确定，所谓“父母之命，媒妁之言”。庶出的探春的婚姻当然也不例外。

乐观豪放、豁达开朗、率真憨厚的湘云，表面看似无忧无虑，实际却掩藏着自幼丧亲、寄人篱下的辛酸和隐痛。尽管是“侯府千金”，在家“一点儿作不得主”，反而常常“做活做到三更天”。大观园曾给她带来短暂的快乐，嫁个“才貌仙郎”也给她带来为期不长的快乐，谁知一年后她竟落个早寡的命运。

妙玉“本是苏州人氏，祖上也是读书仕宦之家”，只因“自小多病，买了许多替身儿皆不中用”，便到名山宝刹——苏州玄墓山蟠香寺“带发修行”。不幸的是父母双亡，自己无家可归。她人虽遁入佛门，却没了断尘缘。她虽以“槛外人”自命，但还暗恋着“槛内人”宝玉。不过这爱终究是可望不可即，更可悲的是还遭身陷泥淖，备受蹂躏。

迎春是变相买卖婚姻的牺牲品。她是姨娘所生，从小死了娘。父亲贾赦和邢夫人对她毫不怜惜，贾赦欠了孙绍祖5000两银子，就将她嫁给了孙家，实际上借婚姻的形式来抵债。迎春到了孙家受尽欺凌和折磨而死。

贾府的小姐表面殊荣，而婚姻都不美满。元、迎、探“三春”的不幸命运，湘云的早寡，黛玉的早夭，抄家的败亡，愈发让惜春感到现实生活的可悲与可怕。巨大刺激和深刻启示，使她选择了另一条道路：出家。“可怜绣户侯门女，独卧青灯古佛旁”。

3. 宗法家庭悲剧——金陵十二钗排序的叙事原则之三

凤姐、秦可卿是《红楼梦》家庭悲剧的代表人物，她们的婚姻家庭与贾府衰败史这条脉络紧紧裹挟在一起，后面我们将细讲。

李纨是少妇，守寡节欲，抚养幼子。她很懂得自尊，懂得人情世故，极力用封建道德“贞洁”检点言行，是贾府中为数不多的人格高尚的女子。但她的生活“居处于膏粱锦绣之中，竟如‘槁木死灰’一般”，灵魂被封建伦理挤压得失去了鲜活和生趣，“那美韶华去之何迅，再休提绣帐鸳衾”。什么节妇烈女，“也只是虚名儿后人钦敬”。年轻的少妇处于漫长的青灯孤影的生涯之中，空寂与苦闷伴其一生。她时时处处以封建道德伦理的修养调节和平衡自己的心理，越是平静，越是痛苦得如死水一般，越是显示出悲剧的深重。宗法社会儒教庞大的社会网络，笼罩着她，束缚着她，使她的青春枯萎，使她的欲望窒息，不声不响地为封建伦理纲常而殉葬。

“家败休云贵”，凤姐的女儿巧姐，可谓侯门之女，遭贾府被抄，逢母亲新亡，偏命蹇运灾，差点被“狠舅奸兄”给卖了。幸得刘姥姥相救，她小小的年纪也是整个贾府衰败的一个悲剧人物。

总之，贾府三个不同层面的女人种种不同的生活道路和形形色色的悲剧命运，都表现出封建社会的一个主流意识——“男尊女卑”，凸现了封建宗法社会形态的本质所在。它撕破了罩在以血缘关系为纽带上的温情脉脉的面纱，揉碎了美丽、聪明、才情洋溢的鲜活的少女生命，揭示了封建宗法伦理道德对两性关系的扭曲和对女性摧残的社会现象的普遍。“千红一窟(哭)，万艳同杯(悲)”的挽歌宣告了贾府势败人亡。

（三）金陵十二钗排序与《红楼梦》叙事结构的关系

也许有人还会问：秦可卿怎么排在最后一位？无论从年龄，还是地位，秦可卿都不至于排在巧姐的后面。别看这个问题很小，要说清它，还得从《红楼梦》整体叙事结构谈起。

《红楼梦》故事发生在贾府，形成的整体叙事框架是：宁国府和荣国府两条支脉交互演进，以荣国府为正面叙事，以宁国府为侧面衬托。宁国府的当家人贾珍是沿着“淫于宁、乱于宁、衰于宁、终于宁”的路子走下去的，宁国府最早显露衰败的征兆，荣国府则渐渐披露；宁国府最早败家，荣国府则维持残局。因此，宁国府只是表现贾府衰败的一条副线。在《红楼梦》一百二十回中，直接描写宁国府的故事并不多，总共仅有十二三个章回，所花笔墨约占全书的十分之一。因此，叙事内容远远逊于荣国府。《红楼梦》从第六回开始，进入故事主体的叙事，虽然人物众多，事情纷繁，但从故事演进的过程中，可以捕捉到三条发展的脉络。

一条是赫赫扬扬的贾府已历百年，尽管背后所隐藏的是内囊尽上，但表面还呈现鲜花着锦、烈火烹油之盛。衰败过程首先表现在经济上，金钱的挥霍，导致贾府日渐困顿，而且潜伏的房族之争、嫡庶之争、尊卑之争越来越激化。对所有的人物来说，贾府的衰败影响了个人的悲剧命运，个人的悲剧又拓展了贾府衰败的层面。对此《红楼梦》首当其冲地描写了“秦可卿出丧”，一次白事就花掉了宁国府的家底。当贾敬出丧时，花销再俭省，也要拆了东墙补西墙，经济拮据到了捉襟见肘的地步。仅以出丧这一个视角，祖孙两代人丧事的对比，就将宁国府“内囊”的败落先于荣国府摆明了。此时荣国府的架子还不被外人看清，处在“葱蔚洇润之气”中，哪里像个衰败之家。

另外两条叙事脉络，一条是宝、黛、钗情窦初开，发展到宝、黛热恋，最后导致黛死钗嫁。这和宁国府几乎不搭界。再一条是王熙凤才干和性格的张扬、欲望的膨胀，最终淹没在封建礼教的习惯势力之中，落了个悲剧的下场。其中只有“王熙凤大闹宁国府”等少数章回与宁国府有关。当然这三条发展脉络是互相裹挟、互为影响地开拓着自己生命的历程。《金陵十二钗判词》人物排序的三个层面，应当说是以这三条发展脉络整合性为根据的。因此，《金陵十二钗判词》以荣国府为主，宁国府只占两位——惜春和秦可卿。

从叙事线索、叙事肌理来看，在这张画稿上，宁国府是贾府的一个小样。贾府的故事大都在荣国府演绎，因此，金陵十二钗三个层面的排序，都是荣国府的人在前，宁国府的人在后：

第一层面，爱情悲剧：黛玉（荣）、宝钗（荣）；

第二层面，婚姻悲剧：元春（荣）、探春（荣）、湘云（荣）、妙玉（荣）、迎春（荣）、惜春（宁）；

第三层面，家庭悲剧：凤姐（荣）、李纨（荣）、巧姐（荣）、秦可卿（宁）。凤姐和李纨是贾母的孙媳妇，巧姐和秦可卿是重孙辈的，何况秦可卿又是宁国府的人，当然是倒数第一人。

《金陵十二钗判词》和《红楼梦曲》的真正叙事作用，是在《红楼梦》整个叙事流程中隐含和开启了青年女性人物系列的性格发展和命运走向，将矛头直指封建宗法的婚姻家庭制度，掀开贾府悲剧的大幕。

曹雪芹设计第五回宝玉神游太虚幻境的故事，把金陵十二钗都归入太虚幻境的“薄命司”。她们共同的命运，即“千红一窟（哭）”“万艳同杯（悲）”，命运的基调是“悲金悼玉”。

所谓“悲金悼玉”包含两层意思：从具象意义上讲，概括了贯穿全书的宝、黛、钗爱情婚姻悲剧这一条重要的叙事线索。

〔终身误〕都道是金玉良缘，俺只念木石前盟。空对着，山中高士晶莹雪；终不忘，世外仙姝寂寞林。叹人间，美中不足今方信。纵然是齐眉举案，到底意难平。

这是拟宝玉的口气写的咏叹调。薛宝钗“德言工貌”，样样俱全，才智出众，是封建淑女的典范，而“罕言寡语”“安分随时”的处世哲学，也使她与贾府那样的环境以及当时的社会绝无冲突，相反倒有“好风凭借力，送我上青云”的机会。所谓“金玉良缘”，假借出于癞头和尚冥冥之中的安排，实则反映出贾府这样的“钟鸣鼎食之家，翰墨诗书之族”，为迫使宝玉读书上进，以便继承祖业而在婚姻问题上作出的抉择。“山中高士晶莹雪”暗喻薛宝钗的冷漠和超然，书中还多次以“冷香丸”“冷美人”“任是无情也动人”等隐喻，来强调她性格的这一特点。“金玉良缘”对他们来说，只是一杯没有爱情的苦酒。尽管薛宝钗能克尽妇道，像传说中的孟光那样“齐眉举案”，几近完美，但宝玉仍不能忘情于悲凄而逝的林黛玉，终于看破红尘，怀着不平之意，撒手出家，而薛宝钗也不免在孤寂冷落中抱憾终身。

“木石前鉴”则是对宝、黛自由爱情的概括，宝、黛初恋之间那种一会儿“好”，一会儿“恼”，愈是“冤家”，愈“聚头”，表达了封建时代少男少女爱恋时微妙复杂的心理。黛玉何以会在恋爱中以泪洗面，固然有“小性儿、爱恼”，曾引起一些误会和微波。但更重要的原因是，他们真挚的爱情有悖于那个时代陈腐的道德观念，只能以“囫囵不解语”相互试探，“一个在潇湘馆迎风洒泪，一个在怡红院对月长吁”。一旦宝玉“诉肺腑”，剖白心曲，误会也随之冰释。随之而来的是更难以自身解决的难题，即他们的爱情无人作主。黛玉沉重抑郁之情反日甚一日，其间虽有紫鹃为促成他们婚姻进行过大胆的努力，宝玉也为此几成“痴迷”，是刻骨铭心的爱情。但主宰着他们婚姻的王夫人等人对此无动于衷。这种无人替他们做主的现实，反过来又加重了黛玉性格的忧郁情怨，终于泪尽而亡。全书所描写的宝、黛、钗爱情婚姻悲剧的主要叙事内容和基本旋律，一直贯穿于全书所展开的悲剧的浩瀚乐章之中。宝、黛、钗爱情婚姻悲剧，既与贾府衰败的基本意脉相联系，又自成首尾，有相对独立的思想内涵。不仅上演了黑暗势力吞灭有价值的新生事物悲剧，而且突出了反封建的叛逆思想的萌生。

广义上讲“悲金悼玉”还应该包括贵族出身和小姐地位的十二金钗所有女子。有“贾家四春”：元（原）、迎（应）、探（叹）、惜（息）和属于贾家的媳妇凤姐、李纨、秦可卿，还有曾孙女巧姐。其余二人，湘云是侯门之女，四大家族史家的小姐；妙玉“祖上也是读书仕宦之家”，其判词定为“可怜金玉质”。所以说她们都是“金枝玉叶”式的人物。“因此，上演出这悲金悼玉的红楼梦”。

女婢是封建等级制社会底层最受压迫、受摧残的女性。金陵十二钗图册又副册中奴婢有三人，即晴雯、袭人和香菱。虽然只写了她们三人，但她们代表着一个很大的群体。奴婢制，虽在中国封建社会延绵不绝，但清朝较之以往前朝却有过之而无不及。清朝统治者入主中原，奴隶制残余亦带入关内，不仅合法且无定制。“家生子”就是清代特有的奴婢。另外官宦世袭之家，几代同堂，聚族而居，钟鸣鼎食，大讲排场，也必须有一大批各司其职的奴婢侍候。还有的统治者贪恋声色，养婢蓄奴，也是导致奴婢畸型发展的重要因素。

奴婢是封建等级制衍生出来的一个特殊社会阶层，而且等级森严，待遇悬殊。有头有脸的陪房、姨娘，可以登堂入室，掌管要事，她们挥霍用度，不比寻常，甚至有的仗势欺人，刁难胜主。下贱的粗使丫鬟、日夜劳作的婆子，不得温饱，挨打受骂，性命难保。无论是有头脸的，还是粗使下贱的，都与主子的生活和命运裹挟在一起。贾府贵族成员一共不过二三十人，但供他们使唤的奴婢就有200多人，这个特殊社会层次的生存状态和命运结局，也都在《红楼梦》中充分展示了出来。不管女婢的个性如何，由于没有人身自由，主子对她们可以打骂，可以买卖，她们从来就没有好的出路。最好的盼头是由婢到妾，成为半个主子、半个奴才。

薄命为什么是金陵十二钗为代表的青年女性的共同悲剧命运？《红楼梦》为什么偏偏以“千红一哭”“万艳同悲”为主旋律，以“悲金悼玉”为最强音？

“男尊女卑”是整个封建社会的主流意识，表现出女人种种不同的生活道路和形形色色的悲剧命运，表现这个主流意识，就抓住了封建社会形态的本质所在。当然曹雪芹不会这样理性地认识问题，但他清醒地懂得：“我想历来野史的朝代，无非假借‘汉’‘唐’的名色；莫如我这石头所记，不借此套，只按自己的事体情理，反倒新鲜别致。”这种按照事物本来面貌作为叙事根据，不管是自觉或是不自觉，都会正中肯綮。《红楼梦》思想意蕴的深刻，艺术力量的震撼，其中重要的一点，就是在贾府这一典型的宗法封建家族中，始终贯穿“男尊女卑”的主旋律，形象地以各类女子的独特生活道路和命运遭遇作为变调的方式多次出现，最后以多声部和弦的方式，整合演奏了一场封建时代的悲剧。

“红颜薄命”的挽歌宣告了贾府势败人亡，《红楼梦曲》最后一支“收尾”曲是对悲剧的总括：

> 为官的，家业凋零；富贵的，金银散尽；有恩的，死里逃生；无情的，分明报应；欠命的，命已还；欠泪的，泪已尽。冤冤相报实非轻，分离聚合皆前定。欲知命短问前生，老来富贵也真侥幸。看破的，遁入空门；痴迷的，枉送了性命。好一似食尽鸟投林，落了片白茫茫大地真干净。

这支曲子是对金陵十二钗及其地位低下的青年女性总的概括，更是对贾府势败人亡总的概括。

第六章

钟鸣鼎食的贾府是『虚架子』

（第六至二十六回）

《红楼梦》前五回的序幕拉开以后，从第六回开始了以贾府为中心的生命流程，曹雪芹用那如椽的巨笔，极尽叙事描写，有烈火烹油，有鲜花着锦，有波涛翻滚，有静谧柔细，有钟鸣鼎食，有龌龊卑琐……直至一百二十回形成一个完整的叙事结构。根据其生命流程不同阶段的叙事形态，又可以划分为若干叙事结构单元。划分的根据：

其一，故事的展示相对集中在一个时空领域，使得贾府的衰败在全局、格调、色彩上呈现出阶段性；以宝、黛、钗为代表的儿女生命绽放出青春靓丽的花朵，在封建礼教的遏制下呈现出悲剧性；个性张扬而显示才干和精明的凤姐在贾府男权社会中的拓展与毁灭。

其二，一个叙事结构单元除却表层结构有相对的完整性以外，其体现出的深层意蕴所透发的哲理和史思，也相对集中在一个范畴，或者一个主题。

其三，每个叙事结构单元都是整个生命流程的一个发展阶段，富有律动性，既和《红楼梦》的基调和主旋律发生共鸣，又为下一个叙事结构单位孕育了潜在的张力，辐射着后面的人物和事件。因而，当大大小小的叙事结构单位链接起来，叙事故事既自然演进，波澜起伏，又渐进有序，张弛有致。

《红楼梦》第六回自宝玉写起到其出家，文本时间是以宝玉 10 岁至 21 岁这 12 年贾府现实生活为背景展开叙事的。所以说一部大书从第六回以后，其实只写了 12 年的光景，当然，这 12 年的叙事，每一年文本时间的叙事容量也是各不相同的，又可以分为四个发展阶段。其中第六至三十六回是第一个阶段，所描写的是宝玉 10 岁至 15 岁之间发生的事情，具体还可以划分为两个叙事单元：

第一个叙事单元：王熙凤与末世贾府的豪奢和淫糜（第六回至十八回）。

第二个叙事单元：宝、黛、钗情窦初开和家长里短（第十九回至三十六回）。

一、王熙凤与贾府的豪奢和淫糜

（第六至十二回）

从第六回到十八回为《红楼梦》第一个叙事结构单元，其基本特征有以下几点：

首先，这个叙事单元中全方位展示了贾府两大支脉的官僚贵族的气派和豪华，宁国府秦氏出丧，荣国府元妃省亲。这两大中心事件将叙事的高潮推向了极致，是《红楼梦》整个叙事结构中最宏大最显赫的叙事形态，且宁、荣两府叙事内容互为对应，红白喜丧情调色彩互相对比，从不同的视角写尽了贾府的豪奢和权势。同时，在秦氏出丧盛大而风光的叙事中又隐含着一股衰落败家的暗流；在元妃省亲庄重而豪奢的叙事中则更是不时地流露出不协调的冷言冷语——好景不长、虚热闹。

其次，在这一叙事单元中全方位多层次展现了两个轴心人物的性格结构。一个是凤姐，集中笔墨泼洒在她的形象上，刻画了她管理的才干、精明的性格、贪婪的欲望以及她的风骚性情和私生活。另一个是宝玉，有层次地刻画了他性意识的萌发，在与黛玉、宝钗的情感纠葛中经历着人生的初恋阶段。宝玉不喜读四书和作八股时文，但对诗词歌赋颇为喜欢，并在“试才题对”时表现出了艺术的才气。宝玉的平等意识在走进大观园后又得到了升华，这是一种新的素质、新的成分在他身上的体现，是对封建等级制合理性的否定，也是对封建贵族阶级的叛逆。

第三，在这一叙事单元里叙事中心事件与凤姐、宝玉性格结构的融合，形成了独特的章法：秦氏出丧与元妃省亲，这大开大合之势，都向着一个圆心聚拢，显示贾府官僚家族的气派，形成“聚”的格局；而茗烟闹学、弄权铁槛寺、调戏贾瑞等情节却是以不同方式蛀蚀着贾府的豪门魂魄，挖掘着贾府的虚华墙角，是“散”的形态。一聚一散，是这一叙事单元独特的章法。

《红楼梦》这部古典名著，刻画了数十个性格鲜明的人物，其中最鲜活、最精彩，留给读者记忆最深刻的是凤姐。从第三回“黛玉进贾府”时凤姐亮相，到第一百十四回凤姐之死，不仅她的音容笑貌、举手投足，贯穿全书的始终，而且凤姐的性格和命运与整个贾府的衰败息息相关。解读凤姐，就等于解读了半部《红楼梦》。

（一）凤姐亮相

凤姐第一次亮相，是黛玉进贾府。当大家都围着黛玉问寒问暖时，“只听后院中有人笑声，说：‘我来迟了，没得迎接远客。’”屋里的丫鬟、婆子顿时“敛声屏气”，人还未到，已先声夺人，引起黛玉的好奇：这来人是谁？如此“放诞无礼”。封建时代的妇道要求女性举止内敛，而凤姐却恰恰相反，个性张扬，卓尔不群，给从未见过面的黛玉留下了深刻的印象。

凤姐个性之一：长相俊美、穿戴华丽。黛玉心下想时，“只见一群媳妇、丫鬟拥着一个丽人，从后房进来。这个人打扮与众姑娘不同，彩绣辉煌，恍若神妃仙子”。古代妇女装饰最讲究的地方，一个是头上戴的，一个是腰里系的。从头上往下看，凤姐头上戴的是“金丝八宝攒珠髻”“朝阳五凤挂珠钗”，这是两件做工讲究、十分珍贵的首饰。一件是用金丝镶嵌各种各样的珠宝，插在发髻上。另一件首饰是钗头凤，插在前额头顶的侧面，一只长金钗分出五股，每股有一只金凤凰，口里衔着一串珍珠，迎着朝阳；脖子上戴的是“赤金盘螭璎珞圈”，用金丝做的盘龙缠绕、串着珍珠的金项圈。珠光宝气，光彩照人。身上穿的是“缕金百蝶穿花大红洋缎窄褙袄”，外罩着的是“五彩刻丝石青银鼠褂”，下面穿的是“翡翠撒花洋绉裙”。凤姐穿戴华丽，质地上乘，都是精选的上乘衣料，用各种精湛的工艺制成。所谓“洋缎”，《大清会典》记载，江宁织造局每年织倭缎六百匹，倭缎就是日本丝绸、洋缎。倭缎只供贵族使用，与平民无缘。她喜欢的服饰色彩艳丽，以大红为主，配以豆绿、石青两色。色调协调，明快活泼。

凤姐一亮相，从头到脚，通身富贵，气派非凡，体现了主子地位的高贵。这与我们前面说的迎春、探春、惜春三人“皆是一样的装饰”，形成鲜明的对比，凤姐为了迎接一位贾母疼爱的外孙女，刻意穿着打扮，显示出内心深处有一种自我表现、个性张扬的意识。

黛玉再看凤姐的长相，令人眼前一亮：

一双丹凤三角眼，两弯柳叶吊梢眉，身量苗条，体格风骚。粉面含春威不露，丹唇未启笑先闻。（第三回）

女人漂亮是天生的资本。凤姐的漂亮一是俏丽，丹凤眼，吊梢眉。这种眉眼是美中带着俊俏。二是性感，“身量苗条，体格风骚”，“风骚”就是妩媚。这种美既不是黛玉充满书卷气、娇喘微微、泪光点点的病态美，也不是宝钗那种藏愚守拙、大家闺秀的矜持美。凤姐是一种“风骚”的美，“性感”的美，世俗的美，美得能令人心动，过目不忘。三是气质夺人。“粉面含春威不露”，“春”，可亲可爱的样子。“威”，英气逼人。这是一种与生俱来的天生丽质，和高贵的身份、显赫的地位融于一身，显示出凤姐的权威。

凤姐个性之二：既会说话，又会做人。贾母一句戏谑的话，是对凤姐性格精辟的概括，她对黛玉笑着说：

你不认得他，他是我们这里有名的一个泼辣货，南京所谓“辣子”，你只叫他“凤辣子”就是了。（第三回）

“凤辣子”，红艳艳，火辣辣。既招人喜欢，又令人畏惧。黛玉听了贾母称凤姐为“凤辣子”，正不知该怎么称呼凤姐时，凤姐却马上拉着黛玉的手，仔细打量起林黛玉来，在众人面前，立刻称赞：

> 天下真有这样标致的人儿，我今儿才算见了！况且这通身的气派，竟不像老祖宗的外孙女儿，竟是嫡亲的孙女儿是的，怨不得老祖宗天天嘴里心里放不下。（第三回）

凤姐很会说话，夸赞黛玉的气质和风姿，又让迎春、探春、惜春这些嫡亲的孙女儿听了很高兴。“嫡孙女”与“外孙女”，虽然都是亲的，但是在封建社会的嫡传制度下，一字之差，却有亲疏之别。嫡孙才是正统的根，而外孙毕竟是外姓人。但凤姐说这话主要是讨好贾母。老太太的心思凤姐时时“看着老太太的眼色行事”，她明白，在贾府中只有讨贾母欢心，才能受宠，才能在贾母这棵大树的遮蔽下，恣意所为。

凤姐夸赞黛玉后，又把话头转到黛玉母亲的去世，“只可怜我这妹妹这么命苦，怎么姑妈偏就去世了呢”。她说着用手绢擦泪，假意哭了起来，可一听到贾母说：“我才好了，你又来招我。你妹妹远路才来，身子又弱，也才劝住了，快别再提了。”凤姐马上又转悲为喜：

> 正是呢！我一见了妹妹，一心都在他身上了，又是喜欢，又是伤心，竟忘了老祖宗。该打，该打！（第三回）

这些描写让人们看到了凤姐的八面玲珑，既会说话，又会做人。凤姐虽读书不多，但却能满口妙语。她走到哪里，哪里一片笑声，逗笑取乐，精彩之处，令人破颜解颐。凤姐出场时的一切表现，笑也罢，哭也罢，都是为讨贾府的最高统治者——贾母的欢心。她交替着使用软硬两手，随时随地变换着脸色，应对贾府复杂的人际关系。

凤姐个性之三：抓住机遇，展示自己，张扬自己。《红楼梦》说：“那凤姐素日最喜揽事办，好卖弄才干。”这话虽然含有贬义，但正是凤姐善于抓住机遇，展示自己优长之所在。哪怕有一点儿机会，她也要见缝插针，哪怕有一点权力，她也要显示自己，突出自己。黛玉新来乍到，一下子就遇到这么亲切、话语这么温暖的人，能不对凤姐有好感吗？何况凤姐嘘寒问暖，对黛玉的安排井井有条。

> 又忙拉着黛玉的手，问："妹妹几岁了？可也上过学？现吃什么药？在这里别想家，想要什么吃的、什么玩的，只管告诉我；丫头老婆们不好，也只管告诉我。"一面又问婆子们："林姑娘的行李东西可搬进来了？带了几个人来？你们赶早打扫两间下房，让他们去歇歇。"（第三回）

在这中间，王夫人问这个月月钱放了没有，她回答放了。凤姐借着话头，马上表白自己："刚才带了人到后楼上找缎子，找了半日，也并没见昨儿太太说的那个，想必太太记错了。"王夫人道："有没有，什么要紧。"因又说道："该随手拿出两个来，给你这妹妹去裁衣裳啊。等晚上想着，叫人再去拿罢。"熙凤道："我倒先料着了，知道妹妹这两日必到，我已预备下了，等太太回去过了目，好送来。"王夫人一笑，点头不语。在不经意的一问一答中，凤姐不光向众人表明刚才来迟的原因，而且显摆她的精明能干，办事利落。

凤姐第二次亮相是在第六回拉开序幕的，在曹雪芹即将正式娓娓动听地向读者讲述《红楼梦》的故事时，偌大的贾府该从哪里讲起？

> 且说荣府中合算起来，从上至下，也有三百余口人，一天也有一二十件事，竟如乱麻一般，没个头绪可作纲领。正思从那一件事自那一个人写起方妙，却好忽从千里之外，芥豆之微，小小一个人家，因与荣府略有些瓜葛，这日正往荣府中来，因此便就这一家说来，倒还是头绪。（第六回）

曹雪芹在《红楼梦》整体构思之中，选择了刘姥姥来充当整部作品的一个重要叙事视角，目的还是皴染王熙凤的形象。

刘姥姥和女婿狗儿这个五口之家虽未破产，但生计也维持得颇为艰难。狗儿下地干活，刘氏操持家务。刘姥姥看管着板儿、青儿兄妹，日子过得紧巴巴的。眼看“秋尽冬初，冬事未办”，过不了冬。因此“狗儿未免心中烦虑，吃了几杯闷酒，在家闲寻气恼”。刘姥姥看不过，乃劝道：“姑爷，你别嗔着我多嘴。咱们村庄人，那一个不是老老诚诚的，守多大碗儿吃多大碗的饭。”可她更知道“拉硬屎”解决不了一家子过冬的衣食，这才想到去贾府攀富。刘姥姥的女婿狗儿祖上当年曾与“金陵王”家有“连宗”的历史，这是其一；刘姥姥和她的女儿刘氏与王夫人有过一面之交，这是其二；王夫人的陪房之夫周瑞和狗儿之父“交过一件事”——昔年周瑞争买田地多得狗儿他爹王成之力，这是其三。有这些由头，便决计由刘姥姥带着板儿到贾府“打抽丰”——求点施舍周济。便引出了“刘姥姥一进荣国府”。本来是冲着王夫人来的，不想如今是凤姐当家。于是从一个乡野农妇刘姥姥眼里映现出的全是凤姐了。

刘姥姥是一位村野农妇，她看问题的视角，是从社会底层出发的，低微的视野、寒碜的生活与凤姐及她所处的高门府第的富贵和豪奢形成了巨大的心理落差。刘姥姥带着板儿来到荣府大门石狮子前，“只见几个挺胸叠肚、指手画脚的人坐在大门上，说东谈西的”。刘姥姥“蹭上来”，陪着笑烦他们找“周大爷”，有人让她“远远的在那墙角下等着”，刘姥姥绕到后门，幸亏抓住个孩子指路，找到周瑞家的，说明来意。

周瑞家的告诉她“如今太太不理事，都是琏二奶奶当家”，并介绍了“琏二奶奶”的为人。

周瑞家的领刘姥姥进了“琏二奶奶”凤姐的院子。“上了正房台阶”，早有“小丫头打起猩红毡帘，才入堂屋，只闻一阵香扑了脸来”，“身子就像在云端里一般。满屋的东西都是耀眼争光，使人头悬目眩，刘姥姥此时只有点头咂嘴念佛而已”。到了凤姐女儿睡觉的东屋，“见平儿遍身绫罗，插金戴银，花容月貌，便当是凤姐儿了，才要称‘姑奶奶’”，只见周瑞家的介绍这是平儿。刘姥姥坐下来，喝着茶，不免东瞧西望的，忽见“柱子上挂着一个匣子，底下又坠着一个秤砣是的，却不住的乱晃”，正在猜想是个什么东西，“陡听得‘当’的一声，又若金钟铜磬一般”，“接着一连又是八九下”，刘姥姥正对着这个自鸣钟发呆，“只见小丫头子们一齐乱跑，说：‘奶奶下来了’”。“只听远远有人笑声，约有一二十妇人，衣裙窸窣，渐入堂屋”，“又见两三个妇人，都捧着大红油漆捧盒，进这边来等候”。刘姥姥被周瑞家的招呼着，方蹭到凤姐住的西屋：

那凤姐家常带着紫貂昭君套，围着那攒珠勒子，穿着桃红洒花袄，石青刻丝灰鼠披风，大红洋绉银鼠皮裙，粉光脂艳，端端正正坐在那里，手内拿着小铜火箸儿拨手炉内的灰。平儿站在炕沿边，捧着小小的一个填漆茶盘，盘内一个小盖钟。凤姐也不接茶，也不抬头，只管拨手炉内的灰，慢慢地问道：“怎么还不请进来？”（第六回）

刘姥姥早已由周瑞家的带着站在地下，慌忙下拜，问安。她站在凤姐面前直发怵，一时支吾难开口。凤姐很清楚刘姥姥的意图，既然王夫人有话“既然来了，也不可简慢他”，便说：

你既大远的来了，又是头一遭儿和我张个口，怎么叫你空回去呢？可巧昨儿太太给我的丫头们作衣裳的二十两银子，还没动呢，你不嫌少，先拿了去罢。（第六回）

凤姐给的20两银子，说是丫头们做衣裳用的。也许是顺口一说，也许是故意显示贾府的气派。却给刘姥姥的心里震撼不小，刘姥姥喜得眉开眼笑道：

我们也知道艰难的。但只俗语说的，“瘦死的骆驼比马还大”呢。凭他怎样，你老拔一根寒毛，比我们的腰还壮呢！（第六回）

刘姥姥这个卑微的小人物受宠若惊，不知说什么好。她与贾府之间的差别太悬殊了。她从自己低微的地位、窄狭的生活圈子看别人，也只有以这种个性视角，才能辨清封建社会的人间七色。一边是朱门酒肉，一边是寒门冻饿。穷人在富人面前乖巧，不单是自我人格失落，还蕴含着多少深广的社会历史内容。贾府的堂皇富贵、门人的高傲、平儿的艳丽、凤姐不可一世的华贵气派以及荣府门前、周瑞家中、凤姐院内，几乎贾府上上下下的摆架子、闹排场、骄横、傲慢，显现出不同层次的人们花样繁多的目标和诉求。金钱、权力、能力、人脉、品味，都依赖于一套约定俗成的潜规则，而且对这种潜规则的辨析还需要心理深层的色彩积淀。别看刘姥姥是村妇，但她的阅历颇深，懂得身价贵贱背后的潜规则，以及遵循此道而获得生存的智慧。如果说曹雪芹把刘姥姥作为《红楼梦》流动的叙事视角，那不是单纯的形式技巧，而是作为一面人生智慧的七彩镜子，镶嵌在社会生活的横截面上。

尽管整部《红楼梦》中刘姥姥也仅是个过场人物，但在小说结构设计中，作者也正是通过这个人物，见到了荣国府现在当家的实权人物——凤姐，一下子就把视点切入到了荣国府的核心——贾府的实权派。凤姐性格及人生命运的发展轨迹，是整个《红楼梦》的三大意脉之一。如何展示凤姐这个轴心人物的风貌和性情，关涉到编织《红楼梦》整个故事。刘姥姥三进荣国府，并成为贾母的座上客。本来刘姥姥一进荣国府不过是日子穷，到贾府“打抽丰”，没料到她性格的幽默、阅历的深广、言语的妙趣，竟意外地得到了贾母的喜欢，从而走进大观园。凤姐初次接待刘姥姥，原本是体面地打发一个投亲的人，却意外得到善报，最终是刘姥姥救了她的女儿——巧姐。因此，无论是曹雪芹把刘姥姥设计成整个叙事结构中的一个流动的视点也好，还是透过她性格的内涵折射出深广的历史现实背景也罢，她都是一个很有意味的人物。

（二）凤姐为啥能掌荣国府家政大权

从小生活的家庭环境和所接触的社会关系，对一个人的性格生成是至关重要的。凤姐有管理才能，这种素质的养成，离不开她在那特殊的家庭环境里的成长。《红楼梦》对凤姐的家庭环境和社会关系的介绍，虽然片言只语，但可以知道她生活在一个豪富的家族。王家有钱有势，“东海缺少白玉床，龙王来请金陵王”说的就是王家。凤姐常常以娘家为自豪，和贾琏的奶妈聊天，特意提起当年娘家曾经接驾过皇帝：

我们王府也预备过一次。那时我爷爷专管各国进贡朝贺的事，凡有外

国人来，都是我们家养活。粤、闽、滇、浙所有的洋船货物都是我们家的。（第十六回）

凤姐的爷爷当年在朝廷掌管对外贸易，包揽了广东、福建、浙江和云南的洋船货物。广东、福建、浙江是海上对外贸易的窗口，云南是西南丝绸之路必经之路，古称“牦牛道”。王家的进口货多是传统贵族之家不可得的，凤姐送给宝玉的生日礼物，其中一件是波斯国所制的玩具，波斯国就是现在的伊朗。送给黛玉的茶叶是“暹罗国进贡的”，暹罗国就是现在的泰国。大概都是通过东南沿海对外贸易或者西南丝绸之路带到中国的东西。凤姐以此显示娘家与别家的不同。

从封建社会末期生产方式和生活方式来看，贾、史、薛、王四大家族基本属于传统型的封建贵族，但王家却有不同之处，由于掌管朝廷的对外贸易，长期与外国商人打交道，受到资本主义萌芽的影响，具有商品经济的观念和开放的意识。在这样的家庭里，凤姐从小耳闻目睹，潜移默化，比传统型贵族的大家闺秀，有更多的机会了解和认识官场和商场。凤姐在贾府每月晚发月钱，利用时间差，放高利贷，一年就弄出上千两银子。而在这样的家族中泡大的凤姐所受到的儒家道德规范相对弱化。她“自幼假充男儿教养”，很少有封建伦理的妇道成分，融入女性人格中的从属意识也相对弱化。加上从小不读书，不但没有被封建社会传统道德的教化束缚了手脚，反而具有男子的刚骨。一方面她“从小就有杀伐决断”之能，敢于压制别人、攻击别人，决不手软；另一方面是“心机又极深细”。眼观八面，耳听四方，随机应变，见风使舵。有了权，又有才，于是就爱弄权。王熙凤深深懂得特权、地位、金钱三位一体的关系，她弄权谋取私利，满足贪婪的欲望。

掌管荣国府的家政大权，仅仅靠个人的素质是不够的，还得依赖娘家的权势。这在封建王朝是极为重要的。凤姐非常明白，家族权势的勾结是“一损俱损，一荣俱荣，扶持遮饰，皆有照应”，但是到凤姐这一代，贾、史、薛三大家族已不是当年烈火烹油、鲜花着锦的时代了，特别是史家已经败落；薛家的薛姨妈也只是守着点大皇商的家底和子女过活，钱是花一个少一个；贾家“外面的架子虽没甚倒，内囊却尽上来了”。贾家虽然仍袭了官，但却无所作为。独有王家的权势和豪富，依旧炙手可热，如今凤姐的叔叔王子腾任京营节度使，继而升了九省统制，是一位声势煊赫的封疆大吏，比贾府的几位老爷都有实权，贾、薛两家都攀附着王家，仰仗着王子腾办事。因而王家在“四大家族”中有举足轻重的地位。凤姐嫁到贾家，自然就受到极大的重视。凤姐也懂得如何依靠娘家之势，谋取私利，豪横霸道。凤姐目睹了一个个家族的兴衰变化，目睹了家族之间的荣辱与共，目睹了家族内部人际关系的趋炎附势，可以说，这种家族内外盘根错节的人际关系，正是生出她有“一万个心眼子”的温床。

特殊生活环境养成凤姐的个性，大胆主动的作为和个人欲望的贪婪相伴随，杀伐决断的威严与聪明快活的戏谑相交织。像这样的女性在男权思想支撑的封建社会是极为少见的，那么，凤姐为什么能够在百年望族的贾府里脱颖而出？

（三）“阿凤正传”

《红楼梦》开篇就把叙事的镜头对准了荣国府核心人物——凤姐。紧接着是“毒设相思局”“协理宁国府”“弄权铁槛寺”等几个章回的浓墨重彩，分别从几个不同的侧面细致入微地刻画了凤姐以管家奶奶的身份出现之后的作为、欲望和品行，折射出在贾府上层的活动中凤姐张扬的个性，潜意识中与男性文化的对抗，是其短暂一生中最辉煌的阶段，也是整部《红楼梦》故事文脉的开合之处。因此，甲戌本（回前批）：

> 此回借刘妪，却是写阿凤正传。

这一叙事单元写凤姐的精明和才干，“协理宁国府”从正面落笔，“弄权铁槛寺”在反面着墨，刻画她有心计、有手腕、有才干。同时，也把她借助贾府的权势，巧取金钱，贪得无厌，表现得淋漓尽致。对钱财的贪婪只是凤姐欲望的一个侧面，是她性格结构中的一个组成部分。只有把她对金钱以及内心深处迸发的各种欲望、情绪和情感融合到一起，性格才是丰满的、真实的。曹雪芹着意刻画她是“脂粉队里的英雄”，并没有放过她私生活的每一个细节，既写她与贾琏白日嬉戏，又明争暗斗；既写她与贾蓉婶侄之间情欲暧昧，又写她对贾瑞的风骚、调戏、捉弄、惩治等花样中表现出的狠毒和得意。如果说前五回通过黛玉的眼睛，表现了她先声夺人的气派，姿容自重、艳丽娇人的美貌，以及借机发放高利贷的经营手段，都只是点染一笔的话。那么在这一单元结构中曹雪芹则倾注笔墨，工笔细描，极力塑造了凤姐性格的丰富性和复杂性。她的一言一语、举手投足看似不经意，但在人与人复杂关系的交往中，在追求对权势、金钱、情感、性欲平衡时，简直达到呼之欲出的境界。这样集中笔墨来写“阿凤正传”，并不只写其性格的完整性，而是从这位当家奶奶性格结构的演变中，既看出她一生的命运正好伴随着整个贾府的衰败，又看出一个具有完整性格的人在这一过程中的巨大落差。

1．凤姐的管理才能和对权势、金钱的欲求

凤姐已是荣国府当家奶奶了，按理她的管理才能应首先在荣国府这块天地里表现。恰恰相反，作者偏偏在艺术设置上让她换一个叙事时空，去协理宁国府，从而突出展现她的才智和能力。

百年望族的荣国府沿袭贵族因循守旧的管理模式，积重难返，面对弊端种种，大家却习以为常。家政虽有凤姐管事，而贾母、王夫人无不插手其间，想管的事，大事管，小事也管；不想管的事，小事不管，大事也不管。实际上凤姐多受挟制，不能完全做主。尽管凤姐管家十分干练，但都融于家长里短的琐事之中，其干才并不是表现得特别明显。宁国府与荣国府则不同：一则没有上层主子挟制，二则自己可以做主，令行禁止。曹雪芹把凤姐的“杀伐决断”放到宁国府去展示，曝光宁国府混乱和腐败的同时，也突出了凤姐的管理才干和她的权势欲望。为达到此叙事目的，还做了一些铺垫，秦氏死时，“谁知尤氏正犯了胃病旧疾，睡在床上”。脂批：“妙！非此何以出阿凤！”这正是曹雪芹高超的叙事艺术所在。第十三回写贾珍请凤姐协理宁国府办丧事：

> 贾珍笑道：“……若说料理不开，从小儿大妹妹玩笑时就有杀伐决断，如今出了阁，在那府里办事，越发历练老成了。我想了这几日，除了大妹妹再无人了……”说着滚下泪来。

王夫人心中为的是凤姐未经过丧事，怕他料理不起，被人见笑。今见贾珍苦苦的说，心中已活了几分，却又眼看着凤姐出神。那凤姐素日最喜揽事，好卖弄能干，今见贾珍如此央他，心中早已允了。又见王夫人有活动之意，便向王夫人道："大哥哥说得如此恳切，太太就依了罢。"王夫人悄悄问道："你可能么？"凤姐道："有什么不能的……"

凤姐的确有过人的精明和历练的才干，只不过没有像在宁国府这样大权独揽的机会罢了。她在宁国府说一不二，一接手，便宣布："既托了我，我就说不得要讨你们嫌了。我可比不得你们奶奶好性儿，诸事由得你们。再别说你们'这府里原是这么样'的话，如今可要依着我行，错我一点儿，管不得谁是有脸的，谁是没脸的，一例清白处治。"果然有一人第二天来迟了，凤姐登时命人拉出去打二十大板，革掉他一月的钱粮。"凤姐自己威重令行，心中十分得意。"凤姐确实在宁国府风光了一把，"忙的凤姐茶饭无心，坐卧不宁。到了宁府里，这边荣府的人跟着；回到荣府里，那边宁府的人又跟着。凤姐虽然如此之忙，只因素性好胜，恐落人褒贬，故费尽精神，筹划的十分整齐。于是合族中上下无不称叹"。

第十三回末尾，写到王熙凤接受协理宁国府丧事的任务时，有一段极精彩的描写：

这里凤姐来至三间一所抱厦中坐了，因想：头一件是人口混杂，遗失东西；二件，事无专管，临期推委；三件，需用过费，滥支冒领；四件，任无大小，苦乐不均；五件，家人豪纵，有脸者不服钤束，无脸者不能上进。此五件实是宁府中风俗。

这是一个鸟瞰式的高度概括。它击中了宁府的要害，而且也暗含了荣国府管理混乱的共同弊病。

凤姐有管理才干，一上手就按岗定编，强化监管，立马收到效果。她所谓"硬"的一手，管钱、管物、管人，有章有法，凭借的是权力和霸气，控制下人。这一点宁国府的上下都看得很清楚。宁国府总管来升闻得里面委请了凤姐，因传齐下人，说道："如今请了西府里琏二奶奶管理内事，倘或他来支取东西，或是说话，小心伺候才好。每日大家早来晚散，宁可辛苦这一个月，过后再歇息，别把老脸面扔了。那是个有名的烈货，脸酸心硬，一时恼了，不认人的。"众人都道"说的是理"。"有名的烈货"是对凤姐凭借着权力所展露的霸气最形象的概括。凤姐与贾府中那些只知享乐、不知经营，只知摆阔气、要气派的主子不同的一点是她对金钱的算计。王夫人任亲不任贤，对外管理田租的是自己的陪房周瑞，他长期贪污荣国府田租，贾府的主子竟然不知；对内依靠的是自己内侄女凤姐，她进贾府不到十年，其私房钱竟高达十万两银子，比贾母的余资还多七八倍。一边是凤姐在管理上对下人的严格控制，有利于封建家族的内部管理；一边是凤姐对金钱的贪欲，暗暗地偷挖封建家族的墙角。这才是凤姐完整性格的两个侧面。

凤姐对金钱的贪婪，不光伸向贾府的内部，一有机会时还伸向社会。秦可卿丧事七七既满，秦氏之灵柩寄在铁槛寺，做三日道场。凤姐带着宝玉、秦钟住在馒头庵。凤姐答应了静虚老尼的请托，替张金哥家退婚，张口索贿三千两银子。她对静虚老尼说：

> "你是素日知道我的，从来不信什么是阴司地狱报应的，凭是什么事，我说要行就行。你叫他拿三千银子来，我就替他出这口气。"老尼听说，喜之不胜，忙说："有，有！这个不难。"

凤姐很快便 "假托贾琏所嘱，修书一封，连夜往长安县来"。恰好 "那节度使名唤云光，久悬贾府之情，这点小事，岂有不允之理"。凤姐得了三千两银子，"王夫人连一点消息也不知。自此凤姐胆识愈壮，以后所作所为，诸如此类，不可胜数"。凤姐弄权铁槛寺，如玩弄股掌之中。靠的是贾府社会势力的圈子，而且她很懂得借势用权来满足对金钱的欲求。这一切都是在娘家和荣国府历练的，相比之下，协理宁国府办理丧事就不在话下了。精明能干和欲望贪婪交织在她完整的性格之中，有时是正面亮相，有时是反面表现，无论此时彼时，都从不同的侧面丰富着她的个性。

2．夫妻在带“醋”的说笑中明争暗斗

凤姐协理宁国府期间，恰好是贾琏携黛玉为父到扬州奔丧，不在家的日子。曹雪芹将叙事场面和叙事内容主要集中在宁国府，集中在凤姐身上。待贾琏回京，又赶上操持元妃省亲这件大事，叙事场面和叙事内容又转换到荣国府。贾琏刚一到家，一会儿是贾政唤他议事，一会儿是贾珍让儿子相告要事，一会儿是家中奶奶为儿子来请托，一会儿又是贾蔷、贾蓉来亲近叔叔婶子，整个筹办省亲的实权都落在贾琏、凤姐夫妻手中，自然形成贾府人脉聚合的中心。而此时的凤姐刚刚协理完宁国府，八面威风，十分得意。她对操办省亲的事也想揽在自己的手中，于是凤姐就和贾琏争权夺利。毕竟是夫妻，两口子的“斗”不同外人，常在家长里短的对话中自觉不自觉地披露出来。王朝闻先生把“争风吃醋的生活琐事的描写，来表现凤姐与贾琏的互相争夺”，概括为“带‘醋’的说笑”，十分形象。

有一次，凤姐和贾琏正说着话，听外间有人，凤姐便问：“是谁？”平儿进来回道：“姨太太打发了香菱妹子来问我一句话，我已经说了，打发他回去了。”贾琏笑道：

“正是呢，我才见姨妈去，和一个年轻的小媳妇子刚走了个对脸儿，长得好齐整模样儿。我想咱家并没这个人哪，说话间问姨妈，才知道是打官司的那小丫头子，叫什么香菱的，竟给薛大傻子作了房里人，开了脸，越发出挑的标致了。那薛大傻子真玷辱了他！”凤姐把嘴一撇，道：“嗳！往苏杭走了一趟回来，也该见点世面了，还是这么眼馋肚饱的。你要爱他，不值什么，我去拿平儿换了他好不好？那薛老大也是‘吃着碗里瞧着锅里’的，这一年来的时候，他为香菱儿不能到手，和姨妈打了多少饥荒……”（第十六回）

贾琏在外偷鸡摸狗，难免会有只言片语传入凤姐耳朵里，于是引发凤姐那带“醋”的话语，句句敲打贾琏。凤姐是女人，尤其是封建时代的女人，依附夫权。因而，为了自身的生存，对丈夫是否看重自己，既敏感又在乎，这是女人共有的心理。何况凤姐的个性是处处占上风，张扬、显摆，在贾琏面前依然如此。贾琏从扬州回京，凤姐为他接风，夫妻正吃酒，贾琏的奶妈来了。借省亲浩大的工程，奶妈也趁机求贾琏为她两个儿子找些事干，得点银子。她过去曾求过贾琏几次，迟迟没有着落。这次请托贾琏的同时，也求凤姐帮忙。凤姐便借题发挥："妈妈，你的两个奶哥哥都交给我。你从小儿奶的儿子，还有什么不知他那脾气的？拿着皮肉，倒往那不相干的外人身上贴。可是现放着奶哥哥，那一个不比人强？你疼顾照看他们，谁敢说个'不'字儿？没的白便宜了外人。我这话也说错了，我们看着是'外人'，你却看着'内人'一样呢。"说的满屋里人都笑了。赵嬷嬷也笑个不住，又念佛道："可是屋子里跑出青天来了。若说'内人''外人'这些混账缘故，我们爷是没有的；不过是脸软心慈，搁不住人求两句罢了。"凤姐笑道："可不是呢，有'内人'的他才慈软呢，他在咱们娘儿们跟前才是刚硬呢！"……贾琏此时不好意思，只是讪笑道："你们别胡说了……"（第十六回）

本来是小夫妻离别新聚，亲热无比。而凤姐与赵妈妈对话时借题发挥，却句句说给贾琏听，对贾琏的行径贬斥得那么婉转、俏皮，揶揄得那么洒脱、诙谐。"注彼而写此"恰到好处。赵妈妈笑了，满屋子的人都笑了。笑中针砭，以柔克刚，弄得贾琏理屈词穷，"不好意思"。

其实，凤姐对贾琏乱搞女人的防备之心，远非一日了，贾琏在扬州时让小厮昭儿回家报信，凤姐就细细地吩咐昭儿：

> 在外好生小心些伏侍，别惹你二爷生气。时常劝他少喝酒，别勾引他认得混账女人。我知道了，回来打折了你的腿！（第十四回）

凤姐一共叮嘱了三句话，二分夫妻体贴，一分不放心，而且凤姐这种吃"醋"的劲儿越来越厉害，这些都为第四十四回"凤姐泼醋"、第六十五回"贾琏偷娶尤二姐"时凤姐的心理演变做了铺垫。尽管凤姐使出了全身的解数，同贾琏偷鸡摸狗的行为斗，但斗来斗去，始终斗不过贾琏，不得不饮下一杯又一杯的苦酒。她的“醋”意既是个性表现，也深刻地反映了女人在男权社会的附属地位。从这个意义上讲，女性本身就是悲剧，她既逃脱不了贾府末世的命运与自己共存共亡，又逃脱不出夫权的束缚，只不过由于其上流社会的地位、贵族之家的环境和她的独特个性，凤姐的人生悲剧形态不同于一般女性罢了，走着“一从二令三人木”的独特悲剧道路，但源出一则。

3．戏贾瑞，凤姐私生活一瞥

王熙凤和贾琏这对夫妻在经济上各有各的“私房钱”，在情欲上各有各的生活天地，而且彼此总是提防着对方。凤姐的贞操观与他人不同，她常常“不与众妯娌合群”，用贾琏的话来说，“他（凤姐）不论小叔子、侄儿，大的小的，说说笑笑，就不怕我吃醋了”。第六回却通过刘姥姥的眼睛，看到她同贾蓉打情骂俏。贾蓉是个十七八岁的风流公子，生得面目清秀，身段苗条，且兼美服华冠，轻裘宝带。来向婶娘凤姐借东西，凤姐先是不借，贾蓉“笑嘻嘻的在炕沿上下个半跪”求情，二人调笑一阵，凤姐才答应，“贾蓉喜的眉开眼笑”地走了。

> 这凤姐忽然想起一件事来，便向窗外叫：“蓉哥回来。”外面几个人接声说：“请蓉大爷回来呢。”贾蓉忙回来，满脸笑容的瞅着凤姐，听何指示。那凤姐只管慢慢吃茶，出了半日神，忽然把脸一红，笑道：“罢了，你先去罢。晚饭后你来再说罢。这会子有人，我也没精神了。”贾蓉答应个是，抿着嘴儿一笑。（第六回）

这种出格的举止，披露了他们之间的暧昧关系。第十二回写贾瑞表示“天天过来替嫂子解解闲闷儿”“死了也情愿”时，“凤姐笑道：‘果然你是个明白人，比蓉儿兄弟两个强远了。我看他那样清秀，只当他们心里明白，谁知竟是两个糊涂虫，一点不知人心’”，凤姐用挑逗的语言开始戏弄贾瑞，这对于一位少妇来说也是放纵的行为。

情欲的放纵曾对封建礼教起过冰释的作用，是人性解放过程中出现的不可避免的现象。商品经济的发展，释放了人欲。形而上的情欲，使得人与人之间由心灵的呼应得到精神上的升华。形而下的情欲，客观上冲击和瓦解了冰冷的封建礼教的禁欲主义，同时也给社会带来各种污秽和丑恶。封建社会是一个男权社会，所谓万恶淫为首，防得只是女性。凤姐身为国公王府的当家少奶奶，别说情欲的追求了，就是稍微越出封建礼教的限制，就会受到来自主流文化的谴责。而偏偏凤姐是张扬的个性，好强、争尖，还表现为对男性的调戏、捉弄，从而得到一种心理上的满足。人性深层在外流露最多的是情欲，不同性格的人对情欲的表达是不同的，遮掩、压抑，还是追逐、放纵，则是显示其个性的主要特征。“毒设相思局”前，还看不出“凤辣子”的厉害，甚至阴毒，她表现得只是伶牙俐齿、不拘俗套。而对待贾瑞，她“辣”的个性一展无余。当贾瑞半道拦住凤姐儿，故意调情，试探她时，凤姐儿见他这个光景，如何猜不透八九分呢？因向贾瑞假意笑道：

> “怪不得你哥哥常提你，说你好。今日见了，听你这几句话儿，就知道你是个聪明和气的人了。这会子我要到太太们那里去呢，不得和你说话，等闲了再会罢。”贾瑞道：“我要到嫂子家里去请安，又恐嫂子年轻，不肯轻易见人。”凤姐又假笑道：“一家骨肉，说什么年轻不年轻的话。”……贾瑞听了，身上已木了半边，慢慢的走着，一面回过头来看。凤姐儿故意把脚放迟了，见他去远了，心里暗忖道：“这才是‘知人知面不知心’呢，那里有这样禽兽的人？他果如此，几时叫他死在我手里，他才知道我的手段！”（第十一回）

遇上这样的色鬼，凤姐既没有因伦理贞节观念引起羞怒，正言厉色地斥责他，也没有晓之以义、责之以理地去教训他。反而投之以笑声软语，撩拨其欲火，引诱其上钩，而当他一走，凤姐已生治其于死地之心。她之所以恨贾瑞，正如平儿说的是“癞蛤蟆想天鹅肉吃”。凤姐看不起“馋嘴猫儿”似的丈夫，“脏的臭的都拉”。当然像贾瑞这样的破落户子弟，一无才貌，二无地位，三无金钱，是一个色嘻嘻令人作呕的下流痞子。堂堂“金陵王”的小姐，“白玉为堂金作马”的贾府宠媳，哪能把他放在眼里。贾瑞之死，虽说是他本人自作自受，但也和凤姐喜爱玩弄手腕、蓄意治人分不开。

第一次贾瑞登门看望凤姐，凤姐与贾瑞假作多情的对话，时而流露肉麻下流的挑逗，一会说："像你这样的人能有几个呢，十个里也挑不出一个来。"一会又说："你哄我呢，你那里肯往我这里来。"时而又暗送秋波，悄悄地道："大天白日人来人往，你就在这里也不方便。你且去，等着晚上起了更你来，悄悄的在西边穿堂儿等我。"即使是假话，凤姐这种故意设套引诱男人的言行，也是大大的出格。

贾瑞这头蠢猪，色欲蒙心，晚上被凤姐骗来，"这屋内又是过堂风，空落落的；现是腊月天气，夜又长，朔风凛凛，侵肌裂骨，一夜几乎不曾冻死"。夜不归宿，回去让他祖父打了四十大板，又罚他"跪着在风地里读文章，其苦万状"。可他邪心不改，过了二日又去找凤姐。"凤姐故意抱怨他失信，贾瑞急的起誓"，于是凤姐又骗他第二次在"那间空屋子里等我"。第二次捉弄贾瑞，贾蓉、贾蔷还充当阴谋整治贾瑞的实施者。凤姐如何启齿将"毒设相思局"告诉贾蓉、贾蔷他俩呢，这本身就耐人寻味。特别应当提醒的是，这时贾蓉的老婆秦可卿躺在床上奄奄一息。凤姐不是不知道，而偏偏派他干这等"好事"。贾蓉身为贵公子偏偏又肯干这种下流的勾当。这除了他同凤姐的关系不寻常外，难道还能说什么？

曹雪芹在处理贾府中淫乱的男女关系的描写中，总是根据各人的性格特征，或明写其卑劣行径，多是肆无忌惮、有恃无恐的男主子们的丑行；或在叙事中透露些蛛丝马迹，暗写有身份、有地位的贵妇人，如王熙凤、秦可卿的秘事。但不管怎么写，笔墨都很少。放开笔墨写贾瑞，正好说明作者从地位之底下、生活之寒酸、好色之痴迷的贾氏子侄辈扯开一个网眼，让人们看到百年望族的贾府的糜烂和没落和淫乱。

至此，"阿凤正传"告一段落，她精明，有才干，有心计。对金钱的贪婪、夫妻之间的争斗，以及她私生活的风流，如火添油一般，在后来愈演愈烈。她是从来不信什么报应的，因此，也就愈来愈肆无忌惮。

二、明线与暗线交替写秦可卿之死

（第十三至十五回）

秦可卿是《红楼梦》金陵十二钗中排名最后而又最先离去的一位，第五回出场，到第十三回便去世了。虽然她亮相时间短，对她正面着墨也不多，但她是红学研究中争议最多的人物，也是认识《红楼梦》叙事结构的突破口。她不仅在《红楼梦》的人物画廊中占据重要的地位，而且在《红楼梦》全书叙事结构中具有特殊意蕴。

关于秦可卿最受关注的是其死因，早在清道光年间，《红楼梦》著名的评点家王雪香就说："秦氏死后，不写贾蓉悼亡，单写贾珍痛媳，又必觅好棺，必欲封诰，僧道荐忏，开丧送柩，盛无以加，皆是作者深文。"（《红楼梦》三家评本《金玉缘》本批语）王雪香的评点虽没有直接说明秦可卿的确切死因，但说出了贾珍对儿媳不正常的举止，似乎隐藏着苟合之行为。因此，他对秦可卿死因产生了推测。同治年间的青山山农在《红楼梦广义》又进一步推测："秦可卿本死于缢，而书则言其病，必当时深讳其事而以疾告于人者。观其经理丧殡，贾珍如此哀痛，如此慎重，而贾蓉反漠不相关，父子之间，嫌隙久生。"① 但这些推测没有产生多大影响，也谈不上学术论争。在红学发展史上最早引发"秦可卿之死"的学术论争，是从胡适、顾颉刚、俞平伯这几位学者的讨论开始的，并由俞平伯写出了《秦可卿之死》的考证文章。

（一）秦可卿其人

秦可卿是一个多重形象，她在神仙梦幻的世界和现实世界里，分别担负着《红楼梦》全书叙事结构中不同的艺术使命。主要体现在四个方面。

其一，我们知道，《红楼梦》前五回有两个人物担负介绍贾府成员的职责，冷子兴的叙事使命是演说贾府主子的辈分和姻亲关系，秦可卿的叙事使命是引

① 一粟．红楼梦卷：第一册 [M]．北京：中华书局，1980：213.

秦可卿

领宝玉，透过宝玉的眼睛，窥视“薄命司”中“金陵十二钗”册子，听仙女演奏《红楼梦》十二曲。这些册子中的判词、画页和曲词互为补充，隐喻和预示了以“金陵十二钗”为代表的青年女性的思想性格、身世遭遇和命运结局。

其二，“梦中人”形象。虚幻的秦氏形象是一个梦中人的角色。既然她出现在了宝玉的梦里，我们就从宝玉的主观意识出发，去考察作者引入此形象的特殊意义和价值。弗洛伊德在《释梦》中阐述道：人的许多愿望，尤其是欲望，由于与社会道德意识相悖而被压抑到无意识之中，于是在睡眠中，精神放松时，便会以各种伪装的形象偷偷潜入意识层次，因而成梦。由于梦所表现的是被压抑的本能欲望，因而梦的内容分为“显现内容”与“潜在思想”两部分。而显现内容是我们所记得的梦中人物形象或者事件，潜在思想就是隐藏在那些形象或者事件之下的欲望。

宝玉在可卿卧室中“惚惚地睡去”，于是梦中出现了“太虚幻境”的情境，出现了警幻仙子，出现了“可卿”……这是一个充满了性爱的梦。这个梦不过是对可卿卧室的性文化及宝玉蓦然开通的性心理的一种复述。正是这个充满性爱色彩的梦，导致了宝玉的梦淫。而梦淫的对象是“可卿”，是贾宝玉大脑思维经过对入梦前看到的房间陈设，秦可卿真人形象以及由此产生的各种思想的“压缩”，从而“移置”到梦境中，进行“二次加工”，便出现了“秦可卿复合幻影”的形象。在“太虚幻境”的梦中向宝玉演示声色情欲的警幻仙姑姊妹，开启了宝玉性意识的萌动，之后，又遵警幻仙姑之训，宝玉与“可卿”云雨一番。梦境中人和事，虽不能据实，但说明宝玉已进入具有性意识的少年阶段。

其三，秦可卿向凤姐托梦，说出了一件未了的“心愿”，也是从事物发展的哲理高度，所谓“月满则亏，水满则溢”“登高必跌重”“树倒猢狲散”“盛筵必散”等，讲到了贾府保持“退路”的具体治家方略：“赶今日富贵，将祖茔附近多置田庄、房舍、地亩，以备祭祀、供给之费皆出自此处，将家塾亦设于此。……便是有罪，己物可以入官，这祭祀产业连官也不入的。便败落下来，子孙回家读书务农，也有个退步，祭祀又可永继”等。值得注意的是，秦可卿向凤姐托梦，却折射出贾府的当家人凤姐的思虑。

秦可卿在《红楼梦》叙事结构中是一个隐喻式的人物，她穿插在梦幻仙境和现实人间，连接太虚幻境和贾府这两个世界，幻中显真，以幻拟真，以真托幻。梦幻中的秦可卿连接两个人，一个是贾府的接班人贾宝玉，一个是贾府的当家人王熙凤，都是《红楼梦》的轴心人物。“宁荣二公”在天之灵把贾府未来的希望全部都寄托在宝玉身上了，聪明灵慧、略可望成的贾宝玉不但没有遵从警幻仙姑的规引，反而走向背离封建正统的道路。贾府精明的当家人王熙凤听了秦可卿一番“心愿”嘱托，梦醒后除了“吓了一身冷汗，出了一回神”之外，也没有放在心上。仍然挖空心思，聚敛钱财。什么祖宗大业、子孙退路都弃置脑后，一步一步走向“家亡人散各奔腾”的结局。

其四，秦可卿在《红楼梦》现实生活中只是一个过场人物，来去匆匆。直接描写她的笔墨不多，大多是借别人之口的间接描写。在第五回刚露脸时，曹雪芹就放弃了对她直接的详细描写，而是选取了贾府最高权威——贾母的视角，对其作了侧面的勾勒：“贾母素知秦氏是极妥当的人，因他生得袅娜纤巧，行事又温柔和平，乃重孙媳妇中第一个得意之人。”及至她重病卧床时，通过她婆婆尤氏发一番感慨：“‘这么个模样儿，这么个性格儿，只怕打着灯笼儿也没处找去呢。’他这为人行事儿，那个亲戚长辈儿不喜欢他？”直到她去世，此类侧笔描写曾多次出现。而与这些复沓的侧面描写相联系的，只有两次正面简短的对话。在第七回中秦氏还是一个生气勃勃、招呼亲朋、照应周到的东府少奶奶，没有一点得病的征兆。当凤姐携宝玉来到宁府门口，“早有贾珍之妻尤氏与贾蓉媳妇秦氏，婆媳两个带着多少侍妾丫鬟等接出仪门”。接着就是一阵尤氏、凤姐、众媳妇婆子的嘲笑和嬉闹。

秦可卿在现实生活的另一叙事功能是引出了其弟秦钟，演绎出第九回“闹书房”、第十五回“秦钟与尼姑智能”、第十六回“秦钟之死”的故事。一则形成披露秦可卿之死的叙事暗线；一则秦钟与尼姑智能的爱情悲剧是宝、黛爱情悲剧的影子和先兆。第七回宝玉随凤姐去宁国府，“秦氏笑道：‘今儿可巧，上回宝二叔要见我兄弟，今儿他在这里书房里坐着呢，为什么不瞧瞧去？’”接下来就是凤姐见秦钟，饭后尤氏、凤姐、秦氏等抹骨牌。尤氏、秦氏在玩牌时输了，还承诺隔一天再请凤姐的宴席，可见秦氏的精神很好。当秦氏再一次出场时，在第十回她已一病不起了。焦虑、忧伤、懊悔、恐惧、羞辱诸多情绪的纠缠，把一个在第七回里还是那样有生气的人儿折磨得眼看越不了冬，过不了年，死期将临，“不过是挨日子”。一共两次短暂的亮相，秦可卿并不是一个丰满的艺术形象。读者只能从间接的描写、补叙和一些似隐似显的文字中去勾画她的基本形象特征。

（二）秦可卿之死因

1927年夏，胡适先生得到甲戌本，第一次发现了脂砚斋的批语，揭开了“秦可卿之死”这一章回的删改问题。如：甲戌本十三回前总批残文：

> ……在封龙禁尉写乃褒中之贬，隐去天香楼一节，是不忍下笔也。

同回末有朱批：

“秦可卿淫丧天香楼”，作者用史笔也。老朽因有凤姐贾家后事二件，嫡（岂）是安富尊荣坐享人能想得到处？其事虽未漏，其言其事令人悲切感服，姑赦之。因命芹溪删去。

又有朱笔眉批：

回只十页，因删去天香楼一节，少却四五页也。

胡适为此专门在《考证〈红楼梦〉的新材料》一文中，写了“秦可卿之死”这一节，他说：

后来删去天香楼一长段，才改为“死封龙禁尉”平仄便不调了。

秦可卿是自缢死的，毫无可疑。第五回画册上明明说：

画着高楼大厦，有一美人悬梁自缢。（此从脂本）

其判云：

情天情海幻情身，情既相逢必主淫。
漫言不肖皆荣出，造衅开端实在宁。

俞平伯在《红楼梦辨》里特立专章，讨论可卿之死。但顾颉刚引《红楼佚话》说有人见书中的焙茗，据他说，秦可卿与贾珍私通，被婢撞见，羞愤自缢死的。平伯深信此说，列举了许多证据，并且指出秦氏的丫鬟瑞珠触柱而死，可见撞见奸情的便是瑞珠。现在平伯的结论都被我的脂本证明了。我们虽不得见未删天香楼的原文，但现在已知道：

（一）秦可卿之死是“淫丧天香楼”。

（二）她的死与瑞珠有关系。

（三）天香楼一段原文占本回三分之一之多。

（四）此段是脂砚斋劝雪芹删去的。

（五）原文正作“无不纳罕，都有些疑心”，戚本始改作“伤心”。[1]

前辈大师做学问多么的严谨，且彼此平和地讨论，唯是以求。也就是这种考证和探佚紧紧扣在《红楼梦》的文本上，是他们研究方法最主要的特征。正如石昌渝先生所评价的：“俞平伯主要是用文学的方法研究《红楼梦》，他最大的贡献是第一个把文学的方法运用于红学，使红学具有了文学性质的学术品格。”[2]说得更准确些，他是第一个把考证方法与文学方法同时运用于《红楼梦》研究中来的人。

胡适、顾颉刚、俞平伯的学术通信，引发了关于“秦可卿之死”的考证。伴随着新红学派的声名鹊起，自此以后，秦可卿之死乃是与贾珍有染而悬梁自尽之说，遂成定论。

甲戌本第十三回脂砚斋批注开启了研究“秦可卿之死”的滥觞，众说纷纭，但基本都是在文本的基础上，又结合脂批，展开考索或探析。

（三）焦大之醉“伏可卿之病至死”

第七回，夜里贾蓉送凤姐从宁国府出来，打发焦大送人。焦大不满，依仗着资历老，有过功，借酒撒疯，骂骂咧咧。贾蓉便命人将他捆起来，这更激怒他。众小厮见他太撒野了，只得上来几个，掀翻捆倒，拖往马圈里去。焦大越发连贾珍都说出来，乱嚷乱叫说：“要往祠堂里哭太爷去，那里承望到如今生下这些畜生来，每日偷狗戏鸡，爬灰的爬灰，养小叔子的养小叔子……”

不言而喻，一般都知道“爬灰的爬灰”指的是贾珍与秦可卿私通，戚序本《红楼梦》第七回的一条总批“焦大之醉，伏可卿之病至死……”，点明秦可卿从病因到死的叙事过程与“爬灰”有直接关系。对《红楼梦》这种明线写法，

---

① 胡适．考证《红楼梦》的新材料[M]// 胡适红楼梦研究论述全编．上海：上海古籍出版社，1988：169．

② 石昌渝．政治介入学术的悲剧：对一九五四年批判俞平伯《红楼梦研究》的思考[J]．文学遗产，1989（3）．

大都清楚。而问题是“焦大之醉”，同时还大骂贾府子孙“养小叔子的养小叔子”。那么“养小叔子的”指的是谁呢？和秦可卿之死有什么内在的关系，可能知之者甚少，能够懂得曹雪芹如此结构安排和设置的人就更少，而恰恰后一点对理解《红楼梦》很重要。

对此，戚序本第十回总批作了更明确的说明：

> 欲速可卿之死，故先有恶奴之凶顽，而后及以秦钟来告，层层克入，点露其用心过当，种种文章逼之。虽贫女得居富室，诸凡遂心，终有不能不夭亡之道。我不知作者于着笔时何等妙心绣口，能道此无碍法语，令人不禁眼花缭乱。[①]

《红楼梦》对秦可卿从病到死的叙事过程的设置，层层铺设，含而不露，采用“不写之写”的手法，也可以称之为“暗线”描写。唯有细心铺排，才能寻出潜在的信息和厘清文脉。这就是今天许多读者读了，不明白秦可卿的死因，也不知第九回“闹书房”这一章的意蕴与秦可卿有什么关系。

第九回“闹书房”，起因是骂秦钟与香怜“贴烧饼”，即同性恋。拉扯出许多闲言碎语。“金荣越发得了意，摇头咂嘴的，口内还说许多闲话。……谁知早又触怒了一个人，你道这一个人是谁？原来这人名叫贾蔷，亦系宁府中之正派元孙，父母早亡，从小儿跟着贾珍过活，如今长了十六岁，比贾蓉生得还风流俊俏。他兄弟二人最相亲厚，常共起居，宁府中人多口杂，那些不得志的奴仆，专能造言诽谤主人，因此，不知又有什么小人诟谇谣诼之辞。”这闲言碎语怎么又触及到了贾蔷？小说文本没有明写，像贾蔷这样“外相既美，内性又聪明”，比贾蓉生得还风流俊俏的“宁府正派元孙”，既是“赏花玩柳”能手，又和贾蓉“最相亲厚，常共起居”，能不和他那“擅风情，秉月貌”的蓉嫂子时常往来言笑、垂涎希冀？秦可卿与贾蔷天长日久，厮混熟了，难免风韵一二。这大概就是“养小叔子的养小叔子”的由来。因此，金荣骂语，贾蔷感

---

① 吴铭恩．红楼梦脂评汇校本[M]．北京：万卷出版公司，2013：138．

到“说得大家没趣”。本来已风传“爬灰的爬灰”，贾珍唯恐避之不及，又“闻得些口声不好，自己也要避些嫌疑，如今竟分与房舍，命贾蔷搬出宁府，自己立门户过活去了。这贾蔷外相既美，内性又聪明，虽然虚名来上学，亦不过虚掩眼目而已，仍是斗鸡走狗，赏花阅柳为事。上有贾珍溺爱，下有贾蓉匡助，因此族中人谁敢触逆于他”。

第十回尤氏对金寡妇说：“偏偏儿的早起他兄弟来瞧他……谁知昨儿学房里打架，不知是那里附学的学生，倒欺负他，里头还有些不干不净的话，都告诉了他姐姐。婶子，你是知道的，那媳妇虽则见了人有说有笑的，他可心细，不拘听见什么话儿，都要度量个三日五夜才算。这病就是打这‘用心太过’上得的。……今儿听见有人欺负了他的兄弟，又是恼，又是气。恼的是那群混账狐朋狗友，搬弄是非、调三窝四；气的是为他兄弟不学好……他为这件事，索性连早饭还没吃。”可见秦可卿对这些“不干不净的话”看得很重，“爬灰”和“养小叔子”的丑事，焦大已经骂街，连凤姐、宝玉都听到了，学房里“那群混账狐朋狗友”怎会不知？在打架斗嘴的气头上，冲口骂将出来。

明写焦大骂话，暗写金荣骂语，一明一暗，“爬灰”和“养小叔子”的丑事就昭然若揭。这样乱伦的事一旦泄出，首当其冲受谴责的就是被人们视为“难养”“祸水”的女人秦可卿。婆婆尤氏说秦可卿：“他可心细，不拘听见什么话儿，都要度量个三日五夜才算。”从张太医之口可知秦可卿用心太过伤神，“据我看这脉息：大奶奶是个心性高强、聪明不过的人。但聪明太过，则不如意事常有；不如意事常有，则思虑太过。此病是忧虑伤脾，肝木忒旺……”道出秦可卿终日焦心，内心痛苦，正像尤氏对金寡妇说她的病“就是打这个秉性上思虑出来的”。张太医论病穷“源”，这“源”只有秦氏本人心里明白，哑巴吃黄连，有苦说不出，不然就不会既“恼”又“气”，连饭都吃不下去了。

其实，婆婆尤氏心知肚明，婆婆尤氏强调秦可卿：“他这个病得的也奇。”秦氏刚死，“莫不悲嚎痛哭者”。而且丧礼隆重，皇亲国戚，老亲旧眷，好友相识，频频吊唁。而对儿媳秦氏一向关心体贴的尤氏，书中仅淡淡提了一句：“尤氏又犯了旧疾，不能料理事务。”从秦氏咽气到出丧断七，尤氏借病回避，与整个气氛似乎很不协调。秦氏淫荡，私通贾珍，伤害了尤氏，引起了尤氏的内心怨愤。她为人虽懦弱，但这与其夫通奸之事，自古至今无不令受伤害者恨之入骨。只是慑于贾珍淫威，她不敢发作罢了，何况自古道“家丑不外扬”。外面风言风语，摇头咂嘴的，尤氏对金寡妇寓意深长地说：“所以我这两日好不烦心，焦的我了不得。……”尤氏本人焉有不气不恼之理！借闹学堂事件，表面是亲自去劝说过秦可卿，其实是暗示丑闻已内外皆知，使秦可卿在病中分外增添心理压力，倍加煎熬。从尤氏口中得知秦可卿已病得不轻，“经期有两个多月没来”，又“并不是喜”，“到了下半天就懒待动，话也懒待说，眼神也发眩”。三四个大夫轮流着一天几次看脉，后来冯紫英推荐了个姓张的先生来看过，说是病已耽搁，“显出一个水亏木旺的症候来”，只有“三分治得”了，并且暗示难以挨过来年春天。到了九月中旬贾敬生日，秦可卿已是“十分支持不住”，卧床不起，自己已预感到“未必熬得过年去”。此后则“也有几日好些，也有几日仍是那样”。到了十一月三十日冬至前后，“也没见添病，也不见甚好”。这正应了那位张先生的话：“今年一冬是不相干的。”又到了“腊尽春回”，秦可卿终因长期精神痛苦，疾病折磨，又无医好的希望，万念俱灰。

贾珍对秦可卿的病因是揣着明白装糊涂，十分心虚。金寡妇刚走，他赶忙问：“今日他来又有什么说的？”一个 “又”字，披露之前金荣口无遮拦，将宁国府贾珍、贾蔷与秦可卿的淫乱之事公开嚷嚷出去，直指秦氏，连贾珍 “闻得些口声不好，自己也要避些嫌疑”，听说金寡妇来了则担心又有什么丑事传出。

贾蓉从秦可卿病到死，都跟没事人似的。这也从侧面披露他的心态：老婆一是跟父亲有染，一是跟兄弟勾搭，他处在非常尴尬的境地。

秦可卿贴身丫鬟在秦可卿死后，慑于贾珍的淫威，一个撞柱而死，一个甘做义女为其驾灵送终。靖藏本中那条脂批“因命芹溪删去遗簪、更衣诸文”暗示，秦可卿“遗”金簪在贾珍处，被尤氏发现；丫头给秦可卿更衣，撞见她和公公贾珍私通。

（四）秦可卿之死的方式

《红楼梦》对秦可卿死的方式没有明写，但也能够影影绰绰地看出“秦可卿淫丧天香楼”，是上吊。关于这一点，《红楼梦》文本和脂砚斋批语都曾或明或暗或隐或显地做了提示。

当这一回写至秦可卿死时，彼时合家皆知，“无不纳罕，都有些疑心”。秦氏死后，“贾珍哭的泪人一般”。

〔甲戌侧〕可笑！如丧考妣。此作者刺心笔也。

小说写“单请一百零八众僧人在大厅上拜‘大悲忏’，超度前亡后死之魂；另设一坛于天香楼”，张俊批注：“据甲戌所批，此回标目，原作‘秦可卿淫丧天香楼’，并云‘此回只十页，因删去天香楼一节，少却四五页也’。是则，此句乃‘未删之笔’，有点题作用。后删改未尽，故书中残留诸多矛盾。”[①] 从上述脂评透出的信息，我们可知此回目原为“秦可卿淫丧天香楼”，但是，后来把有关贾珍和秦氏之间丑事的描写删去了，如秦可卿在公公贾珍威逼下与他私通，“爬灰”的丑行被秦氏贴身的丫鬟撞见，秦可卿的簪子被公公拔去，又落入婆婆尤氏之手，出现了婆婆“问簪”，使秦可卿预感到奸情已经败露。这个生性心细、要强的人，终于由于羞愤成疾而导致悬梁自缢。所以说“遗簪”、“更衣”唯有丫头知道此事的来龙去脉，待秦可卿死后，瑞珠遂即撞死。秦可卿死因是乱伦淫奸，这是“败家的根本”，罪责当然是在宁国府的贾珍。

另外，《红楼梦》一百十一回写鸳鸯殉主。鸳鸯欲死时，却想不出“一时怎么样的个死法”，她“一面想，一面走回老太太的套间屋内。刚跨进门，只见灯光惨淡，隐隐有个女人拿着汗巾子好似要上吊的样子。……想了一想道：‘是了，必是教给我死的法儿’”。在这里，让秦可卿拿个汗巾子教给鸳鸯缢死，这情景正好是秦可卿当日缢死情状的再现。借鸳鸯之口说：“倒比我走在头里了。”这里借鸳鸯的死衬托秦可卿之死法，是暗写罢了。

（五）秦可卿出丧

秦可卿出丧是《红楼梦》中的大事件，是贾府衰败主意脉的大节点，它像

① 张俊，沈治钧．新批校注红楼梦[M]．北京：商务印书馆，2013：250．

中医学里的穴位和脉络的功能一样，向三条线的方向传感开来。

1. 对“护官符”一次形象的展示、一次生动的诠释

贾府与四大家族、与王公侯伯的社会关系，自“护官符”点到为止，作为历史背景像一条隐线，一直到秦可卿丧事“出殡”，才做了一次风光的展示。

八公之孙：

那时官客送殡的，有镇国公牛清之孙现袭一等伯牛继宗，理国公柳彪之孙现袭一等子柳芳，齐国公陈翼之孙世袭三品威镇将军陈瑞文，治国公马魁之孙世袭三品威远将军马尚德，修国公侯晓明之孙世袭一等子侯孝康，缮国公诰命亡故，故其孙石光珠守孝不得来。这六家与宁、荣二家，当日所称“八公”的便是。

王侯之孙：

余者更有南安郡王之孙，西宁郡王之孙，忠靖侯史鼎，平原侯之孙世袭二等男蒋子宁，定城侯之孙世袭二等男兼京营游击谢鲲，襄阳侯之孙世袭二等男戚建辉，景田侯之孙五城兵马司裘良。

伯公将军之孙：

余者锦乡伯公子韩奇，神武将军公子冯紫英、陈也俊、卫若兰等，诸王孙公子，不可枚数。堂客也共有十来顶大轿，三四十顶小轿，连家下大小轿车辆，不下百十余乘。连前面各色执事陈设，接连一带，摆了有三四里远。

走不多时，路上彩棚高搭，设席张筵，和音奏乐，俱是各家路祭：第一棚是东平郡王府的祭，第二棚是南安郡王的祭，第三棚是西宁郡王的祭，第四棚便是北静郡王的祭。原来这四王，当日惟北静王功最高，及今子孙犹袭王爵。现今北静王世荣年未弱冠，生得美秀异常，情性谦和。近闻宁

国公家孙妇告殂，因想当日彼此祖父相与之情，同难同荣，因此不以王位自居。前日也曾探丧吊祭，如今又设了路奠，命麾下各官在此伺候，自己五更入朝，公事一毕，便换了素服，坐着大轿，鸣锣张伞而来，到了棚前落轿。手下各官两旁拥侍，军民人众不得往还。

一时只见宁府大殡浩浩荡荡，压地银山一般从北而至。

曹雪芹在《红楼梦》中不止一次提到官僚联络图，向读者点明这是贾府的社会人际关系网。例如第五十五回探春理家时：

可巧连日有王公侯伯世袭官员十几处，皆系荣宁非亲即友或世交之家，或有升迁，或有黜降，或有婚丧红白等事，王夫人贺吊迎送，应酬不暇……

第七十一回贾母八十寿辰：

议定于七月二十八日起至八月初五日止荣宁两处齐开筵宴：

二十八日，请皇亲、驸马、王公、诸王、郡主、王妃、公主、国君、太君、夫人等；二十九日，便是阁府督镇及诰命等；三十日，便是诸官长及诰命并远近亲友及堂客。……

自七月上旬，送寿礼者便络绎不绝。礼部奉旨：钦赐金玉如意一柄，彩缎四端，金玉杯各四件，帑银五百两。元春又命太监送出金寿星一尊，沉香拐一只，伽南珠一串，福寿香一盒，金锭一对，银锭四对，彩缎十二匹，玉杯四只。余者自亲王、驸马以及大小文武官员之家，凡所来往者，莫不有礼，不能胜记。

至二十八日，两府中俱悬灯结彩，屏开鸾凤，褥设芙蓉，笙箫鼓乐之音，通衢越巷。宁府中，本日只有北静王、南安郡王、永昌驸马、乐善郡王并几位世交公侯荫袭，荣府中，南安王太妃，北静王妃并世交公侯诰命。贾母等皆是按品大妆迎接。

从贾府的关系网来看，有如下特征：其一，以四王八公为主体人物，属于元老派。其二，是贾府的人脉关系政治资本。其三，有深厚的文化传统。“从传统文化上看，中国人的社会是一个极其强调人与人之间关系的社会，情面作为在这种关系中形成的一种符号不能不引起中国人对它的重视和运用。时代的变迁，制度的变更，社会的进步曾使它们在用法上不尽相同，但作为中国人的一种重要的社会心理——行为模式，它一直对中国人的政治、经济、教育、体育、军事及日常生活的各个方面产生极大的影响，乃至起决定的作用。”①

2．秦可卿出丧是宁国府挥金如土、豪奢铺张的败家之因

秦可卿出丧是整部《红楼梦》中写死亡场面最为壮阔、排场最为讲究、用钱最为奢侈的一次。以后贾敬出丧、贾母出丧，虽说辈分身份越来越高，可场面、排场、用钱都一次不如一次。

贾珍倾其所有，为与他有染的儿媳妇大办丧事，特意对协理丧事的王熙凤说：“只求别存心替我省钱，只要好看为上。”花钱多少，在所不计，只求表现出贵族之家的气派。

(1)“贾蓉不过是黉（hóng，古代的学校）门监生，灵幡上写是不好看”，为了使“丧礼上风光些”，他现赶着花一千两银子为他的儿子贾蓉买了个“五品龙禁尉”的头衔。在秦可卿的灵前木牌上写着“防护内庭紫禁道御前侍卫龙禁尉”等字样之后，贾珍才感到同他的贵族地位相称。

(2)秦可卿所用的棺材，贾珍看了许多木材都不中意，恰好薛蟠店里有一副原为一位王爷准备的，“拿一千两银子来，只怕也没处买去”的好棺材，“只见帮底皆厚八寸，纹若槟榔，味若檀麝，以手扣之，玎珰如玉石”。贾珍毫不犹豫地把它定了下来。

(3)停灵四十九日，“单请一百单八众僧在大厅上拜‘大悲忏’，超度前亡后死鬼魂；另设一坛于天香楼，是九十九位全真道士，打十九日解冤洗业醮。然后停灵于会芳园中，灵前另外五十众高僧、五十位高道对坛，按七作好事”。

(4)出殡场面声势浩大，“宁国府街上一条白漫漫人来人往，花簇簇官

①翟学伟．中国人面子、人情、关系网[M]．郑州：河南人民出版社，1994：301．

去官来”。出殡那天，“一时只见宁府大殡浩浩荡荡、压地银山一般从北而至”。极尽挥霍之能事，许多王、公、侯、伯、将军、官僚，以及他们的家属都来送丧。单是大小车辆，就不下百余乘；各种仪仗陈设，接连摆了三四里路。贾珍就是这样浪费大量的金钱财物，显示他那贵族家庭的豪华和威风。

秦可卿这个过场人物在《红楼梦》叙事结构中所起的作用，就是直接从核心层展示末世宁国府的败落。

三、元妃省亲与荣国府“内囊尽上”

（第十六至十八回）

元春是荣国府的大小姐，进宫后由女尚书升到皇妃。她的亮相，只有两次简洁的细节描写，没有形成丰满的性格。她虽然出场不多，但由于她处在整个《红楼梦》叙事情节演进形成“势”的至高点，就像一个无形的影子，隐含在《红楼梦》的整体叙事结构之中，自然而然地形成一条意脉，牵制着贾府命运的演进和走向，影响着贾府众多人物，特别是宝玉的生活道路和爱情婚姻。贾元春同秦可卿一样，在《红楼梦》叙事结构中也是一个过场人物，她所担负的艺术使命，更多地表现在叙事功能上。

（一）元妃归省

元春“才选凤藻宫”，晋升凤藻宫尚书，加封“贤德妃”。元妃的晋升像一阵春风吹拂，使正在走向衰败的贾家一派复苏的景象。贾家把“元妃归省”当作头等大喜事操办。贾琏堂而皇之地吹捧：“如今当今贴体万人之心，世上至大莫如‘孝’字，想来父母儿女之性，皆是一理，不是贵贱上分的。”（第十六回）这种对皇上感恩戴德，不仅给贾家带来莫大的荣耀，而且使贾府的权势更加巩固。正如恩格斯所指出的，在封建社会里，“对于王公本身，结婚是一种政治行为，是一种借新的联姻来扩大自己势力的机会；起决定作用的是家世的利益，而决不是个人的意愿。”①

为了接待元春省亲，贾府大兴土木。一时间，堆山凿池，起楼阁，种花竹，格外热闹。将宁国府会芳园和荣国府东边一带的群房尽行拆除，盖了一个三里半大的“省亲别院”——大观园。园内厅、堂、楼、阁、轩、馆、亭、苑、斋、榭、庵、庙……包罗万象，几乎囊括中国古代的建筑名目，另外山情水致、木影花荫、珍禽奇兽，色色俱全。可谓：红尘仙境。

一进门，便见“一带翠嶂挡在面前”，藤萝掩映下曲径通幽，只见两边翠竹夹路，远远望见“潇湘馆”：

> 上面小小三间房舍，两明一暗，里面都是合着地步打的床几椅案。从里间房里，又有一小门，出去则是后园，有大株梨花，阔叶芭蕉。又有两间小小退步。后院墙下忽开一隙，得泉一派，开沟尺许，灌入墙内，绕阶缘屋至前院，盘旋竹下而出。（第十七回）

出了潇湘馆有“青山斜阻”，“转过山怀”才隐隐看到稻香村的矮墙。再如“蘅芜苑”：

> 忽迎面突出插天的大玲珑山石来，四面群绕各式石块，竟把里面所有房屋悉皆遮住，且一树花木也无。只见许多异草，或有牵藤的，或有引蔓的，或垂山岭，或穿石脚，甚至垂檐绕柱，萦砌盘阶，或如翠带飘摇，或如金绳蟠屈，或实若丹砂，或花如金桂，味香气馥，非凡花之可比。（第十七回）

况且除这些大大小小的院落屋宇、自然景致而外，还陈设古董玩器，打造金银器皿，配备了各种物品。还专门设立了家庭戏班子，光是贾蔷到姑苏一次就买回学戏的小女孩、小尼姑、小道姑几十人，以及配置服装道具，花费五万

---

①恩格斯.家庭、私有制和国家的起源[M]//马克思，恩格斯.马克思恩格斯选集:第4卷.北京:人民出版社，1972：74.

两银子，这些银子当时可买粮食四万石，相当于一万人全年的口粮。

这一回是贾元春第一次亮相。归省那天晚上，“只见园中香烟缭绕，花彩缤纷，处处灯光相映，时时细乐声喧，说不尽这太平气象，富贵风流”，“真是玻璃世界，珠玉乾坤”。连元妃看了园内外的光景，也点头叹道：“太奢华过费了。”

元春归省时对姊妹们说：“我素乏捷才，且不长于吟咏。”她作的诗平平，制的灯谜诗，也“无甚新奇”，宝钗等人“一见就猜着了”。但她题词命匾时却很讲究封建正统标榜的“贤孝才德”，将“杏帘在望”改为“澣葛山庄”。“澣葛”典出《诗经•周南•葛覃》，这是一首妇女将要回娘家省亲所唱的歌，被封建文人吹捧为颂“后妃之德”。点墨之中映出元妃在表面上还是维护正统思想。

当贵妃来到祖母正室的时候，百感交集：“贾妃垂泪，彼此上前厮见，一手挽贾母，一手挽王夫人，三个人满心里皆有许多话，但说不出，只是呜咽对泣而已。邢夫人、李纨、凤姐、迎春、探春、惜春等，俱在旁垂泪无言。”“当日既送我到那不得见人的去处，好容易今日回家，娘儿们这时不说不笑，反倒哭个不了，一会子我去了，又不知多早晚才能一见！”说罢，元妃又哽咽起来，伤心之极。在刻画她的不多的笔墨中，更深层的则是礼教压抑和人性欲望这一矛盾，并贯穿元妃性格的始终，她两次亮相都流露出矛盾的心理。既有贵妃尊贵和虚荣的一面，又充满人的本能的欲望：向往自由，渴求亲情，满足情欲。然而在君临天下的时代，“君门一人天由生，唯有宫莺得见人”。她的合乎人性的欲求被压抑了，她的情感被窒息了。

当贾政在帘外问安，元妃无奈地向她的父亲说：“田舍之家，齑盐布帛，得遂天伦之乐；今虽富贵，骨肉分离，终无意趣！”这话吐露出她对封建皇权的幽怨，对“天伦之乐”的渴望。贾政何尝不能领悟这话外之音，然而却在帘外含泪讲一番吹捧皇恩的封建道理，规劝女儿“切勿以政夫妇残年为念”，“庶不负上眷顾隆恩也”。而此时元春的心里充满对“不得见人的去处”的幽怨，流露出享受不到青春欢乐的孤寂。

当太监启奏“时已丑正三刻，请驾回銮”时，元妃“不由的满眼又滴下泪来，却又勉强笑着，拉住贾母、王夫人的手不忍放”。嘴上说些“官话”，劝对方“何必过悲”，而她内心却比别人更悲伤，于是，强忍隐痛返宫去了。

在写元春的儿女之情的同时，曹雪芹没有放过对元妃至尊地位的描写，以及对贾府未来的关切。她把希望寄寓在弟弟宝玉身上，自入宫后，时时传信与父母：对宝玉“千万好生扶养，不严不能成器，过严恐生不虞”，切盼宝玉“成器”，延续贾府昔日的辉煌。

（二）元妃归省是一场“虚热闹”

在迎接元妃省亲的筹备过程，穿插一段历史的回忆。第十六回通过贾琏乳母赵嬷嬷和凤姐的对话，非常精彩地披露了当年接驾的盛况。

> 赵嬷嬷道：“阿弥陀佛！原来如此。这样说起，咱们家也要预备接大姑奶奶了？”贾琏道：“这何用说呢！不么，这会子忙的是什么？”凤姐笑道：“果然如此，我可也见个大世面了。可恨我小几岁年纪，若早生二三十年，如今这些老人家也不薄我没见世面了。说起当年太祖皇帝仿舜巡的故事，比一部书还热闹，我偏偏的没赶上。”赵嬷嬷道：“哎哟哟，那可是千载难逢的！那时候我才记事儿。咱们贾府正在姑苏、扬州一带监造海船，修理海塘，只预备接驾一次，把银子花的像淌海水是的！说起来……”凤姐忙接道：“我们王府也预备过一次。那时我爷爷专管各国进贡朝贺的事，凡有外国人来，都是我们家养活。粤、闽、滇、浙所有的洋船货物，都是我们家的。”
>
> 赵嬷嬷道：“那是谁不知道的？如今还有个俗语儿呢，说‘东海少了白玉床，龙王来请金陵王’，这说的就是奶奶府上了。如今还有现在江南的甄家，嗳哟，好势派！独他们家接驾四次，若不是我们亲眼看见，告诉谁也不信的。别讲银子成了粪土，凭是世上有的，没有不是堆山积海的，‘罪过可惜’四个字竟顾不得了。”凤姐道：“常听见我们大爷说，也是这样的。岂有不信的？只纳罕他家怎么就这么富贵呢？”赵嬷嬷道：“告诉奶奶一句话，也不过拿着皇帝家的银子往皇帝身上使罢了！谁家有那些钱买这个虚热闹去？”

甲戌本第十六回前总评说：

> 借省亲事写南巡，出脱心中多少忆昔感今。

脂砚斋这句批注："元妃省亲"的素材来源于"康熙南巡"，是可信的。历史上康熙六次南巡，唯有曹家接驾四次，都住在曹寅任职的江宁织造府。在小说中也说是六次，其中贾府一次，王府一次，唯有"江南的甄家"接驾四次。可见，小说文本艺术地再现了"江南的甄家"四次接驾"太祖皇帝仿舜巡的故事"。《红楼梦》文本中这一素材，与曹家的历史有许多地方契合。

美国史学家史景迁在《曹寅与康熙》一书中也持同样的看法，他说：

> 正史和野史中都没有更多曹寅与南巡有关的公开信息。如果没有曹寅的孙子曹雪所写的小说《红楼梦》，这些南巡对个人的任何影响都不得而知。小说十八回描写了皇妃元春回贾家省亲的场景。这一回对省亲写得细致入微；家族铺张的准备和元春随从的排场都暗示这正是皇帝巡视在小说中的变形。
>
> 贾家的豪华确切反映了曹寅日复一日为康熙准备奢侈的酒宴和演出的实情。虽然作家从未明说贾家如何筹款，其中差额可以从曹寅作为主管丝、铜、米的朝廷官员的活动中补足。虽然曹家没有皇妃，曹寅的两个女儿都嫁给了郡王，皇帝亲自关心这些亲事，命令正白旗包衣佐领主持曹寅大女儿的婚礼安排，并赐御宴。因此曹家社会地位在上升，它富裕并且得到皇帝亲自关注。
>
> 对曹寅的孙子曹雪来说这些事必定是家族中口耳相传的见闻，他在小说里利用了这些逝去的辉煌。当然他也同时运用了自己亲身经历的家庭事件，很可能，他那嫁给镶红旗郡王讷尔苏并生下男嗣的姑母，在他幼年时的省亲令人难忘。有时曹雪也有如实反映往事的精确描述，这表明除了家族传闻和个人经历外，他还可以利用史录。例如第五次南巡前，曹寅在奏

折里写道"臣同李煦已造江船及内河船只，预备年内竣工"；曹霑在一个回目中这样描写南巡"咱们贾府正在姑苏扬州一带监造海船，修理海塘"。假如将以下叙述视为作家选择性地运用夸张或掩饰的写作技巧，它对史实、家族传闻和日后个人经历的结合，作为南巡对曹家影响的一种一般性总结可能也是有价值的。更谨慎的话，讨论这次访问将依据曹霑笔下的元春省亲，而不是历史学家眼中得见的康熙莅临曹家。①

显然，把小说中"元妃省亲"的描写，视为"康熙南巡"的艺术再现，是艺术真实对历史真实的变形、夸张和虚构。康熙六次南巡，后四次〔康熙三十八年（1699）、四十二年（1703）、四十四年（1705）、四十六年（1707）〕都由曹寅、李煦承办接驾大典，并奉康熙先后驻跸于江宁织造署和苏州织造署。曹寅、李煦为此而落下巨额亏空，为后来两家的抄家败落埋下了祸根。《红楼梦》借用省亲的排场，来写当年南巡的豪华靡费，挥金如土。连"贾妃在轿内看此园内外光景，因点头叹道：'太奢华过费了'"。临别时还嘱咐"倘明岁天恩仍许归省，不可如此奢华靡费了"！这些文字，虽然是小说，实际上也是史笔。四十多年以后的曹雪芹，回忆当年的这一场"虚热闹"，写到了"南巡"这件令人悲伤的往事，怎么能不追念往日的繁华和感伤今天的凄凉呢？所以元妃省亲这回文字，确实隐括着曹家和李家的一桩"兴衰际遇"的泼天大事。而且脂砚斋用"出脱"二字，表达了今不如昔的感慨，含蓄地指出当年的繁盛也不过是"虚热闹"。对这句话的另一种解读，就是贾蓉所言："再两年再一回省亲，只怕就精穷了。"

四、宝玉、黛玉情窦初开至初恋

（第十九回至三十六回）

第一个叙事单元：从刘姥姥进荣国府到元妃省亲，跨越了五个年头，曹雪

① 史景迁．曹寅与康熙[M]．上海：上海远东出版社，2005：165．

芹通过贾府发生的两件大事秦可卿出丧与贾元春省亲，大手笔地展示了贾府这一典型环境。生于斯长于斯的宝玉正值 10 岁到 14 岁的年龄阶段，也就是进入了青春期，其生理和心理都在迅速发育。

《红楼梦》叙事单元之二，即第十九回至三十六回就集中描写了宝黛的初恋。围绕这一中心，触发和牵动了三种矛盾和冲突：一种是宝玉初恋时的两种牵引力——“金玉良缘”和“木石前盟”的冲撞和较量，同时围绕“金玉良缘”之说引发了贾母与王夫人潜在的矛盾；再一种是围绕着宝玉的特殊地位激发了嫡庶之间的矛盾，诱发出恶愤的心理和阴毒的报复，以“魇魔法叔嫂逢五鬼”为典型事件；还有一种是对待宝玉读书教育问题而产生的不同观念，裹挟在各种复杂的矛盾冲突中，以“宝玉挨打”为中心事件带动日常琐事。这些矛盾和冲突，像生活的溪流，有时交汇，形成巨流，掀起波澜；有时平静，水底却是潜流暗礁，形成漩涡……总之，这个时期叙事结构的基本形态，围绕一个中心，呈现出方方面面的矛盾和冲突。

（一）一部大书为何从“贾宝玉初试云雨情”写起

说起宝、黛、钗情窦初开，还得从头说起，一是第六回的“贾宝玉初试云雨情”，一是第八回的“贾宝玉奇缘识金锁，薛宝钗巧合认通灵”，然后才能明白第十九回至三十六回集中描写宝、黛爱情的叙事内容。

人在青春期最主要的特征是性意识的萌生，容易情绪躁动，瞬息万变。而天才的作家曹雪芹非凡的叙事才能正表现在这里，他常常在许多微小的场合，展现宝玉与周围人之间的关系，淡淡的一句话、微微的一声叹息、默默的一个眼神、轻轻的一个动作，都传递着那心灵深处律动的信息流，使我们仿佛置身其中，触摸到了宝玉同黛玉、宝钗，以及袭人、晴雯、秦钟等一群少男少女的情窦初开的心灵。

他们虽然个性不同，行为表现各异，但都有着来自内心深处的一种需求，这就是与生俱来的天性——性欲。就是它，使得这群少男少女有时是莫名其妙的喜悦，有时又是无可名状的孤寂，有时是说不清的惆怅，有时又是模糊不解的惶惑。这些无缘无故、变换不定的心境，实际是情欲、性欲在青少年体内骚动不已而产生的一种两极性的情绪反映。宝玉性意识的萌发早在“贾宝玉初试云雨情”就进行铺垫了，作为一条流动的潜在的细流导入《红楼梦》的叙事肌理，像血液一样流贯周身，无处不在，无时不有。只不过“云雨情”被小说扑朔迷离地渲染了，成为警幻仙子之所训。不管它的表现形式如何，这方面叙事内容最难以驾驭，难免会落入俗套。而这恰恰是《红楼梦》中最精彩的神来之笔，它展示了宝玉如何从青春的萌动走向热烈而持久的情爱与性爱追求。

性欲、性行为、性意识所揭示的社会生存状态往往是很深刻的。它不仅是人性的重要组成部分，而且是一种十分重要的文化现象。《红楼梦》开篇，从四面八方或明写，或暗喻，处处都离不开性欲、情欲的描写：贾珍这位宁国府的继承人，以他的地位玩弄女性，连自己的儿媳秦可卿都不放过；贾琏的色欲到了饥不择食的地步，什么腥的臭的都拉来；贾蓉这位英俊的青年和才色俱佳的凤姐暧昧不已；贾瑞因淫欲而亡，至死不悔。这都是贾府男性性欲的种种表现。而贾府中的女性，元春的青春遭受皇室压抑和冷藏，只是供皇帝偶然的发泄；黛玉情窦初开，对宝玉的爱慕达到生死不渝的境地，一度把宝钗视为情敌而产生妒意；宝钗对宝玉的爱深深地隐藏在内心，含而不露，但寸步不让。至于那些丫鬟，由于她们的地位低下，虽然不敢非分地渴求，但也表现出对情欲的向往和追求。宝玉与贴身丫鬟袭人初试云雨情，晴雯对袭人与宝玉的亲密十分敏感，并略带妒意；还有秦钟和小尼姑的一见钟情，相爱至深……总之，情欲、性欲以各种各样的形态表现着，都是生命中不可或缺的组成部分，这是人性的自然本质。但其表现形式因年龄的大小、文化教养的高低、身份地位的不同、审美需求的差别而异，可以说千姿百态，奇情万状。

虽然整个《红楼梦》写人、写人性、写性欲，林林总总，千差万别，组成了形形色色的人物画廊，呈现出迥异的个性，但归根结底表现为两类典型：一是“皮肤滥淫”，即肉欲，诸如性冲动、性饥渴、性刺激、性虐待、性占有等，其基本特征是把肉体行乐作为性行为的唯一或主要目的；另一是“意淫”，即痴情、博爱，也是富有审美意蕴的情感和性欲。以情爱为目的的性追求、性交往是《红楼梦》性描写的重头戏，也最精彩、最含蓄，既震撼人心，又真实地体现了人性美。《红楼梦》诸多人物正是通过对情欲、性欲的追求过程，展示了自己的文化教养和文明程度，展示了自己的情感和性格。即使是出家的人，虽不近异性，但也能从他们身上折射出性意识和性心理，曲折地表现外部世界对他们身心的压迫和扭曲。因此说，《红楼梦》首先从“贾宝玉初试云雨情”开始，叙述了宝玉追求爱情的整个形态，构成了《红楼梦》的重要内容。

宝、黛爱情是基于对封建礼教制度叛逆思想基础之上的自由恋爱，是对当时封建礼教规定的“父母之命，媒妁之言”的无声回击，表现出封建礼教的“金玉良缘”与爱情自由的“木石前盟”之间尖锐的矛盾和冲突。这是两种对立思想观念的较量，明确地崇尚婚姻应该以爱情为基础的先进思想，是《红楼梦》最重要的意脉，并通过宝、黛爱情故事完整地展现。

宝、黛爱情从始至终可以分为三个阶段，每个阶段他们的心理感受不同，所表现出的特点也不同。

第一阶段，黛玉初入贾府，两人一见钟情。从第八回“情窦初开”到第二十三回“宝黛读西厢”是宝、黛爱情的萌生，分层次刻画了宝玉性意识的萌发，宝、黛之间从相互试探，衍生出很多口角等枝节，而在这冲撞、纠葛和执着中体验着人生的初恋。

第二阶段，宝玉送旧手帕给黛玉，第三十四回黛玉题写“定情诗”，双方心心相印。第五十七回“紫鹃试情”是宝、黛发展到热恋，至晴雯被撵出大观园，此阶段宝、黛爱情走向了成熟和平静，“金玉良缘”与“木石前盟”持续着明争暗斗，黛玉更显得处境凄凉，但宝、黛仍怀着一丝希望在等待。

第三阶段，从第七十八回宝玉写《芙蓉女儿诔》，透出宝、黛爱情的无望。到第九十七回“黛死钗嫁”是以“木石前盟”为标志的宝、黛爱情的结束。但是，宝玉终究没有放下“木石前盟”情感重负，无奈出家。宝、黛爱情故事之所以百读不厌，令人激动与神往，是因为这一爱情的全部发展过程蕴含着丰富的美感内容，从而使它具有强烈的艺术魅力。

综上所述，宝、黛爱情有相识、相知、相恋和结束这样完整的过程，不是传统婚姻模式下的“父母包办”，而是在志趣相投基础上的自由恋爱，并通过宝、黛爱情的悲剧，赤裸裸地暴露封建礼教，显露新思想。费孝通先生说：

> 人类必须依赖两性行为的生物和心理机能来得到种族的延续、社会结构的正常运行，以及社会的发展，但是又害怕两性行为在男女心理上所发生的吸引力破坏已形成的人际关系的社会结构，不得不对个人的性行为加以限制。似乎这就是社会对男女关系态度的两重性。①

从《红楼梦》性描写中，我们可以洞悉到封建社会结构的演变和延伸。清统治者继续推行程朱理学，禁锢两性之间的“人之大欲”，这种钳制的直接后果，是把性爱中鲜活而绚丽的情感色彩抹去了，单单剩下性交的本能，于是人的性欲发生了“异化”。一方面是对人所共知的寻常事讳莫如深，甚至认为最羞耻，尤其存在于广大的女性群体中间。另一方面则是性畸变，追逐女色，私欲横流。面对这种社会现实，明中叶以后出现反礼教和个性解放的进步思潮，对当时占统治地位的程朱理学进行了猛烈的抨击，唯物地解释了两性关系。特别是在家庭婚姻、男女关系上，李贽的观点远远超越了同时代的人。他主张自择配偶，男女平等，显示了民主主义的新思想。清代对妇女最富有同情心的，莫过于李汝珍和俞正燮。他们主张男女平等，倡导严格的一夫一妻制，男女爱情要专一。现实生活的新思潮必然反映到文学作品中来，因此说，《红楼梦》性描写的叙事内容是对封建时代晚期社会新思潮全面而客观的表现。

宝玉的爱建立在平等意识之上，这才是真正的爱。宝玉对待秦钟短暂的爱情就是这样，遗憾的是秦钟的悲剧给宝玉的心头罩上了一层阴影。宝玉和秦钟一见面，就很有缘，情投意合，但是宝玉并没有因为自己出身名门望族而对作为破落地主子弟的秦钟怀有任何的傲慢情绪，或存有任何的轻视之感，这正是宝玉自小那种平等思想意识的表现。在封建特权家庭出身的人，能够有一颗平常心，以平等的眼光和态度看待周围的人和事，这是宝玉身上的闪光之处。那宝玉自一见秦钟，心中便如有所失，痴了半日，自己心中又起了个呆想。

---

① 费孝通．重刊潘光旦译注霭理士《性心理学》书后[M]//聂鑫森．红楼梦性爱解码．北京：中国盲文出版社，2004：1．

天下竟有这等的人物！如今看了，我竟成了泥猪癞狗了。可恨我为什么生在这侯门公府之家，要也生在寒儒薄宦的家里，早得和他交接，也不枉生了一世。我虽比他尊贵，但绫锦纱罗，也不过裹了我这枯竹朽木；羊羔美酒，也不过填了我这粪窟泥沟。“富贵”二字，真真把人荼毒了！（第七回）

那秦钟见了宝玉形容出众，举止不凡，更兼金冠绣服、艳婢姣童——“果然这宝玉怨不得人溺爱他。可恨我偏生于清寒之家，不能与他耳鬓交接”。两个人你言我语，越说越亲密起来。一个恨自己生在“侯门公府之家”，不得早“和他交接”；一个悔自己生于“清寒之家”，不能和他“耳鬓交接”。这看似偶然，其实表现了他们在思想上有着一致的东西。秦钟认为读书一事，“有一二知己为伴，时常大家讨论，才能进益”，这正与宝玉的想法一拍即合。于是二人商量着“相伴”，在一起上学读书，“既可以常相聚谈，又可以慰父母之心，又可以得朋友之乐”。这是“美事”。可见他们“读书”的目的并不是为了“仕途经济”，而是为了追求一种情趣的相投，以及对父母之心的些许慰藉。

宝玉和秦钟有共同的志趣，秦钟身上的叛逆举止常常是宝玉思想的折光。第十五回凤姐带宝玉和秦钟住在馒头庵。秦钟见到小尼姑智能，与她热恋起来，便与她干那警幻仙子所训之事，“说着，一口吹了灯，满屋漆黑，将智能抱到炕上，就云雨起来。那智能百般的挣挫不起，又不好叫的，少不得依他了。正在得趣，只见一人进来，将他二人按住，也不则声。二人不知是谁，吓的不敢动一动。只听那人嗤的一声，撑不住笑了，二人听声方知是宝玉”。此地此举在别人视为对神道佛法的亵渎，而宝玉对他俩的这事却不以为然，俗与僧恋爱很自然，在“佛门圣地”行云做雨也无所谓。秦钟与智能的恋爱关系，并非一见钟情，也并非今日而始，而是早已相识。智能随师傅到贾府不知多少回。第七回写周瑞家找四姑娘惜春，见“惜春正同水月庵（水月庵与馒头庵一事，因做的馒头好而得名）的小姑子智能两个一起顽耍呢”。第十五回说她“自幼在荣府走动，无人不识，因常与宝玉秦钟顽笑”。智能对宗教的憎恨，把尼姑庵叫作“牢坑”，并扬言要离开那些人。在“神道治幽”“王道治明”的封建社会里，不知饱含着多少辛酸！秦钟与智能的叛逆意识与贾宝玉“谤僧毁道”的叛逆意识是合拍的，只是在不同的形式中表现了这种思想罢了。

智能之所以到城里找秦钟，一是真心爱慕秦钟，二是她要跳出“牢坑”。但满脑子封建道德伦理观念的腐儒秦邦业，见儿子与一个尼姑勾搭，竟作出辱门辱祖的天大祸事。他异常震怒，赶走了智能，痛打了儿子，自己也被气死。秦邦业固然可悲，但更可悲的是封建伦理纲常礼教使秦钟与智能演绎出一场爱情悲剧，活生生断送了一个青年的性命，智能的结局也就可想而知了。

秦钟临死还牵挂着智能，那魂魄早已离身，只剩得一口悠悠余气在胸，正见许多鬼判持牌提索来捉他。那秦钟魂魄哪里肯就去？挂念着家中无人管理家务，又惦记着智能尚无下落，因此百般求告鬼判。无奈这些鬼判都不肯徇私，反叱咤秦钟道：“亏你还是读过书的人，岂不知俗语说的：‘阎王叫你三更死，谁敢留人到五更。’我们阴间上下都是铁面无私的，不比阳间瞻情顾意，有许多的关碍处。”

秦钟和智能短暂的爱情悲剧给宝玉心中留下了阴影，他“日日念悼，思念不已”。秦钟与尼姑智能的爱情悲剧，其实也正是宝、黛爱情悲剧的一个投影、一个缩影。

（二）宝玉初恋时的两种牵引力：“金玉良缘”和“木石前盟”

中国封建社会的传统道德观念对社会风尚和广大群众的禁锢，是“男女授受不亲”“男女之大防”。尤其宋明以降，程朱理学高扬“存天理，灭人欲”，压抑人的情欲和性欲。社会风化造成长期婚姻和爱情的分离状态，男女青年婚姻只讲“父母之命，媒妁之言”，爱情则被泯灭，甚至被视为“不轨”。在这样一个深厚传统礼教的历史背景下，人性的解放，首当其冲的不仅仅是性欲需求的合理性，更重要的是性爱，即两性之间持久而真挚的爱情的合理性，理应受到社会舆论和民众心理的认同。这对社会的进步、民族文明程度的提升都具有极大的意义。曹雪芹正是在这种文化观念的基础上，谱写了一曲动人的宝、黛爱情的乐章。

1. 宝、黛、钗情窦初开

宝、黛、钗之间爱情和婚姻之间的纠葛，正是传统观念和近代观念在情与性问题上的文化冲突。虽然笔墨集中在第十九回以后，但揭开这张帷幕还是在第八回，描写了这种文化冲突在他们身上所表现的心理、情态和氛围，细微的笔触再现了爱情的萌动，宝、黛、钗初恋的热情、妒意的流露、体贴的细腻、渴求的含蓄……因此，要真正了解这种冲突的具体表现还得从第八回说起。程高本《红楼梦》这一回的回目“贾宝玉奇缘识金锁，薛宝钗巧合认通灵”，不如庚辰脂评本《石头记》的回目“比通灵金莺微露意，探宝钗黛玉半含酸”更醒目、生动和传神。

宝玉去探望生病的薛宝钗，先写宝玉和宝钗“奇缘识金锁”，“巧合认通灵”，首先点出了“金玉良缘”之说。宝钗对着宝玉那块通灵宝玉上刻的“莫失莫忘，仙寿恒昌”，一连念了两遍，她意识到这两句和自己项圈上的正是一对儿，满心喜悦，只是不肯外露。宝玉对薛宝钗的美貌和健康的躯体也不无羡慕之心。“宝玉此时与宝钗就近”，好不亲密。恰好黛玉来了，一见宝玉也在，忙说：“哎呦！我来的不巧了！”随后又补了一句：“早知他来，我就不来了。”黛玉是笑着说的，表面上客气融洽，但内心的妒意一下子就显现出来了。薛姨妈见到宝玉、黛玉都来了，自然“摆了几样细巧茶果来留他们喝茶”。这时宝玉夸赞前日吃了珍大嫂子的糟鹅掌，薛姨妈一听也就连忙把自己糟的取了，来给他尝。宝玉笑道：“这个须得就酒才好。”薛姨妈摆上酒，宝玉要喝冷的，薛姨妈马上劝道：“吃了冷酒，写字手打飐儿。”这看来似乎是写老人家的脾性，其实不然。“写字手打飐儿”，对于一个读书进取的人可是件大事。薛姨妈关切贾宝玉科举成名的心事，在这微小的事情上也很敏感，宝钗呢，完全赞成她妈妈的说法：

> 宝兄弟，亏你每日家杂学旁收的，难道就不知道酒性最热，要热吃下去，发散的就快；要冷吃下去，便凝结在内。拿五脏去暖他，岂不受害？从此还不改了呢，快别吃那冷的了。（第八回）

这话表面听来，宝钗在与宝玉大讲健身之道。其实意带讥讽。她向来最反对宝玉偏爱“杂学”，不肯把心专用在四书五经那些“正经”学问上。她一心希望宝玉通过举业正途，早日博取功名富贵。这和她妈妈怕“写字手打飑儿”，会影响读书成名是一路心思。由于宝钗的话说得十分恳切，宝玉也就听从了。

林黛玉面对刚才那一幕看在眼里，却“磕着瓜子儿，只抿着嘴儿笑”，她对“冷酒”“热酒”“写字手打飑儿”这类问题本身并不感兴趣，一言不发。“可巧黛玉的小丫鬟雪雁走来与黛玉送小手炉”，黛玉因含笑问他:“谁叫你送来的?难为他费心，那里就冷死了我！”雪雁道：“紫鹃姐姐怕姑娘冷，使我送来的。”黛玉一面接了，抱在怀中，笑道：“也亏你倒听他的话。我平时和你说的，全当耳旁风；怎么他说了你就依，比圣旨还快些！”

这可真是“传神”之笔，把个林黛玉写活了。表面上是就送小手炉说的，实际是一石二鸟，既暗点了宝玉，又讽刺了宝钗。她“只抿着嘴儿笑”，这表情显然是对宝钗的“高论”不屑一顾，还带着轻蔑的嘲讽。写到宝玉三杯过后，正在“心甜意洽”之时，他的奶母李嬷嬷上来拦阻，特意强调：“你可仔细老爷今儿在家，堤防问你的书！”这句插话点破了宝玉与他父亲贾政一向在读书仕进问题上存在的矛盾。就是宝玉刚来，也不忘记点一笔：宝玉为了避开他父亲所在的上房，“宁可绕着个远儿”走。现在李嬷嬷又搬出“老爷”来对宝玉施加压力。

宝玉听了李嬷嬷的话，“心中大不自在，慢慢的放下酒，垂了头”。这一笔活脱脱勾画出他既不愿受封建礼法拘束，又无法不倚靠那封建家族的内心矛盾。在这一片断中写到宝玉平平常常去一趟只隔道墙的薛家，却是奶妈、老婆子、丫头一大堆地跟着服侍他，看似写得琐碎，其实也都不是闲笔。突出宝玉在那贵族家庭里的特殊地位，写他的生活尽管锦衣玉食，富贵已极，但毫不自由。黛玉了解、同情、疼爱宝玉，忙说:“别扫大家的兴！”还鼓励宝玉以“赌赌气”的方式进行抗争。黛玉既任性，又护着宝玉。宝钗呢，她听到李嬷嬷的话后，一声不响，钗、黛形成了鲜明的对比。

初恋萌动的少女，情绪变幻，瞬息迥异。黛玉有时吐露妒意，有时故作娇嗔，有时直接表露，越是细微之处，越是将内心深深的爱意表现得深切。他们从薛姨妈家临走时：

小丫头忙捧过斗笠来，宝玉把头略低一低，命他戴上。那丫头便将这大红猩毡斗笠一抖，才往宝玉头上一合，宝玉便说："罢了，罢了！好蠢东西，你也轻些儿！难道没见别人戴过？让我自己戴罢。"黛玉站在炕沿上道："过来，我给你戴吧。"宝玉忙近前来。黛玉用手轻轻笼住束发冠儿，将笠沿掖在抹额之上，把那一颗核桃大的绛绒簪缨扶起，颤巍巍露于笠外。整理已毕，端相了一会，说道："好了，披上斗篷罢。"宝玉听了，方接了斗篷披上。（第八回）

这一细节传达出少女"爱"的心声，多么真挚自然。先是主动去做，接着一系列的动作，笼、掖、扶，而后"端相了一会"。直到她看到宝玉戴上斗笠后俊美的形象依旧，才满意地说："好了。"孤高自许，目下无尘，说话尖刻的黛玉对宝玉却如此周到细心，如果那不是因为心中充满对宝玉的爱，那又怎么会如此呢？她专心致志地爱宝玉，也希望宝玉同样专注地爱她。

宝玉在爱情萌动的初期，身不由己地受到两种女性美、两种爱情力量的牵引，他时而这边，时而那边，渐渐在两种爱情冲突中做出了自己的选择。此时黛玉对宝玉的担心不仅仅是因为宝玉经常"见了姐姐忘了妹妹"，还有更让她挥之不去的"金玉良缘"之说。可以说"金玉之论"是宝、黛爱情发展道路上的绊脚石，此阶段宝、黛多次发生争吵，不管表面是什么原因，但潜在因素都与它相关。宝、黛爱情的第一个阶段，二人经常发生争吵哭闹，总共大约有十次。因为都是一些细小琐碎的事情，很难把清宝、黛爱情律动的脉搏。为了清楚地看到宝、黛爱情的第一个阶段鲜明的特征，先看看这十次争吵哭闹的经过：

（1）第十七回，因黛玉送宝玉的荷包被小厮抢走，黛玉误会，生气、落泪。

（2）第二十回，宝、黛两个人何等亲密。史湘云来了，黛玉因猜疑，又与宝玉吵嘴而哭。宝玉对黛玉说了一番道理："你这么个明白人，难道连'亲不间疏，先不僭后'也不知道？我虽糊涂，却明白这两句话。头一件，咱们是姑舅姊妹，宝姐姐是两姨姊妹，论亲戚，他比你疏。第二件，你先来，咱们两个一桌吃，一床睡，长的这么大了，他是才来的，岂有个为他疏你的？"这番话说得黛玉动心了，俩人和好如初。这一次与以前吵嘴哭闹不同，带有恋爱情绪中的女孩特别看重对方对自己在意不在意，口角之争是形式，是过程，以此来试探对方的心理。这一次的争吵可以看作是宝、黛初恋的萌芽。

(3) 第二十二回贾母要给宝钗过生日，宝钗讨好贾母，点的都是热闹戏文。演《山门》时，宝玉不耐烦了。宝钗说他不懂戏，并念了一支〔点绛唇〕曲：

> 漫揾英雄泪，相离处士家。谢慈悲，剃度在莲台下。没缘法，转眼分离乍。　　赤条条，来去无牵挂。那里讨，烟蓑雨笠卷单行？一任俺，芒鞋破钵随缘化！（第二十二回）

宝玉听了，喜的拍膝画圈，称赏不已，又赞宝钗无书不知。黛玉道："'安静看戏罢，还没唱《山门》，你倒《妆疯》了。'说的湘云也笑了。"黛玉幽默地讽刺了宝玉，也流露出对宝钗的醋意。

(4) 看戏时，凤姐说一个小戏子像个人，湘云笑着接过来说像黛玉。宝玉怕黛玉生气，忙给湘云使眼色，湘云不高兴，宝玉解释："林妹妹是个多心的人。别人分明知道，不肯说出来，也皆因怕他恼。谁知你不防头就说了出来……"不想这话被黛玉听见，她生气、责怪宝玉："你为什么又和云儿使眼色？安的是什么心？"

(5) 第二十三回，宝玉和黛玉、宝钗以及迎春、探春、惜春、李纨等，奉元妃之命都搬进大观园住了。在青春少女的环绕下，过了一段时间，宝玉忽然不自在起来，出来进去，闷闷不乐。实际那些描写爱情的小说戏剧，对于青春躁动的少年，像点燃爱情的火。"那日，正当三月中浣，早饭后，宝玉携了一套《会真记》，走到沁芳闸桥边桃花底下一块石上坐着，展开《会真记》，从头细看。"黛玉葬花回来，看到宝玉读书，非要拿过去看，不到一顿饭工夫，便将十六出全部看完，"但觉词藻警人，馀香满口。一面看了，只管出神，心内还默默记诵"。

宝玉笑道："妹妹，你说好不好？"黛玉笑着点头儿。宝玉笑道："我就是个'多愁多病的身'，你就是那'倾国倾城貌'。"黛玉听了，不觉带腮连耳的通红了，登时竖起两道似蹙非蹙的眉，瞪了一双似睁非睁的眼，桃腮带怒，薄面含嗔，指着宝玉道："你这该死的，胡说了！好好的，把这淫词艳曲弄了来，说这些混账话，来欺负我。我告诉舅舅、舅母去。"

俩人虽是拌嘴，但《西厢记》戏语却沟通了他们的心灵。黛玉也陷入爱情的苦闷。宝玉走后，她正欲回房，听到梨香院里面笛韵悠扬："唱的是《牡丹亭》：'原来是姹紫嫣红开遍，似这般都付与断井颓垣。'黛玉听了，倒也十分感慨缠绵。便止住步侧耳细听，又唱道是'良辰美景奈何天，赏心乐事谁家院'。听了这两句，不觉点头自叹……再听时，恰唱道：'只为你如花美眷，似水流年。'黛玉听了这两句，不禁心动神摇。又听道'你在幽闺自怜'等句，越发如醉如痴，站立不住，便一蹲身坐在一块山子石上，细嚼'如花美眷，似水流年'八个字的滋味。忽又想起前日见古人诗中有'水流花谢两无情'之句，再词中又有'流水落花春去也，天上人间'之句，又兼方才所见《西厢记》中'花落水流红，闲愁万种'之句，都一时想起来，凑聚在一处。仔细忖度，不觉心痛神驰，眼中落泪。"

（6）第二十六回，宝玉去看黛玉，黛玉让紫鹃舀水，紫鹃说宝玉是客，就先去倒茶。宝玉顺口说："好丫头！'若共你多情小姐同鸳帐，怎舍得叫你叠被铺床？'"黛玉听了，生气，落泪。

（7）一天晚上，宝钗进了宝玉的院子，随后黛玉也来叩门。不料晴雯和碧痕吵了嘴，正没好气，又抱怨宝钗晚上来访，又听有人敲门，索性赌气不开。黛玉又高声说："是我，还不开门么？"晴雯偏生还没有听出来，便使性子说道："凭你是谁，二爷吩咐的，一概不许放人进来呢！"黛玉碰了钉子，越想越伤心，"独立墙角边花阴之下，悲悲戚戚呜咽起来"。回到潇湘馆，"倚着床栏杆，双手抱着膝，眼睛含着泪，好似木雕泥塑的一般，直坐到二更多天"。

（8）第二十八回，横在宝、黛之间的"金玉之说"，引起口角之争。

（9）第二十九回，众人去清虚观看戏，张道士呈上了众道人赠予宝玉的一些敬贺之礼，宝玉从中挑选了一件金麒麟。贾母看到这金麒麟，忽然想起有位姑娘佩戴过，便询问有谁戴着一个来着，宝钗应答说是湘云。于是探春便夸宝钗有心。此时黛玉接过话头，说道：“他在别的上还有限，惟有这些人带的东西上他才是留心呢。”宝钗听说，便回头装没听见。这里并没有描写其他人的表现，但在场的人都明白黛玉的话外音，“金玉良缘”是所有人都知道的事实，也因此黛玉对“金玉良缘”的介意已众所周知。

（10）第三十二回，湘云劝宝玉多学一些仕途经济学问，被宝玉下了逐客令，袭人便告诉湘云：宝钗也曾劝过，也是被宝玉不留情面地晾在了一边，还趁机夸宝钗的心胸宽广，说要是林姑娘不知道要怎么哄才肯罢休。这时宝玉便回道：“林姑娘何时说过这混账话，她若如此说我早和她生分了。”这些话被前来的黛玉听到了，心情是五味杂陈的。她听宝玉如此说，便认定了宝玉是她知己，而自己也是宝玉知己。

她想到了自己父母双亡、无依无靠，想到在贾府的环境，种种忧思，件件愁苦，一股脑涌上心头。如果说离开父母是少年黛玉“愁绪”的一部分，那么潜隐在心中自己的婚姻大事则是“愁绪”深处的东西。虽说与宝玉日夜相处，是唯一情趣相投的人，但“金玉良缘”一直困扰着她，加上又没有亲人为她做主，她怎能不生出对命运的焦虑，对未来的愁绪。她又是一个十分敏感的少女，从花的飘落联想到了自身，生出自怜、自怨、自诉的愁心。这正是黛玉创作《葬花吟》的心理背景：

花谢花飞花满天，红消香断有谁怜？
游丝软系飘春榭，落絮轻沾扑绣帘。
闺中女儿惜春暮，愁绪满怀无着处。
手把花锄出绣帘，忍踏落花来复去。

这几句是写花落花飘。

柳丝榆荚自芳菲，不管桃飘与李飞。
桃李明年能再发，明年闺中知有谁？
三月香巢初垒成，梁间燕子太无情！

明年花发虽可啄，却不道人去梁空巢已倾。

一年三百六十日，风刀霜剑严相逼。

明媚鲜妍能几时，一朝飘泊难寻觅。

花开易见落难寻，阶前愁杀葬花人。

独倚花锄偷洒泪，洒上空枝见血痕。

杜鹃无语正黄昏，荷锄归去掩重门。

青灯照壁人初睡，冷雨敲窗被未温。

怪侬底事倍伤神？半为怜春半恼春。

怜春忽至恼忽去，至又无言去不闻。

昨宵庭外悲歌发，知是花魂与鸟魂？

花魂鸟魂总难留，鸟自无言花自羞。

愿侬此日生双翼，随到花飞天尽头。

天尽头，何处有香丘？

未若锦囊收艳骨，一抔净土掩风流。

质本洁来还洁去，不教污淖陷渠沟。

尔今死去侬收葬，未卜侬身何日丧？

侬今葬花人笑痴，他年葬侬知是谁？

试看春残花渐落，便是红颜老死时。

一朝春尽红颜老，花落人亡两不知！（第二十七回）

《葬花吟》是黛玉心灵的写照。她葬的什么花，是落花。花开花落，任其自在，黛玉为什么集而收之，哀而葬之呢？这正是一种触物生情，以物喻人的联想。这种敏感，这种心灵，只有像黛玉这样的才女才有。仔细品味，全诗有一个核心的意象：花飘花落。

这十次争吵哭闹，其实都是初恋时，双方互相的猜测、负气、任性、误会、表白、解释……也就是探测对方心理的不能言说的方式。《红楼梦》第二十九回有一段话说透了：

原来宝玉……早存了一段心事，只不好说出来。故每每或喜或怒，变尽法子暗中试探。那黛玉偏生也是个有些痴病的，也每用假情试探。因你也将真心真意瞒起来，我也将真心真意瞒了起来，都只用假意试探，如此“两假相逢，终有一真”。其间琐琐碎碎，难保不有口角之事。

这段话可以说概括了宝、黛爱情的第一个阶段的基本内涵和特征。

宝玉对黛玉的选择体现了警幻仙姑对宝玉的谆谆所嘱：“以情悟道，守理衷情。”“道”和“理”是一样的意思，通俗地讲合乎人情事理，表达了人生哲理，实际上就是人性思想。因而说“意淫”是情理的统一。那种风月故事所写之“情”，脱离了“理”，都只不过偷香窃玉，暗约私奔而已。“终不能不涉淫滥”，并非“儿女之真情”。从中也可以透视曹雪芹的情爱观和美学观。

以上是宝、黛爱情意脉的第一个阶段。

2．围绕“金玉良缘”之说引发的贾母与王夫人潜在的矛盾

荣国府掌权的这一派是贾母、贾政和王夫人，和他们亲近靠拢的是薛姨妈。而薛宝钗来到贾府，“金玉良缘”之说随之在贾府弥漫开来，始作俑者当然是薛姨妈了。“金玉良缘”之说，无论是在宝、黛之间，还是在贾母、王夫人之间都波及到了。尽管王夫人和薛姨妈极力撮合“金玉良缘”，而她们在贾母面前却不敢公开表明态度，加上王夫人的性格含而不露，此事若隐若现。在《红楼梦》的描写中她和贾母的矛盾很难被人察觉，如海底巨大的暗流，传导到海面上却不见波澜。虽是潜在的矛盾，却持久而深入，形成巨大的磁场效应，制约和改变着人们的心态、情绪和作为。表面上看起来，王夫人是一个宽仁慈厚之人，孝顺贾母，厚待寡媳，抚养迎春，疼爱探春，体恤下人，平时她又怜老恤贫，最爱斋僧敬道，舍米舍钱的，真是一个孝媳、贤妻、良母。而就是这个“佛爷”似的王夫人却逼死了金钏儿、逐走了四儿、晴雯、司棋，逼得芳官、藕官、蕊官出了家，可谓将宽仁慈厚和残忍冷酷同时集于一身。几乎所有的波澜都是由王夫人的心机而一手制造的，而且“金玉良缘”逼迫、扼杀宝、黛爱情，在《红楼梦》上演了一场令人荡气回肠的爱情悲剧。

贾母对“金玉良缘”这种说法不是不知道，而是不理睬，反倒口口声声不

离两个玉儿。一向看贾母眼色行事的凤姐，对贾母的心思了如指掌。第二十五回写凤姐开的一个玩笑。一天，黛玉、凤姐、宝钗、李纨等人都在场，凤姐同黛玉说吃茶时，当众对黛玉笑说："……你既吃了我们家的茶，怎么还不给我们家做媳妇？""众人听了一齐都笑起来。林黛玉红了脸，一声儿不言语，便回过头去了……""……你给我们家作了媳妇，少什么？"指宝玉道："你瞧瞧，人物儿、门第配不上，根基配不上，家私配不上？……"这席话从凤姐这样身份的人嘴里说出来，又是当着宝钗的面，一是在公开的场合否定"金玉良缘"之说，二是把宝、黛二人的关系一下子给挑明了，三是流露上层人物的心意。

第二十八回却出现另外的场景，元妃端午节前从宫中送给贾府上下的"赏礼"，只有宝玉的"同宝姑娘的一样。林姑娘同二姑娘、三姑娘、四姑娘"的一样。宝玉怀疑是不是传错了，袭人却明确告诉他："昨儿拿出来，都是一份一份的写着签子，怎么就错了！"元妃用这种做法暗示对"金玉良缘"的肯定。元妃身处深宫，除一次短暂归省外，再没同宝钗、黛玉有接触，她怎么会知道"金玉良缘"呢，显然受王夫人意愿的影响。因为"每月逢二六日期，准其椒房家属入宫请候看视"。王夫人作为元妃的亲生母亲，自然比别人有更多的机会接触元妃，通过元妃懿旨把自己的意图暗示出来，这样做无非是因碍着贾母不得而为之。

第二十九回贾母带领女眷众人到清虚观打醮。张道士与贾母说话间谈到宝玉的亲事，贾母当着众人的面回答张道士，"上回有和尚说了，这孩子命里不该早娶，等再大一大儿再定罢。你可如今打听着，不管他根基富贵，只要模样配的上就好，来告诉我。便是那家子穷，不过给他几两银子罢了"。贾母的话是用"道士"的话否定"和尚"的话，大有深意。因为"金玉良缘"之说来源是："金锁是个和尚给的，等日后有玉的方可结为婚姻。"贾母与张道士的一问一答，恰好巧妙地否定了此说。

王夫人同贾母对待宝玉的婚事上不同的主张，矛盾开始尖锐化。过了两天，宝、黛二人自清虚观回来因张道士提亲的事又吵了一架。贾母见他俩都生了气，只说趁今儿那边看戏，他俩见了也就完了，不想又都不去。贾母急得抱怨说："我这老冤家是那世里的孽障，偏生遇见了这么两个不省事的小冤家，没有一天不叫我操心。真是俗语说的，‘不是冤家不聚头’。几时我闭了这眼，断了这口气，凭着这两个冤家闹上天去，我眼不见心不烦，也就罢了。偏又不咽这口气。”自己抱怨着也哭了。贾母为什么哭了呢？这正是她的烦恼和无奈。儿女的婚事，皆由父母做主，作为祖辈很难越过父母来为孙辈决定婚事。对宝玉的婚事，贾母自然不能自作主张。元妃在端午节给的“赏礼”，独宝玉与宝钗一样，明摆着透露出王夫人的意图，这更是让贾母难办。她既要考虑王夫人的反对意见，更要考虑到“贾妃”的“旨意”。于是，贾母不能不为宝、黛二人的婚事担忧。尤其遇到了不可言状的烦恼，而“二玉”都不理解。这一切太让贾母伤心了。

3. 宝玉的特殊地位激发了嫡庶之间的矛盾，诱发出恶愤的心理和阴毒的加害

荣国府的贾赦是长房，袭了荣国公，可偏偏贾母不喜欢他，偏向二儿子贾政，并把家政大权交给贾政。贾政顾不过来，又让王夫人打理，王夫人又叫凤姐掌管，于是房族之争在家长里短中经常摩擦，时时碰撞。贾政这边的妻妾，王夫人有宝玉，赵姨娘也有儿子贾环，于是嫡庶之争，明里仇恨，暗里较劲，甚至引发阴毒的加害。贾府内部的矛盾冲突中，总起来说可以分为两大营垒。一派是以掌权的贾政、王夫人为首，包括凤姐、薛家母女，并有贾母的支持；一派是以贾赦、邢夫人为首，包括宁国府尤氏、赵姨娘等，代表不掌实权一派的利益。贾府上下，从封建宗法家庭的宝塔顶——贾母直到他们的亲信奴才，都被卷入到这两大营垒互相争斗的旋涡之中，而斗争的焦点，就是争夺贾府的财产和权力。封建贵族的本质是极端贪婪、极端残酷的，即使在其内部也是互相利用、互相争夺，连嫡亲骨肉之间也不例外。“罩在家庭关系温情脉脉的面纱”下，是赤裸裸的利害关系。贾母又喜欢宝玉，整个家族上下都知道宝玉是未来的后继人。宝玉无疑成了贾府众目睽睽之下的人物。

贾环是姨娘生的，自己又不长进，素日不受人待见，处在一个“姥姥不爱，舅舅不疼”的尴尬地步。他和其母素日恨宝玉，一次，当贾环看到宝玉与自己喜欢的侍女彩霞笑闹时，不由的心中升起一腔恶愤，“故作失手，将那一盏油汪汪的蜡灯，向宝玉脸上只一推。只听宝玉‘哎呦’的一声，满屋里众人都吓了一跳。连忙将地下的绰灯移过来一照，只见宝玉满脸是油。王夫人又气又急，

忙命人来替宝玉擦洗，一面骂贾环。凤姐三步两步上炕去，替宝玉收拾着，一面说：‘这老三还是这么“毛脚鸡”似的，我说你上不得台盘。赵姨娘平时也该教导教导他。’”一句话提醒了王夫人，那王夫人不骂贾环，便叫过赵姨娘来骂道：“养出这样黑心种子来，也不教训教训！几番几次我都不理论，你们一发得了意了，一发上来了。”这样狠心的举动发生在一个十几岁孩子的身上，贾环骨子中深藏着的阴毒本性也由此可见一斑。王夫人当着众人之面，责骂贾环，训斥赵姨娘，一个贵族之家的大太太对庶出子骂出如此刻毒的话，嫡庶之间的矛盾冲突尖锐性也就可想而知了。

事后，总是气愤不过的赵姨娘与马道婆暗里设置“魇魔法”，谋害贾母最喜欢的宝玉和凤姐，这是贾府房族之争、嫡庶之争的一次高潮。马道婆到赵姨娘处，知道她最恨的两个人是凤姐和宝玉。便探她的口气说：“我还用你说？难道都看不出来。也亏你们心里不理论，只凭他去。倒也好。”赵姨娘道：“我的娘，不凭他去，难道谁还敢把他怎么样吗？”马道婆道：“不是我说句造孽的话，这你们没有本事！——也难怪别人。明不敢怎样，暗里也就算计了，还等到这如今！”

赵姨娘听这话里有话，心里暗暗的喜欢，便说道：“怎么暗里算计？我倒有这个意思，只是没这样的能干人。你若教给我这法子，我大大的谢你。”于是马道婆制造了“魇魔法”——古代一种巫术，暗中祈祷鬼神加害于人。宝玉、凤姐中了祟，闹翻了贾府，“贾母、王夫人、邢夫人并薛姨妈寸步不离，只围着哭”。日夜熬油费火，闹得上下不安。“看看三日的光阴，那凤姐和宝玉躺在床上，连气息都微了。合家都说没指望了，忙的将他二人的后事都治备下了……赵姨娘在旁劝道：‘老太太也不必过于悲痛。哥儿已是不中用了。’这些……话没说完，被贾母照脸啐了一口唾沫，骂道：‘烂了舌头的混账老婆，怎么见得不中用了？你愿意他死了，有什么好处？你别做梦！他死了，我只合你们要命。……我饶那一个！’”

马道婆“魇魔法”和宝玉挨打是贾府内部房族、嫡庶矛盾冲突的反映，这两个事件的矛盾性质虽然不同，但都是围绕着贾府继承人这一根本的大事而展开的，只是发生在不同的层面上，如父子之间、嫡庶之间、房族之间。这种掩饰在温情脉脉的矛盾和冲突之下的斗争，从来没有停止过，只不过表现形式有时含蓄，有时公开。

（三）宝玉挨打是贾府内部矛盾冲突的又一次爆发

“宝玉挨打”是《红楼梦》故事中的大事件，是意脉上的大穴位，交织着多条线索，如贾府内部父子矛盾、嫡庶矛盾、主奴矛盾等，还卷入贾府与政界不同的派系矛盾的旋涡之中，但这次矛盾爆发的引线却是金钏跳井和宝玉结识琪官这两件事。

贾政对宝玉这种父子情感，不是在 “宝玉挨打”事件中的表现所完全包容的，在此之前的情节中反复点染贾政对宝玉时而怒其不争，时而又流露对宝玉的风貌、才情的欣慰。我们只有简单梳理一下父子情感的脉络，才能准确地把握。

第二回：“抓周”，面对一周岁的宝玉只抓“脂粉钗环”玩耍，贾政便“大怒”，断言“将来酒色之徒耳”，于是“大不喜欢”。

第九回：宝玉与秦钟相约入家塾读书，贾政竟“冷笑道：你如果再提上学两个字，连我也羞死了。依我的话，你竟顽你的去是正理。仔细站脏了我的地，靠脏了”！

第二十三回：王夫人嘱咐宝玉莫忘记让袭人服侍吃药。贾政听见，厉声责问道：“是谁这样刁钻，起这样的名字？……可见宝玉不务正，专在这些浓词艳赋上作工夫。”说着，断喝一声：“作孽的畜生，还不出去！”

但毕竟是父子，贾政言谈行止中偶尔透露出对儿子风貌、才情的欣慰。

第十四回：北静王要见宝玉，贾政“忙回去，急命宝玉”更衣，又忙从宝玉衣内取了玉递上。贾政“忙道”“忙陪笑道”“忙躬身答应”，父子二人“一齐谢过”等一连串的形体语言中，已见贾政为有这样儿子而感到满意、愉悦、得意。

第十八回：在“大观园试才”中，尽管不时显露为父的尊严，几声“喝道”“断喝”，但还是很欣赏宝玉。用脂评的话说，是“爱之至，喜之至，故作此语”。连那些常年跟随其父子的小厮们，都捕捉到今儿的气氛与往常不同：今儿老爷“喜欢”哥儿“大展其才”，得足了“彩头”。

省亲当日，贾政特别启奏：“园中所有亭台轩馆，皆系宝玉所题。”贾政特意让牵挂着宝玉的元春也感到快慰。

第二十三回："贾政一举目，见宝玉神彩飘逸，秀色夺人"，"看看贾环，人物委琐，举止荒疏"，忽又想起贾珠来，"再看看王夫人就只有这一个亲生儿子""自己胡须将已苍白"，"因这几件上，把素日嫌恶处分宝玉之心不觉减了八九"。

第二十五回：使宝玉中祟后贾政看到"百般医治祈祷，问卜求神，总无效验"之后，"着实懊恼"，又听到贾母痛斥"赵姨娘兴灾乐祸"的话语，"心里越发难过"。

所以说，贾政对宝玉的感情是矛盾的，"怒其不争"的嫌恶与不时对儿子的风貌才情的欣赏、快慰、满足总是交织在一起，是封建时代严父特有的一种表达方式。了解了这些之后再来审视"宝玉挨打"的内涵才更全面，至于由此引发的一连串的人际反应，那倒是贾政始料不及的。

1．"宝玉挨打"矛盾爆发的引线

第三十三回忠顺亲王府长史奉王爷之命来贾府向宝玉打听小旦琪官（蒋玉菡）的下落。贾政当着忠顺亲王府长史的面，训斥宝玉，借以表白，"该死的奴才！你在家不读书也罢了，怎么又做出这些无法无天的事来！那琪官现是忠顺王爷驾前承奉的人，你是何等草芥，无故引逗他出来，如今祸及于我"。显然，贾府与忠顺亲王府是不同政治派系，素无交往。贾政深恐被因此事陷入政治派系之争中，受到牵连吃挂落。

第三十回宝玉在王夫人房中与金钏调笑，王夫人大怒，认为金钏勾引宝玉学坏，一怒之下，将其轰出贾府，导致金钏羞辱难尽，跳井自杀。正好那天，贾政送出贾雨村进来，宝玉"垂头丧气"与他撞了个满怀，他便喝道："方才雨村来了要见你。叫你那半天你才出来了；既出来了，全无一点慷慨挥洒谈吐，仍是葳葳蕤蕤。"正在这时，贾政忽见贾环带着几个小厮乱跑，问其何事，贾环添油加醋地说宝玉"拉着太太的丫头金钏儿强奸不遂，打了一顿，那金钏儿便赌气投井死了"，话未说完，把贾政"气的面如金纸"，大喝："快拿宝玉来！"说着走进书房，"喘吁吁的直挺挺坐在椅子上，满面泪痕，一叠声'拿宝玉！拿大棍，拿绳来！把门都关上。有人传信到里头去，立刻打死！'"

贾政的小厮把宝玉拿来——贾政一见，眼都红紫了，也不暇问他在外游荡优伶，表赠私物，在家荒疏学业，淫辱母婢等语，只喝令：“堵起嘴来，着实打死！”小厮们不敢违拗，只得将宝玉按在凳上，举起大板打了十来下。贾政还嫌打轻了，一脚踢开掌板的，自己夺过板子来，狠命的又打了十几下……王夫人一进房来，贾政更如火上浇油一般，那板子越发下去的又狠又快……王夫人哭道：“宝玉虽然该打，老爷也要自重……”贾政冷笑道：“倒休提这话。我弄养了这不肖孽障，已不孝；不如趁今日一发勒死了，以绝将来之患！”说着，便要绳索来勒死……最后，贾母出面喝住，才算了局。

2．“宝玉挨打”事件暴露诸多潜在的矛盾

“宝玉挨打”是贾政与宝玉的潜在的矛盾的一次总爆发。贾宝玉是荣国公的四世孙。贾氏家族由“水”字辈到“人”字辈，再由“文”字辈到“玉”字辈，而后到“草”字辈，一代不如一代。于是，“聪明灵慧”的贾宝玉就成了荣国府唯一有指望的传宗接代的“命根子”。从他一出世，家族和父母就把光宗耀祖的希望寄托在他的身上，也把所谓“荣华富贵”“娇妻美妾”预置在他的身旁。“雕梁画栋”“锦衣玉食”且不说，捧茶端饭、叠被铺床、引领陪伴的丫鬟仆人就20多个，仅服侍他的丫头就有袭人、晴雯、麝月、碧痕、秋纹、茜雪、绮露、四儿、檀云、佳蕙、坠儿、柳五儿、春燕等十几人。培养宝玉成才，贾政、贾母、王夫人的目标是一致的，只是采取的方式不同。父亲贾政对宝玉有着主流文化望子成龙的强烈意识，施以严教，贾母则不赞成贾政的做法，相反，对孙子过于溺爱。这样，严教和溺爱之间就出现了潜在的矛盾。史太君是贾府辈分最高的“老祖宗”，全家对她绝对服从，时时处处使贾政的严教受到限制，这便给宝玉性格中的叛逆成分的发展，无意之间留了一个裂痕的空间。不像别人无论做什么，哪怕是一睁眼、一举手、一投足，都必须依照封建礼法规矩。而他却能在有限空间去追求自由，寻找个性发展。

“宝玉挨打”这件事从表面来看，全是平平常常的家庭生活现象，实际上，矛盾冲突隐伏在人与人之间的关系和生活表象的背后。人物性格与性格互相之间紧紧咬合着，搏斗着，贾母与贾政在教育和培养宝玉问题上的分歧，父子之间封建正统观念与叛逆的冲突，嫡庶之间争夺继承权等多重矛盾交织在一起。中国传统家庭最主要的特征是父子纵向结构的承继，十分看重后继人。贾母虽然是家族最高的家长，但因其是女性，又年长，她便以超然的风度与讲究的排场，把自己悬置于家族琐屑事务管理之外，在吃酒、打牌、讲笑话的日常生活中安享晚年，膝下环绕着孙男外女，尤其疼爱和娇惯嫡孙宝玉。而贾政对于这个家族父子纵向结构的承继，更看重的是一种父子之间的文化认同。宝玉身上这些潜在的东西，贾政和王夫人都看在眼里，只是碍于贾母的溺爱和放纵，有时不得管束，造成了贾政心里大为不满，直到逐步发展为怨恨。因此，贾政痛打了这个游离在封建正统观念之外的儿子。而外，贾环这个庶出公子，乘机在贾政面前进谗言，挑拨生事，表现出了他对宝玉受宠地位的妒忌和憎恨的阴暗心理。

3．“宝玉挨打”折射出周围人的不同心理

“宝玉挨打”整个事件像一个生活的窗口，主要人物悉数亮相，各自表现出了自己的内心世界。贾母的溺爱，王夫人的心疼，都是为了维护宝玉嫡系的正统地位。宝钗是第一个探望宝玉的“红了脸，低下头只管弄衣带，那一种娇羞怯怯”，既表露了儿女之情，又不失大家闺秀的端庄，她心里想“何不在外头大事上做工夫，老爷也欢喜了，也不能吃这样亏”。并对袭人说：“你们也不必怨这个，怨那个。据我想，到底宝兄弟素日不正，肯和那些人来往，老爷才生气。”言语间流露的还是正统的观念。

黛玉是最后一个来的，早已哭得“两个眼睛肿得桃儿一般，满面泪光”。回去后含悲写下三首题帕诗，在第三十四回中，不加掩饰地表达了对宝玉的一往情深，将自己对宝玉的爱情毫无保留地倾泻而出。

眼空蓄泪泪空垂，暗洒闲抛更向谁？
尺帕鲛绡劳解赠，为君那得不伤悲！
抛珠滚玉只偷潸，镇日无心镇日闲；
枕上袖边难拂拭，任他点点与斑斑。
彩线难收面上珠，湘江旧迹已模糊；
窗前亦有千竿竹，不识香痕渍也无？

题帕诗标志着宝、黛爱情的“定情”，也是宝、黛从初恋到爱情成熟的转折点。从此，宝、黛爱情进入平静的发展阶段，他俩再也没有争吵哭闹或是明讥暗讽。

“宝玉挨打”像一个心灵的窗口，映出不同人对此的心理、情感和做派。李纨看宝玉时触景生情，伤心落泪，表面上是心疼宝玉，内心却是引发了想念自己死去的丈夫——贾府的嫡长子贾珠。凤姐在宝玉挨打一事上忙前忙后，却不露声色，正符合她孙媳妇的身份，也说明此事不触及她的利益。袭人心疼宝玉有多种复杂的成分，她既有想靠着宝玉爬上当侍妾的情感，也有封建伦理的自觉，她乘机在王夫人面前进言，大谈宝玉男女不分，“偏好在我们队里闹”，以及君子防未然的道理，提议“叫二爷搬出园外来住”，说得王夫人“吃了一大惊”，不但由此信赖她，还“心下越发感爱袭人”……虽然这些都是平常的生活小事，却蕴含着人们的不同思想倾向和生活道路的激烈冲突和争夺。

第七章

贾府的钟鸣鼎食与潜流暗礁

（第三十七至六十四回）

上面是第一阶段的两个叙事单元的内容，有鲜明的叙事特点，出现了秦可卿出丧、贾元春省亲、马道婆魇魔法和宝玉挨打四大事件，大起大落，红红火火，热热闹闹，把贾府贵族之家的豪气张扬得沸沸扬扬，风光无限，也把家族内部的房族之争、嫡庶之争赤裸裸地展示了出来。无论是什么场面，无论是什么脸面，曹雪芹都像用解剖刀一样，把贾府那些人在情欲、物欲、私欲的挤压下，或者在争风吃醋的心理失衡下，将掩藏在人性中扭曲的细微的东西剔了出来，活生生地直逼心灵的拷问。于是在波翻浪涌的叙事中，贾府钟鸣鼎食的气派与潜流暗礁的争夺，总是双流齐下。

第二个阶段也包含两个叙事单元：贾府的钟鸣鼎食与潜流暗礁（第三个叙事单元：第三十七回至五十二回）；贾府的“内囊”尽上（第四个叙事单元：第五十三回至六十四回）。

这两个叙事单元与上面一脉相承。只是没有大的事件，但是通过描写吟诗作词、吃喝玩乐、家长里短等那些生活中琐细之事，一方面反映了贾府诗礼簪缨、钟鸣鼎食的气象，表现出贾府百年的文化传统的积淀；另一方面也显现出贾府这座百年大厦已年深日久，阴暗和潮湿的角落已滋生出霉烂，散发着腐臭。经济的困顿、礼教的松弛、矛盾的激化等，正动摇着贾府这幢封建世袭的百年大厦。

一、大观园的儿女结社吟诗

大观园是因元春而建，又受元春之命，贾府的小姐和宝玉才住进了大观园。

余英时先生说："曹雪芹在《红楼梦》里创造了两个鲜明而对比的世界。这两个世界，我想分别叫它们作'乌托邦的世界'和'现实的世界'。这两个世界，落实到《红楼梦》这部书中，便是大观园的世界和大观园以外的世界。"① 大观园为宝玉和贾府的小姐们创造了一个自由的天地，这里与等级森严、时时处处充斥着繁文缛节和令人窒息的封建礼教的贾府不同，它迸发出青春的气息、人性的光辉，弥漫着平等的意识，展现出女性的才气，吐露了奴仆的心声。因此，宝、黛追求爱情的自由，得到了一个宽松的环境；小姐们吟诗作赋找到了一个美好的乐园。在这里，贾母等贵族主人的一举一动都显示了诗书之家的气派、钟鸣鼎食的景象、豪华富丽的场面。一步一景，再现了翠嶂清流、奇花佳木、亭台楼阁、拱桥曲栏，成就了典型的中国古典园林的大观园。周思源先生从小说创作的角度提出大观园是一座巨大的、后花园式的、散点居住式园林，而这三个特点是"为了便于表现作品多重复合型主题和刻画众多人物"，是"由于小说深层题旨、故事情节和人物活动的需要所决定的"，因此大观园"发端于曹雪芹的心中，只存在于《红楼梦》里，具有不可重复性"。②

一部大书一半画卷的时空都是在这里构图、设色和描绘的。从此，这个金门玉户、琼楼玉榭、奇花异石、青藤缠绕、翠竹掩映的江南园林，既远离了市俗尘嚣，又脱离了繁文缛节，成为一个文化品味高、自由空气充裕的天地。正

① 余英时.《红楼梦》的两个世界[M].上海：上海社会科学院出版社，2002：36.

② 周思源.欲明《红楼梦》，须至大观园：从创作角度谈大观园无原型[J].红楼梦学刊，2002（4）.

是在这样一个特殊环境里，贾府的小姐们组织起诗社，展现中华优秀文化对她们的熏陶。她们在诗歌中流露了性格，倾吐了心灵，展示了才气。她们在诗歌中超越了闺阁的空间限制，从而营造出一个女性文化和生活空间。从某种意义上说，大观园诗社的出现，表明不管是在封建礼教限制的空隙中，还是受到清代晚期南方自由思想的影响，她们都是高度城市化发展的江南地区出现的一群拥有特权、受过教育的女性。这是时代的折光，是女性意识的辉耀，也是《红楼梦》极有创造性地开辟出的一个生存空间，给女性以安慰和尊严。

大观园儿女第一次结社吟诗是成立海棠社，由探春发起、李纨出题，题目是《咏白海棠》，要求各作七律一首；第二次是菊花社，湘云主邀，宝钗出题，要求各作一首或数首；第三次是赏雪社，李纨主邀并出题。

这几次诗作活动中不是黛玉夺魁，便是宝钗摘冠，其他小姐各逞其才，独宝玉次次名列榜末。这不是一个简单的名次问题，而是意在表明这里是才女的世界。因为她们是中国优秀传统文化的代表者。值得注意的是，长期以来，《红楼梦》研究有一个误区，常常把封建礼教下的三从四德的规范和教诲，同实际的社会生活状况混为一谈，仿佛在男权社会里，女性都是被压迫、被侮辱的，被剥夺了一切权力。当然，不同阶层的女性生活状况有着不可逾越的差异，在贵族或者士人家庭，女性的生存空间是极其有限的，虽然有一定的自由、一定的特权，但这种有限的生存空间是支离破碎的，无法形成一个社会性别的层面，最终还是淹没在封建社会集体无意识的汪洋大海之中。

大观园结社吟诗是才女们最快乐的日子，他们写的诗都是个人性情、心境的流露和抒发，诗如其人。《红楼梦》几次对诗社的描写，最主要是透过诗写人，写人的性格。以《咏海棠诗》宝钗夺冠的一首为例：

珍重芳姿昼掩门，自携手瓮灌苔盆。
胭脂洗出秋阶影，冰雪招来露砌魂。
淡极始知花更艳，愁多焉得玉无痕？
欲偿白帝宜清洁，不语婷婷日又昏。（第三十七回）

全诗透着一种追求淡雅、静穆、高洁的意境，特别是“珍重芳姿昼掩门”，透出了宝钗那种时时处处恪守封建妇德、珍惜自己高贵身份的作态。连白天都因珍重自己的芳姿而关闭重重的门，作为封建阶级大家闺秀的典型代表，宝钗几乎做到了“非礼勿视，非礼勿听，非礼勿言，非礼勿动”的程度。大观园出现了“绣香囊”事件，她立即以母亲有病为由，搬出了大观园，撇清了自身，可见对自身清白的珍视程度之深。但从晴雯的口中却听到的是另一种声音，“有事没事跑来坐着，叫我们三更半夜的不得睡觉”。这是对宝钗在晚饭后到怡红院找宝玉闲坐的抱怨。人性是多层次多色彩的，对任何一方面的过度夸饰都有过美之嫌。“淡极始知花更艳”，表现了她对“安分随时”知书达理的追求。借洁白的白海棠表白自己素日里从不戴花施粉，这种素朴之美才是本色的至美。“愁多焉得玉无痕？”有一条脂批说：“讽刺林、宝二人。”明写花儿含露或是怯懦之态，实则讽刺黛玉整日里病恹恹、泪不尽之貌与宝玉的“无故寻愁觅恨”。李纨评价此诗却说“含蓄浑厚”。

黛玉浑身洋溢着诗性的灵气，她以诗明志，以诗传情，以诗会友，是才女中写诗最多的一人。诗才敏捷，她吟作海棠诗时，以三寸长的 “梦甜香”燃尽为限，众人 “都悄然各自思索起来”，“独黛玉或抚梧桐，或看秋色，或又和丫鬟们嘲笑”，等到众人都已写出，正待李纨催促，黛玉 “提笔一挥而就，掷与众人”。众人齐赞，“果然比别人又是一样心肠”。

> 半卷湘帘半掩门，碾冰为土玉为盆。
> 偷来梨蕊三分白，借得梅花一缕魂。
> 月窟仙人缝缟袂，秋闺怨女拭啼痕。
> 娇羞默默同谁诉？倦倚西风夜已昏。（第三十七回）

黛玉的这首《咏白海棠》中“半卷湘帘半掩门，碾冰为土玉为盆”的上半句体现了一种不拘一格的闲适之感，下半句以冰为土以玉为盆来栽种白海棠，冰与玉的透彻清白更好地映衬了白海棠之纯洁无瑕，也写出了作者的冰清玉洁、目下无尘的性格。“偷来梨蕊三分白，借得梅花一缕魂”细写白海棠的形貌，兼具梨花之白与梅花之韵，取自宋代卢梅坡《雪梅》诗的意境：“梅须逊雪三分白，雪却输梅一段香。”曹寅也有“轻含豆蔻三分露，微露莲花一线香”之句。“月窟仙人缝缟袂，秋闺怨女拭啼痕”这一联将白海棠拟人化，像月中的仙子一般在缝制白色的绢衣，又像在深闺中擦拭泪痕的怨女。我们细细想之，黛玉不也是默默无语常拭泪吗？“娇羞默默同谁诉，倦倚西风夜已昏”，表明满腹的心事无法向人诉说，下句一个“已”字，可见愁之深远，将一种悲悲戚戚、凄凄惨惨之态展现无遗。

诗社社长李纨评黛玉与宝钗两人的诗时说道：“若论风流别致，自是潇湘稿；若论含蓄浑厚，终让蘅稿。”王昆仑先生曾比较过黛玉与宝钗所作诗的差异，说：“宝钗在做人，黛玉在作诗；宝钗在解决婚姻，黛玉在进行恋爱；宝钗把握着现实，黛玉沉酣于意境；宝钗有计划地适应社会法则，黛玉任自然地表现自己的性灵；宝钗代表当时一般家庭妇女的理智，黛玉代表当时闺阁中知识分子的感情。于是那环境容纳了迎合时代的宝钗，而扼杀了违反现实的黛玉。”这段话准确地评价了黛玉、宝钗不同的精神气质及其现实性。

第三十八回在菊花赛诗会上，黛玉的三首菊花诗《咏菊》《问菊》《菊梦》艺压群芳，公推为第一，一举夺魁。传统诗词中菊花意象象征超凡脱俗、孤傲高洁、目无下尘，类比黛玉。

一从陶令平章后，千古高风说到今。（《咏菊》）
孤标傲世偕谁隐，一样花开为底迟？（《问菊》）
登仙非慕庄生蝶，忆旧还寻陶令盟。（《菊梦》）

黛玉结社吟诗时写诗，个人独处时也写诗，她用诗表达爱情，写诗倾吐忧伤。黛玉的诗记录了她生命历程各个阶段的心声，沿着宝、黛、钗爱情和婚姻这条意脉的延伸，留下斑斑点点的印迹。第三十六回黛玉题手帕诗之前，黛玉心想：“既你我为知己，则又何必有金玉之论哉；既有金玉之论，亦该你我有之，则又何必来一宝钗哉！所悲者，父母早逝，虽有铭心刻骨之言，无人为我主张。况近日每觉神思恍惚，病已渐成，医者更云气弱血亏，恐致劳怯之症。

你我虽为知己，但恐自不能久待；你纵为我知己，奈我薄命何！”这种忧虑和愁苦，形成宝、黛爱情的第二阶段心理流程的特征。黛玉《秋窗风雨夕》是这个时期的代表作：

秋花惨淡秋草黄，耿耿秋灯秋夜长。
已觉秋窗秋不尽，那堪风雨助凄凉！
助秋风雨来何速，惊破秋窗秋梦续。
抱得秋情不忍眠，自向秋屏挑泪烛。
泪烛摇摇爇短檠，牵林照眼动离情。
谁家秋院无风入，何处秋窗无雨声？
罗衾不耐秋风力，残漏声催秋雨急。
连宵脉脉复飕飕，灯前似伴离人泣。
寒烟小院转萧条，疏竹虚窗时滴沥。
不知风雨几时休，已教泪洒窗纱湿。

这首诗出现在《红楼梦》第四十五回“金兰契互剖金兰语，风雨夕闷制风雨词”中。初秋雨夜中黛玉因病，宝钗来看望她，关心备至。黛玉深感往日自己的多心猜忌造成了和宝钗情感的疏远，因此懊悔不已。一想到与宝玉姻缘的前途迷茫，悲从心生。此时窗外一片惨淡，秋草已黄，雨打竹摇，异常凄凉。在难挨的长长秋夜中，孤独的人儿也只有与烛灯相伴，这正是黛玉自身的写照。黛玉的眼泪就和那烛台上的蜡滴一样，哀怨地滴落着，世上到处是秋风秋雨的摧残，哪里才是自己的归宿呢？悲凉的眼泪湿透了茜纱窗，也湿透了每一个读者的心！

在大观园儿女结社吟诗的故事中，香菱学诗是其中的又一个典型镜头。

香菱是《红楼梦》判词中一位饱受侮辱和摧残的女性，她从第一回出现以后，其行迹每每点到而已，直到第四十八回才亮相。她不像袭人那样以贤惠的美名而深得主子的赏识，也不像晴雯那样恣情任性而遭到无名的摧残。她虽然遭遇不幸，可举手投足总带着几分憨痴和天真。尽管身受奴役，却依然笑脸迎人。

本来填诗作词是千金小姐的专利，而她偏偏也要学作诗，不免使人讶诧。曹雪芹写香菱学诗这一笔非但不俗，反倒从这一特定的视角，深化了黛玉、宝钗和湘云的个性和追求。

薛蟠出外经商，宝钗让香菱陪伴自己，香菱笑道："好姑娘，你趁着这个工夫，教给我作诗罢。"宝钗笑道："我说你'得陇望蜀'呢。我劝你今儿头一日进来，先出园东角门，从老太太起，各处各人你都瞧瞧，问候一声儿……"宝钗对此事不置可否，并没有表现出多大的兴致。可当她向黛玉一说，黛玉马上就说："既要作诗，你就拜我作师。我虽不通，大略也还教得起你。"黛玉一向孤高自傲，但在地位低、才气平的香菱面前，没有一点贵族小姐的架子，主动为师，对香菱悉心传教。或鼓励，或指点，或借书，既诚恳又认真。淡淡几笔传神写出黛玉诗人的本色，她爱诗、懂诗，对诗有一股痴迷的本性。偏偏香菱对诗也有这种痴迷的劲头，"回至蘅芜苑中，诸事不顾，只向灯下一首一首的读起来。宝钗连催他数次睡觉，他也不睡。宝钗见他这般苦心，只得随他去了。一日，黛玉方梳洗完了，只见香菱笑吟吟的送了书来，又要换杜律"。勤学和苦思弄得香菱茶饭无心，坐卧不定。宝钗道："何苦自寻烦恼。都是颦儿引的你，我和他算账去。你本来呆头呆脑的，再添上这个，越发弄成个呆子了。"香菱作了一首诗，黛玉指点她，还鼓励她"只管放开胆子去作"。"香菱听了，默默地回来，越性连房也不入，只在池边树下，或坐在山石上出神，或蹲在地下抠土，来往的人都诧异。李纨、宝钗、探春、宝玉听得此信，都远远的站在山坡上瞧他。只见他皱一回眉，又自己含笑一回。宝钗笑道：'这个人定是要疯了！昨夜嘟嘟哝哝直闹到五更天才睡下，没一顿饭的工夫天就亮了。我就听见他起来了，忙忙碌碌梳了头就找颦儿去。一回来了，呆了一日，作了一首又不好，这会子自然另作呢。……'"

宝玉大为赞赏，宝钗笑道："你能够像他这苦心就好了，学什么有个不成的。"即使随意的几句话，也能传达宝钗骨子里追求的东西。这和第四十二回宝钗开导黛玉的思想一脉相承：

我们家也算是个读书人家，祖父手里也极爱藏书。先时人口多，姊妹弟兄也在一处，都怕看正经书。弟兄们也有爱诗的，也有爱词的，诸如这些《西厢》《琵琶》以及《元人百种》，无所不有。他们背着我们偷看，我们也背着他们偷看。后来大人知道了，打的打，骂的骂，烧的烧，丢开了。所以咱们女孩儿家，不认字的倒好。男人们读书不明理，尚且不如不读书的好，何况你我？连做诗写字等事，这也不是你我分内之事，究竟也不是男人分内之事。男人们读书明理，辅国治民，这才是好。只是如今并不听见有这样的人，读了书，倒更坏了。这并不是书误了他，可惜他把书遭塌了，所以竟不如耕种买卖，倒没有什么大害处。至于你我，只该做些针线纺绩的事才是，偏又认得几个字。既认得了字，不过拣那正经书看也罢了，最怕见些杂书，移了性情，就不可救了。

这段话非常清楚地表明宝钗和黛玉的情趣有别、志向不同。宝钗对贵族小姐读书尚且如此看待，那么地位低下、身份卑微的香菱就更应如此了。香菱学诗问题不在于谁教她，宝钗诗情才思毫不弱于黛玉，可香菱却得不到身边宝钗的指点和帮助，不是不能，而是不为也。“如今香菱正满心满意只想作诗，又不敢十分罗唣宝钗，可巧来了个史湘云。那史湘云又是极爱说话的，那里禁得起香菱又请教他谈诗，越发高了兴，没昼没夜地高谈阔论起来。”从这段描写中，可以看出湘云性格豁达，她爱诗，喜欢谈诗，也乐于帮助香菱学诗。

大观园儿女结社吟诗，像一个窗口，展示了宝钗、黛玉、湘云、探春、迎春、惜春、李纨等人物的性格、学识和才气。她们以多姿多彩、意态各异的风韵，宛若一座百花坛展现在读者面前。那“有刺扎手”的“玫瑰花儿”是探春；那“直茎大叶”“色彩明快”的风荷是湘云；那“丰姿秀色”“富贵生春”的牡丹是宝钗；那“风露清愁”“孤标傲世”，恰似摇曳在霜晨月下的竹影兰魂是黛玉……大观园的小姐们吟诗作赋生动地表现了贾府钟鸣鼎食生活的一个侧面，即中华传统文化在贵族之家的体现，同时再现了江南经济发达城市新女性才高德美的成长历程，这是明清时代江南上流社会的一大特色。

二、贾府钟鸣鼎食的生活

在这一叙事单元中与大观园众小姐吟诗作赋相伴随的，则是对百年望族贾府的钟鸣鼎食的生活多层次、多角度的描绘。尤其是刘姥姥二进荣国府这一段文字的铺叙，更是生动形象地再现了贵族之家豪华奢侈中蕴含的文化积淀。第三十九回写第二年刘姥姥二进荣国府，秋末冬初，这次不是空着手，而是带了些枣子、倭瓜、野菜。她说："这是头一起摘下来的，并没敢卖呢，留的尖儿孝敬姑奶奶姑娘们尝尝。姑娘们天天山珍海味的也吃腻了，这个吃个野意儿，也算是我们的穷心。"这次刘姥姥来，凤姐说："大远的，难为他扛了那些沉东西来。晚了就住一夜明儿再去。"贾母听说，也 "正想个积古的老人家说话儿"，想不到又和贾母投了缘。刘姥姥说话风趣，许多乡村中的趣闻为贾母闻所未闻，很使贾母开心。看着贾母眼色行事的鸳鸯、凤姐留她吃饭，领她洗澡，给她换衣，简直成了上宾。但这一次她仿佛是以喜剧角色出现的，丑态可掬，作态滑稽，妙语横生，逗得贾母以及大观园的姑娘们发出一串串的笑声，表面是对人生无价值的东西的嘲笑，背后则是身份潜规则和生存智慧的凝缩。

刘姥姥二进荣国府，从第三十八回至第四十二回，用了整整四个章回的篇幅，描绘了贾府女主人、小姐及大丫鬟琐细而普通的日常生活，如行云流水，自然挥洒。《红楼梦》与传统的才子佳人小说的不同之处，在于它不再是以一连串的故事情节为主，而是像生活的网、细节的网，铺织起密密匝匝的大网。从叙事角度来说，它的表层结构情节线索淡化了，代之则是生活的厚度和意蕴的深度，组成了叙事结构的生命形态。中国古典小说自《金瓶梅》向《红楼梦》发展，叙事结构的一个重大变化，便是叙事的表层结构形象主体越来越生活化、平凡化。那数以千计的生活细节，依靠人物的心理活动和感情因素织成了情节的网。虽然表层结构故事情节线索的力度被削弱了，但深层结构的意识世界被强化了，从而内在地强化了表层结构叙事组合力度的功能，托起了整个叙事结构的生命之躯。

贾府的吃喝玩乐、穿用住行，都是富贵至极。借刘姥姥的“眼睛”对贾府钟鸣鼎食、珍馐玉馔作了细节的展示。其间又穿插刘姥姥的憨诚幽默、滑稽乖巧、风趣话语，整个行文荡漾着欢声笑语的喜剧氛围，将一连串生活的散珠串联起来，形成了流光溢彩的生活场面。这一切只是表层结构，而生活细流中潜在的东西，则是贾府衰败的暗流。百年望族的贾府作为一个衰败的旧家族，越是临近末世，越是需要以物质上的享乐和贪欲、豪奢与排场，来填补精神的空虚。这是《红楼梦》第三十七回到第五十二回显示出的深刻的历史文化意蕴。

“安富尊荣”是贾府的一大特点。贾府主仆上下，安富尊荣表现在衣食住行、婚丧嫁娶、迎来送往、游乐宴请等各个方面。例如瓷器既是摆设，又是日用品。《红楼梦》记述了诸多富有代表性的瓷器珍品。全书前 80 回在 13 个章回中有 40 多处，写到 100 余件陶器、瓷器。其中最集中是第四十回“史太君两宴大观园”至第五十三回“荣国府元宵开夜宴”。《红楼梦》的瓷器是从宋瓷写起的。北宋是瓷业繁荣的时期，从浙江、福建到河南、陕西各地，官开民办瓷窑，灿若繁星，工艺完美，名窑甚多，不少珍品流传于世。至明清瓷业技艺更上一层，造型、施釉、彩绘诸方面，推陈出新，精美绝伦。

第三回黛玉去荣禧堂拜见王夫人，见其几案上摆着汝窑美人觚，里面插着时鲜花卉。汝窑建于北宋河南汝州。釉色有天青和蛋白，以玛瑙细琐入釉烧成，莹润犹如堆脂。传世之品，极为珍贵。

第二十七回写到凤姐家中的汝窑盘子。

第四十回贾母率众人游览大观园时，园中各处多次写到名窑精品瓷器。探春居处的一个斗大的汝窑花囊和一个大观窑的大盘。汝窑精品已出现多次，大观窑是第一次点到，它是在宋徽宗大观年间建的。宋代周辉《清波杂志》曰：“大观间，窑变色，红如朱砂……比之定州红瓷尤鲜明。”

宝钗的蘅芜苑的房间，“雪洞一般，一色玩器全无”，所陈设的瓷器竟是一个土定瓶。土定瓶是定窑产品。定窑是宋代名窑之一，建于河北定州（今曲阳），以白色瓷器为代表作。

在栊翠庵小憩吃茶，为贾母奉茶用的“成窑五彩小盖盅”，是稀世瓷宝。

成窑建于明成化年间，其制品色彩丰沛，绘画意趣盎然，花卉、草虫、人物均栩栩如生，极富生活气息。在明代已享有极高声誉。妙玉招待众人吃茶的则是“一色官窑脱胎填白盖碗”。宋、明皆有官窑。官窑亦为名窑。

第四十四回写怡红院的一个“宣磁盒”。宣窑亦为明代名窑，建于宣德年间。釉上红彩和釉底青花相结合，是瓷史上一个划时代的创造，正是这种新工艺，为明清“斗彩”瓷器的发展奠定了基础。上面这些稀世瓷器珍品，从宋到明都有。它显示了中华文化在贾府的积淀，显示了黛玉、宝钗、探春、妙玉不凡的气质和文化修养。

贾母是一个安富尊荣的典型，是一个贯穿全书始终的主要人物。描写她安富尊荣的举手投足，家长里短，是《红楼梦》叙事的需求。李希凡先生指出：“贾母，这个贵族之家的老封君，当然不是这部伟大杰作中的艺术主角，但她却是荣宁二府这贵族之家的生活主角。王昆仑同志在他的《宗法家庭的宝塔顶——贾母》一文中作过这样的比喻：‘这一个历史悠远、支系繁杂、规模庞大、人口众多的贵族家庭，有一座横竖宽高、五光十色巍巍然的金字塔，那就是“多福多寿多儿孙”的“老祖母”贾母。’还说：‘在中国古代那么多的史传和文艺典籍中，并不容易找到贾母这样一个上层社会老妇人的完整的传记。’”①

确实，贾府中豪奢的日常生活画面大都是围绕着贾母而构图的，展现了18世纪中国封建社会创造的巨人的物质文明，再现了百年望族贾府诗礼簪缨、钟鸣鼎食的气象，豪奢富丽的排场，争奇斗艳的追求。在刘姥姥二进大观园，宝钗、凤姐过生日的热闹欢快的场面中，贾母都扮演着主角。善于投其所好的王熙凤，爱享清福的王夫人等对贾母一味地逢迎，上行下效，主仆上下只知恣意享乐，攀比阔气。这些主子们今天庆寿过生日，明日赏月品花而三日一小宴、五日一大宴，过着豪华奢侈的生活。从三十七回到四十一回写贾政自元妃省亲以后，居官更加谨慎，仰答皇恩。皇上见他人品端方，风声清肃，特地委以重任，让他任学差之职，为国选拔英才。这对于贾府来说是可喜可庆之事，贾政

---

① 李希凡，李萌．传神文笔足千秋：《红楼梦》人物论[M]．北京：文化艺术出版社，2006：2．

赴任后，从农历八月二十一至二十五日，几天中探春起诗社，贾芸送海棠，湘云入大观园，刘姥姥二进荣国府，湘云请贾母赏桂吃蟹作菊花诗，贾母给湘云还席演曲行令，宝、黛、钗栊翠庵品茶，刘姥姥醉卧怡红院，几日间喜事接踵，演出了一场场欢乐舒畅的宴赏。

如果说贾母的形象代表了贵族层面，那么刘姥姥则代表了社会下层。她二进大观园，充当了一个独特的视角，像录像机一样，录下贾府贵族之家吃喝玩、穿住行。为我们调换了一个视角，通过“积古老人”刘姥姥的眼睛观之，则《红楼梦》两极共构的深层结构的意义就会更加彰显。《红楼梦》浓墨重笔描写了最简单的一次宴会——史湘云做东，为了让她省些钱，只吃螃蟹宴。就是这一顿螃蟹，也花去了 20 多两银子。刘姥姥屈指一算，“这一顿的钱够我们庄稼人过一年了”。贾府的奢靡无度，一日内竟两宴大观园，盛情款待这个乡下人。用刘姥姥的话说：“虽然住了两三天，日子却不多，把古往今来没见过的，没吃过的，没听过的，都经验过了。”

在一次宴席上，凤姐挟了一箸头菜，让刘姥姥品尝。刘姥姥咂吧半天嘴，没有尝出来。凤姐给她讲这道菜叫“茄鲞”，名义上是吃茄子，但它要用鸡肉、香菌、新笋、蘑菇、各种果干和香油来制作。就连他们喝汤也十分讲究，为吃一种莲叶汤，还为此专门做成银模子，上面刻着菊花、梅花、莲蓬、菱角等花样，就连大皇商的贵妇人薛姨妈也没有见识过。她对贾母说：“你们府上也都想绝了！吃碗汤还有这些样子。”

贾母日常吃的点心，两个小捧盒内，“每个盒内两样：这盒内一样是藕粉桂糖糕，一样是松穰鹅油卷。那盒内一样是一寸来大的小饺儿……那一样是奶油炸的各色小面果”。这列举的四样点心，有米粉做的糕，有面粉做的卷和饺；有甜的藕粉桂糖，有咸的松穰鹅油。这些点心，既有南方的藕粉混和，也有北方松子为瓤；既用笼蒸，也用油炸。那小饺儿是汉族食品，而奶油果又是满人的习俗。真是食不厌精的美味，可贾母皱眉道：“这油腻腻的，谁吃这个！”“拣了一个卷子，只尝了一尝，剩的半个递与丫鬟了。”薛姨妈碍不住情面，“只拣了一块糕”。唯有刘姥姥从未见过，见那小面果子都玲珑剔透，便拣了一朵牡丹花样的，笑道：“我们那里最巧的姐儿们，也不能铰出这么个纸的来。我又爱吃，又舍不得吃，包些家去给他们做花样子去倒好。”凤姐给刘姥姥夹了一个鸽子蛋，刘姥姥说道：“这里的鸡儿也俊，下的这蛋也小巧，怪俊的。我且肏攮一个。”凤姐笑道：“一两银子一个呢，你快尝尝罢，那冷了就不好吃了。”

贾府用的餐具也极为精美珍贵。凤姐“单拿一双老年四楞象牙镶金的筷子与刘姥姥”，以捉弄她，刘姥姥笑道：“这叉爬子比俺那里铁锨还沉，那里犟的过它。”后又换了一双乌木镶银的。刘姥姥道：“去了金的，又是银的，到底不及俺们那个伏手。”凤姐说：“菜里若有毒，这银子下去了就试的出来。”再看酒杯，黛玉用的梅花自斟壶，海棠冻石蕉叶杯。刘姥姥起先用瓷杯，又说：“有木头的杯取个子来，我便失了手，掉了地下也无碍。”凤姐立即说：“这木头的可比不得瓷的，他都是一套，定要吃遍一套方使得。”刘姥姥想：“我方才不过是趣话取笑儿，谁知他果真竟有。我时常在村庄乡绅大家也赴过席，金杯银杯倒都也见过，从没见过木头杯之说。”凤姐说：“到前面里间屋，书架上有十个竹根套杯取来。”鸳鸯笑道：“我知道你这十个杯还小。况且你才说是木头的，这会子又拿了竹根子的来，倒不好看。不如把我们那里的黄杨根整抠的十个大套杯拿来。”这十个杯“挨次大小分下来，那大的足似个小盆子，第十个极小的还有手里的杯子两个大；喜的是雕镂奇绝，一色山水树木人物，并有草字以及图印。”从这一筷一杯中，足见贾府餐具的精致和豪华。

《红楼梦》还描写了钟鸣鼎食、诗礼簪缨之家的茶文化。第四十一回妙玉为贾母特备的一种名茶，象征长寿富贵的“老君眉茶”。该茶嫩绿似莲心，清香味淡，最受文人墨客欢迎。贾母喝着这样寓意的“老君眉茶”，当然会很高兴。幽雅的茶事，更显得富贵豪华。

再说服饰。贾宝玉每一天都要换几套不重样的衣着。他穿的那件“孔雀裘”不小心烧了一个小洞，“不但能干织补匠人，就连裁缝绣匠并作女工的问了，都不认得这是什么，都不敢揽”。原来这是一件从俄罗斯进口的孔雀金线织成的贵重褂子。另外，贾母送给刘姥姥的一大包袱衣服，都是往年间生日节下众人孝敬的。老太太从不穿人家做的，一次也没穿过，就这样白送了一个前来打抽丰的刘姥姥。

当贾母见林黛玉屋子的窗纱的颜色旧了，便立即吩咐换新的。竟把进口的“软烟罗”拿来做窗纱用，那质量连“如今上用的府纱也没有这样软厚轻密”，见多识广的当家人王熙凤都错认作蝉翼纱，刘姥姥更加感叹道：这么好的料子糊窗纱用，真是可惜。足见其奢靡。

贾府的奢靡作风，在有头有脸的奴仆身上也能折射出来，大管家赖大就是一个典型。第四十五回通过赖嬷嬷之口，叙述了赖大家今日光景甚好，还为儿子赖尚荣捐钱买了一个州县官。清朝政府对家奴的出仕是有严格限制的，赖大神通广大，为儿子捐钱买官，请托的当然是朝廷命官。而且所花费的银两，不会比贾珍为贾蓉买的那个五品龙禁尉所花的1200两银子少。第四十七回又介绍这个奴才家还有景致不错的小花园。赖大在贾府当家理财上是精明的，为人处事上却是阴险狡诈的。在《红楼梦》的叙事中赖大不显山不露水，读者既看不到赖大酗酒滋事，也不见他无事嚼舌，只是主子安排赖大做事，或有事询问，他总是答“是”，或者就问什么答什么，从不多说一句。即使他与主子经历同凶共恶之事，也能守口如瓶。可见赖大的少言寡语，除了性格因素外，还是奴才必须具备的，才能保持自己在贾府的特殊地位。

三、“凤姐泼醋”触及了传统文化的潜流暗礁

《红楼梦》的故事常常是在欢笑热闹的情节中，潜隐着一股暗流。这股暗流具体地说就是贾府始终存在着的房族之争、夫妻之争、嫡庶之争和尊卑之争，这些争斗之间的矛盾和冲突，不仅显露出赤裸裸的利益关系和欲望纠葛，而且还有更深层的社会文化意蕴。这就是封建社会中人的“社会无意识”。“无意识即人的本能的冲动，是人的欲望、动机、意图的源泉，是人的心理活动的基本动力。无意识暗中支配意识，意识又‘压抑’本能冲动，使之只能得到某种伪装的象征性的满足。由于这种‘压抑’常常又是无意识，所以在整个心理活动中无意识就居于核心的地位。”[①]“社会无意识”不是个别人的无意识，而

① 王家忠．人性·社会·心灵：社会潜意识研究[M]．济南：山东人民出版社，2006：3．

是那个时代所有人或多或少都具有的相同的思维和习惯。它像一股暗流无声地浸入到贾府的基底，不断腐蚀、瓦解着贾府这座大厦的根基。这在掌管荣国府家政大权的贾琏与凤姐夫妻的身上表现得最为典型。

刘姥姥一进荣国府时，曹雪芹一下子就把叙事的镜头对准了荣国府核心人物——凤姐，浓墨重彩地刻画了“阿凤小传”。王熙凤处处显摆她管家奶奶的身份，特别是“协理宁国府”充分展示了她治家的才干，受到阖族上下的称赞，这是她短暂一生最盛的势头。她虽然显露才智，流露霸气，但毕竟为人之妻，受传统伦理的挟制。贾琏和凤姐门当户对，初期夫妻处在眷恋的情态中，还没有发生矛盾。贾琏送黛玉回扬州后，“凤姐便觉心中实在无趣”，时刻挂念丈夫，经常“屈指算行程该到何处”，“凤姐见昭儿回来，因当着人，未及细问贾琏，心中七上八下。待要回去，奈事未毕，少不得耐到晚上回来，又叫进昭儿来，细问一路平安。连夜打点大毛衣服，和平儿亲自检点收拾，再细细追想所需何物，一并包裹交给昭儿。又细细的吩咐昭儿：‘在外好生小心些服侍，别惹你二爷生气；时常劝他少吃酒，别勾引他认得混账女人。我知道了，回来打折了你的腿。’昭儿笑着答应出去。那时天已四更，睡下。不觉早又天明，忙梳洗过宁府来”。（第十四回）凤姐牵挂着丈夫，当贾琏一回来，她娇憨地说：“国舅老爷大喜！国舅老爷一路风尘辛苦。小的听见昨日的头起报马来报，说今日大驾归府，略预备了一杯水酒掸尘，不知赐光谬领否？”风趣幽默的话语中洋溢着久别胜似新婚的喜悦之情。如果说在之前的章节中，对凤姐性格的刻画更多地从正正反反、方方面面表现她本体性格的多侧面以及核心性格的特征，那么“凤姐泼醋”这一章则是正面展现凤姐在“小家庭”中与贾琏的冲突，而且也成了她人生悲剧的转折点。

曹雪芹挥洒笔墨将凤姐过生日欢喜的氛围与“凤姐泼醋”愤怒的情绪组合到一起，叙事内容形成强烈对比，叙事节奏也变得曲折起伏。贾母心疼凤姐劳累，带头集资为凤姐办了一场生日欢宴。大家为凤姐祝贺，凤姐多喝了几杯，酒醉想回家歇息，不想正撞上琏二爷趁这空子与鲍二家的偷情，被凤姐生生地捉奸。顿时这位要强的女人火烧肺腑，再加上贾琏与鲍二家的苟且之时，还骂凤姐是“阎王老婆”“夜叉星”，诅咒她死，将平儿扶正。她妒火燃烧，恨得一脚将门踢开，撕打鲍二家的，扇平儿的耳光。用头撞在贾琏的怀里，气得贾琏抓起明晃晃的宝剑满院子撵着要杀她，凤姐借故吓得扑在老祖宗贾母的怀里，呼喊救命。

整个贾府闹得沸沸扬扬，鸡飞狗跳，可这场风波一下子被贾府最高权威贾母几句话就平息了。贾母说：什么要紧的事！小孩子们年轻，馋嘴猫儿是的，那里保的住呢？从小儿人人都打这么过。这都是我的不是，叫你多吃了两口酒，又吃起醋来了。"

在贾母的眼里，贾琏和贾府老爷、少爷们的"偷鸡摸狗"的行为算不得什么，还数落了凤姐不该吃"醋"。只叫贾琏给凤姐赔个不是，就算了事。还一再叮嘱：别"臊着他"，今后"有一个再提此事，即刻来回我，我不管是谁，拿拐棍给他一顿"。贾母到死都十分喜欢和心疼凤姐，为什么贾琏胡搞，贾母却没有护着凤姐？

"凤姐泼醋"事件后，凤姐委屈，也无奈作罢，她向贾琏说："我怎么像个阎王，又像夜叉？那娼妇咒我死，你也帮着咒我。千日不好，也有一日好。可怜我熬的连个混账女人也不及了。我还有什么脸过这个日子？"

这酸楚的怨叹，哪里像"凤辣子"说的话，因为她明白再闹下去，就会被指责为"妒妇"，后果不堪设想。她只有收敛自己，忍气吞声，咽下这杯痛心的苦酒。这就是为什么像凤姐这样厉害而又精明的女人，也只有无奈而已。

（一）封建文化的实质是男权文化

凤姐与贾琏这个小家庭的演变是《红楼梦》叙事结构中三条重要的叙事意脉之一。凤姐的性格悲剧固然有她自身原因，但更多则是被封建文化无形的扼杀。王熙凤的性格及其命运所涵盖的叙事内容，与宝、黛、钗爱情悲剧不同的是：它的叙事视角是放在婚姻家庭之中，封建大同伦理规范和以男性为中心的封建礼教，无时不有、无处不在地束缚和制约着人们的行为和意识，而王熙凤为了个人尊严、欲望的实现，对抗封建伦理和封建礼教，就显得很出格。封建时代所讲的"男女授受不亲""男女之大防""万恶淫为首"，其实都是针对女人讲的，防的是女人不贞不洁，而对于男人则网开一面。先从贾琏谈起，如果以道德为标准来评判贾琏同多姑娘、鲍二家的性交往，就掩盖了这条意脉的深刻。贾琏之流是有钱有闲的贵公子，出则寻花问柳，入则偷鸡摸狗，这不是传统道德评判中的“淫乱”，而是他们的一种特定生活方式：第一，纳妾是中国历史上“一夫一妻制”婚姻家庭的合法补充，是一种妻妾有别的礼制。第二，嫖娼是男性社会的必然反映，是世俗之欲在商品经济下的泛滥。正如贾蓉所概括的“从古至今，连汉朝和唐朝，人还说‘脏唐臭汉’，何况咱们这宗人家！谁家没风流事”？因而，这样的叙事内容就具有了深刻的社会文化意蕴。它不是哪一个人的道德问题，而是整个封建社会的礼制从根本上就决定了男女不平等。“以顺为正者，妾妇之道也（《孟子·滕文公下》）”，这是“夫为妇纲”对女性在道德伦理上的行为规范，“顺”就要谦让、容忍，不可言语过头冒犯丈夫；“顺”就要不妒不悍，任男人所为。而凤姐的性格与此恰恰背道而驰，她自主的性格有时被妒火燃烧得扭曲、变形，从而更多地以大胆、狠毒和狡诈的性格形态出现。

因此，问题的难点不在如何认识贾琏之流，而在于如何认识封建文化在人们心中积淀而成的社会潜意识，最明显的就是信守男女有别、男女大防的信条。尤其是从性的问题上，最能够看出一个人的心理和性情，从而折射出其内在深藏的潜意识。历来社会舆论都把女人分为两种，嫁给一个人，从一而终，是本分的女人，假如追求自己的所爱，或寡妇改嫁，都被视为不洁不良，何况与男人私通，那简直就是“淫妇”。甚至女子调笑、穿着外露，也被视为“浪”。“浪”有什么确定的社会规范吗？没有，那么只要认为你浪，你就是浪，不浪也是浪。这种说不清而在实际生活中的的确确起着潜在作用的东西，就是封建文化造就的社会潜意识，其实质就是男性文化。它在社会中普遍地自发地传播，已造成人们的思维定势和伦理习惯，一般女性也不敢追求性爱的平等和快乐，觉得自己如果对性有要求，就意味着自己的行为淫荡。在她们的潜意识里，性是一个见不得人的东西，是隐蔽的，下贱的，而一个好女人做爱的唯一理由，就是迎合丈夫的需求。男性则把女人服从自己看作是天经地义，一般来说，男人不喜欢强势又厉害的女人，而喜欢体贴和顺从的。

贾琏并不是无能的人，他年轻能干，颇有见识。贾政经常委派他出外办事，经常出入姑苏、扬州等商品经济发达的地方，对那些在青楼粉院里的贵族公子嫖娼纳妓、寻花问柳之事，司空见惯。所以贾琏的性意识与凤姐自然有差距，甚至形成对抗。对于顺从的女人来说，只要忍受就可以夫妻相安无事，凑合着维持，而对于凤姐来说，能否接受贾琏的性意识和性技巧，则是他们夫妻性生活和谐与否的潜台词了。贾琏陪黛玉从姑苏回来，与凤姐性生活的第二天，贾琏“悄悄的笑道：‘昨儿晚上，我不过要改个样儿，你就扭手扭脚的。’凤姐儿听了，嗤的一声笑了，向贾琏啐了一口，低下头便吃饭”。这个细节寥寥几笔，很不引人注意，却道出了贾琏与凤姐性生活的单调，颇不尽兴。想改个样，凤姐就扭捏，不情愿。同时贾琏对凤姐也不敢放肆而为，也只是夫妻说悄悄话时放荡地调笑几句。凤姐的矜持、过分的自尊，和她优越的地位、出众的容颜、超人的聪明，使其养成了不愿受制于人的性格，那些历来融化在中国女性人格中深入骨髓的从属意识，在她的身上相对弱化，或者空白。

贾琏与凤姐的婚姻不是传统习惯中的 “夫唱妇随”的模式，凤姐嫁到贾家不到半年，便将贾琏先纳的两个妾，“都寻出不是来，都打发出去了”。她对贾琏看管得很严，限制贾琏与丫头们接触，“凡丫头们二爷多看一眼，她有本事当着爷打个烂羊头”。贾琏和鲍二家的偷情时骂凤姐是 “阎王”，是 “母夜叉”，又说她是 “醋坛子”，这都表明夫妻二人有不和谐的一面。贾琏在凤姐面前仿佛矮一头，从心里感到压抑，逐渐有了不满的情绪。他总是寻着机会，到外面偷情。贾府的大小事，少不了凤姐露脸、风光、操持，而她的身体渐渐亏损下来，落下先是流产继而血崩的病症。而她丈夫贾琏这个有闲有钱的贵族公子，正处于性欲旺盛的青壮年时期，对性欲的要求很强烈。小说第六回借周瑞家的给凤姐送宫花，含蓄地披露了他们夫妻俩白日调情做爱。久之，凤姐心有余而力不足，应付不了贾琏强烈的性欲要求，常常借口回避。她生病除外，另外还以女儿出水痘为由，“命平儿打点铺盖衣服与贾琏隔房”。凤姐整天忙着，贾琏的性需求得不到满足，“那个贾琏，只离了凤姐便要寻事，独寝了两夜，便十分难熬”。“如今贾琏在外熬煎，往日也曾见过这媳妇，失过魂魄，只是内惧娇妻，外惧娈宠，不曾下得手。那多姑娘儿也曾有意于贾琏，只恨没空。今闻得贾琏挪在外书房来，他便没事也要走两趟去招惹。”一个有心，一个有意，两人便偷起情来。他对那些被贾母骂作 “腥的臭的”感兴趣，使他的性心理能够得到满足。一则 “腥的臭的”女人地位低下，贾琏和这些女人私通，毫不顾忌，随心所欲。二则别看“腥的臭的”，她们有主动地竭尽侍奉男人的本事。比如多姑娘，“谁知这媳妇有天生的奇趣，一经男子挨身，便觉遍身筋骨瘫软，使男子如卧棉上；更兼淫态浪言，压倒娼妓，诸男子至此岂有惜命者哉。那贾琏恨不得连身子化在他身上”。由于双方没有自尊和羞涩心理的约束，自由自在，放任纵情，尽情释放，反倒使性更充满了感官的刺激和性的快感。因为那些女人只不过都是贾琏的玩物，还谈不上什么感情。所以待到凤姐的女儿出完痘疹，“贾琏仍复搬进卧室。见了凤姐，正是俗语云‘新婚不如远别’，更有无限恩爱，自不必烦絮”（第二十一回）。

（二）凤姐在贾琏面前处处占上风

“从小就有杀伐决断”的凤姐，就喜欢争强好胜，性格中这种自主的意识和强烈的欲望，使她在贾府处处要强，事事抓尖。除了她的性格因素而外，其背后还有强大的家族势力。贾母之所以宠爱她，一乃爱她之媚，二乃爱她娘家之权，而凤姐靠着贾母的宠爱，又因和王夫人是姑侄俩，虽说是孙媳妇的她，可在贾府上下，有头有脸，风光极了。

在贾母这棵大树的庇荫下，凤姐对贾母是殷勤服侍，极尽逢迎，外带几分撒娇。过去人们只看到了凤姐对贾母的“媚”，却没有看到祖孙婆媳伦理关系的和谐。做老婆婆的贾母与当小媳妇的凤姐有着相通相似的心理意识。可以说，贾母就是年老的凤姐，凤姐就是年轻的贾母。第三十八回写凤姐当着大家的面以老太太额上的伤疤作笑谈，王夫人很看不惯，说这是老太太把她惯坏了，如此“明儿越发无礼了”。贾母却不以为然，却说：“我倒喜欢他这么着，况且他又不是那不知高低的孩子。家常没人，娘儿们原该说说笑笑，横竖大礼不错就罢了，没的倒叫他们神鬼是的做什么。”

贾母这番话集中表达了对封建礼教的超越，祈盼在家庭婆媳间本该有“说说笑笑”“大家快乐”的天伦情趣。贾母这位老祖宗精神世界中许多违礼、抗礼、破礼的观念，正是她喜欢凤姐的心理依据。贾母纵情纵性，在大致“礼体不错”的前提下，与隔辈孙男外女的一起玩乐，聚会饮宴，在封建礼教纲常中寻找人性伸张的空间。于是，贾府这块特殊领地，给凤姐撑起一片蓝天，使她的个性和欲望都得到膨胀，甚至是恶性蔓延。

元妃省亲之后，凤姐通过王夫人说服贾政，将12个小沙弥和12个小道士一起送到家庙铁槛寺，专派一个人管理。第二十三回贾琏得知凤姐要派贾芹后，说：“西廊下五嫂子的儿子芸儿来求了我两三遭，要个事情管管。我依了，叫他等着。好容易出来这件事，你又夺了去。”小两口发生了争执，当下凤姐承诺日后让贾芸负责园子里种植树木花草的工程。贾琏又让了一步。

当贾芸再次向贾琏打探消息时，贾琏回答：“前儿倒有一件事情出来，偏生你婶子再三求了我，给了贾芹了。他许了我，说明儿园里还有几处要栽花木的地方，等这个工程出来，一定给你就是了。”贾琏还算实在，这话分明在告诉别人一个信息，还是凤姐拍板才算数。

贾芸很懂世故，马上借钱买了冰片麝香送给凤姐。“至次日来至大门前，可巧遇见凤姐往那边去请安，才上了车，见贾芸来，便命人唤住，隔窗子笑道：‘芸儿，你竟有胆子在我的跟前弄鬼。怪道你送东西给我，原来你有事求我。昨日你叔叔才告诉我说你求他。’贾芸笑道：‘求叔叔这事，婶子休提，我昨儿正后悔呢。早知这样，我竟一起头求婶子，这会子也早完了。谁承望叔叔竟不能的。’凤姐笑道：‘怪道你那里没成儿，昨日又来寻我。’贾芸道：‘婶子辜负了我的孝心，我并没有这个意思。若有这个意思，昨儿还不求婶子。如今婶子既知道了，我倒要把叔叔丢下，少不得求婶子好歹疼我一点儿。’凤姐冷笑道：‘你们要拣远路儿走，叫我也难说。早告诉我一声儿，有什么不成的，多大点子事，耽误到这会子。那园子里还要种树种花，我只想不出一个人来，你早来不早完了。’”（第二十四回）王熙凤话里话外敲打贾芸“捡远路儿走”，让他明白“叔叔竟不能的”，转而“把叔叔丢下”来“求婶娘”，一求即成。

这件事虽小，但可以看出王熙凤的自主意识已膨胀到了为抬高自己，而贬低别人，甚至连自己的丈夫都是如此。不难想象，久而久之夫妻之间必然产生裂缝，生出口角，甚至导致感情的破裂。在人际关系当中，伤害别人必然导致伤害自己，这是王熙凤性格的悲剧因素。久之，果然下人都知大权在凤姐手里，便前来巴结奉承凤姐，唯凤姐之命是从。正如兴儿所说：“我们……有几个是奶奶的心腹，有几个是爷的心腹。奶奶的心腹我们不敢惹，爷的心腹奶奶的就敢惹。”（第六十五回）再加上贾母的宠爱，王夫人的支持，她一时在贾府呼风唤雨，左右逢源。

“凤辣子”辣出了她的厉害，辣出了她的妒火，辣出了她对男性的报复心理。贾琏身边有这样一个老婆，自己可支配的隐私空间越来越小，从心理上感到压抑和不满。这从他和鲍二家的偷情时的对话可以看出。“那妇人道：‘多早晚你那阎王老婆死了就好了。’贾琏道：‘他死了，再娶一个也这样……我命里怎么就该犯了“夜叉星”。’”贾琏称凤姐为“夜叉星”，一语道出他受老婆的干涉太多，心怀不满，连背地里偷情也情不自禁地诅咒她，可见，夫妻关系渐趋于“冷”的状态。

（三）凤姐对金钱的贪婪和追逐，酿就了悲剧

王熙凤作为内当家，对那个日趋没落的家族，虽然尽了一根支柱的责任，但同时也是权力的玩弄者，在偷偷地挖损贾府大厦的基石。这样，“墙倒众人推”，“冰山融化”，她同样不可避免地被埋入那一堆坍塌的杂乱的砖石瓦块之中。“机关算尽太聪明，反算了卿卿性命”，“家亡人散各奔腾”，她也得去做 “荡悠悠三更梦”了。因此说，凤姐精明和贪婪的性格，既拓展着自己的生命历程，又在很大程度上折射着贾府家道败落的态势。对钱财贪婪的欲望只是凤姐性格结构中的一个侧面，而这一侧面同她内心深处迸发出的各种欲望、情绪和情感融合到一块，使她的性格不仅是丰满的、真实的，而且蕴含着深刻的社会内容。

凤姐个性张扬，与权势欲、金钱欲一交糅，她总要高人一头。即使弄权谋私，满足贪欲，也理直气壮。她利用掌家理财之权，挪用一家主仆的月钱，去放高利贷，“一年不到，上千的银子”。为攒体己而去放债的本钱，一是克扣丫环们的月钱，一是预支和迟发丫鬟们的月钱。第三十六回有这样一段情节：王夫人听到赵姨娘抱怨月钱没有按数给，因而询问起凤姐来。凤姐解释说：“姨娘们的丫头，月例原是人各一吊。从旧年他们外头商议的，姨娘们每位的丫头分例减半，人各五百钱，每位两个丫头，所以短了一吊钱。……如今我手里每月连日子都不错给他们呢。先时在外头关，那个月不打饥荒，何曾顺顺溜溜的

得过一遭儿。”她的似乎理直气壮的回答，博得了薛姨妈的赞扬：“倒像倒了核桃车子的，只听他的账也清楚，理也公道。”其实，王熙凤是在撒谎，哪里是外头商量的？分明是她私自裁减克扣，拿去放债了。她说自从她经手发放月钱，每月连日子都不错，事实如何呢？第三十九回又写了袭人和平儿这样一段对话：袭人问道：“这个月的月钱，连老太太和太太还没放呢，是为什么？”平儿见问，忙转身至袭人跟前，左近见无人，才悄悄说道：“你快别问，横竖再迟几天就放了。……这个月的月钱，我们奶奶早已支了，放给人使呢。等别处的利钱收了来，凑齐了才放呢。”一吊钱也捞，有个空就钻，这就是王熙凤所说的 “千凑万挪”。就这样，她的体己钱不到一年就可以搞到上千的银子。正像李纨说的：“专会打细算盘，‘分金掰两’的，……天下人都叫你算计了去！”

王熙凤所处的时代，男尊女卑的封建礼教笼罩着整个社会，而且根深蒂固。女性的悲剧命运是一种必然，生活在男性文化统治下的女性，处处受压迫和限制，不可能对自身有太多的超越，这是性别宿命。即使某个家族或家庭的女性掌了权，那么相对整个社会也是微观的具体的小环境，也不可避免时时处处受到封建大环境的牵制和影响。所谓“生于末世运偏消”，不仅仅是生不逢时，更是指中国封建社会女性千百年来悲剧命运的不可逃脱性。这就是凤姐与贾琏性格能量的对抗中，凤姐释放的能量越大，越是在更大的领域开拓自己生命的历程，也越是消耗自己，最终走向悲剧。

四、房族之争——贾赦与贾母、邢夫人与凤姐的较量

《红楼梦》中房族之争与嫡庶之争、夫妻之争、主仆之争一直搅和在一起，人与人之间积下了诸多的宿怨。王熙凤协助王夫人管理家政，使得她有机会能够抓权、用权，哪怕一点儿小的权利也要张扬自己，突出自己。为了牢牢把握这一切，她和贾琏一起住在了靠近贾政、王夫人这一边。王熙凤本来是贾赦和邢夫人的儿媳妇，但她和贾政、王夫人更亲近，并日益得到贾母的宠信，地位飙升，导致她从一开始就陷入贾府的房族之争中。恨得邢夫人骂她“专拣着高枝攀”。随着贾府内部矛盾的明朗化，邢夫人一得到机会就报复她。因为凤姐

毕竟是媳妇，在伦理上永远有个婆婆管，只不过凤姐靠着贾母这棵大树，邢夫人不得不避让着凤姐而已，但心存芥蒂，并逐渐演化为嫌恨、仇视。

第四十六回写贾赦欲讨鸳鸯为妾，邢夫人去找王熙凤想办法，王熙凤一听，便劝其打消这个念头，她说：

> 依我说，竟别碰这个钉子去。老太太离了鸳鸯，饭也吃不下去，那里就舍得了？况且平日说起闲话来，老太太常说老爷："如今上了年纪，做什么左一个右一个的放在屋里。头宗耽误了人家的女孩儿，二则放着身子不保养，官儿也不好生做，成日和小老婆喝酒。太太听听，很喜欢咱们老爷么？这会子躲还怕躲不及，这不是'拿草棍儿戳老虎的鼻子眼儿去'吗？太太别恼，我是不敢去的。明放着不中用，而且反招出没意思来。老爷如今上了年纪，行事不免有点儿背晦，太太劝劝才是。比不得年轻，做这些事无碍。如今兄弟、侄儿、儿子、孙子一大群，还这么闹起来，怎么见人呢？

王熙凤这番话至情至理，句句是实话。一是贾母离不开鸳鸯，纳妾选择的对象不妥；二是贾母早就讨厌贾赦一味地好淫，不知廉耻，此时又到贾母身边寻妾，更会惹怒贾母；三是从伦理上讲，贾赦也应在后辈面前检点自己的行为。不料这番真情实言反倒招惹邢夫人的大为不满，邢夫人冷笑道："大家子三房四妾的也多，偏咱们就使不得？……我叫了你来，不过商议商议，你先派上了一篇不是。"善于看人家眼色说话的王熙凤，马上意识到了邢夫人一向秉性愚弱，一味地顺承贾赦，劝导她的这些话，非但起不到好作用，反使邢夫人嫌恨自己。何况平素婆媳还有些积怨，不如顺情说好话，让她去自讨没趣。于是一反刚才的态度，赔笑道：

> 太太这话说的极是。我能活了多大，知道什么轻重？想来父母跟前，别说一个丫头，就是那么大的一个活宝贝，不给老爷给谁？背地里的话，那里信的？我竟是个傻子。拿着二爷说起，或有日得了不是，老爷、太太恨的那样，恨不得立刻拿来，一下子打死；及至见了面，也罢了，依旧拿

着老爷太太心爱的东西赏他。如今老太太待老爷自然也是这么着。依我说，老太太今儿喜欢，要讨，今儿就讨去。

王熙凤巧舌如簧，翻手覆云，不仅顺着邢夫人的意思，曲意逢迎，而且还替她出主意，似乎一瞬间变了一个人。王熙凤的性格结构中两极对立的要素互相渗透、互相交织，以致彼此消融，常常在同一时间同一地点既包含着善，又包含着恶，既包含着真，又包含着假，是同一性格要素下两种不同的表现形态，呈现出两副不同的面孔。贾府是诗书礼仪之家，虽处处讲“礼”，但处处是虚伪，这种现实使人的性格发生了扭曲，只有说假话，才能生存，即使凤姐这样身份的人也常常这样。

那么贾赦为什么偏偏看中了鸳鸯？邢夫人为什么帮助丈夫找小妾？问题的根源都出于房族之争，而且造成这种局面的唯一的长者就是贾母。贾赦和邢夫人作为长房失宠，就想挖走贾母身边的贴心人。鸳鸯是贾母的贴身丫鬟，对老太太照顾得无微不至，体贴周到。第三十九回，鸳鸯怕刘姥姥的气息冲了老祖宗，“忙命老婆子带了刘姥姥去洗了澡”；第四十回，老太太行酒令时，“必得鸳鸯提着”；第四十七回，贾母斗牌，“鸳鸯代洗牌”……第七十六回，中秋赏桂，唯恐“露水下来，风吹了头”，拿巾兜与大斗篷来，劝老太太“坐坐也该歇了”，而贾母道：“偏今儿高兴，你又来催。难道我醉了不成，偏到天亮！”一面又“戴上兜巾，披了斗篷”。鸳鸯对贾母深情款款，为贾母考虑到生活的最细微处，而贾母对鸳鸯的贴心也十分受用，主仆朝夕相处衍生出来的，是情义，是信任，是依靠。恰如李纨所言：“比如老太太屋里，要没那个鸳鸯如何使得。从太太起，那一个敢驳老太太的回，现在他敢驳回。偏老太太只听他一个人的话。老太太那些穿戴的，别人不记得，他都记得，要不是他经管着，不知叫人诓骗了多少去呢。”贾母对邢夫人说：

如今你也想想，你兄弟媳妇（指王夫人），本来老实，又生得多病多痰，上上下下，那不是他（指鸳鸯）操心？你一个媳妇（指邢夫人），虽然帮着，也是天天“丢下爬儿弄扫帚”。凡百事情，我如今自己减了。他们两个（指王夫人和王熙凤）就有些不到的去处，有鸳鸯那孩子还心细些，我的事情，他还想着一点子。该要的，他就要了来；该添什么，他就趁空儿告诉他们添了。鸳鸯再不这么着，娘儿两个，里头外头，大的小的，那里不忽略一件半件，我如今反倒自己操心去不成？还是天天盘算和他们要东要西去？我这屋里有的没有的，剩了他一个，年纪也大些，我凡做事的脾气性格儿，他还知道些。他二则也还投主子们的缘法，他也并不指着我和那位太太要衣裳去，又和那位奶奶要银子去。所以这几年，一应事情，他说什么，从你小婶和你媳妇起，以至家下大大小小，没有不信的。所以不单我得靠，连你小婶、媳妇也都省心。我有了这么个人，就是媳妇和孙子媳妇有想不到的，我也不得缺了，也没气可生了。这会子他去了，你们又弄什么人来我使？你们就弄他那么一个真珠儿是的人来，不会说话也无用。

贾母一则离不开鸳鸯的服侍，二则她替贾母掌管着私房钱，贾赦对此心知肚明。他存心把鸳鸯弄走，就是想算计贾母，以解心头之恨。倘若让贾母失去鸳鸯这一“拐杖”，什么事都顾不过来。这样，他就有机可乘，从中取便。贾母听了鸳鸯的哭诉，气得浑身乱颤，口内只说：“我通共剩了这么一个可靠的人，他们还要来算计！”“……弄开了他，好摆弄我！”贾母一眼就看透他们肚里那点玩意，目的就是“算计”我，“好摆弄我”。讨鸳鸯是房族之争的一着，是贾赦和邢夫人夫妇二人事先策划好了的。因为他们一直在觊觎荣国府大权，利益是一致的，目标是共同的。讨鸳鸯，是贾赦对付贾母之一法，算不上“明争”，可归类于“暗斗”。

贾赦是《红楼梦》掀开荣国府腐败内幕的第一人，此前，只曝光过宁国府的贾珍。这一叙事单元专门对贾赦进行了速写，第四十六回借讨鸳鸯，勾勒了贾赦的好色，为当时的人们所不齿。贾赦虽然袭着“一等将军”的官爵，却不务正业，放着“官儿也不好生做，整日和小老婆喝酒”，而且“太好色了”，看到“略平头正脸的”姑娘、丫鬟就不放过，“左一个右一个的放在屋里”。“如今上了年纪”，“胡子苍白了”。从贾母所说她“进了这门子”已经“连头带尾五十四年”的这句话中，可以推算贾赦的岁数也差不多有50多岁了。“自古嫦娥爱少年”，贾赦在正值青春妙龄的鸳鸯眼中是“朽木枯骨”，从内心里就不可能愿意嫁给这个已经年过半百的“糟老头子”。所以，鸳鸯说出发狠的话：“别说大老爷要我做小老婆，就是太太这会子死了，他三媒六聘的娶我去作大老婆，我也不能去！”

第四十八回借“夺扇”，刻画了贾赦贪财害命，心狠毒辣。此事的原委是平儿到薛宝钗处串门，咬牙切齿地说：

> 都是那什么贾雨村，半路途中那里来的饿不死的野杂种！认了不到十年，生了多少事出来。今年春天，老爷不知在那个地方看见了几把旧扇子，回家来，看家里所有收着的这些好扇子，都不中用了，立刻叫人各处搜来。谁知就有个不知死的冤家，混号儿人叫作石头呆子，穷得连饭也没的吃，偏偏他家就有二十把旧扇子，死也不肯拿出大门来。二爷好容易烦了多少情，见了这个人，说之再三，他把二爷请到他家里坐着，拿出这扇子来，略瞧了一瞧。据二爷说，原是不能再得的，全是湘妃、棕竹、丽鹿、玉竹的，皆是古人写画真迹。回来告诉了老爷。便叫买他的，要多少银子给他多少。偏那石呆子说：“我饿死冻死，一千两银子一把，我也不卖！”老爷没法子，天天骂二爷没能为。已经许了他五百两，先兑银子，后拿扇子。他只是不卖，只说：“要扇子，先要我的命！”姑娘想想，这有什么法子？谁知雨村那没天理的听见了，便设了个法子，讹他拖欠官银，拿他到衙门里去，说：“所欠官银，变卖家产赔补。”把这扇子抄了来，作了官价，送了来。那石呆子如今不知是死是活。老爷问着二爷说：“人家怎么弄了来了？”二爷只说了一句：“为这点子小事，弄得人家倾家败产，也不算什么能为！”老爷听了，就生了气，说二爷拿话堵老爷呢。

贾赦后来因此犯了事，在贾府悲剧这条意脉上，成为贾府被抄的铺垫。但为这事贾赦暴打贾琏，表面是因“拿话堵老爷”了，其实质是贾琏和凤姐都投靠到贾政、王夫人那一边，恨得他气不打一处出，借题发挥，痛打儿子。这一矛盾和冲突将在下一个叙事单元表现得更加明朗。

五、贾府“内囊尽上”

（第五十三至六十三回）

《红楼梦》第五十三回到第六十三回这第四叙事单元的故事，发生在宝玉15岁那一年，显示出三个典型的特征：

第一，第五十三回乌进孝交租是贾府悲剧这条叙事意脉上的穴点，第一次触及到了贾府的经济困顿、内囊尽上，为凤姐借病告退、探春理家做了铺垫。

第二，宝玉的性格趋于成熟，表现出鲜明的平民意识；与黛玉的情感达到了炽热的程度，心心相印。

第三，封建礼教的松弛，引发并出现了矛盾的激化、奴仆的反抗，大观园掀起一层层的风波……风风雨雨无情地拍打着、无声地蛀蚀着贾府这幢封建世袭的贵族大厦。

《红楼梦》成功地刻画了贾府的“势”——“百足之虫，死而不僵”，展现了百年望族上流社会盘根错节的联系，由此所形成的政治、经济和人望的“势”。虽渐至衰败，但还被“虚热闹”笼罩着，尽管“内囊尽上”，却并未从外表上显现。一个百年望族之家的衰败是一个过程，即使是“虚架子”，在贾府没有被抄家之前表面也会风光地支撑着。《红楼梦》的深刻之处就在，它以“百足之虫，死而不僵”的形式，写出“君子之泽，五世而斩”的本质。但这条意脉悄无声息地隐伏着，不但不让人感到贾府在衰败，反而被秦可卿出丧、贾元春省亲那等豪华无比、热闹非凡的气势所迷惑，让读者以为贾府依旧如日中天。第五十三回在喜庆的氛围中贾府正忙着过年的时候，东北黑山村的庄头乌进孝来给贾珍交租。结果，真实状况却如同从东北吹来的阵阵寒气，令贾府的主子们感到战栗……这里是第一次正面披露了贾府的经济困顿，内囊尽上。

（一）乌进孝交租

1. 贾府主要经济来源靠地租

贾府这样的封建官僚贵族之家的经济来源有几个渠道：

一个是为官的俸禄。曹雪芹的曾祖父曹玺是一个能文能武的人物，又与康熙关系密切，倍得贵宠。康熙十七年“加正一品”，这是封建社会官僚贵族的最高头衔，年俸银180两。贾府其他为官的年俸就等而下之了。

另一个经济来源便是皇上和娘娘的赏赐，朝廷的恩赏，官场上的送礼等。贾蓉去领朝廷春祭的恩赏，贾珍对尤氏说：“咱们家虽不等这几两银子使，多少是皇上天恩。早关了来给那边老太太送过去，置办祖宗的供，上领皇上的恩，下则是托祖宗的福。咱们那怕用一万银子供祖宗，到底不如这个有体面，又是沾恩锡福。除咱们这样一二家之外，那些世袭穷官儿家，若不仗着这银子，拿什么上供过年？真正皇恩浩大，想的周到。”乌进孝提到娘娘的赏赐，贾珍回答说：“纵赏银子，不过一百两金子，才值了一千两银子，够一年的什么？”邓云乡《清代物价三百年述略》认为此言“正是真实地记录了乾隆初年的金价”。

显然，这都不够贾府的奢侈的开销。那么贾府最主要的经济来源是什么呢？是田庄地租。

第五十三回从乌进孝交租，大致可知：宁国府有田庄九处，荣国府有田庄八处。经管这些田庄春秋两季田租的周瑞表白：“经管地租庄子，银钱出入每年也有三五十万来往。”（第八十八回）据《红楼梦中的东北风神》一书研究可知：贾府在东北关外共有庄地5440垧，大致合32640亩。所以说贾府的主要来源是地租。这正是《红楼梦》设计“乌进孝交租”的叙事用意。

贾珍与乌进孝的这番对话中透出几番意思：

第一，贾府主要的经济进项就是地租。据董志新先生《曹寅查“庄头浮报”与曹雪芹写“庄头缴租”》中指出：

> 顺治三年（1646），清廷在北京周边广大地区实行“跑马占地”的“受田”政策，将战争环境造成的大量“无主”荒地圈占起来，分授给“从龙入关”的各级八旗将官和军兵。曹家的“受田”在北京东南部的宝坻、武清之间。康熙四十年（1701），曹寅在《东皋草堂记》中记载：
>
>> 东皋在武清、宝坻之间，旧曰崔口，势洼下，去海不百里。非有泉石之奇、市廛之盛、工艺之巧、弋钓之足乐也。其土瘠卤，积粪

不能腴；其俗鄙悍，诗书不能化。故世禄于此地者，率多以为刍牧之地，或弃之而请益于大司农，即拨给之者，亦每勤其恤而薄其徭。……予家受田亦在宝坻之西，与东皋鸡犬之声相闻。

曹家在京畿耕种的田地，不仅有宝坻一处“受田”，还有通州的“典地”。康熙五十四年（1715），曹寅的过继子曹頫向康熙帝奏报家产，其中讲到曹家在北京和通州的房产地产：“所有遗存产业，惟……通州典地六百亩。”

看来，曹家在宝坻的“受田”为“刍牧之地”，而通州潞河河畔的六百亩“典地”则为肥沃的膏腴之地。因此，曹家才将其典买。

又说：

康熙五十四年（1715），曹頫“承嗣袭职”，接任江宁织造。不久，康熙帝在御批中询问：家中大小事为何不奏闻？曹頫急忙于七月十六日上折复奏家务家产，其中讲到江南房产地产，曹頫说：

奴才到任以来，亦曾细为查检，所有遗存产业……江南含山县田二百余亩，芜湖县田一百余亩，扬州旧房一所。此外并无买卖积蓄。奴才问母亲及家下管事人等，皆云奴才父亲在日费用很多，不能顾家。此田产数目，奴才哥哥曹颙曾在主子跟前奏过的……

在“老主子”康熙帝的追问下，曹頫不敢欺隐，所报的江南“田产数目”三百余亩应该是有根据的。也许，他是在重复哥哥曹颙奏过的“田产数目”，不敢乱说。

但是，曹家在江南的田产到底有多少？雍正五年底六年初（1727 ~ 1728），江宁织造曹頫被抄家以后，他的继任者隋赫德却有另一种说法。彼时，曹頫被革职抄家，新任织造隋赫德细查曹頫房地产及家人情形后，向雍正帝奏报：

……奴才到后，细查其房屋并家人住房十三处，共计四百八十三间。地八处，共十九顷零六十七亩。

这里说曹家江南地亩为“十九顷零六十七亩”，与曹頫奏报的三百余亩相差甚大。百亩为一顷。“十九顷”即有田一千九百亩。曹頫奏报曹家在江南含山县、芜湖县有田三百余亩：相差如此悬殊！是统计方法不同，还是曹頫、曹颙出于什么原因隐瞒，已不得而知。

细考文献，曹家鼎盛时期的地产是不少的。虽然由于文献阙如，现在还不能准确的说出曹家田产数目，但是北方通州、宝坻两处庄田和江南含山、芜湖的八处庄田加在一起，超过两千亩，是不成问题。①

第二，乌进孝交租的单子分为两部分：一是货币地租：2500 两银子。另一是实物地租：粮食、柴炭、各色山珍海货、各种禽类贡物等。

贾珍看了这张交租单子很不满意，他算定至少应交 5000 两银子，现在只有一半。所以感叹地说：“真真是叫别过年了。”

当乌进孝说到荣府那边也是如此，土地“比爷这边多着几倍，今年也只这些东西，不过多二三千两银子，也是有饥荒打呢”，宁国府、荣国府虽然同样是地租减少，但贾珍说：“我这边都可，已没有什么外项大事，不过是一年的费用。我受用些，就费些；我受些委屈就省些。再者年例送人请人，我把脸皮厚些，可省些也就完了。”而荣国府就不同了，用贾珍的话说：“这几年添了许多花钱的事，一定不可免是要花的，却又不添些银子产业。这一二年倒赔了许多，不和你们要，找谁去！”

乌进孝笑道：“那府里如今虽添了事，有去有来，娘娘和万岁爷岂不赏呢？”贾珍听了，笑向贾蓉等道：“你们听听，他说的可笑不可笑？”贾蓉等忙笑道：“你们山坳海沿子上的人，那里知道这道理。娘娘难道把皇上的库给了我们不成？他心里纵有这心，他不能作主。岂有不赏之理，按时按节，不过是些彩缎、古董、玩意儿。就是赏，也不过一百两金子，才值一千两银子，够什么？这二年，那一年不赔出几千银子来！头一年，省亲连盖花园子，我算算那一注花了多少，就知道了。再二年，再省一回亲，只怕就精穷了。”（第五十三回）

---

①北京曹雪芹学会. 曹雪芹研究：第 1 辑 [M]. 北京：中华书局，2011.

“元妃省亲”和“乌进孝交租”都发生在同一年，一个是年初，正月十五。一个是年末，贾家在宁国府正忙着除夕祭年祠的时候，黑山村的庄头乌进孝给贾珍交租。贾蓉对乌进孝说起荣国府“元妃省亲”时，说了一句触目惊心的话：“再两年再一回省亲，只怕就精穷了。”闲闲的一笔，正是筋骨之处，它提携起半部《红楼梦》的要害，“内囊尽上”。

第三，秦可卿出丧是白事，贾元春省亲是红事，这一丧一喜，一白一红，都是中国封建时代最为人们看重的大事，从表面上看贾府是“烈火烹油，鲜花着锦”似的豪奢，实质上金钱的挥霍已为日后经济上的破败埋下了潜在的祸根。外人很难认识到荣国府“如今外面的架子虽未甚倒，内囊却也尽上来了”。小说特意用乌进孝的“眼”和“嘴”作为一个视角，强调和突出这一点，从而引起读者的注意。正如贾珍笑道：“所以他们庄家老实人，外明不知里暗的事。黄柏木作磬槌子——外头体面里头苦。”荣府那边迎妃省亲，掏尽了百年积蓄的老底，这钱是必须要花的，又没有新的收入来源，长此以往，入不敷出，能不“内囊尽上”来吗?

总之，贾府主要经济来源——地租逐年减少，花销吃紧，甚至入不敷出。这是“内囊尽上”的重要因素。

2．乌进孝交租渲染和烘托了满族文化

乌进孝这张租单子仅就杂粮柴炭、禽类活物等计算，重量在64．70万斤，运送这些货物的车辆应需320辆，几百人押送。这是何等浩大的一支队伍！年终岁末，披星戴月，风餐露宿，顶风冒雪，在白雪皑皑的驿道上，乌进孝带领进贡的车马大队“走了一个月零两日”，才从东北关外到达京城。可以想象一个贵族之家的钟鸣鼎食、荣华富贵就建筑在八九个官庄农奴血汗的劳作上。忙完了秋收，准备好贡物，没进腊月，就马不停蹄地千里进京。人们也许会问，进贡的路途之远、贡物之多、时间之长，为什么不都转化为货币地租，这多省事?

从清朝定鼎北京到末代皇帝逊位，二百多年皇室所需贡物是有定制的。

（1）东北最大的贡物供给地是打牲乌拉官庄，并设立了打牲乌拉衙门专门管理进贡，是为皇室服务的特殊的生产机构，主要用于祭典时做贡品。百年望族的贾府虽然在规模、范围、层次上远逊于皇室，但作为追随满族皇族的八旗，他们有共同的文化积淀、精神信仰和生活习俗。请看乌进孝交租单子上的物品，许多都是贡品：

> 大鹿三十只，獐子五十只，狍子五十只，暹猪二十个，汤猪二十个，龙猪二十个，野猪二十个，家腊猪二十个，野羊二十个，青羊二十个，家汤羊二十个，家风羊二十个，鲟鳇鱼二个，各色杂鱼二百斤，活鸡、鸭、鹅各二百只，风鸡、鸭、鹅二百只，野鸡、兔子各二百对，熊掌二十对，鹿筋二十斤，海参五十斤，鹿舌五十条，牛舌五十条，蛏干二十斤，榛、松、桃、杏穰各二口袋，大对虾五十对，干虾二百斤。

据满学专家富育光先生对贡品的解读，其中大鹿，即马鹿，为东北明清以来之贡品。獐子，贡品。狍子，东北土著民族传统捕食衣皮的猎获物。暹猪，暹，满语，汉意脱落之意，即白条猪。汤猪，家汤羊，“汤”字，亦曹雪芹借用汉字的满语标音。在此系贡品为专门祭祀用牲，讲求毛色一致，猪为纯黑，羊为纯白。龙猪，即烤乳猪，满族大宴用品。家风羊，“风”，曹雪芹借用汉字标音的满语词条，指家羊宰杀后，把精选的部位，加工成肉鲜味美的生肉块。

（2）皇室十分重视打牲乌拉的贡品，它象征着寻根，寄托着祭祖。鲟鳇鱼是黑龙江、松花江特产的大型鱼，为江海洄游鱼，清皇室贡品。

（3）打牲乌拉的贡品习俗贯穿于整个清王朝。自顺治十年（1653），在吉林市设置打牲乌拉总管衙门，负责向朝廷进奉贡品。直到清朝末年，这个机构才撤销，历时250多年。

我们将《红楼梦》中乌进孝所进与清代皇室贡品对比，不难看出贾府与清廷相通的“情结”。“吉林乌拉不仅是清王朝的‘发祥之地’，更聚集了许多与祖宗对话的祭品。帝乡的方物都深深地铭记在清代许多帝王的脑海中，玄烨帝在康熙二十一年东巡时来到乌拉，留下了对乌拉古城和先祖们雄魂的祭拜之情。缅怀列祖列宗的伟绩丰功：‘铁马金戈百战时，戎衣辛苦首开基。榻边鼾睡声先定，始布中原一着棋。’乾隆十九年弘历东巡入乌拉境，在祖宗的发祥之地，留下了对东北风物赞美的诗篇，其中他第三次东巡时留下的诗如：《人参》《貂》《东珠》《松子》等，都是对关东风物的礼赞，对祖宗‘龙兴之地’怀着深深的敬意。”[①]

3．乌进孝交租暴露了传统管理的弊端

乌进孝是庄头，是“二地主”，即土地的经营者，而贾珍才是土地的所有者，二者之间是契约关系。像这种经营管理应当年初就有计划下达，年终有业绩核算，而现在都是一个“良心账”。贾珍道：“我才看那单子上，今年你这老货又来打擂台来了。”“我算定了你至少也有五千两银子来，这够作什么的！如今你们一共只剩了八九个庄子，今年倒有两处报了旱涝，你们又打擂台，真真是叫别过年了。”这就是说贾珍与乌进孝之间年年都因为一个估得高一个交得低发生争执，贾珍说是“打擂台”。乌进孝忙进前了两步，回道：“今年年成实在不好。从三月下雨起，接连直到八月，竟没有一连晴过五六日。九月里一场碗大的雹子，方近二三百里地，连人带房并牲口粮食，打伤了上千上万的，所以才这样。小的并不敢说谎。”乌进孝接着又以别处例证作说明：“爷的这地方还算好呢！我兄弟离我那里只一百多里，谁知竟大差了。他现管着那府里八处庄地，比爷这边多着几倍，今年也只这些东西，不过多二三千两银子，也是有饥荒打呢。”各说各的理，结果贾珍也只能无奈，毕竟天高皇帝远，黑山村在几千里外的东北，难以控制。只好发泄一句：“不和你们要，找谁去！”看来贾珍的头脑里没有新的进项产业。

第十二回秦可卿临死前给凤姐托梦，说出了一件未了的“心愿”，也是从事物发展的哲理高度，所谓“月满则亏，水满则溢”“登高必跌重”“树倒猢狲散”“盛筵必散”，等等。讲到了贾府保持“退路”的具体治家方略：“趁今日富贵，将祖茔附近多置田庄房舍地亩，以备祭祀供给之费皆出自此处，将家塾亦设于此……便是有了罪，凡物可入官，这祭祀产业连官也不入的。便败落下来，子孙回家读书务农，也有个退步，祭祀又可永继。”值得注意的是，秦可卿只是作为小说叙事的需要而设置的一个细节。它与秦可卿并没有什么必然的关系，反倒折射出荣国府的当家人王熙凤的深层心理，她的思虑、她的担

① 静轩．红楼梦中的东北风神[M]．长春：北方妇女儿童出版社，2006：262.

忧、她的设想。

乌进孝交租这一细节在《红楼梦》中占的文字并不多，但却是“筋骨”笔墨。它不仅作为贾府悲剧这条叙事意脉上的穴点，第一次触及到了贾府的经济困顿、内囊尽上，也就是整个收支发生了入不敷出，揭开了贾府衰败的经济原因。“君子之泽，五世而斩”的历史规律无情地显现在赫赫扬扬的百年望族贾府上，《红楼梦》恰恰写的就是贾府的衰败史。

（二）探春理家和大观园的改革

曹雪芹用九个回目（第五十五至六十三回）来写探春理家和大观园的改革，是贾府悲剧这条叙事意脉上，继乌进孝交租之后又一个穴位。抓住这样的关键穴位，便可以像金圣叹所说的“略其形迹，伸其神理”。《红楼梦》十分讲究小说叙事结构的排列、叙事成分的组合、叙事线索的铺设，以此造就小说内在结构的完整性，产生动力性的“文势”。因此，我们提出“意脉”与“穴位”一说，就是注重叙事的内在结构研究，首先将其作为一个有机的整体看待，着眼微观、指向宏观。

第五十五回至六十三回这个叙事单元的特征，贾府的经济困顿已由内向外逐渐显露。贾府的管理体制是“大锅饭”，贾府内无论是主子还是奴才，都有不同的等级和地位。荣国府是贾母、王夫人、凤姐几个少数主子说了算，从管家一直贯彻到最低层次的奴才。按照不同的身份和地位，领取不同数量的“月钱”，但说起干活，干与不干一个样，干多干少一个样。这正是“大锅饭”管理体制的典型特征。导致贾府上下只图享乐，不知节省，日渐衰败。面对这个困境，凤姐借病告退。第五十五回写探春理家，开始进行一系列的改革，也是从破除“大锅饭”入手的。实行承包责任制，把园子里的花草树木、池塘土地都承包出去，责任到人。承包的婆子“一得了这地，每日起早睡晚”，“生怕有人糟蹋”。就是炎热的夏天也有人专拿了掸子，在葡萄架下赶马蜂。这一改革每年可收 400 两银子。整个文脉舒张有节，渐渐推进。

1. 凤姐生病把探春推向理家的位子

贾府经济吃紧，日子越来越难过。王熙凤对此早已看得很清楚，只不过上有贾母和王夫人，她不能多说。想当初，贾珍把宁国府的大权交给她，她一到宁国府就敏锐地指出五大弊端。这些荣国府何尝没有呢？倘若她不是在荣国府早已发现问题，何以到宁国府，下车伊始，针对弊端，定下规矩，采取措施，说一不二，令行禁止，受到了合族人上下的称叹。可见弊端荣国府也存在，只是难以下手罢了。

第五十五回写凤姐小产，不能理事，让李纨、探春、宝钗三人协助理家，凤姐小产只是一个表面原因，而更深层的原因，凤姐对平儿讲过："你知道，我这几年生了多少省俭的法子，一家子大约也没个不背地里恨我的。我如今也是骑上老虎了。虽然看破些，无奈一时也难宽放；二则家里出去的多，进来的少。凡百大小事仍是照着老祖宗手里的规矩，却一年进的产业又不及先时。多省俭了，外人又笑话，老太太、太太也受委屈，家下人也抱怨刻薄。若不趁早儿料理省俭之计，再几年就都赔尽了。"凤姐从正月到八九月暂且休养。

李纨、探春、宝钗接手后，先就遇到管事的媳妇们的刁难和试探，"众人先听见李纨独办，各各心中暗喜，以为李纨素日原是个厚道多恩无罚的，自然比凤姐儿好搪塞。便添了一个探春，也都想着不过是个未出闺阁的年轻小姐，且素日也最平和恬淡，因此都不在意，比凤姐儿前更懈怠了许多"。但管事的媳妇和下人错打了算盘，她们很快就发现这三人理事并非一般。

> 只三四天后，几件事过手，渐觉探春精细处不让凤姐，只不过是言语安静，性情和顺而已。……他二人便一日皆在厅上起坐，宝钗便一日在上房监察，至王夫人回方散。每于夜间针线暇时，临寝之先，坐了轿，带领园中上夜人等，各处巡察一次。他三人如此一理，更觉比凤姐儿当权时倒更谨慎了些。（第五十五回）

在这平淡无奇的文字叙述中，感到探春与凤姐理家的不同：一是理家的方法，二是理家的效果。这些都与凤姐风风火火、雷厉风行、敢切敢拉的作风不同。在"三驾马车"理家的过程中，曹雪芹把调色板上的油彩更多的是涂在探春的身上。整部《红楼梦》刻画探春的性格，集中表现在诗社、理家和抄检大观园三件事上。使人感到她一扫胭脂色，散发着一股英爽刚毅之气，浑身上下充满阳刚，有才、有识、有魄力。如探春闺房的摆设：

> ……当地放着一张花梨大理石大案，案上堆着各种名人法帖，并数十方宝砚，各色笔筒，笔海内插的笔如树林一般。那一边设着斗大的一个汝窑花囊，插着满满的一囊水晶球的白菊。西墙上当中挂着一大幅米襄阳《烟雨图》。左右挂着一副对联，乃是颜鲁公墨迹。其联云：
>
> 烟霞闲骨格，泉石野生涯。
>
> 案上设着大鼎。左边紫檀架上放着一个大观窑的大盘，盘内盛着数十个娇黄玲珑大佛手。右边洋漆架上悬着一个白玉比目磬，傍边挂着小槌。（第四十回）

这种陈设，哪像是个贵族小姐的闺房？房间的摆设烘托出她那种爽直刚毅的气质。正如探春《簪菊》诗所言“高情不入时人眼，拍手凭他笑路旁”。强大的自信支撑起了探春傲岸不群的思想性格，使她敢于蔑视男尊女卑的陈规，向男权社会提出挑战。建立诗社时，她宣称：“孰谓莲社之雄才，独许须眉；直以东山之雅会，让馀脂粉。”她还感叹说：“我但凡是个男人，可以出得去，我必早走了，立一番事业。”对于一个深闺女子来说，这是何等不俗的气度，但她逃离不了女性的人生悲剧。

探春刚理家，就碰上生母赵姨娘的兄弟赵国基死了。“大管家娘子”吴新登媳妇故意不说出以前贾府处理丧事赠送赏银的数目，也不出主意，就要冷眼看这位年纪轻、无经验、又涉及其生母关系的，探春如何处理。探春查明旧账，依照惯例，也给了 20 两赏银。公平办事，没有对自己的“舅舅”赵国基有什么照顾，赵姨娘嫌赏银太少，认为探春是自己的亲生女儿，如今管家了，应该“拉扯拉扯”自己的娘家。便去找探春责问：“你不当家我也不来问你。你如今现说一是一，说二是二。如今你舅舅死了，你多给了二三十两银子，难道太太就不依你？分明太太是好太太，都是你们尖酸刻薄。”赵姨娘根本不理解问题不在多给还是少给，更不是大方还是小气，而是一旦违背惯例，会给探春理家带来很大的麻烦，不但让王熙凤小瞧了，而且被手下的媳妇们抓住了话把子，让刚刚执掌管家的探春难以干下去。赵姨娘的争闲暴露了自己的愚昧，反衬出探春的精明。结果赵姨娘被探春训斥了一顿，更使赵姨娘大为不满，越发说出不三不四的话来。

探春听后深感羞辱，斥责她道："谁是我舅舅？我舅舅年下才升了九省检点，那里又跑出一个舅舅来？……"探春对于庶出非常在意，特别希望突出她是"贾府的正人"这一归属。她称王夫人为母亲，王夫人的哥哥王子腾为舅舅，直截了当地表现出了不认生母及母舅的态度，从而淡化庶出的卑微感。但是庶出这一不争的事实却如影随形地罩着她，并不断地渗透在她的潜意识中，影响着她的身心。另外，赵姨娘是贾政侍妾，虽生有一儿一女，但在贾府地位仍"极低贱，甚至比未嫁的丫头及年老的用人还差一段"。生母赵姨娘的这种卑贱身份却不免让探春难堪。加之赵姨娘不能安分守己，每每生事，但凡她是个知书达理、品行端正、温柔和顺的人，探春也不至于那样数落自己的亲娘。因此，探春说出那样过分的话语，并不是什么冷酷无情，而是在封建嫡庶制度和观念的挤压下人性异化的表现。这对探春来说，不能不说是一种无奈与悲哀！

2. 探春从开源节流、承包做起

探春之精明，表现在她上来就看到贾府经济入不敷出，必须开源节流，并着手进行一次"兴利除弊"的改革：

(1) 免掉了宝玉、贾环、贾兰三人上学的点心钱和重复开支；

(2) 取消了姑娘们每月重支的头油脂粉的费用。

更重要的是，探春受到奴才赖大家的花园管理的启发。她说赖大家的花园没有大观园的"一半大"，树木花草也少得多，"除他们带的花、吃的笋菜鱼虾之外，一年还有人包了去，年终足有二百两银子剩。从那日我才知道，一个破荷叶，一根枯草根子，都是值钱的"，从开源上思考问题，变消极理财为积极理财，她提出了大观园新的管理方案，让婆子们承包大观园的果树花草。这样的好处："一则园子有专定之人修理，花木自又一年好似一年的，也不用临时忙乱；二则也不至作践，白辜负了东西；三则老妈妈们也可借此小补，不枉年日在园中辛苦；四则亦可以省了这些花儿匠山子匠打扫人等的工费。将此有余，以补不足，未为不可。”李纨说实行这种承包制使“有人打扫，专司其职，又许他们去卖钱。使之以权，动之以利，再无不尽职的了”。宝钗很赞赏：“善哉，三年之内无饥馑矣。”她们还委托平儿去将改革方案向凤姐告之，然后实行。

承包只不过是清除园中的破荷叶、枯草根，护理竹丛藕池、种地捞鱼而已。即使如此，还是给荣国府带来了一线生机，“因近日将园中分与众婆子料理，各司各业，皆在忙时，也有修竹的，也有刖树的，也有栽花的，也有种豆的，池中又有驾娘们行着船夹泥的、种藕的”。还给贾府每年增加400多两银子。虽说这点银子对贾府来说是杯水车薪，还不够贾赦买一个侍妾用的银两呢，但毕竟给贾府上下只图享乐、不知节省的现状，带来了一些生气。

探春的承包制改革没有打碎贾府“大锅饭”的管理体制，一开始没有触及贾府掌权人的根本利益，也没有触及贾府管理体制的根本问题。然而它只是一块试验田，由于范围小，层面低，所以很快探春理家就遭到贾府固有矛盾的阻力，而且激化了各种矛盾，主要表现在三个方面：

一是触及到了早已成为习惯的等级制。在等级严格的贾府，婆子的地位最低，丫鬟也可以使唤她们。而现在因为管得好与坏直接与婆子们的利益挂上钩，经济利益迫使婆子敢管丫鬟掐花，一下就使身份高于婆子的小丫头也感到不舒服。打破了原有的等级观念，是承包园子后带来的新问题。

二是公平办事触及人际关系的亲疏。赵姨娘认为探春是自己生的女儿，去找探春多要银子，结果被探春训斥了一顿。赵姨娘大为不满，撒泼叫骂，弄得探春很伤感。

三是矛盾错综复杂，牵三扯四，难以下手。玫瑰露案发，贼和赃都明显摆在那里，却不敢处理，只能装糊涂掩盖。因为认真追下去，会带出许多案子来，还会引起小人的仇恨。于是平儿主张让宝玉将这些事兜起来。

探春从开源节流、承包做起，触及了贾府的积弊。说明这仅仅是序幕，是打开旧的管理体制缺口的一种手段。如果没有更深层次的后续变革，那个被承包制打开的缺口又会合上，最终仍然是旧体制的复辟。在理不清的矛盾和阻力面前，探春犹豫了，干脆又推给了凤姐。这场小小的改革很快就淹没在深宅大院的积习之中。“然而，在那样一个末日世界里，《红楼梦》出示王熙凤和探春那样的贵族形象虽然声势夺人，但终究是哀歌唱挽。人们在此读到的只不过是创造能力，而没有任何创造结果。创造者本身的才能似乎全具备，但她们失落的却是一个创造的时代。”[①]

3．“司棋闹厨”暴露了贾府“大锅饭”管理体制的弊端

司棋是二小姐迎春的大丫鬟。

《红楼梦》描写的70多位丫鬟，一般都是跟随各房主子。每一房中众多丫鬟由一个大丫鬟管着。由于主子的地位不同，连跟随他们的丫鬟也分为三六九等。大丫鬟每月一两银子，小丫鬟几百钱不等。大丫鬟可以支配小丫鬟。司棋在四大丫头，即平儿、袭人、鸳鸯和紫鹃之后，她同晴雯一样是大丫鬟，显头露脸的。她一共出场四五次，文字描写也不多，可每次都给人留下深刻的印象。“司棋闹厨”是她第一次亮相，就表现出刚烈、敢作敢为、有棱有角的性格。

司棋打发小丫头莲花儿去厨房做碗鸡蛋羹。小丫头莲花儿对厨房总管柳妈说：“司棋姐姐说了，要碗鸡蛋，炖的嫩嫩的。”柳家的道：“就是这样尊贵。不知怎的，今年这鸡蛋短的很，十个钱一个还找不出来……你说给他，改日吃罢。”莲花儿道：“前儿要吃豆腐，你弄了些馊的，叫他说了我一顿。今儿要鸡蛋又没有了。什么好东西，我就不信连鸡蛋都没有了，别叫我翻出来。”一面说，一面翻箱，发现十来个鸡蛋，说道：“这不是？你就这么利害！吃的是主子的，我们的分例，你为什么心疼？又不是你下的蛋，怕人吃了。”

小莲花的一顿抢白，激怒了柳家的，于是柳家的在气头上发起牢骚，却道出了管理体制上的问题——“大锅饭”的弊端：

问题一：厨房大灶连小姐带丫鬟四五十人，每人每月的“分例”都交到厨房使用。在一个大厨房里，小姐与丫鬟是分头吃大灶。大锅饭菜难以满足每个人的口味，常常“买来的不吃，又要别的”，于是就多出了很多额外的支出。

问题二：市场上粮食菜蔬随行就市，每月的“分例”是固定的，维持正常

① 李劼．论红楼梦[M]．西宁：青海人民出版社，1995：25．

的支出还行，一旦碰上市场上某一东西物价上扬时，支出就会吃紧。

问题三：柳家的说："只是我又不是答应你们的，一处要一样，就是十来样。我倒别伺候头层主子，只预备你们二层主子了。"这就是说小姐单独点菜，尚可支应。如果有头有脸的大丫头也都单独点菜，就难以应付。

如何处理"这个点这个，那个点那个"的矛盾，就触及如何对待"头层主子"与"二层主子"，也就是人与人之间的关系问题。柳家的是下人，不敢得罪"头层主子"，也就是各屋的小姐。问题就出在如何支应"二层主子"上，也就是各房的大丫头。司棋是迎春的大丫头，前些日子要吃豆腐，柳妈给弄一碗馊的；第二次要吃鸡蛋羹，柳妈说没了鸡蛋。当下莲花儿就从厨房翻出鸡蛋，柳妈以"行市"上涨为由，发牢骚，遮盖自己慢待司棋。莲花儿顿时一针见血揭其短——晴雯要吃芦蒿，柳妈一会问是肉炒，还是鸡炒，一会"狗颠屁股儿"似的亲自捧着送去。莲花儿的责难，道出一个问题，晴雯也是"二层主子"，虽说和司棋的地位是一样，但她是宝玉屋里的大丫头，宝玉那里连摔个碗的小事也会惊动贾府的高层贾母和王夫人。而司棋是"二木头"迎春的大丫头，迎春在贾府就没有什么地位，何况司棋了。所以，在柳家的眼里，显然有一个判断的标准，就是看你有用还是没用，有权还是没权，有脸面还是没有脸面，有关系还是没有关系，凡有用的、有权的、有脸面的、有关系的就支应；没有的，可能就不支应。这个问题看似很平常、很微小、很普遍，实质是千百年中国的社会互动和社会行为的基本方式。

莲花儿和柳家的吵完，回去一五一十地跟司棋讲了，司棋大怒，率领屋里的小丫头们直奔厨房而来，司棋一声令下，给我砸。小丫头们七手八脚地摔的摔，砸的砸，大闹厨房。

司棋闹厨只是贾府管理体制弊端中溅起的一个小水花，但随着贾府经济的拮据，问题越来越多，事情越来越棘手。这就又回到了凤姐为什么暂且下台，探春接手后为什么要搞承包改革。因为贾府是大锅饭式的管理体制，无论是主子，还是奴仆，等级都是固定的，都是按照你的等级得到相应的待遇。干活的每人每月的"月钱"都是固定的，没有激励机制，干好干坏都一样。另外大锅饭式的管理体制是谁的地位高，谁就有权支配家族的资产，获得利益，占有好处。

荣国府贾母、王夫人、王熙凤说了算，因此，贾府一切矛盾和冲突都围绕着这个根本利益。现在探春改革，也只能在大观园这一小范围说了算，她没有能力而且也没有权力去改革贾府的管理体制。贾府的一切照旧，在不改变大锅饭管理体制的情况下，大观园这一小范围的承包制必定遭遇各种守旧势力而流产。

（三）大观园春天的风波

《红楼梦》第五十八回到第六十三回，皇宫里的一位老太妃薨了，按制凡诰命夫人如贾母，邢、王二夫人，尤氏、王熙凤等人，每日到宫中参加吊唁、祭灵等丧事，约有一个月的时间她们不在贾府，大观园的管理暂时托给薛姨妈。没有了王熙凤等主子的严厉监管，薛姨妈又只是一个专做和事佬的亲戚。于是给大观园带来了宽松的环境，不仅那套封建秩序出现松动，也给芳官、司棋、赵姨娘等人逞能闹事提供了机会。她们把自己长期被压抑的情绪、嫉恨，甚至期盼都肆无忌惮地宣泄出来了。人的“原始生命力”，即人的生命本能和自然属性，是人类进入文明之后仍然保留的最原始的生命欲求，性与爱、妒忌与仇恨、愤怒与激昂等，只有外在的旧秩序被削弱或打破，新的秩序尚未完全建立之际才能得以最充分的释放。有的以异化、扭曲、发泄的方式表现，有的以狂欢、游戏、取乐的方式表现，尽管形态不一，但都使被压迫、被扭曲、被束缚的人性得到了舒展的机会。

以芳官为代表的几个小丫头 “连伙聚党”地闹事，先是潇湘馆里的小戏子藕官在园子里烧纸钱，祭奠曾与她在戏中扮夫妻的女孩子，此事被一个婆子看见，大加责骂，幸而有宝玉从中遮掩了事。接着，怡红院的夏婆子克扣干女儿芳官的月钱什物，并因为洗头的事打骂芳官，些许小事引发的情绪、宿怨、冲突此起彼伏，秩序顿时为之一变。这个春天，是一个小人物闹事的不平凡的春天。

其中发生典型的是三件事：

第一件事发生在取“蔷薇硝”的路上。湘云向宝钗要蔷薇硝，宝钗因没有了，使命丫鬟莺儿去黛玉处取。莺儿去时，藕官一同陪往。二人说笑着到了柳叶渚，莺儿用新嫩的柳条编花篮，又采摘鲜花，送给黛玉。拿上蔷薇硝，返回时藕官也一同跟着走。莺儿又在柳叶渚编花篮，正巧碰上春燕。春燕便向藕官讲起她姑妈夏婆子因状告藕官在大观园私自烧纸钱一事未成，心里正不满，所以春燕嘱咐莺儿："你这会子又跑了来弄这个。这一带地上的东西都是我姑娘管着，一得了这地方，比得了永远基业还利害，每日早起晚睡，自己辛苦了还不算，每日逼着我们来照看，生恐有人糟蹋……一根草也不许人动，你还掐这些好花儿，又折他的嫩树枝子，他们即刻就来，仔细他们抱怨。"莺儿却不以为然，认为花草本应给各房去送，我们不让送，今天折些算什么。

不料夏婆子来了，"见采了许多嫩柳，又见藕官等都采了许多鲜花，心内便不受用"，果然借数落她侄女春燕指桑骂槐，还倚老卖老，拿拐杖捅她骂她。莺儿先前还与夏婆子开玩笑，此时一见她动了气，便上前劝解，反遭夏婆子的一顿抢白。偏在这时春燕的娘又来找她，夏婆子便向她娘抱怨。"他娘也正为芳官之气未平，又恨春燕不遂他的心"，便打骂起春燕。

春燕一头往怡红院跑去，正碰上袭人，春燕她娘也不听劝，还吵闹着，连宝玉的话都不听。直到请示平儿，叫先撵出去，再打四十大板子，才震住她。"那婆子听如此说，自不舍得出去，便又泪流满面，央告袭人等"。最后还是宝玉给平息了事。

小丫头和承包园子的婆子们吵闹，一个要掐花，一个不让掐，因为园子承包后管得好与坏直接与婆子们的利益挂钩。这吵闹打架无疑是探春搞承包带来的新问题，因为在等级严格的贾府的过去，婆子的地位最低，丫鬟也可以使唤她们。第三十五回王夫人命玉钏儿给宝玉送"莲叶汤"去，凤姐又让莺儿同去。莺儿道："这么远，怪热的，怎么端了去？"玉钏笑道："你放心，我自有道理。"说着，便令一个婆子来，将汤饭等物放在一个捧盒里，令他端了跟着，他两个却空着手走。如今婆子敢管丫鬟掐花，一下就触及到了早已习以为常的等级观念，连小丫头也感到不舒服。

第二件事却是因蔷薇硝而引发的。春燕和她妈给莺儿赔个不是，临走，蕊官让她们捎给芳官一包蔷薇硝。芳官手里拿着时，宝玉要瞧一瞧，正巧贾环在旁边。贾环看到芳官用蔷薇硝擦脸，也想给自己相好的丫鬟彩云要一点儿。芳官舍不得给，想拿平日使的支应他，可打开妆奁时却没了，麝月便让她弄点茉莉粉打发贾环。

贾环拿上便来找彩云送给她。彩云打开一看，笑道："这是他们哄你这乡老呢。这不是硝，这是茉莉粉。"赵姨娘旁边听见，倒气不过，便说："有好的给你！谁叫你要去了，怎怨他们要你！依我，拿了去照脸摔给他去。……"贾环不言语。赵姨娘一想到连三等丫头都不如的戏子敢哄骗自己的儿子，便唆使贾环将茉莉粉摔在芳官的脸上，出出气。贾环不敢去，赵姨娘骂他没出息。彩云忙劝说："这又何苦生事，不管怎样，忍耐些罢了。"赵姨娘骂贾环"没刚性"。贾环急了，就顶了赵姨娘一句："你不怕三姐姐，你敢去，我就服你。"只这一句话，便戳了他娘的肺，便嚷道："我肠子里爬出来的，我再怕不成！这屋里越发有得活了。"一面说，一面拿了那包子，便飞也似的往园中去了。赵姨娘平时听见王熙凤的声气，连头都不敢抬，此时正是瞅准了王夫人姑侄不在家的机会，才敢跑到怡红院去挑衅的。

赵姨娘正在火头上，碰上夏婆子，她又添油加醋，挑唆赵姨娘大闹。赵姨娘直奔芳官而来，"便将粉照芳官脸上摔来，指着芳官骂道，'小淫妇！你是我银子钱买来学戏的，不过娼妇粉头之流！我家里下三等奴才也比你高贵些的。'……"又上前打了她两个耳光，芳官哪里肯依，便打滚撒泼地撞在赵姨娘的怀里。当下葵官、豆官、藕官、蕊官听说后，一齐跑入怡红院，手撕头撞，将赵姨娘围住。尤氏、李纨、探春带了平儿与众媳妇来了，才把四个喝住。探春又训导了赵姨娘一番，背里查询才知是夏婆子与芳官不合而调唆闹事。

第三件事，玫瑰露案发，贼和赃都明摆着，却不好处理，只得掩盖。司棋为吃一碗鸡蛋羹而未能如愿，便带领小丫头大闹厨房，在厨房里又砸又摔，并将厨房主管柳家的私藏一瓶茯苓霜的事情揭发出来，进而扯出赵姨娘指使彩云偷东西。这一连串的小事认真追下去，会牵三扯四，带出许多案子来，引起小人的仇恨。用平儿的话说："没的结些小人仇恨，使人含怨。"又怕因此事牵涉赵姨娘，伤了探春的脸面。于是平儿主张让宝玉将这些事兜起来，平息事态。

大观园出现的是是非非，固然和贾母、王夫人、凤姐不在这些日子有关，但细细寻根刨底儿总是触及贾府的积弊，交织在大大小小的矛盾和恩怨中。探春最后干脆推给凤姐理家，默认自己没能力。探春的改革没有得到贾府权威的支持，就这样结束了。

石昌渝先生在《大观园里的不平常的春天》一文中专门谈了第五十八回至六十三回，他说：

> 贾府无主，大观园就别开了一个生面。于是开始了五十八回至六十三回的故事。这正是清明时节，柳垂于金线，桃吐丹霞，满园春意盎然。大观园内的青春的活力，一向被压在森严的礼教之下，这时趁贾母、王夫人的不在，躁动起来，活跃起来。在奴婢方面，藕官祭药、嗔莺咤燕、围殴赵姨娘、司棋闹厨、玫瑰露风波等等，“作反”的事件接二连三；在年轻的主子方面，宝玉讨厌封建礼教不足为怪，奇怪的是像宝钗、探春、李纨这些人也都忘记了规矩，连日宴饮，纵情欢乐，甚至闹出了史湘云醉卧芍药裀这样有失检点的举动。在红香圃、怡红院的宴席上，似乎消失了等级的界限，似乎没有了礼教的约束，有的只是自由和欢乐。尽管探春们和芳官们对自由欢乐的理解不仅程度不同，而且本质也不一样，但是她们毕竟都是年轻人，封建礼教都在扼杀她们的青春，所以她们的步调能够在那特定条件下的一瞬间意外地协调起来。这样来看，五十八回至六十三回不单写了大自然的春天，更重要的是写了人世间的春天。这是大观园里的一个不平常的春天。不要小看了这从封建统治的缝隙里透露出来的一线春光，不要由于它的微弱而看不到它预示着封建制度的衰朽和一场足以摧毁这制度的暴风雨的即将来临。①

宝玉过生日，因贾母、王夫人等长辈入朝为薨逝的老太妃按爵守制，不在家中，不曾像往年热闹。宝玉到各屋行礼，先去了尤氏、薛姨妈、李纨、凤姐房中，又到奶妈的家中去让了一番。刚回到怡红院，丫鬟们又来闹着拜寿。接着，探春、湘云、香菱、平儿也来了，谈笑之中，大家才知道宝琴、岫烟和平儿也都是今天生日。于是大家决定一起过生日。“寿怡红群芳开夜宴”，是一

---

① 石昌渝．大观园里的不平常的春天[J]．红楼梦研究集刊，2009（1）．

次主子和奴仆欢聚在一起平民式的狂欢。

掌灯后，大家等林之孝家的查完了夜，忙关了门，摆桌子，搬果子。为了热闹，炕上并了两张桌子，李纨和黛玉、宝钗、湘云、探春、宝琴、香菱，还有宝玉、袭人、晴雯、芳官、四儿等丫头共是16人围坐。俞平伯先生六十多年前曾写过《怡红群芳开夜宴图说》，根据小说叙事所描述的动作、行令的次序，以及炕上的布置，把16人的座次绘制了一张简图[①]，大致如下：

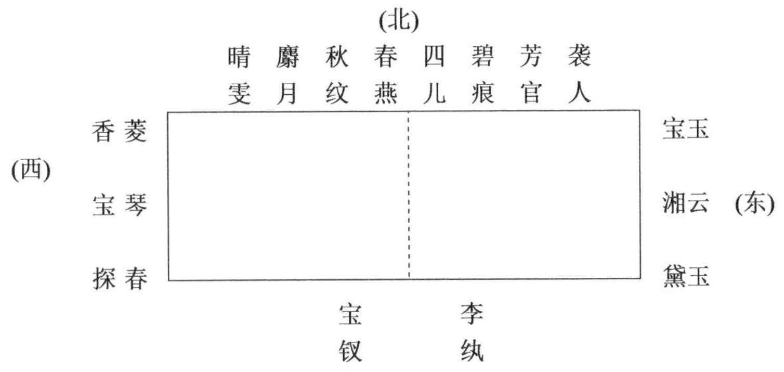

黛玉揶揄李纨、宝钗、探春等道："你们日日说人夜聚饮博，今儿我们自己也如此，以后怎么说人。"李纨不以为然，又一次充当了支持者和参与者，说："这有何妨。一年之中不过生日节间如此，并无夜夜如此，这倒也不怕。"

李纨的开放和大度，很值得一说。李纨青春丧偶，居家处膏粱绵绣之中，竟如"槁木死灰"一般，余事"一概无闻无问，惟知侍亲养子，外则陪侍小姑等针黹诵读而已"。从第四回介绍了李纨之后，直至第二十三回才重新提起李纨，奉元春的旨意以长嫂的身份，管束姑娘们，住进了大观园。从此，她的精神面貌为之一新，焕发出青春未逝、激情犹存的光彩。大观园不是按照封建礼教规范生活，这里充满阳光、充满绿色、充满青春、充满活力；这里可以哭，可以笑，可以呼吸更多的自由空气。曹雪芹就是借大观园这一人间最美好的地方，刻画了在这里找到自我、回到有血有肉的感情世界的李纨。小姐们结社吟诗，李纨就积极热情参与。探春刚一提出成立诗社，她兴奋之情就溢于言

① 俞平伯．红楼梦研究[M]．上海：棠棣出版社，1952：227．

表："雅得紧！要起诗社，我自荐我掌坛！"并建议以稻乡村作为诗社活动聚会的地方，和小姐们在一起尽兴而为。封建礼教对人性的压抑，并没有使李纨的人性扭曲，泯灭她的欲望和情感。一旦有了宽松的环境，她像年轻人一样，追求精神的享受。在"寿怡红群芳开夜宴"中，要说小姐们出点格，属于情理之中。最突出的是李纨，她背着封建家长们，一个年轻的寡嫂跑到小叔房里饮酒狂欢，从封建伦理道德观念来讲是不容许的。但作为长嫂的她却态度鲜明，认为这次聚会适时而有节制不为过也。

大家行酒令，唱小曲，喝酒说笑，无拘无束，十分开心。玩抽花名签的游戏，李纨的花名签上是一枝老梅，有"霜晓寒姿"四个字，其意象比喻她以梅花自况，尽管始终处于霜雪苦寒环境中，却甘心当一支报春花，甘心为韶华正好的青年人们遮挡些风霜雨雪。她在大观园里呈现出与平时所谓"诗礼之家"完全不同的另类风情，没有长幼尊卑刻板的秩序，没有主子与奴才严格的等级，没有封建男女之间的伦理大防。正是因为平时受到了压抑，一旦有了宽松的环境，压力就会解除，人的欲望、性情便以违反常规的形式爆发出来，对日常贵族的繁文缛节，形成强烈的蔑视和冲击。

这次夜宴是最后一次欢乐的聚会，麝月掣了一根花签"开到荼蘼花事了"是一个不祥的预兆。此后再也没有主仆同聚欢乐的场面。桃花社拟建而未果，中秋夜仅黛、湘两人联诗，"寒塘冷月"之句，甚是凄凉。再后，抄检大观园、逐司棋、撵晴雯、驱芳官、赶四儿等事接踵而至。

第八章

风吹雨打中的贾府

（第六十五至九十一回）

《红楼梦》叙事进程演绎进入到第三个阶段，是在第六十五回至九十一回：风雨飘摇中的贾府。

这一时期的故事发生在宝玉15岁后半年到第二年的中秋节，又是整整一年。而这一年的叙事却占《红楼梦》结构中27个章回，是曹雪片倾注心血、挥洒泼墨最重要的一个阶段，和一年前相比，贾府的经济境况已显露出江河日下的征兆。王熙凤逼死尤二姐与抄检大观园这两个中心事件，激化了贾府内部的房族之争、嫡庶之争、尊卑之争，使得明争暗斗越来越公开化，以至大故叠起。悲凉之气弥漫在这个贵族之家，人与人之间“一个个像乌眼鸡似的，恨不得你吃了我，我吃了你”。

风雨飘摇中的贾府到了这个阶段，《红楼梦》三条意脉都进展到了“质”的转换阶段。

王熙凤悲剧是《红楼梦》贯穿始终的一条意脉，如果从她一出场到生病是第一个阶段的话，那么自她复出理家到逼死尤二姐就是第二个阶段了。在百二十回《红楼梦》的叙事中梳理凤姐悲剧性格命运的轨迹，可以清晰地看到在《红楼梦》后半部的叙事里，她身上潜在的悲剧因素不断地积聚并集中在一点上：她既是一个女性意识对抗男权文化的叛逆者，又是一个不自觉的女性意识的自我毁灭者，女性意识与男权文化冲突在凤姐悲剧性格中形成异化心路。其心路历程的转换表现在最典型的叙事上是第五叙事单元：凤姐的性格能量与尤二姐悲剧（第六十五回至六十九回）。

在这一阶段，贾府衰败这条意脉也出现阶段性的特征，百年望族的“虚架子”已经到了“落花流水春去也”的地步。先是宁国府开销断档，继而荣国府日子不得不挪东墙补西墙。具体表现在第六个叙事单元——贾府用度紧巴、大故叠起（第七十回至七十八回）和第七个叙事单元——多事之秋的薛家与贾家（第七十九回至九十一回）。

宝、黛爱情这条意脉在抄检大观园之后，也发生了根本性的转折。宝、黛爱情这条自在的小船，竟撞在“父母之命”这座封建婚姻的冰山上，遭遇了毁灭性的冷冻。特别是黛玉以自戕其身的方式进行了无奈的抗争，像流星燃尽时迸发出最后一束耀眼的光芒。虽然这一信息在第八十四回叙事中不经意地提起，却是《红楼梦》的筋骨文字。

一、王熙凤的性格能量与尤二姐悲剧

（第五叙事单元：第六十五至六十九回）

从第六十五回贾琏偷娶尤二姐到第六十九回尤二姐之死，是这一阶段的叙事中心，集中描写了贾琏与凤姐“小家庭”的冲突和破裂，而且这一中心事件掺合在荣、宁二府潜在的矛盾之中，是在与封建官府相勾结的背景下展开的。穿梭在贾府内外复杂的叙事时空中的焦点人物是王熙凤，她凭借着自己的精明和才智，整日周旋在贾府上层的权利之争和微妙的人际关系中，获取了更大的支配权力和自由空间。其间她不时地变换斗争的策略、调整斗争的手段，变得更加老辣，从而深化了她的性格特征。

黑格尔说：“生命的力量，尤其是心灵的威力，就在于它本身设立的矛盾，忍受矛盾，克服矛盾。”[①] 换句话说，性格就是要写出人性深层欲望的搏击和情感的波澜。曹雪芹天才地创造了文学史上无与伦比的典型——凤姐，犹如一块闪亮的陨石迸发光辉的同时，也燃烧着自己，瞬间划过天空，结束了其短暂的悲剧人生。

（一）王熙凤生活在封建正统秩序错位的家族环境里

王熙凤所处的时代，正是以男尊女卑为中心的封建礼教笼罩着整个社会的时代。漫长的岁月里积淀而成的各种习惯、成见，以及思维定势，无不体现着男权文化的特征，并潜在地、自发地支配着人们的思想和行为。这是一种根深蒂固的社会潜意识。在男权文化中生活的大多数女性，对来自社会生活方方面面的压迫和限制，往往熟视无睹，甚至有许多女性被男权文化“同化”，也自觉地维护男权文化。即使某个家族或家庭的女性掌了权，也并不意味着男权文化的失落，但在她们身上常常出现错位或双重性格现象。贾母就是典型。

贾母在贾府是“从重孙媳妇做起，如今也有了重孙媳妇”的太夫人。她不仅仅是贾姓大族中最年长的老人，在家族中有至高无上的地位，而最重要的是半个世纪的历练所积淀的资历、声望和气度，都决定了贾母在贾府中有至高的威望。《红楼梦》活脱脱地展示了“堂堂须眉，诚不若彼裙钗”的封建正统秩序错位的一面：男人无能，女人当家。这种错位首先表现在贾母主家时用人并不一味地以宗法伦理关系为重，而是以才德人品为要。她深知偌大一个家族上上下下都是“一个富贵心，两只体面眼”（第七十一回），虽不动声色，但心中有数。谁个吃香，谁个不吃香，整个格局都与贾母的好恶有关。贾母常说自己是“老糊涂”，其实她是小事装糊涂，大事不糊涂。她对贾赦、贾政、邢夫人、王夫人的人品才智识别得明澈如镜；对孙辈一群中的宝玉、凤姐、探春的钟爱和垂青，都表明贾母在细微中的洞察秋毫。贾母精神世界的深处还有许多与封建礼教相违背的观念，比如说，女性在贾府掌权持家从贾母就开始了。在她的意识里带有一种自觉的女性自我认知：女人不必依附于男人，完全能够独立施

---

① 黑格尔．美学：第 1 卷 [M]．北京：商务印书馆，1979：154．

王熙凤

展自己的才智、能力和胆略，实现自身的价值。尽管现实生活中森严的宗法等级观念给贾母打下了深刻的思想烙印，但她在某种程度上却挣脱传统伦理的束缚，在家庭人与人之间的伦理关系上，积极营造欢快和谐的家庭生活氛围。特别是贾母和孙子辈的年轻人在一起时，尽情享受亲情的愉悦。贾母身上特别可贵的一点是她敢于认错，并坦然改之，显示出为人处世的高境界。当贾赦阴谋逼娶鸳鸯时，贾母为之愤然，一时错怪了王夫人，经探春的辩白，贾母自知有失，马上说："可是我老糊涂了！"让宝玉代她向王夫人赔不是，又责怪凤姐道："凤姐儿也不提我！"凤姐儿笑道："我倒不派老太太的不是，老太太倒寻上我了？"她用"歪岔"的喜剧手法"派"出了贾母的诸多"不是"。贾母又主动抛却了传统伦理内"天下无不是的父母"的僵死意识，使这场紧张的家庭内部冲突在戏谑中趋于和解。贾母给自己，也给凤姐等晚辈们创造了一种自爱、自尊、自重的家庭生活氛围。

然而上述仅是贾母思想性格的一方面，另一方面便是她仍自觉或不自觉地维护着男权文化。贾琏偷情，凤姐泼醋，贾母并不以为贾琏这种行为有什么，反倒派了凤姐的不是："什么要紧的事！小孩子们年轻，馋嘴猫儿似的，那里保得住不这么着。从小儿世人都打这么过的。都是我的不是，叫你多吃了两口酒，又吃起醋来。"贾赦讨鸳鸯为妾，贾母气得浑身打颤，只是不同意给鸳鸯，但并未反对纳妾："他要什么人，我这里有钱，叫他只管一万八千的买去，就只这个丫头不能。"第五十四回贾母批评才子佳人"一见钟情"的恋爱模式，流露出对自由恋爱的嫌弃。这说明封建社会流贯千百年的男权文化已经形成不可逾越的伦理规范、社会潜意识，这一切都是不可抗拒的封建社会的主流文化意识。贾母、王夫人、邢夫人她们都靠拢、依附、捆绑在男权文化这棵朽树上，只是表现的程度不同、形式各异罢了。相对整个封建社会来说，贾府这个微观的具体环境，也不可避免地时时处处受到封建礼教的牵制、制约和禁锢。封建时代大同伦理规范的基本特征是男尊女卑，女性受到种种束缚和限制，不可能有自我价值实现的基本条件，也不可能对自身有太多的超越。因此说，女性的命运带有一种社会悲剧的必然性。

男权文化的基石是封建社会的等级制度和伦理观念。百年望族的贾府尽管元气衰落，但还撑着不可一世的架子，从上到下，层层叠叠，等级分明。在贾府每一个角落都渗透着繁文缛节的礼仪，哪怕一个手势，一个称呼，一个眼神都要符合环境和身份，不仅主子和奴才要分开等级，就是主子之间、奴才之间也要分三六九等。这种男权文化充斥着整个贾府，也深深地影响着那些女管家、陪房、媳妇们，虽说她们也是奴才，但在贾府中伺候主子年深日久，不仅在复杂的矛盾中学会了刁钻乖滑，而且浑身散发着等级制的酸腐气。她们大都对有权有势的主子尽力奉承，处处讨好，而背后却 "不是嚼舌根，就是挑三窝四"，"造言生事，挑拨主人"。凤姐曾说过："咱们家所有的这些管家奶奶们，那一位是好缠的？错一点儿他们就笑话打趣，偏一点儿他们就指桑说槐的抱怨。'坐山观虎斗'，'借剑杀人'，'引风吹火'，'站干岸儿'，'推倒油瓶不扶'，都是全挂子的武艺。"凤姐之语虽不免夸大，但仔细考来，却发现这些 "办大事的娘子们"也都不是省油的灯，最是圆滑世故。平儿就曾在探春理家碰到下人的刁难，评说众媳妇："你们素日那眼里没人，心术利害，我这几年难道还不知道？二奶奶若是略差一点儿的，早被你们这些奶奶治倒了。饶这么着，得一点空儿，还要难他一难，好几次没落了你们的口声。你们都怕他，唯我知道他心里也就不算不怕你们呢。”所以宝玉有一句为世人所难理解的名言：

> 女孩儿未出嫁，是颗无价宝珠；出了嫁，不知怎么就变出许多不好的毛病来；再老了，更不是珠子，竟是鱼眼睛了。分明一个人，怎么变出三样来？（第五十九回）

“未出嫁”与“出了嫁”的根本区别不是生理区别，而是受封建礼教的牵制、同化和禁锢的不同。“未出嫁”是生活在远离社会的小环境，相对来说受到封建社会的主流文化意识影响较少，身上还保留着人性的纯朴和善良。而那些“出了嫁”的女人，已和自己的男人捆绑了一起，“嫁鸡随鸡，嫁狗随狗”，浑身充满了铜臭气。贾府管家如林之孝家的、赖大家的、吴新登家的、王善保家的、周端家的……她们也各自依附自己的主子，行使自己掌管的那一部分权力。再有头有脸的大丫头，尽管毫无人身权利，但也凭借伺机主子的影子权力，享受一点程度不同的权限，如鸳鸯、袭人、平儿等。所有这些，组成了一种盘根错节、攀藤附葛的极其复杂的关系。要想摆平她们，是需要花费很多心机的。

王熙凤也具有贾母的双重性格，不过她的性格能量要大得多，而且向着人性“恶”的泥坑滑去。初期她在贾府有贾母这棵大树为她遮风挡雨，有一块展示自己才能、拓展生存的空间。但又不断地与生活环境中复杂的人际关系发生联系和冲撞，这就使其性格结构诸要素经常不断地转化、变异。特别是她这种自主型性格的人，欲望极强，内在的能量极大。她的存在既影响着、牵制着、玩弄着他人，又在复杂的社会关系中开拓着自己生命历程，从而显示出了她自身性格的丰富性，并牵涉到家庭、家族、社会诸多复杂的关系。也就是说，她的性格演变与贾府衰微——瓦解的过程一致，她自身生命历程也发生了强横——消歇——绝望的变异。可以说王熙凤的性格与《红楼梦》的悲剧结构是互相咬合的，是《红楼梦》悲剧的一条重要意脉。

（二）贾琏偷娶尤二姐引发凤姐情感的失落和无奈

《红楼梦》很少从正面对贾琏与凤姐的情感生活做描述，但通过贾琏对尤二姐的情感，曲折地映衬出贾琏与凤姐夫妻情感的冷峙和破裂。

旗人世家的妾多种多样，可被称作：房里人，跟前人，通房丫头，以至封为姨娘，称作姨奶奶，到生儿育女之后其奴隶身份一直不变，在名分上与主子界限分明。这种现象带有满族奴隶制遗风，是旗人世家一夫多妻婚姻制度的必然产物。“我们家的规矩，凡爷们大了，未娶亲之先都先放两个人服侍的。”兴儿讲的是这种男性主子婚前先纳家内两名女奴为妾的制度。旗人世家的贾府，在贾赦、贾政、贾珍、贾琏等人身上一概如此，无关乎他们的个人品质如何。

凤姐一贯霸气，令贾琏在家里感到不自由，甚至窒息。透过表象，可以看到凤姐在客观上要求婚姻一夫一妻，限制贾琏纳妾，这是合理的要求，反映了女性的自主自强。而这一切在男权社会环境里却被有意无意地视为不合妇德：好妒。贾母说过凤姐“吃醋”。王夫人深忧她“风声不雅”。贾琏说要“把这醋罐打个稀烂”。兴儿讲她：“人家是醋罐子，他是醋缸醋瓮。”好妒不是王熙凤的性格特征。性爱自来就是排他的，王熙凤嫁入贾府后，由于旗人婚俗的惯例，她面临着的就是贾琏已纳有两妾的局面。恩格斯就多妻制在性生活上对妇女的迫害作过一个比喻：“吃了半个苹果以后就再不能有一个整苹果。”①王熙凤燕尔新婚，自己整个被贾琏占有。而她所占有的贾琏，却是被吃去了三分之二的贾琏。妻子以自己完全被丈夫占有为条件，要求自己也完全占有丈夫，这是婚姻结合上男女之间在性生活中彼此完全平等的要求，也是合理的要求。在贾府之中，邢夫人、王夫人以及其他男性的正妻，都甘受此种婚姻习俗的不合理，她们由此而取得压迫者施予的欺骗性的“贤惠”称誉。王熙凤不甘心忍受此种不合理，于是得到了“醋妒”的恶谥。其实在一夫一妻制婚姻中，王熙凤这种要求，已是被人们普遍承认的正当要求，按理不该被扣上“醋妒”之名，受到不公正的谴责。

---

① 恩格斯．家庭、私有制和国家的起源[M]// 马克思，恩格斯．马克思恩格斯选集：第4卷．北京：人民出版社，1972：63.

在荣国府后院，王熙凤感到最难对付的是两个人：一个是贾琏，一个是邢夫人。贾琏对她享有夫权，她本人没有儿子，“好容易怀了一个哥儿，到了六七个月还掉了”。她和贾琏发生矛盾的时候，总是爱用娘家的豪富和贾母的宠爱来压倒贾琏。但是，越是这样贾琏就越厌烦。贾琏和鲍二家的通奸，她很伤心地说：“可怜我熬的连个淫妇也不如了。”贾琏偷娶尤二姐时，她觉察到一种巨大的变化就要到来，简直是伤心透了：“天理良心。我在这里熬的越发成了贼了！”前后两个“熬”字，说明这个泼辣的女人，也有道不尽的辛酸啊！凤姐好妒，不合乎封建女性的妇德。人们这种世俗的社会潜意识，在凤姐得势时，只不过是在背后说三道四而已，不会对她个人产生明显的影响。而一旦处于贾府矛盾冲突的交叉点上的时候，就会形成不利她的 “小气候”，其变化首先发生在 “小家庭”的变故上，偷娶尤二姐就是贾琏与凤姐夫妻矛盾走向对立的转折点。

贾琏一面极力摆脱凤姐的控制，一面又瞒着凤姐，开拓自己性生活的小天地。贾珍和贾琏串通一气，全然不顾国法族规，更不把张华父子放在眼里，精心筹划出对王熙凤的整套软骗强压的密谋。他们先诱迫奴仆帮闲严密封禁凤姐的耳目，再以私娶，造成凤姐难以改变生米做成熟饭的既成事实，然后骗赖并施，求得上层掌权的贾母、贾赦的承认和庇护，使凤姐不得不就范。

贾琏见尤二姐“标志，做人好，举止大方，语言温柔，凤姐不及她一个零”。“温柔”在男性眼里是女人身上最好的美德，恰恰这一点是凤姐性格中最缺少的。他不仅从尤二姐的身上寻求到自己性欲的需求，而且还从尤二姐那里得到情感的慰藉。实实在在的“情爱”，使他尝到了从凤姐那里不能得到的情感满足。如果说贾琏同多姑娘、鲍二家的是偷情取乐，满足一时的快感，那么贾琏偷娶尤二姐，并不像尤三姐所说的是当“粉头看”。贾琏的情感世界发生了转移，这是贾琏与凤姐“小家庭”的冲突和破裂的标志。

贾琏对尤二姐真诚的理解，是建立在一定的感情基础之上的。尤二姐曾对贾琏说：“我虽标致，却无品行，看来到底是不标致的好。”又滴泪说道：“你们拿我作愚人待，什么事我不知。我如今和你作了两个月夫妻，日子虽浅，我也知你不是愚人。我生是你的人，死是你的鬼，如今既作了夫妻，我终身靠你，岂敢瞒藏一个字……”已是“夫妻”的尤二姐对贾琏倾吐衷肠。贾琏回答二姐说：“你且放心，我不是拈酸吃醋之辈。前事我已尽知，你也不必惊慌。”这话无疑是贾琏对尤二姐的理解和安慰，贾琏此时所表现出来的豁达在那个男权社会里是很难得的。

> 无奈二姐儿倒是个多情人，以为贾琏是终身之主了，凡事倒还知疼着热。要论温柔和顺，却较着凤姐还有些体度；就论起那标致来，及言谈行事，也不减于凤姐。但已经失了脚，有了一个“淫”字，凭他什么好处也不算了。偏这贾琏又说：“谁人无错？知过必改就好。”故不提已往之淫，只取现今之善，便如胶似漆，一心一计，誓同生死，那里还有凤平二人在意了。（第六十五回）

自打娶了尤二姐，“那贾琏越看越爱，越瞧越喜，不知要怎生奉承这二姐，乃命鲍二等人不许提三说二的，直以奶奶称之，自己也称奶奶，竟将凤姐一笔勾销”。“将自己积年所有的体己，一并搬了与二姐收着”。过去贾琏和凤姐各自把牢各自的私房钱，唯恐对方知道，现在贾琏将其所有的“体己”交与尤二姐，是对她的信赖与重视；“将凤姐素日之为人行事，枕边衾内尽情告诉了他，只等一死，便接他进去”。这种承诺未必兑现得了，但将自己内心深处所隐倾诉与尤二姐，是将她视为知己无疑。至此贾琏与凤姐的情感已走到破裂的边缘，“只等一死便接他进去”是贾琏欲使二人关系“转正”的许诺。可见贾琏是以严肃的态度来对待尤二姐的，“当下十来个人，倒也过起日子来，十分丰足”。此时尤二姐在贾琏的眼里：“人人都说我们那夜叉婆齐整，如今我看来，给你拾鞋也不要。”

家庭作为社会的细胞，很重要的一方面是体现在家庭经济的来源和使用上。过去人们只看到了王熙凤对金钱的贪欲，不择手段地攫取，但很少注意因为金钱而引发的她与贾琏感情上的裂痕。贾琏在前期不是不知道王熙凤聚敛钱财，而是不与其计较，因为他也有自己捞钱的机会，只是到了王熙凤对自己防范得比防贼还要严，在家庭理财这块隐私空间形同路人，没有一点夫妻情感的濡染的时候，他才不得不表现出愤懑。第七十二回写贾母八旬寿诞在即，贾琏向鸳鸯道："这两日因老太太的千秋，所有的几千两银子都使了。几处房租地税通在九月才得，这会子竟接不上。明儿又要送南安府里的礼，又要预备娘娘的重阳节礼，还有几家红白大礼，至少还得三二千两银子用，一时难去支借。俗语说'求人不如求己'。说不得，姐姐担个不是，暂且把老太太查不着的金银家伙偷着运出一箱子来，暂押千数两银子支腾过去。……"贾琏要鸳鸯配合他偷出贾母房里的金银家什去典当，这么个事，只烦自己的老婆从中略事周旋，无非传个话儿，引个线儿，打个纤儿罢了，但凤辣子一张口却先讲提成，这才答应去办。贾琏拿凤姐硬是没办法，只好无可奈何地说：

你们太也狠了。你们这会子别说一千两的当头，就是现银子，要三五千，只怕也难不倒。我不和你们借就罢了。这会子烦你说一句话，还要个利钱，难为你们和我。

贾琏没说出的话，正是"一家子怎么还这样"的质问。贪得无厌、欲壑难平的王熙凤，见钱就眼红，就连自己的男人，只要逮住机会也要狠狠"咬"一口，她敲贾琏的闷竹杠儿已经不是一次两次了。贾琏的愤愤不平，只好暗暗往肚子里咽。

王熙凤听贾琏话中有话，不等说完，翻身起来说道：

我三千五万，不是赚的你的。如今里外上下，背着嚼说我的不少，就短你来说了，可知"没家亲引不出外鬼来"。我们看着你家什么石崇、邓通。把我王家的缝子扫一扫，就够你们一辈子过的了。说出来的话也不害臊！现有对证：把太太和我的嫁妆细看看，比一比，我们那一样是配不上你们的？

贾琏的话还没有说出去，就惹得凤姐大怒，迎头反击，这是为什么？

一是，支撑凤姐霸气的一贯心理，是她娘家的权势和财势都比贾家要胜一筹。因而，她理直气壮地质问贾琏“现有对证，把太太和我的嫁妆细看看，比一比，我们那一样是配不上你们的”？

二是，凤姐此时风闻她放高利贷一事引起众人的嫉恨，正如她对旺儿家的说：“……说给你男人：外头所有的账，一概赶今年年底下收了进来，少一个钱也不依的。我的名声不好，再放一年，都要生吃了我呢。”所以说凤姐对贾琏的话非常敏感，一听就动了肝火。贾琏只好以玩笑话搪塞过去。

三是，贾琏在外包占尤二姐，凤姐虽然不知道，但贾琏情感的转移，已经让凤姐感到家庭气氛的不和谐。出于女性的敏感，贾琏的“你们”这种称呼，引起凤姐的极度反感。仿佛贾琏和凤姐不是一家人，不由得勃然大怒。

贾琏偷娶尤二姐引发的与凤姐感情上的冲突和破裂，指日可待。

（三）王熙凤逼死尤二姐，既释放了性格能量，又消耗了自己生命，为悲剧人生埋下了祸根

凤姐大约十五六岁嫁到贾府。第六回刘姥姥第一次见她时“大不过二十岁”。第四十四回写其过生日，“凤姐泼醋”，时年24岁。其性格中的悲剧潜质就已显露，明显的转折就在《红楼梦》第六十五回贾琏偷娶尤二姐到第六十九回尤二姐之死这一时段，她那充满矛盾对立的两极性格，达到了翻手覆云、转换自如的境界，本体势能释放达到了极致，而结果却落了个众叛亲离。纵观王熙凤性格发展史，正如杨义在《中国叙事学》所指出的：

> 这种本体势能在结构进展中丰富着、充实着和壮大着自己。换言之，结构也是可以反过来给人物性格、或本体势能“充电”的，在“结构——本体势能”的互动中不断地增强势能拓展结构的力度。本体势能在推动结构进展之中，既消耗着自己，又补充着自己。①

这段话说明互为因果的两方面，一是人物本体势能越大，拓展结构的力度也越

① 杨义．中国叙事学[M]．北京：人民出版社，1997：79．

强。二是这一过程“既消耗着自己，又补充着自己”。在逼死尤二姐事件中，王熙凤性格能量释放之大，完全超越了封建家族上层女性所染指的范围。当她得知贾琏在外偷娶尤二姐的准信以后，汲取当年“凤姐泼醋”时的教训，本来有理的事情却落下个“吃醋”的坏名声。她不动声色，在阴毒的心理驱使下，发挥自己的才智，利用豪族的权势，在自己的手能够伸展到的空间内，阴的、阳的、明的、暗的、软的、硬的，将她所要对付的人都玩弄于自己的股掌之中，一改过去斗争的策略。

第六十七回“闻秘事凤姐讯家童”中，她一边气势汹汹地怒审贾琏的仆人旺儿和兴儿，一边“越想越气，歪在枕上只是出神，忽然眉头一皱，计上心来”，转脸对平儿说：“我想这件事竟该这么着才好。”登时，她压下心头的怒火。她不会再像“生日泼醋”时那样大闹，因为在贾府里男人纳妾，不是什么了不起的事情，至多落个私娶的罪名。倘若贾赦、邢夫人给他撑腰，此事更会不了了之。这样的话不仅加重自己妒妒的名声，还会给那些好事生非的人留下口实，诋毁自己。千年沉重的封建传统伦理习惯势力，对重压下的任何个体生命都不得不发生人格的扭曲和变形。王熙凤变得“外作贤良，内藏奸狡”。她专等贾琏出差期间，为自己提供了一个施展手腕又不受干扰的时空环境。

第一，赚尤二姐进大观园，将其掌握在自己的手心。

凤姐带领平儿主动去拜访尤二姐，见面之后左一个“姐姐”、右一个“姐姐”地叫个不断，又是笑，又是哭，情挚挚，意切切，花言巧语，说什么姐姐“果然生下一男半女，连我日后都有靠”，“要是姐姐不随奴去，奴亦情愿在此相陪。奴愿作妹子，每日服侍姐姐梳头洗面。只求姐姐在二爷跟前替我好言方便方便，容我一席之地安身，奴死也愿意”。当下，还向尤二姐送了一份“拜见礼”。尤二姐是一个心痴意软、善良软弱、易受欺骗、逆来顺受、屈从苟安的女性。受凤姐的诱哄，她连同自己的“箱笼细软”，一起搬进了大观园。她用这套骗术，把尤二姐赚入自己掌管的范围内。

一进大观园，凤姐就以贾琏“国孝家孝之中，背旨瞒亲”，违背了封建礼法这个“理”，威胁尤二姐“别见老太太、太太”。她说：“倘或知二爷孝中娶你，管把他打死了。”尤二姐进入大观园如同落入陷阱一般，凤姐变着法儿蹂躏她，折磨她。善良的尤二姐只好忍气吞声，逆来顺受。她进入大观园才三日，“丫头善姐便有些不服使唤起来”，尤二姐没了头油，让善姐拿些来，善姐不但不去拿，反而把尤二姐奚落、讥刺一顿：“不知好歹没眼色。”“又不是明媒正娶来的。”“把你丢在外，死不死，活不活，你又敢怎样呢！”一席话说得尤二姐垂了头。只好“将就些儿罢了”。“那善姐渐渐连饭也怕端来与她吃，或早一顿，或晚一顿，所拿来之物，皆是剩的。尤二姐说过两次，他反先乱叫起来。尤二姐又怕人笑他不安分，少不得忍着。”善姐这些丫头媳妇虽然歧视虐待尤二姐，但善良的尤二姐除了忍气吞声，逆来顺受外，还以德报怨，怕她们受委屈，“反替他们遮掩”。

第二，诱逼张华告状，借官府造成外部压迫声势。

尤二姐被骗进大观园以后，王熙凤随即“使旺儿在外打听细事，将与尤二姐退了亲的女婿张华勾来养活”，调唆、诱逼张华去告贾琏的状。另一面她又仗着“都察院素来与王子腾交好”，派王信用 300 两银子买通都察院，要都察院出票传讯贾蓉，“虚张声势，惊吓而已”。直把官司玩得像走马灯似的。她用王家的权力来与贾家的权力相较量，借以警告贾府诸人：王家的人是不好惹的。以达到她大闹宁国府，压倒贾府诸人，勒索银子的目的。

第三，大闹宁国府，把握主动权。

造成外部高压势头之后，凤姐到宁国府大闹。她先拿贾琏“国孝家孝之中，背旨瞒亲”，违背了封建礼法这张王牌给贾珍、贾蓉一个下马威。再对尤氏叱骂扭打，并反复喝骂尤氏、贾蓉：“你痰迷了心，脂油蒙了窍，国孝家孝两重在身，就把个人送来了。这会子被人家告我们……”如此，她将封建礼法如尚方宝剑似的，横在他们的头上，使他们不敢保护尤二姐，为自己最后拔除尤二姐这根刺，扫清了外围。

接着，凤姐哭闹着拉着尤氏去见官，进一步相挟持。还“滚到尤氏怀里，嚎天动地，大放悲声”，并在骂声中点明平息官司、打点官府用了 500 两银子。为了让他们认账，以“又要寻死撞头”威胁。直到“众姬妾丫鬟媳妇已是乌压压跪了一地”，陪笑求着，凤姐才止了哭，又见贾蓉“磕头不绝”，才缓下口气。表白自己年轻，听见有人告官，就“吓昏了”为遁词，结束“大闹宁国府”。

凤姐既出了这口恶气，又赚了500两银子。虽是“大闹”，但闹得有理、有利、有节。临了凤姐又说：“外头好处了，家里终久怎么样？你也同我过去回明才是。”尤氏又慌了，又求凤姐讨主意。凤姐一边埋怨一边出点子：就说我看上了，亲上做亲。先住在厢房，“等满了服再圆房。”不经意间就又把他们拴在扣里。

贾母听了凤姐这套说辞，谴责尤氏办事不妥，说：“又没圆房，没的强占人家有夫之人，名声也不好，不如送给他去……”并将此事交给“凤丫头去料理料理”。至此，凤姐名正言顺的接过处理尤二姐的权力，还落下“贤良”的称赞，连担心凤姐“风声不雅，深为忧虑”的王夫人都对她很满意。

第四，百般蹂躏尤二姐，将其置于死地。

贾琏偷娶尤二姐，照直给凤姐心头戳了一根刺。凤姐无子，这意味着贾琏私娶是为了子嗣。贾蓉怂恿贾琏私娶尤二姐，就说过“叔叔只说婶子总不生育，原为子嗣起见”的话头。按照封建宗法伦理：“不孝有三，无后为大”，贾琏再娶无可厚非。凤姐其时二十几岁，已育有一女，且“怀了一个哥儿，到了六七个月还掉了”。虽然没有理由可以认定凤姐不会再生男子以继香火，但贾蓉的话却为贾琏如何编谎提供了礼教传统的根据。

贾琏偷娶尤二姐，可给一直仇恨凤姐的贾赦、邢夫人带来了兴奋，他们幸灾乐祸。待贾琏外出归来，知道此事已败露，“镫中跌足”、面有愧色。他“来见贾赦与邢夫人，将所完之事回明。贾赦十分欢喜，说他中用，赏了他一百两银子，又将房中一个十七岁的丫鬟名唤秋桐者，赏他为妾”。贾赦偏偏在此当口赏赐贾琏，又夸他“有用”，其醉翁之意，昭然若揭！这使得凤姐“心中一刺未除，又平空添了一刺”。“贾琏叩头领去，喜之不尽。见了贾母合家众人，回来见凤姐，未免脸上有些愧色。谁知凤姐反不似往日容颜，同尤二姐一同出迎，叙了寒温。贾琏将秋桐之事说了，未免脸上有些得意骄矜之色。”

凤姐对秋桐的到来，先是恨之入骨，继而成为手中的“武器”。她当众对尤二姐说尽好话，背地里却调唆秋桐出面，百般辱骂尤二姐，向老祖宗进谗言；使贾母不喜欢尤二姐，以致招来众人的作践。无人时凤姐别有用心地对尤二姐说：“妹妹的声名很不好听，连老太太、太太们都知道了，说妹妹在家做女孩儿就不干净，又和姐夫有些首尾。”对尤二姐来说，这是一把戳向心口的刀子，太可怕了。因为尤二姐曾被贾珍、贾蓉、贾琏父子兄弟聚麀玩弄，蒙上了淫秽的耻辱。凤姐这些话直透尤二姐的心窝。秋桐更骂尤二姐为“淫妇”。众丫头媳妇也“无不言三语四，指桑骂槐，暗相讥刺”。一下子把尤二姐推入哀苦无告的绝境，尤二姐被逼成疾。请胡庸医乱下虎狼药之后，王熙凤却装得“比贾琏更急十倍”，一面烧香礼拜，通诚祷告，一面假情假意地说：“我或有病，只求尤氏妹子身体大愈，再得怀胎生一男子，我愿吃长斋念佛！”其实她心里恨不得将尤二姐置于死地而后快。尤二姐的胎儿被虎狼药打下，万念俱灰，吞金自尽。凤姐却假惺惺地哭诉道：“狠心的妹妹！你怎么丢下我去了，辜负了我的心！”装出个恩宠尤二姐的大活佛的样子，一切都玩弄得那么严严实实，纹丝不露，不仅众人无所觉察，连尤二姐至死也没有怨言，丝毫“不敢抱怨凤姐儿——因无一点坏形”。

围绕尤二姐一事，《红楼梦》淋漓尽致地展示了王熙凤性格结构中两极对立的要素，互相渗透，彼此交织，在同一时间、同一地点，既有真的一面，又有假的一面，呈现出两副不同的面孔。“只要这种性格是多构的和强大的，它就会以正正反反的内在能量在复杂的情境中开拓自身的生命历程，从而显示出性格的丰富性，以及结构转换和进展的曲折性和多面性。结构内含着性格的能量，性格外射为结构的复杂形态，这就是本体势能的奥妙。”[①]王熙凤释放的能量很大，对外买通官府，威慑贾府；对内大闹宁国府、收拢秋桐，合伙欺负尤二姐，呈现为复杂的叙事形态。虽然她在剔除尤二姐上得逞，但也在传统礼制深入意识深层的主仆上下人中，完全失掉了人心。

尤二姐死后，贾琏“揭起衾单一看，只见这尤二姐面色如生，比活着还美貌。贾琏又搂着大哭”。贾琏当着人的面前大声呼叫：“奶奶，你死得不明，都是我坑了你！”贾蓉一边佯劝，一边用手指着大观园的界墙暗示，贾琏会意后悄悄跺脚道：“终久对出来，我替你报仇。”这是何等揪心的一幕。倘使贾琏对二姐之死没有“摧心肝”般的悲痛，他怎能明火火地喊出这样的话来。贾琏向凤

---

① 杨义．中国叙事学[M]．北京：人民出版社，1997：79.

姐要埋葬费用，被凤姐叱为“做梦”。等去开尤二姐的箱子找自己的“体己”，已一无所存。看见的只是二姐素习所衣之服，不禁又哭。平儿告诉他：“你要哭，外头多少哭不得，又跑了这里来点眼。”贾琏说：“你说得是。”贾琏又把一条裙子递与平儿说：“这是他家常穿的，你好生替我收着，作个念心儿。”

凤姐的公婆贾赦、邢夫人十分恨她，秋桐向邢夫人告状，邢夫人“便数落了凤姐儿一阵”。宁国府贾珍、贾蓉父子、尤氏都心怀愤恨。连“园中姊妹一干人暗为二姐担心。虽都不敢多言，却也可怜”。平儿对尤二姐还处处表现了同情。尤二姐被骗进荣国府，凤姐“每日只命人端了菜饭到她房中去吃，那茶饭都系不堪之物。平儿看不过，自拿了钱出来弄菜与她吃，或是有时只说和她园中去玩，在园中厨内另做了汤水与她吃”。凤姐逼死尤二姐以后，为了消除后患，她就派旺儿追杀张华。旺儿自思道：“人已走了完事，何必如此大作？人命关天，非同儿戏。”他在外躲了几天，哄凤姐说：张华在逃的路上，“已被截路人打闷棍打死了”。对凤姐最忠实的平儿和旺儿做事都有所保留。原先和凤姐保持融洽无间的暧昧关系的贾蓉，从撺掇贾琏偷娶尤二姐到向贾琏告密，可见，凤姐失掉了多少人心。

从时空框架来说，从第六十五回贾琏偷娶尤二姐开始，到第六十九回尤二姐之死结束，整整用了五个章回的篇幅。这是《红楼梦》描写一个事件时间最长的，也是内容最集中的叙事单元，把贾琏与凤姐“小家庭”的矛盾和破裂，设置在荣、宁二府潜在的矛盾纠葛之中，安排在与官府“潜规则”的相勾结之中，造就了互动的态势，既折射出凤姐娘家王府的权势炙手可热，又显现了贾府的房族、夫妻、主仆和嫡庶之间微妙的人际关系的咬合；既披露了贾琏与凤姐夫妻之间的博弈，又突出了凤姐的精明和才智，以及由此所获取的最大的支配权力和自由空间。她玩弄、欺凌、虐待尤二姐；弹压、威胁、控制贾琏；糊弄、利用、讨好贾母、王夫人；威胁、撕闹、诈骗尤氏、贾蓉；买通、拉拢、调遣官府为其所用；打压、逼迫、驱使下人为其调派。王熙凤之手伸展之长、释放的能量之大，别说封建社会的女性，即使为官做宦的男性也难以作为，而且她将阴的、阳的、明的、暗的、软的、硬的各种手段交互施展、变换、交替，将他人玩弄于阴毒股掌之中。总之，这表现出了王熙凤本体势能的强大和拓展叙事结构的力度。

那么在这一过程中何谓凤姐“消耗自己”？这个问题正是研究凤姐悲剧性格走向的要害。从她人生轨迹审视，主要是潜在的、多方面的悲剧因素在她身上不断地积聚。凤姐逞强好胜，帮助王夫人打理贾府的内部事务，凡婚丧吊庆、迎来送往，哪怕一点露脸的事，她都乐于应酬，在这当中张扬自己，表现自我。那种虚荣和权势欲，给王熙凤注射了兴奋剂，使她不知疲劳地周旋于各种事务之中，去应付那“从上至下，也有三百余口人，一天也有一二十件事，竟如乱麻一般”的局面。过分的操劳，身体的透支，不管她如何逞能，如何要强，也不能再像“无事的人一样”了。凤姐短暂一生的后期处在常年病态之中，自然形成王熙凤性格悲剧内容的一个重要特征。因为封建时代女性依附男性的基础是身体健康、性满足，这是女性维护两性关系的基础。

> 自身的维护依赖于对身体的维护，因为人们所处的文化中身体是通往生活中一切美好事物的通行证。健康，年轻，美貌，性，身体强壮，这一切都是身体维护能够成就而且保持的人生幸福。[①]

而王熙凤恰恰是在这大事上走向人生的下坡路。《红楼梦》后半部或明或暗披露她常年生病。第五十五回写正月里刚将年事忙过，凤姐“小月”了，“谁知凤姐一月之后，又添了下红之症，直到三月间未愈。后来一直服药调养到八九月间，才渐渐地恢复过来”。这一年凤姐大约是二十三四岁，贾琏大约是二十五六岁，都正值青春旺年，而凤姐这场病，病了八九个月。披露出凤姐长期拖着病身子，支撑着贾府，一天到晚，事无巨细。没有空闲调息静养，好两天，赖两天，致使凤姐病情每况愈下。第六十回赵姨娘骂街，说“趁着这回子，撞丧的撞丧去了，挺床的便挺床”。这“挺床的”便是指躺在床上生病的凤姐。第六十一回平儿劝凤姐说：“况且自己又三灾八难的，好容易怀了一个哥儿，

---

① 汪民安，陈永国．后身体：文化、权力和生命政治学[M]．长春：吉林人民出版社，2003：342．

到了六七个月还掉了，焉知不是素日操劳太过，气恼伤着的。”这是影响他们夫妻生活的一个潜在因素，夫妻感情渐渐冷淡、疏远、破裂。起初贾琏在外偷鸡摸狗，谁知凤姐生病身子骨还没有好利索，便闻知贾琏偷娶尤二姐。这对凤姐来说，无论是从身体还是心理上，都是重创和戕害，标志着家庭悲剧，也是个人悲剧的开始。打这以后，凤姐生病，断断续续，一直到死。

二、贾府内囊尽上、大故迭起

（第六叙事单元：第七十至七十八回）

王熙凤逼死尤二姐之后，自第七十回开始，小说进入了第六叙事单元。这一阶段的故事发生在宝玉 15 岁这一年，其中又写了一次中秋宴赏，和去年的中秋宴赏相比，悲凉之气更加浓郁，弥漫在这贵族之家。百年望族的衰败是一个漫长的渐变的过程，是在政治、思想、经济多方面因素的交错和制约下，由内到外逐渐披露潜在的衰败信息的过程。第七十五回至七十六回中秋宴赏前，尤氏与老嬷嬷的对话，委婉地透露出一个信息：与贾府至交的江南 “甄家犯了罪，现今抄没家私，调取进京治罪”。在 “甄家被抄”这层拨之不去的阴霾笼罩下，贾府里房族之争、嫡庶之争、尊卑之争此起彼伏，不同层次人物之间的矛盾越来越公开化，以至形成了大故叠起。

（一）贾府衰败：宁国府在先，荣国府在后

在贾府衰败这条意脉中，宁国府是贾府的小样，它早于荣国府衰败，因此《红楼梦》对宁国府的衰败，只是点到而已。曹雪芹的大手笔对宁国府的点染，集中在两点上，一个是经济上的入不敷出，再一个是当家人贾珍精神的颓废。

先说经济上的入不敷出，内囊尽上。

《红楼梦》点染宁国府经济的败落，一共写了三笔：第一笔早在秦可卿出丧的时候，已是挥霍殆尽，日后很快就陷入经济上的紧巴状态之中。第二笔是第五十三回，黑山村庄头乌进孝来交租，竟只有往年的一半，收入已到了难以维持的地步。第三笔就是第六十四回贾珍为其父贾敬办丧事，连棚杠孝布的钱

都没法付清。

> 一日，有小管家俞禄来回贾珍道，“前者所用棚杠孝布并请杠人青衣，共使银一千一百十两，除给银五百两外，仍欠六百零十两。昨日两处买卖人俱来催讨，奴才特来讨爷的示下。”贾珍道：“你且向库上领去就是了，这又何必来回我。”俞禄道：“昨日已曾上库上去领，但只是老爷殡天以后，各处支领甚多，所剩还要预备百日道场及庙中用度，此时竟不能发给。所以奴才今日特来回爷，或者爷内库里暂且发给，或者挪借何项，吩咐了奴才好办。”贾珍笑道：“你还当是先呢，有银子放着不使。你无论那里借了给他罢。”俞禄笑回道：“若说一二百，奴才还可以巴结，这五六百，奴才一时那里办得来。”贾珍想了一回，向贾蓉道：“你问你娘去，昨日出殡以后，有江南甄家送来吊祭银五百两，未曾交到库上去。家里再找找，凑齐了，给他去罢。”贾蓉答应了，连忙过这边来，回了尤氏，复转来回他父亲道：“昨日那项银子已使了二百两，下剩的三百两，令人送至家中，交与老娘收了。”贾珍道：“既然如此，你就带了他去，向你老娘要了出来，交给他。再者也瞧瞧家中有事无事，问你两个姨娘好。下剩的，俞禄先借了添上罢。”贾蓉与俞禄答应了……

610两银子都让贾珍捉襟见肘，结果颇费周折才支应过去。堂堂的宁国府当年挥金如土，而如今日子已过得东挪西凑。

再就是贾珍精神的颓废，吃喝嫖赌，无所不为。

第四十五回赖嬷嬷也讲：贾珍“只是管的着三不着两的。他自己也不管一管自己，这些兄弟侄儿怎么怨的不怕他”？可以说他和荣国府的贾赦是一路货色，只是比贾赦更年轻气盛、颐指气使、肆无忌惮。他聚众豪赌，恣意取乐，无事生非。第七十五回描写：“贾珍近因居丧，每不得游玩旷荡，又不得观优闻乐作遣。无聊之极，便生了个破闷之法。日间以习射为由，请了各世家弟兄及诸富贵亲友来较射。因说：‘白白的只管乱射，终无裨益，不但不能长进，而且坏了式样，必须立个罚约，赌个利物，大家才有勉力之心。’因此在天香楼下箭道内立了鹄子，皆约定每日早饭后来射鹄子。贾珍不肯出名，便命贾蓉作局家。这些来的皆系世袭公子，人人家道丰富，且都在少年，正是斗鸡走狗、问柳评花的一干游侠纨绔。因此大家议定，每日轮流做晚饭之主，每日来射，不便独扰贾蓉一人之意。于是天天宰猪割羊，屠鹅戮鸭，好似临潼斗宝一般，都要卖弄自己家的好厨役好烹调。不到半月工夫，贾赦、贾政听见这般，不知就里，反说这才是正理，文既误矣，武事当亦该习，况在武荫之属。两处遂也命贾环、贾琮、宝玉、贾兰等四人于饭后过来，跟着贾珍习射一回，方许回去。贾珍志不在此，再过一二日便渐次以歇臂养力为由，晚间或抹抹骨牌，赌个酒东而已，至后渐次至钱。如今三四月的光景，竟一日一日赌胜于射了，公然斗叶掷骰，放头开局，夜赌起来。家下人借此各有些进益，巴不得如此，所以竟成了势了。外人皆不知一字。近日邢夫人之胞弟邢德全也酷好如此，故也在其中。又有薛蟠，头一个惯喜送钱与人的，见此岂不快乐。这邢德全虽系邢夫人之胞弟，居心行事却大不相同。这个邢德全只知吃酒赌钱、眠花宿柳为乐，手中滥漫使钱，待人无二心……因此都唤他'傻大舅'。薛蟠是早已出名的呆大爷。今日二人皆凑在一处……"接着这伙恶少娈童吃酒，拍案骂娘，醉酒撒风。贾珍祸害了宁国府不算，还聚合了一帮恶少，为非作歹。

宁国府衰败之时，荣国府的不景气已露出端倪。最先是从日常生活披露的。"安富尊荣"，从不"运筹谋划"的主子、丫鬟，在吃穿用度上都打紧了，"可着头做帽子"般地过日子。日常生活的琐细、重复、司空见惯，向来为人所熟视无睹，而恰恰是这些日常生活细节之处，因为细小，所以默默滋生着人们尚未觉察出来的转化；因为平静，所以暗暗生发着人们无法察觉的裂变。

《红楼梦》六十回之前，凡写到贾母吃饭之景，那老祖宗的饭桌，总是珍肴美味盘碗满桌，周围侍奉人的欢声笑语不断，一派钟鸣鼎食的大家气象。而今景象却大不如从前。第七十五回尤氏去与贾母商量中秋节的事，贾母顺便留尤氏吃饭。

> 贾母见尤氏吃的仍是白粳米饭，因问道："怎么不盛我的饭？"丫头们回道："老太太的饭完了。今日添了一位姑娘，所以短了些。"鸳鸯道：

“如今都是‘可着头做帽子’了，要一点儿富余也不能的。”王夫人忙回道：“这一二年旱涝不定，庄上的米，都不能按数交的。这几样细米更艰难，所以都是可着吃的做。”

其实贾母何尝没有意识到这一点？在看过各房按旧例孝敬的几色菜后，这位安于享乐不喜欢操心的老祖宗也不得不感叹道：“上几次我就吩咐，如今可以把这些蠲了罢，你们还不听。如今比不得在先辐辏的时光了。”虽然王夫人极力解释这是天灾人旱所致，但她的话语却传导出一个信息——贾府经济拮据、物质匮乏，已显露在外面。

贾府虚火上升，表面装点出一片豪华的景象，而实际上却入不敷出，大处大亏，小处小亏，几近青黄不接。第七十二回写贾母八旬寿诞之后的状况，从几个层面展示了当家人贾琏、王熙凤等所承受的压力。

入不敷出，手里没钱，主子们不得不东挪西凑。凤姐同旺儿媳妇说到收债，冷笑道：“我也是一场痴心白使了。我真个的还等钱作什么，不过为的是日用出的多，进的少。这屋里有的没的，我和你姑爷一月的月钱，再连上四个丫头的月钱，通共一二十两银子，还不够三五天的使用呢。若不是我千凑万挪的，早不知道到什么破窑里去了。如今倒落了一个放账破落户的名儿。既这样，我就收了回来。我比谁不会花钱？咱们以后就坐着花，到多早晚是多早晚。这不是样儿：前儿老太太生日，太太急了两个月，想不出法儿来，还是我提了一句，后楼上现有些没要紧的大铜锡家伙四五箱子，拿去弄了三百银子，才把太太遮羞礼儿搪过去了。我是你们知道的，那一个金自鸣钟卖了五百六十两银子。没有半个月，大事小事倒有十来件，白填在里头。今儿外头也短住了，不知是谁的主意，搜寻上老太太了。明儿再过一年，各人搜寻到头面衣服，可就好了！”她已预感到了败家的命运：“不是我说没了能耐的话，要像这样，我竟不能了。”

贾母八旬寿诞之后，贾琏向鸳鸯道：“这两日因老太太的千秋，所有的几千两银子都使了。几处房租地税通在九月才得，这会子竟接不上。明儿又要送南安府里的礼，又要预备娘娘的重阳节礼，还有几家红白大礼，至少得三二千两银子用，一时难去支借。俗语说‘求人不如求己’。说不得，姐姐担个不是，暂且把老太太查不着的金银家伙偷着运出一箱子来，暂押千数两银子支腾过去。……”贾琏要贾母房里的丫头鸳鸯配合他偷出贾母房里的金银家什去典当，这暴露了荣国府的财力已到了枯竭的地步了。

大厦将倾，一木难支。贾府浩大的靡费与枯竭的财源形成了尖锐的矛盾，对于当家人来说是一个十分棘手的问题。于是裁员、减少费用，都被提到议事日程上来。管家林之孝同贾琏说起家道的艰难，便趁势提出：“人口太重了。不如拣个空日回明老太太老爷，把这些出过力的老家人用不着的，开恩放几家出去。一则他们各有营运，二则家里一年也省些口粮月钱。再者里头的姑娘也太多。俗语说，‘一时比不得一时’，如今说不得先时的例了，少不得大家委屈些，该使八个的使六个，该使四个的便使两个。若各房算起来，一年也可以省得许多月米月钱。况且里头的女孩子们一半都太大了，也该配人的配人。成了房，岂不又孳生出人来。”贾琏道：“我也这样想着……”

“君子之泽，五世而斩”，最明显的便是 “出的多，进的少”，概括了一切逐渐走向衰朽的封建家庭的经济特点。贾府的 “进”，主要指的几处地租和房租，逐年减少；“出”指的日用开支，迎来送往，奢侈浪费不说，逐年增加。久而久之，掏空老本。贾府的主子们又没有新的进项的本事，除了王夫人、贾琏、凤姐几个掌家的主子在那里，押家具，卖东西，甚至抵押细软，于是 “内囊”就 “尽上来了”。而贾府的子孙们，“燕巢帷幕之上”，将祖宗的显赫当成了自己的威风，个个卖瓦抽砖，弄得大厦动摇，家道衰败是注定了的。

《红楼梦》写了两次过中秋，上一次写尽“虚架子”下的富贵豪奢；而这一次则露出败家的征兆。

贾府阖家在凸碧堂中秋赏月，“当下园之正门俱已大开，吊着羊角大灯。嘉阴堂前月台上焚着斗香，秉着风烛，陈献着瓜饼及各色果品。”“真是月明灯彩，人气香烟，晶艳氤氲，不可形状”。然而，“景依旧，人已非”，那里山石峥嵘，林木苍翠，环境清冷。加上人又少，王熙凤、李纨有病，薛姨妈、宝钗也没来。“凡桌椅形式皆是圆的，特取团圆之意”，但 “上面居中贾母坐下，左垂首贾赦、贾珍、贾琏、贾蓉，右垂首贾政、宝玉、贾环、贾兰，团团围坐。只坐了半壁，下面还有半壁余空”。偌大一个园子，寥寥落落地坐了十几个人，与以前的盛况对比，只能使人看到这一家族的败落迹象。其间气氛也不和谐，贾赦讲笑话，含沙射影母亲偏心。贾母等人只好强颜欢笑，整个中秋赏月的场面一直隐隐透着一股淡淡的忧伤。

湘云与黛玉在水边即景联句，发出凄冷的情调：湘云咏的“寒塘渡鹤影”诗句，是凄冷孤寂的意象；黛玉吟“冷月葬花魂”诗句，是悲苦无奈的心境。一草一木，一时一景，悲凉之气弥漫在这贵族之家。

（二）贾府经济拮据，内部矛盾突出

“鸳鸯抗婚”引发的余波未尽，“邢夫人自为要鸳鸯讨了没意思。后来见贾母越发冷淡了他，凤姐的体面反胜自己”，一股“怨愤”之气，便借机发泄。

第七十一回，操办贾母八十大寿，宁国府大奶奶尤氏过来帮忙，晚上路经大观园，“只见园中正门与各处角门仍未关，犹吊着各色彩灯，因回头命小丫头叫该班的女人”。这丫头叫守夜的婆子去传管家奶奶，“这两个婆子只顾分菜果，又听见是东府里的奶奶，不大在心上”，便不去，“我们只管看屋子，不管传人。姑娘要传人再派传人的去”。小丫头听了不高兴，反问：“琏二奶奶要传，你们可也这么回？”这两个婆子一则吃了酒，二则被这丫头揭挑着弊病，便羞激怒了，因回口道：“扯你的臊！我们的事，传不传不与你相干！……什么‘清水下杂面你吃我也见’的事，各家门，另家户，你有本事，排场你们那边人去。我们这边，你们还早些呢！”小丫头听了，气白了脸，把看门婆子所谓“各家门，另家户”的顶撞的话，告诉了尤氏，又辗转传到凤姐那里。

凤姐为维护尤氏的面子，便命人“捆了送到那府里凭大嫂子开发”。不料被捆的两个婆子中有一个和邢夫人的陪房费大娘是亲家，“这费婆子常倚老卖老，仗着邢夫人，常吃些酒，嘴里胡骂乱怨的出气。如今贾母庆寿这样大事，干看着人家逞才卖技办事，呼幺喝六弄手脚，心中早已不自在，指鸡骂狗，闲言闲语的乱闹。这边的人也不和他较量。如今听了周瑞家的捆了他亲家，越发火上浇油，仗着酒兴，指着隔断的墙大骂了一阵，便走上来求邢夫人”。因此邢夫人受托，“又值这一干小人在侧，他们心内嫉妒挟怨之事不敢施展，便背

地里造言生事，挑拨主人。先不过是告那边的奴才，后来渐次告到凤姐‘只哄着老太太喜欢了他好就中作威作福，辖治着琏二爷，调唆二太太，把这边的正经太太倒不放在心上。后来又告到王夫人，说：‘老太太不喜欢太太，都是二太太和琏二奶奶调唆的。’邢夫人纵是铁心铜胆的人，妇女家终不免生些嫌隙之心，近日因此着实恶绝凤姐。今听了如此一篇话，也不说长短”。当着众人，陪笑和凤姐求情说：

> “我昨日晚上，听见二奶奶生气，打发周管家的奶奶捆了两个老婆，可也不知犯了什么罪。论理我不该讨情，我想老太太好日子，发狠的还要舍钱舍米，周贫济老，咱们先倒挫磨起老奴才来了。不看我的脸，权且看老太太，暂且竟放了他们罢。”说毕，上车去了。（第七十一回）

邢夫人开始公开给王熙凤难堪。老太太的好日子，本应“舍钱舍米”，“周贫济老”，而王熙凤倒先折磨起老人家来了。这话一则以尊重、奉敬贾母，一则以讽刺、挖苦凤姐：既送了人情，又泄了私愤。遂使凤姐“当着许多人，又羞又气，一时抓寻不着头脑，憋得脸紫胀”。特别是当王夫人也说：“你太太说的是……老太太的千秋要紧，放了他们为是。”并亲口“命人去放了那两个婆子”时，“凤姐由不得越想越气越愧，不觉的灰心转悲，滚下泪来。因赌气回房哭泣”，以致把眼睛都哭肿了。

邢夫人娘家没有权势，但她作为荣国府的长房太太，也不乏贵妇人的作威作福和颐指气使，邢夫人对凤姐的不满和憎恶渐渐地公开发泄。如第七十三回写凤姐着了点气又生病了，但她得知邢夫人来到大观园迎春处，便前往请安，“邢夫人听了，冷笑两声，命人出去说：‘请他自去养病，我这里不用他伺候’”。

邢夫人趁儿子贾琏向鸳鸯借当之机，不放过敲其竹杠的机会。贾琏进来，拍手叹气对凤姐道：“好好的又生事！前儿我和鸳鸯借当，那边太太怎么知道了。才刚太太叫过我去，叫我不管那里先迁挪二百银子，做八月十五日节间使用。我回没处迁挪。太太就说：‘你没有钱就有地方迁挪。我白和你商量，你就搪塞我。你就说没地方，前儿一千银子的当是那里的？连老太太的东西你都有神通弄出来，这会子二百银子，你就这样。幸亏我没和别人说去。’我想太太分明不短，何苦来要寻事奈何人。”

邢夫人接连几次如此出其不意地突然袭击，连“霸王似的”王熙凤也不敢怠慢，对贾琏说，“且把太太打发了去要紧。宁可咱们短些，又别讨没意思”，并命平儿“把我的金项圈拿来，且去暂押二百银子来送去完事”。于是邢夫人这 200 两银子不费吹灰之力便轻易到手。典当一事非同小可，一旦捅出去，贾琏夫妇被动事小，陷鸳鸯于不义事大。邢夫人看准了这一点，抓住把柄，从贾琏、凤姐他们那里割块肉才解气。也正是这种阴毒心理的驱使，邢夫人向王夫人发难，于是引发了抄检大观园。

抄检大观园是《红楼梦》中贾府衰败时期的重要事件。我们知道，贾赦夫妇在家族中大权旁落，深以为恨。与王夫人、凤姐姑侄围绕着争夺家政大权，经常进行较量。一次，14 岁的傻大姐在大观园山石背后捉蟋蟀，忽见一个五彩绣春囊，上面绣的并非花鸟等物，一面是两个人，赤条条地相抱；一面是几个字。傻大姐不认得这是什么东西，心下打量：“敢是两个妖精打架？不就是两口子相打。”于是递给了邢夫人。

本来邢夫人拿到绣春囊，开始也是“吓得连忙死紧攥住”，吩咐“快休告诉一人”。后来一想到王夫人和凤姐，忌恨的情绪便油然而生，她存心借绣春囊，让凤姐出丑，让王夫人落个“治家无方”。

绣春囊就是春宫画，“介绍的是男女交接的各种姿势，是古代关于‘房中术’的形象化体现，是一门关于性科学的图解”[①]。虽不是什么神秘的东西，但在封建正统看来，也属淫秽物，特别是出现在贾府这样诗书礼仪之家的闺阁之地，更是有失体统。

果然，王夫人拿到绣春囊，“气色更变”，先喝令平儿带着小丫头退出去，又关上门，“含着泪，从袖内掷出一个香袋子来”，冲着凤姐说：“我且问你，这个东西如何遗在那里来？”看那神情，听这口气，王夫人已断定绣春囊是凤姐的无疑。“一家子除了你们小夫小妻，余者老婆子们，要这个何用？再女孩

---

① 聂鑫森．《红楼梦》性爱解码 [M]．北京：中国盲文出版社，2004：280．

子们是从那里得来？”王夫人一边斥责凤姐，一边为她网开一面：“自然是那琏儿不长进下流种子那里弄来。”王夫人的意思是把邢夫人的儿子贾琏也拴上，让邢夫人也别想逃过。

凤姐哪里肯往绣春囊里钻，她说：“太太说的固然有理，我也不敢辩我并无这样的东西。”抽象承认，具体否认，这才显示出王熙凤策略的圆滑和有心计，一脚又把绣春囊这“皮球”踢回给邢夫人了：“除我常在园里之外，还有那边太太常带过几个小姨娘来，如嫣红、翠云等人，皆系年轻侍妾，他们更该有这个了。”接着王熙凤又抓住宁国府内的主妇贾珍老婆尤氏往绣春囊里掀：“还有那边珍大嫂子，她也不算甚老，他也常带过佩凤等人来，焉知又不是他们的？”

接着凤姐又摆出了第二条理由：“那香袋是外头雇工仿着内工绣的，带这穗子一概是市卖货。我便年轻不尊重些，也不要这劳什子。”她不愧是内行，对绣工的针法和穗子的样式都极讲究，她是不屑于玩这种市上卖的劣等品。“二者这东西也不是常带着的，我纵有，也只好在家里，焉肯带在身上各处去？况且又在园里去，个个姊妹我们都肯拉拉扯扯，倘或露出来，不但在姊妹前，就是奴才看见，我有什么意思？”经过一番辩驳，她便变被动为主动，还接过了抄检大观园的大权。王夫人还故意让邢夫人的陪房王善保家的领头抄检，以堵邢夫人的嘴。

（三）抄检大观园：“金玉良缘”压倒了“木石前盟”

宝、黛、钗爱情婚姻悲剧这条意脉的主体人物不止他们三人，还有决定他们命运的主子之间的博弈和消长变化，时时影响和制约宝、黛、钗的爱情和婚姻。贾母对宝、黛爱情一直持支持态度，从黛玉进贾府至第二十九回“清虚观打醮”，她都是主张“木石前盟”。张道士见了贾母就要给宝玉提亲。贾母对张道士说了一番话，一则“和尚说了，这孩子命里不该早娶，等再大一大再定罢”，婉言谢绝张道士。二则“模样性格”两条标准，是贾母第一次当众宣布的，而且把“模样”放在前面，重复了两次。

第五十回大观园里来了一位让贾母喜欢得动心的人物——薛宝琴。有一次下雪，贾母看到薛宝琴雪里折梅的样子，比画上还要好看。于是便细问宝琴的年庚八字和家境情况。薛姨妈看出贾母的心思，便忙告诉贾母：“可惜这孩子没福，前年他父亲就没了。他从小儿见的世面倒多，跟他父母四山五岳都走遍了。他父亲是好乐的，各处因有买卖，带着家眷，这一省逛一年，明年又往那一省逛半年，所以天下十停走了有五六停了。那年在这里，把他许了梅翰林的儿子，偏第二年他父亲就辞世了，他母亲又是痰症。”薛姨妈这番话的弦外之音，就是阻挡把薛宝琴许配给宝玉，牢牢把握 “金玉良缘”的既定主意。

贾母对“木石前盟”的主张发生了潜在的变数，是不易捕捉的。第五十四回，正月十五荣国府开家宴。女先儿说书，刚介绍了《凤求鸾》的梗概，贾母就评论起来：

> 这些书就是一个套子，左不过是些佳人才子，最没趣儿。把人家女儿说的这么坏，还说是“佳人”，编的连影儿也没有了。开口都是乡绅门第，父亲不是尚书，就是宰相，一个小姐，必是爱如珍宝。这小姐必是通文知礼，无所不晓，竟是个“绝代佳人”。只见了一个清俊的男人，不管是亲是友，想起他的终身大事来，父母也忘了，书也忘了，鬼不成鬼，贼不成贼，那一点儿像个佳人？就是满腹文章，做出这些事来，也算不得是佳人了。比如一个男人家，满腹的文章，去作贼，难道那王法看他是个才子，就不入贼情一案了不成？可知那编书的是自己堵自己的嘴。再者，既说是世宦书香大家子小姐，又知礼读书，连夫人都知书识礼的，就是告老还家，自然奶妈子、丫头伏侍小姐的人也不少，怎么这些书上，凡有这样的事，就只小姐和紧跟的一个丫头知道？你们想想，那些人都是管做什么的，可是前言不答后语了不是？

这些话不是针对宝玉和黛玉而言的，但从贾母的思想意识可以看出，如果说前期主张“木石前盟”的话，那也是有很大的亲情成分。而一旦外界有了阻力，便会影响和改变她的主张。王夫人和薛姨妈所代表的“金玉良缘”的势力，不但不会妥协，反而变本加厉，最典型的一招就是抄检大观园。

1. 王夫人抄检大观园的真实目的

大观园出现绣春囊，王夫人决心抄检大观园，其真实的目的，并不在谁有绣春囊，而是大观园出现了让王夫人不能容忍的事情。第五叙事单元发生的大观园的风波，藕官烧纸祭亡灵、芳官聚众与赵姨娘厮打、怡红院夜宴主子下人同床而卧，等等，隐隐地潜在地焕发出来的是一种破坏封建等级的信息，一种已经萌动的自由与平等的苗头，一种下人不安本分的势头，深深地刺激着贾府主子们的神经。她们能够容忍贾府男主子的秽德败行，能够在贾府男主子一手导演的整个家族大厦的蚀空与没落中心安理得地活着，却不能接受从大观园风波中焕发出来的清新空气。从宏观上说，这是封建社会的传统习惯势力，是社会潜意识无形的力量。从微观上说，为什么特别引起王夫人的警觉，其中大有深意。王夫人不在大观园，但整个身心都在关注身处大观园的儿子的一举一动，她要看管好宝玉，别叫女孩勾引她那宝贝儿子，不能让宝玉和黛玉的恋爱任其发展。如今贾府女主人进宫守孝期间，发生这么多的事情，她不是不管，而是选择机会，整肃大观园，绣春囊就是一个最好的由头。

王夫人日夜担忧的就是贾母对宝玉和黛玉的恋爱关系的默许，以及对黛玉始终如一的疼爱。贾母口口声声喊 “二玉”，以委婉含蓄的方式表达出对他俩的肯定和认可，这些在贾府上上下下都是知道的。第六十六回，贾琏的小厮兴儿，对尤氏姐妹谈论宝玉的亲事时说：“……只是他已有了，只未露形。将来准是林姑娘定了的。因林姑娘多病，二则都还小，故尚未及此。再过三两年，老太太便一开言，那是再无不准的了。”第七十五回，贾母利用送菜的方式，再次表达她对 “二玉” 关系的肯定。贾府有 “送菜送饭” 的习俗，每逢贾母吃饭时，除自己要的几个菜之外，还有 “各房另外孝敬的旧规矩”。这天贾母吃饭时，把她独有的红米粥送给了病中的凤姐，又指着说：“这一碗笋和这一盘风腌果子狸给颦儿、宝玉两个吃去，那一碗肉给兰小子吃去。”这不单表现对 “二玉” 的关爱，值得深思的是她也称黛玉为 “颦儿”，这称呼是宝玉为黛玉起的爱称，整个贾府除宝玉这样称呼黛玉之外，只宝钗一次在开玩笑时才称黛玉一次。何况把一碗菜同时送给 “二玉” 两个人，这里暗示了贾母心思，这不是把他俩当作事实上的 “一对” 了吗？

王夫人和贾母不同，她主张 “金玉良缘”。为此，她虽明着不敢反对，但却暗中同贾母较劲，进行着微妙而又尖锐的斗争。从“宝玉识金锁”开始到第七十七回王夫人放逐晴雯，前后共有十六回的篇幅涉及二人之间的“暗中斗法”，前面已讲到利用端午节元妃“赏礼”，在贾府上下造成“人们说什么金什么玉”的舆论，这是一条重要的伏线。我们读《红楼梦》不能不细品曹雪芹明写宝、黛二人热恋，暗写以贾母为一方与以王夫人、薛姨妈为另一方的尖锐复杂的斗争。

贾母同王夫人似乎婆媳间没有矛盾，实则钩心斗角。正如尤氏说的：“我们家大小的人口，只讲外面的假体面，究竟做出来的事都够使了。”贾母本人对此也心知肚明，有一次当着众人就明说：“你们都是骗我的。”由于曹雪芹极巧妙地描写了这对矛盾，就更加显现出贾府内部矛盾的复杂性和尖锐性，以至逼得“老祖宗”多次哭泣。这正是“大家子”的特点：“综观诸人，无一孝者，无一不假孝者。”①

抄检大观园的结果，事情偏偏出在贾赦的女儿迎春的房里，而且又偏偏是“邢夫人的耳目”王善保的外孙女。王善保家的只恨无地缝儿可钻。凤姐只瞅着她，抿着嘴儿嘻嘻地笑，向周瑞家的道：“这倒也好。不用你们作老娘的操一点心儿，鸦雀不闻的就给你们弄了一个好女婿来。”凤姐冷言冷语，旁敲侧击，明里指王善保家的，暗里则回敬了邢夫人。

这场抄检大观园，问题不在于谁有绣春囊，谁丢失的，从发难的邢夫人到凤姐，从王善保家的到司棋，谁没玩过这“下流的东西”？贾府除了门口那一对石狮子而外，没有干净的东西。“绣春囊”事件体现的正是贾府内部房族之争已发展到了公开斗争的地步。

2．抄检大观园目的就是清除异己

抄检大观园之后，王夫人紧接着便开始整治怡红院，清除异己。她以这一手对付贾母，很厉害。

《红楼梦》中的王夫人是一个不显山不露水的人物，她没有贾母那样众星捧月般的赫赫威仪，也没有王熙凤的锋芒毕露、咄咄逼人。贾母常说她是个没

---

① 一粟．红楼梦卷：第1册[M]．北京：中华书局，1980：310．

嘴的葫芦。然而，表面上不多言多语、四平八稳的王夫人，实则牢牢地占据了贾府权力的中心地位：她并不直接掌管当家人的权柄，却在暗中操纵着当家人王熙凤。而且一旦有人触犯了她的利益，这位外表慈祥和蔼的王夫人便会显出心狠手辣的面目。

第七十四回，王善保家的在王夫人面前告晴雯刁状，说了晴雯一大堆坏话。王夫人听了，猛然触动往事，便问凤姐道："上次我们跟了老太太进园逛去，有一个水蛇腰、削肩膀、眉眼又有些像你林妹妹的，正在那里骂小丫头。我的心里很看不上那个轻狂样子……""我一生最嫌这样的人，况且又出来这个事。好好的宝玉，倘或叫这蹄子勾引坏了，那还了得。"径直走进怡红院，又命："把这里所有的丫头们都叫来！"一一过目，让人把晴雯找来。

"站在这里，我看不上这浪样儿……"王夫人说着，一脸怒色，见宝玉，也不理。晴雯四五日水米不曾沾牙，如今现打炕上拉下来，蓬头垢面的，两个女人搀架起来去了。王夫人吩咐："把他贴身的衣服撂出去，余者留下，给好的丫鬟们穿。"

抄检大观园尽管没抓住晴雯任何把柄，王夫人还是背着贾母，把晴雯撵出去了，致使晴雯夭亡。晴雯本是贾母的丫鬟，"是老太太给宝玉"的，按贾府规矩，是要回过贾母才能处理。王夫人自己也当众这样说过，可是她却自食其言，来个"先斩后奏"。事后，她往贾母处来省晨，见贾母喜欢，便趁便说道："宝玉屋里有个晴雯，那个丫头也大了，而且一年之间，病不离身；我常见他比别人分外淘气，也懒；前日又病倒了十几天，叫大夫瞧，说是女儿痨，所以我就赶着叫他下去了。若养好了也不用叫他进来……"连篇谎话，充分暴露出王夫人平日的虚伪。对此，贾母根本不信，说："晴雯那丫头我看他甚好，怎么就这样起来。我的意思，这些丫头的模样爽利言谈针线多不及他，将来只他还可以给宝玉使唤得。……"贾母虽然不信，但既成事实。也不好为一个丫鬟驳回王夫人。撵晴雯，是对贾母支持、认可宝、黛二人关系的不满和暗中对抗。

王夫人所以自作主张地撵了晴雯。从王夫人对晴雯的态度和处理，可以看出她对黛玉的冷漠，甚至冷酷。因为晴雯许多地方像黛玉，王夫人把晴雯和黛玉二人的容貌联系起来，还强调说 "最嫌这样的人"，这是明骂晴雯，暗指黛玉。王夫人连晴雯都不认识，就说什么“勾引宝玉”，其实也是暗指宝、黛爱情。因晴雯是黛玉的“影子”，她由嫉恨黛玉而恨及晴雯。另外她听了袭人的“小报告”也起了作用。晴雯在黛玉、宝玉之间是个可以传递信息的“红娘”。撵晴雯，无疑是间接给宝、黛二人之间设立障碍。

轰走晴雯，接着赶走四儿，王夫人问：“谁是和宝玉一日的生日？”四儿不敢答言。李嬷嬷指道：“这一个蕙香，又叫作四儿的，是同宝玉一日生日的。”王夫人细看了一看，虽比不上晴雯一半，却有几分水秀。视其行止，聪明皆露在外面，且也打扮的不同。王夫人冷笑道：“这也是个不怕臊的。他背地里说的，同日生日就是夫妻。这可是你说的？……难道我通共一个宝玉，就白放心凭你们勾引坏了不成？”

发配芳官，王夫人给她的罪名，其中一条就是“唱戏的女孩子，自然是狐狸精了”。

王夫人赶走的这三个女孩都有一个共同的罪名：狐狸精。换句话说，都是能勾引宝玉的坏女孩。表面看王夫人是杜绝这些女孩对宝玉的勾引，实质上王夫人已隐隐感到这些被压迫的女性身上那种个性解放、平等自由的意识正在潜移默化地影响着宝玉，培植着他叛逆的思想意识，这才是王夫人最为心焦的。晴雯敢于用“撕扇子”这种方式对抗宝玉摆主子的架子；芳官联合几个小戏子敢于和赵姨娘厮打，四儿竟敢同主子说什么“同月同日生”的是夫妻，这就是“犯上”，这种家反宅乱的事情发展下去，就会从根本上动摇贾府这座大厦。因此王夫人毫不犹豫地清除了她们。

探春有一句话可以作为总结：“可知这样大族人家，若从外头杀来，一时是杀不死的。这可是古人说的，‘百足之虫，死而不僵’，必须先从家里自杀起来，才能一败涂地呢！”贾府内部的矛盾和斗争正是走向衰败的必然过程。

3. 晴雯之死

晴雯、袭人是《红楼梦》着墨最多的丫鬟，这与她俩都是宝玉的大丫鬟有关，她们都被无形地卷进宝玉爱情婚姻这条主意脉的旋涡中。宝、黛、钗爱情纠葛是一条明线，贾母与王夫人的博弈是一条隐线，还有宝玉屋中的几个丫鬟的明争暗斗的一条副线。这复杂的关系网制约着她们的人生命运，她们各自的性格又决定命运的走向，双向作用，互为因果。因此孤立地评说她们各自的性格，很难一语中的。

丫鬟在封建礼教的重重桎梏下，是没有任何独立的人格和尊严的，而晴雯的身上却洋溢着那种敢爱敢恨、敢笑敢骂的青春活力，那种反抗权威、轻视等级的平等自由的精神，还带有几分少女的天真和稚气、良知和任性。曹雪芹精心刻画了她三个细节："千金撕扇""勇补雀金裘""抄检大观园"时的"倒箱"之举，活脱出晴雯的性格。从"跌扇"到"撕扇"这一波澜不惊的矛盾冲突中，显现出一个奴婢的不同凡响之处。如果说"撕扇子"之初，她要的只是自己活得自在快活，存着赌气的心理，那么接下来的撕扇，则表现出更多的是任性。心直口快的她敢恨、敢说、敢骂、敢顶撞宝玉，于是袭人劝解，晴雯就借机连讽带刺地回敬袭人："自古以来，就是你一个人服侍爷的，我们原没服侍过。因为你服侍的好，昨日才挨窝心脚；我们不会服侍的，到明儿还不知是个什么罪呢！"袭人听了这话，又是恼，又是愧。而当麝月的扇子也被抢来递与晴雯撕了之后，他们在戏谑的笑声中发生了心灵上的撞击，反倒让宝玉更加看重她。晴雯与宝玉之间的友情加深了，叛逆与反抗的情绪在心灵上沟通了。不久，宝玉挨打之后，赠送黛玉手帕，以明心志，宝玉便支开袭人，只让晴雯去送。晴雯与宝玉这种诚挚的感情，在"补裘"中得到进一步的发展。晴雯抱病补裘，是急宝玉之所急，是对宝玉的一往情深。宝玉也很感动，不知如何是好，一会儿问汤问水，一会儿为她披斗篷、拿靠枕，忙得不可开交。而这又引起了袭人的妒忌。事过很久之后，袭人还讽刺晴雯道：

> 倘或那孔雀褂子再烧了窟窿，你去了，谁能以补呢？你倒别和我拿三搬四的。我烦你做个什么，把你懒的横针不拈，竖线不动……我去了几天，你病的七死八活，一夜连命也不顾，给他做了出来。这又是什么原故？你到底说话呀。怎么装憨儿，和我笑？那也当不了什么！

袭人对晴雯的旁敲侧击，和宝玉说话时，不经意也露出这种妒意："你这个人，一天不捱他两句硬话村你，你再过不去。"所以宝玉屋里的丫鬟很自然就分成两派，袭人和跟着她的麝月、秋纹是一派。而晴雯对自己的好恶，从不加掩饰，她有着未经世俗的理智雕琢过的纯真感情，所以毫无顾忌，口角锋芒。她心里想的，就是口中说的，而她口中所说的，又常常是别人所不肯说的真相。所以她看不惯别人的鬼鬼祟祟，她鄙视袭人、秋纹的邀宠媚上。秋纹代宝玉送花，得到老太太几百钱，又在王夫人那里得了两件衣服，于是得意。晴雯不屑地说："一样这屋里的人，难道谁又比谁高贵些？把好的给他，剩下的才给我，我宁可不要，冲撞了太太，我也不受这口软气。"这话是有意说给袭人她们听的，但其矛头无形指向了主子。致使自己必然与人生隙，招人忌恨，遭人暗算。终于，她纯洁的情操被蒙上 "勾引宝玉"的 "狐狸精"的罪名，被活活地扼杀了！

抄检大观园时，袭人等听天由命"任其搜检一番"，唯独晴雯感到屈辱，不甘任人摆布，一下子将箱子掀开，两手提着底子，将所有之物尽都倒出。她还当着众人的面，指着狗仗人势、作威作福的王善保家的痛骂一顿。王善保家的携私报复，在王夫人面前挑拨陷害，致使晴雯被撵。晴雯一句话没说，一滴眼泪没掉，更没有像金钏被撵、司棋被逐那样苦苦地乞求。

宝玉偷偷去看望晴雯时，她病卧在床，危在旦夕，连口水都喝不上。宝玉问她有什么话要说的时候，她呜咽着说："有什么可说的！不过挨一刻是一刻，挨一日是一日。我已知横竖不过三五日的光景，就好回去了。只是一件，我死也不甘心的：我虽生的比别人略好些，并没有私情密意勾引你怎样，如何一口死咬定了我是个狐狸精！我太不服。今日既担了虚名，而且临死，不是我说一句后悔的话，早知如此，我当日……"她的精神与宝玉有一种不言而喻的契合，她身为下贱却要求人格尊严，与宝玉追求自由、保持纯情的心性是一致的。宝玉和晴雯对情意都很珍视，晴雯临死前向宝玉赠指甲、换内衣，是一个少女最后捧出的珍藏心底的情意。古代女子的内衣，平时不能轻易示人，也称"亵衣"。她们贴身的衣服不是肚兜，就是抹胸，上绣各式吉祥图案，少女若以此物定情，少男必时时贴身穿着，其中寓意，自不待言。而宝玉在诔文中采用"镜分鸾别""带断鸳鸯"，以及"共穴""同灰""汝南""梓泽"等典故，实已把她视为一个逝去的红颜知己。

"晴雯的个性觉醒和反抗意识是一种勇敢的、本能的精神诉求，不只有着难能可贵的悲壮，甚至颇具超越封建时代的色彩。”①晴雯之死在宝玉心里掀起了巨大的感情波澜，他以悲愤和着血泪凝成一篇悼文——《芙蓉女儿诔》。像《楚辞》一样用金玉、冰雪、日月、香草等比喻，颂扬晴雯的纯洁和高尚、耿介和正直、刚直不阿和反抗精神，表达出他对晴雯人格的极端尊重，对她不幸遭遇的深切同情，对悲剧的制造者的大张挞笞：“箝诐奴之口，讨岂从宽；剖悍妇之心，忿犹未释。”对狗仗人势、搬弄是非的王善保家的之流的诅咒。

胡文彬先生说：“我认为晴雯之死写得最有性格，她的形象至死都是极为光彩照人的。晴雯之死，在第五回的判词中已有了暗示。判词云：‘霁月难逢，彩云易散。心比天高，身为下贱。风流灵巧招人怨。寿夭多因毁谤生，多情公子空牵念。’这首判词概括地写出了晴雯的出身、为人和命运。她因‘风流灵巧招人怨’，最后以‘多因毁谤生’而死。小说第七十七回以‘俏丫鬟抱屈夭风流’作为回目的下联，表明了作者对晴雯之死的愤懑和同情。一个‘屈’字的意义，道出了晴雯的不幸，也道出了古今中外多少仁人志士的不幸，道出了人间无穷无尽的不幸！”②

这段话指出晴雯的不幸，不仅仅是“诐奴之口”“悍妇之心”，而是社会的不幸，民族的不幸。中国封建社会既创造了无以伦比的辉煌文明，也层叠了无边无垠的社会潜意识，其中党同伐异、压制个性、阻塞创新、扼杀冒尖，不知不觉地积淀而成各种成见、陋习、定势，具有了相对的独立性和稳定性，并作为一种认知结构、思维意识、行为定势，自发地支配和影响着一代又一代，形成一定的集体无意识、民族潜意识。

宝玉感受到了这个现实，《芙蓉女儿诔》最耀眼的就是他用朦胧的形象的语言所表达的这种精神境界：

孰料鸠鸩恶其高，鹰鸷翻遭罦罬；薋葹妒其臭，茝兰竟被芟蒩！花原

---

①李希凡，李萌．传神文笔足千秋：《红楼梦》人物论[M]．北京：文化艺术出版社，2006：297．

②胡文彬．胡文彬论红楼梦：红楼梦人物谈[M]．北京：文化艺术出版社，2005：123．

自怯，岂奈狂飚？柳本多愁，何禁骤雨？偶遭蛊虿之谗，遂抱膏肓之疚。故尔樱唇红褪，韵吐呻吟；杏脸香枯，色陈顑颔。诼谣謑诟，出自屏帏；荆棘蓬榛，蔓延窗户。既怀幽沉于不尽，复含罔屈于无穷。高标见嫉，闺帏恨比长沙；贞烈遭危，巾帼惨于雁塞。自蓄辛酸，谁怜夭折？（第七十八回）

《芙蓉女儿诔》译文：

可是，谁能料到恶鸟仇恨高翔，雄鹰反而遭到网获；臭草妒忌芬芳，香兰竟然被人剪除。花儿原来就怯弱，怎么能对付狂风？柳枝本来就多愁，如何禁得起暴雨？一旦遭受恶毒的诽谤，随即得了个不治之症。所以，樱桃般的嘴唇，褪去鲜红，而发出了痛苦的呻吟；甜杏似的脸庞，丧失芳香，而呈现出憔悴的病容。流言蜚语，产生于屏内幕后；荆棘毒草，爬满了门前窗口。你是既怀着不尽的忧忿，又含着无穷的冤屈呵！高尚的品格，被人妒忌，姑娘的愤恨恰似受打击被贬到长沙去的贾谊；刚烈的气节，遭到暗伤，姑娘的悲惨超过和亲匈奴的王昭君的凄苦命运。独自怀着无限辛酸，有谁可怜不幸夭亡？

“风流灵巧招人怨，寿夭多因毁谤生”，晴雯的人格悲剧只是《红楼梦》悲剧的一个音符。《芙蓉女儿诔》所揭示的风流人格与外在环境的根本冲突的原因，是封建时代，是封建社会，是封建文化。因此，晴雯人格悲剧只是《红楼梦》悲剧的前奏，是影子，它预示和烘托《红楼梦》悲剧的最强音——黛玉悲剧。在这个意义上，《芙蓉女儿诔》是对大观园所有冰雪般纯洁、花月般美丽、金玉般尊贵的女儿们的悼祭。该诔与《红楼梦曲》一样，有着共同主题，传达出《红楼梦》“悲金悼玉”的主旨。因而，脂评本第七十九回注云：“非诔晴雯，诔风流也。”

4．“往上爬”的袭人

王夫人亲临怡红院赶走了四儿，发配了芳官，轰走了晴雯，冷笑道：“……我身子虽不大来，我的心耳神意时时都在这里。”一句话透露出王夫人在宝玉身边安排了“眼线”，这人是谁呢？小说情节没有明写。可早在第三十回王夫人就对袭人说：“你有什么，只管说什么，只别叫别人知道就是了。”日后袭人对王夫人说什么，小说情节依然没有正面写。但是这次怡红院的事情，王夫人“所责之事，皆平日私语，一字不爽”，又是谁告的密？小说情节还是没有正面写。但很明显宝玉屋里的两派，跟随袭人的都留下了，与袭人不和的晴雯、还有生得好点儿、伶俐点儿的都被赶走了。

面对这种现状，连宝玉也开始怀疑袭人了。

> 宝玉说：“这也罢了。咱们私自玩话，怎么也知道了？又没外人走风，这可奇怪了。”袭人道：“你有什么忌讳的，一时高兴，你就不管有人无人了。我也曾使过眼色，也曾递过暗号，倒被那人知道了，你还不觉。”宝玉道：“怎么人人的不是，太太都知道了，单不挑出你和麝月、秋纹来？”
>
> 袭人听了这话，心内一动，低头半日，无可回答，因便笑道：“正是呢。若论我们，也有玩笑不留心的孟浪去处，怎么太太竟忘了？想是还有别的事，等完了再发放我们，也未可知。”
>
> 宝玉笑道：“你是头一个出了名的至善至贤之人，他两个又是你陶冶教育的，焉得有什么该罚之处？只是芳官尚小，过于伶俐些，未免倚强压倒了人，惹人厌。四儿是我误了他，还是那年我和你拌嘴的那日起，叫上来作些细活的。众人见我待他好，未免夺了地位，也是有的，故有今日。只是晴雯也是和你们一样从小儿在老太太屋里过来的，虽生的比人强些，也没什么妨碍着谁的去处。就只是他的性情爽利，口角锋芒，竟也没见他得罪了那一个。可是你说的，想是他过于生得好了，反被这好带累了。”说毕，复又哭起来。
>
> 袭人细揣此话，只是宝玉有疑他之意，竟不好再劝……（第七十七回）

宝玉这段话将被逐之人一一作了分析，使袭人处在辩也不是、不辩也不是的尴尬地步。袭人爱慕宝玉，一心想走进宝玉私生活的小圈子。结果适得其反，越追逐却离宝玉越远。究其原因，是袭人主动介入了“金玉良缘”与“木石前盟”的纠葛和矛盾之中。

“往上爬”是袭人的人生目标，作为丫鬟身份的她最好的出路就是爬上妾的位置。在封建时代女人的人生欲求只能依附男人去实现，因而做一个好男人的妾，也是不少丫鬟的最大的向往、最好的出路。晴雯、袭人都是贾母看准的、调教过的丫鬟，所以才送到宝玉屋里使唤。她俩对宝玉的态度不一样，晴雯是率真无为而然，袭人是主动迎上而为。因此，晴雯看不上袭人这一点。如晴雯“撕扇子”当众和宝玉顶嘴，袭人少不得自己忍了性子，推晴雯道：“好妹妹，你出去逛逛，原是我们的不是。”晴雯听她说“我们”两个字，自然是她和宝玉了，不觉又添了酸意，冷笑几声，道：“我倒不知道你们是谁，别教我替你们害臊了！便是你们鬼鬼祟祟干的那事儿，也瞒不过我去，那里就称起‘我们’来了。明公正道，连个姑娘还没挣上去呢，也不过和我似的，那里就称上‘我们’了！”几句话说得袭人好生没趣，羞得脸紫涨起来。晴雯抓住了袭人说的“我们”二字，当面揭发了袭人和宝玉偷偷摸摸干的那点“性事”，并对袭人抬高自己，与宝玉卿卿我我的得意劲儿进行了辛辣的嘲讽。

袭人没有读过书，她的为人处世基本来自封建时代传统社会意识，比如读书人应当走“仕途经济”，这一见识与贾政对宝玉的教导、鞭策是合铆接榫的。平时她以宝玉喜欢她为由，要求宝玉改掉三条坏毛病，按照封建家长喜欢的去做，去读书。宝玉挨打之后，王夫人把袭人叫去问宝玉挨打的原因。袭人抓住机会，讨好王夫人说：“论理，我们二爷也须得教训两顿。若老爷再不管，将来不知做出什么事来呢。”王夫人由不得赶着袭人叫了两声：“我的儿，亏了你也明白，这话和我的心一样……”袭人又说：“我只想着讨太太一个示下，怎么变个法儿，以后竟还教二爷搬出园外来住就好了。”王夫人听后，忙笑道：“我的儿，你竟有这个心胸，想的这样周全！……难为你成全我娘儿两个声名体面，……我就把他交给你了，……保全了他，就是保全了我。我自然不会辜负你。”一个前去巴结，一个顺势拉拢，袭人靠上了王夫人。王夫人让凤姐从自己的月钱里，每月拿出二两银子给袭人，并说凡是有赵姨娘、周姨娘的，也有袭人一份。只是这一份从王夫人的份例上匀出来，不必动用官中的。然后，王夫人又找出当日年轻时的衣服，好的赏给袭人，挑剩的赏给秋纹，以遮人耳目。袭人从此得到了王夫人的赏识。

王夫人用这“定而未定”的妾，吊上袭人的胃口，使袭人时时忘不了这个念想。因而她主动介入了“金玉良缘”与“木石前盟”的纠葛和矛盾之中，从宝钗和黛玉二人之中选择一位称她心意的宝二奶奶。因为“一夫多妻制”的家庭，正妻的性格往往制约着姨娘的命运，薛家香菱就受尽夏金桂的折磨和蹂躏。当宝玉渐渐大了，她的心情更急切了，她在黛玉和宝钗之间寻找着，衡量着，她虽然没有决定权，但有机会就表达自己的情感倾向。黛玉是与宝玉关系最亲密的，但黛玉说话尖刻，素以小性善妒著称。黛玉对袭人与宝玉的关系也不无察觉，竟当众说：“别说你是丫头，我只拿你当嫂子。”袭人感到很难堪。尤二姐死后，袭人到潇湘馆，黛玉明确表示：“大凡家庭里的事不是东风压倒西风，就是西风压倒东风。”黛玉说得无意，袭人听得有心。袭人说黛玉的好不多，指责却不少，种下拆散木石姻缘的心思。相反袭人对宝钗却是亲亲热热，引以同好，因为在宝玉走“仕途经济”的问题上她们有共同期盼。

就袭人与晴雯来说，俞平伯先生说：“袭人和晴雯的斗争，以三十一回‘撕扇子作千金一笑’为起点，以五十二回‘勇晴雯病补雀金裘’为中锋，以七十七回‘俏丫鬟抱屈夭风流’为收场。”[①]似断似连的伏脉贯穿于第三、四、五、六叙事单元结构之中。晴雯死了，而袭人则以更主动的姿态活跃在“金玉良缘”与“木石前盟”的纠葛和矛盾之中。

三、多事之秋的薛家与贾家

（第七叙事单元：第七十九至九十一回）

《红楼梦》从第七十九回“薛文龙悔娶河东狮”起，用了很多篇幅集中写薛家，这在整个《红楼梦》的叙事结构中是不多见的。“四大家族”其实只写了贾家，薛家、史家、王家都是贾府社会关系网中的一个网结，一个陪衬，一种拓展，最终目的是深化百年望族贾府的历史意蕴。

《红楼梦》整个叙事结构的“黄金分割线”，是在第七十九回和第八十回之间，从第六个叙事单元起，已显示出诗礼簪缨、富贵豪奢的贾府“虚架子”

① 俞平伯．俞平伯论红楼梦［M］．上海：上海古籍出版社，1988：1002-1003.

撑不住了，内囊尽上时时处处表露在日常的生活中。薛家这条隐线始于第四回，那么它的衰败转折正好踏在“黄金分割线”上，即第七十九回和第八十回之间，此时正是薛家、贾家败家的地步。

需要强调一点，学术界长期争论的是：后40回是不是《红楼梦》叙事的有机组成？这一问题不能回避，否则就无法理解《红楼梦》悲剧结构的完整性。关于《红楼梦》后40回是否为《红楼梦》整体艺术生命的有机组成部分？它涉及一个基本点：在《红楼梦》前80回与后40回之间的叙事肌理中，是否存在一条人为接续、填补、弥合的裂隙？解答这一问题唯一的方法就是从文本的叙事肌理入手进行条分缕析。

（一）前80回与后40回之间重心转到多事之秋的薛家

我们知道：想要真正读懂一部著作，只有解读它的叙事单元、叙事脉络，从分析全书的叙事肌理入手，才能抓住根本，这也是唯一的途径。否则我们无法说清《红楼梦》后40回作为《红楼梦》整体结构的有机组成部分。假设说后40回是续书，那么它与前80回之间必定有一条接缝，于是就会在一个人物身上，或者一个事件发展流程中，也就是在一个叙事单元的叙事肌理中，出现人为的弥合、精巧的组接。当然问题就会出现在前80回与后40回之间的第八十一回。

从第七十三回傻大姐捡到 “绣春囊”，引发 “抄检大观园”事件，最后导致晴雯之死，以第七十八回宝玉作 《芙蓉女儿诔》结束，是一个完整的故事，可以概括为 “抄检大观园”叙事单元。这个叙事单元是宝、黛爱情悲剧这条主意脉的一个节点，不仅与宝玉爱情婚姻悲剧的意脉丝丝相扣，而且也是宝、黛爱情婚姻悲剧的转折点。其叙事肌理严密，和之前的叙事线索丝丝相扣。曹雪芹在写宝、黛二人热恋时，不时地穿插笔墨，暗写以贾母为一方和以王夫人、薛姨妈、贾妃为另一方之间因为宝玉婚事而产生的矛盾，双方不动声色地在暗里展开的微妙而又尖锐的较量，最终王夫人清理异己，抢占了上风头。第七十四回王善保家的在王夫人面前告倒了晴雯，并引得王夫人想起晴雯的长相，对凤姐说 “眉眼又有些像你林妹妹”，于是把晴雯和黛玉二人的容貌联系起来，指桑骂槐，说什么“最嫌这样的人”，明白地流露出王夫人心里的倾向。自从薛姨妈带着宝钗来到贾府，姊妹俩就想撺掇宝玉和宝钗的婚事，只是碍于贾母，不敢明说。因为贾母把宝玉和黛玉自小就视为一对，而王夫人始终对黛玉冷淡。宝、黛越是热恋，王夫人越是不满。被撵的晴雯是王夫人同贾母在宝、黛婚姻问题暗斗中的牺牲品。在贾府这个钟鸣鼎食的官宦之家中，礼仪至上，孝字当头，王夫人平时在贾母面前“木头人似的”，“很少讲话”，“可怜见的”，仿佛是一个对贾母孝敬有加的大老实人。然而背后她为了娶自己亲外甥女儿做儿媳，使出种种阴招，同贾母较量，逼得“老祖宗”直落泪。这是一个结构完整而叙事肌理自然的叙事单元，成为宝玉爱情婚姻悲剧的意脉上的转折点的标志。

80回之后从第七十九回转换到多事之秋的薛家与贾家，直到第九十一回，又是一个相对完整的叙事肌理自然严密的故事。分而叙之：薛家从写薛蟠娶妻写起，招来夏金桂大闹薛家，弹压薛蟠，蹂躏香菱，与薛姨妈拌嘴……还有宝蟾勾引薛蝌、金桂勾搭夏三，薛家一事未平，又生一事。贾家从迎春误嫁中山狼写起，孙绍祖眼里没了贾府，敢于作践贾府小姐似下流，一载赴黄粱。贾元春生病开启了死丧的氛围，贾府大故迭起，四处弥漫着悲凉之气。薛家与贾家的故事可以概括为“薛、贾家多事之秋”叙事单元。第七十九回“薛文龙悔娶河东狮，贾迎春误嫁中山狼”，一进一出，大有深意。薛家娶的是“河东狮”，从一进门就搅得薛家惶惶不可终日；贾家嫁的是“中山狼”，不到一年致使迎春命丧黄泉，不管是出还是进，全是败家的征兆。

从第七十三回至第七十八回的“抄检大观园”叙事单元。从第七十九回到第九十一回的“多事之秋的薛家与贾家”。这两个结构单元是叙事肌理自然、严密、相对完整的，接榫处是第七十八回和第七十九回之间，中间没有任何多余或者欠缺的成分，自然流转，没有断裂、续接瑕疵，也没有出现人为的弥合、组接痕迹。可见胡适等人提出后40回是“续书”，是因为只看到了当年发现的脂评本只有80回存目，没有后40回，这是其一；其二，抓住张问陶的一个“补”字，并没有从文本出发，细读《红楼梦》的叙事章法，便轻易地作了大胆的假设，下了结论。其实，后40回与前80回之间根本就没有叙事单元的分界和间歇。既然不存在后人的接茬或补缀，那么叙事单元的组合、叙事肌理的铺排，必然会沿着《红楼梦》总体结构、总的意脉、总的趋势自然地演进和运转。我们知道：《红楼梦》的主体故事是从第六回开始的，那么《红楼梦》整个叙事结构的“黄金分割线”应该在第七十九回和第八十回之间。而从第七十三回至第七十八回“抄检大观园”叙事单元，和从七十九回至第九十一回“薛、贾家多事之秋”叙事单元，虽然有各自的叙事内容，但它们都呈现一个特征，即为走向衰败的贾府敲响了暮鼓丧钟。

因此，必须从《红楼梦》叙事结构的设置上来审视为什么在《红楼梦》整个结构中的“黄金分割线”上出现薛家的故事？我认为：《红楼梦》衰败史在整个结构中的“黄金分割线”上的叙事，不是一般故事的流转，应当是主旋律的奏响，主题的提升，本质的映现。也就是说体现出“君子之泽，五世而斩”的历史规律。从第七十九回“薛文龙悔娶河东狮”起，用了很多篇幅集中写薛家，故事虽然集中在薛家，但薛家并不是《红楼梦》叙事结构的重心。作者宕开一笔，写薛家的“窝里斗”，内生祸乱，正好和贾府的衰败同命运，应了《红楼梦》贾、史、王、薛“四家皆连络有亲，一损俱损，一荣俱荣”，四大家族都面临四面悲歌。其实，所谓“四大家族”，《红楼梦》只写了贾家，薛家、史家、王家都是贾府社会关系网中的一个网结，一个陪衬，一种拓展，最终目的是深化百年望族贾府的历史意蕴，形象地表现出“君子之泽，五世而斩”的历史规律。

薛姨妈是和贾府同命运、共患难的唯一亲戚。她既不同于攀亲上门打抽丰的刘姥姥，也有别于母女双双来京投靠邢夫人的邢嫂等人，在全书中她承担着一个较为重要的角色。她来荣国府，是躲薛蟠惹下的命案。后因贾母、王夫人的热情挽留，朝夕相处，共叙家常，便答应住下来了。她说：“一应日费供给一概免却，方是处常之法。”虽是这样说，其实薛家所遭遇的第一次命案，几乎全凭借贾府的势力，大事化小、小事化了。从第四回进入荣国府以来，一直到一百二十回，薛姨妈经历了秦可卿出丧、贾元春归省等“烈火烹油，鲜花着锦”的繁华场面，也饱尝了贾府被抄、宝玉出走的悲惨情景。她既是贾府衰败的见证人，也是和贾府一同走向衰败的同路人。

薛姨妈寡居，儿女年幼，外无顶门立户的当家人。尽管她平庸、软弱，但这万贯家私还得由她掌管着。第四十八回薛蟠被柳湘莲打了一顿，正难见人，想出外躲避一年半载，有意跟随当铺内揽总账张德辉去贩货。薛姨妈允诺，才命薛蟠为张德辉治酒饯行。张系薛家多年的老伙计，可是薛姨妈只在后廊下，隔着窗子，千言万语嘱托张德辉照顾好薛蟠。而她有意规避面对面，是严守妇女不能抛头露面的规矩。第八十五回贾母命凤姐向薛姨妈为宝玉正式求婚，她不独自做主，必须给在狱中不肖的儿子薛蟠送个信儿，得到儿子的允诺才能定夺。儿媳夏金桂自过门以来，不守妇道，胡搅蛮缠。她和宝蟾之间的闺帏纠纷，闹得阖家不安。婆媳之间曾发生过几次口角，金桂不服，婆媳间的位置完全颠倒过来了。她无可奈何，也只有母女总不去理她，暗里落泪而已。薛蟠正是在薛姨妈这样的放纵溺爱下，由胡作非为、仗势欺人，发展到行凶惹祸，最后虽说免受极刑，不过折腾的家境终归败落了。

《红楼梦》写的是衰败史，是以贾府的叙事演进为主体，而对于贾、史、王、薛“连络有亲，一损俱损，一荣俱荣”这一艺术的再现，则主要是透过依附贾府的薛家来展示的，具体的节点是薛蟠前后两次命案。从《红楼梦》整个叙事进程的推进来看，两次命案相隔八十多个章回，已跨越故事全过程的三分之二，叙事时间大约是八年。“葫芦案”是在“元妃省亲”前六年，“太平命案”是在“贾府被抄”的前一年，这八年正是贾府“虚架子”衰败的暴露过程由内到外逐渐显露的时间。“叙事时间是非常重要的，我们看每一篇叙事文章，就会发现时间的重要性在于它牵引着叙事者和读者的注意，操纵着文本展开的脉络。没有脉络就没有生命，没有注意就没有对生命的关怀和理解。”①

薛蟠“葫芦案”发生在《红楼梦》开篇，作者主要的叙事目的是透过这个案子的过程，来展示贾、史、王、薛“连络有亲”“一荣俱荣”，显露四大家族在上流社会中权势熏天。而“葫芦案”本身并没有过细地展开，只有当和“太平命案”联系起来，对比起来后，才产生了更深刻的意蕴。薛家是贾府的影子，薛蟠太平命案出了，夏金桂哭闹着说：

---

① 杨义．中国古典小说的叙事原则[J]．河南大学学报，2004（9）．

平常你们只管夸他们家里打死了人，一点事也没有，就进京来了的，如今攛掇的真打死人了，平日里只讲有钱，有势，有好亲戚，这时候我看着也是吓得慌手慌脚的了。大爷明儿有个好歹儿不能回来时，你们各自干你们的去了，撂下我一个人受罪。

这埋怨话不仅道出实情，而且入木三分。薛家虽然富足，毕竟是寡妇带着两个子女，没啥社会地位，只好靠着姨姨贾家和舅舅王家这两家的权势。因此，透过发生在薛蟠身上的两次命案的叙事脉络，便可以折射出薛家的靠山——昔日之威，炙手可热；如今势微，自身难保。

曹雪芹把这两次命案设置在《红楼梦》整体叙事结构之中，形成了鲜明的对比，第一次命案时，贾雨村在办案中主动买好，反映了贾雨村接受了在宦海沉浮中被革职的教训，想在互相倾轧、暗潮迭起的官场上立足，就必须找到一棵可以攀附的大树。封建时代强权势力也需要新的血液不断融入，他们通过各种方式来发展壮大自己的权力，或者联姻，或者接受门生故吏，来进一步扩张自己的势力网。经年累月，盘根错节，权势形成，是不容任何异己力量的存在。这种恶性循环滋养了权力的膨胀，制约了社会的进步，成为封建社会的一大痼疾。当社会底层的人士通过科举选士进入仕途后，就被当作国家机器的一个零件而安置到各省各地去为官，这些官吏一旦遇到地方的强权势力的对抗，不是因共同利益驱使主动靠拢，就是迫于权势而被动接受，最终与当地的强权势力沆瀣一气。当年的贾府就是这样的地方强权势力，贾雨村就是一个地方官吏的典型。

薛蟠惹的第二次命案，正值悲凉之气弥漫在贾府之时，四大家族的权势在衰败，薛家不得不靠权钱交易来解决问题，这成为薛家迅速败落的一个重要原因。因而，两次命案遥相呼应的叙事设置，是把薛家作为贾府 “一损俱损” 衰败的一条隐线。第八十五回众人群贺贾政升迁，正大摆宴席的时候，传来了薛蟠打死人一事。薛姨妈急忙回家，先打发薛蝌带上银子去打点。此时薛家只能靠着贾家，薛姨妈为薛蟠命案只好请托贾政，王夫人说了，贾政不能不办，但事情闹大了，贾政又恐受到牵连，担心受怕。准确地刻画出贾府势衰，没了底气。薛蟠第一次命案时，王子腾主动发力，先是邀薛姨妈一家上京，用来约束教管薛蟠，后是帮着贾雨村复官，成为贾雨村徇私枉法的直接动因。而在这次案子中，始终没有发现王子腾的只言片语。贾政在这次案件中的表现也颇令人玩味，在一系列权衡利弊之下，他不敢贸然出头替薛蟠疏通这次案件。只是碍于情面，和太平县知县说情，但从后来的情形来看，太平知县并不买账，直等着薛家的银子送到，才将 “斗杀”改判为 “误杀”。而此后的道台、节度使和刑部的态度来看，他们不仅没有顾及皇亲勋旧的贾府，反而乘机刁难，落井下石。种种迹象说明，此时的贾府已经今非昔比，不再像以前那样 “赫赫扬扬”，而他们自己也意识到了这种危机，行事上变得小心翼翼，如履薄冰，这一点在贾政身上得到很好的验证，第九十九回贾政无意看到了刑部对这次案件提本的抄件后，便暗自担惊，生怕因为当时的说情而连累到自己。贾政的这些表现和反应，正是因为四大家族逐渐走向了衰微的现实，对他们的心理产生直接影响。五年前薛蟠在金陵打死冯渊，扬长而去，谁敢捕他？办案的贾雨村还主动献媚贾家、王家，替他们了结命案。而今，薛家从地方到朝中，层层行贿，花了几千两银子，才算保住性命，人还被拘在案。“四大家族”如江河日下，已今非昔比。

（二）薛蟠、夏金桂都是败家子

《红楼梦》薛家是皇商，“领着内帑钱粮，采办杂料”，为宫廷服务。“自薛蟠父亲死后，各省中所有的买卖承局、总管、伙计人等，见薛蟠年轻不谙世事，便趁时拐骗起来，京都中几处生意，渐亦销耗”。薛蟠在全书中的分量并不多。120 回的《红楼梦》中对薛蟠的描写不过 10 回左右（第四回、第二十六回、第二十八回、第三十四回、第四十七回、第六十六回、第七十九回、第八十五回、第九十一回、第一百回）。通过几个细节来看：

(1) 第四回这骄纵成性的纨绔子弟薛蟠，为了抢买一个丫鬟，纵仆行凶，打死了冯渊，而他像没事人似的走了。此命案曝光了薛家乃名列 “护官符” 的 “户籍”，这是 《红楼梦》社会历史背景的大关节。

(2) 薛蟠与贾宅族中“那些纨绔气习者，莫不喜与他来往。今日会酒，明日观花，甚至聚赌嫖娼，渐渐无所不至，引诱的薛蟠比当日更坏了十倍”。

(3) 第十三回薛蟠因见贾珍要寻好棺材，便说道：“我们木店里有一副板，叫作什么樯木，出在潢海铁网山上，作了棺材，万年不坏。这还是当年先父带来，原系义忠亲王老千岁要的，因他坏了事，就不曾拿去，现在还封在店内，也没有人出价敢买。你若要，就抬来使罢。”应答中也表现了这位大皇商子弟的气度。

(4) 第二十八回写冯紫英请宝玉、薛蟠、蒋玉菡等人喝酒取乐。酒席间，宝玉提出喝酒时要有说词唱曲的玩耍“规矩”，薛蟠此时表现出心虚着急的窘状。

(5) 第三十四回宝玉挨打，宝钗听人说 “是薛蟠调唆了人来告宝玉的”。此话引起薛姨妈对儿子的数落，加之宝钗也说他，薛蟠一急，便说道：“好妹妹，你不用和我闹，我早知道你的心了。从先妈和我说，你这金要拣有玉的才可正配，你留了心，见宝玉有那劳什骨子，你自然如今行动护着他。”话未说完，把宝钗气得直哭。

(6) 第四十七回薛蟠寿辰。给人留下强烈印象的是薛蟠的性格风采，那令人捧腹的哼哼韵，那粗鄙而又有意装呆的表现。后被柳湘莲暴打，薛蟠“衣衫琐碎，面目肿破，没头没脸，遍身内外，滚的似个泥猪一般”。

(7) 第七十九回，大皇商薛家娶亲，是有“通家”之好的夏家，是“当年同在户部挂名行商，也是数一数二的大门户”薛蟠和夏家姑娘金桂，还是“从小儿一起厮混过”，“夏奶奶又是没儿子的”，这次见了薛蟠，“竟比见了儿子还胜”，薛蟠也看中“这姑娘出落的花朵似的”。

(8) 第八十回“悍妇”夏金桂整治薛蟠，一次次把薛蟠拿捏得“矮了半截”，这呆霸王原就是“有酒胆无饭力”的货色。

(9) 第八十五回薛蟠第二次打死人被执受审，自认斗殴杀人，按律杀人偿命。

然而就是在这不多的章节中，薛蟠的形象已跃然纸上，给读者留下了深刻的印象。薛蟠不是大奸大恶之人，亦非流氓地痞之流。而是封建末世一个纨绔子弟，不学无术、骄奢淫逸。父亲早逝，寡母溺爱，亲友放纵。家有财势，独根独苗，无人管教，养成“弄性尚气”“气质刚硬”“举止骄奢”“贪图享乐”、愚钝无知而又憨直天真的贵公子性格。正事干不了，还要惹祸。长大后仗着有钱有势，任凭本能的冲动，追求低级欲望的满足。平日所为，不是会酒观花，就是聚赌嫖娼。他没文化，显得粗俗、作恶多端，被人称之“呆霸王”。他虽然粗野，但他对亲友还算有情有义。对母亲、妹妹，尚存挂念关爱之心。第六十七回，第一次随铺内总揽张德辉外出做生意回来，给母亲带了箱“绸缎绫锦洋货等家常应用之物”，同时还给妹妹专门买了一箱玩意儿，琳琅满目、各色俱全，喜得母女俩到处派送，唯恐他人不知。薛蟠不只是“滥情人”，还有仗义爽直的一面，他送贾珍为秦可卿做棺木的板材，可以说是一掷千金，十分豪爽。因此，宝玉很少和贾珍、贾琏、贾蓉等在一起，却和薛蟠有交往。薛蟠是一个性格丰富复杂而有个性的贵族子弟。

两次命案——葫芦案和太平命案，再现了贾、史、薛、王四大家族宗法世袭的特性：封闭保守，竞争缺失，使得四大家族贵族子弟一步步退化堕落，成为四大家族走向衰落的一个必然因素。世袭制度是封建统治者犒劳安抚开国元老们的一种制度，它将官爵与血缘出身联系起来，贵族豪门子弟凭着家族血统，一出生就顺理成章地成为权力阶层的一员。掌权的、没掌权的贵族子弟联合一党，共同维护他们的特权地位。长期稳定的世袭制度使封建社会政权结构变成一潭死水，贵族子弟也在世袭的荫庇下变得不思进取，慢慢退化堕落，他们一方面耗尽了祖宗九死一生挣下的家业，另一方面动摇了统治阶级的统治基础，成为封建社会的自戕品。《红楼梦》贾、史、薛、王四大家族中的子弟们凭借祖先的功勋荫庇，毫不费力地获取了官职、权力。在他们眼中，权力是与生俱来的，正如第七十五回贾赦对贾环讲的一番话：“想来咱们这样人家，原不比那起寒酸，定要‘雪窗萤火’……咱们的子弟……可以做的官时就跑不了一个官的。何必多费功夫，反弄出书呆子气象来？”贾赦的话可谓道出了当时众多贵族世袭子弟的心声，这种安富尊荣、不思进取的心态成为封建世袭家族子弟的普遍心理。因而，他们成天不务正业，腐化堕落，为自己家族的衰落埋下了祸根。

薛蟠在《红楼梦》叙事结构中的作用有两点：

一是披露了“金玉良缘”之说出自薛家。

薛蟠对薛家长期寄居贾府的目的，在不经意中说出来了：宝玉有玉，薛宝钗有金，“这金要拣有玉的正配”。明确道出“从先妈和人说过”。这呆霸王的一番率直的“气话”，透露了“都道是金玉良姻”的隐秘。宝钗虽是薛家的人，但自进入贾府之后，一直活跃在大观园。薛姨妈和王夫人极力践行“金玉良缘”之策，薛家是宝玉爱情婚姻悲剧这条意脉中的重要叙事内容，在《红楼梦》故事中自然要比史家、王家都要多。所以，《红楼梦》整个结构的“黄金分割线”后面的故事，先从薛家讲起。

另一点就是薛家命案，破家败产。

第八十五回薛蟠又生命案。薛家在打点薛蟠第二次命案的整个过程中花掉了10多万两银子，掏空了家底。薛家唯一可资的本钱就是家底殷实，当家底掏空，也就意味着家族的败落。

薛蟠娶的妻子夏金桂也出身于皇商，夏家在“户部挂名行商”，专门为宫廷贵族采购花卉盆景，“凡这长安城里城外桂花局俱是他家的，连宫里一应陈设盆景亦是他家贡奉”，因而得了“桂花夏家”这个诨号。由于夏太爷去世，独养女金桂只得跟着夏家奶奶过活，“寡母独守此女，娇养溺爱，不啻珍宝”。所以两家结亲也算“门当户对”。

夏金桂是薛家的丧门星。她一出现在薛家，就把薛家弄了个鸡飞狗跳，不得消停，开始多事之秋。贾府的女主人再怎么凶悍泼辣，也总得顾着妇德家教的面子，不敢“捅破了这一层纸儿”，不敢同公婆顶嘴，而夏金桂却“毫无闺阁理法”，隔着窗子和婆婆顶起嘴来，说什么：“谁还不知道你薛家有钱，行动拿钱垫人，又有好亲戚挟制着别人。”气得薛姨妈“身战气咽”，只得说：“这是谁家的规矩？婆婆这里说话，媳妇隔着窗子拌嘴。亏你是旧家人家的女儿！满嘴里大呼小喊，说的是什么！”薛蟠在金桂雌威慑服之下，结婚不到两个月，“气概就矮了半截下来”。“薛蟠虽曾仗着酒胆挺撞过两三次，持棍欲打，那金桂便递与他身子随意叫打；这里持刀欲杀时，便伸与他脖项”。无所顾忌，为所欲为，“自己尊若菩萨，他人秽若粪土”。

夏金桂进入薛家，就有“宋太祖灭南唐之意”。千方百计地要拔去香菱这颗“眼中钉”。先是胡搅蛮缠地强迫香菱改名字为“秋菱”，理由是“菱角花谁闻见香来着”。继而施离间计，挑拨香菱和薛蟠的关系，调唆薛蟠毒打香菱；继而又慢性折磨香菱，命她在地上打铺，陪自己睡，“刚睡下，便叫倒茶，一时又叫捶腿，如是，一夜七八次，总不使其安逸稳卧片时”；最后又诬陷香菱要谋害她，这一而再、再而三的虐待折磨，使香菱“内外折挫不堪，竟酿成干血之症”。

夏金桂“有时欢喜，便纠聚人来斗纸牌、掷骰子行乐。又生平最喜啃骨头，每日务要杀鸡鸭，将肉赏人吃，只单以油炸焦骨头下酒。吃得不耐烦或动了气，便肆行海骂，说：‘有别的忘八粉头乐的，我为什么不乐’”！这“啃骨头”和“海骂”的典型细节，简直把夏金桂写活了。

《红楼梦》展示薛家衰败的意蕴，更多的是薛家作为贾府衰败的隐线。所谓“隐线”，就是或多或少地为贾府大悲剧或铺陈，或渲染，或点睛，总之它的叙事内容不能游离贾府，作为“四大家族”之一，薛家与贾府“一损俱损”。以薛姨妈和薛蟠的叙事为主。简单地勾勒一下《红楼梦》星星点点的对薛家的描述，便可以加深对这条隐线的认识。

（三）薛蟠太平命案暴露了官僚社会结构的腐败

薛蟠在太平县遇见了蒋玉函，哥们义气便一起在一家酒店饮酒。蒋玉函戏班出身，人又长得“妩媚温柔”，当槽张三不住拿眼瞟他。这下可惹恼了薛蟠。薛蟠酒后性起，张三又是个不怕死的无赖，在薛蟠举碗欲砸之时，他却偏要伸头叫薛蟠砸，以致脑门直接受击，张三身亡。薛蟠在二次命案中斗杀的成分有之，但故杀的成分远不及第一命案。薛蟠的第一次杀人案应该是斗杀和故杀二者兼有，若依法治罪，必死无疑，绝不会只是赔些烧埋银子就罢了。薛蟠在第二次命案中打人泄愤的成分居多。而这件案子中死者泼皮张三也有推脱不了的干系。如果秉公办案的话，薛蟠罪不至死。但“太平命案”从第八十六回开始，沿着这条线索时重时轻的叙事，一直延续到全书的结束，长达十几回。其叙事目的显而易见。

案件刚发时，太平县知县已经得知了薛蟠的家世背景，不是故意推脱，便是故意刁难，想着法子等着收受贿赂，丝毫没有畏惧四大家族势力之意。如果说薛蟠在第一次命案中的逍遥法外是权力与权力交换的结果，那么薛蟠第二次命案的死里逃生则彻头彻尾是金钱与权力的交换。从一发案就一直用银子在打点。

首先用银钱打通县衙。

薛蟠第二次命案，死者张三是当地的泼皮无赖，薛蟠与其争斗，将其打死，其中存在一定的过失行为，但是太平县知府在一审时得知薛蟠身份之后，便故作正义之态，早早将薛蟠以“斗杀”罪名监禁起来，实则变相勒索受贿，正如薛家家人所言：“县里早知我们的家当充足，须得在京里谋干的大情，再送一份大礼，还可以复审，从轻定案……”所以当薛蝌递上呈子，希望将“斗杀”改为“误杀”后，知府冠冕堂皇，故作义正词严之态给驳了回来，等着薛家来送礼。薛姨妈得知薛蟠又一次打人致死后，就一路用银子打点，替薛蟠开脱。先是薛蝌花钱在太平县请了一位有名的刀笔先生，另外上了一份呈子，试图将薛蟠的死罪免去。接着又花钱保出与薛蟠一同喝酒的吴良，并许以银钱，令他做伪证。同时还买通了其他一干涉案证人。两日后，薛蝌差人捎来一封书信，请薛姨妈拿出 500 两银子做衙门上下的打点费，好使薛蟠在狱中不致受苦。薛姨妈连忙去当铺兑了银子，差人送去。

其次，受阻道台，用银钱继续打通。

薛蟠二次命案的审理过程，先后经过了县、府、道台、京营节度使和刑部的重重审查。太平县知县将薛蟠依“误杀”定罪，将案件审理结果上报给府中，府里又将报告“准详上转”至道台，没想到道台却不买账，并将知县申饬。薛蟠家人都以为薛蟠不久就可以出狱的时候，案件中途又起波折。第九十一回，薛蟠的一封告急家书道出实情：“男在县里也不受苦，母亲放心。但昨日县里书办说，府里已经准详，想是我们的情到了。岂知府里详上去，道里反驳下来。亏得县里主文相公好，即刻做了回文顶上去了。那道里却把知县申饬。现在道里要亲提，若一上去，又要吃苦。必是道里没有托到……”原来薛家使用银两，先是从县到府，一时尚未惠及道台。说是将知县申饬，实则是要挟分赃，变相索贿。这封告急家书，逼得薛姨妈急忙叫薛蝌“兑了银子”，“连夜起程”，把人情送至道台。

薛蟠太平命案暴露了官僚社会结构性的腐败。“葫芦案”的叙事脉络是以官吏判案为主，展示司法诉讼的过程，几乎被审的一方连面都没露。薛蟠命仆从将冯渊打个半死，不久一命呜呼。他却像没事人一般带着家眷扬长而去。冯渊的家人将薛蟠和他的手下告上衙门，但是当地知府却不敢为冯渊伸冤，将案子一直拖着。原因很明显，薛蟠在贾、王两府权势的荫庇下逍遥法外，视人命官司如儿戏，正义得不到伸张。是原应天府尹因惧怕薛家背后的势力，一直不结案。而贾雨村补任应天府尹后，徇私枉法，乱判葫芦案，趁机把脸贴向了贾府。审案过程借小门子的话反映了《红楼梦》贾、史、王、薛四大家族上通朝廷，下联州县，权势炽盛，构成了专制政权下的封建统治网络。

在宦途失势又重新爬上来的贾雨村对此心知肚明，刻骨铭心，他多年来寻找可以攀附、依靠、伸展的大树，而贾、王两府正是这样的靠山。何况他这次夤缘上任还得力于贾、王两府，岂能不主动献媚邀宠，巴结权贵。案子刚一了断，他急忙作书信二封，分别给贾政和王子腾报平安。对此，不难理解贾雨村依附强大权势来做自己的保护伞，伺机往上爬。这是官场的潜规则，每一个层面的官吏几乎都是围绕着封建专制运转，对上仰其权贵的鼻息，竭竟能事；对下麻木不仁，甚至草菅人命。“在这种情势下，官僚或官吏就不是对国家或人民负责，而只是对国王负责。国王的语言，变为他们的法律，国王的好恶，决定了他们的命运（官运和生命）、结局，他们只要把对国王的关系弄好了，或者就下级官吏而论，只要把他们对上级官吏的关系弄好了，他们就可以为所欲为地不顾国家人民的利益，而一味图其私利了。”① 而“下”对“上”仰其鼻息，何时何地闻之得势，则趋之；何时何地闻之失势，则去之，通过他们的脸色、态度、以至哼哈应对的变化中，就可以折射出“上”的权贵地位的微妙变化和大势所趋。这才是我们认识的要点。

第八十五回的“太平命案”则不同，此时的贾府已在风雨飘摇之中，只有招架之功，没有回天之力，何能惠及薛家。薛蟠这回可惹出了大麻烦。叙事的展示则放在受审的一方，写其惊恐、奔走、贿赂、疏通、等待、无奈，显露“贾府被抄”的前一年已自身难保。案件刚一发时，送信的来人告诉薛姨妈当地知

---

① 王亚南. 中国官僚政治研究[M]. 北京：中国社会科学出版社，1981：22.

县索贿之意，此时薛姨妈一心为儿子，一边取银子支应，一边请托贾政。贾政问了情况，“也只好含糊应了”。但从后来的情形来看，太平知县并没有买账。直等着薛家的银子送到，太平知县开庭将“斗杀”改判为“误杀”。而此后的道台、节度使和刑部的态度来看，他们也是没顾及皇亲勋旧的贾府，反而乘机刁难。种种迹象说明，此时的贾府已经是今非昔比，不再像以前那样“赫赫扬扬”。

薛蟠两次命案都把视野焦点集中在封建专制社会的法制和吏治的节点上，如果说薛蟠第一次命案只出现一个贪赃枉法的官吏贾雨村，而且还有报恩的因素在内，那么薛蟠第二次命案就大大不同了。“太平命案”的全过程，可以说全部是靠银子来铺路。从县到府，再到道台、节度使、刑部，每一道关卡若不送银子，就不能打通关节。“司法诉讼是一方沃土，它能培育出公理和正义之花，也随时在滋生非理和邪恶之果。司法诉讼的过程，也就是国家行使审判权的过程。审判权是一种由国家独占而又绝对的权力，所有是非曲直以及生杀予夺都由它来决定。同时，权力又是产生腐败的温床，所谓绝对的权力产生绝对的庸政。当然，腐败作为一种现象，更多的时候落实在行使权力的主体身上。”①

官吏利用手中的权力“寻租”，在职权范围内大肆敛钱受贿，虽不易被人察觉，但导致国家政权层层腐败，是一种结构性的腐败，是一种隐性的腐败。薛蟠第二次命案中太平县知府是权力“寻租”的典型，在一审时得知薛蟠身份之后，便故作正义之态，早早将薛蟠以“斗杀”罪名监禁起来，实则变相勒索受贿。薛家“捞人”过程的焦点是将“斗杀”改为“误伤”，这样才可以免薛蟠一死。在改轻罪行过程中，表面上抓住吴良这一涉案证人和尸格的主要物证，实质上突出了金钱与权力的交换这一要害。在银子杠杆的作用下，才买通了层层官衙。第一百回“且说薛姨妈为着薛蟠这件人命官司，各衙门内不知花了多少银钱，才定了误杀具题。原打量将当铺折变给人，备银赎罪。不想刑部驳审，又托人花了好些钱，总不中用，依旧定了个死罪，监着守候秋天大审。薛姨妈又气又疼，日夜啼哭”。最后，在皇帝大赦天下的时候，薛家才又花钱买通了刑部，将薛蟠救了出来。从而，勾勒了一张从下到上的贪官群丑图。

---

① 马作武，何邦武．中国古代司法腐败的防治机制及其启示[J]．南京大学法律评论，1999（1）．

“太平命案”实质是国家机器结构性的腐败。我们知道：封建专制的皇权统治体现了作为国家统治阶级的意志，而实现这种意志依赖的便是大大小小的封建官吏。他们手中的权力是皇上给的，他们只为皇上负责。集权、专制下的权力必然腐败，最集中最鲜明地体现在吏治和法制上，“国家之败，由官邪也”。结构性的腐败是专制社会司空见惯的现象，并不是个人的行为。古往今来，官吏，尤其是司法官吏的腐败，不唯侵蚀蠹害国家肌体，更会滋起天怒人怨，从根本上动摇整个统治的根基。由司法腐败始，而引发社会的动荡，并进而导致统治政权覆灭，已成为历史发展的规律。

（四）元春病亡

第八十三回“省宫闱贾元妃染恙”，宫中太监宣旨：“前日这里贵妃娘娘有些欠安。昨日奉过旨意，宣召亲丁四人进里头探问。许各带丫头一人，馀皆不用。亲丁男人只许在宫门外递个职名，请安听信，不得擅入。准于明日辰巳时进去，申酉时出来。”这个消息不啻是一个震撼贾府的电闪雷鸣。

这是元春第二次亮相。得知元妃染恙，贾府大小女辈们纷纷入宫探询，元妃含泪说：“父女弟兄，反不如小家子得以常常亲近！”淡淡一语，恰是对“省亲”时所说的“不得见人的去处”一语作的注脚，用哀怨的笔调表现元妃最后的归宿。第九十五回元春弥留之际，“贾母王夫人遵旨进宫，见元妃痰塞口涎，不能言语，见了贾母，只有悲泣之状，却少眼泪。贾母进前请安，奏些宽慰的话。少时贾政等职名递进，宫嫔传奏，元妃目不能顾，渐渐脸色改变”。43 岁短暂生命的她，含恨离开人间。

贾氏四姐妹中，元春是佼佼者，得天独厚，地位煊赫。第五回“太虚幻境”的金陵十二钗判词对元春的判诗是：

> 二十年来辨是非，榴花开处照宫闱；
> 三春争及初春景，虎兕相逢大梦归。

在金陵十二钗的排行中，贾元春仅次于林黛玉和薛宝钗。她的亮相，场面

元春

之大，在《红楼梦》叙事结构中占据首位。她从 20 岁入宫到 43 岁病逝的二十来年中，虽比迎、探、惜“三春”要显贵，可是在“不得见人的去处”中生活，毕竟是人生的不幸。《红楼梦》刻画贾元春性格的笔墨并不多，性格也不丰满，但性格组合的对立因素却很鲜明。其性格的一极是女性的感情和欲望，是人性的一面，另一极是礼教意识对人性制约和压抑的一面，既有封建社会集体无意识对女性的自我约束，又有皇宫禁闭下女性灵与肉双重自由的丧失。这性格两极的统一，外在表现是元妃“母仪天下”的端庄，内在的却是她情感和欲望被禁锢的痛苦和无奈。因而她三次亮相都是在倾诉对亲情的渴望。她与贾母王夫人见面时，不以皇妃身份而荣，而为幽闭深宫一家人不得团聚而悲，“送我到那见不得人的去处”。面对恭肃迂腐的父亲，她强调天伦之乐，“今虽富贵，骨肉分离，终无意趣”。见了宝玉，也携手揽于怀内，泪如雨下。

省亲短暂的时间，元春在瞬间表达的情感，是她长期压抑下的情感流露。她悲伤至泣，曹雪芹用“垂泪”“呜咽”“忍悲强笑”“哽咽”“哭泣”“泪如雨下”“满眼又滴下泪来”等不同的字样。试想一个青春女子在深宫禁闭，受到多少灵与肉的折磨和摧残。她由宫女，进到女尚书，再晋升为贵妃，小心翼翼，战战兢兢地过着伴君如伴虎的生活，她的全部思维都被禁锢到皇上之所“是”为是，皇上之所“非”为非。她的思维、情感和欲望都被冻结了。她度过漫长寂寞而孤苦的时光，打发日渐凄凉而悲哀的日子。元春正是在这种特定的生活中，“二十年来辨是非”。当她理解了人生的意义的时候，已是“芳魂消耗”。

元春的青春，无论是从生理年龄上讲，还是从她贵为皇妃的地位来说，都处在最红火的时段，榴花似火红，“榴花开处照宫闱”，正是指她人生的这个阶段。古人常将 “榴花”喻美人，“绿鬓愁中减，红颜啼里灭”。她的人生之旅却从此由盛而衰。如果把人生最美好的年华比作 “初春”，那么暮春就已接近 “开到荼蘼花事了”。

> 喜荣华正好，恨无常又到，眼睁睁把万事全抛。荡悠悠，芳魂消耗。望家乡，路远山高。故向爹娘梦里寻相告：儿命已入黄泉，天伦呵，须要退步抽身早。（第五回）

一道宫墙，两个世界。与父母同居一城，犹如“山高路远”。临别更多的是她向父母提出奉劝和忠告，是从贾府的“自家人”的角度出发想事做事，劝其“功成身退”，勿恋官场。这和她当年看到省亲的排场豪华之极，强调太奢侈、太过分，思想是一脉相承的，总是顾家、顾父母。因而，曹雪芹写到她去世后首先想到是“虑后”的事情，同秦可卿给王熙凤托梦，表达的忧思和情感是一致的。

《红楼梦》多次使用“三春”一词：

> 勘破三春景不长。（惜春判词）
> 将那三春看破。（虚花悟）
> 三春去后诸芳尽。（秦可卿语）

软衬三春草。（蘅芷清芬）

三春事业付东风。（咏柳絮）

那“三春怎及初春景”是何意？“三春”一般指孟春、仲春、季春。也专指季春、暮春，如唐代岑参《临洮龙兴寺玄上人院，同咏青木香丛》：“六月花新吐，三春叶已长。”清代姚鼐《乙未春出都留别同馆诸君》：“三春红药熏衣上，两度槐黄落砚前。”我认为“三春怎及初春景”这里用“三春”是暮春意，即比喻元春到了人老色黄的地步，境况更加凄苦，荣华富贵的生活填补不了她精神上的孤独和空虚。判词是以谶诗的形式出现的，存在许多未定性的空白点，需要我们解读时，调动自己的知识底蕴、生活体验和认识能力，穿透表面的字句，把握文本的含义。所以，元春判诗至今有多种解释，但不管什么解释都应以《红楼梦》中的贾元春形象为本，不能任意解读，应遵循文本提供的审美范畴，不能超越文本“召唤结构”的界限。

贾元春这一形象在《红楼梦》整体叙事结构中的作用，大致可以从显结构和隐结构两个方面审视。

显结构主要表现在两个层面：一个层面是，小说情节含蓄地披露了贾府对皇室既依赖又恐惧的微妙心理。“贾元春才选凤藻宫”皇上一召见贾政，贾府上下都很慌张。“一日正是贾政的生辰，宁荣二处人丁都齐集庆贺，闹热非常。忽有门吏忙忙进来，至席前报说：‘有六宫都太监夏老爷来降旨。’唬得贾赦贾政等一干人不知是何消息，忙止了戏文，撤去酒席，摆了香案，启中门跪接。早见六宫都太监夏守忠乘马而至，前后左右又有许多内监跟从。”来宣贾政上朝觐见。“贾政等不知是何兆头，只得急忙更衣入朝，贾母等阖家人等心中皆惶惶不定，不住的使人飞马来往报信。”

这种现象说明：皇家内部争权夺利，酿成的瞬息万变的政治风云，有时会把这些贵族官僚抬到“花柳繁华地，温柔富贵乡”，有时也会把他们推进统治集团“乱烘烘你方唱罢我登场”的斗争旋涡，造成他们的政治地位巨大的落差，“金满箱，银满箱，展眼乞丐人皆谤”，埋下“家亡人散各奔腾”的祸根。

另一个层面是，元妃省亲“虚热闹”带来的是家底掏空，内囊尽上，明日之衰。第五十三回贾珍、贾蓉和乌进孝对话，披露荣国府为“元妃省亲”挥霍无度，造成内囊空虚。应了贾蓉的预言：“再两年再一回省亲，只怕就精穷了。”

隐结构主要表现在两个层面：

贾元春是一个过场人物，除了在《红楼梦》显结构中担负着重要的使命外，还在隐结构层面上起着不可替代的作用。从宫中传来她的“旨意”，顷刻就在贾府出现不同的反响。在《红楼梦》叙事结构中开拓了一个新的叙事空间，推进了《红楼梦》故事的演进，犹如一颗关键的棋子，关乎大局。

第二十三回元妃省亲归去，“因在宫中自编大观园题咏之后，忽想起那大观园中景致，自己幸过之后，贾政必定敬谨封锁，不敢使人进去骚扰，岂不寥落。况家中现有几个能诗会赋的姊妹，何不命他们进去居住，也不使佳人落魄，花柳无颜。却又想到宝玉自幼在姊妹丛中长大，不比别的兄弟，若不命他进去，只怕他冷清了，一时不大畅快，未免贾母王夫人愁虑，须得也命他进园居住方妙。想毕，遂命太监夏守忠到荣国府来下一道谕，命宝钗等只管在园中居住，不可禁约封锢，命宝玉仍随进去读书”。奉元春懿旨，贾府小姐与宝玉进住大观园，从此《红楼梦》出现两个天地。大观园成为展示钟鸣鼎食文化的重要窗口，是金陵十二钗活跃的自由天地。

宝、黛爱情是《红楼梦》叙事的一条重要意脉，宝玉的婚事，也隐隐受到元妃意旨的操控。第二十八回在元宵节后，元妃从宫中赐了一些礼物给宝玉和众姊妹。但让宝玉不解的是，他和宝钗的规格是一样，同样是上等宫扇两柄，红麝香珠二串，凤尾罗二端，芙蓉簟一领，而黛玉只是和探春、迎春、惜春众姐妹相同，只单有扇子同数珠儿。此中透露出微妙的信息，大有深意。大家心里都很清楚，这次赐赏是公开表明她对钗、黛的态度。这对宝玉的婚姻有实质的影响。

第八十回贾母、王夫人等筹划，元妃懿旨提亲，“只有宝丫头最妥”，遂成定论。从而导致黛玉绝粒自戕、焚稿断情的悲剧人生。

（五）迎春误嫁中山狼

在金陵十二钗中，迎春的诨号“二木头”。别说她比不得黛玉的清标孤傲，比不得宝钗的端庄富丽，也比不得湘云的豪爽飘逸，探春的刚毅聪慧，妙玉的高洁典雅，凤姐的干练老辣……就是在身为“下贱”的丫鬟群中也黯然失色。她无晴雯率性纯真、敢作敢为的傲骨，她无袭人精于心计、体贴入微的温情，也无平儿温柔平静又坚忍自尊的精明，更无鸳鸯勇于抗争又敢于自戕的气魄……除了她那贵族小姐的身份外，无论形貌、见识、才情，迎春都显得平平，似乎不能给人们留下深刻的印象。

《红楼梦》有四次描写迎春的才情。第十八回“荣国府归省庆元宵”中，元春命每人题一匾一额。迎春写的是“旷性怡情”：“园成精备特精奇，奉命羞题额旷怡。谁信世间有此境，归来宁不畅神思。”这是迎春唯一作的一次诗，意境平淡，诗味甚少。第二十三回元春从宫中传出个极简单的“爆竹”谜语，大家都猜到了，唯有迎春和贾环没猜着。第三十七回大观园儿女结社吟诗，迎春做“副社长”，仅仅是出题限韵而已。第四十回“史太君两宴大观园”中，大家随口对令正在兴头上时，迎春的一句“桃花雨带浓”竟错了韵，又不合仄，受到众人的惩罚。

在贾府人多嘴杂、利益纷争的生活激流中，她从不争强好胜，从未与谁发生过什么冲突，往往向隅独处，不声不响，无欲无求，随遇而安。她举止端庄，寡言少语，处处以《女诫》中的“德、言、功、容”约束自己，是上流社会中恪守封建礼教的贤淑贵族少女的典范。封建礼教潜在的社会意识最终为那个社会塑造出绝对驯服的女子，而克己与服从是最好的品德。第七十三回“懦小姐不问累金凤”中，她的奶妈摸准了她心软脸软的脾气，偷当了她的累金凤去赌博，惹恼了贾母。邢夫人为此事数落她，老实的迎春只是“低着头弄衣带，半晌无语”。被说急了，便分辩说：“我说他两次，他不听也无法。况且他是妈妈，只有他说我的，没有我说他的。”哺育了主子的乳母在贾府中位置虽说重要，但说到底也是奴才且又做错了事，堂堂一个贵族小姐有什么说不得、还“不听”之理呢？当丫鬟绣橘催她去讨累金凤之时，迎春道：“罢，罢，罢，省些事罢。宁可没有了，又何必生事。”试图以息事宁人换取内心的平静。探春“惺惺惜惺惺”，杀伐决断地为迎春处理了累金凤之事。而迎春却似不闻不见，“只和宝钗阅《感应篇》故事，究竟连探春之语亦不曾闻得”。目睹了此景的黛玉尖锐地指出这是“虎狼屯于阶陛尚谈因果”。迎春却分辩道："正是多少男人尚如此，何况我哉？"淡淡数语，迎春之怯懦跃然纸上。第七十九回迎春对抄检大观园的反应也很木讷，漠不关心，无思无虑，没有探春那种清醒，那种愤慨，那种痛苦。

在贾府迎春给人的印象，也是平平。宝玉说，二姐姐一味地懦弱，从来不会与人拌嘴；在邢岫烟眼中迎春是个老实人，对日常生活小事不很留心；在邢夫人看来迎春面软心活，老实无能，不及探春的一半；在凤姐眼中她是个"不中用"的平常货；她的丫环绣橘说她老实仁德，不像三姑娘伶牙俐齿，会要姑娘们的强；在平儿眼中迎春是好性儿；小厮兴儿背后叫迎春的诨名"二木头"，说她戳一针都不知道哎哟一声。迎春的懦弱是众所公认的。懦弱使她失去了司棋这个与她关系较为密切的丫鬟。司棋被逐，迎春"含泪欲有不舍之意"，但事关风化，她陷入情和理两难境界，但还是屈从于理。她唯一的也是仅有可能的情感表示，就是命绣橘拿着绢包追出去，给司棋作个"想念"。

越是平平、懦弱、善良，越是受人欺负、凌辱、摧残。迎春误嫁中山狼是曹雪芹对她描写最长的文字，也是迎春悲剧的结局，从此她就跌进了痛苦的深渊。她是继秦可卿之后金陵十二钗中悲剧第二人，可怜可叹。造成迎春悲剧的直接责任者是她的父亲贾赦。贾赦这个老荒唐鬼，由于在外面胡作非为以致欠了孙绍祖 5000 两银子，又生财无术，不顾贾政、王夫人，甚至贾母的反对，把自己的亲生女儿以抵债的形式"嫁"给了孙绍祖。"这孙家乃是大同府人氏，祖上系军官出身，乃当日宁荣府中之门生，算来亦系世交。如今孙家只有一人在京，现袭指挥之职，此人名唤孙绍祖，生得相貌魁梧，体格健壮，弓马娴熟，应酬权变，年纪未满三十，且又家资饶富，现在兵部候缺提升。因未有室，贾赦见是世交子孙，且人品家当都相称合，遂青目择为东床娇婿。"迎春是姨娘所生，又从小死了娘，她父亲贾赦和邢夫人对她毫不怜惜，实际上等于拿她抵债。而孙绍祖也借此巴结贾府。可当贾府出事，宁国府被抄，这个孙女婿非但不来帮忙安慰，反倒打上门要账，"说大老爷该他一种银子，要在二老爷身上还的"。……众人都冷笑道："人说令亲孙绍祖混账，真有些。如今丈人抄了家，不但不来瞧看帮补照应，倒赶忙的来要银子，真真不在理上！"孙绍祖其人其事一方面反映了旧贵沦落、新贵兴起的社会现实，另一方面也反映了迎春悲剧的直接原因，由于“债权人”与“负债人”关系的形成，就使得迎春一踏入孙家就失去了她原来的“公府千金”的地位。

迎春一味的懦弱是造成她悲剧的内在原因。假如她当初不同意这门婚事，完全可以凭着是老祖宗亲孙女的身份抗婚，假如她婚后勇敢果决一些，敢于对抗孙绍祖的残酷虐待，或者拼力挣扎，那么年轻的她就不会被活活折磨致死。虽说在那个时代反抗也许不会有更多效果，但反抗毕竟是一种争取做人的尊严。然而，懦弱的迎春不会抗争，只会忍耐，这是她人生的悲哀，也是她性格的悲剧。《红楼梦·正册判词之六》：

> 画：恶狼，追扑一美女，欲啖之意。
>
> 子系中山狼，得志便猖狂。金闺花柳质，一载赴黄粱。

《红楼梦曲·喜冤家》：

> 中山狼，无情兽，全不念当日根由。一味的骄奢淫荡贪还构。觑着那，侯门艳质同蒲柳；作践的，公府千金似下流。叹芳魂艳魄，一载荡悠悠。

迎春的悲剧是《红楼梦曲》“悲金悼玉”大主题下的一个乐章，是《红楼梦》悲剧大旋律的一个音符，在全书整个叙事体结构中具有独特的美学价值。曹雪芹在创作过程中，是把“贾府四春”放在一起构思的，她们是展示贾府悲剧意脉的重要的叙事内容。“元迎探惜（原应叹息）”是贯穿《红楼梦》悲剧的基调之一。《红楼梦》女性的悲剧，既写了那些个性张扬、不为男权文化所容的女性的被毁灭，也写尽了平平常常与世无争的柔弱女性的被毁灭。迎春在《红楼梦》中不过是个柔柔弱弱、安安静静、无欲无求、随遇而安的女子。可就是这样一个女孩也免不了遭受命运的折磨和蹂躏。当这种平和之美也被毁灭时，不禁使人感到迎春的悲剧具有另一种让人黯然神伤的悲怆意味。让人们看到在那个焚琴煮鹤、斫桂摧兰的封建时代里，在扼杀和毁灭一切美好人性的社会中，任何女性都不会有好的命运和结局。

第九章

走向衰败的贾府

（第九十二至一百二十回）

《红楼梦》第八叙事单元讲述的故事，是宝玉 18 岁至 21 岁这四年发生的事情，也是《红楼梦》悲剧的高潮。《红楼梦》三条意脉的延伸和拓展都出现了显著的交汇节点，显现了悲剧最后阶段性的特征，笼罩着浓郁悲凉的氛围和末世的气息。

宝玉爱情婚姻悲剧已成定势，贾母对待宝、黛爱情的态度发生了转变，“掉包计”标志着“金玉良缘”成为定局。宝、黛爱情由真情走向痴情，宝玉时而疯傻，时而清晰。黛玉自戕而死。宝、黛爱情这条意脉伴随着贾府悲剧的加剧，也走向尽头。

王熙凤性格悲剧这条意脉和贾府衰败这条意脉的交汇节点是凤姐屋里的借券在贾府被抄中败露，是她走向人生悲剧的重要因素，王家坍塌和小家被抄的双向夹击，使她失去了最后的支撑。王熙凤性格悲剧已无可挽回，她滑向死亡之路。这条意脉围绕凤姐之死的走势铺展，唱完送葬曲，还有余波，即刘姥姥第三次进荣国府，受凤姐托孤，营救巧姐。

贾府衰败这条意脉显现了悲剧最后阶段性的特征：贾府被抄，元气大伤。

贾府再也经不住经济上“内囊”的掏空，政治上抄家的打击，笼罩在死亡的氛围下，相继出现死丧事件：第九十五回元春之死、第九十六回王子腾之死、第九十八回黛玉之死、第一百零三回金桂之死、第一百零九回迎春之死、第一百一十回贾母之死，伴随而来的是一系列破败风波：宁国府被抄、妙玉被劫、惜春出家、狠舅奸兄卖巧姐等，真实地再现了以贾府为中心的四大家族处于风雨飘摇之中。

《红楼梦》中多次出现了“末世”的字眼，曹雪芹多层次、多侧面、不同程度、不同方位地描写了大大小小人物呼吸到“悲凉之雾”。他们感到郁闷、压抑、惶恐，或产生忧患意识，或萌发危机意识，或不安于现状，或感到颓势难挽……让读者感到“山雨欲来风满楼”之势，百年望族大厦摇摇欲坠。

一、宝、黛爱情遭遇毁灭性的打击

宝、黛爱情贯穿《红楼梦》整部书当中，第一次明确地表现了婚姻应该是以爱情为基础的先进思想，这是《红楼梦》三大意脉之一。宝、黛爱情发展过程的三个阶段，每个阶段的人物心理及外部条件不同，所表现出的特点也不同。宝、黛爱情这条意脉发展到第七十八回宝玉作《芙蓉女儿诔》，至第九十八回“黛玉之死”是第三阶段，也是最后一个阶段，集中展现了宝、黛爱情遭遇毁灭性的打击，只是宝、黛二人还蒙在鼓里而已。但这个阶段宝、黛爱情所呈现出的特征，概括地说有三个方面：

第一，一向为宝、黛撑腰的贾母在第八十回以后开始改变态度，最终认可了“金玉良缘”。

第二，“金玉良缘”与“木石前盟”之争的结束，对宝玉、黛玉的爱情是一场悲剧，对宝玉、宝钗的婚姻也是一场悲剧。

第三，“木石前盟”是一场生死之恋，其存在迫使封建家长不得不采取“掉包计”，来蒙混完成“金玉良缘”。

宝、黛的爱情何去何从，本来就不由他们自己掌控。尽管他们切实经历了爱情的过程，但最后定夺还是要等待家长做主。在这一阶段里，《红楼梦》的叙事似乎将宝、黛爱情故事搁置了下来，没有了过多的描述，而更多的是通过描写给“宝玉提亲”这个话题，来展示贾府各个层面的人物对宝、黛爱情的反应。

（一）贾母对宝、黛爱情态度的变化

宝、黛一直都对纯真的爱情怀有希望，盼望得到家长的首肯和做主。事实上贾母也一直在呵护着他们的真爱。《红楼梦》前 80 回多处写到贾母对他们的护佑。第四十四回，贾母带众人大观园游玩，在探春屋里有意无意地对薛姨妈笑道：“咱们走吧。她们姐妹们都不大喜欢人来坐着，怕脏了屋子；咱们别没眼色，正经坐一会子船喝酒去。”说着，大家起身便走。探春笑道：“这是那里话，求着老太太、姨妈、太太来坐还不能呢！”贾母笑道：“我的这三丫头却好，只有两个玉儿可恶。回来吃醉了，咱们偏往他们房里闹去。”贾母“两个玉儿”的亲昵称呼，是在众人面前继续传递她对宝、黛的“万般疼爱”，这在贾府中尽人皆知。第五十四回，贾府庆贺贾母生日，夜晚放花炮。“林黛玉禀气柔弱，不禁毕驳之声，贾母便搂他在怀中。”贾母的“万般疼爱”大家都看到眼里。善于看着老太太眼色行事的凤姐，最早当众开玩笑说，要黛玉给“我们家作媳妇”。整天围着老太太的凤姐，若不是从贾母那来的信息，她哪里敢在众人面前随便开这样的玩笑？贾母含蓄地表达要玉成“两个玉儿”的婚事，又暗示出她对“金玉良缘”的否定。贾母的这种态度在贾府的上层里，势孤力单，连一个可以商量的人都没有。因此，当宝、黛二人不能理解贾母这片心意时，气得贾母直落泪，这正是她产生烦恼无奈的原因。

黛玉对给宝玉提亲的事情极为敏感，听到或看到蛛丝马迹，就去揣摩家长的抉择，一听到不利信息，就“痴魂惊梦”“颦卿绝粒”“迷本性”，黛玉总是“病的奇怪，好的也奇怪”。如此反复，众人也都猜出了八九分缘由。如第八十三回：“到贾母那边。探春因提起黛玉的病来。贾母听了自是心烦，因说道：‘偏是这两个玉儿多病多灾的。林丫头一来二去的大了，他这个身子也要紧。我看那孩子太是个心细。’众人也不敢答言。贾母便向鸳鸯道：‘你告诉他们，明儿大夫来瞧了宝玉，就叫他到林姑娘那屋里去。’鸳鸯答应着。”贾母听到黛玉生病，为什么“心烦”？烦的不仅仅是黛玉的病，而是她的“心病”，也

就是贾母说的“那孩子太是个心细”。黛玉是为宝玉而相思，是为他们相爱不能实现忧思而病。这正是贾母最不喜欢的地方——“林丫头乖僻”。

面对王夫人、薛姨妈、元妃等都是“金玉良缘”一边倒，贾母对宝、黛爱情的态度也慢慢发生了转变。第八十四回“试文字宝玉始提亲”中，贾母与贾政提起宝玉的婚事：

> 贾母忽然想起，合贾政笑道：“娘娘心里却甚实惦记着宝玉，前儿还特特的问他来着呢。”贾政陪笑道：“只是宝玉不大肯念书，辜负了娘娘的美意。”贾母道：“我倒给他上了个好儿，说他近日文章都做上来了。”贾政笑道：“那里能像老太太的话呢。”贾母道：“你们时常叫他出去作诗作文，难道他都没作上来么？小孩子家，慢慢的教导他。可是人家说的，‘胖子也不是一口儿吃的’。”贾政听了这话，忙陪笑道：“老太太说的是。”
>
> 贾母又道：“提起宝玉，我还有一件事和你商量。如今他也大了，你们也该留神，看一个好孩子，给他定下。这也是他终身的大事。也别论远近亲戚，什么穷啊富的，只要深知那姑娘的脾性儿好、模样儿周正的，就好。”

王夫人、薛姨妈、元妃都是“金玉良缘”的主张，王熙凤不能不心中有数，她首次大胆地明确地在贾母面前提出了“宝玉”和“金锁”的姻缘：

> 凤姐笑道：“不是我当着老祖宗、太太们跟前说句大胆的话，现放着天配的姻缘，何用别处去找？”贾母笑问道：“在那里？”凤姐道：“一个‘宝玉’，一个‘金锁’，老太太怎么忘了？”贾母笑了一笑，因说：“昨日你姑妈在这里，你为什么不提？”凤姐道：“老祖宗和太太们在前头，那里有我们小孩子家说话的地方儿？况且姨妈过来瞧老祖宗，怎么提这些个，这也得太太们过去求亲才是。”贾母笑了，邢、王二夫人也都笑了。贾母因道：“可是我背晦了。”

贾母、王夫人及邢夫人都在场，大家都被凤姐的话逗笑，贾母还说 “可是我背晦了”。以前的王熙凤总拿宝、黛开玩笑，可现在却当着贾府掌家人拥护起了 “金玉良缘”。如果她没有从上层人物言语中得到明确地暗示，是不可能这样说的。不管从哪里得到的信息，但至少贾母如今以自责调侃的话表示了默许。这可以视为宝、黛爱情这条意脉发生的重大转折，“金玉良缘”终于确立，“木石前盟”遭到冰封，此时虽然宝、黛还不知道，但宝、黛爱情已经接近了尾声。这些家长们其乐融融，无疑在他们心中钗、黛的选择已定，只是还没有公布于众罢了。

第九十回贾母的态度明朗了，她和王、邢夫人再一次提到宝、黛的事时，贾母明白地表达了自己对钗、黛的取舍，她说“林丫头乖僻”“林丫头这样虚弱，恐不是有寿的”，这两点让贾母最终觉得“只有宝丫头最妥”。并且这些主事的人定好，将此事瞒起来，为“掉包计”的出台做了铺垫。

> 那时正值邢、王二夫人、凤姐等在贾母房中说闲话，说起黛玉的病来。贾母道：“我正要告诉你们，宝玉和林丫头是从小儿在一处的，我只说小孩子们，怕什么？以后时常听得林丫头忽然病，忽然好，都为有了些知觉了。所以我想，他们若尽着搁在一块儿，毕竟不成体统。你们怎么说？”王夫人听了，便呆了一呆，只得答应道：“林姑娘是个有心计儿的。至于宝玉，呆头呆恼，不避嫌疑是有的，看起外面，却还都是个小孩儿形像。此时若忽然或把那一个分出园外，不是倒露了什么痕迹了么。古来说的：‘男大须婚，女大须嫁。’老太太想，倒是赶着把他们的事办办也罢了。”
>
> 贾母皱了一皱眉，说道：“林丫头的乖僻，虽也是他的好处，我的心里不把林丫头配他，也是为这点子。况且林丫头这样虚弱，恐不是有寿的。只有宝丫头最妥。”王夫人道：“不但老太太这么想，我们也是这么。但林姑娘也得给他说了人家儿才好，不然，女孩儿家长大了，那个没有心事。倘或真与宝玉有些私心，若知道宝玉定下宝丫头，那倒不成事了。”贾母道：“自然先给宝玉娶了亲，然后给林丫头说人家。再没有先是外人、后是自己的，况且林丫头年纪到底比宝玉小两岁。依你们这样说，倒是宝玉

定亲的话，不许叫他知道倒罢了。”

凤姐便吩咐众丫头们道：“你们听见了，宝二爷定亲的话，不许混吵嚷。若有多嘴的，隄防着他的皮。”

在封建家长已然做出了决定以后，宝玉丢玉有时变得疯傻却加速了这个决定的实施。贾母等人决定娶金命的人给宝玉娶亲来冲喜，于是凤姐想出了“掉包计”，宝、黛爱情至此在封建家长的干预下完全被扼杀。

（二）王夫人阴柔所为确立了“金玉良缘”

宝钗来到贾府，“金玉良缘”之说随之在贾府弥漫开来，始作俑者当然是薛姨妈，因为她得到了王夫人的鼎力支持。假如仅仅是薛家的一厢情愿，那“金玉良缘”之说早就偃旗息鼓了。正是王夫人、薛姨妈、元春的相互配合，在背后不停息地鼓捣，才使“金玉良缘”与“木石前盟”之争表面上好像若无其事，好像笼罩在宗法伦理的薄纱之下，但实际上无论是在宝、黛、钗之间，还是在贾母、王夫人之间都出现了潜在的波动，如海底巨大的暗流，虽然从海面上看起来不见波澜，却持久而深入，以至形成巨大的磁场效应，制约和改变着人们的心态、情绪和作为。

自打黛玉进贾府以后，王夫人对黛玉一直不冷不热。除第二十八回有一次问起黛玉吃什么药而外，细心查看一下，一部大书几乎再也找不到舅妈对外甥女的嘘寒问暖，尤其是黛玉处于失去双亲，孤苦一人的境况。王夫人这种冷漠足可以看出她心里一直把黛玉视为宝玉婚事的障碍，只不过碍着贾母的面子，不好公开说什么罢了。但随着王夫人收买袭人作眼线，抄捡大观园，轰走晴雯等人，进宫争得元妃的支持，连连出手，终于改变了“金玉良缘”与“木石前盟”的对峙局面。特别是王夫人作为宝玉婚姻的主宰者，她把晴雯视为黛玉的影子，将晴雯赶出了大观园，这是对宝、黛爱情的最后的表态，也是对贾母的将军。而贾母面对王夫人这些阴柔的手段，也无可奈何，听之任之。

相反，王夫人从一开始就喜爱宝钗。有一件事让王夫人对宝钗倍增好感，那就是第三十二回 “含耻辱情烈死金钏”，宝钗来到了王夫人处，王夫人正在

薛宝钗

为金钏的死而内疚，情绪很低落。宝钗见此情此景，装作对金钏的事不知情，询问为何而死。王夫人只道是金钏打坏了她一件东西所以挨了打，没想到金钏那么大气性跳了井，直说是自己的罪过。宝钗劝道："姨娘是慈善人，固然这么想，据我看来，他并不是赌气投井，多半他下去住着，或是在井跟前憨顽，失了脚掉下去的。他在上头拘束惯了，这一出去，自然要到各处去顽顽逛逛，岂有这样大气的理！纵然有这样大气，也不过是个糊涂人，也不为可惜。"尽管这番话令人感觉到宝钗内心的冷酷，但正为金钏之死内疚的王夫人听了，却是很受用。宝钗将金钏的死假设为了自己失足掉下去的，和王夫人并不相干，王夫人心里顿时宽慰了许多。接下来王夫人说要给死去的金钏送几件衣服，可没现成的。宝钗便拿出了自己的衣服，还说自己从来不计较这些。宝钗所作所为让王夫人心中很是感激，也给王夫人留下了成熟稳重识大体的印象。随着贾府的日渐衰败，王夫人也更加强烈地感觉到家境殷实的宝钗才最适合做她家的媳妇。第五十五回因凤姐生病，探春和李纨理家，王夫人不放心，"又特请了宝钗来，托他各处小心：

‘老婆子们不中用，得空儿吃酒斗牌，白日里睡觉，夜里斗牌，我都知道的。凤丫头在外头，他们还有个惧怕，如今他们又该取便了。好孩子，你还是个妥当人……’”挑选贾府未来的管家人，不如让自己的儿媳妇来当家好，出于这方面考虑，处事圆滑，藏愚守拙的宝钗自然是不二人选。

从王夫人对待袭人的态度上也可以看出一二。当袭人向王夫人提议让宝玉搬出大观园，怕是和姑娘们总在一处会有什么事，让外人看了也不好，宝玉一生的声名品行就完了。这些话让刚刚经历了金钏儿之死的王夫人听了很受用，她握着袭人的手直呼 “我的儿”，并说以后将宝玉交给她了。薛姨妈当场就说：“早就该这么着，那孩子模样儿不用说，只是他那行事儿的大方，见人说话儿的和气，里头带着刚硬要强，倒实在难得的。”很快袭人就获得了同赵姨娘一样的月银，暗里提升了她的身份，只是明里还没公开。王夫人把袭人拉拢过来，作为自己放在宝玉身边的 “眼线”，从此怡红院宝玉以及丫鬟们的一言一行都在王夫人的监控之下。袭人之所以为王夫人所用的一个重要原因，是她也不喜欢黛玉。袭人多次在人前背后发泄对黛玉的不满，暗暗地为黛玉制造负面的舆论，以达到她的目的，这些言行和王夫人不谋而合。

王夫人是封建思想价值观的忠实拥护者，袭人也和宝钗一样劝解宝玉走仕途之路，读“四书”，博取功名。在王夫人的心中，袭人正是宝钗的影子，才是她喜欢的类型。所以她必然会选择宝钗和袭人来服侍宝玉。

（三）黛玉对待“金玉良缘”的心理变化

“金玉良缘”始终是横亘在宝、黛爱情中一道过不去的坎儿。黛玉心里对此很在意，“金玉良缘”就像是一个 “魔咒”让她挥之不去。黛玉把感情越是倾注在宝玉身上，她的心病就越严重，像一块巨石一样压得她喘不过气。就宝钗和黛玉的客观条件来讲，宝钗的优势显然要比黛玉多。薛家家底殷实，《红楼梦》多次提到了她家的当铺和药材铺等，并且家中有替自己大事做主的母亲和兄长，加之有堂弟薛蝌和堂妹薛宝琴，相互扶持。黛玉与之相比，什么也没有，孤独无助。她心里只有对宝玉的爱和自己的诗。而初期宝玉又是 “见了姐姐就忘了妹妹”的情种，曾在钗、黛间徘徊，这些都被黛玉看在眼里，忧在心里。但在经历了宝玉的“诉肺腑”之后，宝、黛爱情进入了默契和成熟的阶段，她和宝玉之前的彼此假意试探已经不复存在，两个人都已明了对方的心意，可以说黛玉此时的心里是非常满足的，因为她确认自己得到了宝玉的心。宝、黛二人都是性情中人，不会戴着厚厚的面具生活，不会被那一套封建礼教所束缚。当黛玉在经历青春的觉醒与感情的困扰时，她会情不自禁地表露心声：“每日家情思睡昏昏。”这说明了黛玉的“真”和“纯”。同样宝玉用《西厢记》的唱词：“若共你多情小姐同鸳帐，怎舍得叠被铺床？”来回应黛玉的情意缠绵，宝玉也是一个从“真”到“痴”的人。他们彼此理解与欣赏，达到了完全的两情相悦，不离不弃，是精神伴侣。他们追求建立在共同思想基础上的爱情，促使他们在追求真爱的道路上更加勇敢。在有了这份自信之后，黛玉的心境也好转了，她也能坦然地面对宝钗，还向宝钗敞开了心扉。

第四十五回“金兰契互剖金兰语，风雨夕闷制风雨词”中，因黛玉身子愈发不好，宝钗来探望，不仅体贴地为黛玉分析病理，还给黛玉送来燕窝，这着实让处境孤单的黛玉大为感动。之前黛玉在行酒令时不自觉用了《牡丹亭》和《西厢记》中的两句唱词“良辰美景奈何天”和“纱窗也没有红娘报”，被宝钗抓住把柄。她便对黛玉说道：“你我只该做些针黹纺织的事才是，偏又认得了字，既认得了字，不过拣那正经的看也罢了，最怕见了些杂书，移了性情，就不可救了。”并借此劝解黛玉要少看这些书，这也让黛玉觉得宝钗是很宽厚待人的。宝钗做的这两件事，使得黛玉对宝钗的猜疑、妒忌大大的释然，两个人最终和解。“金玉良缘”和“木石前盟”之争也随之淡化了。转而她最大的忧愁就是无人为她和宝玉的婚姻做主，这种忧思流露在后期所做的诗词里。

第七十回黛玉重建桃花社之后，众姊妹以柳絮为题作词，黛玉的《唐多令》云：

粉堕百花洲，香残燕子楼。一团团、逐对成毬。漂泊亦如人命薄，空缱绻，说风流。　　草木也知愁，韶华竟白头！叹今生、谁舍谁收？嫁与东风春不管，凭尔去，忍淹留。

这首词的核心意象是柳絮，象征了林黛玉一生的际遇。一方面，柳絮随风飘落的特性比拟了黛玉只身寄居贾府的身世。另一方面，生于暮春之时的柳絮，飘落之后只能任东风摆布，引起黛玉对青春易逝的叹息，和对自身婚姻难以把握的伤感。“叹今生谁舍谁收？”自己虽然与宝玉有情有爱，但自古婚姻大事皆由父母而定，两千年前的《诗经·齐风·南山》中就有“娶妻如之何？必告父母。娶妻如之何？匪媒不得”的描述。千年积习，无可撼动，黛玉无父无母，只能是像柳絮一样“凭尔去，忍淹留”。

而此时的宝钗却城府在胸，她知道自己的婚姻大事由父母做主，进行如意。面对大观园的乱象纷呈，一向高洁自持的她，为避嫌故而在“生日夜宴”之后借口母亲生病，搬出大观园，回自己那边居住。她作《临江仙》这首词先表白说：“我想，柳絮原是一件轻薄无根无绊的东西，然依我的主意，偏要把他说好了，才不落套。所以我诌了一首来，未必合你们的意思。”于是另翻新意，写道：

> 白玉堂前春解舞，东风卷得均匀。蜂团蝶阵乱纷纷：几曾随水逝，岂必委芳尘？　　万缕千丝终不改，任他随聚随分。韶华休笑本无根，好风频借力，送我上青云。

她很乐观地寄予未来美好的向往，“好风频借力，送我上青云”。

柳絮词的意象融入人物的性格之中，特别是对黛玉来说，抄检大观园以后词中所含的谶语就转变成了现实。首先黛玉的身体愈发不好，本身就削弱了黛玉的竞争力。更重要的是，宝钗明显地获得了贾府上层家长的认可，这才是起决定作用的因素。

其实在黛玉和宝钗的内心都获得了自己想要的满足感，只不过各自不同罢了。黛玉要的是宝玉和她心心相印，这是“木石前盟”的灵魂。黛玉除了拥有和宝玉的情投意合之外，再无其他优势可言。而宝钗要的是“父母之命”的认可，这是“金玉良缘”的实质。宝钗除了不具备和宝玉的志趣相投外，其他的她都符合。其一，身体健康，这能保证贾府后继有人，这是封建家长相当重视的一点；其二，家资殷实，这一点在贾府上层决定人选时也是有利的因素；其三，性情德行，宝钗时刻恪守着传统道德对一个女子的规范，不仅总找机会劝解未来的夫婿为博取功名利禄而读书，认为“男人读书明理，辅国治民，这才是好”，而且还深明妇道。而黛玉从来不去鼓励宝玉考取功名，走仕途经济之路，宝、黛在一起完全是人性的解放。此外宝钗的善于应付，体贴笼络使她获得了更高的人气。相比之下，猜忌、敏感又清高的黛玉就显得不太讨人喜欢了。通过这番比较，可以看出宝钗几乎是那个时代封建家长心中的完美儿媳。所以“金玉之说”正是应了“父母之命，媒妁之言”的传统，代表了根深蒂固的积淀了两千多年的封建思想观念。

二、宝玉婚事和贾府被抄

（第八叙事单元：第九十二至一百十回）

（一）风雨飘摇中的贵族之家

贾府从第九十五回元妃死后，就像被阴影笼罩了一般。这一年宝玉 17 岁，腊月丢玉，疯疯傻傻，牵动上上下下，举家不宁。黛玉焚稿，行将殒没。宁国府遇鬼，阴风四起。贾政被参，仕途蹉跎。直至对头一年贾府被抄，元气败落。

王家是从第九十六回顶梁柱王子腾的暴死，顿时使这一家族坍塌了。这一打击，加上在贾府被抄中受到的致命打击，连王家嫁到贾府的王熙凤也一蹶不振了。

薛家深陷薛蟠命案之中，各处用银两打点，薛家在薛蟠第二次命案整个过程花掉了 10 多万两银子，掏空了家底。

史家用贾母的话说，早在前几年就垮了。

这一切都标志着四大家族“一损俱损”，走向衰败的共同命运。在这样的家族中，当权者或昏庸无能，诚惶诚恐，或寻欢作乐，醉生梦死。整个家族经济衰败，子孙不肖，后继无人。他们是一代不如一代的元老集团，世袭制为他们带来纸醉金迷的同时，也敲响了丧钟。

徐迟先生在《红楼梦艺术论》指出：

《红楼梦》写出了整个封建社会末世各阶级和阶层的总和。最大的奴隶主是皇帝。

小说中列举了皇帝、后妃、皇亲、国戚、公侯伯子男爵、将军、内阁各部朝臣、文武百官和外省的政权机构大员酷吏以及所谓内监的特殊势力。

……

以上说的是和四大家族有来往的奴隶主贵族，秦可卿一死，全都出来了，或送殡、或路祭。他们形成了一股联合在一起的政治集团，大体上属于元老派，或皇家集团。他们中间，曹家和北静郡王水溶的关系最好。这北静王显然是这个集团的首领。①

四大家族是元老派，与他们对垒抗衡的政治势力，则是内阁各部的另一个集团，大都是科举仕进的。“功臣政治”向“贤臣政治”逐渐过渡，这是每个朝代政治结构的基本走势。四大家族元老派属于“功臣政治”体系，在官僚政治斗争的旋涡中，元老派的势力愈来愈今不如昔，因此，元老派中失去任何一个关键棋子，都会导致四大家族官僚集团的政治势态随之发生倾斜。《红楼梦》中的元妃、王子腾，从人物形象来说，他们没有多少性格，只是一个政治符号，是四大家族政治势力的象征。“秤砣虽小压千斤”，无论他们兴还是亡，都能够起到拓展情节深度和广度的媒介作用，都能推进叙事过程的演进。

1. 王家迅速塌台

清朝百年以后，元老派在朝廷的势力相对愈来愈小，他们的子孙能够成为内阁重臣是很被世袭贵族看重的。第九十五回喜讯传到贾府，王家的顶梁柱王子腾升官了，“贾琏进来请安，嘻嘻地笑道：‘今日听得军机贾雨村打发人来告诉二老爷说，舅太爷升了内阁大学士，奉旨来京，已定明年正月二十日宣麻。有三百里的文书去了，想舅太爷昼夜趱行，半个多月就要到了。侄儿特来回太太知道。’王夫人听说，便欢喜非常”。王夫人喜的是娘家人升迁，自己的腰

① 徐迟. 红楼梦艺术论[M]. 上海：上海文艺出版社，1980：17.

杆就更粗了。而这对于贾府真正的意义，是扩大了政治的人脉范围，所以贾琏一听到信儿就非常兴奋。可还没高兴几天，第九十六回便又传来王子腾的死讯。“贾琏打听明白了来说道：‘舅太爷是赶路劳乏，偶然感冒风寒，到了十里屯地方，延医调治。无奈这个地方没有名医，误用了药，一剂就死了……’王夫人听了，一阵心酸，便心口疼得坐不住。”王子腾之死并非仅只是他个人问题，而是关系到整个家族的政治命运，关系到四大家族的利益格局，关系到元老派的势力强弱。

就在传送王子腾一喜一丧信息的时候，元妃病死。这也不仅仅是她个人的悲剧，而是意味着贾府所拥有的皇亲国戚的靠山彻底坍塌了。想当年贾府从元妃身上沾了多少好处，用贾母的话说“娘娘不用悲伤，家中已托着娘娘的福多了”。《红楼梦》第九十五回、九十六回出现元妃之死与王子腾之死，意味着贾家又坍塌了一角，王家顶梁柱倒下了，是不可逆转的衰败之势。如果说元妃省亲那时，贾家、王家还不能说已然衰败，尚能撑起烈火烹油、鲜花着锦之盛的“虚架子”，那么元妃之死、王子腾之死则是衰败的转折点，四大家族都因此而处在风雨飘摇中……

2．薛家败落于太平命案

上一个叙事单元已经写到薛家进入多事之秋，从第八十五回到一百回分几层叙述了薛家与官府的勾结、白银与权力的交换、腐败与破败的共存。薛家算是殷实的贵族，短短的时间内还能拿出10万两银子，要是贾家恐怕早就囊中羞涩了。所以从某种意义上来说，薛家的败落，才算贾、史、王、薛四大家族走到了“一损俱损”的地步。写薛家，目的是影射《红楼梦》的主意脉贾家的衰败。薛家的彻底败落，毁于薛蟠太平命案。

第九十九回“守官箴恶奴同破例，阅邸报老舅自担惊”，贾政一日在公馆闲坐，看见刑部邸报一本。“为报明事，会看得金陵籍行商薛蟠——”贾政便吃惊道：“了不得，已经提本了！”随用心看下去，是“薛蟠殴伤张三身死，串嘱尸证捏供误杀一案”。贾政一拍桌道：“完了！”往后看去，底下是：

据京营节度使咨称：“缘薛蟠籍隶金陵，行过太平县，在李家店歇宿，与店内当槽之张三素不相认。于某年月日，薛蟠令店主备酒邀请太平县民吴良同饮，令当槽张三取酒。因酒不甘，薛蟠令换好酒。张三因称酒已沽定，难换。薛蟠因伊倔强，将酒照脸泼去，不期去势甚猛，恰值张三低头拾箸，一时失手，将酒碗掷在张三囟门，皮破血出，逾时殒命……

以下注着"此稿未完"。

这份抄件全文引述了京营节度使综合了道府州县上交的承审材料之后，所提出的"候详"报告，报告称：发案时薛蟠并未骂张三，同时也不存在"举碗砸张"和"张三伸头叫砸"的事实。张三之死，实系"薛蟠因伊倔强"，不肯换酒而突发暴性，将酒照张三脸上泼去，不期去势甚猛，恰值张三低头拾物，一时失手，将酒碗砸在张三囟门，皮破血出，逾时殒命。这些发案原状记录，经节度使审查核实，并据以做出了结论，认定"薛蟠实系泼酒失手，掷碗误伤张三身死，将薛蟠照过失杀人，准斗杀罪收赎"。但是刑部对案件进行审查时，发现各犯证词前后不符，于是又令节度使审明实情，重新报告。节度使最后查证后的结果是"薛蟠因张三不肯换酒，醉后拉着张三右手，先殴张三腰眼一拳，张三被殴回骂，薛蟠将酒碗掷出，致伤囟门深重，骨碎脑破，立时殒命。是张三之死，实由薛蟠以酒碗砸伤甚重致死，自当以薛蟠拟抵"。

贾政因薛姨妈之托，曾托过知县，若请旨革审起来，牵连着自己，好不放心。即将下一本开看，偏又不是。只好翻来覆去，将报看完，终没有接这一本的。心中狐疑不定，更加害怕起来。

管门的李十儿劝慰贾政说：

老爷放心。若是部里这么办了，还算便宜薛大爷呢。奴才在京的时候，听见薛大爷在店里叫了好些媳妇儿，都喝醉了酒生事，直把个当槽儿的活活儿的打死了。奴才听见不但是托了县里，还求琏二爷去花了好些钱，各衙门打通了才提的。不知怎么部里没弄明白。如今就是闹破了，也是官官相护的……

李十儿是一个奸猾的仆役，他关于刑部“官官相护”一句话，就暗示出刑部也曾受贿。只不过当时没有弄清楚薛家花钱是要为薛蟠买个“死罪开脱”，而误认为是“拟绞监候”，给了个准其死中求活的结论，便就此撒手不管。薛姨妈急得又托人花大把银子打点，却不中用，照旧将薛蟠定了个死罪，等候秋天大审。整个太平命案的审批过程，从县到府，再到道台、节度使、刑部，可谓重重难关，每一道关卡发难，都可能会导致薛蟠的丧命。薛蟠的这次命案，让薛家费尽了周折，花了十多万的银子，却始终没能像第一次命案时轻易地逃脱。

贾政担心薛蟠命案会对自己有挂碍，忙着人回京到吏部打听。得知知县判定的“误杀”不但被驳回，还被刑部参了一本“薛蟠殴伤张三身死，串嘱尸证捏供误杀”，将薛蟠依《斗杀律》拟绞监候，等待秋天大审，太平县知县也被革职，吴良作伪证则被杖责流放，贾政才放心。

薛蟠能够从这次案子中死里逃生，可以说全部是靠银子来铺路。从县到府，再到道台、节度使、刑部，每一道关卡若不送人情，就面临着被“严正执法”的危险。真是“衙门八字开，有理无钱莫进来”。薛蟠的这次命案，使本来已经走下坡路的薛家经济遭受了更加严重的打击，第一百回薛姨妈向薛宝钗哭诉，为了薛蟠的官司：

> 京里的官商名字已经退了，两个当铺已经给了人家，银子早拿来使完了。还有一个当铺，管事的逃了，亏空了好几千两银子，也夹在里头打官司。你二哥哥天天在外头要帐，料着京里的帐已经去了几万银子，只好拿南边公分里银子和住房折变才够。前两天还听见一个荒信，说是南边的公分当铺，也因为折了本儿收了。

《红楼梦》披露薛家“捞人”过程的艰难和复杂。薛姨妈为一宗命案，则耗去十多万两白银。薛蟠命案的关键是把“故杀”变为“误伤”，这样才可以免薛蟠一死。花去这么多银子的一个原因是层层打点，处处用银子打通关节。

第一百回“且说薛姨妈为着薛蟠这件人命官司，各衙门内不知花了多少银钱，才定了误杀具题。原打量将当铺折变给人，备银赎罪。不想刑部驳审，又托人花了好些钱，总不中用，依旧定了个死罪，监着守候秋天大审。薛姨妈又气又疼，日夜啼哭”。最后，在皇帝大赦天下的时候，薛家才又花钱买通了刑部，将薛蟠救了出来。

薛蟠的二次命案，使得薛家从此一蹶不振。后来薛宝钗嫁给已经痴傻的贾宝玉，可以说是不情愿而为之，薛家已经无力维持家业，只能依附同样处在风雨飘摇之中的贾府。

3．贾府被抄的先兆

进入第八个叙事单元后，四大家族衰败之势“真是六亲同运”，尤其以贾政被参、倪二小鳅翻大浪、大观园阴风鬼魂，仿佛是贾府被抄家的先兆。

先兆之一：贾政被参。

清人王希廉评点曰：“贾政被参，是抄没先声。”第九十九回贾政被参，“亏得皇上的恩典……本应革职，姑念初膺外任，不谙吏治，被属员蒙蔽，着降三级，加恩仍以工部员外上行走，并令即日回京”。贾政在江西粮道任上，开始对属下管得挺紧，管门的李十儿和粮房书办等人，没有油水可捞，心怀怨气，不断找碴儿，给贾政出难题。先是没人打鼓，接着没人站班喝道，后来连轿夫也等不来。层层施压，贾政不理睬。李十儿等人干脆以“没有银子”为由，连饭也不给贾政准备了。贾政无奈，又被李十儿等人忽悠，说得“心无主见”。

贾政在李十儿等恶奴胁迫下妥协，只得以“我是要保性命的，你们闹出来不与我相干”作为底线，放纵胥吏们捞钱。胥吏们马上“自己做起威福，勾连内外一气的哄着贾政”，中饱私囊。所以，贾政被参的罪名是“失察属员，重征粮米，苛虐百姓”。

封建官场的黑暗，遍地皆是。弹劾谁，不弹劾谁，惩治谁，不惩治谁，并不完全在问题的本身，而看你是哪条线的人。“四大家族”是元老派系，贾政是工部郎中，还放了江西粮道，却因隶属元老派，而受到内阁同僚的歧视和打击。这才是问题的要害。贾政被参，皇上为什么保他？一则他是逝去的元妃之父，二则元老派是皇家集团。在朝廷矛盾斗争和利益平衡下，总有牺牲品。贾政被参，只不过是溅起的小小的浪花而已，这预示着贾府还会面临一场更大的灾难。

先兆之二：倪二小鳅生大浪。

第一百零四回跳出一个小人物——倪二。从情节来看，这个市井泼皮的出现纯属偶然，但他介入了贾府的事情，一旦被人利用，就可能生出大的事端，推波逐浪。曹雪芹正是看到这一点，因而回目冠之“醉金刚小鳅生大浪”。

贾芸穷困潦倒，向舅舅借钱碰壁，在街上遇到近邻倪二。倪二闻之贾芸窘况，仗义相助。不久倪二酒醉冲撞了回衙署的贾雨村，被拘走。倪二妻女求贾芸说情，而贾芸几日连贾府都进不去，又不肯说实话。倪二妻女认为他不办事，待倪二放回，得知此情，便要报复贾府，他说：

> “若说贾二这小子，他忘恩负义，我就和几个朋友说他家怎么欺负人，怎么放重利，怎样强娶活人妻。吵嚷出来，有了风声到了都老爷耳朵里，这一闹起来，叫他们才认得倪二金刚呢！”他女人道：“你喝了酒睡去罢！他又强占谁家的女人来着？没有的事，你不用混说了。”倪二道：“你们在家里，那里知道外头的事？前年我在场儿里碰见了小张，说他女人被贾家占了，他还和我商量，我倒劝着他才压住了。不知道小张如今那里去了，这两年没见。若碰着了他，我倪二太爷出个主意，叫贾老二死给我瞧瞧，好好的孝敬孝敬我倪二太爷才罢了。”

不知是倪二等传播造势，还是另有人揭发上告，总之，时隔不久贾府被抄，其中罪状之一就是“强占良民妻女为妾”，“还拉出一个姓张的来。只怕连都察院都有不是，为的是姓张的曾告过的”。这个姓张的就是尤二姐的未婚夫，曾受王熙凤指使告官府。问题不在有没有这等事，重要的是什么人利用这等事发难。一旦有了时机，发难就会奏效。否则，这等事无所谓。哪个王府豪门没有几档这些破烂事呢。就像薛蟠两次命案一样，同是打死人，前一次逍遥法外，没事一般；后一次花尽银子，捞人无果。这说明，问题的关键就看上面是否有权贵罩着你。有则，大事化小，小事化了。无则，有枣没枣也得打三杆子。若是盯死你，就算你倒霉。

先兆之三：大观园的阴风鬼魂。

神鬼、报应，本来是中国几千年生活习俗和观念形态的反映，这些内容越是临近《红楼梦》悲剧的尾声，越是多起来，它反映了贾府上层人物的一种内心恐惧，是做过亏心事的虚弱本质的再现。神鬼、报应像幽灵一样盘旋在贾府的上空，不时给这个“赫赫扬扬，已历百载”的“煊赫”家族投下阴影，成为贾府悲剧的组成部分。如：

第一百一回“大观园月夜感幽魂，散花寺神签惊异兆”：

> 凤姐刚举步走了不远，只觉身后咈咈哧哧似有闻嗅之声，不觉头发森然直竖起来。由不得回头一看，只见黑油油一个东西在后面伸着鼻子闻他呢，那两只眼睛恰似灯光一般。凤姐吓的魂不附体，不觉失声的咳了一声，却是一只大狗。那狗抽头回身，拖着一个扫帚尾巴，一气跑上大土山上，方站住了，回身犹向凤姐拱爪儿。
>
> 凤姐儿此时肉跳心惊，急急的向秋爽斋来。将已来至门口，方转过山子，只见迎面有一个人影儿一恍。凤姐心中疑惑，还想着必是那一房的丫头，便问：“是谁？”问了两声，并没有人出来，早已神魂飘荡了。恍恍忽忽的似乎背后有人说道：“婶娘连我也不认得了！”凤姐忙回头一看，只见那人形容俊俏，衣履风流，十分眼熟，只是想不起是那房那屋里的媳妇来。只听那人又说道：“婶娘只管享荣华、受富贵的心盛，把我那年说的‘立万年永远之基’都付于东洋大海了。”凤姐听说，低头寻思，总想不起。那人冷笑道：“婶娘那时怎样疼我了，如今就忘在九霄云外了？”凤姐听了，此时方想起来是贾蓉的先妻秦氏，便说道：“哎呀，你是死了的人那，怎么跑到这里来了呢？”啐了一口，方转回身要走时，不防一块石头绊了一跤，犹如梦醒一般，浑身汗如雨下。

第一百二回“宁国府骨肉病灾祲，大观园符水驱妖孽”：

那日尤氏过来送探春起身，因天晚省得套车，便从前年在园里开通宁府的那个便门里走过去了。觉得凄凉满目，台榭依然，女墙一带都种作园地一般，心中怅然如有所失。因到家中，便有些身上发热。挣扎一两天，竟躺倒了。日间的发烧犹可，夜里身热异常，便谵语绵绵。

贾珍请了一位毛半仙来驱鬼。

只闻尤氏嘴里乱说："穿红的来叫我，穿绿的来赶我。"地下这些人又怕又好笑。贾珍便命人买些纸钱，送到园里烧化，果然那夜出了汗，便安静些。到了戌日，也就渐渐的好起来。

由是一人传十，十人传百，都说大观园中有了妖怪。吓得那些看园的人也不修花补树，灌溉果蔬。起先晚上不敢行走，以致鸟兽逼人，近来甚至日间也是约伴持械而行。……贾珍方好，贾蓉等相继而病。如此接连数月，闹得两府俱怕。从此风声鹤唳，草木皆妖。……

贾赦不大相信，说："好好儿园子，那里有什么鬼怪！"一天风清日暖，他带了好几个家人，手持器械，到大观园看个究竟。"到了园中，果然阴气逼人。贾赦还扎挣前走，跟的人都探头缩脑的。"有个年轻的家人，心内已经害怕，听得一声声响，吓得腿一软，就裁倒了。贾赦回身查问，那小子喘嘘嘘地回道："亲眼看见一个黄脸红胡子绿衣裳一个妖怪，走到树林子后头山窟窿里去了。"众人也附和着说看见了，贾赦听了，便也有些害怕，也不敢再走，急急的回来。"贾赦没法，只得请道士到园作法事，驱邪逐妖。"

曹雪芹经历了由富贵坠入穷愁潦倒的生活，遭遇了大起大落的悲欢离合之后，获得了更为敏锐、更为深刻，也更为复杂的人生感悟，在清醒的悲剧意识观照下，叙述了这个赫赫扬扬的"诗礼簪缨之族"已历百世，描写了封建王朝勋臣世家的迎来送往、丧葬嫁娶、福寿筵宴、官场权变等日常生活，深刻揭示了造成家族衰亡的真正原因，勾画了这个百年望族兴衰荣辱迅速转递的历史图景，将《红楼梦》创作成一个"悲凉之雾，遍被华林"的悲剧。《红楼梦》中还包裹着一层挥之不去的意识、思维、情绪上的悲凉之雾，那就是强烈的死亡意识。生命的个体是这样，家族群体也是这样，生命本已脆弱不堪，而当生活、命运突遭巨变，“呼喇喇似大厦倾”，死亡意识便在时空中弥漫开来。

4．贾府被抄，大势已去

第一百五回“锦衣军查抄宁国府”。回目是查抄宁国府，其实写的都是发生在荣国府这边的事情。整个查抄的过程，着墨于三个典型层面上。

其一，徐迟先生在《红楼梦艺术论》中指出：贾家是被侍郎和御史内阁权臣集团联合了太监这一特殊势力而被抄了家，从而垮台了的。北静王曾竭力给予保护，只保住了荣国府，没保住宁国府。这种矛盾也含在了抄家的全过程，西平王、北静王便代表了元老派，他们在抄家的范围、方法上，极力缩减受灾的程度，而锦衣府赵堂官则是侍郎和御史内阁权臣集团的代表，企图借此一举，肆意查抄，灭掉贾府。

查抄贾府的领头人是西平王，跟随他的是锦衣府赵全。贾府正在宴请，家人来报“‘赵老爷已进二门了’。贾政等抢步接去，只见赵堂官满脸笑容，并不说什么，一径走上厅来。后面跟着五六位司官，也有认得的，也有不认得的，但是总不答话”。赵全骄横得意、趾高气扬。而后才是西平王来到：

> 贾政等知事不好，连忙跪接。西平郡王用两手扶起，……
>
> 慢慢的说道：“小王奉旨，带领锦衣府赵全来查看贾赦家产。”
>
> 贾赦等听见，俱俯伏在地。王爷便站在上头说：“有旨意：贾赦交通外官，依势凌弱，辜负朕恩，有忝祖德，着革去世职。钦此。”西平王话音刚落，赵堂官一叠声叫：“拿下贾赦，其余皆看守。”

西平王和赵全来到贾府在短暂时间里，对于贾府是全抄，还是单抄宁国府贾赦？是灭顶之灾似的大抄，还是保护性的抄检？在西平王和赵全简短的对话中，已显现出微妙的智斗：一个是大体遵旨，暗中保护；一个是打着遵旨的旗号，趁机再踏上一脚。

赵堂官即叫他的家人：“传齐司员，带同番役，分头按房，抄查登账。”

这一言不打紧，吓得贾政上下人等面面相觑，喜得番役、家人摩拳擦掌，就要往各处动手。西平王道："闻得赦老与政老同房各爨的，理应遵旨查看贾赦的家资，其余且按房封锁，我们复旨去，再候定夺。"赵堂官站起来说："回王爷：贾赦贾政并未分家，闻得他侄儿贾琏现在承总管家，不能不尽行查抄。"西平王听了，也不言语。

只这"不言语"，便保住了贾政这一边荣国府免遭涂炭。

赵堂官便说："贾琏、贾赦两处须得奴才带领查抄才好。"西平王便说："不必忙，先传信后宅，且请内眷回避再查不迟。"一言未了，老赵家奴、番役已经拉着本宅家人领路，分头查抄去了。王爷喝命："不许罗唣！待本爵自行查看。"说着，便慢慢的站起来要走，又吩咐说："跟我的人一个不许动，都给我站在这里候着，回来一齐瞧着登数。"

西平王又一次遏制了赵全的肆意查抄，有人拦住王爷，汇报从凤姐的屋里"抄出两箱房地契，又一箱借票，却都是违例取利的"。赵全听说，又一次要带人进去，说："好个重利盘剥！很该全抄。请王爷就此坐下，叫奴才去全抄来，再候定夺罢。"

正在此时，皇上特命北静王到这里宣旨。赵堂官听了，心里喜欢说："我好晦气，碰着这个酸王。如今那位来了，我就好施威。"

> 只见北静王已到大厅，就向外站着，说："有旨意，锦衣府赵全听宣。"说："奉旨意：'着锦衣官惟提贾赦质审，余交西平王遵旨查办。钦此。'"西平王领了，好不喜欢。北静王便拣选两个诚实司官并十来个老年番役，余者一概逐出。西平王便说："我正和老赵生气。幸得王爷到来降旨。不然，这里很吃大亏。"北静王说："我在朝内听见王爷奉旨查抄贾宅，我甚放心，谅这里不致荼毒。不料老赵这么混账。"

北静王是元老派的首领，而且和贾府的关系最好。贾府大事的场面，北静王总是露面，并表现出对宝玉的喜爱，对贾府的关照。针对那两箱子"借券"，王爷道："政老，方才老赵在这里的时候，番役呈禀有禁用之物并重利欠票，我们也难掩过。这禁用之物原办进贵妃用的，我们声明，也无碍。独是借券想个什么法儿才好。如今政老且带司员实在将赦老家产呈出，也就了事，切不可再有隐匿，自干罪戾。”

其二，贾政在西平王、北静王的眷顾下，才稍定心神，但闯入他眼中的场面，令他“心惊肉跳”。

凤姐屋里大量的财宝和两箱借券。

金银珠宝类：13 种、405 件（把、个、对）；

珍贵皮料类：32 种、659 张（件、把、副）；

各种呢绒绸布：14 种、737 件（度、卷、捆）；

宫中用品。

作者不厌其烦地列举查抄的物件，还有两箱子借券，入官的入官，抢去的抢去，“历年积聚的东西并凤姐的体己不下七八万金，一朝而尽”（第一百六回）。贾琏、秋桐等人抱怨，嗔斥她。凤姐对平儿道：“虽说事是外头闹的，我若不贪财，如今也没有我的事，不但是枉费心机，挣了一辈子的强，如今落在人后头。我只恨用人不当，恍惚听得那边珍大爷的事说是强占良民妻子为妾，不从逼死，有个姓张的在里头，你想想还有谁，若是这件事审出来，咱们二爷是脱不了的，我那时怎样见人。我要即时就死，又耽不起吞金服毒的。你到还要请大夫，可不是你为顾我反倒害了我了么。”平儿愈听愈惨，恐凤姐自寻短见，只得紧紧守着。形象地展示了凤姐半生苦心孤诣地贪婪钱财，聚揽银子，在抄家之前是众人嫉恨。抄家后，落了个钱财尽失，祸及己身。不仅被人戳其项背，而且毁掉了她的人生欲望。

其三，焦大怒骂，出脱了心中的愤懑。

贾政出外看时，见是焦大，便说：“怎么跑到这里来？”焦大见问，便号天跺地的哭道：“我天天劝这些不长进的爷们，倒拿我当作冤家。爷还不知道焦大跟着太爷受的苦！今儿弄到这个田地！珍大爷、蓉哥儿都叫什么王爷拿了去了，里头女主儿们都被什么府里衙役抢得披头散发，圈在一处空房里。那些不成材料的狗男女，都像猪狗似的拦起来了。所有的都抄出来搁着，木器钉得破烂，磁器打得粉碎。他们还要把我拴起来。我活了八九十岁，只有跟着太爷捆人的，那里有倒叫人捆起来的。我说，我是西府里的，就跑出来。那些人不依，押到这里，不想这里也是这么着。我如今也不要命了，和那些人拚了罢！”说着撞头。（第一百五回）

焦大像一个固定的叙事探头，他第一次醉骂出现在第七回，第二次怒骂则到了第一百五回，中间跨越了99个章回、8个年头，但令人感觉他的情感始终如一，诚如清人陈其泰《桐花凤阁评红楼梦》所言：“焦大义仆，深忿其主子行为，借端发作，将酒盖面，非真醉也。”首先，他把贾府这份家业视为自己和老太爷一块挣下的，竭尽忠诚地守护。他第一次醉骂时就讲道：“你祖宗九死一生挣下这家业。到如今了，不报我的恩，反和我充起主子来了。不和我说别的还可，若再说别的，咱们红刀子进去白刀子出来！”第二次怒骂还说道：“我天天劝，这些不长进的爷们，倒拿我当作冤家！连爷还不知道焦大跟着太爷受的苦！”可见焦大之忠，虽奴性十足，却无媚骨。其次，他心中愤懑的都是针对贾府的后继者，那些“不长进的爷们”，吃喝玩乐，荒淫无度，“今朝弄到这个田地”！如果说第一次醉骂贾府腐败还只是公开暴露，那么现在则是“罪有应得”，应验了，报应了。它恰好是贾府衰败这条意脉上镶嵌的一个探头，站在局外的视角去观察，上下百年的贾府“呼喇喇大厦倾”。再次，焦大是《红楼梦》仆人中唯一见过贾府五代人而又活到今天的人，他是一块活化石，是贾府衰败的历史见证人。

5. 贾母处变不惊，再执牛耳

贾府被抄，宁国府宅第入官，所有财产房地以及家奴等，都造册收尽。贾赦、贾珍被收监。荣国府剩下贾赦的妻子邢夫人、宁国府剩下贾珍的妻子尤氏，都孤独无靠。贾府笼罩在凄凉愁苦的氛围之中，与当年锦衣玉食、欢天喜地的情景天壤之别。

第一百六回，王夫人带了宝玉、宝钗过来向贾母请安。见贾母悲伤，三人也大哭起来。宝钗更有一层苦楚：想哥哥也在外监，将来要处决，不知可否减等；公婆虽然无事，眼见家业萧条；宝玉依然疯傻，毫无志气。想到后来终身，更比贾母、王夫人悲苦得多。

第一百七回，贾母问贾政："我这几年老的不成人了，总没有问过家事。如今东府是全抄去了，房屋入官不消说的。你大哥那边琏儿那里也都抄去了。咱们西府银库，东省地土，你知道到底还剩了多少？"

贾政回答："旧库的银子早已虚空，东省的地亩早已寅年吃了卯年的租儿了。"

贾母听了，又急得眼泪直淌，说道："怎么着，咱们家到了这样田地了么！我虽没有经过，我想起我家向日比这里还强十倍，也是摆了几年虚架子，没有出这样事已经塌下来了，不消一二年就完了。据你说起来，咱们竟一两年就不能支了。"

贾政道："若是这两个世俸不动，外头还有些挪移。如今无可指称，谁肯接济。"说着，也泪流满面，"想起亲戚来，用过我们的如今都穷了，没有用过我们的又不肯照应了。昨日儿子也没有细查，只看家下的人丁册子，别说上头的钱一无所出，那底下的人也养不起许多"。

面对家运乖蹇，家业破败，贾政还在一筹莫展、抱怨叹息时，贾母却在经受最初的惊吓混乱之后，迅速恢复了理智与常态，处变不乱，稳定大局。先是祷告天地，恳求菩萨，宽恕儿孙，宁愿独自一人承担罪孽。接着开箱倒笼，将做媳妇以来积蓄的银两、衣物，全部拿出来，接济众人，尽到老祖宗对这个家族最后的责任。

王蒙先生对此有很中肯的评价，他说：

> 人物中最于续作中见精神的我以为是贾母。前八十回中，除了宠爱凤姐宝玉，不喜贾赦邢夫人，干预了贾政教子，保护了鸳鸯不受贾赦骚扰之外，贾母是个成天乐呵呵、说笑话、享清福、不管事的"老废物"——贾母对刘姥姥说的自谦之语。恰恰在后四十回，在锦衣军抄家之后，贾母显示了她作为贾府的首脑、灵魂与支柱的作用。……一〇七回"散余资贾母明大义"关键时刻贾母拿出自己个人的银钱接济各方，独撑大厦，共体时艰……贾母还说："你们别打谅我是享得富贵受不得贫穷的人哪，不过这

几年看看你们轰轰烈烈，我落得都不管，说说笑笑养身子罢了……如今借此正好收敛，守住这个门头……”说得好！第一，贾母能享受也能受苦，毕竟她是老一辈人，是第一代创业的荣国公贾代善之妻，创业维艰，贾母身上还沾染一点创业者的艰苦奋斗的传统，与下几代人从一出生就养尊处优、衣来伸手、饭来张口乃至穷奢极欲地习以为常不同。第二，该享福时能放手享福，养身子，想得开，撒得开，这也值得肯定。第三，懂得坏事变好事的道理，抄了家，正好借此收缩清理，去做那些平日做不得或难做的事情，就这三条，她已比贾赦贾政，王夫人王熙凤——更不用说贾珍宝玉之流了——强十倍。[①]

贾母把贾赦、贾政、贾珍等叫到跟前，一一分派说：

这里现有的银子，你拿二千两去做你的盘费使用，留一千给大太太零用。这三千给珍儿，你只许拿一千去，留下二千交你媳妇收着。仍旧各自过日子，房子还是一处住，饭食各自吃罢。四丫头将来的亲事，还是我的事。只可怜凤丫头操了一辈子心，如今弄得精光，也给他三千两，叫他自己收着，不许叫琏儿用。如今他还病得神昏气丧，叫平儿来拿去。这是你祖父留下来的衣服，还有我少年穿的衣服首饰，如今我也用不着了。男的呢，叫大老爷、珍儿、琏儿、蓉儿拿去分了，女的呢，叫大太太、珍儿媳妇、凤丫头拿了分去。这五百两银子交给琏儿，明年将林丫头的棺材送回南去。

享得富贵、耐得贫贱的贾母又嘱咐减省男女仆从，清房地田产，等等。乘机训诫子孙：“若说外头好看里头空虚，是我早知道的了。只是‘居移气，养移体’，一时下不得台来。如今借此正好收敛，守住这个门头，不然叫人笑话你。”这里，贾母不仅表现出了老祖宗的慈爱，更有乱中定乾坤的气魄和才干。贾政在内心感叹：“老太太实在真真是理家的人，都是我们这些不长进的

---

① 王蒙．红楼梦启示录[M]．合肥：安徽教育出版社，2010：176．

闹坏了。”

贾母分派余资已定，贾府一派混乱，霎时趋于平静。贾母还惦记着病中的凤姐。凤姐正在气厥。平儿哭得眼红，听见贾母带着王夫人、宝玉、宝钗过来，急忙出来迎接。贾母便问："这会子怎么样了？"

> ……凤姐开眼瞧着，只见贾母进来，满心惭愧。先前原打谅贾母等恼他，不疼的了，是死活由他的，不料贾母亲自来瞧，心里一宽，觉那拥塞的气略松动些，便要扎挣坐起。贾母叫平儿按着："不要动，你好些么？"凤姐含泪道："我好些了。只是从小儿过来，老太太、太太怎么样疼我……还是这样把我当人，叫我帮着料理家务，被我闹的七颠八倒，我还有什么脸儿见老太太、太太呢？今日老太太、太太亲自过来，我更担不起了。恐怕该活三天的又折了两天去了。"说着悲咽。
>
> 贾母道："那些事原是外头闹起来的，与你什么相干？就是你的东西被人拿去，这也算不了什么呀。我带了好些东西给你，你瞧瞧。"说着，叫人拿上来给他瞧。
>
> 凤姐本是贪得无厌的人，如今被抄净尽，自然愁苦，又恐人埋怨，正是几不欲生的时候。今儿贾母仍旧疼他，王夫人也没嗔怪，过来安慰他，又想贾琏无事，心下安放好些。便在枕上与贾母磕头，说道："请老太太放心。若是我的病托着老太太的福好了，我情愿自己当个粗使的丫头，尽心竭力的服侍老太太、太太罢。"贾母听他说得伤心，不免掉下泪来。（第一百七回）

贾母常常从凤姐的身上看到自己年轻的影子，她曾说："……当日我像凤哥儿这么大年纪，比他还来得呢。他如今虽说不如我们，也就算好了。"也许有人以为贾母有些自我吹嘘。随着情节的发展，贾府被抄以后，面对家运乖蹇，家业破败，贾母处变不乱的大将风度，犹如耸立的老松树挺拔屹立、遮云蔽日，使贾府所有的人都相形见绌。正如贾母在关键时刻批评凤姐："大凡一个人，有也罢没也罢，总要受得富贵耐得贫贱才好。……凤丫头也见过些事，很不该略见些风波就改了样子，他若这样没见识，也就是小器了。”直到这时才领略到贾母处变不乱、再执牛耳，重振当年的风采。

贾府风波过后，痛定思痛，贾母发出了一番深沉的感叹：“我贾门数世以来，不敢行凶霸道。我帮夫助子，虽不能为善，亦不敢作恶。必是后辈儿孙骄奢淫佚，暴殄天物，以致合府抄检。现在儿孙监禁，自然凶多吉少，皆由我一人罪孽，不教儿孙，所以至此。”贾母积一生之经验教训，痛切地感到最大的失误在教育。临终前，她嘱托了两件事：

其一，他拉着宝玉道：“我的儿，你要争气才好！”又拉着贾兰道：“你母亲是要孝顺的，将来你成了人，也叫你母亲风光风光。”

宝玉和贾兰是贾母素日最器重和喜爱的后代，所以她首先托付的就是这两个贾门的继承人，全是肺腑之言。事实也证明了贾母还是了解她这两个较有出息的嫡孙辈的。后来参加科举考试，宝玉“中了第七名举人”，“贾兰中了一百三十名”，终于有了“沐皇恩贾家延世泽”的回光返照。

其二，对凤姐说道：“我的儿，你是太聪明了，将来修修福罢。我也没有修什么，不过心实吃亏，那些吃斋念佛的事我也不大干，就是旧年叫人写了些《金刚经》送送人，不知送完了没有？”凤姐道：“没有呢。”贾母道：“早该施舍完了才好。”说完后，她喉间略一响动，脸变笑容，竟是去了，享年83岁。

这些话可谓贾母的临终遗嘱。在她临死前的关键时刻，可以置其他的一切大事而不顾，独独委托王熙凤抓紧散发《金刚经》，道理何在？贾母临终前，总结一生的经验教训，归结为一点就在于教育儿孙失误所致。她曾说：“我到你们家已经六十多年了。从年轻的时候到老来，福也享尽了。”她不仅自己享乐，还纵容儿孙们放浪形骸，胡作非为。一窝寄生虫，缘何不败？贾母希望尽快散发《金刚经》，虽有了却心愿之意，但在封建社会，佛法教育是人们赖以支撑的道德、行为准则。《金刚经》是中国大乘佛教最为经典的基本教义之一，是般若（智能）类佛经的纲要经典，贾家儿孙整日沉溺于声色犬马之中，在“豪门富贵”中背离了社会准则、道德标准，与《金刚经》教诲大相径庭，这让贾母在临终前感到痛心疾首。可见封建社会末期，以贾母为代表的封建统治阶级已经觉悟到信仰危机的严重和思想道德教育的乏力。教育后代到了非抓不可的地步。教育后人的事情是关乎着一个家庭、一个地方、一个民族，乃至一个国家兴盛衰败的大问题。

贾母带着最后的遗憾离开了人间。

（二）宝玉痴傻，黛玉之死

从第八十五回“贾存周报升郎中任，薛文起复惹放流刑”开始，主体叙事就围绕着两件大事的进程展开：一是宝玉婚事，一是薛蟠命案，两件事情交叉向前推进，长达25个章回。宝玉婚事是正面展示，薛蟠命案是侧面叙述，把贾家、薛家的破败过程一览无余地展现在读者面前，直至推向贾府衰败的高潮——被抄。

1. “掉包计”与宝玉之痴

大观园发生了一件奇异的事情，怡红院海棠花初冬时节开花了，一时轰动了贾府，大家都争着看，连贾母、王夫人也赶来瞧。李纨说：“必是宝玉有喜事来了，此花先来报信。”贾母等人非常高兴，预备酒席，大家赏花。只有探春心里认为：“必非好兆头。大凡顺者昌，逆者亡；草木知运，不时而发，必是妖孽。”果然不久，宝玉的“通灵宝玉”突然不见了，这下可不得了，一连几日又是查找，又是悬赏，又是卜卦，整个贾府闹翻了。丢了玉的宝玉呢，人也变得疯疯傻傻，急得贾母、王夫人整日忧心忡忡，决定娶宝钗给宝玉办婚事，以喜冲秽。

宝玉和黛玉的爱情，尽人皆知，如果不让宝玉娶黛玉，且不说对黛玉是致命的打击，就是宝玉也不干呀。袭人担忧的正是这一点，她向王夫人说出自己的忧虑，引起王夫人重视，又和贾母、凤姐商量。

凤姐道：“依我想，这件事，只有一个‘掉包儿’的法子。”贾母道：“怎么‘掉包儿’？”凤姐道：“如今不管宝兄弟明白不明白，大家吵嚷起来，说是老爷做主，将林姑娘配了他了。瞧他的神情儿怎么样。要是他全不管，这个包儿也就不用掉了。若是他有些喜欢的意思，这事却要大费周折呢。”

王夫人道："就算他喜欢，你怎么样办法呢？"

凤姐走到王夫人耳边，如此这般的说了一遍。王夫人点了几点头儿，笑了一笑说道："也罢了。"贾母便问道："你娘儿两个捣鬼，到底告诉我是怎么着呀。"凤姐恐贾母不懂，露泄机关，便也向耳边轻轻的告诉了一遍。贾母果真一时不懂，凤姐笑着又说了几句。贾母笑道："这么着也好，可就只忒苦了宝丫头了。倘或吵嚷出来，林丫头又怎么样呢？"凤姐道："这个话原只说给宝玉听，外头一概不许提起，有谁知道呢。"（第九十六回）

面对没有别的选择的情况，要么依从宝玉，成全"木石前盟"，要么牺牲黛玉，实现"金玉良缘"。凤姐看到宝玉失玉，正处于神志不清的疯癫状态，而黛玉病重，又陷于孤立无援的境地，便提出瞒住宝、黛，想出个"调包计"。

这个"调包计"成为宝、黛爱情婚姻悲剧的转折点，宝、黛爱情悲剧从第七十七回轰走晴雯拉开序幕，接踵而来的是"贾母暗提亲""凤姐设奇谋""定婚瞒消息""傻大姐泄密"，一步一步把宝、黛爱情悲剧层层推向了最高潮——"黛玉焚稿"，至第九十八回"苦绛珠魂归离恨天"落下帷幕。在这长达22个回目的叙事中，最终宝玉和黛玉被推上爱情悲剧的十字架。

通灵宝玉，是宝玉生命之本的象征。通灵宝玉丢了，宝玉病了，病得痴痴傻傻。其实，丢玉与宝玉只是带有宿命色彩的形式包装，导致生病的真实原因是宝玉内心深处无法释放之忧，也就是与黛玉的爱情无法走向婚姻之忧，这种情感时时煎熬着他，"才下眉头，又上心头"，而不在于丢没丢"通灵宝玉"。宝玉的玉是所谓"木石前盟"的象征与标志。到了宝玉谈婚论嫁的这个关键时刻"丢玉"，实际上是在说宝玉在世俗社会的各种压力下，心力交瘁，进而造成了心性的混乱，而"丢玉"后所表现出的痴傻状况便是十分明显的表现。因此，这个时候家长设计的"掉包计"，宝玉虽被蒙在鼓里，但从周围的氛围，从家长的脸上、从丫头们的嘁嘁喳喳中，不会不产生异样的感觉。当十一月间庭院中绽开一朵海棠奇葩时，他"只管出来看一回、赏一回、叹一回、爱一回的，心中无数悲喜离合，都弄到这株花上去了"。神情恍惚，失玉在即，旧病复发。失玉之后，宝玉虽然时而清醒时而痴傻，但听得凤姐跟他开玩笑，要给他娶林妹妹为妻，便心中大乐，精神也觉得好些。可是当揭去新人盖头，林妹妹变成了宝姐姐，宝玉犹如受到当头一棒，病情陡然加重。

宝玉之痴，是外界的压迫与内心人格反抗失衡的结果，这种压迫来自祖母、母亲的亲情，也来自“金玉良缘”所代表的传统文化。但宝玉人格中天性的成分是“意淫”。这是曹雪芹自造之词，被警幻仙子解释为：意淫者，痴情也。具体来说，“意淫”体现为一种博爱，所谓“千古情人独我痴”。宝玉所处的生活环境及其变化，时时引发他内心的冲突。最直接的当然是宝、黛爱情，更复杂的还有宝玉精神世界追求的失落，实际反映了“童心”的保持与人的社会化之间的矛盾。纯真的天然的童心当然是美好和令人向往的，但人在家庭和社会生活的过程中，必然会被传统文化的潜在定势社会化、复杂化，必然使人性在社会层面上发生裂变，导致人性结构的重组和嬗变，失去“童心”。这正是人性演化的基本规律。我们回放一下宝玉的心路历程，第五十八回，当宝玉病后去看黛玉时发现：

> 柳垂金线，桃吐丹霞，山石之后一株大杏树，花已全落，叶稠阴翠，上面已结了豆子大小的许多小杏。宝玉因想道：“能病了几天，竟把杏花辜负了！不觉已到‘绿叶成荫子满枝’了。”因此仰望杏子不舍。又想起邢岫烟已择了夫婿一事，虽说是男女大事，不可不行，但未免又少了一个好女儿。不过两年，便也要“绿叶成荫子满枝”了。再过几日，这杏树子落枝空，再几年，岫烟未免乌发如银，红颜似缟，因此不免伤心，只管对杏流泪叹息。正悲叹时，忽有一个雀儿飞来，落于枝上乱啼。宝玉又发了呆性，心下想道：“这雀儿必定是杏花正开时他曾来过，今见无花空有子叶，故也乱啼。这声韵必是啼哭之声……但不知明年再发时，这个雀儿可还记得飞到这里来与杏花一会不能？”

宝玉触景生情的这段“意识流”，在第五十九回更进一步深化，已不再是人性自然本质的流露，而是人性在现实中初创与积淀、渐进与异化、外显与潜能所形成的思想意识。宝玉形象地概括了这一过程：

女孩儿未出嫁，是颗无价之宝珠；出了嫁，不知怎么就变出许多的不好的毛病来，虽是颗珠子，却没有光彩宝色，是颗死珠了；再老了，更变的不是珠子，竟是鱼眼睛了。分明一个人，怎么变出三样来?

他疑问的正是女性人性演变的一面。其实女人和男人一样，都有被社会潜意识同化、扭曲与异化的一面，只不过女性在出嫁前处于封闭环境中，出嫁后进入男权文化的酱缸里，其人性结构重组和裂变呈现出明显的阶段性的特征。封建时代的女性必须遵从“三从四德”等伦理道德规范，这是人性演变的基础和动因。她们必须恪守妇道，操心持家，侍奉公婆，相夫教子，善待姑嫂，似乎在怀里揣着伦理道德这面镜子，时时自查、时时自省，方是淑慧贤良。而这些在男权文化中所衍生出来的女性品德，既有社会传统的美德，也无形之中沾染了传统文化负面的腐蚀沉渣，即便是日月山川灵秀独钟的女子，也会逐渐褪却光彩，由熠熠生辉的珍珠蜕变为浑浑沌沌的“鱼目”。

宝玉对女性人性演变，只是感悟，还不可能进到理性的认识。他于生活现实的挤压下而产生的尴尬与压抑，主要表现在他与家庭所负载的传统文化的冲突，在灵与肉、情与理方面的撕扯，还有生存道路选择的困惑和苦闷……

2. 黛玉之死

黛玉魂归离恨天，是二百多年来《红楼梦》最震撼人心的篇章。宝、黛爱情悲剧的发展结局——黛玉之死，这具有穿透力的文字，令多少人饮泣涟涟、多少人悲歌长啸、多少人扼腕叹息！纵观全书，写了那么多人的死亡，但只有黛玉之死最让人揪心、痛心、伤心。一个诗化的生命，终于在贾府弥漫的压抑气息下窒息毁灭了。

黛玉魂归之前，早就有一种阴森、恐怖的气息朝她包抄过来。如：

第八十二回，黛玉惊恶梦之后，“只听得外面淅淅飒飒，又像风声，又像雨。……觉得窗缝里透进一缕凉风来，吹得寒毛直竖，便又躺下。正要朦胧睡去，听得竹枝上不知有多少家雀儿的声儿，啾啾唧唧，叫个不住。那窗上的纸，隔着屉子，渐渐地透进清光来”。

第八十三回，黛玉病中，“觉得园里头平日只见寂寞，如今躺在床上，偏听得风声，虫鸣声，鸟语声，人走的脚步声，又像远远的孩子啼哭声，一阵一阵的聒噪的烦躁起来”。

第八十七回：“这里黛玉添了香，自己坐着，才要拿本书看，只听得园内的风自西边直透到东边，穿过树枝，都在那里‘唏留哗喇’不住的响，一会儿檐下的铁马也只管‘叮叮当当’的敲起来。”

这一切都与黛玉内心极度的忧愁合拍，阴冷、压迫、烦躁，一步步向黛玉逼近。

贾府在紧锣密鼓地操办婚事，只瞒着宝玉和黛玉两个。一天早饭后，黛玉走到当年葬花之处，碰到了傻大姐。傻大姐就把宝玉要娶宝钗，贾府给黛玉找婆家的事说了，黛玉顿时觉得心中甜、酸、苦、咸不知是什么滋味，那身子有如千斤重，两脚像踩着棉花，早已软了，迷迷痴痴地走回来。

黛玉要去见宝玉，这是他们最后一次相见。两人由于都受到打击，不同程度地表现出由于执著真情而引发痴迷的状况：

> 看见宝玉在那里坐着，也不起来让坐，只瞅着嘻嘻的傻笑。黛玉自己坐下，却也瞅着宝玉笑。两个人也不问好，也不说话，也无推让，只管对着脸傻笑起来。
>
> 袭人看见这番光景，心里大不得主意，只是没法儿。忽然听着黛玉说道：“宝玉，你为什么病了？”宝玉笑道：“我为林姑娘病了。”袭人、紫鹃两个吓得面目改色，连忙用言语来岔。两个却又不答言，仍旧傻笑起来。袭人见了这样，知道黛玉此时心中迷惑，和宝玉一样，因悄和紫鹃说道：“姑娘才好了，我叫秋纹妹妹同着你搀回姑娘，歇歇去罢。”……那黛玉也就起来，瞅着宝玉只管笑，只管点头儿。紫鹃又催道：“姑娘，回家去歇歇罢。”黛玉道：“可不是，我这就是回去的时候儿了。”说着，便回身笑着出来了，仍旧不用丫头们搀扶，自己却走得比往常飞快。（第九十六回）

导致由执着真情而犯痴迷的一个原因，是宝、黛两人对封建道德的被迫依附，他们从来没有独立地为自己的爱情婚姻做过哪怕是些微的争取，他们长期处于彷徨无助之中。黛玉的精力与痛苦全耗在她与宝玉自身的争吵、纠葛与证明，使得宝玉恨不能时时拿出心来给她看，直到最后一次见面黛玉在痴迷中仍旧追问宝玉。

黛玉临死前唯一做的事就是“焚稿断痴情”，这是爱情的悲剧，生命的绝唱。曹雪芹用血和泪浇铸这段文字：

> 黛玉那里坐得住，下身自觉硌的疼，狠命的撑着。叫过雪雁来道：“我的诗本子。”说着，又喘。
>
> 雪雁料是要他前日所理的诗稿，因找来，送到黛玉跟前。黛玉点点头儿，又抬眼看那箱子。雪雁……拿出一块白绫绢子来。黛玉瞧了，撂在一边，使劲说道：“有字的。”紫鹃这才明白过来，要那块题诗的旧帕，只得叫雪雁拿出来，递给黛玉。……只见黛玉接到手里，也不瞧，扎挣着伸出那只手来，狠命的撕那绢子。却是只有打颤的分儿，那里撕得动。……
>
> 黛玉瞧瞧，又闭了眼坐着，喘了一会子，又道：“笼上火盆。”……意思叫挪到炕上来。雪雁只得端上来，出去拿那张火盆炕桌。那黛玉却又把身子欠起，紫鹃只得两只手来扶着他。黛玉这才将方才的绢子拿在手中，瞅着那火，点点头儿，往上一撂……那绢子已经烧着了。紫鹃劝道：“姑娘这是怎么说呢。”黛玉只作不闻，回手又把那诗稿拿起来，瞧了瞧，又撂下了。紫鹃怕他也要烧，连忙将身倚住黛玉，腾出手来拿时，黛玉又早拾起，撂在火上……（第九十七回）

读罢这段文字，令人荡气回肠。恰如陈文新先生所说：“黛玉知道，她的生命已经到了最后时刻了。……她是为还泪而来的，如今泪已干，所有的一切也都将随之消失。对了，还有箱子里的那些诗稿，那些曾经让她一回回热泪盈眶的诗，那些曾经记录了她的快乐和悲伤的诗，那些比生命还要宝贵的诗。……用火烧吧！用火一烧，到时候连灰也会随她一起去了。诗即是她的生命，她用诗稿为自己的生命送行。”[①]

黛玉临死前，当探春赶来看望她时，猛听黛玉直声叫喊：“宝玉！宝玉！你好……”17 岁的她就这样死了。

黛玉短暂的生命，仿佛是为爱情而生，为爱情而死。她沉酣于自己营造的诗一般的意境，任情地表现自己的性灵。她为了 “自己的一颗心”，在 “三日好了，两日又恼”的猜疑、误会、挤兑、斗嘴与眼泪中展开两人的爱情，难得有和谐相处。“每天好好的，你必自寻烦恼，哭一会子，才算完了这一天的事”的自虐，“病也病得奇怪，好也好得奇怪”的无常，最终令她将激发生命热情、记录着生死恋情的诗绢抛入香炉。

她所向往的自由的爱情和婚姻，不会纳入封建家长意志的轨道。因此，她的内心情感冻结在对“婚姻”的茫茫期待中，形成了她多愁、多苦、多泪的悲剧性格。

她耿直真诚，又心细量窄，多疑善感，还任性执拗。她不懂得迎合世俗，适应环境，只知道把自己的一腔热情倾注在宝玉一人身上。

宝黛在懵懂中代表着少男少女追求婚姻自主的美好愿望，代表着封建社会内部悄然生发的民主主义思想的萌芽。但在当时的历史条件下，他们无法同封建家长抗争，亦没有力量与之抗争，传统的社会潜意识如汪洋大海，终于将他们无情吞没，而受到这种压抑、牵引、摧残是无可避免的，也是他们必然的宿命。

这一对曾经山盟海誓的情侣，由于“调包计”造成误会和隔阂，一个饮恨而逝，一个抱憾终身，更给这个悲剧增添了哀怨、凄楚、悲凉。在黛玉殒殁的同时，宝玉与宝钗完成了他们“金玉良缘”的婚姻。当宝玉揭开盖头才知道自己娶的是宝姐姐而不是林妹妹，在惊诧愤愤之中重新陷入痴傻疯呆。宝玉日夜思念着林妹妹，无限伤悲。宝钗虽然与宝玉成婚，但她不能改变宝玉的思想感情，因此也没有获得爱情和幸福。“空对着、山中高士晶莹雪，终不忘、世外仙姝寂寞林。叹人间，美中不足今方信，纵然是齐眉举案，到底意难平。”

为什么宝、黛的爱情一定是悲剧的结局呢?

---

① 陈文新，余来明．《红楼梦》悲剧人生 [M]．武汉：武汉大学出版社，2002：106．

宝、黛爱情，既不同于《西厢记》中的张生与崔莺莺，也不同于《牡丹亭》中的杜丽娘与柳梦梅，他们都是所谓“一见钟情”，他们相爱的起因是“郎才女貌”，促成最后结合的基础是“金榜题名”。虽然这种爱情婚姻在性爱问题上有悖于封建礼教，在人类发展历史上具有一定的进步性，但却没有超出“父母之命”的形式以及功利的内容，在根本利益上符合彼此家世的利益。但宝、黛的爱情却大大不同。

首先，宝、黛双方在经过一段相互了解之后，所建立起来的以情爱为基础的爱情关系，是以共同的思想意识和生活理想为基础的。何况他们都不喜欢追求“仕途经济”，不约而同地把地位、财产、体制等置之度外，具有叛逆的性格。这一点为封建家长所忌讳。贾母是很疼爱黛玉的，在她临死前病重时，贾母还去看望她。但说起黛玉的病因是恋爱，便流露出不满：“孩子们从小儿在一处儿顽，好些是有的。如今大了懂的人事，就该要分别些，才是做女孩儿的本分，我才心里疼他。若是他心里有别的想头，成了什么人了呢！我可是白疼了他了。你们说了，我倒有些不放心。”又叫袭人来询问情况。贾母道：“我方才看他却还不至糊涂，这个理我就不明白了。咱们这种人家，别的事自然没有的，这心病也是断断有不得的。林丫头若不是这个病呢，我凭着花多少钱都使得。若是这个病，不但治不好，我也没心肠了。”

其次，双方的爱情关系具有自主性和平等性，并且这种爱情达到如此强烈和持久的程度，如果不能结合，那在双方看来，就是最大的痛苦和不幸。但他们的爱情还蒙着一层较为浓重的公子小姐的色彩，未能冲破封建婚姻制的“铁门槛”，未能抛开“父母之命，媒妁之言”这种传统思想的“因袭重担”。但他们仍然寄托于封建家长能为之作主。甚至在家长面前只敢做某种试探，而不敢像尤三姐那样做公开的表述。

再次，金钱是巩固权势的后盾，权势是捍卫金钱的前矛：“贵”而不“富”，“贵”难持久；“富”而不“贵”，“富”必难保。贾府的特点是威名远震而内囊空虚，是贵而不富。薛家的特点是门庭冷落而家资殷实，是富而不贵。因此，借新的联姻结成“权势”和“金钱”的神圣同盟，也就势在必然。何况，宝钗的性格安分守拙、品格端方，又具有“小惠全大体”的“治才”，完全符合封建家长的意愿。在与黛玉进行爱情的角逐中，宝钗有过一段时间，仿佛已经放弃对“金玉良缘”的追求。而且贾母在“逐晴雯”之前，一直也没有对“金玉良缘”表态，但是王夫人、薛姨妈则不声不响，借助元妃的旨意，清理怡红院的丫鬟，向黛玉灌输 “姻缘前定”的说教，直到通灵宝玉丢失，宝玉痴傻，贾母疼孙儿，才认可 “金玉良缘”。因为在贾母的心中，选择的标准要身体好，能为贾府传宗接代，不能跌破这个底线。在这方面宝钗有优势，相比之下黛玉就逊色多了。

（三）王熙凤身衰力挫，大失人心

贾府被抄，是因为贾赦 “交通外官，依势凌弱”，并不是针对王熙凤重利盘剥而来的。王熙凤的体己利钱，一年不到就有上千的银子。这种高利借票竟装满了两箱子，直到贾府被抄时，才由赵堂官手下的番役们查抄了出来。如果贾赦不犯事，朝廷是不会发现这两箱子借票的，那么王熙凤的那两箱子借票，也会相安无事。而当被查抄出来，不仅抄光了凤姐全部的积蓄，而且落了个“如今合家大小，除了老太太、太太两个，没有不恨他的”，直接加剧了她悲剧的下场。

1. 凤姐心衰

王蒙先生说：

> 王熙凤其人虽然没有高水平的战略眼光，个人品德上也颇可非议，但她的精明强悍机变却使她成为能够胜任贾府的日常管理的唯一的、无可替代的人物。[①]

王熙凤的确是贾府这个大家庭的一根支柱，她风华正茂，有魄力、有办法，又不惮辛劳，但是 “忽喇喇大厦倾”也不是她一个人所能医治的。她虽然已预见到了黯淡的前途：“不是我没能耐的话，要像这么着，我竟不能了。”

---

①王蒙．红楼梦启示录[M]．北京：生活·读书·新知三联书店，1991：219．

但大厦将倾，一木难支。承受压力的她，终因经不起倾颓的贵族大厦的重压而折损。贾家衰败的经济原因是 “出的多，进的少”。“进”主要指几处房租、地租的收益；“出”指 “日用”支出，即浩大的靡费。经济来源匮乏，排场又讲究繁文缛节，于是只好掏空老本——押家具，卖对象，甚至抵押细软，于是 “内囊”就 “尽上来了”。而贾府的子孙，“燕巢帷幕之上”，竟没有一个人觉察到危机，“都是安富尊荣”，“只一味高乐不了”，个个卖瓦抽砖，弄得大厦摇摇，户攲窗倾，覆灭的命运是注定了的。

王熙凤使尽了心力，方方面面地周旋，不仅得罪人，还卷入了各种矛盾斗争的旋涡中，最后成为众矢之的。

林黛玉说她就会“讨老太太和太太的好”，李纨挖苦她会算计人，尤氏讽刺她想尽方法弄钱：“使不了，明儿带了棺材里使去。”至于赵姨娘，更是恨死她了。连下人周瑞家的也抱怨：“待下人未免太严些儿。”兴儿的话代表了贾府诸多人对她的看法“心里歹毒，口里尖快”，“上头一脸笑，脚下使绊子”，“如今合家大小除了老太太、太太两个，没有不恨他的”。王熙凤也感觉到了，待贾琏护送林黛玉奔父丧回来时，王熙凤对他说了这样一段话：“你是知道的，咱们家所有的这些管家奶奶们，那一个是好缠的？错一点儿他们就笑话打趣，偏一点儿他们就指桑骂槐地抱怨。……”不过，当时的她恃宠而骄，对这些不在乎。后来她才渐渐地尝到了多面夹击的味道，感到害怕了。

从她人生轨迹审视，内因主要是潜在的、多方面的悲剧因素在她身上不断地积聚。其一是凤姐逞强好胜，透支了身体，病态愈到后来愈重。其二是她贪恋钱财，祸及己身。这两方面互相交融，逐渐推进王熙凤的人生走向悲剧。外因主要是房族倾轧，王熙凤深受其害。特别是她的靠山娘家权势的突然坍塌、夫家贾府的被抄，外在的悲剧因素直接加剧了王熙凤内在悲剧因素，导致“墙倒众人推”、众叛亲离，其悲剧的命运结局就不可避免了。

凤姐内心虚弱，精神恍惚，常常遇见鬼魂，听到有死去的人要报应，这哪里像当年“弄权铁槛寺”的凤姐，在佛门净土曾张狂地对老尼说：“你是素日知道我的，从来不信什么是阴司地狱报应的，凭是什么事，我说要行就行。”如今她不光骑虎难下，进退两难，而且心虚胆寒，特别是王家的顶梁柱王子腾不明不白地死去，已没有了靠山。由封建特权编织起来的人与人之间的关系，是一种极其险恶的关系，“争权”与“夺利”是最现实的准则。不管王熙凤如何想摆平，她也不可能处理好以争夺利益为基础的各种人际关系，最后只能因多种关系的恶化而受到打击。由于贾府的处境每况愈下，王熙凤更加一味地迎合贾母，因为贾母的确疼爱凤姐，给凤姐撑起一片蓝天。只要“礼体不错”就行了，贾母这种无可无不可的态度，使得凤姐媚上压下，为所欲为，胆大包天。贾母临终对凤姐所言：“我的儿，你是太聪明了，将来修修福罢。我也没有修什么，不过心实吃亏，那些吃斋念佛的事我也不大干，就是旧年叫人写了些《金刚经》送送人，不知送完了没有？”（第一百十回）佛法教导人们要有真正的智慧，要惩恶扬善，贾母对凤姐说这些话意在提醒凤姐聪明有余、智慧不足，也是委婉地对她进行批评和劝诫。

2．王熙凤操办贾母的丧事

在料理贾母的丧事中，正当凤姐开始走马上任、清点操办之时，鸳鸯却跑出来又是下跪，又是磕头，拉着凤姐哭得泪人一般，说：

老太太的事，一应内外，都是二爷和二奶奶办，这种银子是老太太留下的。老太太这一辈子也没有糟塌过什么银钱，如今临了这件大事，必得求二奶奶体体面面的办一办才好。我方才听见老爷说什么“诗云”“子曰”，我也不懂；又说什么“丧与其易，宁戚”，我更不明白。我问宝二奶奶，说是老爷的意思，老太太的丧事，只要悲切才是真孝，不必靡费，图好看的念头。我想，老太太这样一个人，怎么不该体面些？我虽是奴才丫头，敢说什么？只是老太太疼二奶奶和我这一场，临死了，还不叫他风光风光？我想二奶奶是能办大事的，故此我请二奶奶来，作个主意。我生是跟老太太的人，老太太死了，我也是跟老太太的。若是瞧不见老太太的事怎么办，将来怎么见老太太呢？

凤姐听了这话来的古怪，便说：“你放心，要体面是不难的。虽是老爷口说要省，那势派也错不得。便拿这项银子都花在老太太身上，也是该当的。”……凤姐道：“我知道了，你只管放心，有我呢！”鸳鸯千恩万谢的托了凤姐。

那凤姐出来，想道："鸳鸯这东西好古怪，不知打了什么主意。论理，老太太身上本该体面些。嗳，且别管他，且按着咱们家先前的样子办去。"（第一百十回）

王熙凤显然要大办，起码要像秦可卿出丧那样隆重风光。她心想，一是外面事有贾琏，里面有自己。二是自己也确实有能力办好。三是邢夫人、王夫人也知她办过秦氏的丧事，必是妥当。然而王熙凤的估计完全错了，错就错在"今非昔比"。

头一宗是办事银子不到位。鸳鸯将贾母留下办丧事的银子都交出去了。王熙凤只得到邢夫人处取老太太所存的应用之物。然而她哪里知道，邢夫人一听贾政的话，正合着将来家计艰难的心思，巴不得留下一点儿做个收局。况且老太太的事原是长房做主，贾赦不在家，贾政又是拘泥的人，一有事，便说："请大太太的主意。"邢夫人素知凤姐手脚大，贾琏的闹鬼，所以死拿住不放松。

鸳鸯已将这项银两交了出去了，又见凤姐掣肘如此，便疑为不肯用心，便在贾母灵前唠唠叨叨哭个不了。邢夫人等听了话中有话，不想本是自己不令凤姐便宜行事，反说 "凤丫头果然有些不用心"。王夫人到了晚上叫了凤姐过来说："咱们家虽说不济，外头的体面是要的。这两三日人来人往，我瞧着那些人都照应不到，想是你没有吩咐。还得你替我们操点心儿才好。"邢夫人在旁说道："论理该是我们做媳妇的操心，本不是孙子媳妇的事。但是我们动不得身，所以托你的，你是打不得撒手的。"邢夫人不让凤姐撒手，王夫人催她去料理。王熙凤只得含悲忍泣的向众人发空头支票，苦求道："大娘婶子们可怜我罢！我上头挨了好些说，为的是你们不齐截，叫人笑话。明儿你们豁出些辛苦来罢。"即便如此，"里头的人都死眉瞪眼的……众人都答应着不动"。众人道："从前奶奶在东府里还是署事，要打要骂，怎么那样锋利，谁敢不依。如今这些姑娘们都压不住了？"凤姐叹道："东府里的事虽说托办的，太太虽在那里，不好意思说什么。如今是自己的事情，又是公中的，人人说得话。再者外头的银钱也叫不灵，……这叫我有什么法儿呢。"

当凤姐解释了银钱不凑手的难处后，众人道："怨不得我们听见外头男人抱怨说：'这么件大事，咱们一点摸不着，净当苦差！'叫人怎么能齐心呢？"还说："奶奶要怎么样他们敢抱怨吗，只是上头一人一个主意，我们实在难周到的。"

第二个原因是，没有一个人主事。论理办贾母的丧事，本应长房主持，可现在贾赦、贾珍被发配从军，贾政本来就不惯事务，又借口长房做主，什么事都请大太太做主。邢夫人仗着"悲戚为孝"，只管奉陪吊唁的王妃诰命、亲朋旧友。王夫人跟在邢夫人的后面，不出头。当年贾府经济充实的时候，王夫人把家政大权牢牢地控制在手中，让凤姐具体操办，什么事情都是井井有条，那是有银子做后盾。如今贾府衰败下来，贾母自己留下的银子，贾政、邢夫人都想留点，恐日后家计艰难。王夫人这时候更希望落得个不出头才好。再则，王夫人过去虽然一直支使王熙凤，但对她却不放心，如今有了自己的儿媳妇宝钗，就更疏远了一些。因而，虽说没一个人拿大主意，可一人一个主意。

凤姐一肚子委屈，愈想愈气，直到天亮又得上去。要把各处的人整理整理，又恐邢夫人生气；要和王夫人说，怎奈邢夫人挑唆。这些丫头们见邢夫人等不助着凤姐的威风，更加作践起她来。虽说僧经道忏，上祭挂帐，络绎不绝，终是银钱吝啬，谁肯踊跃，不过草草了事。连日王妃诰命也来的不少，凤姐也不能上去照应，只好在底下张罗。被抄家后的贾府统共只剩下男仆 21 人，女仆 19 人。其余就是些丫头了。贾母去世之后第三天，里面还乱哄哄的。亲戚们来了，供不出饭去，外头棚杠上要支几百银子也拿不出来。凤姐叫了这个，走了那个，竟弄得丧魂失魄似的。邢夫人和王夫人都责备她不操心。邢夫人还说她"躲着受用去了"。气得凤姐头晕眼黑，口吐鲜血，像一只风箱里的耗子两面受气。和当年协理宁国府秦可卿出丧时，凤姐说一不二，叱咤风云的风采相比，简直判若两人。因此说，从凤姐悲剧性格的脉络发展和走向来看，越是逼近后 40 回，其悲剧性越显露，越深刻，越典型。

独有李纨瞧出凤姐的苦处，也不敢替她说话，只自叹道："俗语说的，'牡丹虽好，全仗绿叶扶持'，太太们不亏了凤丫头，那些人还帮着吗？若是三姑娘在家还好，如今只有他几个自己的人瞎张罗，背前面后的也抱怨，说是一个钱摸不着，脸面也不能剩一点儿。老爷是一味的尽孝，庶务上头不大明白。这样的一件大事，不撒散几个钱，就办的开了吗？可怜凤丫头闹了几年，不想在老太太的事上只怕保不住脸了。”

明日是坐夜之期，更加热闹。凤姐这日竟支撑不住，也无方法，只得用尽心力，甚至咽喉嚷哑破衍过了半日。到了下半天，人客更多了，事情也更繁了，瞻前不能顾后。正在着急，只见一个小丫头跑来说："二奶奶在这里呢，怪不得大太太说，里头人多照应不过来，二奶奶是躲着受用去了。'"凤姐听了这话，一口气撞上来，往下一咽，眼泪直流，只觉得眼前一黑，嗓子里一甜，便喷出鲜红的血来，身子站不住，就蹲倒在地，幸亏平儿急忙过来扶住。只见凤姐的血吐个不止。（第一百十回）

3. 凤姐身衰

平儿将凤姐吐血不能照应的话回了邢、王二夫人。邢夫人打量凤姐推病藏躲，心里却不全信，只说："叫他歇着去罢。"家下人等见凤姐不在，也有偷闲歇力的，乱乱吵吵，已闹得七颠八倒，不成事体了。

王熙凤终于病倒了，精神也垮了。她时常梦见鬼，梦见尤二姐。恰在这时，刘姥姥三进荣国府。

刘姥姥看到凤姐骨瘦如柴，神情恍惚，心里也就悲惨起来，她说："我们屯乡里的人，若一病就要求神许愿，从不知道吃药的。我想姑奶奶的病不要撞着什么了罢？"这话正合凤姐的意，并提到赵姨娘的暴死。赵姨娘死前说阎王爷要拿她，问她和马道婆用魇魔法害人，求凤姐饶命。这些鬼魂索命，会有善恶报应。

显然这些话对凤姐起到很大的震慑作用，她告诉刘姥姥她心神不定，如见鬼的样子。刘姥姥便说屯里的什么菩萨灵，什么庙有感应。凤姐求她代为祷告，并脱下手上的金镯子来交给她，换作香火钱。贾琏此时对病中的凤姐连一句体贴话都没有，本来尤二姐之死，他已经恨上了凤姐，再加上贾府被抄，其中凤姐的借券导致贾琏和凤姐的财产积蓄都没有了，贾琏的气不打一处出，对凤姐格外冷淡。

王熙凤是和贾府同呼吸、共命运的人物，她的悲剧命运随着贾府的衰败，也走到末路。她的悲剧在“金陵十二钗”中很富有社会文化特色，也就是说，她的悲剧不同于封建社会妇女的一般性的婚姻悲剧，而是一个富有女性自我意识、自主要求的上层女性同整个封建礼教冲突、斗争和挣扎而失败的悲剧。而这种个性的张扬又与王熙凤聚揽金钱、施展权术糅合到一起，导致她性格的扭曲和畸变，表现出剥削阶级贪婪的一面。因为她不可能懂得女性性别宿命的社会根源，只能凭借着自己的聪明和才能，在其掌权的现实空隙中寻找发展的机缘，挤压和生发出剥削阶级特有的本性，并最终走向与衰败的贵族家庭同样的穷途末路。她的悲剧命运虽然有其复杂的性格因素，但体现出来更多的则是社会性的因素。曹雪芹在披露封建贵族家庭腐朽的同时，也无不流露出对那个家庭崩溃的惋惜之情，同样，对王熙凤的悲剧结局，也流露出哀怜凄怆之感：

> 机关算尽太聪明，反算了卿卿性命。生前心已碎，死后性空灵。家富人宁，终有个家亡人散各奔腾。枉费了，意悬悬半世心；好一似，荡悠悠三更梦。忽喇喇似大厦倾，昏惨惨似灯将尽。呀！一场欢喜忽悲辛。叹人世，终难定！（第五回）

如果说“机关算尽太聪明，反算了卿卿性命”更多的是指王熙凤性格的因素，那么“枉费了意悬悬半世心，好一似，荡悠悠三更梦。忽喇喇似大厦倾，昏惨惨似灯将尽”则更多的是指社会性的因素。

三、贾府死丧接连、行将没落的挽歌

（第九叙事单元：第一百十一回至一百十八回）

《红楼梦》的故事发展到第九叙事单元，死亡像一个幽灵盘旋在贾府的上空，不时给这个“赫赫扬扬、已历百载”的煊赫家族投下阴影。

总体上讲这个叙事单元典型的特征有三：

第一，死亡意象贯穿于《红楼梦》的最后阶段，小说情节中集中展现了一系列死丧事件，是为行将没落的封建贵族唱出的一支挽歌。贾母去世之后，又写了第一百十一回鸳鸯之死，第一百十三回赵姨娘之死，第一百十四回凤姐之死，第一百二十回香菱之死。曹雪芹通过对接连的死亡事件的描写，形成紧促的节奏来表现贾府悲剧的加速和落幕。贾母的死毕竟是贾府那棵最后倒下的大树、老树、朽树，是寿终正寝，是必然的规律使然。而鸳鸯、赵姨娘、凤姐这些人的非命之死，都富有很深的意味。贾府顶梁柱坍塌后，元气大伤，死亡的气息流贯，贾府悲剧的氛围更厚重了。

第二，一系列破败的风波频频出现在《红楼梦》的最后阶段，是贾府衰落前夕的征兆。小说叙事从四面八方写来：有头有脸的大管家赖大出逃，寄居在贾府的妙玉被劫，贾府的千金小姐惜春出家，狠舅奸兄卖巧姐等，大故迭起，离心离德，各顾各的，真应了曹雪芹的爷爷曹寅常说的一句话“树倒猢狲散”。

第三，宝玉出家这一叙事，作为一部大书 《红楼梦》悲剧的最强音，敲响了 《红楼梦》最后阶段的丧钟，是对封建社会中考取功名、包办婚姻最后的否定。宝玉的人生困境，展示了封建社会潜意识和贵族家族对人性的漠视、压抑和扼杀，最终导致个人悲剧。自我价值的肯定及反叛意识的苏醒，是宝玉性格中鲜明的自主因素，虽然得到了一定程度的张扬，但最终在现实世界里还是走向了失落。宝玉出家，是石头下凡、历幻人间的结束，也是 《红楼梦》故事的终结。

（一）贾府的悲剧，死丧接连

对于意象的选择，杨义先生在《中国叙事学》曾提出三项原则：“意象选择第一个原则是关于它的本体的，它应该具有特异的，鲜明的特征，这些特征又能自然而然或者天衣无缝地指向它所隐含的意义。……意象选择的第二个原则，涉及意象本体与叙事肌理的关系，它不应该是静止的、封闭的，而应该处在各种叙事线索的结合点上，不断展示自己特点的各个侧面，从而成为叙事过程中反复受到关注的一个焦点，在似而非重复之间发挥情节纽带的作用。……高明的意象选择，不仅成为联接情节线索的纽带，而且能够以其丰富的内涵引导情节深入新的层面。这就是说，选择意象既要注意它在情节上的贯通能力，又要注意它在意义上的穿透能力。”①

死亡意象是《红楼梦》的一种选择，它发挥了独具效果的叙事功能。《红楼梦》第六十三回妙玉说：“自从汉、晋、五代、唐、宋以来，就只有宋代诗人范成大《重九日行营寿藏之地重复》这首七律的颔联是好诗句：‘纵有千年铁门限，终须一个土馒头。’”人总是会死的，人人都是这样，但是，怎样死，人人却又不一样。《红楼梦》在死亡意象描写中揭示了不同人生的丰富的社会生活底蕴，开掘、丰富、张大了《红楼梦》的悲剧。

1. 鸳鸯之死的死亡意象

鸳鸯是贾母的贴身丫鬟，“他爹的名字叫金彩，两口子在南京看房子，从不大上京。他哥哥金文翔，现在是老太太那边的买办。他嫂子也是老太太那边浆洗的头儿。”鸳鸯心地善良，温柔文雅，聪明细心，而且泼辣，有个性。别看她只是一个丫鬟，她在《红楼梦》中有最为精彩的篇章，即第四十六回“鸳鸯女誓绝鸳鸯偶”与第一百十一回“鸳鸯女殉主登太虚”，既令人拍案叫绝、荡气回肠，又连接两个叙事节点，成为这条叙事线索的一个反复奏响的音符。

鸳鸯悬梁自尽了！

鸳鸯的死，虽然发生在第一百十一回，但早在第四十六回“鸳鸯抗婚”叙事节点就预兆着她难以逃脱的悲剧命运。鸳鸯并不是死于什么“义”，也不是死于贾赦的淫威。贾母去世时，贾赦正在军前效力。那么鸳鸯到底是为什么而死的呢？

用奴隶的鲜血来涂饰庙堂上的彩绘，把血腥气化作道德的芳香，这是一切统治者粉饰太平的艺术。封建统治者不会理解鸳鸯的死，反而欺名盗世地说成是“殉主”。贾政赞叹：“好孩子，不枉老太太疼他一场！”连邢夫人也大为惊异：“我不料鸳鸯倒有这样志气！”

其实，鸳鸯的死，既不是“殉主”，也不是志节，而是在封建社会奴婢制度的重压下，发生的人格与生存的断裂而致。

---

① 杨义. 中国叙事学[M]. 北京：人民出版社，2009：293-295.

第四十六回中，“胡子苍白”的贾赦动了娶她为妾的念头，派邢夫人去说合。邢夫人把这看成是一种机遇，对鸳鸯说：“开了脸，就封你姨娘，又体面，又尊贵。你又是个要强的人，俗语说的‘金子终得金子换’，谁知竟叫老爷看中了你。如今这一来，你可遂了素日志大心高的愿了……”说完，满以为鸳鸯没有甚么不答应的，盼还盼不到这样的福分哩，“拉了他的手就要走”。谁知鸳鸯“只低头不动身”。邢夫人简直无法理解这“放着主子奶奶不作，倒愿意做丫头”的“傻”人。她忙说：“三年二年，不过配上个小子，还是奴才。……现成主子不做去，错过这个机会，后悔就迟了。”鸳鸯还是“只管低头，仍是不语”。邢夫人以为她“怕臊”，又劝慰一番，鸳鸯“仍不语”。

鸳鸯的“不语”，正蕴蓄着爆发，隐忍着反抗，压缩着愤懑。果然，当平儿和袭人问起她的“主意”时，她回答得很干脆：“别说大老爷要我做小老婆，就是太太这会子死了，他三媒六聘的娶我去作大老婆，我也不能去。”

贾赦派鸳鸯的嫂子去劝说。谁知刚一开口，就被鸳鸯骂得讪讪而退。贾赦又派鸳鸯的哥哥去诱逼，也是碰壁而返。

一个“家生女儿”竟敢这样，惹得贾赦“大怒起来”了，发狠地留下后话：“叫他细想，凭他嫁到谁家去，也难出我的手心。除非他死了，或是终身不嫁男人，我就服了他！”这并非恫吓，因为作为封建家族的家长，处置一个地位卑微的小丫鬟，不过说一句话的事。面对恶毒、无耻的贾赦威逼，鸳鸯把她嫂子骗到贾母的面前，然后当着王夫人、薛姨妈、李纨、凤姐、薛宝钗等许多人的面，突然一把揪住嫂子，跪在老太太面前一行哭，把一切都统统哭诉出来：

> 因为不依，方才大老爷越发说我恋着宝玉，不然要等着往外聘，凭我到天上，这一辈子也跳不出他的手心去，终久要报仇。——我是横了心的，当着众人在这里，我这一辈子莫说是“宝玉”，便是“宝金”“宝银”“宝天王”“宝皇帝”，横竖不嫁人就完了！就是老太太逼着我，我一刀抹死了，也不能从命！若有造化，我死在老太太之先；若没造化，该讨吃的命，服侍老太太归了西，我也不跟着我老子娘哥哥去，我或是寻死，或是剪了头发当尼姑去！若说我不是真心，暂且拿话来支吾，日后再图别的，天地

鬼神，日头月亮照着嗓子，从嗓子里头长疔烂了出来，烂化成酱在这里！

多么慷慨悲壮！多么斩钉截铁！多么刚烈不阿！鸳鸯敢抗婚，就是仗着贾母。她还当众抽出袖里藏的一把剪刀，往头发上就铰，以示绝不屈服的决心。在贾母的庇护下，鸳鸯得以平静生活。贾母死后，鸳鸯哭了一场，心想：

自己跟着老太太一辈子，身子也没有着落。如今大老爷虽不在家，大太太的这样行为，我也瞧不上。老爷是不管事的人，以后便“乱世为王”起来了，我们这些人，不是要叫他们掇弄了么？谁收在屋子里，谁配小子，我是受不得这样折磨的，倒不如死了干净。（第一百十一回）

刚烈的性格并不是导致鸳鸯寻死之因，其性格中深层的社会文化内涵与自身低贱的女婢的社会地位的巨大断层，才是她寻死的根本原因。

鸳鸯和平儿、袭人、琥珀、紫鹃、彩霞等十来个人，“从小儿”就在贾府里，“如今因都大了，各自干各自的去了”。她们与主子长期生活在封建文化积淀的环境里，思维、举止、做派、情趣都受到主子的意识和当时社会潜意识的影响，与主子有很多默契的地方。贾母离不开鸳鸯的原因，不单纯是下人对主子的服侍，而是心思、趣味、情感上有一种默契和理解。封建文化像血液一样在她们身上流淌，像她们这样的丫鬟是贾府特殊环境造就的，所以不能简单地从她们的身份、地位衡量她们的思维和情趣。第四十回“金鸳鸯三宣牙牌令”，鸳鸯担任行令官，从她行令的内容可以感知她的文化修养。给贾母宣令时，鸳鸯熟悉贾母的脾性喜好，暗中引导贾母顺理成章地应答出漂亮的令语，博得满堂彩；给刘姥姥宣令，能很快地转换为通俗易懂的令语，不难为刘姥姥，还让大伙尽情地取乐，在即兴发挥中她展示出了自己的机敏、活泛和灵气，即使贵族小姐与之相比也相形见绌。

但每个人的人性诸要素的组合是不尽相同的。鸳鸯人格中的价值判断更趋向自爱、自尊，致使在低下地位的她在难以把握个人命运的情况下，宁可以死了结。这种极度的自尊与她是贾母的大丫鬟的身份也有一定的关系，贾母在贾府的至高地位在她身上产生了月光效应。凤姐过生日，贾母笑着命尤氏："快拉他出去，按在椅子上，你们都轮流敬他。他再不吃，我当真的就亲自去了。"尤氏听说，忙笑着又拉凤姐坐下，命人斟酒，尽力灌了她两盅，接着众姊妹来了，凤姐也只得每人的喝一口。赖大妈妈见贾母这等高兴，也少不得来凑趣儿，领着些嬷嬷们也来敬酒。鸳鸯等也来敬，凤姐儿真不能了，忙央告道："好姐姐们，饶了我罢，我明儿再喝罢。"鸳鸯笑道："真个的，我们是没脸的了？就是我们在太太跟前，太太还赏个脸儿呢。往常倒有些体面，今儿当着这些人，倒拿起主子的款儿来了。我原不该来。不喝，我们就走。"说着真个回去了。凤姐儿忙赶上拉住，笑道："好姐姐，我喝就是了。"说着拿过酒来，满满地斟了一杯喝干。鸳鸯方笑了散去。鸳鸯在贾府的人脉和地位，与其身份形成了巨大的落差，然而一旦失去贾母的保护，也就失去了原有的人脉和地位，仿佛从天上掉到地上，她也就无法面对现实。

贾母丧事办完，鸳鸯该何去何从？她身为奴婢，本没有选择的权利，但贾府诗礼簪缨、繁文缛节的封建文化已把她陶冶成有品味的少女，她宁死也不肯像牲口似的作性的工具。当鸳鸯用青春年华陪伴贾母度过那有限的残年以后，便再也找不到一个可以安身的屏障了。总之，鸳鸯的思维和情趣，她极度自尊的性格，以及女性的自我意识造成了她人格与生存的断裂，寻死是必然的选择。

2. 死于嫡庶之争的赵姨娘

第一百十三回描写赵姨娘之死：

> 赵姨娘在寺庙里得了暴病，见人少了，更加混说起来，吓得众人发怔。就有两个女人搀着赵姨娘双膝跪在地下，说一回，哭一回。有时趴在地下叫饶说："打杀我了，红胡子的老爷，我再不敢了。"有一时双手合着，也是叫疼，眼睛突出，嘴里鲜血直流，头发披散，人人害怕，不敢近前。那时又将天晚，赵姨娘的声音只管阴哑起来，居然鬼嚎的一般……到了第二天，也不言语，只装鬼脸，自己拿手撕开衣服，露出胸膛，好像有人剥他的样子。可怜赵姨娘虽说不出来，其痛苦之状实在难堪。

书中对赵姨娘的死亡描写，写得何等狰狞恐怖，何等阴森可怕。

赵姨娘出场在第二十回，死于第一百十三回，是 《红楼梦》中用细腻的笔触刻画的一个妾，是 《红楼梦》中妾媵阶层的代表，这个阶层包括二房、姨娘、通房丫头等。赵姨娘和其他妾媵不同的是她有儿有女，敢说三道四，争平头正脸，她的形象贯穿于故事情节中长达近百回。探春批评她 “每每生事”，而恰恰她的这一性格，引发了许多矛盾，牵出了许多事件，拉动了 《红楼梦》叙事的伸展。

就赵姨娘的个性来说，她生前的所作所为一直到她死，都是人性失衡的表现。其诱因有二，首先是制度，不仅反映了封建家族嫡庶之争的矛盾，而且揭露了封建宗法社会中一夫多妻的弊端，她的悲剧是封建社会婚姻制度的产物。其次是财富、名分、地位等的诱惑导致人性的失衡。赵姨娘和鸳鸯按说“梅香拜把子——都是奴才”。封建时代妾媵制度将“妾”分为三等，第一等是二房，第二等是姨娘，第三等是通房丫头。应该说鸳鸯的地位还逊色于赵姨娘，而在《红楼梦》群体人物形象中，两人的口碑恰恰相反。鸳鸯的为人和做派，处处受人尊敬，而赵姨娘却总惹人讨厌。在贾府群体人物之中，有了赵姨娘的存在，更增添了这个封建大家庭的各种猜忌、诬陷、残杀，致使一家子互相仇视、明争暗斗，从另一方面加剧了这个贵族之家的没落。

（1） “每每生事”

第二十回写贾环与丫鬟赶围棋作耍，他输了，就要赖。莺儿满心委屈，口内嘟囔说：“一个作爷的，还赖我们这几个钱，连我也不放在眼里。前儿我和宝二爷玩，他输了那些，也没着急。下剩的钱，还是几个小丫头子们一抢，他一笑就罢了。”贾环道：“我拿什么比宝玉呢。你们怕他，都和他好，都欺负我不是太太养的。”说着，便哭了……宝玉道：“大正月里哭什么？这里不好，你别处玩去……”贾环听了，只得回来。

赵姨娘见他这般，啐道：“谁叫你上高台盘去了？下流没脸的东西！那里玩不得？谁叫你跑了去讨没意思！”不料，赵姨娘泄愤、妒忌的话被凤姐听在耳内，说道：“……凭他怎么去，还有太太老爷管他呢，就大口啐他！他现是主子，不好了，横竖有教导他的人，与你什么相干……”这样一个细节提到一百二十回大书的回目上："王熙凤正言弹妒意。"可见作者强调封建宗法文化在当时制约着人际关系，凤姐教训赵姨娘要她懂得：妻与妾是主奴的关系，妾的子女只认父亲的嫡妻是母亲，不认自己亲生母是母亲；妾所生的子女是主子，其亲生母妾的名分不改变，仍然是奴仆。所以妾没有权利教育自己的子女。赵姨娘对此不理解、不认可，也不安分，由此产生的矛盾和冲突化为社会潜意识、潜心理、潜能量贯穿在赵姨娘平时的所作所为之中。

第二十五回，赵姨娘的报复心理与马道婆的阴谋一拍即合，马道婆采用魇魔法算计宝玉和凤姐，致宝玉和凤姐中祟，病得气息奄奄，掀起了一个撼动贾府上下的大事件。

第三十三回，赵姨娘趁王夫人的丫头金钏儿含羞赌气，投井自尽之机，添油加醋，煽风点火，贾环把赵姨娘的话告诉了贾政，触发了贾政大动肝火，又掀起一个撼动整个贾府的大事件——"宝玉挨打"。

第五十五回，探春刚刚理家，正好赵姨娘的弟弟死了。赵姨娘乘机要挟探春，为多要二三十两银子，和女儿探春大吵一顿，牵动宝钗、李纨、凤姐、平儿等人。

第六十回，"茉莉粉"事情起于贾环向宝玉讨蔷薇硝，麝月唆使芳官捉弄他，引发了赵姨娘的恼怒与不平，气势汹汹地来找芳官算账，芳官一句话"梅香拜把子——都是奴才"刚好击中赵姨娘的痛处，赵姨娘便动手与芳官等几个小戏子撕打起来，扭作一团。她又掀起一次大观园的奴婢反抗的风波。

所以说，这个赵姨娘"每每生事"，拉动了《红楼梦》的叙事。

（2）赵姨娘是一面镜子

《红楼梦》写了几十个妾，而唯一在她的身上写尽了妾的心态、欲望和抗争，哪怕是扭曲的、阴暗的心理。从这个角度来说，赵姨娘是一面镜子，折射出封建社会妻妾制度的原生形态，折射出贾母、王夫人、贾政、凤姐，以及探春、贾环等人的心思、态度，折射出赵姨娘自己失衡的心态和不得体的做派。

为什么这么一个 "着三不着两"的女人却成为堂堂贾府当家的主人贾政的妾呢？胡文彬先生谈到中国奴婢制度时，指出："妾媵是丈夫的奴隶。其奴隶性的任务有三：一是丈夫满足性要求的工具。二是传宗接代的生育工具。……

三是供丈夫‘娱乐’。”[1] 赵姨娘一出场已是徐娘半老，她年轻时可能不算很漂亮，但一定是风骚惹得男人注意，不然在贾府众多的家生子中何以脱颖而出？这还得从贾政身上找原因。贾政一出场也是一把年纪，老成持重，略带威严。可他年轻时却不这样。第八十四回贾母和贾政笑道：“娘娘心里却甚实惦记着宝玉，前儿还特特的问他来着呢。”便扯起家长里短的闲话，贾母因说道：“你这会子也有了几岁年纪，又居着官，自然越历练越老成。”说到这里，回头瞅着邢夫人和王夫人笑道：“想他那年轻的时候，那一种古怪脾气，比宝玉还加一倍呢。直等娶了媳妇，才略略的懂了些人事儿。如今只抱怨宝玉，这会子我看宝玉比他还略体些人情儿呢。”说的邢夫人王夫人都笑了。宝玉“爱红”，但其父爱红可能更低俗。第七十五回贾府过中秋，夜宴之后，大家击鼓传花，轮到贾政讲了一个故事：

> “一家子一个人最怕老婆的。”才说了一句，大家都笑了。因从不曾见贾政说过笑话，所以才笑。……贾政又说道：“这个怕老婆的人从不敢多走一步。偏是那日是八月十五，到街上买东西，便遇见了几个朋友，死活拉到家里去吃酒。不想吃醉了，便在朋友家睡着了，第二日才醒，后悔不及，只得来家赔罪。他老婆正洗脚，说：‘既是这样，你替我舔舔就饶你。’这男人只得给他舔，未免恶心要吐。他老婆便恼了，要打，说：‘你这样轻狂！’唬得他男人忙跪下求说：‘并不是奶奶的脚脏。只因昨晚吃多了黄酒，又吃了几块月饼馅子，所以今日有些作酸呢。’”说的贾母与众人都笑了。

从这则小故事的内涵披露出的潜意识，是“被压抑的对性爱的种种冲动，可以推测，在青年时代，他是爱谈论女人，或喜欢接近女人的”。而赵姨娘那种人年轻时，“虽容貌卑俗，但如多姑娘、鲍二媳妇那一流人，即在性关系中，‘有

---

① 胡文彬．红楼梦与中国文化论稿[M]．北京：中国书店，2005：388.

奇趣’，使贾政另眼相看”[①]。可见贾政人性的另一面和赵姨娘有共同的情趣。

（3）赵姨娘人性的扭曲和变形

胡文彬先生在《红楼梦与中国文化论稿》中指出：

> 《红楼梦》中所描写的赵姨娘确实有阴狠歹毒、行为不端、品格低劣的一面，给读者留下的印象不佳，而探春对赵姨娘及其弟贾环也确有“绝情”的事实，故遭评论者的诸多批评。但是，当我们将赵姨娘扭曲的心灵和探春由于对“庶出”的厌恶所产生的心境放在奴婢制盛行的特定历史背景下来加以考察的话，那么读者所获取的就不单单是封建奴婢制的某些表面的知识性的东西，而是对《红楼梦》中描写的妾媵现象的文化内蕴和人物形象的审美意义有一个更深刻的理解和认识。[②]

赵姨娘的“着三不着两”“委琐”“荒疏”以及种种“恶行”，其中一个重要原因是她在饱受压抑、捉弄、轻蔑的同时，她合理的诉求被封建婚姻制度扼杀了。具体是受到贾母、王夫人、凤姐等压制：贾母照脸啐她，骂她“烂了舌头的混账老婆”；王夫人当面骂她“养出这样黑心种子来”；凤姐更是不把她当回事。这些嫡庶之间的偏见和权益斗争，不用赘言。封建社会多妻制对人性的挤压，使得赵姨娘满腹愤懑，无处发泄，必然导致其人性的扭曲和心理的变态。

赵姨娘是一个被压在社会底层的悲剧形象。一个大家庭的妻妾无论有多少，都是在家里狭小的空间中度日的，生活单调乏味。因此，性生活对于她们来说就十分在意，为了争夺男人的宠爱，女人之间争风吃醋，明争暗斗。此外，“母以子贵”，娼优无妨，关键是养个好儿子。别说赵姨娘这样地位低的了，即使像凤姐那样地位高的人，也非常看重“母以子贵”的严酷现实。她谋害尤二姐，固然出于争风吃醋，而凤姐只生了个女儿，没有儿子，也是她不容和仇恨尤二

① 聂鑫森．红楼梦性爱解码[M]．北京：中国盲文出版社，2004：100，264.

② 胡文彬．红楼梦与中国文化论稿[M]．北京：中国书店，2005：388.

姐的一个原因。尤二姐有了身孕，无疑更加深了她的仇恨，导致她人性的失衡，而产生杀机。在几千年历史中，中国的家庭——封闭式的宗族家庭中妻妾之间发生的事情千奇百怪，以异化形态出现却是屡见不鲜，是中国女性生存现实的一个重要特征。

3. 凤姐之死是其悲剧性格的休止符

活跃在《红楼梦》中的一位鲜活的人物凤姐死了，至此王熙凤悲剧性格主意脉画上了休止符。

凤姐无愧于曹雪芹为中国艺术画廊贡献的最杰出形象，《红楼梦》这部古典名著，刻画了数十个性格鲜明的人物，其中最鲜活、最精彩、留给读者印象最深刻的是王熙凤。她从此走进我们的生活之中，恰如王昆仑先生所说："《红楼梦》的读者恨凤姐，骂凤姐，不见凤姐想凤姐。作者刻画出一个聪明、漂亮、能干、狠毒的'凤辣子'，不但使她充分具有那个时代人物典型的真实性，也赋予她以吸引读者极大的魔力。足证这个人物的社会意义之不可忽视。"③而这样一个强势的人物，却"枉费了，意悬悬半世心"。贾府被抄是宝玉 18 岁那一年的十二月，凤姐之死是宝玉 20 岁那年的春天，才隔了一年多，凤姐就死去了。不管是王熙凤的娘家还是婆家，都是极为特殊的家族，她的短暂一生同样是一个极为特殊的人生，她的性格包孕着悲剧命运的内涵。王熙凤性格悲剧命运是贯穿百二十回《红楼梦》的一条主意脉，与贾府衰败史这条主意脉相互裹挟、拉扯、渗透，既催化着她的本体势能的张扬，又加速着她命运的悲剧性。从某种意义上说，解读王熙凤，就等于解读了半部《红楼梦》。

（1）王熙凤悲剧命运的内涵

"一夫多妻"的婚姻制度是造成女性悲剧命运的根源。纵观凤姐短暂的一生，人们对她说得最多的是"好妒"。在以男权为中心的封建社会里，像贾琏之流的有钱有闲的贵公子，出则寻花问柳，入则偷鸡摸狗，这不是什么"淫乱"，纳妾嫖娼是他们的一种特定的生活方式。封建社会中的女性是不讲什么自我价值的实现的。她们唯一的职能就是生儿育女、相夫教子，否则便会被谴责为缺

---

③ 王昆仑. 红楼梦人物论[M]. 北京：三联出版社，1983：136.

乏贤惠平和的风度和宽容大度的气量。这种根深蒂固的文化观念又加强了不合理的现实的稳定性，凤姐只能以“醋罐、醋缸”的变态形式去反抗。“在引发事端的场合，反而是冰山一角，许多嫉妒都是深藏在人们的心中的，使乌七八黑的功能发酵，以歪曲的形态爆炸开来。”[①]这种好妒不能说是凤姐的人格缺陷，而更多地反映出封建一夫多妻制对女性的挤压和戕害，导致人性的扭曲和畸形。从性爱心理学的角度来说，“出于人类在性爱中与生俱来的排他性，无论男性还是女性都希望独占配偶或情人的爱宠，男女在性关系中的嫉妒心理，古今中外概莫能外。”[②]因此说，凤姐要求婚姻一夫一妻有合理性，她限制贾琏纳妾，反映了女性的自主自强。而这一切在男权社会却被视为不合妇德。打在王熙凤身上的一个鲜明的烙印——妒，不仅仅是个人情感，而是一夫多妻婚姻制异化的产物。

不管王熙凤个性如何张扬，对一夫多妻婚姻制的反抗是无力的，因为在繁文缛节的荣府后院诸种关系定位的次序是不可更改的。贾琏对她是夫权，邢夫人对她是族权。但是凤姐泼辣，甚至撒泼，反对贾琏与鲍二家的偷情，阻止丈夫与尤二姐的婚事，在客观上是对封建社会享有性自由特权男人的一次又一次正面的、直接的、自发性的抗争，努力维护了一个女人的尊严，触及了男权社会里的女性价值、女性地位。

然而，凤姐却得不到任何道义上的支持。当凤姐发现自己的情感和生活受到外来干涉时，就会对自身的生存产生一种严重的忧虑感。贾琏和尤二姐与上次和鲍二媳妇的偷情不同，这件事已威胁到了凤姐在贾府中的地位。假如尤二姐生了儿子，那么凤姐在贾府中的地位就会岌岌可危。因而，王熙凤宁可让贾琏断后，也不能容忍尤二姐为贾家生下一男半女。其实尤二姐也是一夫多妻制的受害者，给凤姐带来威胁的根本原因，并不是尤二姐，而是一夫多妻制给女性带来的深切的自身危机感。

---

① 诧摩武俊．妒忌心理学[M]．长沙：湖南人民出版社，1987：1．

② 史瑜．中国古代女性性心理初探[M]//李小江．主流与边缘．北京：生活·读书·新知三联书店，1999：22．

凤姐与男权文化的冲突、较量，是所谓 “不自觉的女性意识”，是指凤姐性格中的部分情欲，以性爱为中心，从内心深处迸发出的各种欲望、情绪和情感的表达。“欲并不是一个黑暗的王国，它是情和理的生物基础。它的内涵是生命的目的性，即它的一切表现形态 （动物性的情绪表现）的意义都是符合生命目的性的，即合自然目的。这是个体生命的保护机制，是情欲其他层次的基础，它具有巨大的潜在能量，但它是无意识的。”[①] 如果说 “凤姐泼醋”，是她本能的自卫、反击，也只是非意识地对抗男权文化。“非意识的东西潜伏在人性的深层，它只有在某种条件下，才会流露出来。”但此后的她，用男权文化的思维、观念和手段打拼，凌辱的是和自己同属封建礼制压迫下的女人，何况还是自己手下弱势的女子。这一切却是有意识的，只不过模糊了性别意识，从私人情欲跨越到男权社会。这就是王熙凤异化的心路。

受到男权社会强大压迫下女性异化的心路，不只在王熙凤这样的个别人身上存在，上至贾母、邢夫人、王夫人之流，下至女管家、婆子之类的绝大多数人，都有不同程度的表现。凤姐女性意识的异化，既不像邢夫人褪去了人性的光彩，为封建的婚姻家庭所桎梏，“禀性愚顽”，只知顺承丈夫“以自保”，“次则贪取财货为自得，家下一应大小事务，俱由赦摆布”上，也不像王夫人内心世界充塞了封建伦理道德的训条，一旦遇到有人触犯或有违伦理规范之事，人性中蛰伏着的罪恶便活跃涌动，并夹带着阴森的杀气和狠毒。凤姐不同，她的女性意识异化，主要是性别认同意识的严重缺失。其显赫的家世和男权社会的影响、拜金主义的腐蚀、家族权力的追求，导致她贪欲太多太甚，常舞弄着“权力”的魔杖，以满足自己的金钱欲和虚荣心。在权势金钱的糙石上，磨粗了她的情感、本性和良心，走到了自私自利的极端，变得狠毒奸猾，甚至置人死地而后快。她不惜一切弄权获利，带来巨大的破坏性和自毁性，显示了一个异化了的她在女性意识与男性文化霸权冲突时所形成的全部矛盾及异化心态，揭示了人性的深度。

（2）贾家和王家的败落，加剧了王熙凤命运的悲剧走向

人物命运的悲剧性最根本的是内因，而外因则是条件，但偶然性的不可抗

---

① 刘再复．性格组合论[M]．上海：上海文艺出版社，1987：429.

拒的命运钳制，也会促成人物悲剧性结局。刘再复《性格组合论》中一再强调：“性格的必然性总是通过双向的可能性表现出来，这构成性格的内在矛盾性，而这种性格的内在运动又总是处在随机变异的环境中，环境的变异作为一种外部力量推动着性格的矛盾运动，构成性格双向可能性的动态过程，即不断地背叛自己，又回归自己的过程。当人物处于异质环境时，性格就朝着负方向运动，此时人物就背离自己；当人物处于同质环境时，性格就朝正方向运动，这时人物就又回归自己。这就是典型人物的性格世界偶然性的生的形态。”①

《红楼梦》前80回展示的是凤姐“处于同质环境时，性格就朝正方向运动”。《红楼梦》后40回弥漫的悲凉之气，愈来愈浓，特别是贾府悲剧这条意脉被死亡的氛围所笼罩，出现了一系列死丧事件，以及一系列破败风波，真实地再现了以贾府为中心的贵族处于风雨飘摇之中，其中贾府被抄是贵族之家运衰败的鲜明标志。就总的来说，凤姐一旦失去娘家权势的靠山，失去贾母的庇护，也就丧失了豪横、张扬和自信的底气。凤姐的性格演变与贾府衰败——瓦解的过程是一致的，自身生命历程也发生了强横——消歇——绝望的变异。随之，她周围的人际关系迅速发生了改变。这让在房族之争中失落的贾赦、邢夫人这一派，得以寻机报复，把打击的矛头直指凤姐。凤姐操办贾母的丧事，邢夫人从中作梗，处处刁难，使她“力诎失人心”。王夫人的外甥女宝钗亲上做亲成了王夫人儿媳妇，凤姐在王夫人那里也失宠了。贾母去世，她又失去了唯一的保护伞。这一连串的打击，使凤姐身心俱伤，终于沦为被遗弃的怨妇。

凤姐“处于异质环境时，性格就朝着负方向运动，此时人物就背离自己”，我们再也看不到那俊俏风骚，那干练机敏，那风风火火，那眼睛都会说话的“凤辣子”了。她的精神崩溃了，没了思想，没了寄托，没了灵魂，只好乞灵在鬼神的脚下。第一百十三回写凤姐精神恍惚，“想起尤二姐已死，必是他来索命。被平儿叫醒，心里害怕，又不肯说出，只得勉强说道：‘我神魂不定，想是说梦话’”。“凤姐刚要合眼，又见一个男人一个女人走向炕前，就像要上炕似的。凤姐着忙，便叫平儿说：‘那里来了一个男人跑到这里来了！’连叫两声，

① 刘再复．性格组合论[M]．上海：上海文艺出版社，1987：368．

只见平儿小红赶来说：‘奶奶要什么？’凤姐睁眼一瞧，不见有人，心里明白，不肯说出来。”恰好刘姥姥三进荣国府，吊唁贾母，看望凤姐。“刘姥姥看着凤姐骨瘦如柴，神情恍惚，心里也就悲惨起来，说：‘我的奶奶，怎么这几个月不见，就病到这个分儿。’”凤姐托刘姥姥求神祈祷，让巧姐认刘姥姥做干娘。精明一生的凤姐也落到了这步田地，刘姥姥很伤感，留下青儿陪巧姐玩耍，自己出城回家。过了些日子再来，凤姐已死。王仁、贾环和贾芸——“狠舅奸兄”合谋将巧姐卖给藩王做丫头。刘姥姥出主意，偷偷把巧姐接到乡下自己家里避难。后来又来了两趟，一次是卖巧姐的风波平息后送巧姐回府；一次是第一百二十回贾琏请刘姥姥来，应了巧姐的婚事，把巧姐嫁给刘姥姥本村周姓地主家。

最悲哀的就是凤姐临死的时候，穷得身无分文。这位出身于豪富之家，生活在花钱像淌海水一般的贾府的当家奶奶，在宁国府被抄时，独她一仰身便栽倒在地，“像是死了的”。“历年积聚的东西并凤姐的体己不下七八万金，一朝而尽。”到头来贾琏竟没钱给她治病。所以说凤姐最后是死于愚昧和贫穷，而这正是封建时代千千万万底层女性悲剧的必然原因。她们在封建礼教的禁锢和压迫下，集体无意识地盲从和顺从男权社会，生存在愚昧和贫穷之中。凤姐虽不属于社会底层，尚且她还有过并不屈从男性话语权的经历，可也跌落入这一不可逃避的命运。这正是王熙凤典型性格塑造成功之所在，“我们看到性格的必然因素在性格世界里，隐藏在不经意的偶然因素后面，悄悄地起着协调性格各种因素的作用”。① 有些学者只着眼于凤姐死前“哭向金陵事更哀”，推测凤姐被休还是没有被休，进而判断王熙凤悲剧结局是否符合曹雪芹的本意。其实这只是一个形式问题，说明不了问题的实质。为什么这样说？

第一，有些学者只着眼于凤姐死前是被休，还是没有被休。无论是休，还是不休，都是局限在家庭本位，站在男权文化视野的基础上来看待这一问题，没有本质的区别。他们认为凤姐婚姻悲剧的标志，是贾琏休妻，凤姐被休。回到娘家，又遭遇大火而亡。我们知道，长期以来对文学艺术作品进行审视和评

① 刘再复．性格组合论[M]．上海：上海文艺出版社，1987：378.

价，一直存在一种传统的批评观念和方法，是将女性的价值置于男性的价值观中来衡量，所遵循的是男权文化的尺度，用传统的道德和伦理来规范女性的思想和行为。这种观念把婚姻视为绝大多数女性获得生活保障的唯一途径，女性永远依附于男性而存在。尤其在一夫多妻制下，明显地表现出女性在人格上的不平等和家庭中的附属地位，是对女性人性的压抑，对情感自尊的侵犯和伤害。女性一旦失去了婚姻，仿佛就是悲剧。实际上，凤姐性格悲剧的必然因素是其自身的病体、贫穷和愚昧。

第二，判断一个人死因是否对其悲剧内涵有决定的影响，主要看它是偶然因素，还是必然因素，是偶然因素的成分多，还是必然因素的成分多。死因中的偶然因素成分越多，越是减弱悲剧内涵的分量，哪怕情节再凄楚动人，使人泪水涟涟，也说明不了悲剧的实质。相反，死因中越是必然因素的成分多，越是增强悲剧内涵的力量。凤姐的性格悲剧，其中起主导作用的是必然的因素——贫穷和愚昧。她既是一个女性意识对抗男权文化的叛逆者，又是一个女性意识自我毁灭者，走在女性意识与男权文化冲突时所形成的异化心路上，成了一个可爱、可恨、可怜的悲剧典型。

曹雪芹用王熙凤这个特殊的人物，来演示这种悲剧产生的全部过程，她性格内涵最深处的自我，她的张扬、自信，全部埋葬在封建社会的普世标准之下。凤姐用其悲剧的一生揭示了封建社会对女性的无视与压迫，既拨动了读者的心弦，又令人荡气回肠、回味无穷。王朝闻先生倾注极大的热情和精力，撰写了一部近50万字的专著《论凤姐》，他说："这个人物形象不仅具备与其他人物相对立的鲜明性格，而且她的性格本身也具备着各种对立的因素，形成性格的单纯与丰富的对立统一。这是我愿意解剖这只乌鸦的又一个原因。"①

曹雪芹在《红楼梦》中塑造的最成功的人物就是王熙凤。刘姥姥像一个探头记录了王熙凤的一生。刘姥姥三进荣国府打交道最多的是王熙凤。随着贾府衰败，在人情事态这一侧面，拉近了刘姥姥与贾府的心理距离。从她卑微胆怯的心情攀附豪族高门，到从容自信地为巧姐说媒，刘姥姥的人物形象有条不紊

① 王朝闻. 论凤姐[M]. 天津：百花文艺出版社，1980：17.

地融入了贾府崩溃没落的艺术画卷之中，从而从一个侧面真切地反映了百年望族衰败与没落的历程。

（二）贾府的悲剧，大故迭起——贵族之家的破败

从贾府被抄至贾母之死，整个贾府更加破败、更加萧条、更加冷落。过去盖在“礼”与“情”上的一层面纱被撕扯破了，各种关系的真实面目全部暴露出来，正像《红楼梦曲》所概括的：“为官的，家业凋零；富贵的，金银散尽；有恩的，死里逃生；无情的，分明报应；欠命的，命已还；欠泪的，泪已尽，冤冤相报实非轻，分离聚合皆前定。欲知命短问前生，老来富贵也真侥幸。看破的，遁入空门；痴迷的，枉送了性命。好一似食尽鸟投林，落了片白茫茫大地真干净！”贾府再也不会出现昔日的辉煌了。我们选择几个典型镜头来扫视一下。

1. “树倒猢狲散”——赖大出逃

《红楼梦》写了几百人，主子才 20 多人，而其中所占人数最多的群体，就是奴仆。这个群体虽然身份不等、层次有别、待遇各一，但他们都依赖着主子生存、捞钱、往上爬，而一旦看到主子靠不住了，各有各的打算，各想各的出路。人心涣散，离心离德，所谓“树倒猢狲散”是也。下人攀附主子，是因权势大、家族贵，奴仆逃离主子，是因权势衰、家族败。其中赖大是最有典型意义的人物形象，所以将其放在《红楼梦》悲剧尾声来谈。

赖大在贾府的主子面前是奴仆，在奴仆面前是“二主子”，是处在奴才金字塔尖上的人物。他们家是靠主子的威势豪富而发家致富的，所以赖大家境富足，还有个不小的后花园，还曾设宴招待贾母等主子们。这就告诉我们，赖大和贾府所有的奴仆的最大区别，是自己有房屋院落，不用住在主子府内的“群房”里。这可是大有讲头的，第四十五回赖嬷嬷叙述了赖大家今日光景甚好，其孙赖尚荣“一落娘胎胞儿”就被放出，改变了奴仆身份，除贱籍而成为良民。他从小“也是公子哥儿似的，读书写字”，自然，从那时起赖尚荣也就不再“知道奴才两字是怎么写”的了。赖尚荣可以 20 岁上捐前程，30 岁上选县官。入了官绅之列，他自可以买田园、起楼阁、养奴婢，这当然是爬进了封建剥削阶级的统治阶层。赖嬷嬷和其儿子媳妇赖大夫妇不住在贾府的“群房”，而居息

于赖尚荣家中，被称之赖大之家。

赖大是贾府最大的管家，深得主子的信任，使他长期保持了在贾府的特殊地位。但他几乎没有给我们留下什么印象，只是主子安排他时，或者有事询问时，赖大总是小心翼翼地回答一个 “是”，或者是极其简短的答话。因他凡事守口如瓶，少言寡语，给主人一个忠厚可靠的印象。又由于赖大及他的父辈，几十年来兢兢业业为贾府效力，所以贾府凡有重大的事情也都交付他去做。赖大这个人物在小说中出现三次：

第十六回，赖大直接向贾母禀报元春晋封加封的信息，只说了三四句话。另外，他还参与了建省亲别墅的工程，盘算大笔的出入账目，和贾珍一道点人丁、开册籍、监工等。

第九十三回，当水月庵掀翻了风月案时，赖大奉贾政之命，去庵内传唤女尼、女道士时，亲眼见到贾芹醉酒“心里大怒”，却“含糊装笑”地与贾芹说话。可见其为人奸诈。后来贾琏要庇护贾芹，让赖大帮忙，他便不顾贾政之命，为贾芹掩饰。还提醒他：“你想想，谁和你不对罢？”

赖大虽然言行不多，但他的裙钗却活跃得多。赖大的嬷嬷三天两头地往贾府跑，和主子们套近乎。她给贾母送去俏丽可人的晴雯做丫头，贾母喜欢得不行，放在了宝玉身边。给凤姐过生日，大家凑份子，赖嬷嬷等也赶来。

> 贾母忙命拿几张小杌子来，给赖大母亲等几个高年有体面的嬷嬷坐了。贾府风俗，年高服侍过父母的家人，比年轻的主子还有体面呢，所以尤氏、凤姐儿等只管地下站着，那赖大的母亲等三四个老嬷嬷告个罪，都坐在小杌子上。
>
> ……
>
> 赖大的母亲因又问道：“少奶奶们十二两，我们自然也该矮一等了？”贾母听说，道：“这使不得。你们虽该矮一等，我知道你们这几个都是财主，位虽低些，钱却比他们多。你们和他们一例才使得。”众嬷嬷听了，连忙答应。（第四十三回）

赖大的妻子看到新来的姑娘薛宝琴深得贾母的喜欢，王夫人还认作干女儿，就赶忙给她送来两盆水仙、两盆腊梅，自然是爱屋及乌。从这些细节可以看出赖大一家用心良苦。显然是巴结、讨好、攀附贾府。

第一百十八回，贾政护送贾母等人的灵柩回南方。路上盘缠有些不足，不得已写信向赖大的儿子赖尚荣任上借银500两。那赖尚荣看到贾府败落之势，便回信说了不少苦处，只借给50两。贾政大怒，命家人即刻送还。赖尚荣“知事办得不周到，又添了一百，央人带回，说了些好话”。贾政依旧将原书发回。当赖尚荣将借银一事告知赖大以后，赖大父子俩知道得罪了主子，“赖尚荣心下不安，立刻修书到家，回明他父亲，叫他设法告假赎出身来”。赖大央人“在王夫人面前乞恩放出”无望，便“一面告假，一面差人到赖尚荣任上，叫他告病辞官”。于是串通一气，告假，辞官，出逃。赖大家几代人和贾府是主奴关系，眼看贾府被抄，大势已去，不但不帮衬，反而一走了之。正应了宝钗感叹时说过的一句话：“……单可恨这些伙计们，见咱们势头儿败了，各自奔各自的去也罢了，我还听见说帮着人家来挤我们的讹头。”（第一百回）贾府悲剧这条主意脉在《红楼梦》中展现最多的是上层主子的腐败、没落和僵化，同时从奴仆身上也能折射出悲剧的气息、动向和真相。所以说，贾府的衰败，必然导致“树倒猢狲散”。

2．妙玉在贾府败落中殒殁

第十八回妙玉出场，到第一百十二回妙玉遭劫，第一百十三回、一百十七回从人们的议论中透出妙玉最后的结局。妙玉时断时续地出现在《红楼梦》百回中，形成不大不小一条副线，妙事中展示了每一种因素对其心理结构的影响，留下一个少女青春的轨迹。妙玉的一生未来得及与《红楼梦》主意脉撞击出更辉煌的光辉，当贾府衰败，“墙倒众人推”之势渐渐形成了局面，刁奴欺主，匪盗出现，千疮百孔的百年大厦难以遮风挡雨，不幸的妙玉横遭强人劫持。妙玉曾是那样的“好高”、那样的“过洁”，却终因社会的黑暗，非命于“风尘肮脏”之地。曹雪芹描写妙玉悲剧这有力的一笔是在贾府那风吹雨打、破旧不堪的大幕上又涂上的一把烂泥巴。

妙玉的人生轨迹一直受到外在因素的制约，尽管带有偶然性，但却促成其悲剧的人生。妙玉是从读书仕宦之家遁入空山古庙的，缘由是她“自小多病，买了许多替身皆不中用，到底这位姑娘入了空门方才好了”。可见，妙玉出家与惜春看破红尘不同，是用出家做僧的方式来消除“命中的灾难”，所以带发而修行，随时都可以名正言顺地还俗。偏偏她羁留佛门以后，家道中落，父母双亡，无人代为做主，后接受了贾府的“聘请”，进入大观园。

妙玉在《红楼梦》中出现并不多，主要是在第四十一回的“栊翠品茶”、第五十回的“冒雪乞梅”、第六十三回的“飞帖祝寿”、第七十六回的“月夜续诗”、第八十七回“坐禅入魔”、第九十五回“扶乩找玉”、第一百九回“问候贾母”，直到第一百十二回“妙玉遭劫”。这条若隐若现的副线基本是独自发展，不与《红楼梦》三条主意脉发生冲撞和摩擦，所以我们前面在分析叙事肌理时，没有涉及妙玉，但“妙玉遭劫”却是在贾府败落中殒殁的，不能不作为一个节点来审视。因此，有必要倒叙她的性格历程。

妙玉这位千金小姐落入空门并不是出于本心，皈依佛门是迫不得已，她后来的凡念未断也顺理成章。才高貌美的千金之躯与青灯黄卷的寂寞生活为伍，她孤芳自赏，正所谓的“天生孤僻人皆罕”。“栊翠品茶”写刘姥姥在妙玉那喝茶，使用过的成窑杯，妙玉嫌脏，要把它丢了。表现妙玉怪僻的性格同时，更突出了她的“过洁”。妙玉的孤标自许、自尊自傲令大观园中人对她都敬而远之，或厌而避之。李纨说：“可厌妙玉为人，我不理他。”

妙玉并不是禁欲者，她对爱情生活向往，不仅强烈，而且大胆。只不过表现形式隐晦和曲折罢了，集中地反映在她平素对宝玉的微妙的态度上，与她压抑的性格有着深层的契合。她不仅对周围人压抑，并且对所爱对象、甚至对自己也深深压抑着。“冒雪乞梅”“飞帖祝寿”，都隐含着她对宝玉的情缘，一举一动，露出她的焦虑与迫切，有时是隐约而传神的情态，有时却是主动的姿态。

妙玉轻视和厌恶俗人，对“目无下尘”的黛玉，从未有过微词，相反彼此很默契。第七十六回中秋之夜，众人兴味索然，早早散去。最后只剩下黛玉、湘云在凹晶馆对月联诗。写黛玉和湘云深夜联诗，妙玉竟然夜出庵门，走来窃听，共感哀凄。她在黛玉、湘云联诗的绝唱“寒塘渡鹤影，冷月葬花魂”后，一挥而就，续完全诗：

香篆销金鼎，冰脂腻玉盆。
箫憎嫠妇泣，衾倩侍儿温。
空帐悲金凤，闲屏设彩鸳。

前6句写篆香在金鼎燃烧、胭脂在水盆沉积，寡妇哭泣的箫声，以及冷衾、空帐一系列意象，表达特有的孤寂清冷的氛围，烘托孤女夜晚孤苦独寂。

露浓苔更滑，霜重竹难扪。
犹步萦纡沼，还登寂历原。
石奇神鬼缚，木怪虎狼蹲。
赑屃朝光透，罘罳晓露屯。
振林千树鸟，啼谷一声猿。
歧熟焉忘径，泉知不问源。
钟鸣栊翠寺，鸡唱稻香村。

中间14句，写诗人为排遣孤独而夜出，希冀有所遇。直至天亮，所见是习以为常的露水打湿青苔，冰霜冷结竹林、池沼、高地、奇石、怪树、碑碣、惊鸟、哀猿，未有所遇。

有兴悲何极？无愁意岂烦。
芳情只自遣，雅趣向谁言。
彻旦休云倦，烹茶更细论。

最后6句，抒发因未遇而产生的郁闷情怀。妙玉续诗表达的弦外之音：妙玉夜出庵门，大概希冀能与宝玉有一次偶遇之缘。妙玉有对爱情的向往，尽管她对宝玉有爱意，就连黛玉也看明白这一点，但丝毫没有引起黛玉的嫉妒，是因为她比黛玉还多了一层束缚，被封建礼教紧紧捆绑住手脚，被阻挡在宗教戒律之外，冻结在希冀之中。这才是妙玉真正的悲剧所在。

3．惜春看破红尘，出家为尼

惜春是横跨宁荣二府的一个人物，所以她能够冷眼看贾府。她像贾府内部的探头，记录、捕捉、摄像贾府的日复一日的败落。

惜春出场时尚小，只是一个含苞待放的花蕾。她本是宁国府长房之孙，因“自幼无母，老太太命人抱过来养这么大”（第六十五回）。惜春长住荣国府，还有一个原因是父亲贾敬忙于修道，她在家不为嫂子尤氏所容。这是贾府尽皆人知的。贾母出丧时，贾琏就曾说：“珍大嫂子与四丫头不合，所以撺掇着不叫他去。”（第一百十一回）惜春从小就生活在这样一个家庭氛围中，非但没有至亲的关爱，幼小的心灵还得承受排挤。她在表面平淡无奇的庸常光阴里，因为成人的疏忽、漠视而得不到恰当关切，养成了孤僻的个性，产生一种对亲情的隔绝心理。因此，在贾府众人的眼里，惜春是那么的孤僻，是那么的冷涩。

抄检大观园时，她的丫鬟入画违犯贾府下人之间不许私传对象的规矩，被清除出外，入画苦苦哀求，而惜春却一心要赶走她。她说：“不但不要入画，如今我也大了，连我也不便往你们那边去了。况且近日我每每风闻得有人背地里多少议论，什么不堪的闲话，我若再去了，连我也编派上了。”（第七十四回）惜春之所以会这样绝情，是因为入画是宁国府之人，她嫌弃宁国府太污浊了，她要躲避这污浊的一切。在惜春的眼里，宁国府在其兄贾珍的操持下，早已是除了门前的石头狮子干净，别的都已经腐臭烂朽，而荣国府在她看来也日渐没落，那块遮羞布已经千疮百孔，破烂不堪。

惜春最大的焦虑来自对家族命运的清醒认识。她不受重视的地位，使她能够跳出贾府，俯视贾府，冷眼旁观。

第七十五回贾珍因贾敬之丧，避讳过节，只好在八月十四日，“煮了一口猪，烧了一腔羊，备了一桌菜及果品之类，不可胜记，就在会芳园丛绿堂中，展开孔雀，褥设芙蓉，带领妻子姬妾，先饭后酒，开怀赏月作乐……那天将有三更时分，贾珍酒已八分。大家正添衣饮茶，换盏更酌之际，忽听那边墙下有人长叹之声。大家明明听见，都悚然疑畏起来。贾珍忙厉声叱咤问：‘谁在那里？’连问几声，没有人答应。……”

> 一语未了，只听得一阵风声，竟过墙去了。恍惚闻得祠堂内槅扇开阖之声。只觉得风气森森，比先更觉凄惨起来。看那月色时，也淡淡的，不似先明朗。众人都觉毛发倒竖。贾珍酒已吓醒了一半，只比别人拿得住些，心里也十分警畏，便大没兴头，勉强又坐了一会，也就归房安歇去了。

宁国府子孙丧家败业，天怒人怨，连祖宗在天之灵亦恼恨不已。但贾珍依旧胡作非为。第六十四回借贾琏的眼睛，透视出“贾珍、贾蓉等素有聚麀之诮”，只这一笔就入木三分的写尽了贾珍的乱伦。《礼记·曲礼》：“夫惟禽兽无礼，故父子聚麀。”汉代郑玄注：“聚，犹共也。鹿牝曰麀。”王熙凤当面就对尤二姐说：“妹妹的声名很不好听，连老太太、太太们都知道了，说妹妹在家做女孩儿就不干净，又和姐夫有些首尾……”这些话是故意给尤二姐听的，但也从侧面披露了贾珍与尤二姐风声不雅。贾琏因知道贾珍的丑行，才敢乘隙而入，加入“聚麀”之列。

宁府之乱始于贾珍的淫乱。冷子兴说出个中原因：“这珍爷那里干正事？只一味高乐不了，把那宁国府竟翻过来了，也没有敢来管他的人。”宁国府被抄后，他和贾蓉被拘，可怜赫赫宁国府只剩得尤氏婆媳两个，并贾珍的妾佩凤、偕鸾二人，连一个下人没有。真可谓：“故人通贵绝相过，门外真堪置雀罗。”（司马光诗句）

生活在大观园的惜春，看到了大观园众姐妹的风流云散：宝钗被情所困，“纵然是齐眉举案，到底意难平”；黛玉为情所累，终也是“想眼中能有多少泪珠儿，怎奈得秋流到春，春流到夏”；湘云虽是夫妻相敬如宾，也“终久是云散高唐，水涸湘江”；探春远嫁，“一帆风雨路三千，把骨肉家园齐来抛闪”；迎春误嫁中山狼，“叹芳魂艳魄，一载荡悠悠”。这一切，使惜春感到现实的可怕、无望和冷寂。

惜春向佛的心窗被开启之后，在生活中便会不自觉地流露出来。上元佳节她所制的春灯诗说：

前身色相总无成，不听菱歌听佛经。

莫道此生沉黑海，性中自有大光明。

一个小小的灯谜透出了惜春的心曲——“不听菱歌听佛经”。“菱歌”是青年男女爱情的俚曲，惜春 “不听菱歌”已微透 “看破红尘”之意。又紧接着说 “听佛经”，直白自己向佛之情。

妙玉那孤傲的性格，闲云野鹤式的生活方式，对惜春产生了深刻的影响，在和妙玉交往的过程中，久而久之惜春开始彻悟了。她曾批评黛玉说：“林姐姐那样一个聪明人，我看她总有些瞧不破，一点半点儿都要认真起来，天下哪有多少真的呢。”（第八十二回）这话禅机很深，彻悟的她铁了心要出家，自愿和青灯古佛做伴。起初她只是剪发矢素志，后来当强大的阻力向她压过来后，她则以死相抗。对尤氏说：“如今譬如我死了似的，放我出了家，干干净净的一辈子，就是疼我了。你们依我呢，我就算得了命；若不依我呢，我也没法，只有死就完了。”（第一百十五回）惜春最终得以在栊翠庵带发修行。

惜春自愿“独卧青灯古佛旁”，这也是她唯一能够选择的出路。

4. 狠舅奸兄卖巧姐

第一百十八回贾环看到贾政、贾琏等不在府中，便撺掇贾芸、王仁（凤姐之兄），哄骗邢大人把巧姐卖给外藩王爷作妃子。这与巧姐的判词所言：“休似俺那爱银钱、忘骨肉的狠舅奸兄”吻合。

贾环撺掇“卖巧姐”这个事，在《红楼梦》叙事结构中，不是孤立出现的，它处在各种叙事线索的结合点上，指向它所隐含的意义。

一是上承贾母、王夫人、凤姐等与赵姨娘嫡庶之争这条脉络的余绪。贾环因恨着凤姐平日待他的刻薄，把报复的仇恨发泄到巧姐身上，虽然这件事最终未得逞，但他的卑劣、无耻却暴露无遗。贾环这个形象从第二十回亮相开始，他就是一个令人讨厌的角色，并不是因为庶出身份及在荣府中的尴尬地位，而是他劣行种种，令人可恶、可鄙、可恨。与“神采飘逸，秀色夺人”的宝玉相比，不啻天壤，甚至他的父亲贾政也觉得他“人物萎缩，举止粗糙”。

嫡庶之争在《红楼梦》叙事结构中反反复复地出现，表现形态也是多种多样的，但在赵姨娘和贾环身上更为鲜明、激烈和持久。直到第一百十二回铁槛寺向贾母告灵后，突然赵姨娘中祟，她道："我跟了一辈子老太太，大老爷还不依，弄神弄鬼的来算计我。——我想仗着马道婆要出出我的气，银子白花了好些，也没有弄死了一个。如今我回去了，又不知谁来算计我。……我是阎王差人拿我去的，要问我为什么和马婆子用魇魔法的案件。"说着便叫"好琏二奶奶，你在这里老爷面前少顶一句儿罢，我有一千日的不好还有一天的好呢。好二奶奶，亲二奶奶，并不是我要害你，我一时糊涂，听了那个老娼妇的话。"第二天她暴死了。过了几个月凤姐也死了。这场嫡庶之争按说应该消停下来，但贾环见宝玉、贾兰考举去，自己又气又恨，心生歹毒，说："我可要给母亲报仇了。家里一个男人没有，上头大太太依了我，还怕谁！"想定了主意，他埋怨输了钱又无所抵偿的贾芸道："你们年纪又大，放着弄银钱的事又不敢办……不是前儿有人说是外藩要买个偏房，你们何不和王大舅商量把巧姐说给他呢？"恰好王仁走来说道："你们两个人商量些什么，瞒着我么？"贾芸便将贾环的话附耳低言的说了。王仁拍手道："这倒是一种好事，又有银子。只怕你们不能，若是你们敢办，我是亲舅舅，做得主的。只要环老三在大太太跟前那么一说，我找邢大舅再一说，太太们问起来，你们齐打伙说好就是了。"贾环等商议定了，王仁便去找邢大舅，贾芸便去回邢、王二夫人，说得锦上添花。要趁贾琏不在家摆布巧姐出气。

二是牵出刘姥姥救巧姐的故事，正如判词所云："势败休云贵，家亡莫论亲。偶因济村妇，巧得遇恩人。"第一百十三回刘姥姥三进荣国府。此时的贾府一败涂地，经历了抄家、革职后，死的死，走的走，卖的卖。而凤姐也已经落到众叛亲离，临难托孤的地步，她把自己的独生女儿巧姐托给了刘姥姥。精明一世的凤姐知道，在整个荣宁二府，此时只有刘姥姥是真诚的，她作了最后一次选择。这当然与当年凤姐的善举有直接的关系，虽然那时她阔人居高临下，曾像从"骆驼身上拔根毛"一般挤济、施舍过刘姥姥，不想竟搭起这一善缘。

三是完成了贾环畸形性格的塑造，曹雪芹用极俭省的笔墨将其性格皴染，层次鲜明，步步入深，特别是在全书的尾声涂抹"卖巧姐"这一笔，入木三分地展现了一位封建时代阴毒的庶出的贵族公子形象。这在中国古典小说人物画廊中是不多见的。

贾环从最初的顽劣小气到最后的歹毒无情，恶德毕现，他既有封建宗法观念下被压抑、被扭曲的一面，又有封建主子绝情狠毒的一面，体现出典型的贵族之家庶出公子的畸形性格。贾环在贾府中虽然是一个姥姥不疼、舅舅不爱的人，但在宗法家庭中，他的地位是不可忽视的，因为贾政只有宝玉、贾环两个儿子，如果没有了宝玉，贾环就有了继承官爵、继承财产的机会。他处在嫡庶两股势力无情冲突的夹缝当中，他所受的种种欺辱，都来自“不是太太养的”。面对这种无法选择的命运，他没有通过正当的方式去改变，而是在一种畸形心理的支配下，选择了恶意的报复行动。他在贾府中的种种举动，既是他畸形性格的表现，又是他对自己庶出身份无奈的、愤懑的发泄。贾环母子从态度、手段、处世上都显得十分的拙劣，所以无论怎样费尽心机，都是徒劳无益的。

（三）贾府的悲剧，宝玉出家——“金玉良缘”的结束

《红楼梦》前80回与后40回在情节上出现了一些“矛盾”现象，比如像上面我们分析的凤姐之死的结局，应当是沿着“一从二令三人木”人生轨迹走下去，先被休，而后死在娘家。再如香菱的命运归属，在判词中是“自从两地生孤木，致使香魂返故乡”，而现在她非但没死，还由妾升为主子奶奶等。这些成为否定后40回的一个基本理由。我们梳理一些比较有代表性的观点：一是，黛玉说出称赞八股文的言论；宝玉读四书，考科举；二是，前80回贾政和宝玉对立的性格在后40回调和了；四是，贾府恢复世职，落了个“光明”的尾巴。究竟如何评价《红楼梦》后40回这些矛盾的现象？将在后面的辨析中加以阐明。

宝、黛爱情最终以悲剧告终，对宝玉来说，这是一种个体生命与生存环境相抗争的精神体验，不仅没有使他向世俗社会回归，反而提升了他对生命存在内涵及终极归宿的超越的思维。他的这种情感和思维，当然不能为周围的人，甚至他的亲人王夫人、宝钗所理解，而是由此产生出一种孤寂感，并贯穿于宝玉的生命历程之中，最后凝聚在他出家的选择上。

宝、黛爱情悲剧使宝玉人性组合形态发生了变化，之前情爱在宝玉人性组合形态中占有主导地位，他对黛玉的爱情几乎到了痴呆的地步。黛玉的离去，

改变了他的人性组合形态，使他作出与他前期思维不匹配的行为意向，所以他去应考，并中了第七名。但这只是一时的行为意向，并不能改变他承受着爱情悲剧巨大痛苦而产生的孤独感，并不能改变宝玉生命历程的趋向。所以说宝玉读八股、考举人，既是宝玉性格流变中出现的一些矛盾现象，也是《红楼梦》整体有机结构的内容。

1．学八股、考举人是宝玉人性组合的流变形态

在宝、黛爱情走向悲剧之前，宝玉的性格活泼、聪颖、调皮，他“潦倒不通世故，愚顽怕读文章”，他称呼热心仕途经济的人为“国贼禄鬼”，曾为了逃学没病也要装病。仔细梳理，便会发现宝玉的好奇心、求知欲很强，他并不是不喜欢读书，而喜欢的是“旁学杂收”，喜欢读小说、看剧本，不喜欢读四书、做八股。他的行为反映了少年时代的他对从仕途经济走出来的“须眉浊物”的不理解、讨厌，对私塾教育的不满，从而流露出一种偏激的情绪。这对于青少年来说，是很正常的现象。直到第八十二回，贾政送宝玉二进家塾，宝玉依旧讨厌学四书、读八股。他对黛玉说：

> “还提什么念书，我最厌这些道学话。更可笑的，是八股文章，拿他诓功名混饭吃也罢了，还要说‘代圣贤立言’。好些的，不过拿些经书凑搭凑搭还罢了；更有一种可笑的，肚子里原没有什么，东拉西扯，弄的牛鬼蛇神，还自以为博奥。这那里是阐发圣贤的道理。目下老爷口口声声叫我学这个，我又不敢违拗，你这会子还提念书呢。”黛玉道：“我们女孩儿家，虽然不要这个，但小时跟着你们雨村先生念书，也曾看过。内中也有近情近理的，也有清微淡远的。那时候虽不大懂，也觉得好，不可一概抹倒。况且你要取功名，这个也清贵些。”宝玉听到这里，觉得不甚入耳，因想：“黛玉从来不是这样人，怎么也这样势欲熏心起来？”又不敢在他跟前驳回，只在鼻子眼里笑了一声。

当时清代的一些思想家、学者对科举和八股文有过激烈的批评。但这些言论只能说科举和八股文存在着僵化，并不能说明封建社会的科举和八股文都是

负面的，一无所取。20 世纪中后期在学术界蔓延着一股极左思潮，否定了传统文化中很多有价值的东西，横扫一切。那么，今天如何评价封建社会的科举制和八股文？《红楼梦》情节中宝玉学习八股文和走科举道路，是否违反了人物性格的逻辑，是否是对曹雪芹先进思想的否定？

20 世纪学术界，乃至整个社会，对于科举制和八股文一律骂倒，仿佛视其为过街老鼠，人人喊打。这种否定一切的现象是当时极左思维泛滥的直接反映。到了八九十年代，一些睿智的学者率先为科举制和八股文正名，客观地作出了评价。金诤先生说：

> 应当承认科举考试的形式是封建时代所可能采取的最公平的人才选拔形式，它扩展了封建国家引进人才的社会层面，在历史上确实也吸收了大量出身中下层社会的人士进入统治阶级，特别是唐、宋时期，科举制度正当发展成熟之初，显示出生气勃勃的进步性，当时的政治环境也比较宽松，从而形成了中国古代文化发展的一个黄金时代。[①]

至于八股文，启功先生说：“其实‘八股’是一种文章形式的名称，它本身并无善恶之可言。只是被明清统治者曾用它来做约束士子思想的工具，同时他们又在这种文章形式中加上些个繁琐而苛刻的要求。由积弊而引起的虐谥，不但这种文体不负责任，还可以说这种文体本身被人加上的冤案。”[②] 过去对于科举制和八股文偏激的否认，正如邓云乡先生所指出的：“遗憾的是对于现在和未来，那就造成了许多模糊和错误的历史认识，或使人陷于盲从的思维状态，这是十分遗憾的。”[③] 启功、邓云乡等先生为科举制和八股文拨乱反正，使我们能够更加看清过去的错误认识和盲从思维。

那种错误的认识和盲从的思维同样影响着我们对《红楼梦》的认识，仿佛

---

① 金诤．科举制度与中国文化 [M]．上海：上海人民出版社，1990：5.

② 启功．说八股 [M]．北京：中华书局，1994：1.

③ 邓云乡．清代八股文 [M]．北京：中国人民大学出版社，1994：3.

宝玉参加科举、黛玉赞扬八股文，便成了人物性格的污点。这些描写违背了曹雪芹的本意，从而被认为《红楼梦》后40回是“续书”的证据。这种认识除了上个世纪集体盲从的无意识影响外，还涉及从理性上认识一个人物性格的复杂性问题。

人物的性格随着社会历史大环境和具体生活小环境的变化，都会给人性组合形态带来一个变化和演进的过程。性格中主导因素可能向前发展，也可能出现反复，甚至还会出现倒退。同样，随着主导因素的变化，非主导因素也会发生相应的演化。人物性格出现复杂性才是真实的、活生生的人性。“人与生俱来的人性诸要素，如生存欲、占有欲、责任心、情爱、性爱、同情怜悯心、惰性、嫉妒心、报复心、爱美之心、好奇心、理性、群体性、类性等。人与生俱来的人性诸要素之间的关系，就像大自然诸要素之间的关系一样，是互相矛盾、互相依赖、互相制约与互相平衡的。虽然在人的社会化过程中，由于社会环境的制约和主体修养的不同因素的影响，在不同的时期、不同的地点场合，人性的某个或某些要素可能处于主导地位；但从总体上来看，根据自然法则，人性的诸要素并无高低尊卑之分。”① 好人全好，坏人全坏，是违反人性基本形态的。况且人物性格的复杂性是复杂环境的投影，宝玉去读书，是贾政硬逼他去的，“奉严词”重入家塾，也是贾母、王夫人希望他去的，宝钗、袭人劝他去的。宝玉处处受制于人，什么事都做不了主，甚至连自己的爱情婚姻也无法把握，只能寻找缝隙去发展叛逆性格，进行有限的反抗和斗争。

宝玉的叛逆行为，以及他的思想认识必然要受时代思潮的影响和制约，他异于当时社会中的一般人是因为他极敏锐地参透了现实中的种种弊病，又敢于以牺牲精神去追求理想，因而成为异端。但在其身上流贯的亲情，是传统伦理的基因，因此宝玉不可能彻底与之一刀两断。何况此时宝玉已十七八岁，不像前几年那样任性狂放。贾政对他读书盯得也很紧，第八十四回描写贾政问宝玉进学后读什么书、做什么文，还具体指导他作文如何“破题”。在亲情的压力及亲情的感召下，宝玉才二进私塾，重读四书，学做八股。在这种情境下，黛

① 唐雄山，王伟勤．人性组合形态论[M]．广州：中山大学出版社，2011：61．

玉和宝玉说起了八股文和科考，不能简单地说这时的她似乎违背了初衷，也讲了八股的好处，就与早期黛玉从来不说劝宝玉读书上进、求取功名的“混账话”的描写相抵触。再说宝玉凭借聪明与悟性，以及他对诗词歌赋的喜欢，旁学杂收的浏览，确实是有助于学习八股文的。所以他去应考中了第七名。尽管宝玉的这些行为与他少年时代不喜读四书的偏激形成了对立，但这不能说是其性格的扭曲，反而是他性格内涵的深化，所以才会有后来他与贾代儒答问时力避“发迹做官之旨”的曲折迂回；才会有散学急奔潇湘馆，在知音面前尽吐心曲的渴望；才会有自愿抛弃“前程”和妻儿，中举出家的举动。其实，宝玉出家的打算已在他赴试前辞母时的肺腑之言中表达了出来：“只有这一入场，用心作了文章，好好的中个举人出来，那时太太喜欢喜欢，便是儿子一辈子的事也完了。”显然，这传达的是异兆悲音。宝玉失去了一生最亲近的人——贾母和黛玉，爱之毁灭的反思，促成了他毅然入禅。这也许是当时宝玉抗争的唯一选择。最深刻的就是他虽然违心参加了科举考试，但并不留恋中举给他带来的荣誉和仕途，依旧我行我素，走上了出家之路。这才是真正的大悲剧结局。

出家与中举不但不是人物性格逻辑的悖谬，反而说明宝玉的性格结构的多元化，所以说，不能离开环境的复杂性孤立地评论人物的某一举动。

2．贾政和宝玉父子矛盾的性质

贾政和宝玉父子之间有矛盾，焦点是读什么书、走什么路。贾政严厉地要求宝玉按照他的意志去读四书、走科举。贾政代表的不仅仅是个人的意愿，而且代表了当时社会崇拜的主流文化的价值。读书人对科举一生的追捧，甚至达到了皓首穷经的地步，也成了不同时代、不同等级、不同身份、不同教养的家长、师长对读书人的共识。贾政是仕宦之家的读书人，“自幼酷爱读书”。“这贾政最喜读书人，礼贤下士，济弱扶危，大有祖风”，以宁荣二公遗训“留意于孔孟之间，委身于经济之道”为处世准则。加之他在朝为官，他当然是主流文化的代表者。

从另外一个方面来看，宝玉中举是家族的价值期待。在朝廷上世袭贵族与科举新贵相比，地位日落。贾府的“贾政，自幼酷喜读书，为人端方正直，祖父钟爱，原要他从科甲出身，不料代善临终遗本一上，皇上因恤先臣，即叫长子袭了官，又问还有几个儿子，立刻引见，又将这政老爷赐了个额外主事职衔，叫他入部习学，如今现已升了员外郎”。可见，通过科举改换门庭，到宝玉这已是三代人的愿望了。贾府唯一科举出身的至亲，就是贾政的妹夫林如海，乃前科探花，林家也是到林如海这一代才改换门庭，“原来这林如海之祖，曾袭过列侯的，今到如海，业经五世；起初只袭三世，因当今隆恩盛德，额外加恩，至如海之父，又袭了一代；到了如海，便从科第出身：虽系世禄之家，却亦是书香之族。”所以说读书仕进在贾政身上就是因袭的重担，只不过他将这因袭重担全部寄托在宝玉身上，始终有望子成龙的强烈愿望。第九回写宝玉入私塾读书，贾政问跟班的李贵：

“你们成日家跟他上学，他到底念了些什么书，倒念了些流言混语在肚子里，学了些精致的淘气。等我闲一闲，先揭了你的皮，再和那不长进的东西算账！”吓的李贵忙双膝跪下，摘了帽子碰头，连连答应“是”，又回说：“哥儿已念到第三本《诗经》，什么‘呦呦鹿鸣，荷叶浮萍’小的不敢撒谎。”说的满座哄然大笑起来。贾政也撑不住笑了。因说道：“那怕再念三十本《诗经》，也都是‘掩耳盗铃’，哄人而已。你去请学里太爷的安，就说我说的：什么《诗经》、古文，一概不用虚应故事，只是先把《四书》一气讲明背熟，是最要紧的。”

贾政为了激励宝玉，还让他接触科举出身的贾雨村，陶冶他的性情。但宝玉没有按贾政的话去做，不但不愿意谈论 “仕途经济”一类的 “混账话”，就连和 “为官做宰”的人物交往也觉得厌恶。在第三十二回，贾雨村来访，“老爷叫二爷出去会”时，宝玉便 “心中好不自在”，“一面蹬着靴子，一面抱怨道：‘有老爷和他坐着就罢了，回回定要见我。’”又说：“我也不敢称雅，俗中又俗的一个俗人，并不愿同这些人往来。”当见了贾雨村也 “全无一点慷慨挥洒谈吐，仍是葳葳蕤蕤”。宝玉这样子引起了贾政对他的不满。

偏偏这当口，与贾府不属于同一政治集团的忠顺王府来寻人，贾政发现宝玉结交的又是身份低贱的优伶。这又触犯了贾政的封建等级观念，因而贾政气得“目瞪口歪”。贾环又趁机添谗言，说宝玉“拉着太太的丫头金钏儿强奸不遂”，致使金钏投井而死，无异于火上浇油，使得原本盛怒的贾政立刻气得“面如金纸”，大喝：“快拿宝玉来！”接着引发了宝玉挨打事件。

其实父亲打儿子，不过是人们习以为常的普通生活场景，即使在贾府也不是什么新鲜事。第四十五回中，伺候贾府几代的老仆人赖嬷嬷说：

> “这些小孩子们全要管的严，饶这么严，他们还偷空儿闹个乱子来，叫大人操心。知道的，说小孩子们淘气；不知道的，人家就说仗着财势欺人，连主子名声也不好。恨的我没法儿，常把他老子叫了来，骂一顿才好些。”因又指宝玉道：“不怕你嫌我，如今老爷不过这么管你一管，老太太就护在头里。当日老爷小时，你爷爷那个打，谁没看见的。老爷小时，何曾像你这么天不怕地不怕的。还有那边大老爷，虽然淘气，也没像你这扎窝子的样儿，也是天天打。还有东府里你珍哥哥的爷爷，那才是火上浇油的性子，说声恼了，什么儿子，竟是审贼。如今我眼里看着，耳朵里听着，那珍大爷管儿子，倒也像当日老祖宗的规矩，只是着三不着两的。”

老子打儿子，赖嬷嬷唠叨了好几代，可能大都是由于儿子不听话、调皮、生事等。但贾政肩负着家族改换门庭、世代因袭的重担，目的明确，始终如一，所以宝玉挨打还是有深刻的文化和历史意蕴的，它代表了两种不同的意识形态和生活道路的冲突对立，而不能仅仅视为什么封建正统的卫道士与反封建反礼教的叛逆者之间的斗争。

贾政与宝玉有矛盾、有冲突，但还是有骨肉亲情。人性内含的亲情是血缘，不同的人表达方式不同。有的人看似脸面冷漠，言语生硬，而蕴含的感情很深。贾政在宝玉面前永远是一副“严父”的样子，但实际上他最看重宝玉。第二十三回接到元妃的懿旨，让宝玉与姊妹们搬进大观园去住。宝玉被叫进门，“贾政一举目，见宝玉站在跟前，神采飘逸，秀色夺人；看看贾环，人物委琐，举止荒疏；忽又想起贾珠来，再看看王夫人只有这一个亲生的儿子，素爱如珍，自己的胡须将已苍白：因这几件上，把素日嫌恶处分宝玉之心不觉减了八九。”

这种亲情随着年岁的增长，阅历的增多，柔情也会多添几分。第七十七回写有人请贾政寻秋赏桂花，贾政因喜欢宝玉前儿做得诗好，特意要带他们去。“贾政在那里吃茶，十分喜悦。宝玉忙行了省晨之礼。贾环贾兰二人也都见过宝玉。贾政命坐吃茶，向环、兰二人道：‘宝玉读书不如你两个，论题联和诗这种聪明，你们皆不及他。今日此去，未免强叫你们作诗，宝玉须听便助他们两个。’王夫人等自来不曾听见这等考语，真是意外之喜。”待宝玉等回来，看到他被赏赐。王夫人特意让人拿上赏赐的物品，“同宝玉、环、兰，前来见贾母。贾母看了，喜欢不尽”。

这一年宝玉 16 岁，他在写诗作对方面显示出的才气，令贾政欣赏。他将宝玉与贾环、贾兰相比，“第一件他两个终是别路，若论举业一道，似高过宝玉。若论杂学，则远不能及；第二件，他二人才思滞钝，不及宝玉空灵涓逸，每作诗亦如八股之法，未免拘板庸涩。那宝玉虽不算是个读书人，然亏他天性聪敏，且素喜好些杂书，他自为古人中也有杜撰的，也有误失之处，拘较不得许多；若只管怕前怕后起来，纵堆砌成一篇，也觉得甚无趣味。因心里怀着这个念头，每见一题，不拘难易，他便毫无费力之处，就如世上的流嘴滑舌之人，无风作有，信着伶口俐舌，长篇大论，胡扳乱扯，敷演出一篇话来。虽无稽考，却都说得四座春风。虽有正言厉语之人，亦不得压倒这一种风流去”。

“近日贾政年迈，名利大灰，然起初天性也是个诗酒放诞之人，因在子侄辈中，少不得规以正路。”贾政的性格结构有着典型的两面性，他一面是世俗儒家价值体系的代表，从外部支撑家族的权威、地位，从内部规划家常生活形态，既展现出某种优雅仁慈的大家风度，又滋养了丑恶阴暗、冷酷无情的内心。另一面他也有着普通的人性、人情、趣味。贾家的血缘结构与权力结构不一致的另一个典型代表则是贾宝玉，他的价值取向打破了贾家权利，乃至价值体系的延续性，增加了自由、纯洁和博爱等人性因素，从而脱离了家族价值结构。从贾政来说，前者是父子两人的矛盾和冲突所在，后者则是父子亲情的链带所系。贾政前者的色彩淡化，后者情味的浓郁，是其人性的回归，也使他正视了宝玉身上的亮点。当贾政“近见宝玉虽不读书，竟颇能解此，细评起来，也还不算十分玷辱了祖宗。就思及祖宗们，各各亦皆如此，虽有深精举业的，也不曾发迹过一个，看来此亦贾门之数，况母亲溺爱，遂也不强以举业逼他了，所以近日是这等待他。又要环兰二人举业之余，怎得亦同宝玉才好，所以每欲作诗，必将三人一齐唤来对作”。人性的回归使得贾政越来越少地使用“严父”的话语权力，最显著的是话语方式的改变。在命题作诗《姽婳词》章节那一段，贾政命他三人各作一首，贾兰先有了，贾环生恐落后也就有了。而宝玉尚在构思，并讲了一番自己的看法，“贾政听说，也合了主意，遂自提笔向纸上要写，又向宝玉笑道：‘如此，你念我写。若不好了，我捶你那肉。谁许你先大言不惭了！’”一派父子舒卷自如、情意融融的样子，哪里有大打出手的半点影子。有一位学者作了如下概括：“前八十回《红楼梦》中，贾政与宝玉二人关系经历了三个时间段。倘从矛盾的主要方面即贾政的角度考察，可以说，文本入情入理地展露了贾政面对‘贾宝玉现象’的‘嫌恶’心态（第一时段）、绝望心态（第二时段）和妥协心态（第三时段），呈现了他从无比焦躁到无限痛苦到无奈妥协的心路历程。”①

其实这正是贾政心路历程回归的轨迹。

---

①刘敬圻. 贾政与贾宝玉关系还原批评[J]. 学习与探索，2005 (2).

第十章

沐皇恩　复世职　家道复初

（第一百十九至一百二十回）

一部大书《红楼梦》已进入尾声，准备画上一个句号。第十叙事单元（第一百十九至一百二十回）叙述极其简练，大都以信息的方式，对方方面面交代一个结局，前后照应，十分周全。

下面简单地勾勒以下几个要点：

1. 宝玉历宦人世，俗缘已毕，终归大荒山

（1）宝玉中举，了结俗缘；

（2）贾政返京，途遇宝玉；

（3）宝钗怀孕，步入悲剧人生。

2. 贾家沐皇恩，复世职

（1）大赦天下，贾赦免罪，贾珍复职，贾政仍袭荣国公；

（2）贾兰中举，巧姐归府；

（3）探春归家，平儿扶正，袭人出嫁。

3. 悼红轩演绎“君子之泽，五世而斩”

（1）贾雨村与甄士隐再度相逢，阐明“福善祸淫，古今定理”。

（2）贾政回忆“和尚来了三次”，宝玉是“下凡历劫”，“尘凡顿易”；

（3）空空道人嘱托曹雪芹传述《石头记》。

其中有几个问题，需要辨析。

一、“沐皇恩”“延世泽”“兰桂齐芳”

如何看待第一百十九回写贾府“沐皇恩”，“延世泽”，“兰桂齐芳”，这是《红楼梦》后40回争论的一个主要问题。有的学者将贾府家道复初视作《红楼梦》悲剧的否定因素，认为《红楼梦》的结尾“食尽鸟投林”，应该是“白茫茫大地真干净”，一切都荡然无存。现在这个结尾并没有把贾府败落写惨、写尽、写绝。而要辨清这个问题，有一个理论前提需要搞清楚，就是对悲剧的认识。

什么是悲剧？

美学家朱光潜先生说过一句话，他说，一些很少哲学修养的人，常常犯一个错误，就是“不能把作为艺术形式的悲剧和实际生活中的苦难相区别”。[①]甚至一些红学家同样犯这样的错误。所谓“艺术形式的悲剧”是一个美学范畴。也就是说在实际生活中发生的任何不幸或者灾难，都可以说是“悲”，即悲痛、悲哀、悲苦等，但不一定都可以称之“悲剧”，因为其中有许多都是偶然性因素所致，比如交通事故致死、地震所亡、儿童溺水，等等，尽管给某个家庭带来灭顶之灾，可是没有什么必然性。它们不属于悲剧美学范畴，也不能给人带来精神上的愉悦，得到美的享受。有的红学家强调《红楼梦》的结尾“食尽鸟投林”，应该是“白茫茫大地真干净”，一切都荡然无存，认为这才是悲剧，这只能说对悲剧解读有误。我们绝不能把悲剧艺术中的痛苦和灾难与实际生活中的痛苦与灾难混为一谈，实际生活中并不存在可以作为美来欣赏的悲剧。《红楼梦》是悲剧，它作为一种美的形态，即作为一种审美对象的存在，是以艺术形态出现的。比如李纨，她在《红楼梦》中是个并不显眼的人物，第五回金陵

---

①朱光潜．悲剧心理学[M]．北京：人民文学出版社，1983：7．

十二钗的判词中有她，并暗示了其母子的命运和结局。

[晚韶华] 镜里恩情，更那堪梦里功名！那美韶华去之何迅，再休提绣帐鸳衾。只这戴珠冠、披凤袄，也抵不了无常性命。虽说是，人生莫受老来贫，也须要阴骘积儿孙。气昂昂头戴簪缨，光灿灿胸悬金印；威赫赫爵禄高登，昏惨惨黄泉路近。问古来将相可还存？也只是虚名儿与后人钦敬。

李纨年轻守寡，一心抚养幼子读书、成人。贾兰中举后，因其母李纨大半生严从封建妇德，受表旌，立牌坊，而受到“凤冠霞帔”的诰封。这富贵荣耀是封建道德伦理带给她的显耀，也是用青春和生命换来的虚荣。可以说她的一生是悲剧的一生。因为李纨的一生包含着极为丰富的历史意蕴和社会内容，封建的伦理道德和礼制禁锢了一个女人的一生，其悲剧命运正如席勒在《论悲剧艺术》中所说，是“环境所迫，不得不然”。犹如蚕蛹蜕壳一样，循环往复，一代又一代。李纨的过去，便是宝钗的未来。宝玉出家，宝钗怀孕，她就是李纨第二。等待宝钗的就是守寡、教子、耗尽年华，她将是另一场令人荡气回肠的悲剧。因此，必须从《红楼梦》深层意蕴来审视悲剧。

张俊先生在《红楼梦》第一百二十回描写“贾政还欲前走，只见白茫茫一片旷野，并无一人”处，有一段批注，发人深省。他说：“此即第五回《红楼梦十二支曲》之收尾《飞鸟各投林》所谓：‘好一似食尽鸟投林，落了一片白茫茫大地真干净。’宝玉从此消逝，远离尘嚣，时年十七岁。宝钗独守空房，时年十九岁。红楼一梦，至此初醒。一场悲剧，徐徐落下帷幕。明人祝颢《沙沱晚行》云：‘野旷天清落日黄，西风衰草白茫茫。’贾政所见景象，一片苍凉。周绍良《红楼梦研究论集》以为，写宝玉中举后出家，‘正是后四十回写得最真实最深刻的地方’。并云：宝玉‘应试中举，不但不是顿易初衷，就仕途经济之范，反而正是贯彻初衷，向仕途经济最后告别’。且其所弃之家有宝钗之妻，麝月之婢，已‘沐皇恩’，正‘延世泽’，尤觉难能可贵。”①

《红楼梦》作为伟大的悲剧，其意蕴是深远而多层面的。它使人们看到封建宗法制社会结构和封建礼教对人性、进步和正义的摧残，看到了百年望族的没落和温情脉脉的面纱背后的罪恶，看到了社会潜意识的巨大惯性和破坏力，如此等等，正是最根本的审美意义。具体表现为贯穿《红楼梦》的三条悲剧意脉。

一条意脉是赫赫扬扬的贾府已历百年，尽管背后所隐藏的是“内囊尽上”，但表面还呈现着鲜花着锦、烈火烹油之盛。衰败是一个过程，从第十七回“元妃省亲”到第五十三回“乌进孝交租”是“内囊尽上”的披露；从第五十五回“探春理家”到第七十回“贾母过生日”是日渐困顿的显露；从第一百五回“贾府被抄”到第一百十六回“筹措银子送灵柩南归”是贾府经济彻底的败落。

一条意脉是宝、黛、钗的爱情婚姻悲剧。从第八回“情窦初开”到第二十三回“宝黛读西厢”是宝、黛爱情萌生的过程，有层次地刻画了宝玉性意识的萌发，他与黛玉、宝钗的情感纠葛中体验着人生的初恋；从第三十四回“黛玉定情诗”到第五十七回“紫鹃试情”是宝、黛发展到热恋；从第七十八回《芙蓉女儿诔》到第九十七回“黛死钗嫁”是宝、黛爱情的结束，宝玉和宝钗婚姻悲剧的开始。但最终宝玉放不下“木石前盟”的情感重负，无奈出家。

一条意脉是王熙凤的性格悲剧经历了三个阶段。第一阶段：从第七回“贾琏戏凤姐”到第四十四回“凤姐泼醋”，从夫妻眷恋到贾琏偷情、内室争斗。第二阶段：从第六十五回“贾琏偷娶尤二姐”到第七十一回“邢夫人对凤姐发难”，凤姐与贾琏夫妻关系冷峙。第三阶段：从第一百五回“贾府被抄”到第一百十四回“凤姐之死”。

这三条意脉裹挟着向前推进，在后40回奏响了悲剧的最后乐章。悲凉之气弥漫在贾府里，死亡描写的节奏紧凑急促。第九十七回黛玉之死，第一百九回迎春之死，第一百十回贾母之死，第一百十一回鸳鸯之死，第一百十三回赵姨娘之死，第一百十四回凤姐之死，在这一批人的死亡中，贾母是最后倒下的

① 张俊，沈治钧．新批校注红楼梦[M]．北京：商务印书馆，2013：2104．

大树老树，预示着贾府“树倒猢狲散”的结局的到来，《红楼梦》故事即将落幕。而落幕之前，第一百十九回写贾府复世职，“沐皇恩”，“延世泽”，“兰桂齐芳”，但这一回并不在《红楼梦》叙事结构中处于什么重要的地位，成为什么重要的成分，它只是一种简单的叙说、一种信息的传达、一种象征的意味——“百足之虫，死而不僵”。

“百足之虫，死而不僵”很少引起人们的重视，其实这一点很重要。它准确地概括了百年望族树大根深，它的衰败绝不会像甄士隐那样的小财主，几经打击，便一蹶不振。贾府上至皇室，下至豪族，在社会上结成了庞大的关系网，一时是绝不会彻底败亡的。即使贾府再遭受打击，也不会败落到“一片白茫茫大地真干净”的地步。所谓《红楼梦·尾曲》：“为官的，家业凋零；富贵的，金银散尽；有恩的，死里逃生；无情的，分明报应；欠命的，命已还；欠泪的，泪已尽，冤冤相报自非轻，分离聚合皆前定。欲知命短问前生，老来富贵也真侥幸。看破的遁入空门；痴迷的，枉送了性命。好一似食尽鸟投林，落了片白茫茫大地真干净。”这只是一种象征，不意味着一切都消失。百年望族的贾府落了个“百足之虫，死而不僵”，正是写出了“君子之泽，五世而斩”的本质。其特点是：中国上流社会的豪族本身就是“官本位”的直接体现者，无论是“泽”被，还是“斩”断，都体现了权力和财富的转移。贵族之家采取了富依靠贵、贵依靠富的方法，结成一张庞大的社会关系网，形成一种“势”。贵的最大依附，就是皇权。皇帝可以顷刻叫你暴富，也可以顷刻叫你倾家荡产。这不完全取决于子孙的肖与不肖，而是取决于权贵之间利益的平衡，最大的操盘手就是皇上。元妃省亲和贾府恢复世职这两个情节正好说明了这一点。

“百足之虫，死而不僵”是对一个百年望族最深刻的盖棺论定，因为他们有极其复杂而又盘根错节的社会关系。这种“势”，即使到了只剩一副“虚架子”的地步，也能靠着家底或社会关系支撑几年。何况贾府与皇家命系一脉，元春这个角色，把最高统治者的皇权与以贾府为代表的贵族联系起来，并且把皇权外化为“德”与“仁”同世俗的权力联系起来。元妃可以说是皇权的化身，是贾府为代表的四大家族权力的支柱。她的省亲得到皇上的恩准，可以视为皇权对贾府的恩宠，同时皇权也在进行着新一轮扩张。但从皇帝的角度，皇朝既要考虑维护政治清明和稳定，延续体制的生命，又要对统治阶层的腐败进行惩治和限制，这二者显然是矛盾的，正是在这种矛盾的推动下，每个朝代的封建统治者都要对权贵既依靠又限制。元妃形象显然是一个政治隐喻的符号，她不是《红楼梦》叙事内涵的主体，却有着最深刻的意蕴。第一百十九回写皇上披阅科举试卷，“见第七名贾宝玉是金陵籍贯，第一百三十名又是金陵贾兰，皇上传旨询问：两个姓贾的是金陵人氏，是否贾妃一族？”当皇上得知是贾妃的亲兄侄，“皇上最是圣明仁德，想起贾氏功勋”，这才将贾赦免罪，贾珍复职，出现贾家沐皇恩，复世职的一幕。贾府之“势”重又上扬，巧姐才得以归府，探春得以归家。但这只是“百足之虫，死而不僵”的回光返照，最终贾府仍逃不出江河日下，落花流水的命运。

二、顽石的故事首尾呼应

《红楼梦》第一回甄士隐与一仙一道的对话，揭开了顽石的故事。

顽石的故事象征了贾宝玉的生命历程，顽石走过的三个阶段：思凡入世，尘世历劫，回归大荒。与宝玉的人生历程的三个阶段是对应的：衔玉而生，悟彻情缘，弃世出家。这三个阶段所寄寓的生命体验和生活感悟是一致的，一方面为闺友闺情的逝去洒辛酸之泪，另一方面为贾府的衰败唱无尽的挽歌。贾府衰败的叙事线索与宝玉情感的发展脉络并行不悖而又互为裹携着演进。

第一百二十回写贾政为贾母送丧归来途中，正在船上写家书：

> 抬头忽见船头上微微的雪影里面一个人，光着头，赤着脚，身上披着一领大红猩猩毡的斗篷，向贾政倒身下拜。贾政尚未认清，急忙出船，欲待扶住问他是谁。那人已拜了四拜，站起来打了个问讯。贾政才要还揖，迎面一看，不是别人，却是宝玉。贾政吃一大惊，忙问道：“可是宝玉么？”那人只不言语，似喜似悲。贾政又问道：“你若是宝玉，如何这样打扮，跑到这里？”宝玉未及回言，只见船头上来了两人，一僧一道，夹住宝玉道：“俗缘已毕，还不快走。”

顽石

说着，三个人飘然登岸而去。贾政不顾地滑，疾忙来赶。见那三人在前，那里赶得上。只听得他们三人口中不知是那个作歌曰：

我所居兮青埂之峰。我所游兮鸿蒙太空。

谁与我逝兮吾谁与从？渺渺茫茫兮归彼大荒。

贾政一面听着，一面赶去，转过一小坡，倏然不见。……贾政还欲前走，只见白茫茫一片旷野，并无一人。

顽石象征宝玉，不仅规范了宝玉的生命历程，而且在全书叙事结构上有首尾呼应、归结统一的意义。

宝玉出家在现世生活中并不鲜见。宗教实际上是尘世苦痛的避难所，是凡夫俗子在历经人生大喜大悲，生死别离之后的一种逃避、解脱和皈依。宝玉出家既有无可奈何的酸楚与悲哀，又不乏是他生命历程之冥冥中的归宿。空空道人的“因空见色，由色生情，传情入色，自色悟空”，是一个否定之否定的过程，是贾宝玉生命轨迹的真实写照，是入髓切骨之深痛。

这是一种想忘却又无法忘却的青春情怀，是想逃避又无力逃避的尘缘旧事。弃世不是无情，而是至情；出家不是了缘，而是悟缘。《红楼梦》永远留存于后人视野中的是无法消逝的白茫茫的雪地，还有那长久萦绕于后人耳边或心海中的“谁与我逝兮吾谁与从？渺渺茫茫兮归彼大荒”的歌声。

曹雪芹把一生经历化为一篇“字迹分明述历历”的石头故事。《红楼梦》的意象、意境、意蕴，正是在神话与人生的交织与共构中展示出生命意识与人性内涵的复杂和深刻，流露着对尘世生命的无限悲悯，引发着尘世的人们无限的思索与回味。

三、《红楼梦》是悲剧

《红楼梦》是一部伟大的悲剧。

贾府这个百年望族在短短十几年里，从支撑着钟鸣鼎食的“虚架子”，到“内囊尽上”，家势日渐颓败，悲凉之气笼罩着整个家族。《红楼梦》的叙事节奏愈是向前推进，愈是趋向悲剧的最强音。《红楼梦》后 40 回是悲剧演进过程最后的阶段，也是衰败的必然阶段，舍此便无法成为一部真正的百年望族的悲剧。读懂《红楼梦》，就是要看清悲剧演进过程暴露出的各种矛盾以及积重难返的因素：有历史文化积淀的辉煌掩盖下的因循守旧和蛀蚀霉变，有庞大的权势关系网屏蔽下的官场黑暗和僵化腐朽，有新旧思想的碰撞下新的耀眼的火花和旧的沉没……总之，悲剧的形成有一种内在的意蕴、能量和动力，在演进的过程中，拓展与消耗并存，希望与泯灭共生。牟宗三是中国著名的哲学家。早在 1935 年他在《红楼梦悲剧之演成》中说：“人们喜欢看《红楼梦》的前八十回，我则喜欢看后四十回。……前八十回固然是一条活龙，铺排的面面俱到，天衣无缝，然后四十回的点睛，却一点成功，顿时首尾活跃起来。我因为喜欢后四十回的点睛，所以随着也把前八十回高抬起来。不然，则前八十回却只是一个大龙身子，呆呆的在那里铺设着。虽然是活，却活得不灵。前八十回是喜剧，是鼎盛；后四十回是悲剧，是衰落。由喜转悲，由盛转衰，又转得天衣无缝，因果相连，俨若理有固然，事有必至，那却是不易。复此，若注意了喜剧的铺排，而读不到其中的辛酸，那便是未抓住作者的内心，及全书的主干。”①

牟先生这段话一个最重要的最深刻的观点，就是后40回凸显了《红楼梦》悲剧的最强音。但他对《红楼梦》悲剧内涵的认识，即“前八十回是喜剧，是鼎盛；后四十回是悲剧，是衰落。由喜转悲，由盛转衰”的说法，却值得推敲。何况这一观点很有代表性，80年过去了，至今还有许多学者依然如此认识，所以我们不能不辩。我认为这种说法是对《红楼梦》的误读，是对《红楼梦》悲剧的实质和内涵没有透彻的了解。《红楼梦》的叙述内容写的是由盛而衰还是衰败史？这是认识《红楼梦》悲剧的一个关键点。

我们知道：《红楼梦》是衰败史，那么，它的主体叙事就会在叙事节点上表现出明确的衰败的征兆。脂砚斋告诉我们曹雪芹常常点出“筋骨”的笔墨，虽然寥寥几语，但揭示事情的本质。先看一向被视为贾府盛事的“元妃省亲”发生在第十七回，也就是宝玉14岁那年的正月十五，而对“元妃省亲”背后的底里直到第五十三回“乌进孝交租”，才借机揭示出为了“元妃省亲”，荣国府倾囊而出，导致经济困顿，几近“精穷”的地步。“元妃省亲”和“乌进孝交租”的叙事虽然相隔37个章回，但它们是发生在同一年，即宝玉14岁这一年，一个是年初，一个是年末。所以，《红楼梦》在叙事节点上早就披露了贾府在衰败，而为什么许多人看不透是衰败，反而误为兴盛呢？这就是因为没有看明白贾母所说的贾府是个“虚架子”。

《红楼梦》内蕴深刻之处，就在以“百足之虫，死而不僵”的形式，写出了“君子之泽，五世而斩”的本质，为这部大书的内容定下了一个基调：末世。

赫赫扬扬的贾府已历百年，尽管背后所隐藏的是“内囊尽上”，但表面还呈现“虚架子”之盛。从社会的横截面来看，贾府是京都中的皇亲国戚。当年祖先立下了赫赫战功，被当朝封为国公爵，并“敕造”了“国公府”。第三代、第四代的子孙还受祖宗的荫德、朝廷的恩典，贾府的男人们一个个几乎都是朝

---

① 牟宗三．红楼梦悲剧之演成[G]//红楼梦研究希见资料汇编．北京：人民文学出版社，2001：605．

廷的命官，女人也都封了诰命夫人，真可谓是富贵齐天、权势炽热的“贵族”。然而，贾府的老少爷们、奶奶太太们只知安富尊荣，《红楼梦》中以“元妃省亲”“秦氏出丧”为典型事件，对大量的日常奢侈生活进行了描写，相互烘托，层层推进，步步深入，把贾府从“内囊尽上”到“忽喇喇大厦倾”的过程描述得淋漓尽致。那些描写不过是贾府内囊抵制空，衰败的本质被掩饰在锦衣玉食、繁文缛节的形态中罢了。因此，这些描写很容易让读者只看到表面，仿佛贾府处在红红火火的兴盛时期，误认为《红楼梦》写的是由盛转衰，其实，恰恰相反《红楼梦》写的是衰败史。写荣国府衰败的笔墨大都在《红楼梦》整个悲剧结构的黄金分割线之后，也就是《红楼梦》后40回。第七十二回贾母八旬寿诞前后，是贾府败絮其外的转折点。

贾府衰败史的基本内涵：

（一）家族悲剧

贾府是中国封建宗法家族的缩影，其衰败过程表现为宁国府和荣国府两条支脉交互演进，以荣国府为正面叙事，宁国府是侧面衬托。可以说，宁国府的衰败是表现贾府衰败的一条副线，或者说是一条小意脉。因而，《红楼梦》百二十回中直接描写宁国府生活画面的约有十二三回，所倾注的笔墨约占全书的十分之一。从叙事线索、叙事肌理来看，贾家的衰败先在宁国府表现出许多征兆，而后才在荣国府显现。如果说《红楼梦》是一部封建贵族世家衰败的历史画卷，那么在这张画稿上，宁国府是荣国府的一个小样。可以说是“造衅开端实在宁”“家事消亡首罪宁”。

官僚家族往往与官府司法勾结，沆瀣一气。第四回“葫芦僧乱判葫芦案”是整部小说的引子，是涵盖豪族与司法勾结的序幕。以权谋私、以法谋私、徇私枉法。第四回薛蟠打死人与第八十五回薛蟠再次打死人的描写，第四回贾雨村徇私枉法、胡乱判案与第四十八回以权徇私、诬陷石呆子、豪夺古扇等，不仅仅透视了封建司法的腐败，而且折射出贾府致败的原因。归纳起来，有如下基本点。

1. 以权势网为特征的四大家族“一损俱损”，日趋败落

权势网是封建社会权贵们为了自身的利益，按照地域、派系、宗法等各种社会关系而形成的政治势力。因其有着各种盘根错节的社会关系，即使像贾府已是“虚架子”，也可以依靠权势网支撑若干年。“百足之虫，至死不僵，扶之者众也”，就是这个道理。贾府经济上走向衰败，子孙不能继承先人的事业，就连祖宗那笔遗泽和遗产也销蚀殆尽，这些并不是一蹴而就的，它有一个过程。伴随贾府经济的危机，潜伏的房族之争、嫡庶之争、尊卑之争越来越激化，又加快了衰败的进程。从第十七回“元妃省亲”到第五十三回“乌进孝交租”是“内囊尽上”的直接披露；从第五十五回“探春理家”到第七十一回“贾母过生日”是日渐困顿的显露；从第一百五回“贾府被抄”到第一百十六回“筹措银子送灵柩南归”是贾府彻底的败落。为了客观地扫描这一过程，曹雪芹以刘姥姥三进大观园为叙事视角，透视了贾府里里外外，接触了贾府方方面面，在动态中摄下各种景色和人物，亲眼看到贾府衰败的三个阶段：一进荣国府，气势熏天；二进荣国府，豪华享乐，乐极生悲；三进荣国府，家运衰败，财尽人亡。

贾府被抄后，贾母回忆史家“摆了几年虚架子”。按照“元妃省亲”到“贾府被抄”才五年来推算，史家应该是在四五年前“元妃省亲”时就败落了。薛家也只是薛姨妈守着皇商的家底和子女过活，薛蟠做买卖不但不挣，还赔了不少，加上惹是生非，糟蹋银两，整个是一个败家子，薛家也日渐衰落。独有王家的权势和豪富，依旧炙手可热。如今凤姐的叔叔王子腾任京营节度使，继而升了九省统制，是一位声势煊赫的封疆大吏。比贾府的几位老爷都有实权，贾、薛两家都攀附着王家，仰仗着王子腾办事。因而，王家在“四大家族”中有举足轻重的地位。进入《红楼梦》后40回的描写，以贾府为中心的四大家族每况愈下，第九十二至九十八回写元妃之死、王子腾暴病而亡，顷刻间贾家、王家的顶梁柱就坍塌了，只剩下从里到外的破败，连“虚架子”也支撑不开了。贾家在第九十九至一百十回这个叙事单元，贾家被抄，百年望族的贾府仅仅三年就已经衰败到了风烛残年的地步。无论给它注射什么强心剂，也挽不回走向败亡的命运。

《红楼梦》从外围介绍了贾府四大家族之间姻亲攀附、互为依托，最终走向社会网破败的结局，而内围则是着重描写了宁荣二府的衰败，这是《红楼梦》

整个叙事框架的中心。

2．以“内囊尽上”为特征的经济困顿

与“君子之泽，五世而斩”的历史规律无情地显现在赫赫扬扬的百年望族上，旧“泽”日渐损易，新“泽”尚未积聚。尤其是“出的多，进的少”，久而久之，只好靠掏空老本——押家具，卖对象，甚至抵押细软度日，于是“内囊”就“尽上来了”。金钱的挥霍，导致经济上的日渐困顿。这是一切封建家庭逐渐走向衰朽的经济特点，而贾府的子孙，“燕巢帷幕之上”，竟没有一个人觉察到危机，“只一味高乐不了”，将祖宗的显赫当成了自己的威风，个个卖瓦抽砖，弄得大厦动摇，家道衰败是注定了的。贾府的衰败体现在小说的叙事结构之中，形成的“伏脉”“意脉”“草蛇灰线”，起到精神和意识内在的聚焦，情节和走势贯通的作用。《红楼梦》意脉的起点就是末世，从第二回就已经点明，到第五十三回借乌进孝交租再一次一针见血地挑透，到第七十一回为筹措贾母过八十大寿，银子短缺，贾琏偷着当东西，再到第一百五回“宁府被抄”贾母散余资，真可谓一波三折，水到渠成，写透贾府的衰败。

王熙凤是荣国府的理家人，她对荣府为皇妃省亲，掏尽了百年积蓄的老底，看得很清楚，《红楼梦》第五十五回写凤姐小产了，不能理事。让李纨协理、探春帮助。凤姐下台，小产只是个表面原因，真实的原因，凤姐对平儿讲过：一是经济上亏空，出得多进得少，这个家当不了；二是家族内部的矛盾，荣国府长房、二房之间的房族之争，赵姨娘最恨凤姐，总想置凤姐于死地，这是嫡庶之争。凤姐周旋其中，得罪的人多。第七十二回写贾母八旬寿诞之后，从几个层面展示了当家人贾琏、王熙凤等所承受的压力。凤姐同旺儿媳妇说到收债，冷笑道出的那一段抱怨表明她已预感到了败家的命运。大厦将倾，一木难支，贾府浩大的靡费与枯竭的财源形成了尖锐的矛盾。这对于当家人来说是一个十分棘手的问题。

贾府从表面撑着的“虚架子”到“虚架子”的颓败，总共才用了五年的时间，体现了小说家对《红楼梦》叙事时空机制的调控。从第十七回“元妃省亲”到第一百五回“宁府被抄”，前前后后共写了88个章回，占据《红楼梦》叙事内容的三分之二还要多，而且这条意脉贯穿《红楼梦》始终，特别是后40回，节奏明显加快，凸现衰败命运的走势。这正说明了《红楼梦》基调是衰败，是悲剧。

3．以因袭性为特征的管理体制的崩溃

贾府历经百年，已形成一整套因循传统的管理模式，遵循祖制办事的老规矩。最重要的是维护严格的等级制度，就连兴利除弊的改革派探春在潜意识中仍保留着“这是祖宗手里旧规矩。人人都依着，偏我改了不成”的理念。贾府内无论是主子还是奴才，都有不同的等级和地位。荣国府是贾母、王夫人、凤姐几个少数主子说了算，从管家一直贯彻到最低层次的奴才，他们按照不同的身份和地位，领取不同数量的“月钱”。但说起干活，干与不干一个样，干多干少一个样。这种管理体制，责、权、利的分离，不仅必然导致贾府上下只图享乐，不知节省，入不敷出，而且在争夺管理权、利益分配不均等问题上，引发了各种矛盾和斗争。

第六十一回写“司棋闹厨”，就很典型地暴露了贾府管理体制上的根本问题。司棋闹厨只是贾府的管理体制中溅出的一个小水花，但随着贾府经济的拮据，问题越来越多，事情越来越棘手。这就又回到了凤姐为什么暂时下台，探春接手后为什么要搞改革这一根本问题上。探春的改革没有打碎贾府因袭性的管理体制，不触及贾府的根本利益，不触及贾府的掌权人，只采取了一些小打小闹的补救措施，所以很快探春理家就遭遇到贾府固有的传统势力而不了了之，而且激化了各种矛盾。整部《红楼梦》所描写的贾府内主子之间的嫡庶之争、婆媳之争、房族之争，主子与奴仆之间层层叠叠、尊尊卑卑、上上下下的错综关系，统治者正统的思维方式和生活方式与反叛的年轻一代的冲撞与反抗，都裹挟在大大小小的生活事件之中，表现在吃吃喝喝、生老病死、婚丧嫁娶、生儿育女之中，形成了涓涓的生活细流，从而汇成了“山雨欲来风满楼”之势，贾府这座大厦就在风雨飘摇之中。

（二）爱情悲剧

刘梦溪先生说：“尽管红学家们对《红楼梦》题旨的解读言人人殊，社会小说论者有之，家庭小说论者有之，伦理小说论者有之，性理小说论者有之，种族小说论者有之，政治小说论者有之，爱情小说论者有之，各家各派主张各异，在肯定《红楼梦》是以贾宝玉、林黛玉、薛宝钗的爱情与婚姻的悲剧为主要线索展开情节，其爱情描写表现出前无古人的大手笔这点上，是共同的。”[①] 可以说爱情悲剧是《红楼梦》悲剧的内涵之一。从神话故事到宝玉、黛玉自小受到贾母的万般怜爱，两人日则同行同坐，夜则同息同止，真是言和意顺。正是在贾母这种“作合之心”下，为他俩创造了青梅竹马般的生活环境，播下爱情的种子。宝钗的到来，不单因“宝钗行为豁达，随分从时”，“比黛玉大得下人之心”，使宝、黛之间关系出现了挥之不去的阴影，并不断发生波折和起伏。同时，贾母同王夫人之间也因“金玉良缘”展开了一场极其微妙、极其复杂的较量。宝、黛之恋是美好的心灵之约、知己之爱，有一股独特的道德净化的精神力量，是完美的人性体现。他们的爱情不同于以往才子佳人小说中郎才女貌式的爱情，而是升华为真正的人性的觉醒。正如何其芳先生所指出的：

> 异性之间的爱情，这种本来是基于性的差别和吸引而发生的情感，到了后来竟至升华为一种纯洁的动人的心灵的契合，好像性的吸引反而不是最重要原因了。人类的生活里面出现了这种情感，就不能不在观念上和实际上都对于两性生活发生了很大的影响；婚姻只有在爱情的基础上才是合理的、幸福的、道德的，否则就是相反的东西。

同时，何其芳先生又指出了宝、黛爱情悲剧的社会根源，他说：

> 必须建立在相互了解和思想一致的基础上这样一个爱情的原则，是在今天和将来都仍然适用的。曹雪芹生活在我国的近代的历史开始之前，然而他在《红楼梦》里面却提出来这样一个关于恋爱和结婚的理想，这样一个在当时一般男女无法实现因而实际是为了未来提出的理想。伟大的作品正是这样的：它所提出的理想不仅属于那个时代，而且属于未来。[②]

---

① 刘梦溪．情问红楼 [M]．桂林：广西师范大学出版社，2007：9．

② 何其芳．论红楼梦 [M]．沈阳：白山出版社，2009：11-13．

黛玉和宝钗两个典型人物代表了两种女性意识的流脉。黛玉的女性意识融入她为爱情婚姻选择、挣扎和毁灭的短暂一生。宝钗的女性意识泯灭在封建集体无意识之中，自觉地适合男权意识的要求，她压抑自己，极力做到“罕言寡语”“安分随时”，而受到贾府上上下下的赞赏，连好妒忌的赵姨娘也夸她，还取得了奴仆们的好感，“真是大家姑娘，又展样大方，怎么叫人不敬重”。但她却受到宝玉一针见血的批评：“好好一个洁白的女子也学得沽名钓誉，入了国贼禄蠹之流。”

（三）女性悲剧

女性意识的确立与男权社会的抗争，是《红楼梦》意蕴重要的体现。《红楼梦》一开篇，曹雪芹就破天荒地宣称要为“闺阁昭传”。为此专门在第五回设置了《红楼梦曲》、金陵十二钗判词，为女子的“闺阁昭传”作诠释，为女性的生命价值被毁灭悲歌。

第二回介绍宝玉时，特别提到令人啼笑皆非的话：“女儿是水作的骨肉，男人是泥作的骨肉。我见了女儿，我便清爽，见了男子，便觉浊臭逼人。”这句话放到贾府特定的环境，恰如鲁迅所言：“悲凉之雾，遍被华林，然呼吸而领会之者，独宝玉而已。”①宝玉在大观园中与众女儿的耳鬓厮磨，使他耳濡目染了女性的个性意识，感知了少女的清纯和善良，了解了女子命运的悲惨。因此，他从男性的角度产生了对女性意识和女性权利的认同。特别是《红楼梦》描写在男性霸权的戕害下，一个个女性香消玉殒，英莲被抢、金钏投井、司棋撞壁、鸳鸯自尽、晴雯屈死、迎春夭折、尤三姐血染利剑、黛玉焚稿归天、探春远嫁、妙玉被劫……这一幕幕女性意识和生命价值被毁灭的悲剧，不仅仅是对男权主义戕害人性的暴虐行为的揭露和控诉，也是《红楼梦》女性价值观及审美标准确立的过程。

其中女性意识萌生并为之抗争，失败之后，不自觉的女性意识又被男性文

---

① 鲁迅．中国小说史略[M]．北京：人民文学出版社，1973：201．

化吞食而走向悲剧的典型是凤姐。也是《红楼梦》中的一条重要意脉。王熙凤张扬的性格、膨胀的欲望，被淹没在封建礼教的习惯势力之中，从而导致其悲剧的下场。但其初期张扬个性，显露才能，在客观上显示了女性意识，维护一夫一妻婚姻生活。她对丈夫贾琏层层设防，在家庭内外总是力图消除贾琏与其他女性发生暧昧关系的可能，“凡丫头们对二爷多看一眼，他有本事当着爷打个烂羊头”（第六十五回）。虽然含有对男性文化霸权的冲击因素，但她对如何维护女性意识并不清醒，也不可能解构男权主义的统治地位和支配作用。其中她的“妒”，也有合理的成分，性爱在本质上是具有排他性的。

从第四十五回夫妻冷峙到第六十九回尤二姐之死这一阶段，王熙凤与贾琏不仅仅是夫妻冷峙，更重要的是王熙凤性格发生了裂变。如果从女权意识出发否定男权中心，在这个范畴则可能产生正面效应；如果搅和在封建家庭内部一系列的矛盾冲突中，这种压抑的情感、情绪无法释放，注定要变成一种怨恨心理，施发到同是受害者的妾妇身上，形成妻妾嫡庶、争宠吃醋的局面，最后在男权文化的跷跷板上，由男性在某一边加重，决定输赢。实质上还是淹没在男权文化的汪洋大海之中。

从第七十回夫妻争吵到第一百十四回凤姐之死这一阶段。他们的婚姻生活，并不是普通的家长里短、生儿育女，而是时时处处都渗透着贾府内部矛盾和斗争，房族之争、嫡庶之争、妻妾之争都能或明或暗，或多或少表现出来。王熙凤的一生伴随着贾府的整个衰败过程，而且在金陵十二钗中没有哪一个人像她那样在《红楼梦》悲剧中占有那么显著和重要的位置。曹雪芹给她的判词是：“凡鸟偏从末世来，都知爱慕此生才。”点明她处在“末世”，即使有才，也是悲剧。她的不幸，有其性格的原因，但更多的是社会历史文化原因。

最具清醒意识的是宝玉，他的一篇《芙蓉女儿诔》，则集中表现了《红楼梦》女性意识的倾向：“忆女儿曩生之昔，其为质则金玉不足喻其贵，其为性则冰雪不足喻其洁，其为神则星日不足喻其精，其为貌则花月不足喻其色。”（第七十八回）回顾所有古典小说，还没有谁用这样美好的词语来赞美“身为下贱”的女婢，并为其中殁没的女性赋作诔文。

《红楼梦》是一部悲剧，如同深沉哀婉的交响曲，基调是衰败，大大小小的悲剧组成各种错落有致的音符。这悲剧音符内涵无论是家族悲剧、婚姻悲剧、女性悲剧、性格悲剧、爱情悲剧，还是人生悲剧，人性被扭曲、灵魂被毒害的悲剧，亦或是赤裸裸的暴力凌辱所造成的悲剧，总之，都展示了一个多重层次、又互相融合的悲剧世界。其叙事中的“伏脉”“意脉”“草蛇灰线”所形成的意识流，起到了聚焦、贯穿、走向的作用，显示出一种“势”。这种“势”是生命的意象，是无痕无迹的走势，是只可意会不可言传的律动。无论是贾府的老爷少爷、奶奶太太，还是以金陵十二钗为代表的群体青年女子，都被封建的伦理和宗法的网络捆绑在一起，在温情脉脉的面纱下，有的是掩饰着内心的淫邪、贪婪、嫉妒和仇恨，有的是压抑着青春生命的活力、气血、情感和欲望，总之，他们互相冲撞、彼此张扬、互为影响、纠结拉扯着，在生活的岁月里丰满着肌体，激活着气脉，增添着褶皱，消磨着命运……

长期以来，学者论述贾、王、薛、史四大家族的悲剧命运，往往直接宣告《红楼梦》悲剧描写成功。其实这还不够，四大家族的悲剧说到底也是个案，与庞大的封建上流社会相比，只是其中很小的一部分。只有融于整个封建专制结构性腐败这一社会大背景之中，《红楼梦》才能显现历史的深广度，才是真正意义上的时代悲剧、历史悲剧。

我们之所以不采用“线索”，或者“脉络”这样的词，是因为意脉所表达出的不仅是叙事的脉络，而且蕴含着丰厚的意蕴，意脉能使我们清晰地认识和理解《红楼梦》这部伟大著作的真谛。悲剧美是一种感伤的美，《红楼梦》正是这一意义上的悲剧。这种由时代、文化乃至生命折射出的整体悲剧是作者梦醒后的彻悟，更是在清醒的悲剧意识观照下进行的创作，更具有震撼人心的悲剧美。这样的悲剧感伤而不颓废，执着而又超越，深刻崇高而又魅力无穷，具有永恒的、普遍的探索价值。《红楼梦》的悲剧内涵永远也说不完，正如作者所云：“满纸荒唐言，一把辛酸泪！都云作者痴，谁解其中味？”

后　记

多年来，我在大学开设《红楼梦》专题课，年年修订教案，十年间写下尺把厚的讲稿，以此为基础，完成了《曹雪芹与〈红楼梦〉》一书。

一

康德说："学术的讲述是通俗讲述的基础。因为只有能够彻底讲述某物的人，才能以通俗的方式讲述它。"这段话十分有道理，只有自己真正读懂经典，才能给人讲明白。我把这话作为自己的学术追求，锲而不舍地践行。因此，这部书稿最大的特点，就是系统地解读《红楼梦》，让人知道《红楼梦》写的是什么，是怎样写的。

无论讲课，还是整理书稿，我都是从文本出发，力求说得明白透亮。这不仅仅是一种文字表述的能力，更重要的是对研究命题的深层次的把握。我正是借助叙事形态、意脉、叙事单元等理论范畴，构架起这部书的理论框架。当然，是否以穿透性的眼光，解析出了作品的形式和内蕴，揭示或悟出一些文本未说出却已流露出来，并在读者心中唤起的东西，那将等待读者去体会吧。

二

《红楼梦》是中国文学的瑰宝，是人们最喜爱的一部名著。然而我们对其博大精深的历史文化内蕴的解读和普及，与其应有地位和价值相比，差距甚远。长期以来许多专家学者为做好普及工作而不懈地努力，而影响最大的当属三十年前拍摄的电视连续剧《红楼梦》。尽管学术界对改编有争议，但仍不得不承认其普及《红楼梦》的实绩卓著。当然普及有各种形式，无论是纸质文本，还是影视媒体，都是形式问题，我以为核心的问题是如何处理好“小众学术，大众欣赏”关系。

所谓“小众学术”，是指研究红学的学者、专家，他们从文本到版本，从作者到家世，上穷典籍，下考文物，举凡涉及曹雪芹及其家世的一纸一石、《红楼梦》版本的几张残页都孜孜以求，当然，更多的还是阐释《红楼梦》文本的艺术成就。一言以概之，学术也。“小众学术”为红学研究奠定了基石，并从不同的层面、不同的角度开掘了红学研究的领域。

所谓 “大众欣赏”，简单地说，欣赏是解读的过程，《红楼梦》在未被读者解读之前，是一种雪藏状态的审美现实，是潜在的艺术世界，是开放的心灵家园。只有通过读者的欣赏，《红楼梦》才能成为有生命的审美现实，《红楼梦》文本的审美意义，才能进入读者理解的意向结构之中。而解读的深浅粗细，往往取决于读者自身的感悟、情感和体验，“凡操千曲而后晓声，观千剑而后识器”。

二者之间的关系是一个互动的过程，只有大众欣赏得到普及，对艺术理性的需求提高，才会对小众学术激励和推动；相反，小众学术越是把理论研究贴向大众，为提升大众的理解力和欣赏水平铺桥架路，小众学术才越会有生命力。只有小众学术深入地为红学的研究开拓和奠基，才能不断地为大众欣赏铺设普及的台阶。欣赏也是不断提升的过程，“大众欣赏”与 “小众学术”的两极差越小，“大众欣赏”的整体水平就越高，从某种意义上讲，“小众学术”达到的极至就是雅俗共赏。

三

2015 年 10 月 10 日中华网报道一个学术信息说，前不久在台北大学文学院白先勇先生就 《红楼梦》的艺术成就和版本问题，做了精彩的演讲。其中谈道：“历来一种较为流行的红学观点认为：‘庚辰本’才更接近于曹雪芹的原著，拥有一百二十回的‘程乙本’的后四十回为高鹗续编，并非曹雪芹原作。然而在仔细比较了这两个版本之后，白先勇提出了自己的质疑：‘庚辰本’在人物塑造方面的诸多矛盾，恐怕是抄书者做了不少手脚的结果；而 ‘程乙本’

后四十回在文字丰采、艺术价值上面并没有明显的逊色于前八十回，甚至出现了不少有过之而无不及的亮点。”

对白先勇的见地，我颇为认同。在《红楼梦》诸多版本中，“程乙本”的语言最通俗、简洁、明快。胡适一生都推荐“程乙本”作为普及版推广大众，其选择是十分恰当的。因此，在《曹雪芹与红楼梦》书中，我除了特别标明使用的《红楼梦》版本而外，其他所有的引文都出自张俊、沈治钧新批校注《红楼梦》（商务印书馆，2013）。这个新批校注的《红楼梦》本是根据北京师范大学图书馆藏乾隆五十七年（1792）程伟元、高鹗萃文书屋活字本《新镌全部绣像红楼梦》（“程乙本”）为底本，并参校其他十几种版本整理而成的。

四

最后，不得不说中州古籍出版社资深编审张弦生先生对拙作青目有加，犹如一股暖流湿润了我那日渐板结的心田。三十多年“淡如水”的相交，无论是编辑，还是著述，在学术领地拓荒，心愿都是一致的。我们不仅仅是传播文化知识，更是传递一种理念、一种精神、一种追求，甚至可以说，是在默默地为民族传统文化的文脉传承铺下几粒石子。

郑铁生

2015．11．22

图书在版编目(CIP)数据

曹雪芹与《红楼梦》/郑铁生著—郑州：中州古籍出版社，2016.12
ISBN 978-7-5348-6621-0

Ⅰ.①曹… Ⅱ.①郑… Ⅲ.曹雪芹(1715-1763)—人物研究②《红楼梦》研究 Ⅳ.①K825.6 ②1207.411

中国版本图书馆 CIP 数据核字(2016)第 274728 号

出版社:中州古籍出版社
(地址:郑州市经五路 66 号　　邮政编码:450002)
发行单位:新华书店
承印单位:郑州市毛庄印刷厂
开本:710mm×1000mm　1/16　　**印张**:31.75
字数:450 千字　　**印数**:1-3 000 册
版次:2016 年 12 月第 1 版　　**印次**:2016 年 12 月第 1 次印刷

定价:56.00 元